2016 春夏卷

圆桌

Round Table

主编　周云龙

人民出版社

圆桌 ROUND TABLE

卷首语

“圆桌”源自中古不列颠岛上的那个美丽传说。在早期近代欧洲大众对亚瑟王治下的英格兰道德秩序想象中，“圆桌”这一物质形象，最初始寓喻着友好、奉献、荣誉等价值观念。几经流迁转徙，“圆桌”经由浪漫美好的神话传说获得平等协商的意义传统。在深度全球化、数字化的今天，族群间的物理空间不断压缩，心理距离却逐渐增大——身份政治似乎成为该悖论的主要诱因（或后果）。“圆桌”所包蕴的理性对话精神，因应这一总的问题脉络，在不同情势下被反复召唤、激活、凸显。

否定乃精神之能源。这不仅为黑格尔的哲学论述所证明，更为全球化的历史进程所证实。因此，由否定启动的对话机制，将构成一切知识和思想的起点。在平等对话的框架下，邀请多元异质的论述方向，是《圆桌》（*Round Table*）的基本目标。《圆桌》立足基础理论之探讨，进行跨学科、跨文化的综合研究，汇集来自海内外人文社会科学各领域学者问题意识鲜明、学术视野开阔的优秀论文，促进跨学科、跨地域的学术交流与合作，以期引起思想间的争鸣与碰撞。

《圆桌》的另一个目标,是要为青年学者搭建学术对话的平台,构建多元互动的空间。该平台以选用青年学者的论文为主,意在邀请每位青年学人加入这个“思想圆桌”,形成一个学术共同体,从各自的专业领域介入我们时代的公共论题,勉力成为“那伟大链条中的一个必要环节”。

编　者

目录

导言 001

特稿 017

刘纪蕙　陈明敏 译　对话阿甘本：近代中国国家话语中的王权与虚空 019

"抗美援朝"及其历史叙事 045

［美］马　钊　主持人语：《我的战争》，为谁而战？ 047

马　钊　性别化的战争：抗美援朝文学的女性形象与国际主义想象 060

［美］马修·德·约翰逊　陈苑莹 译　新中国在战争时期的"世界主义"：论1949—1953年间的传媒产业、电影交流及草根国际文化 087

蒋兴立　寻找战争中的桃花源：论台湾作家王北山的"韩战"书写 110

表演东亚 123

孙　柏　主持人语：民众戏剧与帐篷戏剧 125

孙　柏　"重新发明中国"：帐篷戏剧在北京的行动 127

李哲宇　民众请站起来之前与其后：小剧场运动与民众戏剧的交汇 157

锺　乔　文化行动的入径：从"回到里山"到"返乡的进击" 167

现代性的边界 175

刘文瑾 恶的“升华”:审美现代性中的主体精神 177
张 望 迈向“完美戏剧”:瓦格纳的“整体艺术”蓝图 200
田墨浓 伊莎贝尔的“阅读” 231

作为“跨文化诗学”的侨易观念 243

曾艳兵 主持人语 245
生安锋 一种“文化诗学”:浅议叶隽的侨易学理论 248
陈戎女 千世万象,无不侨易:关于侨易学的思考 254
李 川 汉字的侨易学刍议 262
白峰杉 高维度的文化空间孕育自由之思想 272
范天佑 物质运动与侨易学可能的联系? 279

“比较”中国 281

钱林森 中国古典诗歌在18世纪法国的传播与影响 283
夏光武 比较文学在中国学科建设的问题探索 318
纪建勋 中国比较文学研究年度报告(2014) 328

文学空间与地域想象 377

陈方竞 “鲁迅与浙东文化”论纲(上) 379
萧凤娴 “自我”梦:论张爱玲 A Return to the Frontier、《重访边城》中的台湾书写 443
尚光一 两岸对话语境中大陆出版物在台湾的阅读与接受(1978—2015) 455

回应/交锋:印刷文化、日常生活与性别 471

[加]周 琰 略读《民国镜像:早期中国期刊中的性别、视觉和经验》 473

王耀武 潘悦婷 译 季家珍《民国镜像:早期中国期刊中的性别、视觉和经验》 488

[加]季家珍 潘悦婷 译 回应 493

著/述评介 497

张 圆 缱绻"复调"的香港:评《香港研究作为方法》 499

刘小新 陈舒劼 微信写作,另一种文学样式:评杨健民《健民短语》 502

王日根 侯凡跃 "一"贯中国或中国文化的自知与自明:汪晓云《中国学与人类学系列》评介 509

编后语 517

附录 519

导 言

2016 年，从埃文河畔的斯特拉福镇，直到位处（欧洲的）“远东”的上海，由各种大小型演出、学术研讨等文化形式构成的纪念事件，复活了那位整整沉睡四百年的伟大诗人。或可借用加拿大学者苏珊·贝内特（Susan Bennett）的表述，可以说，我们的诗人已成为 2016 年“最知名的世界文化品牌”。

然而，就在全球通过“四百（年）”这个人为的匀质时间刻度，分享、纪念这位伟大的诗人时，最为浓烈、彻底的纪念还是来自他的英国同胞——尽管有统计显示，诗人在本国的拥趸所占百分比远低于墨西哥、巴西等“第三世界”国家。2016 年，英国脱离欧盟，似乎在世界观众面前重新搬演了一出当代的《考利欧雷诺斯》（*Coriolanus*）。

1608 年，伦敦瘟疫肆虐，莎士比亚抱病完成《考利欧雷诺斯》。该剧改编自古希腊历史学家普鲁塔克《希腊罗马名人传》中的一段故事。剧中孤傲的罗马大将军马尔舍斯鄙视民众那种“游移不定”（uncertainty）的性格，纵使其战功累累，仍被护民官操纵下的罗马民众驱逐出境，无奈投奔敌营，最终为对手暗算，落得双重叛国者的结局。这部剧作成功营构了社会精英与乌合之众之间水火不容式的对立。特别是主人公马尔舍斯作为孤独英雄的形象，被刻画得深入人心，以致鲁迅在其小说《狂人日记》中，暗暗挪用马尔舍斯痛骂罗马民众时提及的三种动物（其中，狮子与狐狸可能来自西塞罗和马基雅维利）及其特性，“狮子似的凶心，兔子似的怯懦，狐狸的狡猾”，来讽刺中国庸众。

历史也许不会重复，但极有可能押韵。尽管在不同的立场，对同一历史事件可能言人人殊，但英国前首相托尼·布莱尔的《英国脱欧的政治动荡》（Breixt's Stunning Coup）一文，对我们思考该历史事件仍具有参考意义。在布莱尔看来，在脱欧事件中，右翼和左翼扮演了极具煽动性的民众起义领导者的角色，同时政治中间派则被妖魔化为脱离民众的精英，英国脱欧正是对导致社会急剧分化的全球化充满敌意的“民粹主义”（populism）的胜利。若果真如此，英国脱欧本身就是一次在“（反）全球”剧场最具讽刺意味的《考利欧雷诺斯》超大型演出，也是一场令任何纪念活动都相形见绌的全民“莎士比亚”嘉年华。

意大利哲学家吉奥乔·阿甘本在其成名作《神圣人》中，承接过福柯在《性史》第一卷第五部分提出的“生命权力”的伟大命题，讨论了在整个西方思想史，尤其是现代社会中的自然生命如何构成了王国/国家的主权中心。在阿甘本看来，在最高权力的结构中，一切公民都可能是“神圣人”。阿甘本的洞见，自然使我们联想到高度媒介化的当下，当每个自然生命被权力编码为一连串的数字时，身体就进入一个“例外空间”，生命也就被转化为“裸命”（bare life）。借用阿甘本的视域，我们可以说，在莎士比亚《考利欧雷诺斯》提供的意义平台上，无论是当下决定英国是否脱欧的民主公投形式，还是鲁迅在20世纪初期对近代中国“个人”的启蒙主义呼唤，抑或马尔舍斯在敌/我共同体和内在与外部之间游走的故事，均隐喻着现代社会中个体的伦理生命状态。

随着近代中国与西方文明的历史遭遇，国族、个人、人民、民主、宪法、政府等政治语汇开始跨语际介入中国所谓的“后发现代性”知识生产。因此，近代知识分子挪用这些概念时，在西方与本土之间的协商过程和策略作为梳理中国现代思想资源的一个起点，对我们探查、理解当下的伦理生命治理就尤为重要。**刘纪蕙的《对话阿甘本：近代中国国家话语中的王权与虚空》**从《王国与荣耀：经济与治理的神学系谱学》（*Kingdom and Glory: For a*

Theological Genealogy of Economy and Government）一书中，阿甘本借助“宝座空位”的隐喻分析西方政治操作中“虚空”概念所透露的双重视点（一端是宇宙的无穷表达与自我经营，另一端却是治理的政治经济学）的讨论出发，通过对两位中国晚清知识分子，即梁启超和章太炎的重新阅读，就治理性的问题来探讨中文语境下“虚空”这一充满歧义的概念，并且以近代中国初期的政治论述作为脉络，分析“虚空”所执行的政治经济操作以及生命治理的话语功能。论者认为，梁启超在关于新国家和新人民的产生的论证中，以从“无”发展到“有”的修辞来支持一个崭新国家的形成和王权的逻辑；而章太炎的出发点则是通过不断否定现存的固定状态来肯定“虚空”的动态重组，进而提出一个前所未有的激进国家图景和同一城邦内的每个人民的完整生活主权。

诚如**马钊**在“主持人语”**《〈我的战争〉，为谁而战？》**中，对影片《我的战争》及其上映后引发的受众效应，进行的深度评述——“横亘在两种迥然不同评判标准之间的，是中国改革开放三十年后内政与外交的巨大转变，是‘后革命症候’的集中体现”——所暗示的那样，历史书写表征的不是真实，而是现实。“朝鲜战争及其历史叙事”专题中的四篇论文，均以不同的个案解析和方法视角，对“讲述故事的年代”展开独特的思考。**马钊的《性别化的战争：抗美援朝文学的女性形象与国际主义想象》**从大量的档案文献的条分缕析着手，展示了战争期间朝鲜形象在中国官方和民间的不同表征以及当时的政治和社会动员如何使用性别的修辞，来填补、缝合两种表征之间缝隙的机制问题。论者认为，就“朝鲜叙事”的建构而言，文艺界人士和文艺作品的改造力量是巨大的，文学作品在建构中朝同盟的过程中发挥了巨大作用，中国作家笔下塑造的朝鲜妇女形象，承载了中国普通大众脑海里对朝鲜社会主义邻邦与盟友的想象，也建构起冷战时期中国自身的国家形象设计和国际关系构架。而这种朝鲜形象的塑造与表述，不仅强化了中朝两国友谊与军事同盟的战争宣传主题，也建构了冷战时期社会主义中国想象世界（特别是“第三世界”）、输出革命的大众文化基础。马钊的论文在方法论上具有重要的启示，尤其是对比较文学研究领域中的形象学，提供了另一种完全迥异于既往的后殖民主义文化批评的全新方案。**马修· 德·约翰逊的《新中国在战争时期的“世界主义”》**通过重构朝鲜战争期间中国与国际社会在文化生产、传播和技术交流的历史图景结合传媒和观众关系的分析方法,重点讨论了代表中国官方的国家文化、国家机构以及文化生产者和接受者相交集的社群诸个案,深入描述了朝鲜战争时期的世界主义文化,亦即大众传媒如何使中国官方文化在朝鲜战争期间走向国际,并塑造中国在反美运动中所起到的中流砥柱作用。文章指出,“人民的”中国与亚洲、亚太地区和东欧集团外的欧洲国家之间的关系在1949年前后存在着连续性以及不断扩大的趋势。新中国建立初期,大众文化所体现的三个方面,包括:文化生产和传播广泛借鉴了多种模式和1949年前期的资源,中国自身也成为了亚洲其他革命政治的一种模式和援助方;对国际关系的重视超越了中苏友谊;在选择如何让中国迈向国际化的阶段,“新”的官方文化的创建并不意味着与过去的文化决裂。这些有助于我们理解中国在极度动荡时期仍然参与全球秩序的深度和广度,也是当前研究文献所相对忽视的。**蒋兴立的《寻找战争中的桃花源:论台湾作家王北山的韩战书写》**解读了经历坎坷、复杂的王北山历经十年而写就的《韩战生死恋》。论者指出,“爱与自由”是《韩战生死恋》中赞颂的两项关键主轴,但具体而言,这两者又可以被合并为所谓的个体价值。王北山在书中批判战争,他所信仰的价值是“爱与自由”,他放弃亲人与故土,想要投奔的故乡是台湾,但那其实是他想象憧憬的桃花源,那是一处和平、反战、平静、美好的永恒乐土,而台湾只是此一乐土的代名词。

一如既往,本卷的“表演东亚”专题延续了其对东亚知识空间的反思、批判与敞开意识。该版块的三篇论文均从东亚区域的小剧场表演与社会运动的接合策略,讨论一种民众戏剧文化实践的可能。**孙柏的《“重新发明中国”:帐篷戏剧在北京的行动》**指出,樱井大造在东亚推动的帐篷戏剧行动,于2007年来到北京,它携带着自20世纪70年代世界革命落潮以来固守着微小力量的抵抗脉络,进入到一个后革命的、国家资本主义的中国。突破民族国家意识和冷战文化壁垒,积极建立人民外交,是樱井大造一直尝试在东亚的天空下创造新的连带关系的努力方向;与此同时,秉持着将现实重现为虚构的美学原则,帐篷戏剧也力图在再现的层面上重新发明中国。经过七年的时间,北京已先后上演了三部帐篷剧,分别是2007年的《变幻 痂壳城》、2010年的《乌鸦邦2》和2013年的《赛博格·堂吉诃德》。然而,这三次行动使帐篷的空间所经历的渐次室内化的过程,是全球资本主义温室效应的一个真切的缩影。它表明,帐篷戏剧在中国遭遇的困境是多重的和极具症候性的:这其中既包含着这个前社会主义国家对左翼文化政治的缺乏反思性的拒斥以及伴随新的市民社会、中产阶级建构而形成的自由主义、个人主义的意识形态敌意,也包括国家资本化对于任何具有真正思想性和想象力的公共空间的压制。如何守卫贫困的领土,如何保有帐篷这个想象力的避难所,如何维系这燃烧着社会性的自我反省的篝火?这是帐篷行动在中国、在北京所要面对的艰巨挑战和全新课题。但也正因为是这样,帐篷戏剧才更显现出它的存在本身的重大意义,即只有通过创造一种新的现实存在感,才能延续面向未来的微小却坚韧的希望的力量,以此来重新发明中国、发明这个世界。**李哲宇的《民众请站起来之前与其后:小剧场运动与民众戏剧的交汇》**一文以台湾彰化县台西村反对“六轻”的证言剧场为切入点,将台湾的小剧场运动放置在后冷战时代的治安秩序和亚洲视域的脉络之中,对20世纪80年代台湾小剧场运动如何接续与转化为90年代的民众戏剧进行求索。论者认为,“剩余的与新兴的”小剧场趋向为反叛主流文化而反叛的演出形式,以及关怀社会弱势却日益淡化政治色彩的样态,透过学院训练体系的建立、经费补助的开展与相关文化政策的配套,小剧场运动从20世纪80年代戒严氛围下的探索与冲撞,已走到了90年代“解严”后的文化治理机制当中,它在90年代正朝向剧场制度化与组织化发展。小剧场运动不仅没死,反之,它可能更为健全。20世纪80年代小剧场运动与90年代东亚民众戏剧连带所遗留的课题,仍旧对于今日的民众戏剧、社区剧场或参与式艺术有着启发意义:一方面,民众戏剧的实践并非只是台湾小剧场运动在90年代后的一种戏剧类型变体,或者只是附庸于文化政策的有效剧种,或许我们可以将其视为替亚洲民众戏剧连带所打开的思想资源,并提供了进入台湾地方与社区的物质基础;另一方面,民众戏剧远非只是简单地追求沟通、对话、交流等粉饰太平的民众参与，更应关注戏剧如何使受压迫者撑开其政治社会的样貌，以指认治安的过错，及其运转逻辑所承载地帝国的、冷战的与殖民的遗绪。**锺乔**的《**文化行动的入径：从“回到里山”到“返乡的进击”**》认为，在剧场里，以 ACTION 来延伸“表演”之外的“行动”，有其特殊且深刻的意涵——表演即是一种行动的主张。美浓里山户外剧场团队的“回到里山”更多的是一种召唤：一方面是复甦生态、生产与生活的“里山精神”；另一方面则是将美浓反水库运动的记忆，重新以环境剧场来连结“site specific”“实时即景”的地景。而“证言剧场”作为“返乡的进击”的源头，这样的文化行动显然有别于“回到里山”的召唤，更是临界于残酷的现场。论者认为，当下剧场如何返身思索美学与民众之间的对话，便是建筑在底层受害的现场上。剧场作为一种文化行动，须与现实的抗争同声进击，更要保有文化作为表现的主体性。《台西村的故事》作为《返乡的进击》，是剧场人与民众相遇时的一种进步选择，是重新聚集一种对底层的凝视，透过这样以牺牲体系为参照的身体行动，剧场人与台西民众共同建构了“返乡的进击”。它正视的恰是一种文化知识人与民众，如何经由对等的视线，找到彼此得以对话的过程。与其说，是社会运动的一种模式，不如说，是一种文化行动的到位。

“现代性的边界”版块中，**刘文瑾**在《**恶的“升华”：审美现代性中的主体精神**》中，以深厚的思想史功力，对（审美）现代性的边界做出恰如其分的勘探。审美现代性是19世纪中叶兴起的反现代的现代性，其实质是将现代性的主体性原则在感性层面上推进了一步，使得主体性原则不止确立在理性的基础上，更确立在个人情感、欲望和想象力的自由上。该文以推进了审美现代性的代表性作家（如萨德、波德莱尔、普鲁斯特、巴塔耶等）以及代表性的文学现象为例说明：审美现代性是对主体性原则的激进化，这种激进化以寻找自我或文学的“本真性”为由，却可能使主体由于丧失分寸的僭越，而重返人类生存的野蛮状态。论者通过对现代文学与恶的关系作出一个思想史的梳理，意图揭示现代性的边界：现代性本是为了让人通过理性和科学来摆脱原始蒙昧力量的统治，然而，主体性原则的无限激进化，亦有可能使现代人的生存“倒退”回命运的统治之下，使现代性遭遇自我摧毁。**张望的《迈向“完美戏剧”：瓦格纳的“整体艺术”蓝图》**对欧洲音乐史上最具争议的人物、德国歌剧史上一位举足轻重的巨匠威尔海姆·理查德·瓦格纳，在政治、宗教方面思想的复杂性进行了辨析。论文以瓦格纳的“完美戏剧”观念作为研究对象，结合其《艺术与革命》、《未来的艺术作品》、《歌剧与戏剧》等理论著述系统地爬梳了瓦格纳的“整体艺术”蓝图。《歌剧与戏剧》不仅包括了瓦格纳对自己艺术经验和思索的总结，而且还包括了他对自己未来要进行的艺术创作的理论规划。在未来的“完美化的戏剧”中“词汇诗人”和“声调诗人”各自的“任务”，即诗人与音乐家分别该做什么，对于这些“任务”，瓦格纳按照步骤的前后顺序，一步一步做了详细的规划。瓦格纳设想的是完整的艺术作品，戏剧“成长”的过程包括了预感、歌曲、奇迹、回忆等创作阶段，其主体部分由诗、音乐和摹仿三种“人性的艺术”合作而成，但是当时瓦格纳的思考侧重于舞台下的创作，所以他的规划的重点是诗与音乐的创作。论者认为，瓦格纳的艺术确实是精心设计的，他的艺术驾轻就熟地利用了他对剧场观众的敏感并顺应观众的感受方式将观众引导向一个超凡脱俗的境界。瓦格纳的创作实践与理论规划相互映射，从他的理论著述与诗学理论中我们可以找到打开他艺术迷宫的金钥匙。**田墨浓的《伊莎贝尔的“阅读”》**将小说《一位女士的画像》主人公伊莎贝尔视为文本内的“读者”，考察了伊莎贝尔的“阅读”行为之于小说故事情节展开及其叙事转换所具有的文本建构功能。论者认为，在小说的前半部分，伊莎贝尔幼年孤独而纯粹的阅读体验，培养了一种理想化的社会理念，并直接挪用到对现实的分析中去，赋予了周边环境一种虚假的浪漫色彩，也造成了她对奥斯蒙德的“误读”，从而引发了悲剧；而在小说的后半部分，伊莎贝尔对自身和他人惨淡命运的读解，引发了自我认知的重构，既构成了小说读者的“前理解”，也确立了自己作为悲剧主人公的本体地位。作者指出，伊莎贝尔的阅读行为是对文本“空白点”的填补，但其“主人公”身份又使这种填补同时变为文本内的“空白点”与读者阅读的“前意识”，从而赋予小说摇曳多姿的叙事灵性与文化蕴藉。

2014年年初，长期从事德国文学思想研究的叶隽教授主编“会通丛书”，叶隽本人的《变创与渐常：侨易学的观念》作为该系列的首批著作之一，借重东西方哲学思想首倡“侨易”的观念，试图提供追寻文明、宇宙大道的思想资源的系统方法论。作为尚处于发展中的“侨易”观念在不同研究领域引起反响，或挪用，或推动，或商榷，均丰富了我们的思想与知识。“作为‘跨文化诗学’的侨易观念”版块的五篇专论各从不同的领域、角度出发，对侨易的思想进行阐发。**曾艳兵**在“**主持人语**”中，以感性的笔触举重若轻地勾勒了侨易观念在解构潮流中的重要意义。而**生安锋**的《**一种“文化诗学”：浅议叶隽的侨易学理论**》尝试从“文化诗学”的角度，来分析评点叶隽的新著《变创与渐常：侨易学的观念》，肯定作者在理论上的创新，以及为文学、文化、智性史等研究所提供之崭新的思考维度。作者叶隽既受李石曾《侨学发凡》的启发，又融汇《易经》之“易”的概念，意图建构一套相对实用、便于操作且又具有宽阔拓展哲理思维空间的方法论。其以“二元结构”与“三维要素”作为侨易学之基本原则，又于如何检验侨易现象上，开列出一条“侨易效应 = 侨易主体（对象）生性质 × 侨易时间 × 侨易条件”之简明的公式。侨易学的提出，既为作者叶隽长时期对于中外文化交流史、比较文学、留学史等领域学思积累的集成，表现出探讨异文化间相互关系与人类文明结构形成之总体规律的兴趣，同时亦展现出叶隽身为学者，于世界、于21世纪人类命运深刻的思考与广博的情怀。**陈戎女**的《**千世万象，无不侨易**》认为，叶隽新著《变创与渐常：侨易学的观念》，视野宏通，气魄雄大，其所提供给今日之学术共同体的，不仅是一个哲学观念和学科理论的发端，更是一个初步厘定、有待精确的问题场域。叶隽尝试藉侨易学建立理解世界元理论的意图自不待言，然而，想将所有现象纳入侨易视野的此一心胸，背后却亦担负着巨大的学术风险。比如其广采并取的理论来路，固使人深所感佩作者叶隽读书广博浩繁，然而广征博采却未必能够说“明”问题，有时反倒容易使问题跌入无穷尽的互文之海。或者本书对于21世纪东西方文明冲突结局之乐观判断，与有目共睹、越演越烈的现实明显脱节，均说明在增强侨易学理论阐释的有效性外，尚需要考虑在观念与现实之间实现不一定无缝但应是有说服力的对接。

总而言之,《变创与渐常:侨易学的观念》一书具有中国学界缺位已久的理论自觉,诚属难能可贵,然而这门新创的学问,未来依然有待学术界多领域的验证。**李川的《汉字的侨易学刍议》**指出,文字的创造机制与文字本身所呈现的形态及意指,对于社会制度、文化取径乃至名物均有相当深刻的影响。而音义兼借的侨易形态,恰是汉字在东亚流传过程中所体现出之共同特质。从文字的思维方式入手,可以发现,以形寓意、借形表义乃汉字的常用手段,充分说明汉字之形之于意义表达的重要性。推本而言,则汉字取象以立意的表达特色,又可溯源《易经》,遵循的乃是比附推论的逻辑方法。所谓"以形正名"、"以象测脏",不仅施用于中医的理论体系,更是一种直观的体道方式,与由拼音系统模塑而成之西方逻辑迥然有别,展现出具有圆融、流动、汇通、诗化的侨易性特质。倘从具体的文字形态与世界体系来看,更可发现几大古典文字、文明间存在着诸多共性和潜在的文化联系。此一现象不禁让人细思,若将中国文字的起源置放于全球体系的背景下考察,或者能对中国文字系统的形成与异域文字之间的侨动关系有更深刻的理解;抑或,此种侨动关系也许存在着孕育共同思维方式的可能性?**白峰杉的《高维度的文化空间孕育自由之思想》**借数学上空间和维数的概念、物理学中静止与运动的概念,试图说明人类在文化上的进步与进化,也可以归结为文化空间的扩展,特别是文化空间某种意义的维度的增加,而这演化的过程就是侨易的过程。而人类经过以万年为尺度的进化与进步,获得了更自如的在物理空间游走的能力,这个能力的提高可以用人自如运动的空间维数刻画。**范天佑的《物质运动与侨易学可能的联系?》**认为侨易学研究的是物质运动与精神漫游的关系,侨易现象虽服从社会运动的普遍规律,与单纯的自然现象不同;但可借鉴物理学研究物质运动的方法,把侨易现象从与之相关的社会现象中剥离开来,研究它内部的结构及其运作规律,亦可从时间和空间等物质条件,考察侨易学的"外场"。从物理学的方法来研究侨易学,不仅是研究视角的更新,事实上也为打通自然科学与社会科学提供了一种可能性维度。

20 世纪末期,因应全球化进程的再次全面启动而激发出的非西方世界身份意识的自觉,比较文学在亚洲各地区蓬勃发展。自 20 世纪 80 年代以来,中国比较文学学者在研究领域和学科理论方面做出了一系列可贵的努力和建树，比如中外文学关系研究、变异学、译介学、中外文学关系研究中的“世界性因素”、跨文化形象学、比较神学、比较神话学、比较古典学、汉学主义、跨文明比较、比较文学的“世界文学”阶段、跨学科研究等，无疑凸显着中国学人在全球化进程中的学术担当和责任意识，它既为国际比较文学理论补充了新的思想资源，也在一定程度上改变了比较文学学科的欧洲中心主义格局，部分地实现了中国比较文学学术思想的国际化。本卷的“‘比较’中国”推出三篇论文，其中年届耄耋但壮心不已且笔耕不辍的**钱林森**先生，在中外文学关系研究领域用力甚勤，其**《中国古典诗歌在18世纪法国的传播与影响》**一文认为，中国古典诗歌西传法国和欧洲，得益于18世纪法国汉学的勃兴和知识渊博、汉学水平和文学造诣俱佳的18世纪传教士汉学家率先译介与引进，虽然其引介之最初动机并不在于纯文学的考量，而仅出于布道传教的宗旨和对中国古代文明的总体考查。18世纪先后来华的耶稣会传教士白晋（Joachim Bouvet）神父、马若瑟（Joseph Marie de Prémare）神父、韩国英（Pierre-Martial Cibot）神父和钱德明（Jean-Joseph-Amiot）神父，便是这其中知识鸿博，汉学和文学造诣俱佳而率先译介中国古代歌赋的主要代表。而法国18世纪下半叶对中国古典诗赋的引进，得力于韩国英、钱德明等神父的积极引介和开发，他们恪守传教布道的宗旨，秉承法国入华传教士汉学前驱注重文化经典迻译和学术开发的传统，以多卷的《北京耶稣会士中国论集》为平台，继续对《诗经》及古典歌赋深入的绍介、摘发，从而将这一时期中国诗歌的研究，推向新的发展阶段。该文以迻译乾隆皇帝《盛京赋》为典型个例，一方面，着眼于对其诗译文本进行细读和举证考析，并对迻译者以天主教“神话诠释学”（mythography）索隐求证《诗经》的手法，从方法论的角度进行跨文化的审视与剖析，另一方面从译介学的流布与接受的角度和东西文明对接、共生互补的高度，梳理、考察了18世纪启蒙思想大家伏尔泰（Voltaire）、狄德罗（Denis diderot）和天才诗人谢里埃（André Chénier）对传教士汉学家迻译中国古代歌赋的积极回应、诗性解读与采集受纳。**夏光武**的**《比较文学在中国学科建设的问题探索》**提出了一个相当尴尬而紧迫的议题。中国比较文学的早期学科建制中,世界文学与比较文学被合并在一起作为二级学科。随着比较文学研究知识范式的日新月异,这一沿用至今的学科划分已经对具体的教学构成一定的束缚。论者认为,由比较文学与世界文学的学科关联出发,认为世界文学应该是比较文学的理想目标,不应成为平行的学科名称,因为学科名称不但会影响到未来的课程规划,也容易使学生产生主观的看法,误解这门学科的研究方法。该文更进一步提出在学科的正名后,可考虑将“比较文学”设置为独立的科系,除了少数专业课程,大多数的课程转而聘请其他科系的教师授课,真正实现跨学科的教育理想。**纪建勋的《中国比较文学研究年度报告(2014)》**从学术活动、中国文学的世界性与比较文学、中外文学关系研究、多民族国家的比较文学疆界与研究范式、比较诗学、国际中国人文研究、翻译研究、跨学科研究等八个方面,对 2014 年中国比较文学的研究状况进行了总体述评,并力求在具体分析的基础上,凸显问题意识以及学人对于问题的反思与破解。该文为我们了解 2014 年中国比较文学研究的成绩与缺憾提供了一个窗口。

想象的文学空间是现实的地理空间的缩印,二者在结构上是互涉对应的。**陈方竞的《“鲁迅与浙东文化”论纲(上)》**提出,以鲁迅的故乡文化为研究“中介”,认识他怎样以其特有的方式形成与中国传统文化的联系,是研究得以展开并深入的关节。论者认为,依据鲁迅对远古越文化的指认,走进“河姆渡文化遗址”再现的七千年前宁绍平原上的一个“空前绝后”的古文明之中,“卷转虫海侵”使这一古文明滥觞了文化特征相差异的越文化与吴文化,钱塘江的存在,又使这种文化差异在浙东与浙西延续了上千年之久。进一步对浙东与浙西不同民风民性、学术学风以及文学艺术的一一钩沉寻绎,可以看到,浙东文化正是鲁迅感悟、体认并建构浙东特殊地理历史文化传统的基础。鲁迅与故乡文化的联系,是在这个基础之上建立起来的。**萧凤娴的《“自我”梦:论张爱玲 A Return to the Frontier、〈重访边城〉中的台湾书写》**记述了 1961 年 10 月 13 日,张爱玲因转机飞往香港工作缘故,来到台湾,然后于 1963 年 3 月 28 日在美国 *The Reporter* 杂志发表 A Return to the Frontier,写下了她 1961 年台湾旅游见闻与之后的香港行感触。2007 年,张爱玲作品的版权继承人宋以朗先生，重新整理家中的张爱玲资料，没想到却找出三十四页张爱玲从未发表过的《重访边城》中文手稿，且经过比对，发现这并不是 A Return to the Frontier 的中译本，而是张爱玲在 80 年代以中文重新写作的版本。先行研究者几乎皆肯定，张爱玲是为"预设读者"（欲投稿刊物编辑、杂志、小说阅读者），写作 A Return to the Frontie、《重访边城》。该文要处理的是，张爱玲为了收集小说《少帅》写作资料来到台湾，之后为了投稿杂志或出版，相继完成 A Return to the Frontie、《重访边城》两篇书写台湾的散文，进而在互文视域中思考张爱玲的台湾书写起因、观看方式，呈现出怎样的独特自我（Ego）建构与预设读者想象、社会化问题。**尚光一的《两岸对话语境中大陆出版物在台湾的阅读与接受（1978—2015）》**描述了改革开放三十多年来，大陆图书和报刊如何在台湾的传播范围不断扩大、影响程度不断提升，历经解冻阶段、蓄势阶段、扩张阶段和调整阶段，逐渐成为台湾同胞认知大陆社会和了解大陆发展的重要窗口的曲折过程。该文指出，就大陆书报刊在台湾的阅读与接受状况而言，虽然台湾当局设置了种种限制，然而大陆报纸、期刊、图书在台湾的发行渠道依然不断加宽，受众群体不断增长。大陆书报刊在台湾阅读接受的特征体现为受众面貌发生改变、畅销图书类别转型、价格优势逐渐降低、销售渠道"北重南轻"和市场仍待深度开发。

对近代中国出版史和性别议题着力颇多的加拿大学者季家珍（Joan Judge）于 2015 年出版了《民国镜像：早期中国期刊中的性别、视觉和经验》（*Republican Lens: Gender, Visuality, and Experience in the Early Chinese Periodical Press*），引起了中国历史、艺术史研究领域的关注。本卷"回应 / 交锋"版块中，季家珍和其他两位专业读者就相关问题展开了充满启迪的学理性讨论。**周琰在《略读〈民国镜像：早期中国期刊中的性别、视觉和经验〉》**中指出，《民国镜像：早期中国期刊中的性别、视觉和经验》将材料与议题的讨论置于民国初年中国社会变革和中国与整个世界的关系中考察，建立起一个立体多维的阅读与分析结构。然而，论者认为，该著针对新文化运动对通俗文化的批评有些概念化，乃至矫枉过正，如果能够针对新文化运动中具体的批评做具体应对，将会更清晰地说明问题，也更接近历史的本来面貌；而且该著对于材料数据的统计和分析，固然能够发掘历史和社会的丰富内容，但是数据的极大丰富也可能造成研究出现过于枝蔓的倾向，使得创造性思考受到材料联系和如何结构组织的制约。**王耀武的《季家珍〈民国镜像：早期中国期刊中的性别、视觉和经验〉》**视该著为一个关于图版式期刊《妇女时报》及其历史革新性研究，该著作最出众的地方在于它的研究方法论，运用一种“横向式”、“综合式”和“关系式”的阅读策略，展开对《妇女时报》的透彻研究。横向式阅读是将个体期刊问题放在期刊整体中予以关注，而当横向式阅读聚焦于具体刊物的个体事件时，综合式阅读将视线拉回到更广阔的印刷文化考量范围中，关系式阅读将视野拉到更远的范围了，将期刊之外的轶事和档案信息都纳入到考量范畴内。该著将有助于开拓北美的中国研究走向复原边缘化杂志的原始材料之中，并在未来仍可被其他学者继续推进研究。**季家珍**针对上述评论**回应道，《民国镜像：早期中国期刊中的性别、视觉和经验》**的主要研究内容是有关文化历史，在历史的细节上很丰富，也包含一定的数据支持，侧重史料多于理论，为的是避免提出理论的直接套用。评论者提出的五四运动对民国早期商业文化的影响，季家珍认为该论断都是站在“鸳鸯蝴蝶派”的固有标签之上，而即使“鸳鸯蝴蝶派”也意味着民国商业早期印刷在1920至1930年完成。季家珍还以包天笑为例，对评论者“早期民国的作家运用古文是不符合当时时代要求的，但是他们还没有到精通白话文的程度”的观点提出反驳。

“著/述评介”版块推介了三部特别有价值的著作。近年来致力于香港大众文化和流行歌词研究的朱耀伟教授，2016年编辑、出版了《香港研究作为方法》一书，该著汇集了当代北美、香港最活跃、最具影响力的文化批评学者的佳作，堪称“（香港）文化研究”的最佳“读本”。**张圆在《缱绻“复调”的香港：评〈香港研究作为方法〉》**精准地把握了该著的批判意识，即“复调”的香港不只是客观的空间形式，更表现为多样的学术方法和开放的研究视野。“香港”命题研究的众声喧哗规避了“香港是文化荒漠”的刻板定论，由此缓解了“香港”研究者的情感焦虑。除此之外，复调“香港”研究统合纷繁的文化零件和不同时空中的香港文化形象，强调学术研究的“现在进行时”，不执著给出确定的答案。朱耀伟在《香港研究作为方法》中设计的“谁的香港”、“哪种方法”、“本土 / 混杂”骨架背后是以“文化翻易”为底色。“谁的香港”关注理论旅行过程的意义变形，强调言说的主体身份和理论语境意识的重要性。研究者们立足于香港本土的社会现实，回望历史，展望未来，击破一言以蔽之的文化断言。文化“香港”混杂性文化景观有别于中国大陆，由此佐证了“复数的中国性”的说法。另外，“跨学科”作为方法是“复调”香港的又一表现，不同学科形制的对话赋予了“香港”研究更宽广的视野和更蓬勃的生命力。杨建民先生 2015 年出版的《健民短语》延续了他早先的《健民读书》的文体，有力挑战、动摇了散文的既有稳定形式，同时，《健民短语》游走于高雅与流行，当下与历史，展示了文学书写命题和外在形式的双重灵动。**刘小新、陈舒劼的《微信写作，另一种文学样式：评杨健民〈健民短语〉》**指出，《健民短语》的文体机制和文学生产的语境、条件以及文学观念的时代表述息息相关。它是网络数字时代的产物，这并非仅指“短语”的思想内容，同时也是指它的产生途径和传播方式。“健民短语”是当代知识分子主动适应和介入网络数字时代新型书写的具体表现，但它颠覆了网络文学拒绝崇高、游戏人间的一贯形象，寻找这种新型书写和启蒙或批判机制共存的可能。数字时代的文学泥沙俱下，散文“表达了什么”的分量甚于散文“是什么”。《健民短语》拒绝平庸的思想滑行和机械的知识复印，自觉地追问这种阅读感受和文化现象得以产生的缘由或机制，反复表达作者对个人生存终极意义的关注，体现了作者生存经验与读书体验之间的深度对话，字里行间流露着知识分子的性情和诚意。**王日根、侯凡跃在《“一”贯中国或中国文化的自知与自明：汪晓云〈中国学与人类学系列〉评介》**中为汪晓云的《中国学与人类学系列》（《一“字”之差：“道”何以“道”》、《一“名”惊人：“昆仑”之“道”》、《一本正“经”：隐秘的汉语圣经〈海山经〉》、《一“器”之下：“翠玉白菜”何以为“镇国宝”》）进行思想定位。论者认为，这套系列游走于经史子集之间，统合中国文化的诸多主题、命题、概念、器物和载体，是中国文化母题的一次集体现身。王晓云并未囿于现代学科界限，跨越文史与人类学、民族学、民俗学、政治学与社会学等学科的固有鸿沟，锻造了一种新的学科视野。西方理论提供了新的理论景观，却不是汪晓云的学术选择，她更愿意以“集注”的方式让所引用的原文典籍自己发声。当然，这不是传统的独语，而是当下和历史、传统文化和自我的深层对话。“一”贯中国的学术演化史力图从那些习以为常或选择性遗忘的文化细节中挖掘中国文化要义。回归经典乃至经典之源，意在思索中国人文精神的政治诉求和对和谐秩序的企望。《中国学与人类学系列》回望历史，以个性化的方式重塑持续在场的中国传统文化，实践着中国式书写的当代意义。

编 者

2016 年 6 月

特稿

对话阿甘本：近代中国国家话语中的王权与虚空①

刘纪蕙
台湾交通大学社会与文化研究所

陈明敏 译

"The void is the sovereign figure of glory."

"虚空是荣耀的最高形式。"

——阿甘本（Agamben）2011: 245

一、虚空：治理话语的转换词

本文旨在就政治哲学领域的争议性概念——王权和虚空——这一问题进行阐述。在他的近作《王国与荣耀：经济与治理的神学系谱学》（*Kingdom and Glory: For a Theological Genealogy of Economy and Government*）（2011）中，吉奥乔·阿甘本（Giorgio Agamben）通过"宝座空位"（hetoimasia tou

---

① 译自 Joyce C. H. Liu. "Against Agamben: Sovereignty and the Void in the Discourse of the Nation in Early Modern China." *Theory, Culture & Society*. 32（4）（2015.4）: 81–114。衷心感谢刘纪蕙教授和译者陈明敏授权出版以及刘纪蕙教授百忙中对中文译稿作出校订。为配合论述，本文第四部分"章太炎的'空位'概念及他对国家的批判"部分内容（本书第 35—38 页）节录自刘纪蕙《庄子、毕来德与章太炎的"无"：去政治化的退隐或是政治性的解放》（载《中国文哲研究通讯》2012 年第 22 卷第 3 期），特此说明。

thronou）的隐喻，分析了西方政治操作中“虚空”概念所透露的双重视点：一端是宇宙的无穷表达与自我经营，另一端却是治理的政治经济学。阿甘本追溯了公元2世纪到5世纪有关三位一体的神学论述，论证“宝座空位”（hetoimasia tou thronou）的“空位”实际上正是西方政治操作逻辑的核心所在。根据阿甘本的说法，即使是当代民主制度，也再次印证了所谓透过公众意见和共识决断而通过议案的形式，恰恰是以结合“神意”与“治理”的操作机制，而其核心仍旧是神圣经济学的“虚空”概念。相对于这种体制性操作的政治模式，当前的激进政治哲学进行对于所有形式的民族主义、种族主义、本质主义及巩固集权的质疑，并且回到了关于无政府主义的思考，探究解消结构性基础的可能性。[①] 然而，阿甘本指出，在西方传统中，神学本体论本来就视神圣实践为没有固定基础，而且世上的神圣经济管理“总是无政府主义，而且并没有任何稳定根基”。（Agamben 2011：65）

关于“虚空”的概念，阿甘本写道：

> 宝座空位并不代表王权，而是荣耀的象征。荣耀先于这个世界而生，并将比世界末日更长久。王座的空位尽管与神圣的本质一致，却并未与其同一；王座之所以维持为空位，也并不仅仅因为荣耀，还因为存在于它最深处的自我不作为。……虚空是荣耀的最高形式。（Agamben 2011：245）

在阿甘本的分析中，宝座空位的最高权威实际上连接着内在三位一体和神圣经济三位一体两种视角之间的矛盾。经济治理的运作机制恰恰衔接了作为仪式性王权以及实际管理之间的双重结构，并且在治理机器内部保存了“神性的终极秘密”，也就是以不可思议的不作为构成其“机制运作的内部动力”。（Agamben 2011：22-23）

阿甘本关于宝座空位的讨论中，我认为最有意思之处不在于西方政治理论和治理实践中显然存在着的神学原理或是政治神学修辞，而在于政治哲

① 比如，Todd May's *The Political Philosophy of Poststructuralist Anarchism*（1995），Saul Newman's *From Bakunin to Lacan: Anti-Authoritarianism and the Dislocation of Power*（2001）and *Unstable Universalities: Poststructuralism and Radical Politics*（2007），and Ray Brassier's *Nihil Unbound: Enlightenment and Extinction*（2007），这里提及的仅是其中的一小部分。

学中连结了“虚空”与“经济治理”的概念。“虚空”与“经济治理”原本是两个毫无关联的概念,但是却在政治操作中找到了交会之处,甚至与东方概念中的“无”(nothingness)和“空”(emptiness)呼应,而引发了我的关注。京都学派(Kyoto school)从西田几多郎(Nishida Kitaro)以“无”作为纯粹非二元性的场所(basho),到西谷启治(Nishitani Keiji)的“空的立场”(standpoint of emptiness)——将东方视为以“无”为基础而西方以现实为基础的东西差异,进而到三木清(Miki Kiyoshi)1940年以“无”的哲学为基础发展的《新日本的思想原理》而辩护侵略战争,我们可以观察到这个发展轨迹是一个高度具有争议性的哲学议题①。以“无”的传统概念来表现东方作为“无”的场所,似乎暗示了日本文化或东方文化“非本质”(non-substantial)和“非占有”(non-possessive)的特质。但实际上,三木清等人提倡超越血源,超越民族精神与国家范畴,目的是在于论证以“无”为基础而认同一个作为全体的东洋,以便达成包含诸民族的“东亚协同体”。这个“无”的说法在“大东亚共荣圈”话语中起着诱人而神秘的作用,而这些在京都学派哲学家以“无”作为政治治理的修辞以及台湾战时“皇民化”宣传的“无我”与“奉公”论述,都使我注意到“无”的场所以及“空位”的说法在国家对主体的治理关系中所扮演的暧昧角色②。

我并不打算进入涉及京都学派问题的复杂辩论,但我的确想藉由上述京都学派的现象,指出“无”的意涵在历史脉络中的可转换性。在西方关于“无”(nothing)或是“虚空”(void)的论述中,无论是空位、空处、否定性的虚无化、使其无效的行为,或是拉康所提出的“并非全无一物”的德谟克利

① 二战期间京都学派的政治倾向,一直引发着关于探讨“无”的哲学家是否服务于帝国政治目的的争议。例如, David William's *Defending Japan's Pacific War: The Kyoto School Philosophers and Post-White Power*, Christopher S. Goto-Jones's *Political Philosophy in Japan: Nishida, the Kyoto School, and Co-Prosperity*, Curtis Rigsby's "Philosophers of Nothingness: An Essay on the Kyoto School", John C. Maraldo's "The War Over the Kyoto School", John Namjun Kim's "On the Brink of Universality: German Cosmopolitanism in Japanese Imperialism."

② 我曾在其他文章讨论过日本意志名义下的“无我”(non-I)和“奉公”(serving the public)的概念。通过盛行于“大东亚共荣圈”话语中由日本殖民政府提出的口号,呈现为20世纪30年代和40年代“皇民化”运动期间台湾的“皇民”主体化模式。(刘纪蕙,2009)

特式的虚空（Democritean void），“无”与“虚空”都已经随着其宗教脉络、哲学内涵以及时代情势而有不同的意义。我们必须将“无”与“虚空”视为一个语言机制中的“转换词”（shifter），根据前后语境的符号规则，在不同的话语经济中安置与交换不同的意义，操作不同的功能，并且展现其背后不同的主观立场以及其所回应的客观现实。同样的，汉语中包含了“虚空”这一意义的词语，例如“无”和“空”，也是在不同语境下指涉不同意义的转换词。“空”可以意味着虚空、空白或是空无，而“无”则不仅仅指的是与“有”（there is）相反的“没有”（not having），也可以指使其无效或使其空无的动态行为。汉语中的“虚”、“无”或“空”，无论意指“虚空”、“空白”或是“使其空无”的辩证行为，都应当依赖它的上下文语境和符号体系进行解读。若非如此，那对于中西思想中“无”或是“空”的讨论就只不过是以西方哲学对中国思想的武断并置和概念置换，或是停留在表面的模拟研究，反之亦然。但是，如果我们不尝试这一跨文化的哲学介入，我们就永远无法思考在更大的语境下，这些类似或相同的概念模式与历史进程为何如此发生。借助考察“虚空”或“空 / 无”的不同话语构造，尤其是治理模式的政治经济学话语，我们将得以检视当今不同治理机制中的逻辑操作以及其盲域。

我将通过我对两位中国晚清启蒙运动知识分子梁启超（1872—1929）和章太炎（1869—1936）的阅读，来分析“虚空”这一概念的暧昧问题。我认为通过梁启超与章太炎关于“无”或“空”的对立论述模式，我们恰恰可以观察到阿甘本对“空位”的分析以及对“虚空”的定义中折射出来的悖反路径。我认为，不同于梁启超以“无”到“有”的主流话语来塑造近代中国新国家政体，章太炎关于治理机制中心“空位”（empty seat）的提议，通过不断否定现有僵化而压抑性的政权，他展现了“虚空”的动态重建之潜力，并提示了一种曾被压抑却值得我们注意的不同的国家构想。[1]

① 梁启超与德国政治哲学家约翰·卡斯帕尔·布伦奇利（Johann Kaspar Bluntschli）和他的国家概念、文化国家主义（Volksgeist）及国家意识的紧密联系已有广泛研究。例如潘（2006）、贝尼希（2011）、孙（2012）。本人从先前的学者研究出发，除了来自德国或日本政治观念的影响的经验主义分析，我想指出在梁关于政体的论述中，已经显露了伦理生命政治学的痕迹。详见我接下来的论述。

我尤其想藉由梁启超和章太炎对于“空”或是“无”的建构,来讨论关于“心”的论述。中文的“心”,是一个复杂概念,包含着生命的种种内在活动,包括心理、思想、感觉、意志、情感、精神等。在早期现代中国的启蒙运动与现代国家的论述中,梁启超与章太炎在他们关于“心”和“国家”的概念构建中,都纳入了“虚空”的概念,也涉及了“心”的论述,从而将个人与国家连结起来。但是,两人的诠释路径却截然不同。将梁启超与章太炎对“虚空”的阐述放回到他们的语境中,意味着将他们置于新的民族国家诞生过程下中国革命的历史性时刻。通过此举,我们对“虚空”在他们思想和时代视野产生的不同作用,将会有更准确的理解。

为了进一步深入我们的探讨,我们首先要考察阿甘本对西方治理机制中“虚空”在“经济”和“荣耀”之间的链接功能,以便进而探讨在东亚治理机制的范式中,尤其是在近代中国的特殊情境下,“虚空”所具有的政治经济学内涵。

二、阿甘本及“宝座空位”的政治经济学

经济(economy)是阿甘本在《王国与荣耀》中研究治理(governmentality)的一个关键概念。不同于卡尔·施密特(Carl Schmitt)的政治神学理论,阿甘本的基础论点是:从一开始,基督教神学就是关于经济管理(economical-managerial)的论述,而非国家治理(politico-statal)的论述,而这个神学经济(theo-economic)的范式解释了西方政治治理和经济治理两个传统之间的紧密联系(Agamben 2011:66)。阿甘本强调,“经济”所涉及的不是知识或是系统,也不是一门学科,而是关于经营、管理和安排的一整套实践活动。“经济”(economy)的字根源自拉丁语 oikonomia 和希腊词语 οικονομοò,意味着家庭内部事务的经营和管理。相对于关注国家事务的城邦(polis),家屋(oikos)这个最小社会单位,特指家庭内部事务,是多样关系构成的复杂有机体,包括了主人与奴隶,父母与孩童,丈夫与妻子;换句话说,“经济”包含了家庭事务中所有需求和照料的区分、秩序、组织和执行(Agamben 2011:17-

21）。相对的，“政治经济”（political economy）则暗示着“家屋”和“城邦”之间界限的模糊不清以及个人空间的管理和组织已被规定在城邦范围内的事实。正如阿甘本在《神圣人》（*Homo Sacer*）中所写，“一旦它超越了家屋的壁垒，逐渐深入渗透到城市内部，王权的基础则立刻转变成一条时常必须被重画的界线”（Agamben 1998:131）。这条界线在不同历史及政治语境中如何被重画，便是一个有待探究的问题。

阿甘本的分析引起了我们对于治理机制核心“家屋”和“城邦”之间暧昧区分与联系的关注。“政治经济”（political economy）在18世纪的出现，已经证实了对经济活动及其生产交换的研究，是在城邦统治下为了国家利益而定义的这一事实。对城邦事务的秩序管理和经营，不论它是集权主义国家、社会主义国家、民主政体国家还是新自由主义国家，都早已是在服务于国家的范畴之内。城邦与家屋的重叠，使得城邦国家的逻辑渗透到个人领域；同样地，个人家庭事务管理的私领域逻辑，也伴随着它的“主人—奴隶”的等级秩序，以及其自我合理化，而随着个人掌握凌驾于国家的权力，轻易地取代公共领域的统治秩序。阿甘本写道，“政府与例外状态（the state of exception）的治理范式，在经济（oikonomia）概念上，出现了一致性；所谓经济，正是事物治理的管理实践，而在不同的状况下，使自己衡量调节自身，以便适应于各种具体的情况。”（Agamben 2011:50）描绘、管理以及合理化“家屋”和“城邦”之间的区别与联系，从财产所有权、课税权、公民权利、军队服务、教育政策、人口控制，到对裸命（bare life）的管理，都是治理机制的对象，也是操作划分线的主权行为。

不过，“家屋”和“城邦”两个领域之间，事实上关系更深入，也开始得更早。阿甘本指出，关于家屋与城邦关系的讨论，最早出现于斐洛（Philo of Alexandria，公元前20—公元50）*On Joseph* 中的一个段落。此处，亚里士多德式的“家屋—城邦”对立开始变得模糊不清：“家屋”被斐洛定义为“一个小小的限定规模的城邦”，“经济”被定义为“共同约定的治理形式（politeia）”，而“城邦”和“政治”则分别被解释为“一所大房子”（oikos megas）和“一般经济（koine tis oikonomia）”（Agamben 2011:24）。

在斐洛的界定中,“家屋”与“城邦”的治理几乎没有区别。希波吕托斯(Hippolytus,170–235)和德尔图良(Tertullian,160–225)则以神圣生命的“三位一体”作为衔接点,进一步阐述了“经济”的特定内涵。圣保罗的名言“奥义的经营布置”(the economy of the mystery)被德尔图良转变为“经济治理的神秘性”(the mystery of the economy)。“三位一体”不再是神的不同显现,而是经营治理的实践与行动。因此,通过连接“经济”和“王权”之间的关系,“神圣王权的构成必然伴随着经济操作,一个能够衔接并且揭示其奥秘的治理机制”(Agamben 2011:41–43)。

将三位一体的概念引入治理的实践行为,同时以无起源状态作为其基础,这个神圣经济的论述模式值得我们进一步讨论。据阿甘本所说,无起源的状态(anarchos)是上帝与世界治理的根本连结点。本体和实践的断裂、客观本质和主观意愿之间的分离,不仅仅指向基督教义中神学经济的神秘二元论,也指向“虚空”的概念。阿甘本提出,作为宇宙中心“不动的动者”的上帝,其本身就是“虚空”,是不可思议的“无作为”(inoperativity);这个“虚空”的位置掌握着西方治理机制的核心,并且在象征荣耀与理性的“宝座空位”形象中,达到顶峰(Agamben 2011:53–65)。事实上,这个空位可以被任何理性或是抽象的概念所占据,并随之展开其所建立的等级权力和社会关系。神的王国的先验规范与统治国家的内在秩序之间,必然有相同的逻辑。

根据阿甘本所分析,在希波吕托斯(Hippolytus)和德尔图良(Tertullian)所阐述的“三位一体”的神学经济中,治理范式不再是上帝存在的显现,而是世界的神秘管治,涉及了权力的精确计算、分割以及排除。我们还可以进一步指出,“宝座空位”的准备以及其不可置疑的“荣耀”,不仅在不同形态的西方治理机制中不断出现,也已经在亚洲的政治体制产生回响。正如福柯和朗西埃分别作出的分析,处于治理机制核心而不被质疑的逻辑,是统辖可见性机制(the regime of the visible)甚至感性机制(the regime of the sensible)的透视退隐点,像一个自动机器般运转,并在不知不觉中渗透于我们的意识之中。

阿尔贝托·托斯卡诺(Alberto Toscano)犀利地挑战阿甘本在《王国与荣耀》中对经济神学进行的考古学研究掩饰下的历史本质主义,他还批判了阿甘本对经济的两种形式之区别的忽略:即,亚里士多德(Aristotle)分析与马克思(Karl Marx)在《资本论》(*Capital*)中所讨论的物物交换,以及通过资本原始积累进行的利益获取。托斯卡诺指出,研究理财的货殖学(chrematistics)脱离了自然秩序的需求,假定无限增长的财富,而直接预示了资本主义的原理,应该是当下真正的政治问题。资本主义和马克思主义事实上都无法包含在"经济"(oikonomia)的概念及其系谱中。因此,托斯卡诺坚称,为了对当今政治经济有一个真正根本而全面性的评判,我们不能完全倚靠阿甘本(Toscano, 130-132)。

阿甘本的确没有讨论货殖论的问题,但托斯卡诺似乎有意忽视阿甘本针对语言以及"法"(nomos)建立抽象价值及其运作机制的深入分析,即,透过生命的分离和管理,对社会关系进行控制。这个宰制性的社会关系,恰恰是马克思在政治经济学批判中关注的核心问题。对阿甘本而言,话语的切割和分离的机制,正是经济和管理的关键;用马克思的话说,这就是价值形式的抽象化和拜物,也就是资本主义逻辑的基础。

我认为,巴迪乌藉由拉康的论点而提出的"切割机制"(the regime of cut),说明了形而上学的问题,也解释了阿甘本所研究的分离和例外的逻辑。话语中已经铭刻了切割与分配的法则,而事物的经营与管理则建立于这个法则的基础之上。每一个划分,既是排除,也包含或保存了其内部一个神圣而不被质疑的核心。语言正是操作分离的媒介。分离(scission)的概念,无论是拉康的主体分裂(coupure de sujet),阿尔都塞的本质分割(coupe d'essence),巴迪乌的切割机制和切割效应(effet de cisaille),或是朗西埃的"间距"(the écart)与"无分之分"(part des sans-part)——这些概念都指出了语言执行分离的观念性操作[①]。在不同的历史环节及不同的社会政治语境下,有不同的划分和排除的形式。阿甘本所探讨的纳入与排除以及分离与例

① 关于 Lacan's *coupure de sujet, la coupure du désir, la function de la coupure*, 参见其 *Seminar XI*, pp. 29, 188, 215; 关于 Althusser's *coupe d'essence*, 参见 *Reading the Capital*, p. 98; 关于 Badiou's regime of the cut, 参见 Badiou's *Logics of the Worlds*, p. 480, 关于 *effet de cisaille*, 参见 *Logic* p. 479; 关于 *horlieu*(outplace), 参见 Badiou's *Theory of the Subject*, pp.8-12, 32-36; 关于 Rancière's *écart* 以及 *the part des sans-part*, 收在 *La mésentente*, pp.20-31, 71-72.

外的逻辑,说明了语言神圣化所造成的管理和部署(dispositive),以及正统历史抹除所有"史前史"的合法化操作。要松脱语言律法所确立并且自然化与合理化的绑束,意味着要针对形而上学的概念性分割提出质疑,以阿甘本所说的亵渎神圣的方式,来挑战不被质疑的神圣面纱背后的空虚核心,并且思考脱离神圣语言链接的可能性,从而使未来临者得以到临。

凯文·阿特尔(Kevin Attell)说明,从阿甘本对索绪尔(Saussure)的借用来看,对阿甘本而言,语言问题最深刻的悖论存在于语言内部的横杠自身。这个处在中心"如同深渊的虚空或横杠",是介于"语言事实的预设"和"意义发生"及其"相反"的可能性之间的分隔(Attell, 835–836)。这个分隔作用于任何历史时期法律被确立而界限被划出的时刻。阿甘本的考古学研究正是针对这些产生分裂而造成不同形态、环境、社会条件以及它如何被构成为正统历史叙述源头的探究(Agamben 2009:103)。

对于阿甘本,西方治理机制核心的"不作为",伴随着"联系它和治理机制及神的秘密神学连结",是所有问题的关键(Agamben 2011:64–65)。问题显然不在于"不作为"本身,而在于所谓的"宝座空位"只不过是遮蔽虚空的面具,却被荣耀的面纱所虚饰。因此,真正的问题便在于对于"虚空"进行经营管理的话语技术,以及因此而成功或是失灵的治理机制。通过法律而强加的治理机制还将使得处于例外状态的国家成为一个司法虚空的场所,"一个所有司法决断失效的混乱地带——尤其是抹除了公共与私人之间的差异"(Agamben 2005:50)。阿甘本指出,不同历史时刻戒严时期混乱而无"法"的例外状态,向我们展现的只是在各种虚空治理形式下的一个极端形式。意识到虚空联系着治理及神意的秘密神学连结,则是朝向思考超越政府和无政府、经济和荣耀的第一步,也就是某种不必藉由经济形式而存在的完整生命状态。

因此,阿甘本对西方治理范式的系谱研究,目的是要阐明治理核心的虚空如何假借了荣耀面具,甚至进而表现为当代自由主义民主体系中的共识治理。在这个意义上,阿甘本的任务还包括提出蔑视和挑战将生命从其自身中割裂开来的律法,并试图将日常生活本身的生命能力归还其自身。宗教信仰运用了分离的首要作用，亵渎则意味着挑战分离的界线，修复从其自身形式中分离出的生命。这个生命始终是“独一的方式、行动以及生命的过程，是所有的可能性，超越了所有权力，而绝不仅仅是生活事实而已”（Agamben 2007:75 ;Agamben 2003:3-4）。如阿甘本所说，生命自身是“将自己开放为一个所有运转核心的不作为”，如同每一个生命的“活的能力”（live-ability）；生命也是“对于自身行动能力的沉思”，并且活出自身“活的能力”（Agamben 2011:250-251）。

在当代各种治理范式面前，尤其当这个机制以不可被质疑的理性核心以及以宝座空位之荣耀作为伪装，我们必须思考的问题正是管理事物以及生命所有面向的操作机制。只有当我们意识到生命与其可能性与潜能之间的距离，各种人为或是合理化的生理区分所限制的生命，以及被正统历史所压抑的各种“史前史”，我们才能够让权力机制开始失效。

三、梁启超关于虚空的政治经济学理论：伦理生命治理的诞生

西方治理范式在19世纪末20世纪初被引入近代中国，伴随着被视为启蒙手册的西方理论译作出现在主流报纸、杂志以及各种水平的学校教科书中。在关于启蒙的大量论述中，也就是所谓的建造新国家以及塑造新民的现代化运动中，出现了一种以儒家伦理语汇为掩饰的特殊政治经济模式的话语。我将这一知识生产操作称作知性混成（intellectual syncretism）的双重翻译过程：作者从其他语言中翻译并挪用了各种学科概念，以便回应他所处的时代和他的世界观提出的问题和要求。通过运用中国传统儒家语汇或全新铸造的中文术语，或挪用改写日本译文，这些词语铭刻而覆盖了各种混杂的参照知识，在同一个词语中可以同时杂糅了西方符号脉络和中国传统符号脉络。

某些现代概念，譬如国家、人民、爱国主义、民主、宪法以及政府，被中国启蒙运动时期的知识分子高度使用，并且投注了特别的意义。但是，这些词语的翻译带来了复杂的问题，例如，nation 一词有国民（national people）、国

家(state)、民族(ethnic people)等多种不同翻译,指向不同的意涵;另外,patriotism 被译为爱国心,也被翻译为报国,隐含着爱国是回报国家的儒家伦理与责任感。雅克·拉康(Jacques Lacan)在他关于埃米尔·本维尼斯特(Émile Benvenist)的讨论中分析到,某些术语就像是"转换词"(shifter),携带者双重的意涵:作为陈述,它似乎指向了所指对象,但实际上它却起着一个返身指涉发言者主体位置的作用(Lacan, 136–142)。我们需要将这个知识生产的操作理解为二度翻译及二度挪用的复杂过程,在过程中作为转换词的词语链接着不同表义结构和主体位置,一个认知系统叠加在另一个认知系统之上。正如阿甘本所曾经讨论过的西方范式转换的问题,在 20 世纪之交的中国,二度翻译的过程也深刻说明了这个时期的激烈范式转换、在话语形构的背后如何存在着认识论的复杂变化以及同时发生的社会生活关系网络的变化。(Agamben 2009:9–11, 31–32)

梁启超的文章《新民说》(1902)可以视为一个症候式文本,完美地展现功利性政治经济和儒家伦理之间的桥梁,并阐释了特属于他所处年代透过话语完成的知性混成。我已经在其他地方讨论过梁启超的文章为何以及如何透露出政治经济的话语模式,而标示了中国背景下伦理生命治理(ethico-biopolitics)的诞生①。由于本文的篇幅有限,我将不再重述这些细节。但我仍需指出,梁启超的政治经济学知识的一个主要来源是由傅兰雅(John Fryer)翻译的《佐治刍言》,这是约翰·希尔伯顿(John Hill Burton)的《钱伯斯的教育课程:用于学校教育及个人指导的政治经济学》(*Chambers' Educational Course: Political Economy for Use in Schools, and for Private Instruction*)(简称《政治经济学》)。爱丁堡的钱伯斯兄弟(W. & R. Chambers)出版的教育类教科书系列中的一本。傅兰雅在 1886 年将这本书翻译为中文,书名《佐治刍言》意思是"一些有助于治理的浅见"。梁启超随其师康有为研究一批西方翻译而来的启蒙知识,也包括属于政治经济学的《佐治刍言》。同样的,伯

① 我在自己的论文 The count of psyche: The birth of biopolitics and ethico-economic in early modern China 及著作《心之拓扑:1895 事件后的伦理重构》的第二章中详细阐述过了这个问题。

顿这本教科书也在1867—1870年间被日本著名维新知识分子福泽谕吉译为《西洋事情》,对其日后所著流传广泛的《文明论概略》(1875)产生了深刻的影响。梁启超逃亡到日本的时候,福泽谕吉的《文明论概略》早已被大多数日本知识分子熟读,其中当然包括使梁启超受益匪浅的德富苏峰。梁启超曾经在百日维新失败后流亡日本的期间,翻译德富苏峰发表于新闻杂志《国民之友》和《国民新闻》上的多篇文章,并以自己文章的名义发表在他创立的杂志上,包括《清议报》、《民报》与《新民报》等。

梁启超所运用的修辞恰恰是虚空概念的政治经济学,但是他的论点却是从"无"(nothingness)、"没有"(not-having)或"缺少"(lack)转移到"有"(there is)。在梁启超关于"新民"(new people)的论述中,他所定义的"新"不仅仅是激励和革新现存事物,更包括"采补其所本无而新之",也就是从"原本没有"之处补强与更新。梁启超认为中国"有部民而无国民",有因家族部落而聚集的人群,却没有拥有国家意识的国民,因而中国的首要任务是为了新国家而召唤新人民。在他的论证中,国家被喻为"公司",朝廷被喻为"事务所",人民能够提供国家"总劳力"与"总资本"。为了解决旧王朝无所作为的问题,使新国家能有所作为,梁启超鼓励"新民"要"生利"。不仅为了"利己",也要为"真利己"而斗争;所谓"真利己",是以"群"来定义的,即,梁启超论述框架下的国家。每个人都应该以为国奉献为己任,这样方能捍卫他自己的长远利益。

梁启超认为,为了达到文明开化的目标,建立现代国家是必经之路。他根据国家的利益分析生产模式,并指出:为了维持国家利益,必须要求人民"生利",也就是要提供"生产力";生产力被分别定义为"体力"和"心力",后者同时意味着"智力"和"德力"。因此,教育和教化都是为了促进国家"殖产之术",以使国家的"总资本"和"总劳力"得以增加。为了确保民众将生产视为个人责任,梁进一步强调人民应该受到教育,以使他们"耻为分利者"(梁启超,692—702)。

在梁启超的构想中,每一个人的生命的所有面向,不仅是他的体力,也包括他的社会公德心,比如毅力、自尊、进取、合群以及尚武,都是国家管理和支配的对象。[①] 梁启超在字里行间引用了大量中国儒家经典文本来强化德性的概念,以使他的中国读者能立即赞同他的论述。此外,他在文章中不仅引用了四书《论语》、《孟子》、《大学》、《中庸》,还引用了《春秋》、《墨子》、《荀子》、《战国策》的内容(梁启超,656、657、661、691、705、712)。梁在选择这些经典著作时,透露出以积极、进取、战斗性和尚武的精神来诠释儒家的倾向。梁启超在关于"新民"的症候式文本中,充分展露了当个人生命和个人道德是为了国家的政治经济而定义,即一切事物的经营分配都是为了国家时,国家主体是如何同时被构建的。在这里,为了国家的最大利益,生命已经成为政治经济学的治理目标,因而国家法律也优先于个人生命的每一层面——这就是福柯所讨论的生命政治的诞生,甚至是东亚的伦理生命政治的诞生。

日本启蒙知识分子所推动的国家生理学概念与政治经济学逻辑,解释了梁启超对新民的憧憬。梁启超的话语中融合家国的儒家伦理以及其家族式等级秩序,已经迭合了西方治理机制背后的神学逻辑。个人的道德属性必须在国家利益以及国家理性的前提之下被衡量、治理以及安排。正如马克思及福柯所讨论的已经被市场所制约的"经济人"(homo oeconomicus),中文脉络现代国家治理话语中的"伦理主体"从根本上也是被当时政治经济的需求所操纵,从而心甘情愿将这个需求转变成个人的欲望、责任甚至是生命的意义。个体带着自由的意志和自发的认可,自愿地践行道德潜能,献身为国:通过梁启超对于"新人民"德性的合理化论述,一个伦理政治经济主体的构想使得这些承诺成为可能。

换言之,梁启超的文章演绎了他如何通过挪用西方政治经济学知识,糅合了传统儒家语汇,而完成了知性话语混成。这个话语模式从国家的利益出发,通过了对于"心"的治理的政治经济学论述,而建立了凌驾于生命之上的法律规范。在以国家为前提的限定主权与限定政治经济的逻辑下,对于

① 梁启超显然是受益于日本知识分子,尤其是德富苏峰的。梁曾经翻译甚至复制德富苏峰发表于新闻杂志《国民之友》和《国民新闻》上的论文,作为自己的文章刊发在百日维新之后、流亡日本期间自己创办的新杂志上。

"心"的虚空场所的管理和控制,将可以使"心力"被掌握并塑造为锻造新人民和新国家的生产力,生产出从"没有"到"有"的国民。

四、章太炎的"空位"概念及他对国家的批判

对我而言,章太炎对庄子的重读,为成型于20世纪之交现代中国开始朝向过度发展的国家权力以及权力集中的政治结构,提供了一个彻底的批判基础。不同于梁启超所采取的挪用和话语混成,章太炎所采用的策略则是对于命名体系可译性的根本批判,并同时提出了他根据不同局势的独特政治性分析。此处,二度翻译的过程被章太炎从规范性的知性混成翻转为否定性的批判活动。

章太炎是参加推翻清王朝运动和建立共和国的革命知识分子中的理论先驱之一。作为一个有着十分渊博的中国传统思想和词源学的知识分子,甚至是创造了"中华民国"这一名词而广为人知的学者,章太炎经常受邀担任重要政治职位,例如,大力批判清王朝腐败的报刊《民报》的主编,武昌起义后与中华民国联盟有关联的《大共和报》的主编,广州总司令部长等等。但是,由于他作为一个批评家大胆无畏的个性,章太炎也经常与同时期的知识分子和政治领导意见相左,甚至产生正面冲突,包括梁启超、康有为、严复、杨度、孙中山、袁世凯和蒋介石等人。因其在革命报刊《苏报》上的积极宣传,清政府在1903年到1906年期间将之囚禁。章太炎曾经因为提出"革命军起,革命党消",反对同盟会成为唯一的执政党,而与孙中山的关系不和。他也反对大总统以及中央政府的权力过大,使得军阀时期中华民国的第一任总统袁世凯因为他的过激言论在1913—1916年间将其禁足家中。章太炎曾多次批判蒋介石,第一次是反对蒋介石在1926年以统一的名义进行的北伐军事行动,接着是反对蒋在1931年日本入侵时放弃东北三省,因而导致了他与南京政府之间的紧张关系。

在章太炎的论述中,他以"空处"和"空位"的比喻来提出国家的定义,而与梁启超及与他同时代的人所倡导的国家概念产生鲜明对比。他对于"空位"或是"空处"的构想如何与阿甘本的西方治理机制的神圣经济逻辑有所差别,则是值得我们进一步讨论的问题。

章太炎关于的“空”的哲学性构想与“空处”和“空位”概念的联系,是在不同时期面对当时政治局势进行辩论时逐渐展开的。他第一篇涉及“空位”概念的文章是1907年发表于《民报》的《国家论》,这篇文章是在他从清政府的监禁中被释放之后撰写的。在这里,章太炎将国家表述为“河床”,是河水日夜川流的“空处”,意味着国家应该被视为一个将自己作为不同历史时期里不同人民穿梭的空间。国家“以空虚为主体”,不过是“非有”而已。(章太炎《国家论》,1985:463)

章太炎将国家表述为“空位”,是为了与被他称为国家论者的梁启超和杨度进行辩论。在同年稍早发表于《中国新报》的文章《金铁主义说》中,杨度提出了经济军国主义,强调发展国家的资产和军事力量以使中华版图扩张的重要性。杨度还说明“中华”是给所有传承了优秀中华文化的人民的称呼,而非用于专指某一个种族群体。杨度指出,透过“五族共和”的观念,只要非汉民族被中华文化所同化,消除民族文化之间的差异,他们也可以被视为“中华”这一名称下的人民。杨度指出“中华”不仅不是地域之国名,也不是血统之种名,而是“文化之族名”,是区分文化高下的华夷之别。“中国可以退为夷狄,夷狄可以进为中国,专以礼教为标准,而无有亲疏之别。其后经数千年,混杂数千百人种,而其称中华如故。”“华”意指文化状态如花之“华美”,以此推之,“华”之所以为“华”,是以文化来决定的,中华民族也是根据其文化来定义。循着杨度的推理,中华文化似乎如同京都学派关于“东亚协同体”的论点一般,提供了一个诱人而神秘的虚空范畴,不断扩大,不同民族群体一旦接受了中华文化作为他们自己的内在本性,就能融合为一体,而构成一个全体。

章太炎并不认同杨度提倡的在中华的名义下进行全面精神同化。他批评杨度忽视了不同民族的不同历史进程以及文化差异的问题,也反对杨度等人以“中华”之抽象概念去历史化的论点。他指出,“中华”如果作为抽象概念的“空模”,一则去历史化,再则成为可以任意挪用的名词,而可以被任何种族宣称拥有治理国家的合法性。在《中华民国解》中,章太炎指出,杨度的论证虽然试图去除种族色彩,将千百种不同种族同称中华,强调“五族共和”,却完全扭曲了历史的过程。章太炎强调“中华”这一专有名词不过是一个“托名标识”，指涉历史进程的不同阶段，共同居住于同一地域，持续变化而重新构成的人群。章太炎说明，华、夏、汉不同族，各有不同缘起，在不同的历史时间点占据了同样的地理空间，相互转托，而成为共通词汇，互摄三义，兼有国名、族名与邦名①。章太炎的诠释角度既一则承认历史的缘起与流变，再则也根本地解构了单一法统一脉相承的论点。

在《国家论》（1907）中，章太炎批评国家学者以国家为主体，以人民为客体，似乎意味着常住为主，暂留为客，以至于国家被认为是千年而无变易，人民则父子迭禅，种族递更。但是，章太炎指出，国家的制度法律也有变更，历代不同。章太炎说明国家是由人民所组成的，国家并没有实体：“凡诸个体，亦皆众物集成，非是实有。”章太炎进一步解释，国家只是一个暂时的动态组合，“经纬相交，此为组织”。在这个意义上，国家的构成被视为不断重组的动态运作。“然其组织时，惟有动态，初无实体。”章太炎进而以河水为比喻，说明虽然河床千百年没有改变，其所容受的水日日不同，但是所谓河床其实只是“空处”：“以空虚为主体”，国家便是容受日日不同的水之“空处”；主体本身便是“空”，主体也是“非有”。章太炎进一步强调所谓爱国心，意指并非爱其现有或是实有，而是爱其将会到临者：“所爱者亦非现在之正有”，而是“渴望其未萌芽者”（章太炎《国家论》，1985:463）。章太炎不仅打破了地大物博而拥有文化一致性的国家神话，解构了爱国心的定义，强调了历史的动态进程和不断变化的组织，也挑战了由历史定义或是由被给定的主观权力规定的法律，而使得持续迎接将来临的人民以及国家成为可能。

那么，问题便是如何思考一个迎接“未萌芽者”的国家或政府，包括平等对待所有不被计算纳入的成员，而不论他们的种族、语言、职业或籍贯为何。章太炎所思考的问题，从根本上的性质来说，涉及政府组成模式以及代表性的问题，也就是政府机制如何能够代表人民意见的问题。早在辛亥革命之前，目睹

① “华本国名，非种族之号。”民族初至之地称呼为华国，例如雝州与梁州曾经是帝都，而雝州的土地东南到华阴，梁州的土地东北到华阳，以华山为限，因此称国土为“华”，后来才扩及九州。至于“夏”，原本是族名，后来因族名而将受封之关东称为东夏。“汉”则从被封汉中为始。见章太炎：《中华民国解》，《章太炎全集》（四），上海人民出版社 1985 年版，第 253—256 页。

革命过程中逐渐暴露的政党权力集结以及相互倾轧,章太炎就讨论过这个党派与政府的代表性问题。章太炎指出,如果代议士不来自百姓,不知稼穑之艰难、邻里之贫富、买卖之盈亏、货物之滞留,尤其是作为统治阶级的满人不事生产,也不纳税,实际上并无法掌握中国社会形态以及情伪利病,论道无法切中要领,并不能够担任适当的代议士(章太炎《中华民国解》,1985:257—258)。在《代议然否论》(1908)中,章太炎进一步指出代议政体只是"封建之变相",沿袭了封建体制贵族与黎庶之阶级区分。国会议员若以七百人来计算,则是六十万人选一人,而且必然集中于土豪,最后仍旧是有权势以及财富者获得选举支持,"豪右据其多数,众寡不当则不胜",并且"傅其羽翼"藉以扩张势力,使得"民权不借代议以伸,而反因之扫地"(章太炎《代议然否论》,1985: 300—311)。

革命成功而建立共和政体之后,章太炎提出反对完全仿效美国联邦体制或是法国共和体制的看法。他认为共和体制的议院如果权力过高,则仍旧容易"受贿鬻言,莫可禁制",联邦制则容易有不一致的法令,而地方上的臧吏土豪亦会恣意兼并(汤志钧,377)。[①] 章太炎认为行政院、立法院与督察院应该三权分立,使都察院"监督行政、立法二部",如同处于"骨鲠之人"。此外,考选部应直接设于总理之下,而教育会则独立于行政体系,使议会议员无法干预置喙。关于大总统的设置,章太炎则认为首先要限制其权限,使其处于"空虚不用之地",以防专制。[②]

章太炎在民国成立之初,已经看到国家作为组织的体制性问题:这些不同时间点的阶段性政治议论与批判,重点都在于国家作为一个组织,如何不被单一权力所垄断?如何能够相互制衡,而使其执行立法、司法与行政之职?如果单一政党组成议会,透过身为有权有钱者操作选举机制而获得支持,占据权力位置,并且继续透过权力掌握资源分配,那么所谓的政党制度或是国家议会,其实正是压抑人民权益而自我循环的封建权力机制。

章太炎所思考的问题关键不仅在于如何避免权力独揽于单一政党、中央

① 1912年1月4日,章太炎发表于中华民国联合会机关报《大共和日报》的发刊词。

② 1912年1月3日,章太炎在中华民国联合会第一次大会上演说(汤志钧,375);《复张季直先生书》,刊于1912年1月6日《大共和日报》(汤志钧,378)。

议会或是总统一人,也在于中央与地方之间的权力如何制衡。章太炎曾经建议担任临时大总统的袁世凯“废省存道,废府存县”,使县隶属于道,道隶属于部,并且将各省的督抚与都督改为军官,隶属军部,而不涉入民事。[①] 虽然废省废府的提议似乎与后来他所提议的联省自治以及地方自治相互违背,但是以道与县作为自治单位,其实是延续了历代郡县制度由地方政府拔擢本地人才的任用方式。此外,章太炎建议将地方的军权与民事区分,军权隶属于军部,也与后来他所倡议的自治模式前后呼应。这些考虑,关键都在于不使中央凌驾地方,以及容许地方拥有自己的人才,以便治理地方事务。

从 1917 开始,章太炎先后具体提出联省自治、军政与民政分治、中央权轻而地方权重、文武官吏由地方上的本省人自治等论点。章太炎与张溥泉于 1920 年提出的“联省自治虚置政府议”更直接指出,民国以来九年三乱,“所以致乱者,皆有中央政府权借过高,致总统、总理二职为夸者所必争,而得此者,又率归于军阀。攘夺一生,内变旋作,祸始京邑,鱼烂及于四方”。虽然预先设置国会,并且三权分立而相互监察,但是中央权力过大,因此地方人民若要抵制中央,则如卵触石,“徒自碎耳”。因此,章太炎认为应该“虚置中央政府”,军政分别隶属于各省督军,中央不得有军队;外交条约由各省督军省长副署,然后才能生效;币制银行则由各省委托中央,但是监督造币、成色审核以及银行发卷之权仍旧在各省。如此,政府虽存,却等于虚设,便没有争位攘权之事。“联省各派参事一人,足资监察”,而国会也可以不设,则可以免除内乱。章太炎进而分析,如果对于中央政府没有任何制衡,而将大权交予中央,则中央便得以径行贩鬻各省铁路矿山,“以偷一时之利”,而中央遥远,“人民无自审知;比其觉察,则签约已成,不可追改”。因此,如果采取地方自治,掌事者是本省之人,则若有不法之交易,则“事易宣露”,“千夫所指,其倾覆可立而”。[②]

---

① 1912 年 2 月,章太炎致电袁世凯商榷官制,《太炎最近文录》,转录于汤志钧编:《章太炎年谱长编》,中华书局 1979 年版,第 390 页。

② 章太炎与张溥泉延续了 1917 年《对于西南之言论》,提议“联省自治”,以便脱离南北政府的牵制。在 1920 年 11 月 9 日《益世报》“联省自治虚置政府议”中,章太炎提出:“从今以后,各省人民,宜自制省宪法,文武大吏,以及地方军队,并以本省人充之;自县知事以至省长,悉由人民直选;督军则有营长以上各级军官会推。令省长处省域,而督军居要塞,分地而处,则军民两政,自不相牵。”见汤志钧编:《章太炎年谱长编》,第 605—606 页。

除了代议制以及中央地方之间的断裂关系,章太炎也分析了中央政府所订定的约法以及宪法的问题。章太炎在1922年的《大改革议》曾经指出,当时约法偏于集权,限制了各省自行订定省宪之空间。国会倾于势力,而"参众两院八百人,多数人仅能写票,文义未通",至于元首则定于一尊,等于帝王。"三大物不变,中国不可一日安也。"① 章太炎在《各省自治共保全国领土说》继续指出,中国"地本广漠,非一政府所能独占",今日所最痛心者,莫如"中央集权,借款卖国,驻防贪横,浚民以生"②。章太炎更严词批判天坛宪法采取集权制,"中央权大,地方权小,国民几有无可如何之势。人民纳捐于地方,地方补助于中央,中央养兵肇祸,人民何贵有此宪法乎?"③

从国家政府三权分立、大总统处于"虚位",到虚置中央政府,以免权力过高,以及章太炎对于临时约法及天坛宪法的批判,都显示出章太炎对于中央枢纽之"空位"与"环中以应无穷"的构想以及对于构成国家政府之宪法本身过于集权的批判。章太炎所面对的是革命前后以及成立民国的共和政体之后仍旧动荡不安的政治局势,虽然历经不同政府形态,提出了不同的方案,但是章太炎所思考的问题,基本上是针对政府作为国家组织的代表性问题,以及国家与人民、中央与地方等不同层次与不同权力之间结构性矛盾的检讨,也就是前文所指出的现代国家的法或是宪法权力过于膨胀的问题。国家是由人民所组成,国家主权由全体人民所拥有,国家由代表人民的国会以及政府代理行使行政、立法与司法之功能,同时也是治理人民的政府组织。但是,当这个政府的组成已经被既有权势者所独揽,贪饕罔利,贩鬻地方土地、矿业、铁路等公共产物以为私利,其施为不受地方人民所制衡,其立法机构庞大颟顸,而所立之法又集专权于己身。支撑这个自我扩张的国家组织的基础,是这个组织所自行订定的宪法,而这个宪法却"浚民以生"。更有甚

① 1922《大改革议》提出关于约法、国会以及元首的改革方案,"约法偏于集权,国会倾于势力,元首定于一尊。引发战争,此三大物者。三大物不变,中国不可一日安也。"并主张(一)联省自治,(二)联省参议院,(三)主委员制。见汤志钧编:《章太炎年谱长编》,中华书局1979年版,第637页。

② 章太炎:《各省自治共保全国领土说》,见汤志钧编《章太炎年谱长编》,第640页。

③ 1922年9月10日国是会议,见汤志钧编:《章太炎年谱长编》,第659页。

者，中央政府组织独断独行，而中央与地方不同层次之间则无纵向意见疏通，也没有横向权力制衡的管道。这就是章太炎所分析的人民与国家之间结构性关系的矛盾。关于这个矛盾，我们须要进一步梳理章太炎对于国家作为概念的分析之后，才能够更为深入地讨论这个矛盾的问题。

回顾看来，章太炎构建这些关于“虚空的中心”的政治愿景，并不是对西方政治范式的借鉴，更是作为他检验逐渐巩固的政府、国会和大总统的权力结构的思考工作。如此，这些空间将不会被任何单一统治集团所占据，中心的虚空可以保持不同政府部门之间的独立作用。

章太炎将国家和政府视为“空处”和“空座”的“空处”哲学，将国家的构成成分视为暂时的动态组织，将政府视为不占据权力中心的“环中”，显然是根源于佛教思想和中国古代哲学家庄子的思想背景。我们可以透过他的《齐物论释》，进一步讨论章太炎关于“无”的构想，以及“无”所带来的辩证否定运动的政治性。

五、章太炎的“无”作为否定辩证运动的观点

章太炎在1910年间以《齐物论释》为始进行对《庄子·齐物论》的研究。五年后，在他大约45岁、被禁足于家中的1913—1916年期间，章太炎详尽地修正了他的文章。初读之下，章太炎的《齐物论释》似乎是一本对庄子《齐物论》的专门研究。但是，通读整部著作之后，我们注意到章太炎除了引用了《庄子》的不同篇章，也论及唯识学和华严宗的佛教典籍，更意识到这是一本高度哲学性的文本。章太炎将众多线索编织在一起，使我们得以理解他在其他政治论著中为何将国家解释为“空处”，为何国家必须时时处于组建和重构的过程，国家如何可以允许不同的人民在历史过程中被接纳，居于权力核心的大总统和中央政府如何可以不占据权力位置，而以“空位”的虚空之处容许各个部门顺畅运作。在章太炎诠释庄子的脉络中，“心斋”这一代表“虚空”的修辞成为一个高度政治化的概念：伴随着它的否定性与辩证性，我们可以思考反抗一切形而上学定位的批判力量。

章太炎在阐释庄子“心斋”的过程中,借鉴了阿赖耶识的概念,也就是佛教传统唯识宗学派的第八识。第八识,作为一个储藏空间,包含一切基本意识,被理解为“真如”(Tathata)、“空性”(Sunyata)或“法界”(Dharmadhatu)。章太炎并没有完全遵循佛教徒的教义,而是运用了康德学派的原型概念,来解释由“我执”、“法执”及“真如”三者组建的概念网络,即世识、处识、相识、数识、作用识、因果识等基本意识。通过这一做法,章太炎将康德学派对纯粹理性的批判引入到他对“我执”的想象作用的解释,以便说明认知系统影响的理性思维如何引起僵固的概念结构。

对于章太炎而言,一切事物都是其他事物的种子和起源。他将“心斋”或者第八识解释为“环中”,也就是被设定为感觉、直觉和情感以及认知、推理、思索、抽象概念形成的关键。尽管这一关键点被描述为“空处”,它却并非纯粹的真空,而是被视为一个多变化的拓扑空间,在动态变化的过程中与所有可能性和潜在性相互作用。章太炎将“环中”诠释为将主观感觉传递为推理认知、自我意识固着或是律法确定的空间。在这一过程中,“心斋”的作用是作为一切意识转变为心理过程构建物的转换枢纽。

章太炎指出,无论是旧章制度或是名教传习,都会使得众人不假思索地遵循。人们依赖于他们所受的教育,自发地产生反应,就如同机栝上的箭,不得不发;而遵守既定法则,更像是已经下了盟誓。由于习惯性思维可能造成的封闭系统,庄子所提出“虚而待物”的“心斋”,便是能够在开放与关闭之间,维持动态,以便能够打破固有的幻觉,平等地接待所有事物。保持心斋的开放和关闭的运作,意味着什么呢?在庄子的脉络里,思维的起落“如户有枢,旋转寰内,开合进退,与时宜之”,也就是说,为了解放源自于形式体制僵硬的固有观念,松脱由传统共识或认知结构的强制性,是十分必要的。因此,保持心斋作为一个空处,意味着要在一个辩证否定运动中,不断解放由习以为常的形式体制所确定的意识,承认万物各有其独一的运行方式,也就是“吹万不同,使其自己”以及“不齐之齐,齐物之道”这一真理。(章太炎《齐物论释》,1985:273—274)

章太炎提出了他对传统道德和形式体制的批判,指出人人“各有时分”,不应该由同一规范来衡量。契约或准绳似乎是客观公正的准则,但实际上,

“强为契约,责其同然,竟无毕同之法”。而且,章太炎强调并不存在一成不变的“道”,因为“道本无常,与世变异”。循着这一论点,章太炎还指出所谓的第一因或是历史起源并不存在。“万物皆种也,以不同形相禅。”历史过程中所有事物都相互为促发变化的种子,而以不同的形态影响递迭。基于这一对历史起源以及规范正统的解构,章太炎以他独特的批判模式,明确指出“文之转化,代无定型”,没有任何文本应该被视为不可违抗的律法或经典,因为“史书往事,昔人所印是非”,这些文字都只是过去是非判断的印记。我们不应该只师法“先王”。

从章太炎对于庄子“心斋”的诠释,我们看到“虚空”是充满生命和气的运动的“空处”,“虚而待物”,而呈现了一个在开合循环并且动态辩证的思考力量,不断解放由现有形式规范确立的固态,以避免被主观判断所占据。通过“听之以气”来接纳和倾听他人的“气”,可以理解为动态的生命力本身。此处,“诸法平等”,生命之“法”展现了自己的独一样态,而每一个生命都是平等的。因此,章太炎关于“心斋”与“空处”的构想,便构成了对经验主义和伦理制度所规范的律法所导致的固定思维的彻底批判。根据章太炎的构想,为了达到众生平等的观念,人们必须不断致力于“涤除名相”,挑战被固定的划分疆界与排除逻辑,以便可以接纳“未萌芽者”。

六、结论:反思虚空的政治性

阿甘本就“宝座空位”所展现的“三位一体”进行的讨论,指向了神圣“三位一体”神圣经济和基督教二元论之间的紧密联系,即,本质与形式、精神与肉身、存在与活动、意图与实践之间的分歧。这个二分体系聚焦于西方文明形而上学的核心。圣父—圣子—圣灵的三位一体的结构,也出现在物质形式—意识形态—真实运作(虚空)的三重组合中。倘若“虚空”被神圣化的例外逻辑所划分,或是被形而上学体系所控制,“宝座空位”就会以荣耀作为面具,而执行这套神圣话语以及形而上学,而生命的辩证运动以及不同面貌便会停止运动。

对于阿甘本,思考一个超越了经济和荣耀的“难以治理”的生命,将意味着生物性(bios)和生命(Zoe)的脱节为始,不陷入形而上学的圈套,以便恢复生命自身样貌,并使生命不必藉由一个经济管理的形式出现。(Agamben 2011:259–260)这就是阿甘本之所以提出要亵渎“宝座空位”,以便为他称为“永恒生命”之物腾出空间的原因(Agamben 2011:xiii)。要让还未到临以及即将来临者成为可能,首先便需要使观念性划分的切割机制停止运作,并且从各种配置的束缚中脱钩。阿甘本认为,这个“脱钩”的运动,需要透过思想才得以可能,也就是透过思维来赋予他或她自己的力量和生命的可能性:“去思考……受纯粹思维力量所带来的感受和经验所影响。”(Agamben 2000:8)

如果梁启超关于新国家和新人民的论证修辞取向是从“无”转向“有”,而服务于国家的“虚空”政治经济学,那么章太炎的位置则是通过否定辩证来挑战权力集中的僵化国家制度和法律规范,从而确认“虚空”的动态重组。对于章太炎而言,由“我执”、“法执”、“真如”这三重结构所呈现的拓扑空间,只有在“心斋”的动态虚空中,才能不断进行它的开合运转,并保持作为一个活泼动态的虚空。换言之,虚空并不是固化或盲目的精神真空,而是在一个积极否定的模式下,持续进行形式体制的解放,以及对未萌芽者的等待和接受。打破由自我想象和认知盲域所带来的固化思维的可能性,便是允许生命的“活的能力”不断以动态运动松脱命名体系的束缚,以使思想的生灭随时发生,并且得以为其他将来临者提供空间。

因此,对章太炎而言,对未来的激进肯定,并非通过对理想愿景的规划来呈现,而是通过否定性批判来持续进行,以便挑战和解放不再适用于现实情况的固定规范和传统观念。从庄子和佛教思想出发,章太炎的观点提供了脱离经验主义或象征法则带来的束缚的可能性。洞视分离逻辑的虚妄,接受生命的“真如”面貌,才能够掌握生命的完整主权,理解所有生命平等的“诸法平等”。

章太炎所面临的时代性问题,是当权力的空位一次又一次被各种势力所掌握:清王朝、军阀、自命皇帝而权力过度的大总统、民族主义一党政府、国会的集中权力、贪婪的外国侵略者等。他对庄子《齐物论》的重读,展现了他反对各种形式的、一切生命层面上的权力夺取,更展现了以思想力量抵消同时代人追随功利主义和国家主义的批判性观点。

章太炎对命名体系的挑战,将形式体制问题化,并且对20世纪初新成立的中国官僚政治体制的严厉批判，都似乎与福柯和阿甘本贯穿于他们对西方治理机制的研究有一致的路径。沿着新中国现代国家建立的道路，章太炎见证了政治治理方式的形成和实践。他不仅质疑了他所处时代的运作机构，还提出了批判性的历史本体论，即，没有任何一个优势位置的核心能够掌握历史的运动。

以章太炎的观点而言，历史运动的核心是一个动态的虚空，容许一切事物参与作用，作为种子，相互激活他者。通过"心斋"的动态运动，任何感知体制下的政治经济建立的分割机制都能被分析、历史化、脉络化、质疑和解构。"心斋"或"虚空"因而成为一切形式下的固化及任何历史连结点的解消之处。

不同于新人民和新国家的观念构成，以及梁启超及他的同时代人的政治经济模式与心的治理，我认为章太炎对历史的批判性观点以及他的"心斋"或"虚空"的政治性，恰恰可以协助我们质疑当下法律条件的现状，并思考同一城邦中的每个人共同栖居而平等的完整主权。

参考文献：

Agamben, Giorgio. (1998) *Homo Sacer: Sovereign Power and Bare Life*. (1995) Stanford University Press.

Agamben, Giorgio. (2000) "Form-of-Life", *Means without end: Notes on Politics*. pp.3-11.

Agamben, Giorgio. (2005) *State of Exception*. trans. by Kevin Attell. Chicago & London: The University of Chicago Press.

Agamben, Giorgio. (2007) *Profanations*. trans. by Jeff Fort. New York: Zone Books.

Agamben, Giorgio. (2009) *The Signature of All Things: On Method*. Trans. by Luca D'Isanto with Kevin Attell. New York: Zone Books.

Agamben, Giorgio. (2011) *The Kingdom and the Glory: For a Theological Genealogy of Economy and Government*. trans. by Lorenzo Chiesa. Stanford: Stanford University Press.

Althusser, Louis. (2009) *Reading Capital*. Trans. Ben Brewster. London & New York: Verso.

Attell, Kevin. (2009) "An Esoteric Dossier: Agamben and Derrida Read Saussure."

ELH. Volume 76, Number 4 (Winter 2009), pp.821-846.

Badiou, Alain. (2009) *Logics of Worlds: Being and Event II*. trans. by Alberto Toscano. Continuum.

Badiou, Alain. (2009) *Theory of the Subject*. Trans. Bruno Bosteels. London: Continuum.

Benesch, Oleg. "National Consciousness and the Evolution of the Civil/Martial Binary in East Asia". *Taiwan Journal of East Asian Studies*. 8:1 (2011.06), pp.129-171.

Brassier, Ray. (2007) *Nihil Unbound: Enlightenment and Extinction*. New York: Palgrave Macmillan.

Foucault, Michel. *The Birth of Biopolitics: Lectures at the College de France, 1978-79*, Trans. Graham Burchell. Hampshire: Palgrave Macmillan, 2008.

Goto-Jones, Christopher S. *Political Philosophy in Japan: Nishida, the Kyoto School, and Co-Prosperity*. London & New York: Routledge, 2005.

Kim, John Namjun. "On the Brink of Universality: German Cosmopolitanism in Japanese Imperialism." *Positions: east asia cultures critique*. Vol. 17, No. 1 (Spring 2009), pp.73-95.

Lacan, Jacques. (1973) *Le Séminaire de Jacques Lacan. Livre XI. Les Quartre Concepts Fondamentaux de la Psychoanalyse* (1964) . Paris: Editions du Seuil, 1973.

Liu, Joyce C. H. (2009) "Immanentism, Double-abjection and the Politics of Psyche in (Post) Colonial Taiwan," *Positions: east asia cultures critique*. Volume 17 Issue 2 (2009 Fall), pp.261-288.

Liu, Joyce C. H. (2011a) "The count of psyche: The birth of biopolitics and ethico-economic in early modern China," *Biopolitics, Ethics and Subjectivation*, eds. by Alain Brossai, Yuan-Horng Chu, Rada Ivekovic and Joyce C.H. Liu. Paris: L'Harmattan. pp.121-146.

Maraldo, John C. "The War Over the Kyoto School." *Monumenta Nipponica*. Vol. 61. No. 3 (Autumn 2006), pp. 375-406.

May, Todd. (1994) *The Political Philosophy of Poststructuralist Anarchism*. Pennsylvania: Pennsylvania State University Press.

Newman, Saul. (2001) *From Bakunin to Lacan: Anti-Authoritarianism and the Dislocation of Power*. Maryland: Lexington Books.

Newman, Saul. (2007) *Unstable universalities: Poststructuralism and radical politics*. Manchester: Manchester University Press.

Pan, Guangzhe. “Creating the ‘Volksgeist’ of China: Rethinking Liang Qichao's Cultural Nationalism and His Lun Zhongguo Xueshu Sixiang Bianqian Zhi Dashi (On the Basic Trends of Chinese Intellectual Change) ”. *Bulletin of the Institute of Modern History Academia Sinica*. Issue 53 (2006.09), pp.1-50.

Sun, Hongyun. “The Evolution of Liang Qi-chao's Doctrine of the State and Its Theoretical Backgrounds.” *Revista do Instituto Politécnico de Macau. Ediçâo das Ciências Humansa e Sociais*. 15:4 (2012.12), pp.177-189+204.

Rancière, Jacques. (1995) *La mésentente: Politique et philosophie.* Paris: Galilee.

Rigsby, Curtis. “Philosophers of Nothingness: An Essay on the Kyoto School.” *Philosophy East and West*.Vol.3.No.4 (October 2003), pp.605-612.

Torscano, Alberto. (2011) “Divine Management: Critical Remarks on Giorgio Agamben’s The Kingdom and the Glory.” *Anelaki: Journal of the Theoretical Humanities.* Vol. 16. No. 3 (September 2011), pp.125-136.

Williams, David. (2004) *Defending Japan’s Pacific War: The Kyoto School Philosophers and Post-White Power*. London & New York: RoutledgeCurzon, 2004.

刘纪蕙:《心之拓扑:1895 事件后的伦理重构》,台北:行人出版社 2011 年版。

郭庆藩:《庄子集释》,台北:河洛出版社 1974 年版。

徐立亭《晚清巨人传:章太炎》,哈尔滨出版社 1996 年版。

梁启超:《新民说》,收录于《梁启超全集》第一册,北京出版社 1999 年版,第 655—735 页。

章太炎:《五无论》,《章太炎全集》(四),上海人民出版社 1985 年版,第 429—443 页。

章太炎:《中华民国解》,《章太炎全集》(四),第 253—256 页。

章太炎:《代议否然论》,《章太炎全集》(四),第 300—311 页。

章太炎:《齐物论释》,《章太炎全集》(四)。

章太炎:《国家论》,《章太炎全集》(四),第 457—465 页。

杨度:《金铁主义说》,刘晴波主编《杨度集》,湖南人民出版社 1986 年版,第 213—297 页。

汤志钧:《章太炎年谱长编》,中华书局 1979 年版。

『抗美援朝』及其历史叙事

主持人语:《我的战争》,为谁而战?

[美]马　钊
美国圣路易斯华盛顿大学东亚语言文化系

2016年10月24日,在上海飞往旧金山的航班上,我开始准备这篇“主持人语”,为本期三篇有关抗美援朝历史的研究论文做简要说明。这也是历史的巧合,66年前的这一天,中国人民政治协商会议第一届全国委员会常务委员会召开会议,政务院总理周恩来做了题为《抗美援朝,保卫和平》的报告,他在发言中指出:“中朝是唇齿之邦,唇亡则齿寒。朝鲜如果被美帝国主义压倒,我国东北就无法安定。”他提出:“我们采取志愿军的形式,无须宣战。宣传上,我们应该广泛宣传抗美援朝,保卫和平。”① 与会代表一致赞同中国志愿援助朝鲜。次日,先期入朝的志愿军第118师一部进至温井一带,遭遇并歼灭一支韩国部队,就此揭开了抗美援朝战争,1950年10月25日成为中国人民志愿军抗美援朝纪念日。在随后两年零九个月的时间里,18万中国军人牺牲在朝鲜战场,他们用血肉之躯完成了一场被历史学家称为“开国之战”的战争。千里之外的中国大地上,抗美援朝的革命口号和政治目标通过各种文艺作品(小说、电影、歌曲、戏剧、报告文学等)走入中国大众的

---

① 中国军事博物馆编著:《抗美援朝战争纪事》,解放军出版社2008年版,第26页。

日常生活，《上甘岭》、《英雄儿女》、《谁是最可爱的人》、《英雄赞歌》谱写了一代革命史诗。张忠发、王成、“向我开炮”凝聚了一代中国人的英雄想象。生与死的考验，血与火的记忆，不仅决定了新中国的国际地位与外交格局，还铸就了革命时代中国大众的精神世界。

66 年之后，那些曾经刻骨铭心的生死考验已经化作了冰冷的花岗岩纪念碑，被放进了纪念馆的玻璃展柜。那些血火记忆不断被传抄与改写，在白纸黑字的翻转中归于平淡，丧失了撼动心灵的激情。今天中国大众的精神生活纠结于高涨的房价、拥挤的交通、弥散的雾霾，抗美援朝注定无法成为 2016 年的热门话题。然而，随着一部电影的上映，更确切地说，由于一部不足 3 分钟的宣传片的网络热播，抗美援朝极其突兀地走进了大众的视野。它既熟悉、又显陌生，似乎令人如此激情澎湃，而当这澎湃的激情确实地展现在大众面前的时候，又显得如此不合时宜。对这部电影的讨论，揭示了本辑 4 篇论文的研究旨趣与初步结论。

一切尽在不言中

还是从影片本身说起，《我的战争》描写了两支志愿军部队的战斗历程，一支是孟三夏带领的志愿军文工队，这是一支由女兵和文艺兵组成的非战斗部队，这支队伍经历了开赴战场的兴奋，惊险地躲过了美军的空袭和设伏的地雷，又在夜幕下突出包围圈，最后参加了救治伤员的工作。另一支是由连长孙北川指挥的“钢铁先锋连”，入朝之初勇敢地突破美军空袭，随后参加阻击战与美军机械化部队展开贴身肉搏，利用爆破山岩成功截断了美军后撤的道路，最后在攻占 537 高地的战斗中，孙北川牺牲，但是他的连队最终夺取敌人的阵地，完成了上级交付的任务。

影片中文工团女战士的扮演者是王珞丹和一群 90 后的小女生，她们那粉嫩的面庞和纤细的身躯，明显更适合出演都市情感剧中的职场丽人，或是扮演古装宫斗剧中的娘娘与格格。“昔日文小姐”要变作“今日武将军”，实在勉为其难。相比之下，无论是连长孙北川的扮演者刘烨，还是他带领的战士们,也只能靠一脸的胡子茬、土得掉渣的名字(比如老爹、大斧子、大迷糊、小神仙等),外加满嘴粗话,最后凭借特技动作与烟火效果,过一把英雄瘾。而整部电影依靠三段恋情将两支部队和四场战斗串联起来,这种英雄爱美人、革命加爱情的叙事套路,似乎说明了导演彭顺在影片构思上几近黔驴技穷。在另外一些重大问题上,例如朝鲜战争背后错综复杂的政治角逐,战争对革命中国内政与外交的影响以及如何在后革命时代重新评价抗美援朝战争的历史意义,影片或是刻意回避、或是闪烁其词。由此说来,影片中没有讲出来的比讲出来的更重要,影片刻意回避的主题与问题,正好展现了后革命时代抗美援朝历史研究中的诸多尴尬之处。

既然"一切尽在不言中",那么"不言"之处何在?在影片开始部分,孙北川奉命率领连队出发前往一个叫五义亭的地方,阻击撤退的美军。他们到达预定设伏地点后,正遇上美军装甲机群的先头部队,战斗即将打响。就在志愿军战士迅速进入阵地准备战斗之际,突然出现一个朝鲜民夫向导的身影,这不足一秒钟的镜头,是整部影片中朝鲜人唯一一次出镜。如果我们再扩大搜索范围,找寻所有有关朝鲜的物体与文字存在——景观(比如鸭绿江大桥)、文字标识、日常生活用品……很遗憾,什么都没有,连标语口号都只有"拯救和平"、"扑灭战火"等,这场战争中最具标志意义的口号"抗美援朝",也踪迹皆无。这让我们情何以堪?要知道,在五六十年代抗美援朝题材的影片中,朝鲜可是断不可缺的组成部分:朝鲜人民军官兵一定要和中国人民志愿军的指战员们并肩战斗,以显示同属社会主义阵营的中朝两国同仇敌忾、共同杀敌;朝鲜的阿妈妮必须要掩护和照顾志愿军伤员,以彰显军民鱼水情与人民战争的无穷力量;朝鲜妇女的长裙、老者的白衫、头顶的水罐、长鼓舞……这些人物与场景的设计,无不体现中朝两党两军之间的同盟关系,展示中朝两国人民之间牢不可破的情感纽带。多半个世纪过去了,《我的战争》之中已经再也无法找到那个昔日的盟友、中国热切援助的对象、那个承载战火、千千万万志愿军将士为之抛洒热血的国度。剩下的只有"五义亭"这个略带朝鲜特色的地名。

盟友没上镜,"敌人"也没有多少机会出场。电影中的美国兵(或者是联合国军士兵），已经不再是粘了假鼻子的中国群众演员，换成了地地道道的洋人。但是他们没有什么像样的台词、没有什么正面特写的镜头。当电影展现战斗场景的时候，观众看到的主要是敌人的背影、皮靴、头盔和武器，敌我之间的厮杀和肉搏的场景少之又少。既然导演如此"惜墨如金"般的展现美国兵，观众就更不要指望见到韩国士兵的踪迹了。说到这里，我们不禁要问，当南北朝鲜缺席、美国也被着力淡化之后，我们还能用"抗美援朝"来命名这场战争吗？如果放弃了"抗美援朝"一词，我们又如何理解这场战争的国际意义？如何理解它对中国外交政策和国际地位的深远影响？

影片结尾也令人注目，孙北川率部攻打敌人盘踞的537高地，战斗艰难，战况惨烈，志愿军伤亡惨重，孙北川本人也身负重伤。在血泊中，他一边憧憬着即将到来的胜利，一边问身边的战士："你说，我们今天做的事情，以后会不会有人记得？"战士回答道："一定会有人记得。"这一问一答，很令人回味。从表面上看，记忆的对象是"我们今天做的事情"，看似清晰，可是仔细想来还是有些模糊——我们今天到底做了什么事情？是这一场攻打537高地的战斗？还是这一场抗美援朝战争？或是战斗之外的其他事情？回答也同样模糊，"一定会有人记得"——到底应该记得什么？是战争中光荣的牺牲，还是死亡的恐惧，是宣传中反复强调的"保家卫国"的高尚情怀？还是电影中着力描写的"儿女情长"？答案在哪里？

为谁而战

电影中的一些故事情节似乎也试图回答这些问题，给牺牲的人们，给他们所为之牺牲的战争下个定义。比如在攻击537高地战斗的那场戏中，孙北川和他的战友"小神仙"冒着枪林弹雨向前冲杀，在战斗的间隙，孙北川突然想起了战斗之前让"小神仙"代替自己去给孟三夏送一封信，为自己一段莽撞的情感告白道歉。他问"小神仙"在信中都替他写什么了，"小神仙"大声回答道："六个字，到死都喜欢你！"接着又说："孟三夏同志，我想和你亲嘴。"观众们可以看到，在硝烟弥漫的战场上，在牺牲来临之前，孙北川终于找到了情感的归宿,终于摆脱了纪律、军令、礼节的束缚,用最直白的语言表达了最原始的冲动。战斗进行到此,士兵已经变成了行走的荷尔蒙,战争演变成一场枪炮与情欲的终极对决。这不禁让我们想起了路翎于1953年年底创作的小说《洼地上的“战役”》,小说里描写了志愿军战士王应洪和朝鲜姑娘金圣姬之间朦胧的爱情,当然作者没有让这场跨国恋发展到“亲嘴”的阶段,就让王应洪主动割舍了这段情感,走上战场,在战斗中英勇牺牲。小说一经出版,引起轩然大波,批评讨伐之声四起。杨朔写道“路翎的创作方法是违反现实主义的,他的作品所表现的内容是非无产阶级的,感情是不健康的。”① 候金镜指出,这种战斗生活中的爱情场景,是“不真实的,是把作者资产阶级的心灵世界、精神状态和行为方式强加给我们的战士,是对战士的贬低和诬蔑。而在创作方法上,则反映了主观唯心论的神秘主义倾向,是违反现实主义的。”② 旋即小说被封杀,作者路翎也因“胡风”案件,身陷囹圄。如今看到电影《我的战争》中如此炽热的情欲表达,倘若路翎和他的批评者在天有灵,他们又该作何反响?

影片的其他部分也表现了战士的七情六欲,不过这些情感被放置在更为传统的对家庭生活的向往、对故乡的依恋、对和平生活的憧憬,例如五义亭阻击战中,战士“老爹”和“小神仙”受命爆破山岩,他们一边安放炸药,一边“聊娶媳妇的事儿”:

> 小神仙:你得继续给我攒。就你给我留的那点钱,说让我娶媳妇用,哪够啊,买个小猪崽还差不多。
>
> 老爹:这你就不懂了,猪崽养大再下崽,多养个几窝你就能娶媳妇了。

在另一场戏中,孟三夏的文工队陷入美军埋设的地雷,孙北川赶来排雷,就在拆除地雷引信的刹那,孙北川对孟三夏说道:“我这人挺多臭毛病的,你别往心里去啊。你长的好、心眼好、歌也唱的好,能跟你攀老乡,我心里挺带劲的。

① 杨朔:《与路翎谈创作》,《文艺报》1955年第5期。

② 候金镜:《评路翎的三篇小说〈洼地上的“战役”〉、〈战士的心〉、〈你的永远忠实的同志〉》,《新华月报》1954年第9期。

不管咱俩哪个以后先回去的话,都记得到对面家里去看一眼。”要知道,这些看似质朴的回乡的渴望、对亲人的眷顾,也曾经饱受革命文艺的诟病。例如一篇批评《洼地上的“战役”》的文章曾这样论述英雄情怀与个人私情之间的区别与关系:

> 一个有着真挚的伟大的情感的革命战士,应该爱他的爹、他的妈、他的老婆、他的孩子、或者他的故乡中的一条小河。但这种爱,如果不与对人民的爱,对人民的革命事业的爱相结合,并摆在一个恰当的地位上,则这种爱,常常会引起不幸的后果,必然和伟大的国际主义爱国主义感情背道而驰。在严酷的战争中,任何一个真正的革命战士都会懂得,想爹、想妈、想老婆、想孩子是怎么回事。一个想家想老婆的人,会在敌人面前变得更勇敢,这是滑稽的,这是违背生活的严酷真理的。……在严酷的战场上,谁要是想家、想老婆,谁就会动摇。这种个人的自私的情感就是勇敢的死敌,就是右倾保命的前奏曲,这种东西实际上就是懦怯的最恰当的代名词。……倘使作为一个没经验的幼稚的人来写,那么,解剖一下这个人在战场上的细腻的生长过程,那当然也未尝不可的。但把我爹、我妈、我爱人、我孩子,当作英雄人物的勇敢和力量的源泉来歌颂,那未免就成了对革命战争生活的尖锐的讽刺了。①

也就是说,单纯的亲情与乡情是无法提供革命的动力,斗争与战争所要实现的目标绝不是“二亩地、一头牛、老婆孩子热炕头”,而应该是“消灭一切压迫,寻求全人类的解放”。就此而言,抗美援朝的目标之一,如历史学家陈兼所说,不仅是要巩固国内革命的胜利果实,还要动员群众,继续革命,将国内革命推向新高潮,同时将中国革命推向世界舞台,开启东亚地区革命的新高潮。显而易见的是,在《我的战争》中,那些曾经定义并升华了质朴亲情与乡情的政治口号与革命诉求,已经荡然无存,剩下的只有“娶媳妇”、“回家

---

① 宋之的:《错在哪里?——评路翎的小说〈洼地上的“战役”〉》,《解放军文艺》1954年8月号。

乡”的个人情感了。

影片中最具备政治高度的场景出现在誓师大会一幕,连长孙北川代表全连战士宣誓:“我们每一次战斗,都会有兄弟再也回不来了。他们是我们的榜样,光荣的榜样,是我们前进的动力。我们是为了胜利而来,为祖国而战。我曾经向我的战友保证过,我们一定会第一个打进敌人师部的。我们9连不会让亲人和战友失望。”电影的创作者试图通过这段铿锵有力的誓言,向观众传达一种豪迈的气概——冲锋陷阵是军人的天职,杀敌立功是军人的最高荣誉。首长也发表讲话,做战前动员:“我们是一支光荣的部队,前辈们从井冈山走出来,经历了无数的磨难。他们的鲜血洒在了湘江、洒在了大渡河、洒在了黄河、洒在了长江,夺取了一次又一次的胜利。今天,我们要踏着他们的血迹,继续前进。新的磨难和新的胜利,在前方召唤,失败和退缩不属于我们。”讲话中出现的几个地理名词,向观众暗示着中国人民解放军发展历史中的几个重要阶段:血战湘江开启红军长征,强渡大渡河谱写英雄主义篇章,黄河代表着八路军投身抗日烽火为民族独立而战,渡江战役标志取得解放战争的最终胜利和人民共和国的诞生。这段讲话将抗美援朝战争视作中国人民解放军发展历程的新阶段,把军人和连队的集体荣誉与整个军队的光荣历程联系在一起。

誓师大会的场景回顾了中国军队的光荣历程,号召战士们在新的战斗中建功立业。可是在我看来,这些“光荣”似乎变得很抽象,是一些被抽空了政治内涵的个人(或小集体)的荣誉,是一部虚化了政治属性的军队的历史。之所以这样讲,是因为影片对一些关键的、定性的问题,没有给出确切的答案。比如发言中提到“新的胜利,在前方召唤”,“为胜利而来,为祖国而战”;但是,我们应该如何定义“胜利”?是攻下敌人阵地的战役性的胜利?还是赢得整个战争的战略性胜利?如果是后者,那么战争的目的、战略目标是什么?依然回到老问题上,究竟谁是敌人?因何为敌?谁是盟友?又因何结盟?对这样本质的问题,《我的战争》都三缄其口,观众就更不要奢望它去讨论战争的目的。可是,如果连战争的目的都没有搞清楚,或不愿意阐明,所谓“新的胜利”又是什么呢?这里的“光荣”、“胜利”、“祖国”,看似饱满,听起来铿锵有力,实则空空如也,禁不起推敲。

相比之下,另一部抗美援朝题材的经典影片《英雄儿女》,曾经明确地回答了上述问题。这部拍摄于半个世纪之前的电影,也有一段誓师大会的场景。以王成命名的志愿军某部英雄排排长在誓言中说道:“我们王成排的全体战士,向祖国亲人、向英勇的朝鲜人民、向首长、向我们英雄的父亲宣誓。我们永远学习王成同志的精神,我们永远发扬王成同志的光荣,热爱祖国,热爱朝鲜人民,英勇作战,努力杀敌,打败美国侵略者。我们英雄的旗帜,永远飘扬。”政治部主任王东进一步鼓励战士:“同志们,我们要回答祖国人民和朝鲜人民对我们的关怀,学习王成同志的革命精神,和英雄的朝鲜人民军并肩作战,坚决消灭美国侵略者。”除了这些豪言壮语,影片中的主题歌《英雄赞歌》也同样令人难忘,其中有一段诗朗诵:“我们的王成,是毛泽东的战士,是顶天立地的英雄,是特殊材料制成的人。他的豪迈气概从哪里来?因为他对朝鲜人民无限的爱,对侵略者切齿的恨。在中国人民志愿军里,有千千万万个王成,这就是我们伟大祖国的骄傲和光荣。”影片用简洁的语言明了地划分了敌我两个阵营,“帝国主义”的提法点明了战争的意义是社会主义与资本主义的较量,是无产阶级与资产阶级的对决。战争的胜利不属于一个人、一个连队、一个国家,而属于整个国际社会主义阵营,是新生的中华人民共和国对世界革命的贡献,也昭示着社会主义的新中国将以强者的姿态开启一个属于中国、属于无产阶级的新时代。这些无产阶级的口号与世界革命的愿景构建了抗美援朝的政治意义。

对于21世纪的电影导演来说,这些充满政治符号与革命口号的历史过于沉重,当下的商业社会和市场经济需要更情绪化和更感官化的影视消费品,刺激那些被好莱坞大片和琐碎的生活麻木了的情感。爱情,无论是言语还是肉体的表达,都是消费的新宠,票房的保证。于是沉重的历史走入幕后,爱情走到台前。但是,避而不提战争的政治意义,告别了昔日的政治口号之后,《我的战争》中那些充满政治词藻的豪言壮语,总显得时空错置,听上去更像是打了鸡血的兴奋、吃了激素的虚壮。

“我”是谁?

如果说影片《我的战争》本身试图极力淡化抗美援朝战争原有的政治属性,那么一部不足三分钟、为新片上映造势的公益宣传短片,使这部电影无限接近政治,甚至是被推到了政治的风口浪尖。宣传片讲述了一群耄耋之年的中国游客来到韩国旅游观光,在旅游大巴上受到一位青春靓丽、笑容可掬的韩国导游姑娘的欢迎。交谈之中游客告诉导游他们并非首次造访首尔,六十多年前他们是中国人民志愿军文工团、钢刀连的战士,他们曾经“举着红旗进汉城”。我丝毫不怀疑中国游客的扮演者们在讲述自己“举着红旗进汉城”时的自豪与兴奋,因为这些演员都是革命年代的见证者,很多人还亲身经历过这场抗美援朝战争。比如,扮演者之一于蓝,她在银幕上留下了光彩的“江姐”的形象,也曾经参加慰问团,亲临朝鲜前线。她的丈夫——田方,正是影片《英雄儿女》中政治部主任王东的扮演者,成功地刻画了一位沉着和蔼的志愿军高级政工领导和革命父亲的感人形象。参演宣传片的另一位演员——张勇手,也曾经在《奇袭》等影片中塑造了志愿军战斗英雄。其他演员,包括田华、谢芳、王铁成、牛犇、刘江等,每个人都在新中国电影史上留下难忘的银幕形象,他/她们是革命文化的实践者,也是革命话语中抗美援朝运动的文艺经典化身。请他/她们出演宣传片,估计是《我的战争》的创作团队或发行方,希望借机引发一些怀旧情绪,增加电影票房;也可能想走一回“红色经典”和“主旋律”的路线,适应宣传部门的口味。这是一次政治与资本的二人传,一场宣传与票房的四手联弹。

只可惜,四手联弹成了乱弹琴。宣传片播出后,网上恶评如潮。有批评者直呼“恶心”,有的直言“钢刀连”、“举着红旗进汉城”之说实为赤裸裸的炫耀武力,缺乏对韩国、乃至整个朝鲜半岛民众的战争创伤的基本尊重与同情。更加理论化的一些批评者指出:“现在我们也知道,当年的这一场举国对外战争,有着强烈的意识形态和东西冷战背景,留给今天的争议很多。朝鲜半岛如今南北分裂,就是那场战争延续至今的结果。因此,如果今天我们要重新讲述当年的那一场战争,就必须立足今天,以和平发展的世界观,来记取战争的创伤并珍视今天的和平。"很明显,出演宣传片的老一代演员们与他们的批评者,用两种迥然不同的评判标准,评价战争的政治意义与历史遗产。在前者眼中,这是一场抗美援朝战争,一场跨越国境的革命战争,一场惨烈但豪迈的伟大胜利。在后者笔下,战争是南北朝鲜骨肉相残,是冷战期间以牺牲小国利益为代价的大国(美国和苏联)博弈,中国以惨烈的牺牲换来无法逾越的台湾海峡和开启中西冷战对峙三十年。

孰对孰错?我也没有答案,我只能说,横亘在两种迥然不同评判标准之间的,是中国改革开放三十年后内政与外交的巨大转变,是"后革命症候"的集中体现。汪晖对"后革命症候"做了比较理论化的梳理,其具体表现为:"三十年来,中国已经从计划经济体制转向市场社会的模式,已经从一个'世界革命'的中心转化为最为活跃的资本活动的中心,已经从对抗帝国主义霸权的第三世界国家转化成为它们的'战略伙伴'和对手,已经从一个阶级趋于消失的社会转化为'重新阶级化'的(在很多人看来'更为自然的'或'正常的')社会。"① 从更具体的角度讲,当我们告别了毛泽东时代的革命激情,迎来的是中美关系的改善和中韩关系的迅速发展。但是,中朝两国由于经济发展模式与国际战略利益的分歧,渐行渐远。冷战的敌人不复存在,冷战的同盟也逐渐消解,面对这种大环境的翻天覆地的变化,《我的战争》只能放弃昔日革命史的叙述方式,为这场战争寻找新的意义。

从这个角度来看《我的战争》,我们又会有一些新的发现。比如说电影的片名《我的战争》很有意思,这里的"我"是谁呢?是代表国家、政党、阶级、人民的"我"?是宏大而抽象的"我"?还是具体到个体的、个人的"我"?是孙北川、孟三夏、战士"小神仙"?还是每一个战争亲历者、电影创作者本人、观看影片的每一个观众?通观影片,我没有找到那些抽象的"我"。摒弃了宏大而抽象的"我",有利于电影制作者回避那些曾经在革命

① 汪晖:《去政治化的政治、霸权的多重构成与60年代的消逝》,选自汪晖《去政治化的政治:短20世纪的终结与90年代》,生活·读书·新知三联书店2008年版,第4页。

年代言之煌煌、但已不为后革命社会所接受的战争定义。取而代之的是聚焦在志愿军战士个体身上的、复数的、感性的、个人化的“我”,这些“我”隐没了类似“抗美援朝、保家卫国”的豪言壮语,转而关注“回家”、“娶媳妇”、“亲嘴”、“为牺牲的兄弟”的个体感悟与个人追求。个性化的叙事突出了一系列个人情感,例如个人对生死的理解、个人对情欲的渴望、个人对荣誉的追求,取代了原来建立在抽象的“我”的基础上的革命叙事。这为思考朝鲜战争增添了新的维度,使它在刚性的和抽象的革命政治消解之后,重新找到个性的和情感的寄托,使大众对这场战争的记忆,不至于淹没在故纸堆,或消弭于记忆的黑洞。

从宏大而抽象的“我”转换到具体和个体的“我”,是近年来重写抗美援朝历史的一种新趋势,一些新出版的回忆录、参战者的口述史,都试图把战争中的个体和战争研究本身从传统政治叙事中剥离出来。战争叙事与战争意义的个体化引发新的问题,哪些叙事和定义更真实?更贴近历史?这个问题很难回答。只有战争的亲历者有权回答,而他们也只能在政治完全退场之后才能回答。由此说来,这又是一场变化的政治与流逝的时间的赛跑,希望亲历者们能在老去之前,为我们留下那些鲜活的战争记忆与个性的战争体悟,使我们能了解战争之于个人的意义,洞悉战争对个人的复杂影响。电影《我的战争》也试图去展现一些个性的战争表述,可能是考虑到抗美援朝这类重大历史题材影片的敏感性,也可能是对影片发行过程中审片环节的顾忌,制作团队试图在政治与市场之间走一条中间道路。可惜一招不慎,一部宣传短片逼迫着《我的战争》回到政治的聚光灯下,接受革命政治与后革命叙事的双重拷问。

观　点

接受拷问的又岂止是一个导演、一部电影,如何在传统的“抗美援朝、保家卫国”的大叙事之外,探讨这场战争的国内影响与国际意义,这也是本辑三篇论文共同的研究旨趣。蒋迈(Matthew Johnson)的文章力图走出传统的政治、外交、军事维度，转而关注战争的文化意义。50年代初，中国面临着严峻的外交形势，昔日重要的邦交国，如美国、英国等，成为意识形态领域的死敌。随着政治和经济领域内对西方世界的交流全面冻结，文化交往的大门也几近关闭。面对东方社会主义阵营，中国也有自己的顾虑。蒋迈指出，中国希望保持自己是"一个拥有主权和独特文明的国家"，"寻求民族独立的'第三种方式'"，不仅"与苏联、东欧集团国家的民主'阵营'以及亚洲革命运动建立关系，而且还包括同亚洲、欧洲和全世界其他地方的国家和人民建立关系"。受制于中国自身经济发展水平，大规模经济外援不可能成为这一时期中国对外交流的主要形式，文化交流尤显重要，"中国稳步地成为了亚洲共产主义国家的传媒制作和技术转换中心"。这种超越"意识形态阵营"的文化交流构成了"战争时期的世界主义"，"通过拓展文化关系和相应的文化表征来支持中国与亚洲各国以及更大的世界范围不断加深的关系"。

马钊的文章聚焦于中朝同盟的建构与建国初期中国革命战略转型，虽然这是一个政治史和国际关系史的课题，但与蒋迈的文章相似，马钊也走了一条文化史研究的路径寻求答案。他所关注的"不是高层决策，而是作为抗美援朝宣传工作重要组成部分的文艺创作活动"，"从抽象政治口号转到城市文化生活，力图在大众认知层面，探索政治宣传与文学创作之间的关系，力图在建国初期的文化生态中理解抗美援朝运动的历史意义"。他的文章显示，在朝鲜战争、乃至整个冷战时期，文学作品中的朝鲜妇女形象成为中国大众感知"朝鲜盟友"的重要文化渠道。这些妇女形象，"极大烘托了宣传材料中反复强调的侵略者的邪恶，凸显了中朝同盟的必要性与正义性"。建构朝鲜盟国新形象的过程，也是革命中国重塑自我的过程，"通过虚构的女性形象，文学作品成功地将中国革命的语境延伸到了朝鲜，在异国他乡重建了中国革命文学创作中经典的'军民鱼水情'的叙事模式，中国志愿军战士被描绘成勇敢、富有同情心、且大公无私的英雄，成为朝鲜国家的保卫者和朝鲜人民的拯救者"。作家笔下的朝鲜妇女形象，承载了中国普通大众脑海里对朝鲜社会主义邻邦和其他第三世界国家盟友的想象，构建起冷战时期中国自身的国家形象和国际关系构架。

第三篇文章的作者蒋兴立带我们进入一个更不为人知的战争亲历者的精神世界,主人公王北山“抗日战争后期加入国民党,曾就读黄埔军校,但国民党军溃败后,他被人民解放军俘获收编,经历思想改造,成为‘抗美援朝志愿军’里的一员,而后投奔美国为首的联军,又成为南韩军的俘虏,负责情报收集。”这段传奇的人生经历提醒我们,不能孤立的看待朝鲜战争。这场战争爆发之际,距离抗战结束不过五年,告别国共内战不足一年。面对无休止的战争,对于大历史中的小人物王北川而言,生存总是第一位的,“他总在战败受俘后,为求生存而投入敌军麾下”。这种基于生存本能而作出的人生选择,本来无可厚非,可惜政治总要给历史下定义,而且逼迫个人在历史的定义中寻找个体经验的意义。于是,王北山的麻烦就来了,他发现自己的人生经历永远处在历史的边缘,他永远无法在政党与政治控制下的历史里找到属于自己的位置,既当不了“自由义士”,也做不成“最可爱的人”。从这个角度看,他的自传既是一段人生的自述,也是试图定义一场“我的战争”。

最后,专辑中的三篇文章涉及很多问题,例如战争对文化的影响、战争与文学的关系、战争动员的大众化过程、战争中的个人体验与个性化历史书写等,这些研究都超出了传统的“抗美援朝”政治史、军事史、国际关系史的范畴,我们希望本辑论文能够给读者和同仁带来一些新的研究课题,在文化与社会的领域内,继续深入探讨“抗美援朝”的历史意义。

性别化的战争：抗美援朝文学的女性形象与国际主义想象

马　钊
圣路易斯华盛顿大学东亚语言文化系

1950年深秋的北京笼罩在一片战争的紧张与亢奋之中，报纸和广播中不断播放着中国政府措辞严厉的声明，抨击以美国为首的联合国军在朝鲜半岛和台湾海峡的军事行动。随着外交警告的不断升级，普通市民逐渐觉察到，战争近在咫尺，迫在眉睫。在抗美援朝运动开展之际，朝鲜半岛已经分裂成为社会主义的北朝鲜和美国保护之下的南朝鲜两个敌对政权。对于大张旗鼓开展抗美援朝运动的中国政府而言，市民大众中存在的疑问，说明部分群众不了解抗日战争与解放战争胜利之后新中国外交面临的国际形势，对共产党领导下的新中国在冷战时期国际共产主义运动中的地位与作用一无所知。因此，清除错误认识，不仅是战争动员的紧迫任务，也是中国共产党试图将国内革命的动力转化为国际革命的诉求、通过国际革命的新舞台继续将国内革命推向新高潮的必要工作。[①] 在宣传“中朝同盟”的过程中，中共高层领导和党政宣传机构起了十分重要的作用。但是，本文所关注的不是高层决策，

① 有关抗美援朝是国内革命的延续的观点，可参阅：Chen Jian, *China's Road to the Korean War* (New York: Columbia University Press, 1996) .

而是作为抗美援朝宣传工作重要组成部分的文艺创作活动。①

在朝鲜内战爆发两周后，1950 年 7 月 10 日，“中国人民反对美国侵略台湾、朝鲜运动委员会”成立,发起团体中包括中华全国文学艺术界联合会,这标志着文艺界以团体的身份正式参加到抗美援朝的准备工作中。10 月 26 日,即志愿军入朝参战一周之际，“中国人民保卫世界和平反对美国侵略委员会”(简称“中国人民抗美援朝总会”)成立,郭沫若出任会长。文艺界人士不仅参与抗美援朝运动的组织领导工作,还亲自走上朝鲜战场,参加慰问工作,积极开展了创作运动,成为宣传工作的具体实践者。仅上海一地在 1950 年 10 月，“演出和创作有关抗美援朝作品共有 819 篇,其中文学方面 314 篇”，“平均每天发表抗美援朝的作品 20 篇”。② 1951 年上半年，“全国所有文艺刊物和各地主要报纸的文艺副刊,先后刊登了许多抗美援朝的文艺作品和指导性的文章。全国文联及各地文联或文艺团体所出版的抗美援朝文艺丛书,就有数十种之多。”③ 据常彬对新中国最具影响的 8 种文学刊物的出版情况的统计,从 50 年代至 80 年代,这些刊物出版朝鲜题材作品总数多达 3200 以上,其中大多数是创作于抗美援朝运动期间。④

数量众多的朝鲜题材文学作品中,塑造了一系列朝鲜女性形象。她们被描绘成战争的受害者,是敌人杀戮、强奸、劫掠的对象。被损伤、凌辱和扭

---

① 有关政治史、军事史和外交史角度对朝鲜战争的研究,中文研究成果可参见齐德学:《巨人的较量——抗美援朝高层决策和指导》,中共中央党校出版社 1999 年版;军事科学院军事历史研究部:《抗美援朝战争史》(1—3 卷),军事科学出版社 2000 年版;沈志华:《毛泽东、斯大林与朝鲜战争》,广东人民出版社 2004 年版;侯松涛:《全能政治:抗美援朝运动中的社会动员》,中央文献出版社 2012 年版。主要英文著作包括:Allen Whiting, *China Crosses the Yalu: The Decision to Enter the Korean War* (Stanford: Stanford University Press, 1960); Sergei Goncharov, *Uncertain Partners: Stalin, Mao, and the Korean War* (Stanford: Stanford University Press, 1996); Chen Jian, *China's Road to the Korean War* (New York: Columbia University Press, 1996); Zhihua Shen, *After Leaning to One Side: China and its Allies in the Cold War* (Stanford: Stanford University Press, 2011); Shuguang Zhang, *Mao's Military Romanticism: China and the Korean War, 1950-1953* (University Press of Kansas, 1995); Xiaobing Li ed., *Mao's Generals Remember Korea* (University Press of Kansas, 2001).

② 《文艺动态》,《文艺报》第 3 卷第 6 期，1951 年 1 月 10 日。

③ 全国文联研究室整理:《抗美援朝文艺宣传的初步总结》,《文艺报》第 4 卷第 2 期，1951 年 5 月 10 日。

④ 常彬:《硝烟中的鲜花:抗美援朝文学叙事及史料整理》,人民文学出版社 2013 年版。

曲的妇女的身体，成为战争暴力的见证。学者的研究表明，将女性的身体作为战争苦难的载体是战争文化中的普遍现象。无论是梅尔清（Tobie Meyer-Fong）研究中展现的太平天国战后江南士人的悼亡活动，麦科德（Edward McCord）笔下军阀混战所造成的生灵涂炭，还是李木兰（Louise Edwards）考察的抗战时期漫画作品中大量出现的被日军凌虐的中国妇女形象，都显示了战争如何改变妇女的身体以及妇女的身体如何成为当时人和后人想象战争的重要素材。① 抗美援朝文学作品中大量描写了妇女经受家庭破碎的痛苦，承载战火摧毁家园的创伤。女性的战争体验极大地烘托了宣传材料中反复强调的侵略者的邪恶，凸显了中朝同盟的必要性与正义性，塑造了朝鲜盟国新形象。不仅如此，女性叙事还重新建构了登上冷战国际政治舞台的革命中国的新的自我形象。通过虚构的女性形象，文学作品成功地将中国革命的语境延伸到了朝鲜，在异国他乡重建了中国革命文学创作中经典的“军民鱼水情”的叙事模式，中国志愿军战士被描绘成勇敢、富有同情心、且大公无私的英雄，成为朝鲜国家的保卫者和朝鲜人民的拯救者。“女性化”的朝鲜叙事，既重新塑造了朝鲜的盟国形象，也确立了中国在革命战争中的领袖地位。

研究文学作品中的朝鲜女性形象，为我们提供新的视角，以便重新研究中朝同盟的建构、建国初期中国革命战略转型以及冷战时期政治宣传与大众文化的关系等问题。传统的政治史、外交史、军事史力图展现战争决策层面的复杂景象，与此不同，本文的焦点从战争动员的决策者转到基层动员工作的实践者，从抽象政治口号转到城市文化生活，力图在大众认知层面，探索政治宣传与文学创作之间的关系，力图在建国初期的文化生态中理解抗美援朝运动的历史意义。围绕朝鲜形象再建构的过程，可以看出战争动员中的“官

---

① Tobie Meyer-Fong, *What Remains: Coming to Terms with Civil War in Nineteenth Century China* (Stanford: Stanford University Press, 2013); Edward McCord, “Burn, Rape, Kill and Rob: Military Atrocities, Warlordism and Anti-Warlordism in Republican China”, in Diana Lary and Stephen McKinnon, eds., *The Scars of War: The Impact of Warfare on Modern China*. Vancouver: University of British Columbia Press, 2001; Edward McCord, “Cries that Shakes the Earth: Military Atrocities and Popular Protests in Warlord China”, *Modern China* 31 (1), 2005; Louise Edwards, “Drawing Sexual Violence in Wartime China: Anti Japanese Propaganda Cartoons”, *Journal of Asian Studies* 72 (3), 2013.

方叙事”（official narrative）与“大众叙事”（popular narrative）处在紧张对峙的状态，前者建立在党的方针与政策、国家利益、与国际战略的基础上；后者来源于日常生活经验，是“地方性的”（local）、“日常性的”（quotidian）、“自我为中心的”（self-centered）、甚至是“自私的”（selfish）。自上而下宣传工作可以动员群众，但是并不意味着立即取代群众的自我体验和认同。作家们试图将“官方叙事”转换为“大众叙事”，通过性别化的“朝鲜叙事”，作家用女性的家庭生活和情感经历，重新表述战争所蕴含的政治与军事的角逐，情感化了（sentimentalize）政治宣传，将抽象的政治概念生活化、影像化、人情化，成为具体生动的人物、情节与场景，供普通群众观赏与阅读。

性别化的朝鲜叙事还将朝鲜战争转化成为一场“想象的战争”（the imagined war）。① 朝鲜战场远在异国他乡，信息传递渠道有限，又加之严格的新闻报道审查制度，极大限制了普通市民获取政治信息的空间。政府试图按照自己的政治需要塑造英雄主义、国际主义与爱国主义的抗美援朝政治叙事，文学艺术作品则将蕴含上述理念的鲜活的英雄人物和事迹，展现给大众，成为大众感知战争内涵与领悟战争意义的重要、甚至是唯一的材料。想象来源于实际生活，但也可以再造实际生活，甚至脱离实际生活中的空间与时间的束缚独立存在。就此而言，浴血疆场的志愿军战士用血肉之躯实践社会主义中国的国际革命诉求，而笔耕不辍的作家们则用文字营造了想象这场新的革命的巨大空间，将中国描绘成远东社会主义阵营的领袖、国际共产主义运动的支柱、亚洲乃至第三世界国家反帝、反殖民主义运动的成功范例与坚强后盾。文学作品中的朝鲜叙事影响深远，不仅强化了中朝两国友谊与军事同盟的战争宣传主题，也建构了冷战时期社会主义中国想象世界（特别是“第三世界”）、输出革命的大众文化基础。

---

① 益田肇在其新著中着重强调了朝鲜战争和冷战的“想象”与“建构”过程，如他所指出，战争中的敌人与威胁可能是虚拟的现实，但是战争宣传可以将敌人塑造成无所不在，将战争危险想象成一触即发。在这种建构的事实中，在这场想象的战争里，大众义无反顾的投身于战争动员之中。见 Hajimu Masuda, *Cold War Crucible: The Korean Conflict and the Postwar World*（Cambridge, Mass.: Harvard University Press, 2015）.

一、为了记忆的忘却：战前文学中朝鲜形象的扬弃

无论是通过文学作品塑造朝鲜国家与朝鲜人民的形象，还是将朝鲜叙事作为中国自我形象建构与想象的载体，都不是抗美援朝运动时期的独有现象。近代以来，朝鲜国家沦丧，在日本殖民统治之下，朝鲜人民反抗与偷生的复杂的生活体验，使同样遭受日本入侵、处在国家存亡危急关头的近现代中国作家对朝鲜产生了一种"特殊的文化情感和命运体悟"①。很多参加抗美援朝创作运动的作家，如郭沫若、巴金以及东北作家群的代表人物舒群、白朗等人，在早年创作活动中，曾经接触过背景不同、经历各异的朝鲜人。他们的作品里也塑造过生动的朝鲜人物形象，描写国破家亡的生活场景和心路历程，朝鲜成为他们感怀中国的政治前途与人民命运的载体。虽然战前的朝鲜叙事曾经起到了控诉敌人入侵、激励人民参加反抗斗争的作用，但是作家们很快会发现，这些旧的作品并不符合新的革命宣传政策和政治审美标准。时代不同了，进入新中国的作家和他们创作的作品都要接受革命政治的改造与洗礼。

最先遭到战争文艺宣传质疑、并最终淡出战争文学创作的战前朝鲜叙事，是那些有关朝鲜和朝鲜人的负面描写。近代朝鲜是殖民政治与帝国主义争霸的牺牲品，但是它在东亚殖民主义政治建构中确也起了特殊作用。随着日本帝国的扩张，朝鲜从中国保护下的弱小邻邦蜕变成日本羽翼之下侵略者的帮凶。朝鲜近代沉浮的历史轨迹，加剧了中国人对中国自身在东亚地域内的政治衰落的创痛，也挑战和颠覆中国曾经拥有、并引以自豪的东亚文明中心的优越感和主导地位。这种国家自身形象和邻国关系上的巨大落差，极大地刺激了中国作家和知识分子，文学创作中不可避免地涉及负面的朝鲜人物形象，借此抒发中国对自身从东亚领导沦落为半殖民国家的恐惧与愤怒。

1919 年，郭沫若创作短篇小说《牧羊哀话》，以朝鲜亡国影射受辱于"巴

---

① 常彬、杨义：《百年中国文学的朝鲜叙事》，《中国社会科学》2010 年第 2 期。

黎和会”、丧失山东主权的中国时政。[①]小说塑造了一位卖国求荣的交际花李玉姬,她与卖国贼和侵略者沆瀣一气,密谋出卖国家主权与亲人生命。长篇小说《混沌——姜步畏家史》中,作者骆宾基生动描写了一些生活在东北高丽酒馆中“穿着红袄白裙子的妖艳的韩国酒妓”[②]。她们取悦侵略者的肉欲,为殖民统治粉饰太平,更麻醉了人民的反抗斗志。这些作品中妇女的女性身份,更加突出了她们所承载的侵略的象征意义,也使得侵略所造成的创痛变得更加真切和令人难以释怀。李玉姬所流露出的女性对浮华生活的渴望、对名利地位的追求,使她最终无法协调个人欲望与民族大义之间的关系,选择背叛国家与家庭,成为侵略者的帮凶和殖民统治的牺牲品。《混沌》中通过妓女来表现畸形的半殖民地社会,也广为二三十年代中国读者所熟悉。贺萧在研究上海娼妓问题时指出,“妓女代表受践踏、妨害治安,代表危险”,因此“改革者经常斥责娼妓业剥削妇女,是国家的耻辱,甚至就是中国国力单薄的关键问题之一”。[③]如果说由上海的中国本土的娼妓问题引发的文化与政治的讨论,赋予妇女身体极大的象征意义,承载了人们对政治忧患的担忧和对民族衰亡的愤怒,那么高丽酒妓将这种担忧和愤怒放置于东亚传统政治格局与性别权力话语体系之中,表现了昔日吸取中国文化而发展的邻邦,现在成为“二鬼子”,参与侵略和掠夺中国,这是中国政治危机、民族危亡的文学注脚。

随着抗美援朝运动的爆发,这些负面形象不再符合抗美援朝战争动员的紧迫形势,战前文学便塑造了许多正面的朝鲜女性形象,不仅歌颂了朝鲜抗日志士勇敢战斗,敢于为国家、为理想献身的豪迈气节和英雄行为,还描述了她们凄婉的身世,曲折的情感经历等,以便突出她们悲壮且动人的革命历程。作品中对异国情怀和身世飘零的描写,“革命加恋爱”式的情节设计,可能是吸引读者的好方法,但时过境迁,在抗美援朝宣传部门与文艺界领导眼中,战前朝鲜女性形象,缺乏必要的纪律性和阶级性,与担负革命宣传伟大任务的典型人物形象相比,相差甚远。

---

① 郭沫若:《牧羊哀话》,《新中国》第1卷第7期,1919年。

② 洛宾基:《混沌——姜步畏家史》,新群出版社1950年版。

③ 贺萧:《危险的愉悦:20世纪上海的娼妓问题与现代性》,江苏人民出版社2003年版,第9页。

《牧羊哀话》里塑造了朝鲜贵族小姐闵佩荑跟随爱国的父亲回乡隐居，与管家之子尹子英相爱。随后，闵佩荑的继母李玉姬密谋加害闵氏父女，子英出手相救，不幸被杀。在小说的结尾，闵佩荑以牧羊哀歌悼念逝去的恋人，并抒发国家沦亡的伤感。[①] 蒋光慈的小说《鸭绿江上》，描写了朝鲜青年李孟汉因参加抗日活动，被迫逃亡中国，继而在莫斯科劳动大学学习。他青梅竹马的恋人金玉姑，留在朝鲜继续斗争，担任高丽社会主义青年同盟妇女部书记，后来被捕牺牲在狱中。李孟汉得到朝思暮想的恋人牺牲的消息，寸断肝肠。[②] 与《牧羊哀话》和《鸭绿江上》将恋爱的男女主角设定为朝鲜抗日青年的手法不同，在小说《八月的乡村》中，作者萧军刻画了朝鲜女游击队员安娜与中国抗日战士萧明之间的情感历程。[③] 安娜这个非典型的朝鲜名字本身就试图为这个战斗在异国他乡的女游击队员营造了一层神秘奇幻的色彩，她身上似乎散发着一种令人不可抗拒的吸引力，或许人们是好奇她的异国身世，抑或是因为她女性的身份为这个充满血腥杀戮和粗犷男性的世界带来一抹温柔，引发了男性对异性的渴望及对情感生活的幻想。凭借这种异国女性独有的吸引力，安娜成为一名成功的宣传员，负责向队员和群众讲解抗日革命的道理。在共同的战斗生活中，她逐渐与游击队员萧明相爱。在小说的结尾，爱情最终服从革命，安娜告别恋人萧明，各自奔赴战场。但是，作者还是留下温情一笔，让二人在离别的前夜，同帐共寝，倾诉衷肠。

这种“革命加恋爱”的情节设计，为血腥的战争景象增加了一丝浪漫色彩，革命纪律的理性束缚与青春勃发的肉体冲动相碰撞，宣泄了革命的动力与性的张力。[④] 在革命与爱情的纠结中，对国家独立的政治诉求，与对个人

---

① 郭沫若：《牧羊哀话》，《新中国》第1卷第7期，1919年。

② 蒋光慈：《鸭绿江上》，选自严家炎主编《中国现代各流派小说选》（第2册），北京大学出版社1986年版。

③ 萧军：《八月的乡村》，人民文学出版社1980年版。

④ Ban Wang, *The Sublime Figure of History: Aesthetics and Politics in Twentieth-Century China* (Stanford: Stanford University Press, 1997); Jianmei Liu, *Revolution Plus Love: Literary History, Women's bodies, and Thematic Repetition in Twentieth-Century Chinese Fiction* (Honolulu: University of Hawaii Press, 2003).

爱情自由的憧憬和实践,将主人公升华成殉道者一般,走过圣徒式的心路历程,迈向革命巅峰。然而,这种流行一时的“革命加恋爱”叙事模式,如文学史家研究所证明,早在30年代就已经不见容于日益发展的革命形势和文艺宣传政策。批评者指出,“恋爱加革命”片面扩大了个人主观意识对主人公革命政治行为的影响,忽视了作为革命根基的阶级斗争对个人思想与行为的改造和推动,更没能在广阔的基层政治变革与社会变迁中发现能激励个人投身革命和推动革命持续发展的原生动力。① 另外,这类文学作品中的爱情多以悲剧告终,主人公或者被捕牺牲,或者为革命而牺牲爱情,显得过于凄美与悲情。带着个人主义和“小资产阶级温情”的原罪,“革命加恋爱”的主题还要面临抗美援朝中战地政治纪律和国际主义性规范的进一步指摘。

被战争宣传诟病的不仅是早期作品中植入的爱情叙事,还有主人公的家庭身世与阶级背景。《牧羊哀话》、《鸭绿江上》的主人公都是出身朝鲜贵族家庭的青年男女,而《八月的乡村》中的女游击队员安娜的父亲是“高丽革命党的首领”,牺牲在上海。在另一篇朝鲜题材名作《海的彼岸》中,作者舒群描写了一位朝鲜抗日志士的母亲,这样一位革命者的母亲也是贵族出身,“随着国运渐渐地衰败下来”,母亲从“往日贵族的少妇”变成“现在被践踏的老太婆”,“现在所以留的,不过是小小的土地和几间房屋——以往万一的繁荣而已”。② 在国破家亡的时代,类似“母亲”这种历经前朝风花雪月,如今华服褪去,铅华洗尽的苍凉,更能抒发天涯沦落的痛楚。这种创作手法,也营造了与中国文学中所谓“故国不堪回首”式的触景生情、睹物生悲的凄凉意境。将个人际遇与国家兴亡相联系,是中国文学创作中的常用手法,但是共产主义革命的新形势以及政治话语中的阶级分析,已经不允许没落贵族以正面形象出现在政治宣传中。

抗美援朝运动期间出版的时事教育丛书已经开始套用中国革命中的

---

① 熊权:《“革命加恋爱”:早期普罗文学中的模式化书写及其嬗变》,《文艺理论与批评》2006年第1期。

② 舒群:《海的彼岸》,选自中国现代文学馆编《舒群代表作》,华夏出版社1998年版。

"反帝反封建"话语，重新勾勒朝鲜近代历史分期。根据革命史的框架，朝鲜"二、三百年以来，一直是一个落后的国家。封建统治者的政策，阻碍了国家经济和文化的发展，在国防上也变得脆弱无力"[①]。于是，"朝鲜的统治阶级跟中国的统治阶级，一样的庸顽腐朽；劳苦人民也是过着艰苦的奴役生活，同于中国"[②]。昔日朝鲜李朝贵族不再是国破家亡的受害者，而成为国内反动势力的代表。王朝覆灭后的历史，也被描述成一部革命与反革命势力的斗争史。代表革命势力的是"工人阶级的政党领导之下"的朝鲜革命志士，他们参加东北初期抗日游击战，继而活跃于东北抗日联军。[③] 抗战爆发后，"很多朝鲜青年到达抗日革命圣地延安，在中共领导下参加抗日工作"[④]。反革命的一方，是辗转于上海、重庆等地，与国民党关系密切的，"美帝豢养的傀儡'韩国临时政府'"[⑤]。显而易见，中国国内革命的政治系谱，又一次主宰了朝鲜近代史框架。由此回想《八月的乡村》里女游击队员安娜的父亲，他参加"高丽革命党"、流亡上海的那段经历，似乎不具备中国共产党强调的、以"东北抗联—延安抗战"为主线的革命履历。相反，他更容易让人联想起 1919 年 4 月 10 日，朝鲜独立运动者在上海成立的大韩民国临时政府。而这个流亡政权的国务总理，正是现在朝鲜战场上与社会主义中国为敌、被中国媒体口诛笔伐的"韩奸"李承晚。

文学史家在回顾战前文学中的朝鲜叙事时，总是将其视为抗美援朝文学创作的预演。前者为后者奠定了政治基础和美学范式，后者则是对前者成功实践的继承和发展。两者体现了相同的、以国破家亡为主题的创作背景。两者还体现了相同的政治意图，"这些作品正是通过自己感人的艺术形象'喊出民族的危机'，'揭露日本的野心和暴行'，激起中朝两国人民反对日本帝国主义侵略者的激情，教育和鼓励广大的人民群众投入神圣的民族解放战争

① 《新华时事丛刊》，《朝鲜民主主义人民共和国》，新华出版社 1950 年版，第 2 页。

② 陈述编：《中朝关系一百年》，神州国光社 1951 年版，第 1 页。

③ 周一良：《中朝人民的友谊关系与文化交流》，开明书店 1951 年版，第 1 页。

④ 陈述编：《中朝关系一百年》，第 65 页。

⑤ 同上书，第 68 页。

的洪流中去”[①]。两个时代的作家笔下塑造的朝鲜爱国者，也具有惊人的一致性，这些人物“是朝鲜民族悲剧的经历者，爱情悲剧的受难者”，也是“为祖国的独立和民族的解放、为抗击日本帝国主义侵略者而进行的不屈不挠的斗争的”英雄儿女。[②]两个时期的文学创作的确有相似之处，但是，如果将二者视为简单的继承关系，仅强调一致性，则既不全面，也不准确。首先，这种观点忽视了中国革命内部的发展与变化。中国革命经历了不同阶段，从清末共和革命到抗美援朝战争，革命的盟友、革命的敌人、革命的目标、革命的手段都不断变化，这就要求作家不断再造朝鲜形象，以适应发展中的中国革命政治对异国叙事的不断变化的需求。其次，近代中国文化生产机制也经历了巨大变化。从商业出版、市场主导、多党政治下的个人写作，到战争动员、国家宣传体制、“赶任务”式的写作，也直接影响了作家如何塑造朝鲜，平衡作品的文学性与实际的政治功效之间的诡异关系。变化发展的结果是，战前文学作品中的朝鲜女性形象无可挽回地成为文学创作的一段往事，新的抗美援朝写作运动需要新的女性形象来约束性的冲动，展现被约束的性所蕴藏的革命能动性，用女性与性别来诠释国际主义时代中国革命的理想与实践。

二、受难的身体与革命的主题

抗美援朝运动开展伊始，《人民日报》即建议出版小说、故事、诗歌等文艺作品，“介绍朝鲜情况”，“具体而生动地去适合各个特定读者对象的要求，使他们爱读，读了之后能够有所启发，能够解决他们思想上存在着的问题”。[③] 1950 年 11 月 10 日出版的《文艺报》发表中华全国文学艺术界联合会号召，要求作家通过各种文学形式“作深入的普遍的宣传”，建议

---

① 朴龙山：《试谈中国现代作家笔下的朝鲜爱国者形象》，《延边大学学报》（社会科学版）1985 年第 4 期。

② 同上。

③ 《扩大抗美援朝宣传：致全国出版工作者和图书馆工作者》，《人民日报》1950 年 11 月 15 日。

全国文艺报刊“经常地有系统地刊载有关抗美援朝的文章与作品”，建议文工团、剧团深入基层进行抗美援朝宣传演出，“组织及教育民间艺人”参加抗美援朝宣传运动，“组织各种讲演会、座谈会、朗诵会”，鼓励作家开展国际交流“共同为保卫世界和平反对美帝侵略而斗争”。该号召还强调作家肩负重任，要“在中国人民中普遍建立起仇视美国、鄙视美国和蔑视美国的正确态度”，同时还要着重宣传“朝鲜民主主义人民共和国是我们亲密的兄弟国家”，“是患难与共、甘苦共尝的战友”，“中国人民一定要支援我们被侵略的兄弟国家”等。[①] 1950年11月16日，在京文学工作者也发表宣言，表示“中国人民深深记得，朝鲜人民曾经和我们并肩作战，共同打倒了日本强盗和蒋介石匪帮”，“中国人民也深深懂得‘唇亡齿寒、户破堂危’”，“援朝即所以卫国，卫国即所以维护和平”。[②] 在这种空前强大的政治运动的推动下，创作运动迅速开展，妇女又一次成为战争文学的主角，成为战争苦难、创伤、希望、解放的代言人，肩负着建构中朝同盟的重要政治责任。

抗美援朝运动初期发表的作品，大多将朝鲜妇女塑造成受难者的形象。建国初期文艺界的权威刊物《文艺报》于1950年11月10日发表社论，号召“文艺界展开抗美援朝宣传工作”，同期刊载了多篇诗歌、散文、杂文等，成为抗美援朝创作运动的最早成果。其中李又然的文章《扩大侵略正是侵略者死灭的加速》，借描写朝鲜妇女和儿童，控诉侵略者的战争暴行：

> 它们射杀、刺杀、轰击、轰炸朝鲜的和平居民——正因为是和平居民，勤劳又最善良的，其中有病人有老人，有孕妇又有盲者，有男女儿童、男女少年、男女青年，还有许多许多还不会说话的婴儿——什么罪都没有的，一句话都还不会说的。……于是我们的这些朝鲜婴儿，许许多多，成堆成堆，都被狼藉在破砖碎石里，倒在被扎烂刺破的母亲的胸怀里，和也被扎烂刺破的零零碎碎了的他们自己的小小的不完整的尸体里。……

① 《关于文艺界开展抗美援朝宣传工作的号召》，《文艺报》第3卷第2期，1950年11月10日。

② 《在京文学工作者宣言》，《人民文学》1950年第12期。

许多母亲就这样在干号。更多的母亲她们本身也被炸得什么都没有了。[①]

作者为读者呈现了一个毁于战火、失序的社会,生命不再被珍视,安全感荡然无存。妇女和儿童是这个失序社会的最大受害者,她们面临家庭破碎和亲人死难的命运。经受财产的损失、肉体的伤痛、精神的煎熬,妇女见证了战争的惨烈,控诉了侵略者的暴行。同一时期的报纸宣传中,也有大量类似的描写,强调女性的受难经历。例如1950年12月7日,《人民日报》转引朝鲜政府的报告,称美军在平壤"进行血腥的大屠杀","美国军队在平壤还逮捕了一千多名妇女,对她们施以酷刑,强奸她们,然后把她们枪杀"。[②] 12月9日《人民日报》再次发文,称:

> 朝鲜战争证明了一个真理,就是:美帝国主义是一只凶狠阴险的狼,它贪得无厌,得寸进尺,只有打断它的脚爪,拔掉它的牙齿,才能阻止它的侵略。这只狼是这样地凶残,它把朝鲜无数的城市和乡村焚毁为平地;把成千成万的和平居民集体枪杀;把妇女剥得光光的围观取乐,轮奸致死,把三岁儿童也当作敌人看待。[③]

将妇女视为受难者,用女性的身体充当战争暴力的见证,是古今中外战争文化的组成部分。以中国近代历史经历而言,就在中国大众刚刚经历的抗日战争中,中国漫画家们经常在作品中表现日本侵略者强奸、凌辱、杀戮妇女的主题,通过赤裸的、扭曲的、和鲜血淋漓的妇女身体(尸体),作者希望培养大众对日本侵略者的仇恨,唤醒人民对神圣抗战的支持。[④] 抗美援朝初期宣传与文学创作中对妇女受难形象的大肆渲染,也正是希望重新唤醒中国大众

① 李又然:《扩大侵略正是侵略者死灭的加速》,《文艺报》第3卷第2期,1950年11月10日。

② 《朝人民军和我人民志愿军长驱南进、朝鲜临时首都平壤解放》,《人民日报》1950年12月7日。

③ 陈克寒:《决不能等待和平,必须去争取和平,响应二届和大"告全世界人民的宣言"》,《人民日报》1950年12月9日。

④ Edwards, "Drawing Sexual Violence in Wartime China."

的抗日记忆。在抗美援朝运动中,基层干部发现“忆苦”和“诉苦”是发动无组织的群众、特别是教育动员妇女的好办法,一份北京市委的报告特别指出,“北京市在8年沦陷期间备受日本的压迫,对日本帝国主义的仇恨极深,加深这一方面的宣传,将会大大提高群众的反美情绪”①。《人民日报》报道,在北郊马店村团支部日前召开的时事座谈会上,“女团员张淑琴亲眼见过被日本鬼子强奸的妇女,和扔到万人坑去的工人”,于是她恨恨地说:“美国鬼子和日本鬼子熬在锅里一个味!”② 前文提到的作家李又然,除了描写朝鲜女性受难之外,还描述了抗战与内战时期中国妇女的遭遇,他写道“中国妇女,从十二三岁到六七十岁的,许许多多都被日本侵略者蹂躏了”,“内战时期美军吉普车里传出的中国妇女的求救声,美军不是拯救中国妇女的英雄,而是新的危险,一场专制的政府,纵容罪恶”。③ 在宣传材料和文学作品中,无论是女性遭受的战争苦难,还是性别化的战争暴力,都可以超越时空存在,把昨天的“日本鬼子”和今天的“美国鬼子”联系起来,把昨天中国人民承受的日本侵略之苦与今天朝鲜人民正在经历的“美国强盗的入侵”联系起来,“强化朝鲜在朝鲜战争中的受害者地位,在历史和现实的双重叙事中,建立中朝同盟的政治想象。

文艺作品中对性暴力和女性受难形象,固然有启发群众的作用,但是宣传干部和文艺批评家很快就注意到它的负面影响。1951年5月10日的《文艺报》刊发了洪岳的评论文章,提出了一个重要的问题:“现在,如果敌人还打算破坏我们,想卷土重来,我们怎样办哩,是数着自己身上的伤痕,还是伸出那双打倒过敌人的拳头给自己看看哩?”④ 文章特别提到《东北画报》登载那些由日寇拍摄的奸淫中国妇女的照片,认为这些图片“实在是非常不必

① 《中共北京市委关于本市妇女界抗美援朝反对美帝武装日本示威游行情况向中央并华北局的报告》(1951年3月),选自中共北京市党委研究室编《北京市抗美援朝运动资料汇编》,知识出版社1993年版,第103页。

② 冷林、周际参:《京郊农民痛恨美帝、各区成立保卫和平反对侵略分会》,《人民日报》1950年11月15日。

③ 李又然:《吉普车》,《文艺报》第3卷第3期,1950年11月25日。

④ 洪岳:《宣传的目的和宣传的手段》,《文艺报》第4卷第2期,1951年5月10日。

要的行为”,并反问画报的编辑“如果脸上已经有了伤痕,还用得着脱下衣服来全部暴露伤痕吗?”与片面渲染性暴力和战争苦难对应的,则是宣传中忽视“表现中国人民在八年抗战中的不屈不挠的精神,和英勇顽强的斗争事迹。”全国文联研究室整理的“抗美援朝文艺宣传的初步总结”中指出,在前期创作工作中,“作者们比较偏重于揭露美帝国主义的侵略暴行,而对于人民志愿军的英雄事迹,和广大人民支援战争的爱国热情,却反映得很不够”①。批评家指出了问题所在,也给出了解决问题的方法。何远提出文学创作“必须从‘个人泄恨’的认识上再深入一步”,“文艺作者应该抓住一切为帝国主义直接间接所造成的悲剧的事实,发掘其根源,加以艺术的描写”,只有“深一步揭露出帝国主义与人民在本质上的对立,不相容,那末,这样的复仇的行为就不再是属于个人泄恨性质的东西,它就具有社会性质,将激励广大人民去做坚决的斗争”②。全国文联的总结报告,也强调作品“描写中朝人民的关系”,不能“只局限于个人的友谊和感情”,应该把“个人的友谊扩大为阶级友爱”,“从阶级观点去阐明国际主义”。③

三、发掘“革命的日常性”

针对抗美援朝前期创作中暴露出的作家缺乏深入新生活的体验、“在创作上过多地借助于回忆,模仿和主观想象”的问题,抗美援朝总会和其他文艺工作领导机关开展工作,积极组织作家赴朝访问。④ 前期赴朝访问的作家,

---

① 全国文联研究室整理:《抗美援朝文艺宣传的初步总结》,《文艺报》第4卷第2期,1951年5月10日。

② 何远:《再深入一步》,《文艺报》第4卷第1期,1951年4月25日。

③ 全国文联研究室整理:《抗美援朝文艺宣传的初步总结》,第5页。

④ 在整个朝鲜战争期间,抗美援朝总会共组织三届赴朝慰问团,成员包括全国著名的劳动模范、教育界、文艺界、和工商界人士。慰问团规模庞大,1951年3月组建的第一届慰问团共有575人,其中“正式代表210人,曲艺服务大队86人,文艺工作团85人,电影放映队17人,工作人员及记者88人,其他行政警卫人员92人”。童庆平:《中国人民第一届赴朝慰问团》,《党史纵横》2011年第2期。1952年9月出发的第二届慰问团总计1097人,1953年10月出发的第三届慰问团共5448人。

包括刘白羽、田汉、欧阳山尊、杨朔、徐驰、舒群等数十人;其他作家如老舍、路翎等,也在战争中后期,参加抗美援朝总会组织的中国人民赴朝慰问团。另一起颇受宣传部门重视,被广为报道的作家赴朝访问活动,是 1952 年 3 月至 10 月,巴金率领黄谷柳、宋之的、白朗、菡子等 17 名作家与文艺工作者组成的全国文联“赴朝创作组”访问朝鲜战场。[①] 从客观条件上讲,当巴金等作家赴朝之时,距志愿军入朝作战五次重大战役的结束已有一年有余,交战双方沿三八线形成对峙状态,稳定的军事形势,有利于作家近距离体验战地生活。宣传部门和文艺领导机构则希望为作家们提供机会,亲身感受战火考验,以便促进文学创作工作。[②] 同时,这种战地体验也无时无刻不在提醒走上战场的作家们,创作朝鲜题材文学作品是一项政治任务,他们要学会如何结合战地生活实践和各种英雄事迹报告,掌握提炼和取舍材料的标准与手段,创作出歌颂英雄、鼓舞人民群众的作品。通过对比抗美援朝运动前期与中后期出版的文学作品中的朝鲜妇女的不同形象,我们可以了解政治宣传如何改变文学中的性别叙事,了解不断变化的性别叙事制造了何种形式的革命政治想象。

新的朝鲜妇女形象,不再是单纯的、无助的战争受害者,她们被刻画成为劫后重生、重建家园的主力军。路翎在《板门店前线散记》中,描写了朝鲜

---

① 有关巴金赴朝访问的经过,参见孟红:《巴金的“抗美援朝”岁月》,《文史春秋》2010 年第 11 期;贾玉民、张玉枝:《巴金赴朝有关史实正误》,《黎明职业大学学报》2011 年第 71 卷第 2 期。有关巴金赴朝的政治背景与文艺领导机构对他的鼓励与压力,参见周立民:《巴金在朝鲜战场》,《中国现代文学研究丛刊》2001 年第 2 期。

② 但是必须强调的是,战地访问是一种“限制性体验”(controlled experience),访问活动的组织者有计划地安排作家们会见不同层面的朝鲜党、政、军干部和群众。以第三届赴朝慰问团第六总分团第三分团的汇报材料中所记录的访问日程为例,“三分团自入朝以来,至 11 月 23 日止,共访问了朝鲜一个郡,13 个里,人民军 1 个排及 1 个后方医院,共计 14 个单位。接触人数二万以上。召开了模范、英雄座谈会 14 次,并向他们演出了 2 次”。选自:“第三分团团长赵凡的信”,1-6-801,“中国共产党北京市委:第三届赴朝慰问团总结、整理宣传报导的计划”。当巴金等作家下到基层连队体验生活的时候,军师首长提前与团部联系下达接待任务,团政委亲自安排各种座谈会和报告会,并特意“交待营长、教导员在洞口设个门岗,要巴金等人平时不要到外边去,如出去需有人带领”;并强调,不经允许,巴金等不能上阵地参观野战工事。参见武文笑:《巴金在志愿军中二、三事》,《党史文苑》2010 年 10 月(上半月)刊。

妇女辛勤劳动的场景:她们“搬开了破烂的砖瓦,清出了小小的一块菜地,老大娘在拌草灰,小女孩用柔嫩的小手抓着一把一把的草灰往母亲掘开的小泥洼里撒着”①。在另一位作家丁易的笔下,衣着鲜艳的妇女和人民劳作的场景,象征着战争中孕育的勃勃生机:

> 出了村口,就看到三三五五的妇女,老人或是儿童散布在田坎间。妇女们穿着白色的衣裙,背上背着孩子,用一种很优美的姿势,一步一步地在踩着刚撒下种子的田垅。老年人戴着纱帽,冒着一头汗珠,扶着犁柄,和蔼的叫前面的小孙子们用力拉。②

随巴金率领的“赴朝创作组”奔赴朝鲜前线的作家白朗,也在作品中歌颂朝鲜妇女为支援前线、重建家园所作出的巨大牺牲和贡献:

> 我碰到的很多朝鲜妇女,都有着类似的特点。当她们叙述着自己亲人惨死的情景时,竟像讲着古老的故事一样,没有眼泪,也没有叹息。……按照一般人情的想象,这些灾难深重的不幸者,一定被悲哀折磨得挺不起腰来了,抬不起头来了。因为骨肉离散、田园破毁,必然是蓬头垢面、形容憔悴,过着流泪和叹息的日子,哪里还会有欢笑的心情呢?更怎会有打扮的兴致呢?而摆在我们面前的,却完全是出人意外的景象。看着那一个个兴奋的脸、鲜艳的服装以及修饰得整齐的头发,听着那健康的歌唱和笑声,好多人不禁吃惊了:“她们的遭遇真是那样悲惨吗?”“她们的生活真是那样艰苦吗?”接触多了,大家才领悟到:这原来正是朝鲜妇女的特点。她们在长期的苦难中,经历千锤百炼,已经像钢铁般坚强。她们之所以兴奋喜悦,正是因为相信自己的力量。她们之所以忍耐,正是因为对光辉的未来抱着热切的希望。③

在抗美援朝运动中后期出版的文学作品中,朝鲜妇女一改前期作品中单

---

① 路翎:《板门店前线散记》,选自路翎《初雪》,宁夏人民出版社 1981 年版,第 223 页。

② 丁易:《朝鲜农村中的战斗火焰》,《文艺报》第 4 卷第 6 期, 1951 年 7 月 10 日。

③ 白朗:《我要歌颂她们》,《人民日报》1952 年 6 月 30 日。

纯、无助的战争受害者形象，转而成为支援前线的革命者和重建家园的建设者。作家不惜笔墨描写妇女参与修桥筑路、挖战壕、运送物资、救助伤员等后勤工作，日常生活与劳作的场景更是刻画战争中朝鲜妇女的必备情节。如常彬所观察到的，“说她们普通、她们平凡，是因为她们没有惊天动地的伟绩，没有驰骋沙场的功勋，没有可圈可点的骇世传奇，所做的都是房前屋后普通平凡的活计”，但是作家所要表达的是“她们不普通不平凡”，表现她们的“人性和人的尊严”和“执著于生存的朴素信念”，而“这本身就足以使她们成为英雄”。[①] 如果说常彬的研究概括总结了文学作品所呈现的朝鲜妇女形象，那么这些文学审美情境背后的政治意图，这些华丽文学词藻的生产过程，更值得我们注意。

从战争受害者到革命建设者，朝鲜妇女形象的转变过程，是对战前文学形象的厘清。早期的形象不见容于革命战争宣传，现在作家们创造出革命的妇女形象来填补宣传的空白。更重要的是，妇女从受难者转变成革命者，体现了革命中经受考验、战斗中逐步成长的宣传主题。就在抗美援朝创作运动如火如荼开展之际，《文艺报》联系刊载评论文章，讨论如何在文学作品中描写“革命成长”。陈荒煤强调“不能首先表现新生的力量的生长，就不可能正确的表现旧的阶级的灭亡”，“要创造和雕塑新人的英雄形象”，而且“不但是写出人是个哪么样子，更重要的，描绘人可能以及应该发展的样子！”[②] 擅于描写革命成长，描写合情合理、合乎革命发展规律的革命成长，是革命发展对文学创作的要求。描写群众在革命中成长，也可以避免将革命和动员片面表述成由上至下、党和政府的“恩赐”行为。有评论说：“中国人民的解放是由于中国共产党领导而获得的，共产党所以能领导人民求得解放，就由于共产党能够正确的教育和依靠广大的群众，不断提高群众的政治觉悟”；因此，群众在革命中成长，正是发掘群众的革命自觉性和主观能动性的体现。[③]《文艺报》

① 常彬：《战争中的女人与女人的战争：抗美援朝文学论》，《河北大学学报》（哲学社会科学版）2014 年第 4 期。

② 陈荒煤：《为创作新的英雄的典型而努力》，《文艺报》第 4 卷第 1 期，1951 年 4 月 25 日。

③ 张庆田：《加强文艺作品的思想性》，《文艺报》第 5 卷第 2 期，1951 年 11 月 10 日。

还以作品为例,说明描写“革命成长”的重要性。例如一篇评论孙犁的小说《风云初记》的文章,指出该作品之所以成功和感人,是因为它告诉了读者“中国农民是怎样摆脱着他们身上的重要锁链,开始走向解放的道路”。小说中的女主角春儿,“当她还没有经历过斗争的时候,春儿还只是一个农村中平常的女孩子”,她敢当众演讲,联络群众“心里有些发怯”;但是,经过斗争的洗礼,“她就变得勇敢了,成为这个村子的妇女领袖”。评论者认为,这样的人物描写,使得读者“在这发展中,我们看到了生活中间的一些根本的变化”。[①] 在这样的文学创作方法讨论的影响下,抗美援朝题材作品中突出描写朝鲜妇女的革命成长,也就是顺理成章的事情了。

文学作品中描写的妇女日常工作和生活的场景,都强化了一种“革命的日常性”(revolutionary everydayness)。抗美援朝运动包括前方与后方两个面向,它们既密切关联、又有所差别。前者是志愿军(也包括朝鲜人民军)英勇杀敌、建功立业的战场,后者是日常生活和工作的场域。抗美援朝初期的作品主要将日常生活的场域描写为战争的牺牲品,因为战争意味着战斗、死亡、毁灭,和平世界荡然无存,生活秩序被彻底毁灭。然而,随着战争成为日常生活的一部分,作家试图建构一种新的战争中的日常性,在死亡中发现生命的希望,在废墟上重建家园。在这个建构战争新常态的过程中,作家们着力描写妇女的日常生活劳作,日常的生存手段,通过描述“非常时期”(extraordinary time)的“日常生活”(ordinary life)为失序的社会重建秩序。在革命话语中,这种“革命的日常性”尤为重要,它成为连接前方与后方的纽带,群众的参与成为战争胜利的保障,也昭示着随着革命深入发展,妇女的革命潜能被不断发掘,成为革命走向胜利的动力。

对于作家而言,发掘并刻画朝鲜妇女生活中蕴藏的“革命的日常性”,也体现了一个自我学习和自我改造的过程。以巴金为例,他率领的“赴朝创作组”一行于 1952 年 3 月中旬到达朝鲜,仅 4 月一个月内,巴金等被安排会见朝鲜党和国家领导人 2 次,会见志愿军总部和作战部队领导 8 次,参观朝鲜

---

① 于晴:《读孙犁的新作〈风云初记〉》,《文艺报》第 5 卷第 3 期,1951 年 11 月 25 日。

工农业设施、学校、文化机构5次,走访志愿军阵地5次,参加座谈会8次,参加报告会6次,参观文艺演出活动10次。除此之外,在闲暇时间,巴金还坚持阅读《人民日报》、《参考消息》、《文艺报》、《解放军文艺》,抄录战士创作的阵地日报等。① 如此密集的日程,将访问变成了一次高强度的政治学习。巴金还在日记中记录了他将战地创作的作品交与访问组其他成员讨论和批评,修改后再寄回国内发表;不仅如此,巴金还专门听取志愿军宣传部门领导做关于描写英雄人物的创作问题的报告,以便指导自己的写作。凡此种种,将访问变成了一次写作训练班。在宣传部门的鼓励与监督下,作家们表现出了很强的自我改造意识。例如巴金在日记中记录了他亲眼目睹"两个朝鲜女人殴打一个朝鲜姑娘,按在地下痛打",询问后原来是起因于"偷豆子","姑娘就住在打人者的隔壁"。② 这种为了偷窃而打斗的行为,也是战争状态下生存危机的自然反应;但是很显然不符合宣传的需要,作者经过自我校正,在公开发表的作品中展现给读者的是:

> 不管美国飞机疯狂的投弹,敌人大炮盲目的发射,朝鲜的阿妈妮仍然活的很坚强,很勇敢,而且充满那么深厚的感情和乐观的精神。那些时候在朝鲜的城市和乡村里从来没有断过歌声和笑声。③

作家的亲身经历表明,创作抗美援朝题材的作品,已经成为作家思想改造的课业,由此检验作家是否拥护党的政策,能否用文学作品配合政治宣传,能否创造出合格的英雄人物与感人的英雄事迹来教育和鼓舞广大群众。

通过刻画朝鲜妇女的英雄形象,通过在日常生活与劳动中发掘妇女的革命自觉性与革命潜能,作家为读者呈现了一个女性化的朝鲜社会。例如老舍笔下那个与志愿军阵地毗邻而居的朝鲜村庄"只剩下三个年纪不同的妇女。她们不是一家人,患难迫使她们在一块儿过活"④。菡子的短篇小说《石

---

① 巴金:《赴朝日记》,选自《巴金选集》第25卷,人民文学出版社2000年版。

② 同上。

③ 巴金:《朝鲜的梦》,《巴金选集》第11卷,人民文学出版社2000年版,第416页。

④ 老舍:《无名高地有了名》,文汇出版社2009年版,第43页。

洞里的人家》塑造了一个临时组成的家庭,它包括“白发的老祖母、九岁的大哥崔琨、七岁的大妹朴真兰、五岁的小妹李贞女”①。文学作品一方面营造了一个女性化的朝鲜社会,另一方面则极力渲染朝鲜妇女爱戴、帮助、甚至为掩护志愿军英勇牺牲的场面。例如,巴金在“一个模范的通讯连”中,描写了志愿军连队帮朝鲜老大娘抬锅打井,抬尿罐浇地,“轮流地替朝鲜老大娘舂米”等;同时,朝鲜大娘帮助照顾志愿军伤员,不停地感叹“他们跟我儿子一样”。② 在李蕤笔下,朝鲜妇女看到志愿军伤员,“便亲自跑上来,把他搀扶到屋子里的炕上,给他烧水,亲自替她洗脸”。语言的障碍也无法阻隔朝鲜大娘与志愿军心灵的交流,“她抚摸他的伤口,眼里流下眼泪”,“她用手比划着”,告诉志愿军伤员“我看见每一个志愿军,就像看见自己的儿子,看到志愿军的每一个伤员,就像看到自己的儿子受伤”。③ 老舍的小说《无名高地有了名》最后描写了志愿军战士在战斗中负伤,这时敌人一发炮弹打来,在千钧一发之际,一位朝鲜妇女“孤胆大娘”用身体掩护了战士,战士醒来之后发现,“他腿上的血染红了一片她的白裙,她头上的血滴在他的脸上”。④

回顾抗美援朝文学作品中广泛出现的“军民鱼水情”式的创作手法,文学史家多从审美意境理解作品中表现的跨过亲情体验,以常彬的研究为代表,她认为这个时期的作品“在军民关系(中国军人与北朝鲜百姓)的想象和处理上,仍然延续了中国革命战争文学‘军民一家亲’、‘军民鱼水情’的叙事主题”,“表现了中国军人严明的纪律、和蔼的作风、无私的救助以及朝鲜老百姓视他们为‘自己的子弟’的亲切感情和积极拥军”。⑤ 描写中朝之间“军民鱼水情”是建构中朝革命同盟关系的重要举措。这种叙事手法用中国革命话语中经典的“人民战争”的概念,重新定义了朝鲜战争,赋予这

① 菡子:《石洞里的人家》,《和平博物馆》,新文艺出版社 1954 年版,第 43 页。

② 巴金:《一个模范的通讯连》,《巴金选集》第 14 卷,人民文学出版社 2000 年版,第 141—145 页。

③ 李蕤:《难忘的会见》,中国青年出版社 1956 年版,第 54 页。

④ 老舍:《无名高地有了名》,文汇出版社 2009 年版,第 182 页。

⑤ 常彬:《叙事同构的中朝军民关系——抗美援朝文学论》,《河北学刊》2013 年第 33 卷第 1 期。

场冷战初期的国际冲突以革命的内涵，将它“内化”（domesticize）为中国革命的翻版和延伸。通过描写朝鲜妇女在日常生活中与中国志愿军战士建立的中朝互助、军民一心的革命情谊，烘托了一种超越国界的“人民战争”的场景；通过激发并调动读者对国内革命中军民关系的理解和想象，拉近朝鲜战争与中国革命的距离，培养中朝之间的亲和力。同时，这种写作手法又为朝鲜战争的发展进程设计了光明和胜利的结局，使“人民战争”这件中国革命胜利的法宝在异国战场再放光芒。如同 1953 年毛泽东同志在中央人民政府会议上的讲话所强调的，抗美援朝运动之所以胜利，“主要是因为我们的战争是人民战争，全国人民支援，中朝两国人民并肩战斗”[①]。另外，作家笔下塑造了温暖、亲切、稳定的朝鲜战地生活。“军民鱼水情”构建了完美的军民关系和中朝关系景象，作家通过朝鲜女性的生活和劳作为志愿军战士营造了一个熟悉的战斗和生活环境。身在异国他乡的战场，他们以战士和亲人的双重身份融入朝鲜人们的日常生活，既履行共产主义革命战士所肩负的战斗和政治的责任，又充当“人民子弟兵”承担社会和道德责任。革命政治与社会道德的双重责任，确立了志愿军战士的行为准则。

四、女性化的朝鲜与革命中国的国际主义想象

文学作品借用“军民鱼水情”的叙事手法，将朝鲜战争“内化”成为一场“人民战争”式的革命运动，也理想化了战地军民关系，程式化了志愿军战士和朝鲜妇女的两性交往。不仅如此，文学作品还通过塑造朝鲜女性形象，“情感化了”（sentimentalize）国际主义政治理念。文学作品不仅成为国际主义宣传教育运动的重要武器，也悄然改变了国际主义的含义，如下文所述，文学作品通过塑造朝鲜女性形象与女性化的朝鲜社会，制造了一种所谓“革命发展层级体系”（revolutionary hierarchy），培养了一种“共产主义语境下的家长主义”（communist paternalism），建构了一种中国献身并领导世界革

① 毛泽东：《抗美援朝的伟大胜利和今后的任务》，1953 年 9 月 12 日。

命的“革命幻想”(revolutionary illusion)。

如前文所述,抗美援朝创作运动中出版的文学作品描绘了一个女性化的朝鲜社会,朝鲜成年男性从女性生活空间中集体消失了。例如,杨朔的《三千里江山》中的朝鲜庄户人家,是由70岁的爷爷、“性格温柔”的妈妈和“一个不到十岁”的小孩组成。小孩的父亲是个瓦斯工人,在日本占领时期“经过了图们江,逃到长白山大森林里,加入了游击队”,从此杳无音信。李蕤描写了一户热情照顾志愿军伤员的朝鲜人家,主人是“一个五六十岁的老太太”,她的丈夫是劳动党党员,在人民军撤退时不幸牺牲;她的儿子是人民军战士,正在前线作战;“和她在一起生活的,只有三个女儿,大的十六岁,第二个十四岁,最小的才十二岁”。[①] 巴金的短篇小说《金刚山上发生的事情》讲述了志愿军战士冒着美军燃烧弹引燃的大火救助朝鲜群众的故事,获救的朝鲜妇女包括李浩世(丈夫在朝鲜人民军工作,她自己与四岁的孩子在后方生活)、崔春凤(丈夫牺牲,她自己与两个女孩一起生活)、金善玉(一家人在战争中失散,至今不知道丈夫和儿子的下落)。[②]

女性化叙事固然是对现实生活中朝鲜男性人口大量损失的实际情况的文学再现,更重要的是,通过塑造“男性缺失”的朝鲜社会,文学作品营造了一种特殊的家庭和性别话语,突出了志愿军战士扶危济困的英雄形象。作家笔下描绘的一个个毁于侵略者战火的家庭,为读者展现了失去儿子的父母、失去丈夫的妇女和丧失父亲的儿童。与之相对,志愿军战士是一群成长中的青年,他们告别了祖国、父母、妻子、儿女,踏上异国的土地,拯救苦难中的朝鲜人民。“丧家”的朝鲜人民与“离家”的中国战士,在战场相遇,破碎的家庭得以重建。在这个家庭重建的过程中,抽象的国际主义概念被“情感化”成为一系列家庭关系和家庭生活责任。在家庭语境下,志愿军战士肩负照顾父母、关心妇女、救助儿童的多重责任;在与之对应的新中国国际战略中,志愿军承担了扶危济困的各种国际义务,其中包括保卫邻邦安全,开展革命启蒙教育,

① 李蕤:《扫雷英雄姚显儒》,《难忘的会见》,中国青年出版社1956年版,第54页。

② 巴金:《金刚山上发生的事情》,《巴金全集》第14卷,人民文学出版社2000年版,第221页。

用中国革命成功的范例引领盟国走上争取国家独立与社会主义革命胜利的光明道路。家庭语境中,背井离乡的志愿军战士在“跨国家庭生活”中获得了巨大的精神寄托和走向胜利的思想动力;在国际战略中,扶危济困、扶弱济贫的国际主义实践,展现了中国领导国际革命的信心与力量。

更重要的是,女性化的叙事背后的性别权力架构,为现实中的中朝关系和中国国际战略注入了新的内涵:同盟关系中两个主权国家与革命政党之间平等的关系,被演化成为以男性为象征的革命领袖,扶助、关心、教育以女性为象征的盟国。巴金的短文“保卫朝鲜、保卫朝鲜的母亲和孩子”提供了一个很好的例证,他写道:

> 我亲眼看见这里的苦难和斗争,我认为我有责任替那些住在地窖里,住在山脚下草棚中,住在简单的防空洞内,住在破旧的茅屋里的朝鲜的母亲和孩子说话,替那些冒着敌人炮火在邻近前线的田地上种稻种菜的朝鲜妇女说话,替那些在敌机威胁下在学校里念书唱歌的儿童说话。朝鲜人民不仅是为着自己的和平与幸福在斗争,他们也是为着全亚洲、全太平洋区域的和平,为着全亚洲、全太平洋区域的人民的幸福。①

巴金笔下的朝鲜女性,正在遭受侵略之苦。失去了男性的保护,她们在“地窖里”、“在草棚中”、“在防空洞内”、“在茅屋里”挣扎。在侵略者的劫掠与迫害下,她们甚至被剥夺了倾诉苦难的权利。只有志愿军战士挺身而出,“替”她们报仇雪恨、伸张正义。在文章的最后,作者将这场战争的意义再次从家庭的范畴延伸至更广阔的国际政治领域。

文学作品作为教育大众的一种手段,在抗美援朝期间承担了宣传普及国际主义的重要任务。在政府的宣传中,爱国主义和国际主义是发动抗美援朝运动的两大政治基础,例如《人民日报》鼓励青年报名参军,激情洋溢地写道,“把爱国主义与国际主义具体地相结合,已经表现在我们千千万万踊跃

---

① 巴金:《保卫和平,保卫朝鲜的母亲和孩子》,《巴金全集》第14卷,人民文学出版社2000年版,第171页。

参加志愿军伟大的英雄们的气概上"[①]。《文艺报》也呼吁"我们要发扬中国民族的不畏强暴、援助友邻的伟大精神,发扬爱国主义与国际主义相结合的精神"[②]。在实际工作中,爱国主义是一个比较好宣传的政治理念,这不仅因为爱国主义诞生、发展于中国近代反侵略的斗争历程,已经演变成为一个内生的政治概念;也因为中国共产党在自身的革命运动中,始终高举爱国主义的旗帜,爱国主义因而成为共产党革命理论和政治合法性的重要来源。抗美援朝运动将爱国主义诉求,具体定义为两大政治目标:保卫新中国的领土安全,保卫中国共产党领导的革命胜利果实,亦即新中国的社会主义政治和经济制度。

毛泽东在抗战初期撰写的"中国共产党在民族战争中的地位"一文中强调,"中国共产党人必须将爱国主义和国际主义结合起来"。在抗日战争的历史背景下,爱国主义就是要"争取抗日胜利",只有抗战胜利、"民族得到解放","才有使无产阶级和劳动人民得到解放的可能",才能支援外国人民的反侵略斗争。[③] 毛泽东在文章中还特别指出,以反抗侵略为斗争目标的爱国主义,其实就是"国际主义在中国的实现,一点也没有违背国际主义"[④]。在"纪念白求恩"一文中,毛泽东一方面再次重申了中国国内革命的胜利具备国际主义的意义,另一方面他也号召资本主义国家的工人阶级和进步势力紧密团结,以国际主义的精神支援中国革命。[⑤] 可以看出,这一时期毛泽东强调爱国主义先于国际主义,取得国内革命胜利先于参与国际范围内的革命斗争,中国主要是国际主义的援助对象、尚不具备履行国际主义责任援助他国的能力。

然而,抗美援朝运动开展之际,中国革命走到了转折关头。陈兼将新中国的国际战略归纳为三点:首先,中国试图通过抗美援朝,将中国革命推向国际舞台;试图通过国际斗争,保持"革命动力"(revolutionary momentum),推

① 梁希:《伟大的援朝志愿军万岁》,《人民日报》1950年11月17日。

② 《关于文艺界开展抗美援朝宣传工作的号召》,《文艺报》第3卷第2期,1950年11月10日。

③ 毛泽东:《中国共产党在民族战争中的地位》,1938年10月14日。

④ 同上。

⑤ 毛泽东:《纪念白求恩》,1939年12月21日。

进国内革命进一步发展。第二,中国展望在亚非拉“中间地带”(intermediate zone)掀起反帝国主义、反殖民主义、民族独立的运动;中国通过领导“中间地带”的革命,推动国际共产主义运动的新高潮。第三,中国重返国际政治前台的举措与动力,既来源于空前高涨的革命热情,也根植于中国传统的“华夏中心”的世界观(Sinocentric world order)。① 沈志华则强调了中华人民共和国成立初期中苏关系的发展变化对中国革命战略转型的影响。依据他的观点,在中国的革命进程中,中苏关系、特别是毛泽东与斯大林的关系,一直矛盾重重。直到朝鲜战争爆发之初,中国革命貌似接受苏联领导,实际上没有获得苏联的完全信任和认同。对此,毛泽东曾在1956年发表的“论十大关系”一文中有明确的表述:

> 斯大林对中国作了一些错事。第二次国内革命战争后期的王明“左”倾冒险主义,抗日战争初期的王明右倾机会主义,都是从斯大林那里来的。解放战争时期,先是不准革命,说是如果打内战,中华民族有毁灭的危险。仗打起来,对我们半信半疑。仗打胜了,又怀疑我们是铁托式的胜利, 1949、1950两年对我们的压力很大。②

随着国内革命胜利,中美关系走向全面对抗,毛泽东迫切需要得到斯大林的政治认可,以换取苏联的军事、经济援助。按照沈志华的观点,毛泽东决策出兵朝鲜,实际是向斯大林作出的一个国际主义承诺,纠正斯大林认为毛泽东是民族主义者而非共产主义者的成见,是以实际行动加入苏联为首的社会主义阵营的投名状。通过抗美援朝运动,中国也的确加快了由新民主主义革命过渡到社会主义革命的进程。国际主义由此位居新中国国际战略和革命发展的中心位置,它既是推动国内革命继续发展的催化剂,也是中国以领导者的崭新姿态走上国际政治前台的铺路石和试金石。但是,如本文一开始所揭示,存在的问题恰恰说明中国大众尚缺乏必要的国际主义意识,未能做

① Chen, *China's Road to the Korean War*.

② 毛泽东:《论十大关系》, 1956年4月25日。

好领导国际革命的思想和心理准备。在随即开展的国际主义宣传教育运动中,文学中的朝鲜女性形象,将国际主义的抽象概念,演绎成一段段跨国的亲情体验,将抗美援朝的国际主义政治伦理,表现为具体生活中的扶老携幼、扶危济困的家庭责任,供读者体验与想象。文学创作中的性别叙事与国家政治话语相辅相成,文艺作品则将志愿军战士描绘成尊老爱幼、扶弱济困的英雄。作家们用群众更易理解的家庭等级和性别权力结构阐释了中国之于朝鲜的政治关系和安全责任。

结 语

虽然在冷战时期的意识形态领域内中国与美国势不两立,但是两国面临同样的问题,即如何重建国际和区域秩序、如何重塑国家在国际事务中的形象以及如何让普通大众接受这种新的秩序与形象等。为解决这些问题,中国采取的做法与美国有许多相似的地方。性别化的"朝鲜叙事"和朝鲜女性形象,承载了中国在冷战中的革命想象。女性遭受的战争苦难,强化了革命战争的紧迫性与正义性。从普通妇女成长为革命女性的历程,突出了革命动员的无穷伟力。文学作品中描写的家庭化的政治秩序,刻画了志愿军战士经过战火的洗礼成长为扶危济困的成人的过程,同时也确立了新中国在东亚社会主义大家庭中的领导地位,这是当时文艺创作对冷战时期中国的国际主义义务和社会主义同盟的最形象、最生动的诠释。

最后,建构朝鲜盟友的过程,也改变了参与建构的作家个人。参加抗美援朝创作运动的作家,有着不同的文学创作经历和历史背景,恰如其分地反映了中华人民共和国成立初期文艺界复杂多元的特点。他们中间有些人高居共产党内文艺工作领导地位,也有尚未加入共产党、但所谓思想进步的知名作家,既有来自解放区的文艺工作者,也有长期活跃于国民党统治区的作家,还有一批共产党培养的、在抗日和解放战争烽火中成长的青年作家。抗美援朝运动给他们提供了一个学习使用文艺创作为社会主义服务的机会,创作抗美援朝题材的文艺作品,就是学习掌握社会主义制度下文艺创作的选材、风格、手法、思想性与审美标准，投身于共产党领导下的爱国主义和国际主义教育运动，并通过这一过程将自己从文人、艺人脱胎换骨改造成为服务于社会主义社会的文艺工作者。就“朝鲜叙事”的建构而言，这种文艺人士和文艺作品的改造是巨大的，文学作品在建构中朝同盟的过程中发挥了巨大作用。作家笔下塑造的朝鲜妇女形象，承载了中国普通大众脑海里对朝鲜邻邦与盟友的想象，也建构起冷战时期中国自身的国家形象设计和国际关系构架。

新中国在战争时期的“世界主义”：论 1949—1953 年间的传媒产业、电影交流及草根国际文化

马修·德·约翰逊（Matthew D. Johnson）
美国格林内尔学院历史系

陈苑莹 译

抗美援朝（1950—1953）是一场重要的全球性军事冲突，使朝鲜半岛遭受毁灭性灾难，在地缘政治上分裂为两个敌对国家。从中国现代史的视角来看，这场战争是促使美国从东北亚撤出的一部分。[①] 抗美援朝不仅是一场军事冲突，其影响还扩展到传媒和文化领域，因而对信息的国际传播与交流起到很大作用。这种作用在中国文化产业上凸显，因为中国的文化产业作为传播官方观点的机制，除了宣传战争本身，还宣传了中国新政府的合法性以及中国在世界更大范围所扮演的角色，这一作用具体到电影产业尤为突出。抗美援朝期间，电影产业已成为中国共产党重塑中国反帝国主义革命、经济发展和亚洲领导地位等国际形象的主要渠道。

关于中国在战争期间外交关系的主流话语认为“一边倒”（即与苏联结盟共同反美）的趋势得到加强，因而中国与非社会主义国家的联系被完全切

① 基于中国文献研究这场冲突有价值的成果有：Sergei N. Goncharov, John W. Lewis, and Xue Litai, *Uncertain Partners: Stalin, Mao, and the Korean War*（Stanford: Stanford University Press, 1993）; Chen Jian, *China's Road to the Korean War: The Making of the Sino-American Confrontation*（New York: Columbia University Press, 1994）; Chen Jian, *Mao's China and the Cold War*（Chapel Hill: UNC Press, 2001）;Simei Qing, *Allies to Enemies: Visions of Modernity, Identity, and U.S.-China Diplomacy, 1945-1960*（Cambridge, MA: Harvard University Press, 2007）.

断。如果从经济的角度来看，美国主导的对中国的贸易禁令则进一步说明抗美援朝导致了中国与“西方”以及中国与美国的亚洲盟友之间的关系事实上已经中断。[①] 虽然抗美援朝无疑是中美关系发展的一个灾难性转折点，但就文化层面而言，这也是促进国内外合作的事件，使世界意识到中国愿意与任何国家建立关系，中国人民也愿意为抵抗美国强权提供帮助。因而，正是媒体塑造了中国在“反美”运动（或誉之为“和平”运动）发挥中流砥柱作用的国家形象，笔者将这种方式称为**“战争时期的世界主义”**即社会主义国际主义。它所呈现出的中国国际关系理想化图景中包括了除苏联、东欧集团以及共产党领导的亚洲革命以外的国家和民族。

仅从外交关系来看，中国共产党向苏联“一边倒”的更大背景是美国在亚洲进行的“反共”干预。美国向日本和国民党提供了支持，这种干预损害了中国共产党的国内外利益。尽管苏联在1945年后表达了与国民党进行定期谈判的意愿，但是同时也不断表现出为中国共产党提供支持的迹象，目的是为了反抗美国第二次世界大战后在中国和亚洲的存在。同样，毛泽东在对国际形势的多次分析中清晰地区别了反帝国主义势力（主要由苏联支持）和帝国主义势力（主要由美国、英国和法国支持）。[②] 尤其是从1949年开始，毛泽东宣布中国共产党愿意与世界各国发展关系，不断强调中国和中国人民重返“世界大家庭”的重要性、主权和平等的重要性、与资本主义国家建立关系的可能性以及在现今国际体系下拥有国家和地区自决权的重要性。[③] 在抗美援朝期间，尽管毛泽东制定的抗美方针主要是联合苏联和北朝鲜，但他也合理地解释了中国共产党在这场战争中的军事介入会对中国、朝鲜、东方，甚至整个世界有利。[④] 因此，中国的外交政策和活动不仅仅是与苏联、东欧集

---

① 详见 Shu Guang Zhang, *Economic Cold War: America's Embargo against China and the Sino-Soviet Alliance*（Stanford: Stanford University Press, 2002）.

② 详见毛泽东：《全世界反帝国主义阵营的力量超过了帝国主义阵营的力量（一九四九年十二月二十五日）》，收录于中华人民共和国外交部、中共中央文献研究室编《毛泽东外交文选》，中央文献出版社1994年版，第64—67页。

③ 《毛泽东外交文选》，中央文献出版社1994年版，第89—91、113—115、116—117、137—138页。

④ 毛泽东：《我军应当和必须入朝参战》，《毛泽东外交文选》，第144页。

团国家的民主“阵营”以及亚洲革命运动建立关系，而且还包括同亚洲、欧洲和全世界其他地方的国家和人民建立关系。①

在抗美援朝时期，传媒产业被当作是为反美政策寻求国内外支持的渠道，从中可以了解到中国的参战决定以及中国与苏联、东欧集团以及与其他地区、国家、民族、运动之间的关系。更广泛的意义是，传媒产业在新政府执政的合法化和政策的推行过程中也起到很大作用。“抗美援朝，保家卫国”的主要宣传目标是培养抗美爱国精神。这一全国运动特别在1950年12月后成为现实。中共中央此时下达了一项指令，进一步扩大了宣传工作，目的是消除国内对美国的支持或者恐惧的声音，形成对美国憎恨、鄙夷和蔑视的态度。此举加强了爱国主义教育，并把抗美援朝当作中国共产党和中华民族当前阶段的首要任务。另外，它还增强了民族自尊和自信，引发了一场跨地域、跨阶级的深度运动。② 更具体地说，这场宣传运动的目标主要是：第一，强调帝国主义集团失败的必然性和帝国主义内部矛盾不可调和的必然性；第二，证明中国的政治和军事实力；第三，表明“中国人民和世界人民具有继续挫败帝国主义侵略计划的信心和决心。” ③ 值得注意的是，这些目标是放置在更广阔的宣传框架之下，涉及许多与战争非直接相关的领域，包括政权巩固、土地改革、清除国民党势力和破坏分子以及经济的稳定和发展等。

换言之，抗美援朝的宣传以及支持运动均发生在新国家建设之中，可称之为“国家形成”期。从文化层面来看，这种建设体现在反映中国共产党政策并使其合法化的传媒生产和流通之中，跨越了多个领域，如外交关系等。近来关于20世纪50年代早期文学和文化的研究已经把“社会主义世界主义”和“国际文化回路（international cultural circuits）”的一些主要特征视为毛泽东时代（1949—1976）的流行文化。④ 不过，本文试图从一种草根视角

① 《毛泽东外交文选》，中央文献出版社1994年版，第146—155页。

② 中共中央：《关于继续开展抗美爱国宣传的指示（一九五零年十二月）》，中央宣传部办公厅编《党的宣传工作文件选编》（1949—1966），中共中央党校出版社1994年版，第54页。

③ 同上书，第56页。

④ Tina Mai Chen, “International Film Circuits and Global Imaginaries in the People's Republic of China, 1949-1957”, *Journal of Chinese Cinemas* 3:2 (2009), pp.149-161; Nicolai Volland, *Cold War Cosmopolitanism*, forthcoming.

更加全面地描述抗美援朝时期的世界主义文化，重点讨论代表官方的国家文化、国家机构以及文化生产者和接受者相交集的社群等个案。[①] 因而，本文使用的方法既不同于细读文化文本的研究，也不同于列举文化交流团体数量、出访目的地以及文化"产品"如电影、绘画和其他民族工艺品的文化交流史研究。[②] 与此相反，笔者的目标是着重讨论中国文化在抗美援朝期间是如何**走向**国际的，并归纳出以下两点原因：一是中国极力打造产品数量多又广受欢迎的国家文化产业；二是中国共产党及其政策的合法性在于这代表了中国和中国人民以一支强大力量走向"世界舞台"的强烈意愿。虽然在抗美援朝之前，苏联为中国的"世界主义"提供了主要模式，即国际社群的文化和形象，但是中国**战争时期**"世界主义文化"的主要特征是通过拓展文化关系和相应的文化表征，来支持中国与亚洲各国以及更大的世界范围不断加深的关系。[③] 因此从文化层面来看，抗美援朝期间和之后的一段时间并不只是"一边倒"时期。[④] 相反，研究传媒和流行文化的历史学家认为，在非社会主义国家的文化影响和交流的基础之上，中国社会主义中的本土"世界主义"在 20 世纪 50 年代已经形成。[⑤]

① 关于将草根历史作为研究方法的研究详见 Jeremy Brown and Matthew D. Johnson, "Introduction", *Maoism at the Grassroots: Everyday Life in China's Era of High Socialism*（Cambridge, MA: Harvard University Press, 2015）, pp.199–229. 国家电影政策和观众反应互动关系的早期主要研究详见胡菊彬：《新中国电影意识形态史》（1949—1976），中国广播电视出版社 1992 年版。

② 基于文献讨论 1949 年之后电影政治内容的近期研究详见启之：《毛泽东时代的人民电影》（1949—1966），台北：秀威资讯科技有限公司 2010 年版。同一时期文化交流的详细编年参见周丽娟：《对外文化交流与新中国外交》，文化艺术出版社 2010 年版。

③ 有关中国与日本的关系详见 Amy King, *China-Japan Relations After World War Two: Empire, Industry, and War, 1949-1971*（Cambridge: Cambridge University Press, forthcoming 2016）.

④ 对苏联文化发挥重要影响领域全面而又有说服力的综述，特别是关于苏联意识形态对中国国民的观念和国家身份影响的研究详见余敏玲：《形塑"新人"：中共宣传与苏联经验》，台北："中央研究院"近代史研究所 2015 年版。从政治、经济、文化多重视角全面重估中苏关系的研究详见 Thomas P. Bernstein and Hua-Yu Li, eds., *China Learns from the Soviet Union, 1949-Present*（Lanham, MD: Lexington Books, 2011）.

⑤ 有关对作为本土世界主义文化的中国社会主义文化的研究详见 Timothy Cheek, "Chinese Socialism as Vernacular Cosmopolitanism", *Frontiers of History in China* 9/1（2014）, pp.102–124.

一、走向中心的亚洲：20世纪50年代早期的外交和文化关系模式

中国共产党领导的新中国得以顺利统一离不开苏联提供的重要帮助，特别是在技术方面。然而，这一时期也出现了中国与苏联、美国以外其他国家的重要互动模式。1951年以后，中国尝试与亚洲及亚太地区的邻国发展外交关系，比如美国的盟友菲律宾、泰国等。到1955年为止，近三分之一的亚洲国家由共产主义政府执政，共产主义对越南的影响也日益增强。对于中国政府来说，这两个趋势是极其有利的。在亚洲的其他地区，欧洲的影响不断减弱。到了1954年，只有新几内亚、东帝汶和香港还保留着殖民统治。① 而在中国，随着周恩来总理在1955年4月印度尼西亚万隆召开的亚非会议上扮演重要角色，这场20世纪50年代早期积极与亚洲国家建立新型关系的“浪潮”达到了顶峰。与会的各国代表郑重承诺遵守维持世界和平、国际合作的原则，奉行不结盟的外交政策。②

如果以亚洲为中心，我们可以看出中国在20世纪50年代早期的外交关系有着两个特点：一是不断加深与莫斯科的关系；二是在亚非去殖民化过程中施加影响。在1953年签署停战协定抗美援朝实际结束后，“和平共处”的指导方针开始占据主导地位。贸易作为交流基础变得越来越重要。③ 早在1952年，大陆对地区、马来亚、新加坡以及日本的出口大幅度增加。因此，如果仅把重建社会安定视为结束战争的成果，不免失之偏颇。④ 在整个抗美

---

① François Godement *The New Asian Renaissance: From Colonialism to the Post-Cold War*, trans. Elisabeth J. Parcell (London: Routledge, 1997 [1993]), p.86.

② 其他有关周恩来在万隆发挥影响的研究详见中共中央文献研究室：《周恩来年谱（1949—1976）》（上卷），中国文献出版社1997年版，第464—472页。

③ Peter Van Ness, *Revolution and Chinese Foreign Policy: Peking's Support for Wars of National Liberation* (Berkeley: University of California Press, 1970), p.13.

④ Alexander Ecksteiun, *Communist China's Economic Growth and Foreign Trade: Implications for U.S. Policy* (New York: McGraw-Hill, 1966), pp.97-101. 中国此时出口产品主要包括大豆、油菜籽饼、其他油籽、畜牧品、丝绸、菜叶、烟草、有色金属、生铁和煤炭。

援朝期间，中国从苏联和东欧持续进口资本商品、原材料以及军事武器。在20世纪50年代中期以前，中国对东欧集团国家的贸易一直处于逆差。而在1953年之后的战后时期，中国文化的交流形式及其伙伴关系更加趋于多元。中国对朝鲜的官方支援就是在这一时期开展。到了1955年，越来越多的国家得到了中国的援助，其中包括北越和阿尔巴尼亚。① 同年，中国与西欧的直接贸易（这与战争时期中转香港地区的某些贸易形式恰恰相反）也恢复正常。②

抗美援朝乃至更广泛的冷战对亚洲产生了十分重要的影响，但美苏之间的全球竞争涉及国家和跨国力量范围更广，这也影响了亚洲各国的关系。在现代化和国家建设的背景下，全球政治出现国内动荡、文化渗透、扩张主义以及国内安全问题等特征，一些档案研究人员因此开始谈论“战后世界”——一种超越了集团和联盟冷战逻辑的全球环境。③ 同时，在亚洲去殖民化过程中，既非资本主义道路（美国）又非共产主义道路（苏联）而是寻求民族独立的“第三种方式”显得尤为重要。中国领导人试图通过文化渠道将自己定位成具有独特民族和亚洲价值的传播者。④ 到了抗美援朝末期，中国的文化交流模式如贸易关系呈现出大幅增加和多样化趋势。

的确，早在冷战初期，苏联领导人斯大林与赫鲁晓夫认为中国会对整个亚洲以及其他地缘政治敏感地区如中东产生潜在影响，因此感到担心。⑤ 中国施加影响的重要载体就是大众传媒。在抗美援朝期间，大众传媒作为国内和国际力量无处不在，被越来越多地应用于国家构建、全国动员、国际宣传与

---

① Alexander Ecksteiun, *Communist China's Economic Growth and Foreign Trade: Implications for U.S. Policy*（New York: McGraw-Hill, 1966）, pp.161–162。

② 在20世纪50年代，中国主要的非社会主义国家和地区贸易伙伴包括：日本、印度尼西亚、马来西亚、新加坡、英国、西德和法国。当然，大陆贸易伙伴还包括香港地区。

③ 有关讨论难以驾驭的民意对北美、欧洲、亚洲国家政策制定产生的影响详见 Masuda Hajimu, *Cold War Crucible: The Korean Conflict and the Postwar World*（Cambridge, MA: Harvard University Press, 2015）.

④ 有关亚洲对主要冷战意识形态选择的研究详见 Mark T. Berger, *The Battle for Asia: From Decolonization to Globalization*（London: RoutledgeCurzon, 2004）; Odd Arne Westad, *The Global Cold War: Third World Interventions and the Making of Our Times*（Cambridge: Cambridge University Press, 2005）.

⑤ Westad, *Global Cold War*, pp.66–70.

沟通以及心理战等方面。① 电影广泛的影响力和吸引力使其成为一项特别重要的技术模式。中国也和苏联、美国一样，积极地尝试利用大众传媒的这些特点。正如一位美国当代观察家写道，苏联和中国在冷战期间都"积极地参加了国际电影节……鼓励本国电影在国外传播"②。此外，电影也可以在国外游客和观众中宣传中国的观点和国家形象。经统计，在1949到1959年之间，中国共接待了75000到100000名左右的游客。中国400多个文化、运动以及科学教育代表团出访国外。③ 因此，当中国人民与他国人民进行文化交流时，电影成为更大战略的一部分，服务于国内和国际的合法化建设。

20世纪50年代国家电影文化创建离不开对中国形象独特性的精心打造。中国并非只是苏联模式影响下的社会主义国家，而是在领导能力、历史、古代文化遗产等方面都具有独特性。在下文的详细讨论中会提到，历史和传统是中华人民共和国在建国时期塑造国家形象的重要元素。中国话语首先是吸收了这些元素。而在抗美援朝结束后，中国在与非社会主义国家发展关系时更为明显地采取了柔性的文化外交策略。正如周恩来总理在1955年4月19日所说，这种策略也成为万隆时代（1955—1957）所倡导的亚非文明共同"对人类做出巨大贡献"的重要组成部分。④ 周恩来总理还说，中国在这些"灿烂、恢弘的古代文化"中的地位是通过电影对中国的宫廷建筑、独特风景以及文化表演（音乐和戏剧是体现中国独特文化遗产使用最多的两个能指符号）而展现出来。在20世纪50年代早期的国际关系背景下，电影制作致力于宣扬中国早期历史朝代的成就，进而推动了中国"世界主义形象"的塑造。

---

① 有关战后全球传播网络发展的研究详见 Philip M. Taylor, *Global Communications, International Affairs and the Media Since 1945*（London: Routledge, 1997）.

② W. Phillips Davison, *International Political Communication*（New York: Frederick A. Praeger, 1965）, p.200.

③ *International Political Communication*, p.201.

④ 有关中国与其他发展中国家的文化意识形态关系的研究详见 Robert J. Alexander, *International Maoism in the Developing World*（Westport, CT: Praeger, 1999）. 有关周恩来发言的细节详见中共中央文献研究室：《周恩来年谱》，中国文献出版社1997年版，第465页。

在抗美援朝期间，这些中国形象不断传播到亚洲，亚太地区以及东欧集团以外的欧洲国家。1951 年 4 月，中国与波兰签署了文化交流协定，并访问了印度和缅甸。在与其他亚洲国家的交往中，中国一直宣扬共享文化成果、建立睦邻友好的外交关系。[①] 此外，中国运动员参加了亚运会，中国文化艺术展览会也在印度新德里顺利举行。[②] 1952 年，中国文化剧团到芬兰、丹麦和瑞典等地巡演。同年，圣地亚哥召开了第一次智利—中国文化协会会议，中国演员也访问了澳大利亚。[③]

二、制片体系的国际层面（1）：苏联、日本以及进口依赖

对国内而言，国际文化交流的主要意义在于使国家政策合法化，通过对比电影所展现的国外现状而完成对国内社群情况的描述。蒂娜 · 麦 · 陈（Tina Mai Chen）曾很有说服力地总结了国际文化交流的这些功能。陈的工作侧重于分析中国是如何利用苏联电影来描绘自身现代化建设的未来图景。[④] 陈认为，在 20 世纪 50 年代早期，电影观众被灌输了一个"国际主义者"的苏联形象，因而认为中国也应处于全球的国家体系之中，这种想象有助于国际和国家身份的形成。电影的放映工作也是反映国家界限的标志，而电影制作人则会利用一些地方个案来说明中国共产党领导的社会变革所带来的积极影响。也就是说，电影放映人员"在他们所涉及的领域从事着确定国家界限的历史工作，如果辩证地看，电影制作人则拍摄了经过重新想象了的中国人民与自然相抗争的历史影像，并将此用于国内外宣传"[⑤]。

① 周丽娟：《对外文化交流与新中国外交》，文化艺术出版社 2010 年版，第 3—4、6 页。

② 同上书，第 9—26 页。

③ 同上书，第 44—47 页。

④ 详见 Tina Mai Chen, "Textual Communities and Localized Practices of Film in Maoist China", *Film, History, and Cultural Citizenship: Sites of Production*, ed. Tina Mai Chen and David Churchill（London: Routledge, 2007）, pp.61–80.

⑤ Chen, "Textual Communities", p. 65.

作为20世纪50年代早期文化路线的要素，社会主义现实主义从未有过刻板的定义，但它却受到了商业因素以及国家战争动员政策的影响。这是一项重要的认识，因为它表明，苏联模式在如何设想和生产大众文化上的实际作用并没有想象的那么大。[①] 尽管如此，在1949年及之后的一段时期内，苏联的援助的确对中国的电影制作，尤其是那些准备参加国际展览的影片产生了显著影响。对于抗美援朝期间的中国电影产业来说，苏联的贡献最主要体现在技术帮助和产业规划两方面。这些贡献不仅体现在中国电影制片厂的建设上，而且也帮助中国电影制作人在整个亚洲有关电影制作知识的传播中发挥着积极作用。

中苏最初的合作成果包括纪录片《中国人民的胜利》（1950）和《解放了的中国》（1950）。这些电影素材都是从新建立的解放区收集而来，既展现了解放所带来的经济利益，也反映了人民对中国共产党执政的热情。此类电影的制作早在抗美援朝之前就已开始，然而它们在1950年制作完成并发行时主要是在国内和国际场合用以支持中国新政府合法地位的宣传。[②] 当时拍摄解放影片的协作单位是直属国家宣传部的新闻机构新华社。（要求拍摄的素材包括：恢复生产的工厂、重建的铁路和桥梁、土地改革、少数民族地区、革命烈士纪念碑以及对“帝国主义”分子的公审。）苏联顾问负责指导中国电影的拍摄工作、剪辑和彩印制作。1949年10月，上海的一些电影制片厂协助拍摄了苏联电影《上海的一日》。[③]1950年，中国电影工作者曾协助拍摄一部苏联电影的部分场景。这部电影的主人公是19世纪的探险家尼古拉·米哈伊洛维奇·普热瓦利斯基（Nikolai Mikhailovich Przhevalesky, 1839–1888），

① 有关社会主义现实主义和民族风格的研究详见周扬：《在全国第一届电影剧作会议上的关于学习社会主义现实主义问题的报告（节录）（一九五三年三月十一日）》，收录于吴迪编《中国电影研究资料》（上卷），文化艺术出版社2006年版，第329—344页。

② 华东区宣传部：《中共中央宣传部关于协助拍摄中国解放战争影片等问题的指示》，1949年12月24日，上海市档案馆A22-2-18。

③ 杨森耀：《上海的文化艺术交流》，中共上海市委党史研究室编《风雨历程1949—1978》，上海书店出版社2005年版，第285页。

他曾到过西藏旅行。[①]

在20世纪50年代,中国的电影制作很大程度上依赖进口设备和电影胶片。中国的摄像机、放映机以及零部件仍然来自美国、德国、日本和苏联制造。[②] 成立于1951年7月的中国电影器材公司借鉴了捷克斯洛伐克、波兰以及苏联电影制片厂的经验,努力解决投入生产的技术环节。[③] 东北(后为长春)电影制片厂在被接收之前时,日本技术人员一直(到20世纪50年代早期)仍在进行电影胶片的制作和加工技术的研发。[④] 附近的哈尔滨曾是苏联35毫米电影放映机的产地。1950年,苏联电影出口公司将这个工厂的所有权移交给中国。[⑤] 在抗美援朝期间,中国的电影拍摄和制作设备的数量不断上升,但从捷克斯洛伐克和苏联进口的设备仍为中国新电影制片厂的建设提供了物质基础。[⑥] 苏联也从英国、日本、西德和美国获取辅助设备,并将其提供给它的亚洲盟国。当东北受到抗美援朝严重影响时,香港则成为秘密贸易活动另一主要渠道。[⑦]

① 北京电影制片厂行政处编:《1950年工作总结及1951年工作方针与任务》,北京电影制片厂行政处, 1951年,第32—33页。谢尔盖·尤特凯维奇(Sergei Yutkevich)导演的影片"当……在1951年拍摄完成时,并没有在中国发行。官方没有给出原因,但是就中国的现代观众及其民族情感而言,由一位欧洲人对中国艺术和文物进行探索非常明显不是一个合适的主题"。详见 Jay Leyda, *Electric Shadows: An Account of Film and the Film Audience in China*(Cambridge, MA: The MIT Press, 1972), pp. 189–190.

② Interview, December 2004;北京电影制片厂新闻处编:《新闻电影工作总结会会刊》,北京电影制片厂新闻处, 1950年,第193页。

③ 田静清:《北京电影业史迹(1949—1990)》,中国电影出版社1999年版,第32页;荀煜升:《罗静予》,中国电影家协会电影史研究部编《中国电影家列传》(第二集),中国电影出版社1982年版,第216—222页。

④ 杨海洲、冯淑兰编:《中国电影物资产业系统历史编年记(1928—1994)》,中国电影出版社1998年版,第41—42页。

⑤ 田静清:《北京电影业史迹(1949—1990)》,第53页。

⑥ 《中国电影物资产业系统历史编年记(1928—1994)》,第44页;许浅林:《中国电影技术发展简史》,中国电影出版社2005年版,第56—58页。

⑦ Interview, July 2006;《中国电影物资产业系统历史编年记(1928—1994)》,第44页。

三、制片体系的国际层面（2）：朝鲜与越南

在整个 20 世纪 50 年代，中国稳步地成为了亚洲共产主义国家的传媒制作和技术转换中心。在抗美援朝末期，中国建立了新的电影厂，增加了影片加工设备，建立了摄像机和放映机的大型生产厂。① 许多新型设施都是以苏联的标准来建造的，例如北京电影制片厂。（在抗美援朝期间，相比于国际标准，中国机械化发展速度仍然偏慢，在 1952 年之前主要依靠手工来冲洗和加工胶片。②）20 世纪 50 年代早期，这些现有的资源和后续的改进使得中国成为了区域联盟的援助国。朝鲜和北越都接待了中国电影制作的技术团队，并且出口了由中国生产的电影设备。③

中国和朝鲜一直保持着政治和贸易往来。朝鲜也为中国电影提供了市场。④20 世纪 50 年代早期，为了学习将录音设备使用到本国的电影制作中，来自朝鲜国立映画制作所的电影制片人访问北京。⑤ 两个国家基于宣传目的还交换了战争素材以及军事行动录像，合作拍摄了纪录片和教育片，一些军事史题材和片名强调的是两国为“世界和平”和反帝国主义所做出的贡献。⑥

随着战争进入白热化，中国电影制片人和电影专家逐渐被派往前线。导演史东山和女演员于蓝代表中国人民保卫世界和平反对美国侵略委员会探望了前线战士。⑦ 摄像师和摄影师冒着生命危险或是记录下了战争胜利的画

① 上海电影局办公室：《上海电影技术和机械工业的发展情况》，1959 年 9 月 28 日，上海市档案馆 B177-1-324；《1954 年文教卫生工作的报告（草案）》，1954—1955 年，北京市档案馆 11-2-50；《中国电影技术发展简史》，中国电影出版社 2005 年版，第 56—57 页。

② Interview，July 2006；上海市电影局办公室：《十年来上海电影事业的巨大发展和变化（初步资料）》，1959 年 9 月 25 日，上海市档案馆 B177-1-220。

③ 详见《中国电影物资产业系统历史编年记（1928—1994）》，中国电影出版社 1998 年版，第 56 页。

④ 胡昶：《新中国电影的摇篮》，吉林文史出版社 1986 年版，第 113 页。

⑤ 上海电影局办公室：《上海电影技术和机械工业的发展情况》，第 7、32、34 页。

⑥ 同上书，第 19 页。

⑦ 第四次文代会筹备组起草组、文化部文学艺术研究院理论政策研究室编：《六十年文艺大事记（1919—1979）》，1979 年，第 131、148 页。

面，或是报道了美国飞机的狂轰滥炸和战争所带来的毁灭性灾难。[①] 放映师也以国际慰问团成员的身份访问北朝鲜，其中的文化活动包括了文化名人的现场演出和电影放映。陈力（Jay Leyda）曾说，战俘甚至看过其中的一些影片，他们并不是完全拒绝“中国制作的影片”。[②]

在抗美援朝期间，中国和其他亚洲共产主义国家的合作可以称得上是传媒领域的一个重大发展。朝鲜的电影制片人利用当时的东北电影制片厂设备拍摄了 7 部故事片、12 部纪录片和 48 部新闻短片。[③] 由中国与朝鲜合作拍摄的电影《反对细菌战》（1952）尤其引人关注。这部纪录片面向国内外观众，为揭露美国在朝鲜和中国东北部地区使用生物武器的暴行提供了有力的影像证据。[④] 中国的电影制片人、建筑师以及其他技术人员也参与了朝鲜一个新电影制片厂的建设。该制片厂于 1953 年 11 月正式竣工。此后，中国也开始和越南合作拍摄影片：中国电影制片人以中国早期电影如《解放了的河内》为基础，协助越南同行拍摄纪录片。他们还记录了中国和越南领导人参加高级会议时的影像。[⑤] 经过这些合作，描写社会主义现代化和国际联盟的影像模板进一步广泛传播——这些战争景象、国家建设以及跨国界的团结力量，构成了战争时期“世界主义”的基本形式和内容。

四、战争时期的“世界主义文化”：中苏关系及其他

就国内而言，中苏关系无疑是一个主要讲述“世界主义”的故事，电影和电影制片人都试图将此传达给观众。这个故事的情节具有独特的民族特征。例如，1950 年 10 月，当女演员白杨访问苏联时，文化新闻部门将此次访

① Interview, January 2005; Interview, February 2005.

② *Electric Shadows*, p.202.

③ 胡昶：《中国电影的摇篮》，吉林文史出版社 1986 年版，第 140 页。

④ 详见北京制片厂编：《反对细菌战》，人民美术出版社 1953 年版；单万里：《中国纪录电影史》，中国电影出版社 2005 年版，第 128 页。

⑤ Interview, January 2005.

问视为苏联对中国文化和人民的尊重。[①] 然而，中国和苏联内部的文化交融"经历"并非没有裂隙。

多元的国际影响（一些来自苏联，而大部分来自其他地方）会为电影制作策划工作提供参考。在电影局的电影学校，部分教员就是在中国开展国际视听教学运动的主要倡导者，这一运动是与国际联盟和后来的联合国保持紧密的协调关系。同时，电影局也通过香港渠道收集美国期刊如《电影杂志》《好莱坞记者》《电影日报》《电影院》以及英国的《电影评论》等杂志，用作内部研究。[②] 拍摄于抗美援朝时期的电影被保存在电影局档案馆，以供宣传部门使用，而这些电影仅在高层和从事创作的干部中流传。[③] 即使是在20世纪50年代，政治上可靠的电影制片人也会要求从一些好莱坞成功影片如《音乐之声》中吸收某些技术作为参考。另外，这些电影的内部放映也被用于推算出中国要制作完全达到国际标准的影片所需要的预算。[④] 当然，苏联对中国的影响在抗美援朝结束之后是最为显著的，当时中国外派莫斯科实习的文化代表团回到中国，也带回了许多电影技术和制片组织结构的新模式。[⑤]

在20世纪50年代早期，战争片由于折衷借鉴了国内外各种电影制作方法，在电影界独占鳌头。随后，中国电影的导演和表演都开始向着苏联模式转变。[⑥] 这一点与电影局顾问朱拉弗洛夫（V. Zhuravlyov）的评论观点相契合。朱拉弗洛夫曾于1954年访问北京，他发现中国同行并无意于效仿苏联故事片的风格，而是对苏联制片规划中的技术和经济方面非常感兴趣。[⑦] 此外，朱拉弗洛夫还提到，时中国文化部副部长周扬高度强调发展中国电影的

---

① 《访苏联归来的白杨——苏联人要演中国的戏剧舞蹈，我代表帮他们设计布景音乐》，《影戏天地》，1950年。

② 北京市档案馆8-2-589。

③ Interview, December 2004.

④ 同上。

⑤ Interview, November 2004；周啸邦编：《北影四十年》，文化艺术出版社1997年版，第47—50页。

⑥ Interview, November 2004; Interview, February 2005.

⑦ V. Zhuravlyov, "Mission in China (Memoirs of a Movie Director)", *Far Eastern Affairs* 2 (1987), p.79. 非常感谢Paul G. Pickowicz给我提供了这份珍贵文献的复件。

风格,并以此成功地打入“国际市场”。[①] 正如一位北京电影制片厂的制片人所说,“正确的态度就是向世界各地汲取精华”。虽然不便公开宣讲,但这种意见对许多人而言就是意味着向好莱坞学习。[②]

相比而言,在接受层面,苏联电影和从其他社会主义国家引进的电影代表了战争时期“世界主义文化”最常见的元素。到 1951 年为止,中国与苏联及其他东欧国家签订了官方协定以推动新闻素材的交流合作。[③] 商业需求导致的低层次电影生产以及“一边倒”的宣传目标进一步刺激了苏联电影的进口和广泛发行。当战争处于胶着状态时,这种趋势愈发明显,而国内资源的限制以及私人制片厂(见表 1)的关闭则使这一趋势不断加剧。蒂娜·麦·陈认为,苏联文化的引进对中国观众的影响需要联系美学、政治、情感和现代化等方面。在 20 世纪 50 年代的中国,由苏联影片和电影放映单位形成并调节的“日常国际主义”主要由这几个要素组成:在意识形态上通过自身努力去遵循共享的社会主义价值观;坚信社会主义所承诺的昌盛及幸福未来;将社会主义国家联合起来抵抗资产阶级的资本主义阵营这种冷战地缘政治概念化;稳定大众文化;现代科技的适用性和掌握;从历时和共时的角度,将中国的“国内斗争”视为“全球性斗争”;对苏联的电影明星心怀推崇。[④]

陈认为,对于中国“消费主体”来说,苏联电影形成了自我认同模式,将观众在全球定位,分别划归“社会主义”和“资本主义”国家,或者“民主”和“帝国主义”国家。

---

① V. Zhuravlyov, “Mission in China (Memoirs of a Movie Director)” ,*Far Eastern Affairs* 2 (1987) , p.79. 非常感谢 Paul G. Pickowicz 给我提供了这份珍贵文献的复件。

② Interview, April 2005; Interview, May 2005.

③ 北京电影制片厂行政处编:《1950 年工作总结及 1951 年工作方针与任务》,北京电影制片厂行政处, 1951 年,第 8、16 页。

④ Tina Mai Chen, “Internationalism and Cultural Experience: Soviet Films and Popular Chinese Understandings of the Future in the 1950s”, *Cultural Critique* 58 (2004) , pp.108–109. See also Nicolai Volland, “Translating the Socialist State: Cultural Exchange, National Identity, and the Socialist World in the Early PRC”,*Twentieth-Century China* 33/2 (2007) , pp.51–72.

表1 根据制片厂和来源国家的统计（1949—1954年在北京上映的电影数量）

	1949	1950	1951	1952	1953	1954
国内电影	13134	16801	25862	19657	18974	24134
私人制片厂电影	11217	11721	10770	3111	3012	1884
苏联电影	5056	12319	11830	17536	19910	19901
人民（共产主义）民主国家电影		123	112	3189	8166	10338
其他国家电影	7752	61				1116

来源：北京市文化事业统计资料，1949—1958。

苏联电影不仅迎合了商业需求，而且达到了宣传党和国家的目的。然而，他们也受到了一些批评。余敏玲根据档案和内参资料调查发现：在20世纪50年代早期，宣传部门在将苏联文化引入中国“大众”的工作中遇到了一些阻碍，比如亲美态度、反苏联，反中苏关系的民族主义、对苏联在战争时期给中国提供支持不够的不满。① 但据电影放映员后来回忆，一些苏联电影成为了最受观众欢迎的影片，如《普通一兵》、《波罗的海上的水手》、《列宁在十月》等，而其他影片则由于情节、对话太过晦涩未受中国观众的青睐。② 至于观众可以从“世界主义文化”的展现中得到何种信息，还有待商榷。根据一位前电影发行人回忆，许多苏联电影因其幽默和浪漫元素而广受观众欢迎，而这两个特点相对而言又是当时发行的国产电影所欠缺的。③

然而，文化的最高目标并不是追求朦胧和娱乐，而是培养对电影政治理解的正确性。因此，文化管理部门很快就开始散发打印的情节概要和电影介绍。放映工作人员将这些资料和高音旁白相结合，以引导观众向宣传部门预期的解

---

① Yu Minling, “Learning from the Soviet Union: CPC Propaganda and Its Effects—A Study Centered on the Sino-Soviet Friendship Association”, *The Cold War History of Sino-Soviet Relations* (Zurich: Parallel History Project on Cooperative Security, 2005), pp.4-5, hhttp://www.isn.ethz.ch/Digital-Library/Publications/Detail/?ots591=0c54e3b3-1e9c-be1e-2c24-a6a8c7060233&lng=en&id=108649 (accessed March 2016).

② Interview, May 2005.

③ Interview, April 2005.

读方式靠拢。[①] 尽管会降低制片速度，不少制片厂仍旧选择为电影原带配音。在 20 世纪 50 年代中期，一部电影所需的配音时间从原来的 30 天缩短到了 20 天。[②]〔《普通的一兵》（1949）是第一部由国内制片厂进行中文配音的苏联电影。〕电影观众往往更希望听到配音而非阅读字幕，这在观众识字率不高的地方尤其如此。到 1952 年年底，长春、北京、上海等地的国营制片厂已为 127 部故事片、10 部纪录片以及 41 部主题各异的短片配音。[③] 这些影片分别来自捷克斯洛伐克、匈牙利、波兰、保加利亚、德国、朝鲜、越南、日本、意大利以及印度等不同国家。因此，"世界主义文化"的"日常国际主义"除了体现在经常看到的苏联故事片外，还包括了其他更多来源和电影类别（见表 2）。

表 2　按电影类别对 1949—1954 年间在北京上映电影的统计

	1949	1950	1951	1952	1953	1954
故事片	23805	25456	33728	32793	41130	48742
纪录片	2137	3848	4076	7510	5813	6073
科学教育片				79	107	674

来源：北京市文化事业统计资料。

尽管如此，从总体数量上来看，苏联、社会主义以及战争时期的"世界主义文化"仍明显处于中心位置。到 1952 年 11 月为止，中苏友好协会是中国最大的民间组织，也是开展活动最为活跃的组织之一：

宣传方式各式各样，包括传统和现代的。传统的有大鼓（以小鼓和其他乐器配唱鼓词）、样片（魔术灯放映配以美妙的解说）、综艺、秧

① 详见田静清：《北京电影业史迹（1949—1990）》，中国电影出版社 1990 年版，第 81—82 页。

② 顾加全：《上海译制片四十年》，《上海电影史料》第 7 辑，上海市电影局史志办公室，1995 年，第 7 页。

③ 许崇义：《十年来中国人民电影的发行放映工作》，《电影发行放映工作十年总结，1949—1959》（未刊稿）。

歌（一种流行的乡村舞蹈）以及腰鼓舞等。现代的包括幻灯片和电影放映。中国各地的中苏友好协会分会主办了一系列定期活动，包括展览会、讲座、研讨会、联欢会、学习小组、流动图书馆、墙报、黑板报、街头宣传站、时装表演以及俄国歌舞的教学课程等等。中苏友好协会也在全国范围内推广了俄语，因此到了1952年，俄语成为国内使用最广的外语。分布在各大主要城市的中苏友好协会分会均有自己主办的出版物……此外，中苏友好协会和苏联对外友好和文化联络协会联合会均外派代表团进行互访，并组织了笔友交流活动……为了加大宣传力度，中苏友好协会也改善了“硬件”基础设施，在主要城市建立友谊厅和文化宫作为活动中心来推动中国与苏联及其他国家的友好关系……从中国共产党执政到中苏关系分裂的时期内，每年都会按期举行两大纪念日的庆祝活动，一个是十月革命，另一个是《中苏友好同盟和互助条约》的签订。①

在抗美援朝期间，中苏友好协会利用流动电影放映小组不仅放映了故事片如米哈伊尔·罗姆（Mihhail Romm）的《俄罗斯症结》（*The Russian Question*, 1948），而且还宣传了中苏关系。在此期间，所有的设备（包括移动的放映机和发电机）均由苏联电影输出公司提供。② 在整个中苏友好月期间，这些国家系统都被积极地调动起来以推动在生产上“向苏联学习，走苏联发展道路”。③ 许多苏联电影可以提升工作效率，鼓舞士气，例如弗雷德里克·厄姆勒（Fridrikh Ermler）的作品《她在保卫祖国》（*She Defends Her Motherland*, 1943）。这部影片在中国不断地重复放映并获得了官方媒体的表扬。④ 一些苏联新闻短片如《今日的苏联》进一步说明了苏联集体化和工业化的方法代表的是中国改善战时经济的最好希望。此外，“电影周”作为

① “Learning from the Soviet Union”, pp. 2–3.

② 《北京电影业史迹》，中国电影出版社1990年版，19—20页。

③ 中共北京市委宣传部：《北京市“中苏友好月”工作报告》，1953年1月10日，北京市档案馆1–12–99。

④ 同上。

一个全国统筹安排的活动,其目的是推动商业出口和促进对中国外交关系中重大问题的认识。在抗美援朝期间,虽然“电影周”的活动规模不断扩大,从其他国家引入了不少影片,然而在20世纪50年代早期,苏联电影展仍然是新政府的主要文化活动。

由此看来,战争、经济生产以及社会转型成为了战争时期“世界主义文化”的核心主题。而在全国范围内传播这种文化必须要经历另外两个步骤。首先第一步是,中国需要禁止英美电影及其他“资本主义”国家故事片的进口和放映,对此肖志伟进行了详细研究。[①] 到1950年11月14日为止,美国电影受到了全国上下的抵制。[②] 仍在市场流传的违禁电影被没收了,并对抵岸货物进行了扣押。[③] 另外,对美国文化的批评和谴责成为了战争时期国内宣传的常态。与之同时开展的活动还有“引进和宣传进步的(由苏联拍摄的)电影、致力于教育民众”等。[④] 第二步,要引入统一的管理制度来统管全国的电影院。到了1950年后期,在已统计的674所电影院中,共有342所属于国有电影院。[⑤] 这些娱乐场所成为了国家战时宣传系统的重要据点:在电影上映之前,宣传员会播放有关战争进程的新闻报道。他们还引导观众对口号、快板和歌曲如《国际歌》、《反对武装日本》等作出呼应。[⑥]

---

① Zhiwei Xiao, “The Expulsion of American Films from China, 1949-1950”, *Twentieth-Century China*30/1 (Nov. 2004), p.66.

② 钱斌:《“拒绝美片”——五十年代上海电影发行放映业的一页光辉斗争史》,《上海电影史料》第五集(1994),第76页。也可参见上海人民政府文化局电影事业管理处的通告,1950年11月29日,上海市档案馆B172-1-3;中央人民政府文化部、中央人民政府财政部:《关于电影片统一审查减微特种消费行为税的规定》,1952年5月20日,上海市档案馆148-1-146。

③ 《文化部关于电影业五个暂行办法》,1950年10月24日,《中国电影研究资料》,第67—71页。也可参见中央人民政府财政部:《电影业登记暂行办法(草案)》,1951年,上海市档案馆S319-4-3;上海市档案馆B34-1-122。

④ 吴倩:《谈谈美帝电影的“艺术性”——上海通讯》,《文艺报》第3卷第3期,1950年11月。

⑤ 《文化部1950年全国文化艺术工作报告与1951年计划要点(节录)》,吴迪编:《中国电影研究资料》,文化艺术出版社2006年版,第85页。

⑥ 《西北影讯》,1951年4月1日。

五、向世界展示中国

战争时期“世界主义”包括了国际传媒合拍电影、苏联模式的引进、国内对进口文化的展演等主要环节。除此之外，为国际观众制作一系列有关“新中国”的电影在实践中成为了第四个主要环节。出口国际的故事片大多数由长春电影制片厂、东北电影制片厂拍摄。在20世纪50年代早期，东北电影制片厂成为了中国发展“世界主义”以及成功实现现代化的象征。① 一些关于中国共产党历史、政策以及中国未来的电影不仅被用作国内宣传，而且是国外商业展览的参展作品。1950年，中国故事片《中华女儿》（1949）、《光芒万丈》（1949）、《赵一曼》（1950）及《白毛女》（1950）出口到苏联、捷克斯洛伐克、波兰、匈牙利、保加利亚、马来亚以及印度尼西亚等国家。在东欧集团中，影片《中华儿女》和《赵一曼》均在卡罗维发利国际电影节上斩获奖项。②

在日军侵占华北期间，中国也在北京成立了一些电影制片厂，主要负责拍摄面向国内外观众的纪录片和新闻短片。北京电影制片厂新闻处的办公地遍布多个地区，成为负责记录地方政治、经济及社会变革影像的主要组织。③ 和许多东北电影制片厂拍摄的故事片一样，一些记录并宣传革命的电影（如《百万雄师下江南》《大西南改革》《红旗漫卷西风》《踏上生路》等）也在捷克斯洛伐克的卡罗维发利国际电影节上展映。因此，电影成为中国参与国际交流和推行自身“文化”外交的重要方式。《中国人民的胜利》和《解放了的中国》这两部由中苏合作拍摄的影片在1950年荣获具有很高声誉的斯大林奖，这是史上首次由非苏联制片厂出产的影片获此殊荣。④

① 详见杨静：《东北访问录》，三联书店1950年版，第263—266页。

② 中国电影家协会电影史文化部编：《中国人民共和国电影事业三十五年：1949—1984》，中国电影出版社1986年版，第350页。

③ 《新闻电影工作总结》，北京电影制片厂新闻处，1950年，第3—43页。

④ 北京电影制片厂行政处编：《1950年工作总结及1951年工作方针与任务》，北京电影制片厂行政处，1951年，第3页。

就战争时期“世界主义文化”的其他形式而言，为了塑造良好的国际形象，中国既不能完全依照苏联的经验，也不能过于依赖和苏联“老大哥”的关系。影片《中国人民的胜利》和《解放了的中国》因其对中国悠久历史的大量描写而受到国内新闻媒体的一致好评。[①] 他们不仅强调了中国成为一个拥有先进技术的社会主义国家，而且还强调了中国人民所取得的成就为本国或者人类文明作出了独特贡献。在抗美援朝期间，许多纪录片如《中国人民赴朝鲜慰问团》（1952）也强调了中国为战争作出的贡献，并成为朝鲜人民尊重中国盟友的影像证据。

在讨论20世纪50年代早期的中国电影时，目前鲜有研究涉及电影中对中国伟大的历史成就和文化的展现，而是一般认为其主要模式是借鉴了苏联的社会主义现实主义。虽然这种说法有一定道理，但是却忽视了毛泽东等中国领导人在1949年以后对于重建民族文化自豪感的高度重视。在建国前，毛主席就曾写道：

> 随着经济建设的高潮的到来，不可避免地将要出现一个文化建设的高潮。中国人被人认为不文明的时代已经过去了，我们将以一个具有高度文化的民族出现于世界。[②]

从这个意义上看，中国不仅是一个社会主义国家，而且是一个拥有主权和独特文明的国家。因此，在“世界主义文化”和国际交流中，“中国”表示的是崇高的国家身份。在构建中国的国际形象时，电影制片厂利用1949年前的中国历史和文化展现了新中国的成立是自身独特文明发展的必然结果。

通过电影的输出——同样重要的还有对中国电影在国外是如何接受的新闻报道，在国内创建了一种战争时期的“世界主义文化”，这一文化将新中国的成立视为国际关系网络的中心。尽管抗美援朝在很大程度上造成阻碍，使得新中国难以在华约组织之外寻求国际的官方认可，但是传媒、艺术以及

---

① 《影戏天地》，1950年。

② 毛泽东：《中国人民站起来》，1949年9月。文化部政策研究室编：《毛泽东论文化艺术（征求意见本）》，文化部政策研究室，1979年。

代表团间的国际交流,则提供了另外一种使其国家身份的合法性予以承认的方式。1952年10月,北京举办了亚洲及太平洋区域和平会议,有37个国家的代表出席了本次会议。为了支持加强各国间的文化交流,他们签署了一项具有11条规定的决议。①1953年4月,中国代表团出席了一场举办于智利圣地亚哥的文化会议。同月,北京接待了来自芬兰和瑞典的代表团。在签订了停战协议之后,中国为英国著名小说家、戏剧家亨利·菲尔丁举办了逝世200周年纪念活动。②

中国战争时期"世界主义文化"的一大中心主题是获得国际对中国的认可——国内报刊报道,中国取得的诸多成就如在国际艺术节中获奖、国际媒体对中国电影的正面报道等都充分说明中国新政府能够为中国人民的勇气和英雄主义赢得赞誉。③在抗美援朝期间,除了一些"兄弟"社会主义国家,如苏联、捷克斯洛伐克、波兰、匈牙利、罗马尼亚、保加利亚、东德、阿尔巴尼亚、北朝鲜、蒙古及越南外,由中国制片厂拍摄的电影在印度尼西亚、缅甸、印度、巴基斯坦、瑞典、丹麦、芬兰、奥地利、澳大利亚、锡兰、美国、意大利、日本、菲律宾、伊朗、土耳其、智利、巴西、以色列、墨西哥、冰岛及哥伦比亚等国家相继上映。④因此,对抗美援朝期间电影的国际传播及接受的报道有助于将中国融入并成为国际社会的一员,而非只是属于某一个集团或联盟。国际的赞扬或冷落也可以说明友好关系的界限位置。例如在1951年,据说是在美国的煽动下,戛纳国际电影节将中国影片《解放了的中国》拒之门外。⑤

---

① 《六十年文艺大事记》,1979年,第141、145—146页。

② 同上书,第152、156—157页。

③ 《我国电影在国际上的荣誉》,《大公日报》1951年10月13日;《中国人民电影为世界和平事业奋斗的光荣成就》,《东北日报》1951年10月26日;《德国电影工作者对中国新电影的感观》,《大众电影》1952年9月,收录于文化部党史资料征集工作委员会、对外文化联络局党史资料征集工作领导小组编《当代中外文化交流史料》第一辑,文化艺术出版社1990年版。

④ 《五十多国家放映了我国影片》,《人民日报》1953年1月21日;《世界各国人民热爱新中国电影》,《大众电影》,1954年。

⑤ "Russia Asked to Withdraw Film", *The New York Times*, April 19, 1951, p.49; "Soviet Film is Barred: Cannes Festival Objects to the Showing of 'Liberated China'", *The New York Times*, April 20, 1951, p.24; "Russia Protests Fete Film Ban", *The New York Times*, April, 22, 1954, p.74.

国外对中国电影的接受过程也进一步说明了“新中国”是如何融入到其他国家战争时期的“世界主义文化”中去的。虽然中国受惠于苏联和东欧在社会主义建设中发挥的参照作用，但是当这一作用受到很大削弱时，历史和文化就再一次起到了重要作用。中国和朝鲜作为两个拥有“先进的文化和悠久的历史”的“远东古国”①，中国电影代表团编：《中国电影代表团在大会发表的书面报告》，《关于第六届国际电影节的报告》，新电影杂志社1951年版，第59页。因此在两国代表参加第六届卡罗维发利国际电影节的开幕式时，就受到了捷克斯洛伐克宣传部长的热烈祝贺。在中苏两国政党的交流中，一些国家标志就特别受到双方重视，例如中国的“古老”文化、苏联的技术优势等。在东欧集团之外，越来越多的国家开始强调中国在现代化快速建设中所取得的成就。到1952年为止，中国的电影和产品参加了诸如印度国际电影节和国际工业博览会等活动，美国观察家认为此举吸引了“不断涌入的观众”。②

六、结论

从历史上看，贸易和文化关系与双边关系的战略层面紧密相关，但又不是完全由此决定。在抗美援朝期间，中国与其他非东方集团国家的电影互动为本文的论述提供了有力的证据。中国战争期间的“世界主义”反映了超越社会主义“世界”之外错综复杂的国际关系。另外，在官方建构的“世界主义文化”形象中，中国被描绘为历史上充满生机、独具特色的国家而占据中心地位。

中国共产党在1949年之后通过传媒和大众文化对苏联经验进行描绘，旨在建立联盟、维持安全、复苏经济和推动社会主义国家建设。在此过程中，苏

① 《中国电影代表团在大会发表的书面报告》，中国电影代表团编《关于第六届国际电影节的报告》，新电影杂志社1957年版，第59页。

② “Bombay is Center for Red Activity: Exhibits of Communist Lands at Industry Fair and Other Efforts Impress Indians”, *The New York Times*, January 18, 1952, p.7.

联发挥的重要作用不可否认。然而，本文的讨论结果表明，抗美援朝对中国电影产业、电影制作经验和对外的自我塑造等方面的影响，在某种程度上并不同于把20世纪50年代早期视为中苏友好关系加深的一般性描述。相反，如果将国内外有关文化生产和交流的材料分析与从草根视角探讨传媒与观众关系这两种方法结合起来，即可发现“人民的”中国与亚洲、亚太地区和东欧集团外的欧洲国家之间关系在1949年前后的连续性以及不断扩大的趋势。中国与亚洲各国的文化关系随着参与外部地缘政治的不断深入而得到发展，这既是抗美援朝带来的影响，也是因为毛泽东和其他中国共产党领导人长期将中国和亚洲在国家交往中一律平等作为外交政策的主要目标。

这些结论的重要性在于突出强调了新中国建立初期大众文化所体现的三个方面，而现有研究文献却对此大为忽视。这些结论是：文化生产和传播广泛借鉴了多种模式，中国自身也成为了亚洲其他革命政治的一种模式和援助方；中苏友谊的同时对国际关系的重视；在选择如何让中国迈向国际化的阶段，“新”文化的创建并不意味着与过去的文化决裂。[①] 此外，这些结论也表明，中国文化外交在抗美援朝期间和之后时期存在着许多有趣但未被注意的相似性。换言之，这些结论说明了一个更为宏观的主题：在1955—1957“万隆时代”之前，中国的政治传播策略除了对美国发动生物战的形象进行宣传外，也注重赢取在亚洲、中东、西欧的潜在盟友。而“万隆时代”，中国在与非社会主义国家的交往中采取了更加和平的外交政策。[②] 通过重构文化生产、传播和交流的物质和草根模式，我们就能理解中国在极度动荡时期仍然参与全球秩序的深度和广度。

① 有关中国20世纪50年代早期历史的前沿观点详见 Jeremy Brown and Paul G. Pickowicz, eds., *Dilemmas of Victory: The Early Years of the People's Republic of China* (Cambridge, MA: Harvard University Press, 2007) .

② 有关在抗美援朝期间电影与指控美国使用生物战的研究详见 Matthew D. Johnson, “The Science Education Film: Cinematizing Technocracy and Internationalizing Development, *Journal of Chinese Cinemas* 5/1 (2011) , pp.31–53.

寻找战争中的桃花源：论台湾作家王北山的“韩战”① 书写

蒋兴立
辅仁大学中国文学系、新竹教育大学中文系

一、前言

20 世纪 50 年代发生在朝鲜半岛的争战，是 20 世纪重大的战争之一，左右了国际局势，特别是改变了东亚地区的面貌。直至今日，历史学家、社会学家、外交学家、军事学家等人文科学领域的学者各自从殊异的观点切入此战役，试图剖析与厘清“韩战”的历史意义及其辐射出的影响。文学家又是如何解读这场举足轻重的战役？而不同国家不同地域的文学家，立场有别，观点自殊，又是如何各自以迥异的视域想法勾勒这场战争的风景相貌？这是本文所欲探究进窥之处。

第二次世界大战结束后，苏联在东欧扶植了共产党政权，且积极向南欧扩张，美国对此无能为力。“韩战”发生，美国视此一战役为国际共产主义的扩散，若不加制止，恐复制成东欧的局势。因此“韩战”的爆发，美国对华的策略产生转变，开始封锁中共，并转而支持台湾。对台的态度，由战前的漠然，转变为重视台湾的战略位置，将之纳入亚洲“防共”阵线，并给予实质的

---

① 即“抗美援朝”，台湾称之为“韩战”。下同。

经济与军事上的援助。[①]“韩战”对台湾的影响十分关键，台湾研究探讨此一战役的学术专书并不少，大陆描写抗美援朝的文学作品也所在多有，但台湾描写“韩战”的文学作品却寥寥无几。亲身参与“韩战”的作家王北山，于是以他在“韩战”期间担任战俘的经验，写成战争小说[②]《“韩战”生死恋》一书，记录他的经历和想法。

王北山，1928年3月17日出生于福建，于抗战末期加入国民党，投身军旅，就读黄埔军校第二十三期。1949年，王北山二年级时，随黄埔军校学生总队撤往西康，在四川大邑县为人民解放军拦阻，几经战斗，后被人民解放军俘获，改编入人民解放军行列。王北山经过思想改造后，成为“抗美援朝志愿军”的一员，经历第五次战役部队溃灭后，他投降以美国为首的联军，却反而成为南韩军的俘虏，负责情报搜集的任务。这支南韩军L师团的L支队，利用中国俘虏深入北朝鲜情报区，让中国人自相残杀，以获取情报。王北山历经生死关头，最终于1954年投奔台湾，担任少尉，1959年退伍之后，王北山通过了辅导会所安排的辅导考试，在花莲师资训练班受训一年，而后任教于台湾的小学，直至1988年退休，于1989年开始在台湾执笔书写曾经历过的“韩战”刻痕。[③]王北山历经十年而写成的《“韩战”生死恋》，多达30万字，描写他所经历诡谲危险的情报工作。此外，其超越党派的战争书写，勾勒出当时血腥残忍的战况真貌。本文以书中多所着墨的关键议题切入，包括“战争与爱情”的挣扎、“反共抗俄”与抗美援朝的观点探析，“乡关何处？寻找战争中的桃花源”、“战争中群体与个体”等，探索小说中对于战争与人性的思考、“韩战”的成败得失与原因的析论以及小说中的台湾想象与对和平自由的追求等。透过对此一文本脉络的深入分析，得以使我们重返那兵祸连绵、烽火连天的时代，思考当时中美的关系与意义，在历史的偶然与必然中，

① 此部分参考李明：《“韩战”期间的美国对华政策》，《国际关系学报》2007年第23期。

② 《“韩战”生死恋》中王北山以自身为主角，叙述个人的遭遇，以自传小说的方式书写他的“韩战”经验，本文将之界定为战争小说。对于战争小说的定义，本文采用陈思广的观点：“凡是对已经发生的战争生活进行描写的小说都是战争小说。”详参陈思广：《战争本体的艺术转化——二十世纪下半叶中国战争小说创作论》，巴蜀书社2005年版，第6页。

③ 本文依照王北山在台湾的居处时间及他的身份，将其定义为台湾作家。

也同时思索战争的暴力阴影与和平的永恒美好。

二、爱或死：情场如战场

《战争与男性荷尔蒙》一书，举出包括抢婚等种种原始时代习俗或生物界的例证，说明男性荷尔蒙所激发的“英雄美人”情结[①]，苏珊·桑塔格（Susan Sontag）也曾在《旁观他人之痛苦》中提出吴尔芙的观点。吴尔芙认为男人制造战争，大部分的男人喜欢战争，因为“拼斗实在出于某种男性的需要；他们可以从中寻得某种满足，某种荣耀”。但女性对此并无特别感受，遑论快感。[②]战争是国家与国家之间面对无法解决的矛盾问题，回归原始生物界弱肉强食的行为，进行暴力攻击与斗争，是一种原始的生存态度。从前述的论点，或许可以解释战争小说中总不乏英雄保护美人的桥段安排，强化男性英雄的荣耀。《“韩战”生死恋》除了描写战俘窃取情报的过程，于战争的险恶无情、战争中爱情与人性的纠葛，也是书中着墨甚深的部分。

男主角王北山成为南韩军的战俘之后，结识了同为战俘的中国伙伴十几人，南韩军派遣他们两人一组，潜入北朝鲜战营窃取情报，表面上安抚他们只要能完成任务三次，就送他们返回台湾。然而要求战俘从事情报工作是当时《日内瓦战俘公约》所不允许的，因此南韩军所盘算的其实是希望他们在任务中自然牺牲，一方面能不损耗南韩军力却轻松获取北朝鲜情报，另一方面也无须因为违反《日内瓦战俘公约》的规定而遭受处罚。王北山与他的伙伴几度冒死搜集情报，有人因此送命，也有投机者制造假情报蒙骗南韩军，然而几次冒险与送命后，他们洞察南韩军的算计，王与他的战俘伙伴便不肯继续送死的情报工作，并试图与南韩军谈判回台湾的条件。在双方都不肯退让的情况之下，为扭转此一僵局，南韩军便送来南“韩战”俘营的女战俘，企图以美人计软化王与伙伴们不配合的态度。此一计策果然奏效，王与他的伙伴们纷纷陷入温柔乡的考验里。在苦闷艰险的情报任务中，有温柔美丽的女子

---

① 赵鑫珊、李毅强：《战争与男性荷尔蒙》，台北：学生书局 1997 年版。

② 苏珊·桑塔格：《旁观他人之痛苦》，台北：麦田出版社 2004 年版，第 14 页。

慰藉固然美好，然而一旦陷入温柔乡的陷阱，便意味着将被南韩军收买控制，任其予取予求，因此老谋深算的战俘陈炎光与理智当前的男主角王北山对此充满戒心，但人性的软弱，慢慢渗透与松动坚强的意志。王的战俘伙伴伍浩、许家荣、孙利开始有了专情的对象，王也由起初的坚持抗拒、极力排斥，而渐渐地被祖籍为中国的女战俘大伊打动。这中间又发生男人之间的争风吃醋，南韩军试图强暴女战俘以及武浩为了保护女孩而自杀等曲折的情节。

《“韩战”生死恋》除了描写浪漫的爱情，也勾勒了战争中女子无奈与无助的悲剧命运：

> 战争制造了贫穷与过剩的女人，在朝鲜战争边沿的市镇、村庄，这类女人尤其多。她们有的聚集在军营附近，搭起简陋棚子做小买卖，洗衣什么的讨生活；有的到韩军部队里去打杂、做饭，像联络所里的前后两位阿珠姆妮，与前方北汉江边班哨的那个做饭女子等；最悲惨的，则沦为娼妓，听胡铭新说，春川这种女人不但多，而且价廉——仅三五包洋烟的代价。①

战争里的女人命运坎坷蹇恶，随风飘零，只能以身体、劳役换取温饱与生存，动辄有性命的危险。书中塑造了弱势的女性形象，同时对照着不时流露的男性英雄主义的思维，描写男主角或他正直的战俘朋友如何试图保护与照顾这些可怜的女子。王北山喝呵贪图他们军营中有女色，而坚持转调单位过来的中国战俘吴宗贤道：

> 我老实告诉你，对这些女孩，我们只有同情与关怀，武浩自杀，并不是和前所长、翻译他们争风吃醋，而是为了保护她们。她们都是良家女子，我们做的又是这种危险工作，最需要良心。如果做了亏心事，三更半夜，阴间地府，怎敢摸过封锁线？怎敢跟敌人做生死搏斗？何况我们都想去台湾，碰了她们一根汗毛，你还想能够离开这里吗？

① 王北山：《“韩战”生死恋》，台北：扬智出版社2003年版，第384页。

在平时,爱情原是寻常的人性,“饮食男女,人之大欲存焉”,然而在战时,爱情却充满了复杂矛盾的多元面向。在战争里,爱情可以是隐藏阴谋的算计,让人猜测犹豫,在爱与死间左右为难。在战争里,爱情可以是发泄欲望的形容词,以爱之名,而逞遂行欲望之实。在战争里,人生被压缩得非常短暂,于是爱情也可以是提炼生命高度的一种元素,在转瞬即逝的人生中,爱情化为牺牲奉献、实践自我、彰显个体意义的生存价值。《旁观他人之痛苦》中,苏珊·桑塔格引用法国女哲学家西蒙·韦伊(Simone Weil)谈论战争的看法,认为“暴力会激发参与者杀身成仁或舍生取义的情操,将他们自我提升为英雄或殉道者”①。一如西蒙·韦伊的观察,《“韩战”生死恋》中将战争里的爱情视为男人杀身成仁或舍生取义的情操,让他们自我提升为英雄或殉道者。《战争·身体·现代性》一书中提到:

> 战争生产荣誉,这种符号性的建构在可歌可泣的战史撰写中流露无遗。它符合国家的需求也符合个人的忠贞志节要求。战争的出现等于是将人格的极致表现放到战火中洗炼,营造出荣誉的无上形式。事实上,也只有在战争或激烈竞争的过程中,荣誉的价值和维护荣誉的代价才会显露无遗。名将的生成和受到的尊敬,就和战争的进行与国家荣誉的维护脱离不了关系。在和平时期,通常都不会有这类英雄人物和事迹的出现。②

荣耀是国家为了形塑意识形态而强加于个人的意志之上,军人在此一思维中,会将荣耀与个人生命价值相互勾连。《“韩战”生死恋》将爱情视为表彰英雄荣耀的勋章,爱情与自由是小说里最关键的核心价值,为了爱情与自由,可以冒着生命危险为其奋斗,而这两者都出于个体自由意志的抉择,意即在小说中,个体的价值是高于国家党派团体的价值。克劳塞维茨的名著《战

① 苏珊·桑塔格:《旁观他人之痛苦》,台北:麦田出版社 2004 年版,第 24 页。

② 黄金麟:《战争、身体、现代性:近代台湾的军事治理与身体,1895—2005》,台北:联经出版社 2009 年版,第 15 页。

争论》[①]中提到战争是国家政策的延续，军人必须服膺他的军队以及军队所服从认同的国家。路翎的小说《洼地上的战役》叙述中国志愿军侦察员王应洪与朝鲜姑娘金圣姬的矛盾爱情，王应洪认同军队与国家的理念，因此面对与军队纪律相违背的爱情，他选择抗拒。但在《“韩战”生死恋》中，王北山对于国家党派的认同是暧昧的，反之，对于爱情与自由的价值却是极度推崇与肯定。小说中作者对于爱情的态度十分微妙，男主角的同袍伍浩为了心爱的女子可以牺牲性命，爱情是最可贵的个体价值，但对其中部分男性而言，女战俘则倾向于是情欲的投射体，而当名为“爱情”、实为“欲望”的凡人之性展现时，爱情便成为束缚与危害自由的危险元素。文本中对于自由的想象也颇堪玩味，对于伍浩而言，在苦闷艰巨与险恶困顿的战争环境与谍报工作中，“爱情”便是他的“自由”，爱情是心灵上的美善与自在，自由凌驾于生存，为此可以牺牲所有。但对男主角王北山而言，“爱情”有两种面向，同时也让他陷入挣扎，他不断警惕自己，对女战俘大伊的爱情，必须是牺牲奉献，不带有任何欲望，也不期望有任何回报，或朝夕相处。因为一旦“爱情”牵扯到“欲望”，便与“自由”二元对立，无法并存，“爱情”成为强化英雄主义、超脱凡性的论述。由《“韩战”生死恋》前述引言中，无法看出女性角色如何看待男性与战争，而是在英雄主义的叙事观点下，落入男性彼弱我强的思维。作者王北山在文中屡屡表示自己不怕死，主动要求愿受派遣出任务，勾勒出超脱凡性的英雄形象。如前所述，英雄主义的思维是在特殊军旅环境中支撑军人奋斗的信念，对王北山而言，拒绝欲望亦是一种强化超脱凡性的行为。然而揭开王北山不怕死的表相叙述，在爱与死的生命选项里，他的个体价值与奋斗的希望依然是活下去，生存便是一种凡性，他的军旅生涯奋斗目标不是为了国家党派，或者亲族爱欲，这一切他都质疑，或者可以抛弃，只为了前往他想象中的“自由之岛台湾”。因此他念兹在兹的是“何况我们都想去台湾，碰了她们一根汗毛，你还想能够离开这里吗？”故事的尾声，女孩们终于被送走，王北山写道：“战争过去了，大伊应该回到了她叔父家，她叔父应该回

① 克劳塞维茨：《战争论》，钮先锺译，广西师范大学出版社2003年版，第24页。

到汉城了,我心里想。心底泛起了阵阵痛楚与惆怅。我希望能看到她,注视着过往的每一个少女,……但看似她,又不是。……不可能的,这么大的世界,见不到她的!这是死亡的别离!”[①]与朝夕相处、陷落在柴米油盐的寻常爱情截然不同,战争里的爱情,存在着生死的界线、国族的距离,人性的尘埃,试炼与考验着个体价值的深度。

三、《“韩战”生死恋》里的政治观察

王北山的身份背景重层复杂,抗日战争后期加入国民党,曾就读黄埔军校;但国民党军溃败后,他被人民解放军俘获收编,经历思想改造,成为“抗美援朝志愿军”里的一员;而后“投奔”以美国为首的联军,又成为南韩军的俘虏,负责情报搜集。他总在战败受俘后,为求生存而投入敌军麾下,但也因为多重的身份与曲折的遭遇,而让他对于国民党、共产党、美军、韩军、资本主义、共产主义产生较为深刻的认识与思索。

《“韩战”生死恋》作者透过战俘陈光炎,提到一般人对国民党的看法:“啐,都是腐败政权,和XX党一样……”[②]“喝!民主不民主,专制不专制;要学美国吗?又学不像——你看现在人家大陆‘民主集中制’搞得多好!多漂亮!一个个规规矩矩的,谁敢调皮捣蛋?谁敢贪污腐化?”[③]书中亦不乏对苏联、美国、共产主义与资本主义、民主制度的辨证。“我们要看一个国家是否侵略性,主要要看它的本质。”“比如像苏联,独裁专制,进行‘世界革命’,必然是侵略的。美国是资本主义国家,资本主义国家,它们需要市场,需要煤、铁、石油等工业原料,所以它们必须保有殖民地才能生存。否则就要发生经济危机,工人失业,国内闹革命。”[④]“民主制度,是每个国民做主,不是少数人做主,是‘集中制’……普及教育,让国民认识民主真谛,认识自己是主人,

① 王北山:《“韩战”生死恋》,台北:扬智出版社2003年版,第685页。

② 文中对国民党的批判,往往不直指国民党,一律以XX党避讳。

③ 王北山:《“韩战”生死恋》,台北:扬智出版社2003年版,第234—235页。

④ 同上书,第251页。

不要给人家牵着鼻子走；国民有了正确认识，才会选出贤能的人，国家才有希望。”① 书中也讨论了共产党的《社会发展史》与共产主义的问题，“在这种制度框框下如何能使社会经济繁荣？经济繁荣不起来，社会贫穷，哪有财富可共可享？”他也提出资本主义最大的“唯一无法解决的矛盾，只有资本主义与被殖民地间的矛盾，被殖民地国家贫穷，教育落后，缺乏资本、科技，无竞争反抗能力，任凭强权宰割剥削，永远沦为市场与殖民地，甚至亡国。所以资本主义是侵略性的，不人道的；否则，它是一种非常进步的主义。”② 书中对于南韩军的想法是，南韩军口口声声说：“我们是兄弟之邦”，但却总是利用他们去出生入死，卖命搜集情报，所谓的兄弟情谊，仅只是一种利益关系，怀柔的口号。对国民党的腐败失望，对于国民党的失败感到憾恨。

书中也提到对“韩战”的想法。“有个输家是输定了，而且是大输家——朝鲜人民。……我从过鸭绿江到三八线，到三八线以南一带，所看到的村庄城市，几乎全遭战火摧毁，夷为平地。山野森林烧光，田园荒芜，时疫流行，百姓缺乏粮食医疗，无助地等待死亡，这是一场‘灭国灭种’的战争。”③ “‘韩战’打到现在不过一年多，美国已经花了一两百亿美金，出兵四五十万，出钱还赔上人命……”然而在批判美国政客之余，作者也强调：“我们是骂美国政客……美国人民，是爱好和平，且富有同情心的。”作者认为强权国家不愿帮助中国的原因是“我们中国，地大物博，物产丰富，所以被列强垂涎。但我们中国敢反抗强权，而且同情世界上所有被压迫国家民族，并给他们道义的援助……我们中国的强盛，不但使帝国主义者在中国失去利益，也将使他们失去世界上所有殖民地的利益，所以他们不愿见到中国强盛，不愿见到我们中国站起来。”④

战争的出现远早于现代性发生之前，但16世纪开始，随着资本主义的勃

① 王北山：《“韩战”生死恋》，台北：扬智出版社2003年版，第235页。

② 同上书，第163—166页。

③ 同上书，第90页。

④ 同上书，第249—253页。

发与海外殖民的兴起,欧洲帝国与新兴的民族国家便处于高度竞争的状态,16 世纪后战争与现代性的勾连是无法被忽略的。战争小说《"韩战" 生死恋》的作者,也关注到此一现象,除了叙述男主角与同袍之间为情纠葛的挣扎,描写窃取北朝鲜情报工作的艰辛危险,甚至不惜制造假情报的过程之外,也深刻地表达他对 50 年代 "韩战" 爆发的局势及中美关系的看法,并提出共产主义国家与以美国为首的资本主义国家之间的种种矛盾。

四、乡关何处? 寻找桃花源

无家可归的漂泊感是许多曾经历战争,被迫离乡背井,身处台湾的外省人都曾体验过的心境,《"韩战" 生死恋》对此也有深入的刻画。"这是我 '投奔自由' 的好机会,我脑子里又思考着决定我命运,一直犹豫不决的 '投奔自由'。我想着,这一走,何年何月才能回到我生长的故乡,我热爱的土地? 那里有我的亲人,我的乡愁与怀念,我无法割舍血与肉的连体! 而何时能回去? 如何回去? …… '投奔自由',是希望,也是痛苦!"① "逃是逃出来了,将来呢? ……我一定要回去, ……可是怎么回去?"② "满脸风霜的陈炎光,他用他的血和泪唱着,唱出他满腔的怨恨、痛楚与无奈,也彷佛控诉着这世间的不公平,无正义、无公理。……从 '九·一八',到抗战,到 '韩战',他为家为国为自由,整整挣扎了二十年,到头来落得家散人亡,当了 '双料俘虏',连自己生命都得不到保障,叫人心酸不已!"③ "听到中国,犹如母亲的温馨,无尽的满腹辛酸,阵阵翻腾。谁知道我们为了躲避迫害、奴役,跋涉千山万水,冒着枪林弹雨, '投奔自由',而得到的竟是泡影,幻灭! 如今,踏在脚底下的这块异国黄土,却是难友埋骨之地。"④ 对于中国这片土地恋恋不舍的王北山,对于国民党都有所质疑,又为何想前往台湾? 台湾对他的意义为何? 他的国族

---

① 王北山:《"韩战" 生死恋》,台北:扬智出版社 2003 年版,第 44 页。

② 同上书,第 162 页。

③ 同上书,第 458—459 页。

④ 同上书,第 405 页。

认同与台湾想象又是什么？“那个讯问我的人员，声音嘶哑地说：“你好好的回去。”……“为什么不回去？回家总比流浪好。”我说：“没有‘自由’，恐怖。”[①]“北山，有人唱歌，中国歌，……”“我们激动地听着，……心胸抽搐着，一股股热流涌上心头，终于无法自已，心酸热泪夺眶而出……”[②]由前述引言可以得知，让王北山甘愿抛弃家乡的故土，热爱的亲人，独自前往台湾的原因在于，在王北山的想象中，台湾是“自由”的希望堡垒，但事实上，50年代的台湾正是白色恐怖气氛弥漫最浓炽的时刻，未必诚如其作品中的叙述，“台湾即意味着民主自由的乐园”，然而即使是事隔三十五年后，王北山仍然仅仅忠实地反映他当时对台湾的“美好向往”，而未铺陈之后“现实与想象的距离”。

克劳塞维茨的名著《战争论》中提到，在近代以前，一国与其他国家的关系，大部分只和国库或政府的利益有关，而与人民无涉。所以人民与战争并无直接关系，政府与人民是分开的，而政府也认为他自己就是国家，所以战争也就完全变成是国家政府的事。但在法国大革命爆发之后，战争变成是人民的事情，而人民总数多到以百万计，每个人都自认他是国家的公民，但参加战争的是全国人民，自那时起，战争就成为一整个民族的事情。[③]《战争、身体、现代性》就战争与现代性做了十分深刻的辨证，文中提到：“我们将看到国家的恣意如何透过统治机器的开张，名正言顺地显现在社会的形塑上。这种以战争为名的统治让社会变成国家的敌人，生活于其中的个人也变成国家刻意压抑的对象。‘你必须先成为国民，然后才成为人’，是这个时代的真理，也是这个时代的悲哀。”[④]国家以战争之名，收编社会与人民，人民必须泯灭个体，效忠国家集团，争取荣耀，如此人才能证明与强化自己的存在价值，个体的价值与意义被消融了，只残余集体的崇高。对军旅出身的王北山而言，他必然

---

① 王北山：《“韩战”生死恋》，台北：扬智出版社2003年版，第669页。

② 同上书，第595—597页。

③ 克劳塞维茨：《战争论》，钮先锺译，广西师范大学出版社2003年版。

④ 黄金麟：《战争、身体、现代性：近代台湾的军事治理与身体，1895—2005》，台北：联经出版社2009年版，第162—163页。

也受到这样的思想洗礼，军队以专制暴力将人由社会人转变为军队人，军队效忠国家，然而王北山所认同的国家却十分暧昧。在王北山的文本里，他所认同的“爱与自由”，与国家统治集团的利益并无交涉，而是一种个体价值的彰显。以往的战争小说，会强化个人在战争暴力集团中所表现出来的无力感，但王北山则突显他个人如何在惊险艰巨的情报工作中，藉由个人的判断与抉择，寻找出路。相较于《战争与和平》一类的战争小说，采取全面勾勒战争的面向，巨细靡遗地刻画战争全景的手法，王北山的小说里则未描写波澜壮阔的血腥战争场面，他侧重的是充满谎言、夸张、错误的情报工作，而在虚实交错的情报背后，所呈现出来的是懦弱却真实的人性。在国家集团利益与个人生存利益的游离之间，王北山选择的是个体的求生，所以他虽然尊敬为爱而牺牲的武浩，但他也同情四处漂泊而变得自私的陈光炎，对他而言，在国家荣誉的表相背后，只是丑陋的各国利益分配，“韩战”最大的输家就是朝鲜人民。所以王北山的无力感并非来自于他是战场上一颗身不由已的棋子，他的无力感其实是来自于可能他自身都未尝察觉的国族认同的矛盾。王北山书写《“韩战”生死恋》的时期，当时政坛正弥漫着“台湾本土论述”的观点①，对于王北山一类被排除在“本土论述”之外的外省人而言，精神上对于这种政治局势或多或少必然存在着抗拒的姿态。追忆过往美好的“台湾想象”或许正是他对于现实无力感的逃避，“爱与自由”真的是他所追求的核心价值吗？或者是否定的对立面，对于政治失望的避难所？王北山在文本中不时流露对于中国的肯定与认同，但他所认同的中国到底是哪一个中国？他所认同的是孙文所创建的中华民国，但是孙文已不存在了，他所向往的是一个已不存在的虚无。他在书中曾批判那些来自台湾却不愿拯救他们这些战俘的国民党人士。对王北山而言，他认同的台湾，是他所想象的“民主自由希望之地”，而未必是当时国民党败退的台湾；他所追求的其实是一处和平反战的世外桃源，台湾只是那想象乐土的代名词。对照于白色恐怖时期

① “台湾本土论述”是指台湾强调在地的文化、历史、地理及主体意识的观点，以去殖民化进而发扬台湾本土文化，但部分持异议者则质疑此一论述其实是“去中国化运动”，其目的是期望促使台湾从基本的社会根源脱离中国文化的影响。

的台湾，隐形战争的伤痕与阴影并未远离，王北山对此并无批判，避而不谈，显示作者的局限所在。

五、结语

所谓的战争文学，是作者对战争生活的反映与记录，同时将自己对战争的观察、态度、情感、想法忠实地评判与描写，让读者能有所理解。王北山以自身经验为题材书写而成战争文学《“韩战”生死恋》，描摹身为黄埔军人的他，被人民解放军俘获收编，经历思想改造，成为“抗美援朝志愿军”的一员，而后又成为南韩军的俘虏，负责出生入死的情报搜集任务。曲折的遭遇让他对于国民党、共产党、美军、韩军、资本主义、共产主义产生较为深刻的认识与思索。

《“韩战”生死恋》中除了对无情战争的挞伐、反战和平的追求、虚实莫辨的情报工作描写以及前述党派、国族、主义的论述之外，着墨最深的是战争与爱情、欲望与人性的探讨。小说中作者对于爱情的态度十分微妙，对男主角王而言，“爱情”有两种面向，同时也让他陷入挣扎，他不断警惕自己，爱情必须是牺牲奉献，不带有任何欲望，也不期望有任何回报。因为一旦“爱情”牵扯到“欲望”，便与“自由”二元对立，无法并存，文本中“爱情”成为强化英雄主义、超脱凡性的论述。王在文中屡屡表示自己不怕死，主动要求愿受派遣出任务，勾勒出超脱凡性的英雄形象，对王而言，拒绝欲望亦是一种强化超脱凡性的行为。然而揭开王北山不怕死的表相叙述，在爱与死的生命选项里，他的个体价值与奋斗的希望依然是活下去，生存便是一种凡性，他的军旅生涯奋斗目标不是为了国家党派，或者亲族爱欲，这一切他都质疑，或者可以抛弃，只为了前往他想象中的所谓“自由之岛”台湾。

在王北山的观点中，他更在乎的是前述“爱与自由”的核心价值，但归根究底，他的诉求是蕴藏在底层的反战和平，最终回归人性的平静与真实。王北山所认同的“爱与自由”，与国家统治集团的利益并无交涉，而是一种个体价值的彰显。在国家集团利益与个人生存利益的游离之间，王北山选择的是个体的求生，所以王北山的无力感并非来自于他是战场上一颗身不由己的棋子，他的无力感其实是来自于可能他自身都未尝察觉的国族认同的矛盾。王北山书写《“韩战”生死恋》的时期，当时台湾政坛正弥漫着“台湾本土论述”的观点，对于王北山来说，追忆过往美好的“台湾想象”或许正是他对于现实无力感的逃避。王北山在文本中不时流露对于中国的肯定与认同，而他认同的是他所想象的“民主自由希望”之地，他所追求的其实是一处和平反战的世外桃源，而台湾只是此一乐土的代名词。

表演东亚

主持人语：民众戏剧与帐篷戏剧

孙　柏
中国人民大学文学院

在今天东亚范围里，面向底层的戏剧运动主要有两支，即民众戏剧和帐篷戏剧。

东亚民众戏剧的一个重要策源地是台湾，从陈映真带领的“人间思想”杂志圈里走出来的两位戏剧人王墨林和钟乔，是台湾真正意义上在地剧场运动的旗帜性人物。钟乔接受巴西戏剧家奥古斯托·博阿面向第三世界的民众戏剧理念，将它的工作方法落实于台湾自身的社会肌理，他的“差事剧团”主导或参与了如“九·二一”大地震灾后援建、2003 年反对美国入侵伊拉克的抗争、反核电运动以及当下在台西村持续进行的反对台湾六轻石化工厂的行动等，更将民众戏剧的枝叶散播到包括北京等地在内的广阔东亚场域。20 世纪 90 年代台湾当局推行的社区营造工程，既为民众戏剧深入社区动员民众创造了条件，同时也使得民众戏剧的实践者更加自觉于体制框架与民众诉求之间的张力关系——“差事剧团”目前所在的宝藏岩国际艺术村本身就坐落在这种张力关系的交锋地带，而钟乔对此始终保持着某种清醒而坦陈的认识，强调恰要以此为契机去展开实在的阵地争夺战，把原本属于民众的权利、话语和他们的生命存在重新争夺回来。

由于抛弃了公民社会的既定框架，而力求使演出面向彻底被剥夺的、一无所有的人们，因而帐篷戏剧具有一种沉思的、非实践性的特质。因为，说到底，“实践”只有在一个意义上可以成立，就是革命，就是改造这个世界。帐篷戏剧之所以将自身定位为思想文化运动，是在于它根本处在一种历史关系之中，即在革命的失败与思想的兴起之间的历史关系中。正如有法国大革命的失败而有黑格尔哲学的诞生，有1848年革命的失败而有马克思的《资本论》，有辛亥革命、文化革命乃至北伐革命的失败而有鲁迅的那些文字……樱井大造的帐篷剧得以产生的历史契机，是日本的和全世界范围的“六十年代”革命的失败，但与同时期所有文化革命的衰退路径不同，樱井大造既拒绝了左翼政治内部的残酷和血污，也拒绝了70年代以来日益彰显的消费社会与金融资本主义的销蚀与收编，这使得他的帐篷剧实践开创出一条独特的近乎孤绝的道路，就是在称为“历史”的社会现实行进轨迹的旁侧另辟蹊径，用帐篷这小小的、微不足道的隆起，来擎起整个世界。在对现实的拒绝中，帐篷剧尝试以弱小者的存在去打开通向未来的点滴可能。与在台北和东京的情形不同，帐篷戏剧在北京的行动仍不得不背负起尚未理清的革命债务与遗产——然而这历史的错位本身，谁能说就不是一次机会呢？

“重新发明中国”：帐篷戏剧在北京的行动

孙　柏
中国人民大学文学院

引言：帐篷戏剧作为思想文化运动

这篇论文集中探讨的，是作为思想文化运动的帐篷戏剧对当下中国社会现实的介入。

帐篷戏剧固然是一种戏剧运动，但对它的定位又不能限于戏剧艺术的范围。帐篷戏剧直接产生于20世纪60年代后期日本社会运动的高潮当中，在进入70年代以后随着革命文化的落潮而趋于分化。樱井大造就是在这个时候开始他的帐篷之旅的。尽管分享着告别革命的整体时代氛围，但是樱井大造始终坚持借助帐篷的薄布来守护贫困的领土，从未放弃以戏剧的再现形式将那些被各种各样的历史暴力剥夺的现实争夺回来的努力，并且通过为微小力量的主体形态予以赋形和命名，来创造“未来的小小的可能性的一分子”。恰恰是围绕着集体性的历史主体（“集团论”）和不可见性的场面调度（“表现论”），樱井大造使他的帐篷剧场变成一座移动的街垒，以对抗资本强加给人和社会本身的去领土化的暴力。

在资本主义全球化的今天，大概没有什么地方能比中国更生动、更集中地体现现代化进程的悖谬特征了:一方面它带来了巨大的经济和社会活力,但与此同时,另一方面,它持续地重复上演着自原始资本积累时代以来的几乎所有最残酷、最血腥的掠夺。特别是要考虑到中国历史与现实的全部复杂性(现代性规划的曲折历程、冷战格局和地缘政治的复杂定位以及政治经济与社会文化之间的不平衡发展,等等),不同单元社会区隔的相互交迭、转换和多面性,使得在既有的再现或显像结构中那种内部与外部、缺席与在场之间的再现边界,总是在不断推衍和相互转移的过程中呈现出多重设定的特征。因而,正是追寻着贫困的去领土化和再领土化的踪迹,樱井大造带着他的帐篷戏剧来到中国,先是在 2007 年以他本人的剧作《变幻 痂壳城》空降北京;后来又分别于 2010 年和 2013 年,导演了以北京在地的参与者为创作主体的两个剧目,《乌鸦邦 2》和《赛博格·堂吉诃德》。

然而,帐篷戏剧所遭遇的困境和难题也是最具象征意义的:不同方向的历史选择彼此交迭,造成今天关于中国的论述和记忆中的自我纠结与缠绕;伴随新的市民社会、中产阶级建构而形成的自由主义、个人主义意识形态,也对左翼文化政治抱有先入为主的、缺乏反思性的怀疑和敌意;更不用说,资本化对于任何具有真正思想性和想象力的公共空间的压制。不过,最重要的是,那种富于创生性的力量、那个“未来的小小的可能性的一分子”,究竟在哪里?——就是带着这样的问题和挑战,樱井大造的帐篷戏剧来扣访中国了。

“中国”,动词

然而,中国,现代史范围内的中国,“并不是一个既定的存在,而是始终需要被建构、被发明的”,始终处在一个动态的构造过程中。这是由它作为晚发现代化国家的动力结构所决定。20 世纪中国的重要历史任务之一,就是建立现代民族—国家(尽管关于这一点并非没有争论),以加入资本主义世界体系的方式本身应对在被迫卷入全球化的历史进程以后所遭逢的千古之变局。然而,与许多第三世界国家的历史境遇一样,由于没有海外殖民地可以充当它的劳动力市场和原材料市场，中国只能从它自身的幅员内部来提取现代化发展的基本动力，只能自我消化为谋求高速经济发展而必须承担的无法转移出去的社会成本，这就势必要在现代民族—国家建构的这一历史过程中形成其社会内部的结构性分裂：贫富分化、城乡对立、民族问题、东部沿海发达地区和落后的西部内陆之间日益加大的差距等，无不导源于此。尽管这其中的很多社会矛盾在前现代的历史时期就已存在，但是毫无疑问，它们都因应着 20 世纪现代中国特定的历史进程而得以更新和被纳入到新的问题系及结构框架中来。因而只有通过自我剥夺，才能够使跻身世界民族之林的独立、自主的现代中国得以成立；或者，换句话说，中国的存在必然建立在它自身的撕裂之上。按照马克思主义的规范论述，这一贯穿了 20 世纪中国的结构性的社会裂痕，归根结底，就是阶级的对抗。

另一历史范畴的介入，充当了弥合阶级对抗所造成的创伤性裂痕的社会黏合剂——这就是现代“民族”观念（它是在 1894 年甲午战争失败以后才被引入中国的）。它提供了一个均质的、普遍性的、可有效进行国民动员的身份认同点，以建构现代中国的“想象的共同体”。（班纳迪克·安德森《想象的共同体：民族主义的起源与散布》）而作为“民族”一词的应有之义，这种想象的共同体是和同样均质、平等的市民社会想象相表里的。为缩减自我剥夺的现代化结构中公民与人口之间实际存在的巨大差距（帕萨·查特杰《被治理者的政治：思索大部分世界的大众政治》），大规模的国族意识形态话语生产就成为伴随着独立建国、民族自强而在 20 世纪的中国一再轮回、复沓的历史现象。

参照着欧美发达资本主义国家的纺锤形社会结构，市民社会、中产阶级的想象性建构于 90 年代中后期的中国大陆再度展开，它通过打造一幅社会层级结构的向上流动的美好愿景，来促动劳动力资源的整体迁移，成为中国社会发展的一个基本动力引擎。这一社会动员的确在新世纪的最初几年达到了它的预期效果（这实际有赖于奥运周期的民族主义 / 爱国主义作为社会黏合剂发挥的巨大效用，在这之后则有灾难的营销学继续为其充电），一个看似稳定的中间阶层在中国社会迅速成形。然而，如前所述，由于无法像发达资本主义国家那样,通过殖民掠夺、帝国主义战争和经济侵略向更边缘的晚发现代化国家转移其国内的生产成本和劳动力成本,也就决定了中国不可能建成那样的一种“国家—市民社会”,决定了它必然要面对因为现代化进程的自我剥夺,从而造成的民族—国家框架内部的剧烈社会分化。随着后奥运时代也是新一轮全球性危机中经济发展步伐的放缓、民族主义热情的冷却,不仅阶级分化的事实日益暴露其严峻性(现行政策中是通过社会分层的细密化来消解两极对立的尖锐矛盾的),而且看似已成形的中间阶层也受到极大挤压而在不断分化重组。在今天,中产阶级梦想的破灭已经成为普遍接受(尽管并不情愿)的既成现实,而新的集体性或社会组织形态的可能还形迹渺然、全无寻处。

阶级与民族的这一“二重奏”,决定了中国始终处在一个建构过程当中,而这一建构过程也注定将无法真正完成。从这个意义上讲,“中国”是一个动词,而且它的时态将永远是现在进行时。

然而,这一晚发现代化国家的历史僵局,只是“中国”这个动词的表现形态之一,即总是不断地需要通过国族意识形态建构来弥合阶级分化的裂痕。不过,20世纪中国最引人瞩目的历史实践,并不只是谋求独立主权的现代民族—国家的建立,而是在此基础上进一步对于全人类(“全世界受苦的人”)解放的探索。中国革命因此而内在地呈现为前后相继的两个阶段,更值得深思的是,这一前后相继的两个阶段展现出更为深刻的历史悖论。与前述通过“中国”(基于民族文化认同的想象共同体)的建立来分裂中国(社会极化的阶级现实)正好相反,中国革命的历史悖论是在于通过否定作为现代民族—国家的“中国”来承续之——就是说,中国的继续存在,恰恰是以对其自身的否定之否定来完成的。如果说,20世纪的中国有可能提供某种“方法”,那么就只有在中国革命的这个意义上。

50至70年代的社会主义革命和建设时期,国际社会空间的日益狭小也更加剧了新中国幅员内部的自我剥夺。工商业部门的经济改造与社会文化层面的思想改造把货币和知识两个流通领域的从业人员一次又一次带到政治运动的风口浪尖:他们成为社会变革中被牺牲的对象,是因为他们表征着趋于稳定、僵化的金字塔形社会结构中中上阶层的既得利益。正是基于对阶级与民族"二重奏"的历史困境的自觉,中国革命迎来了内在于其结构动力的真正高峰——"文化大革命",它也是20世纪60年代"世界革命"整体构成的一个重要部分。只有越出现代民族—国家的边界,才能够真正实现中国的解放;只有诉诸世界革命的行动,才能够避免在一个可预见的未来被迫卷入世界市场。不是输出商品,就是输出革命——这正是彼时的中国(或者说处在全球化的持续冲击下的20世纪中国)所面临的历史抉择。然而,"历史的诡计"在这里充分展现了它的残酷,革命的真理性上升到顶点的时刻,也是它的极端的荒诞和悲剧性得到最淋漓尽致的表演的时刻。世界革命的武装反而沦为"中国"幅员内部更无节制的自相残杀的面具,以"革命"的名义调动起来的内卷化的暴力使得需要最低限度秩序保障的社会组织形态濒于崩解。

"文化大革命"不只是现代中国的历史事件,而且,它的开始和结束都是20世纪重大的世界史事件。实际上,早在70年代初,随着整个"60年代"的落幕,真正意义上的"文化大革命"就已结束。其标志是林彪事变、中美建交、中日建交以及加入联合国等一系列国内、国际的政治事件,这一时间标点同步于在地球的另一端智利阿连德政府被武力推翻这一指征性的历史时刻。(Jameson, Fredric. "Periodizing the 60s")更重要的是,从这一历史时刻起,冷战已开始走向它的终结,中国的历史实践的轨道被从"60年代"的世界革命调整到了70年代基于币缘政治(以"布雷顿森林体系"的解体为标志,呼应着浮动汇率制对黄金的去领土化,它实际替代了美、苏对峙的霸权结构以及三个世界划分中的地缘政治)的世界体系的重建。[①] 在很大程度上,一般被认为等同于"邓小平时代"的改革开放"新时期",在这个时候已悄然开启。后革命的中国重新走上全球化的历史道路……

因此,"中国"的动词性在这里得到了另一样貌的充分展现:这一次的

① 这一观点借鉴自温铁军:《西方竞争力分析:从殖民化的地缘战略到全球金融化的"币缘战略"》,中国人民大学可持续发展高等研究院讲座,2012年9月12日。

"中国"不再是为弥平阶级分化的裂痕而不断捏合的国族主义砂器,而是恰好与之相反,是不惜通过不断革命来"破除"作为民族—国家的中国的既定存在,从而保存和延续"中国"作为方法的原理。尽管这一历史实践最终以失败告终,但是它的真理性内容,连同它的悲剧一起,都仍具有重大的示范意义。

"变幻"革命的路线图:从山谷……

在进入"帐篷戏剧在北京的行动"这一论题之前,我们还有必要对樱井大造帐篷戏剧的历史做一简要的回顾。从这里我们会看到,他的帐篷行旅由日本而东亚、由东京到台北再至北京,是有其必然的发展线索的。

帐篷戏剧兴起于20世纪60年代末,它既是战后日本小剧场运动发展的一个结果,更是以彼时反安保运动和学园斗争为背景的政治文化的产物。第一代帐篷戏剧的代表人物是唐十郎和佐藤信,前者从"状况剧场"发展出名噪一时的"红帐篷",而后者则是从"移动剧场"衍生出了"黑帐篷"。搭帐篷进行戏剧演出这种形式的出现,最初带有一定的偶然性(如为售票和遮风挡雨的缘故而将露天演出包裹在帐篷帆布之下),但是它们很快就形成了一套独特的戏剧美学。台湾戏剧人、也是帐篷行动的参与者林于并这样记述这个新形成的"剧种":"'帐篷戏剧'不只是将戏剧演出的场所从室内剧场移到户外临时搭建的帐篷剧场这点,除了剧场空间形式之外,在演员的表演方法、戏剧的结构、表现的主题以及其左翼的意识形态、特殊的营运以及移动演出的方式等方面,已经形成其独特的表现形式。"(林于并《亡灵凝视的空间:樱井大造与台湾帐篷戏剧》,134)这种戏剧美学的首要内容在于它的移动性,它不仅背离东京这样的现代化大都市而朝向更边缘的社会空间移动,并且,也自觉地朝向日本周边乃至南亚、中东一些第三世界国家和地区进行移动。帐篷戏剧表现形式的另一特点是强调无论演员还是帐篷自身的身体性,它将空间与肉身的直接在场作为全部戏剧实践的核心,从而否定一般剧场艺术对于文学性再现的依赖,力求打破艺术与现实、虚构与生活之间的界线。帐篷戏剧自比于“河原乞食者”的贱民,这一方面与日本的歌舞伎传统建立起自觉的联系,另一方面又形成针对来自西方的现代戏剧及艺术概念的自我否定。我们会看到,由第一代帐篷戏剧家奠定的这些特点,都将在樱井大造的帐篷剧实践中得到继承和进一步的发扬。

1973年,从早稻田大学经济学部辍学的樱井大造加入了当时由翠罗臼创立的“曲马馆”。这个帐篷剧团以其激烈的政治性格为突出特征,反天皇制、反省和追究日本人的战争责任便是它左翼立场的集中体现。1976年,樱井大造首次自编自导的帐篷剧《舞动一吋法师》即引发了与日本防暴警察的严重冲突。实际上,演出者、观众和警方的对峙冲突已然成为帐篷戏剧演出中经常上演的现实一幕:开此先例者,是唐十郎1969年年初的帐篷剧《腰卷阿仙:振袖火事之卷》;而大概最后一次这种爆发现场冲突的事件,则是1988年樱井大造在东京大学的帐篷行动——那一次的演出竟为病重不起的昭和天皇提前下葬,结果招致了千余警察的围攻。“曲马馆”帐篷剧团不仅在日本国内各地巡演,并且到过“归还”后的冲绳和爆发著名起义的韩国光州进行演出,其政治激进性在这些帐篷行动中都皤然可见(如在美军基地前的帐篷场所焚烧汽车)。1981年,“曲马馆”宣布解散。

1982年,重新出发的樱井大造组织成立了新的剧团“风之旅团”。这一时期是樱井大造的帐篷戏剧真正成熟的时期,其中,东京郊区日雇工聚居的山谷这个地方,成为他决定性的出发点。在那里,“风之旅团”以自己的方式介入和见证了当地领日工资的工人们反对政府和黑社会的激烈抗争。纪录片《山谷——以牙还牙》是关于这次旷日持久的大规模抗争运动的重要影像文献,该片两位导演佐藤满夫和山冈强一先后遭黑社会暗杀(据樱井大造说,在佐藤满夫去世之后,原本他也被邀请担任这部影片的导演),也成为整个抗争运动所付出的巨大牺牲的象征性事件。而当时在佐藤满夫出殡时用做葬礼进行曲的,是经过重新编配的肖斯塔科维奇《第十一交响曲》的著名乐章“流血的星期天”,直到今天,这首乐曲仍然经常出现在帐篷剧演出(如2007年在东京、台北和北京三地上演的《变幻 痂壳城》)甚至樱井大造本人的自主稽古当中。也就是在那个时候,樱井大造将秘鲁革命歌曲《人民团结起来！》（*El Pueblo, Unido!*）改编为一首帐篷歌曲《不屈者的歌》，他彻底改写了原曲富于鼓动性的战斗节奏，使之变成一首纪念碑式的肃穆但并不哀伤的挽歌，它以一种晨曦般的明亮和清澈凝结了被射杀的死者的时刻："炎夏，绽放的友人啊 / 沉睡在，冻结的现在。"

需要强调的是，"风之旅团"并没有以集体的名义介入到山谷斗争的对抗现场。在追溯这段岁月的时候，樱井大造特意指出，帐篷戏剧能做的事情就是和悲伤的人们一起悲伤。对此，他曾经举过这样一个例子来加以说明：一个又冻又饿、无家可归的劳动者眼看就要在山谷冰凉、坚硬的街道路面上死去，樱井大造除了能为他拢火和送上一碗寡淡的清汤之外，就再也做不了什么，然而这个奄奄一息的人却用最后一点力气向樱井大造说了声："Danke schön！"并且看得出来，他为自己在这样的时刻还能将学过的外语派上用场而感到骄傲（樱井大造高额深目、面孔立体，经常会被误认为是外国人）。——这里的确是存在着某种骄傲的，这骄傲不在于用德语说出的这声"谢谢"本身，而在于它是一个濒死之人在临终前捍卫自己尊严的幽默。正是这种幽默深深地感染了樱井大造，并且成为他的帐篷戏剧的美学原点：和悲伤的人们一起悲伤，并不意味着一味沉溺在哀绝凄婉的痛苦当中，而是恰恰相反，是把它转化为喜悦作为礼物赠予他人。（这样的例子在樱井大造的经历中比比皆是：一个政治犯在昏暗的囚牢里唯一能做的事，就是每天都要去看狭小窗外的野花，而为了能够看到它，他就必须攀着高墙、扭着脖子把脸贴到囚窗的铁栏杆上——同样，这个看上去很别扭的姿势本身显得非常滑稽，但它却传递出了转化那种艰难处境的希望。）2011 年海啸引发福岛严重核事故之后，樱井大造带领日本和台湾的帐篷剧成员深入灾区腹地进行了《泛 Yaponia 民间故事——摸彩比丘尼》的演出，该剧中心题旨就是要向灾难深重的当地民众献上一句"恭喜"的祝福。樱井大造当时曾说，不仅是这一次的行动，而且整个帐篷戏剧的成败，都取决于能否真正奉上这一句"恭喜"，用剧终前的歌词来说，就是能否"贫乏"但"欢笑"地改变世界。如果不是放在将沉滞的现实逆转为未来的可能性的维度上去考虑，这种喜悦和祝福就无法得到理解。灵感同样来自山谷的"黑色月亮"的意象，也是樱井大造帐篷戏剧美学的集中体现:原本是写着“禁止入内”的交通标识,却成为日雇工们拢火取暖、一起度过难挨的寒冬夜晚的场所,久而久之,篝火升腾起的烟就把这个圆形的交通标识熏染成了黑色,由此而形成了一个奇异的黑色月亮的景观——黑色的烟象征着劳动者微弱但坚韧的力量,它把因被侮辱与被损害而在他们身上造成的凹陷,转变为一种饱满的生命自身的存在,黑色月亮暗弱的微光最终会照亮一个别样的世界。

1994 年,“风之旅团”解体重组,“野战之月”(此即山谷的黑色月亮,也是指被黑社会暗杀的日雇工运动领袖、纪录片导演山冈强一)成立,樱井大造由此开启了帐篷戏剧在东亚范围内的新征程。尽管如前所述,早在唐十郎最初发起帐篷戏剧运动的时候,其游牧式的行旅就已经开拓出了一幅亚洲图景;而樱井大造在“曲马馆”和“风之旅团”时期,也出现在冲绳、光州这些东亚最尖锐的斗争现场,甚至远渡重洋在拉丁美洲留下帐篷剧场的足迹。但是,樱井大造在 90 年代作出的这一策略性的选择却有着与此前截然不同的历史前提或脉络。反天皇制的激进立场的确是早期樱井大造帐篷戏剧行动的重要面向,但是随着昭和天皇在 1989 年年初去世,不仅整个日本的政治文化局面发生了根本性的转折,而且久已式微的左翼政治和思想运动也因失去了外部敌人而陡然陷入颓势。实际上,外在的直接的政治对抗情势早在 70 年代就已处在一个缓慢的渐隐之中,昭和天皇去世作为极富象征性的政治事件不过是为这一历史过程划上了最后的句号而已。虽然这一历史过程本身相当复杂,但是仍有两条关键线索可以梳理:其一是日本左翼政治运动内部充满血污的残酷斗争;其二是日本市民社会消费主义的兴起与稳定。在这两条历史线索中,1972 年的联合赤军浅涧山庄事件和 1968 年东京奥运会的成功举办都可以被看做是标志性的起点。因此,对于 70 年代加入帐篷戏剧运动的樱井大造来说,与直接介入的左翼政治斗争保持距离,同时也与进展中的消费社会逆流而动,都是其必然的选择。在回顾“风之旅团”的成立背景时,樱井大造说:“当时日本国内已迎来高度消费社会,处于所谓泡沫经济期。据说几乎相当于日本国民总数的一亿人都是中产阶级,流行着‘一亿总中流’的说法,但是,这不过是统治者对市民社会进行怀柔的谎言罢了。……‘风之旅团’的成员与东京山谷的底层工人运动关系密切，有时长期驻留在当地参与运动现场。那是右翼黑社会对劳动者的就业过程进行残酷支配的现场。当然，右翼黑社会与劳动者工会之间的武力冲突无可避免。”（樱井大造《行旅·戏剧·生活——“帐篷剧”是什么》，48）这种武力冲突的总爆发最终使整个山谷陷入暴力泛滥的巨大混乱之中，而且暴力不仅存在于劳动者和黑社会的对抗，也存在于卷入冲突的各种左翼政治力量的内部。应该说，这种派系斗争的自相倾轧极大地耗散了左翼政治与劳工运动的能量，甚至是耗散了通过政治斗争来寻求别样可能性的政治热情。而在那之后，一系列新的社会经济因素的影响——如虚拟经济的日益高涨、外籍劳工的引进、高度发达的现代信息技术的中介作用等等——也都使得原先那种直接在场、具有身体化的可见性的劳动抗争场景逐渐消隐于无形了。（2008 年 2 月，樱井大造在北京清华大学举办《山谷——以牙还牙》放映会时即指出，手机的使用让雇佣关系变得更加单向化和个别化，这样一来，劳动者就更难团结一致地组织起来维护他们的集体权益。）因此，这种种情形延伸至“野战之月”成立的 90 年代，樱井大造便充分意识到了帐篷戏剧作为思想文化运动所面临的根本性难题：贫困的领土转移了。伴随所谓的经济腾飞，日本社会的中产阶级化既没有完全消灭国内仍然挣扎在贫困在线的底层劳动者群体（只是使他们变得不可见了），更是以向周边国家和地区转嫁其社会生产成本为应对策略。现在，资本主义现代化进程中因残酷剥夺而造成的巨大凹陷，不是在日本本土、而只能在中国台湾、菲律宾和中国大陆等地方看到。正是为了固守和夺回贫困的领土，樱井大造将帐篷戏剧的行动视野扩展到整个东亚。

就在“野战之月”成立的 1994 年，樱井大造与中国台湾戏剧家钟乔在菲律宾答那峨岛举行的“民众戏剧节”上相遇。1999 年，钟乔邀请樱井大造带领“野战之月”赴台湾演出《Exodus：出核害记》，成为帐篷戏剧登陆台湾的正式开始。随后的几年里，樱井大造用了很长时间融入台湾的历史与现实脉络，一方面与台湾小剧场界的左翼戏剧家展开积极的交流，另一方面训练本土年轻的帐篷剧演员。至 2004 年，樱井大造认为时机已经成熟，开始着手筹备《台湾浮士德》的演出，终于在 2005 年 3 月于台北同安街搭建的帐篷里成功上演该剧。这之后,台湾在地的帐篷行动集体"海笔子"成立,其成员几乎全都参加了当时反对台北当局为修建捷运而强制"乐生疗养院"拆迁的社会运动中。2006年,另一部帐篷剧《野草天堂》先后在乐生疗养院和国家戏剧院上演。《台湾浮士德》和《野草天堂》的主题都是台湾的历史记忆,将"二·二八"事件的白色恐怖或日本占据时期的社会区隔政策与当下台湾高速现代化发展的冰冷现实联系在一起。帐篷戏剧能够来到中国大陆,其情形也不无相似之处。最早让樱井大造看到将帐篷戏剧带到中国来的机会的,是在日本留学、并从事冲绳研究的胡冬竹;在2005年韩国光州的"广场戏剧节"上,樱井大造与中国社会科学院的陶庆梅结识;这之后他又在台湾与著名思想史学者孙歌相遇——这些机缘最终促成了2007年9月《变幻 痂壳城》在北京的演出。

……到皮村:错位中的接合

如前所述,樱井大造领导的帐篷戏剧,同样是以革命的结束为前提的。这使它和进入70年代以后的中国的历史轨迹,产生了多少有些特别的交叉。只不过,尽管分享着告别"60年代"世界革命的时代共识,但是樱井大造的道路之不同,就在于他始终坚持站在底层劳动者的立场上来看待这个世界,始终坚持为夺回被资本主义现代化所剥夺的底层现实而致力于重新创造这个世界。虽然樱井大造经常申明自己并不属于左翼政治或社会运动,但是他全部的生命热忱和付诸帐篷行动的世界观,却带有无法否认的泛红底色。的确,当他投身帐篷戏剧运动时,曾经风起云涌的激烈社会运动已渐趋退潮,特别是他出于个人选择很早就决定从直接的政治介入中抽身而出,使他的戏剧活动从一开始就带有"后60年代"的鲜明印记;然而从那时起,无论从日本还是西方发达国家所谓"后现代"的反文化运动来看,真正延续了左翼戏剧历史脉络且至今仍在坚持不已的,却也只剩下樱井大造在日本本土以及东亚的行动了——这一点看似矛盾,实际尤为引人深思。从冲绳、光州到山谷,从"曲马馆"到"风之旅团"再到"野战之月",樱井大造和他的伙伴们不断重新出发,在移动的帐篷中，固守着贫困的最后领土。如果不是沿着这样一条文化抵抗的脉络轨迹，就无法理解樱井大造后来转战中国台湾和大陆的帐篷征程。

所以，不难理解的是，帐篷戏剧来到中国、来到这个走特色社会主义道路的国家，势必会面临着双重的接合与错位。它既有可能被当成由国家、市场和艺术节等各种体制所扶持的北京小剧场景观中的一道独特风景，从而参与到新世纪以来形成的中产阶级市民社会的文化认同当中；也有可能被指认为拥有左翼社会诉求而被盲目拒斥或接受——特别是樱井大造与孙歌、戴锦华、汪晖等批判知识分子有着不同程度的个人和思想上的交往，因此对他的拒斥或接受的确从一个侧面格外显现出当前中国大陆思想文化的某一面，也使帐篷戏剧本身似乎有可能承担起重新带入中国历史与现实的文化媒介（当然，这必须以帐篷真正在中国搭建起来为前提）。不过，从另一个角度来看，也正是这种双重的接合与错位，为帐篷戏剧在中国落地提供了机会：告别革命，但仍有可能拒不接受今天的现实。在社会主义与资本主义的二项对立之外，还有别样的选择吗？——这恐怕正是作为思想文化运动的帐篷戏剧在中国开展行动的最重要的意义，也是它必然要迎接的挑战。

2007年，《变幻 痂壳城》先后在东京和台北演出，并以此为契机成功登陆北京，在朝阳区文化馆“9剧场”前的空地和皮村“打工者之家·新工人艺术团”驻地各演出了两场（日文版和中文版各一场），由此而开启了转战中国大陆的帐篷征程。演出场地的选择本身就颇有意味地宣示了帐篷戏剧在中国的双重指向。

文化馆是政府的文化基层单位，它负责所辖地区人民群众的文化生活与建设。尽管在今天，文化馆的组织和运营方式已经在很大程度上向市场化倾斜，但基本上仍沿袭着国家体制的职能框架。应该承认，在北京奥运会前后几年的时间里，朝阳区文化馆是北京各区县文化基层单位中最具活力与特色的一个，它有意维系的伸展弹性使它既能参与戏剧的市场化潮流，又能深入广大小区拓展本地的文化空间（特别是不无自觉地向教育戏剧、小区戏剧、民众戏剧打开空间），它对于远郊区、城乡结合部的文化发展也保持着开放性的关注，而这正是“打工者之家·新工人艺术团”能够在朝阳区的皮村落脚的重要原因。

皮村，是位于北京东郊的一处城乡结合部。十余年来，这里成为外地来京务工人员聚居的地方。从农村源源不断来到大中城市的打工者，是中国大陆近二十年的现代化过程所造就的格外突出的社会现实。城市人习惯性地称他们为“农民工”，而他们更愿意用“新工人”的名字来为自己正名，尽管这一命名还并没有得到该群体本身最大范围的认可。在这个意义上看，皮村可以被看作是中国的一个缩影。也是基于这一层原因，皮村也成为孙恒领导的新工人艺术团的驻地：他们既是一个通过音乐、戏剧等形式打造新工人文化的艺术团体，也是积极维护底层劳动者权益的非政府组织，他们的行动在亚洲社会运动中已引起广泛的关注。2010 年以来，为了兴建新的 CBD 金融商业区，北京市政府的拆迁工程已经推进到了紧邻皮村的地方，因而皮村本身也面临着不仅从地图上而且从现代化的历史地层中消失的危险。用一个比喻的说法，皮村就坐落在中国社会的地震带上。而这同样也不只是中国的问题，在樱井大造的感知中，全世界“75 亿人中有 10 亿人跟皮村的人一样。皮村的状况还算好的”。那些贫民窟化更严重的地方，会“在垃圾场里出现难民营”（2010 年 6 月 20 日《乌鸦邦 2》排练场记）。所以，2007 年 9 月，除了在朝阳区文化馆“9 剧场”前的空地之外，樱井大造还特别选择皮村举行了两场《变幻 痂壳城》的演出；为了回馈“新工人艺术团”的支援，那次演出所用的木制帐篷后来就留在了皮村，被加固改造为固定的新工人剧场。

《变幻 痂壳城》这部帐篷剧自身的复杂性，也在不断唤起着现代中国历史与现实的纠结缠绕。尽管并不是从一开始就能确定是否会在北京演出（而且最初看起来的确希望渺茫），但是樱井大造在进行剧本创作时无疑是把中国的历史意象融入其中了，其核心就是革命以及革命所引发的两个关键议题——暴力和人民的主体性。只有在这一关乎中国（自然不止于中国）的历史意象的支点上，该剧本身关于东亚地区大都市里缙绅化和贫民窟化的现实寓言才得以真正成立。

在剧中，痂壳之城就建筑在革命结束以后的海边墓园和废墟之上，现在那里正持续经历着市场社会自体循环的组织化：如“流动妇女平安歌舞团”、

“善财童子之家”等等各种名目机构寄居在痂壳之中，维系着由饥饿与贪婪所驱动的社会系统的再生产。而剧中那支打不响的枪，成为凝结已成过往的历史的核心意象，此时背在名为“多数”的想象的游击兵身上，凭着这枪如信物一般，她 / 他同样也在寻找多数。“独角”正在接受脑电波病毒研究所的治疗，以抹去一直困扰他的来自过去的记忆，在那记忆里，他曾在这座城市的一次行动（“革命”？）中误杀了一个女孩。多年前死在枪口之下的“伤痕”——她仿佛对应着枪的存在而留在现时中的空洞——念出了全剧最后一段台词：

> 被饥饿和贪婪附了体的怪物拿着枪走了过来。为了撕咬人住的城市而来。怪物扣动扳机的瞬间，随着人们的悲鸣，数不清的红红的虫子奔涌而来。虫子从枪口一头扎进怪物的身体，并住了下来。然后，一天又一天，催促着血液和淋巴液的分泌，让那个怪物慢慢生锈。一点点花时间，幽幽地凌迟。就这样，得以重创我们的城市，我们的世界。

关于“暴力的张力”纠结而自我缠绕的持续思考，始终是樱井大造帐篷戏剧的核心命题之一。正是出于对政治斗争无节制地诉诸血腥暴力的拒绝，使樱井大造的选择本身成为无数众多社会参与者最终告别革命的整体时代氛围一个标志性的组成部分。也就是说，樱井大造在70年代初加入帐篷戏剧运动，从一开始就并不只是自然而然的历史时间的际遇，而是呈现为他对自己与时势之间关系的自觉选择的结果。革命的结束既是樱井大造最初出发时的时代条件，是他全部帐篷戏剧作品与行动的前提，与此同时也成为他必须背负的——或毋宁说是帐篷空间必须要容纳的——遗产与债务。真正难得之处就在于，樱井大造拒绝了革命过于泛滥的暴力，但却一如既往地坚守着它的初衷，面对资本主义现代化的历史暴力，从来没有放弃过文化抵抗的根本立场；只是他选择的是基于“未来的可能性的小小的一分子”（《变幻 痂壳城》中“未生”的台词），来重塑帐篷行动的政治性，重塑着改变世界的微末力量。

由无数的伤痕结痂形成的城市，正是20世纪历史并不真正提供选择的选择相互加的结果。国家资本主义与秉“现代”、“进步”、“文明”的名义而进行的资本的掠夺,与其说是彼此对立、抗衡,不如说是不同面目历史暴力的替换接力,永远在用新的痂壳覆盖旧的痂壳,它会让安于今天市民社会现实中的人们感觉到痒,因为那是他们被遮蔽、被隐藏、被遗忘的历史记忆(甚至通常的情况,恰恰是以记忆之名来遗忘),但他们也会对那真实的痛感感到恐惧。因而帐篷戏剧所做的,正是拒绝任何形式对层层迭累的伤痛的封存,拒绝接受任何既经给定的被"治愈"的诊疗,揭开痂壳使那赤裸裸的鲜红伤口重新暴露出来,回到被冻结的死者绽放的时刻,让鲜血迸溅的红色虫子四处奔涌。

《变幻 痂壳城》所内涵的樱井大造在思想和剧作法上的真正复杂性,集中体现在他自己扮演的这个角色身上。"寻找多数"既是《变幻 痂壳城》直接予以表现的情节,也是樱井大造的剧作始终在探索的一个主题,因为如何去构建和命名面向未来的真正的主体,是帐篷戏剧根本的政治性之所在。他既规避了像"阶级"这样的旧有的集体性主体之名,也拒绝接受西方后现代情境中的市民社会的遗民(例如"诸众"①),而坚持为那个"未来的可能性的小小的一分子"赋予形状、为它命名。

樱井大造之所以会以《变幻 痂壳城》这一剧目作为在中国大陆开展帐篷戏剧的开端,并非纯出偶然。这部剧作原本就是以东亚各大城市一体两面的缙绅化和贫民窟化为主题的,它不仅是东京和台北的现实,而且显然也已经是冷战结束后的北京的现实。伴随着从输出革命到输出商品的路径切换,告别革命的历史选择在中国的社会空间制造的最明显凹陷之一,就是晚发现代化国家结构性的两极分化又重新浮现;甚至在今天,面对日益扩大的阶级分化,国族主义的社会黏合剂也越来越难以真正有效地弥合这一裂痕了。如果要在中国寻找这样一个能够淋漓尽致地体现缙绅化与贫民窟化这个二而一的动态过程的地方,北京东郊皮村恐怕是最有代表性的——樱井大造不止一次地把这个外来

① "诸众 Multitude"概念,见 Hardt, Michael and Negri, Antonio. *Multitude: War and Democracy in the Age of Empire*.

务工者聚集的村镇同80年代初日本东京的山谷联系在一起,在这两个空间也是时间的坐标之间,是为资本所驱赶的贫困领土的转移。

缺少乌鸦的乌鸦邦?——北京帐篷的主体性

继《变幻 痂壳城》的演出之后, 2010年夏天,一部新的帐篷剧《乌鸦邦2》(孙柏、周瓒编剧,樱井大造导演)又在皮村上演了。这部剧主要讲的是一群生活在垃圾场周围的居民,因为生态环境和社会环境的恶化而发生可怕的变异,最终变成了同样以垃圾为生的乌鸦:“这不是一个单数的‘乌鸦邦’,而是‘乌鸦邦’、‘乌鸦邦’,是不同乌鸦邦面目的碰撞。寄居在垃圾场周围的各色人等……封闭在自己的躯壳和现实中,但同时又产生着变异,努力寻找隐藏在身体中的出路……大家必须共同对抗那个濒于瘫痪、正在毁灭大家生活的垃圾场。”(程凯《新剧〈乌鸦邦2〉解说》)这次行动以北京“临・帐篷剧社”的名义来进行,主创和演员基本是由北京在地的参与者构成的,而东京“野战之月”、台湾“海笔子”的成员则主要是以协力后台的身份来到北京的。这样一种合作方式,原本是要创造一种相遇,一种在打破民族—国家界线的流动场域中的相遇:无论从什么地方汇聚在帐篷里的人们,就像那些面目各异的乌鸦一样,都会因应这种相遇、碰撞而更新自身的经验与认知,使一个“新”的中国和亚洲在帐篷里显影。不过,也正是由于这样一种合作方式,使得北京帐篷的主体性问题格外突出地暴露出来,尽管这些问题不是表现在冷战思维和国族壁垒上面,但却是在更深层的阶级属性方面。

北京“临・帐篷剧社”在人员构成上与台湾“海笔子”或东京“野战之月”迥然不同,这一情形也可以被看作是中国当下社会结构的一个有趣注脚。日本和台湾的帐篷,与在地的社会运动有着格外密切和直接的联系,不仅80年代的山谷斗争是樱井大造和“野战之月”非常重要的出发点,台湾“海笔子”也是在近年来参与台北乐生疗养院抗争运动的过程中成长起来的。这样的土壤、环境恰恰是北京帐篷所欠缺的。这也与帐篷戏剧登陆北京的具体路径有关:最先是孙歌、戴锦华等当代中国的几位知识分子在中国台湾思想文化的交流场域接触到樱井大造和他的帐篷戏剧的,并且通过更年轻一代在学术机构任职的研究者将这一戏剧运动的形式推介到北京的思想界和剧场界。而在当下的中国大陆,话剧以及小剧场早已成为大城市艺术青年的文化时尚,所以也就并不奇怪,帐篷戏剧在北京首先吸引到的是知识分子、媒体从业者和刚毕业的大学生……简单说,与日本和台湾帐篷明晰的底层色彩形成鲜明对照,北京帐篷具有中间阶层的性质。这也是为什么樱井大造最初希望和皮村的“打工者之家·新工人艺术团”建立起内在的、紧密的连带关系,实际上是有意识地促动北京的帐篷践行日本诗人谷川雁所说的“向下走”的路线。那么,问题随之而来:北京的帐篷行动,是要建立怎样的一种连带关系?它的主体性如何体现?若要“向下走”,那它的具体方向究竟在哪里?在这样的一种方向中,能否避免批判现实主义文艺和社会运动中都会出现的知识分子面对底层民众的启蒙姿态?

而在北京“临·帐篷剧社”,由于前面已经提示的原因,并不是所有成员都对皮村建立起真正的认同感。实事求是地说,在搭建帐篷和进行演出的整个过程中,北京帐篷与皮村的交流或融合程度,是不能做过高估计的。——如何描绘和呈现你并不从属其中的那个阶层或社会群体?这对于剧本创作而言,确实也是最为棘手的问题。它从根本上触及到北京帐篷对其主体性的可能与界限的认知和挑战。剧作者主要采取的是反讽的再现策略,即把这种关系性的难题以戏仿的方式作为戏剧(不只是剧本)本身呈现出来。例如第一幕一个不无怪诞的场景里,一个名为“宅急送”的已下岗失业的快递工在垃圾场的诊所接受医生的治疗,她的病状就是皮肤发痒,因为寄居在她体内的那只乌鸦就要钻出来了;而实际上,她只是在表演分配给她的角色,一般的现实主义中演员与人物之间的扮演关系并不成立;甚至医生也是如此,她与她的病人只是在进行一场表演的游戏;最终她们被包围了诊所的乌鸦吞食。——所以,这一场戏的戏剧表现的原则并不在于通过模仿使这个女演员“改造”成为底层工人,而是在于突出两者不协调或改造的不成功这种表演性本身。这样的反讽策略尽管仍是逃避主义的现代主义手法,但也确实包含着对阶级区隔造成的再现限度的坦陈以及质询。

在“宅急送”和乌鸦邦的居民们身上相互传染着的“痒”,实际呈现的就是今天中国社会中间阶层的某种身体和精神状态。剧本作者显然参考了樱井大造《关于公共性的“痒”》这篇文章里的观点及表述:历史性暴力制造的“伤痛使我们的生活停滞,时间封冻,但同时也有谋求从伤痛中出逃的激烈抗争。‘痒’一直在召唤我们进行‘搔痒’的工作。不息地进行‘搔痒’的工作。这好像正是存活在消费社会中的‘市民’的姿态……”现在,每一次的帐篷行动,都可以被视作“试图再度召回‘痛’的行动。这正是希望在自己痛痒的皮肤上召回历史,反过来说,被召回的痛所指引,我们自身正要介入历史。”——“宅急送”这个名字可以说是社会关系某种结构性方向的说明,呼唤和建构中的市民社会与中产阶级(哪怕只是预备或隐性阶级,如大学生)试图营造一个自我封闭的空间领地,但强制性的社会压力始终没有停止对它的冲击,被迫的向下流动和自主的朝向底层的“向下走”被交织在一起,这中间形成的力场既蕴含着可能性,又不宜做过高估计。这就是“宅急送”的那种难以释放的能量如何在舞台上获得表现的根本出发点。在樱井大造的安排下,这个角色身上插满了管子,跨骑着点滴架,在紧紧围着她的乌鸦群中乱闯。“我们,正像我们自身并已作为旧有的记忆,只是时常被召回社会当中,或蛰居在自己的独房里。”

“市民社会”的“‘公共性’当中,我们和制度合而为一,难分你我。”于是才会“感到自己只是作为一种参照的框架存在着。”——樱井大造的这一表述可以被看作是对今天市民社会的一般论断,它所关涉的是人的形塑模式:主体和制度之间,就像身体和衣服一样,是一个相契合的关系,但并非没有间隙;只有在理想的状况,也就是在完全契合的关系里,主体才能“作为全体性成立”;然而这种契合永远是在一个动态过程当中,“痒”就是因为有这个间隙的摩擦才产生的。在今天的中国,和世界上其他很多的国家一样,这个形塑过程中的中产阶级未及凝固成形,就已经在制度性暴力(在今天,这种暴力首先是经济的)的冲击下崩解,“市民社会”的理想还没有等到变成现实,就已经被粉碎。中国的确是没有形成“市民社会”的,这也是帐篷戏剧在中国大陆所面临的与中国台湾、日本很不一样的现实情境;因此北京帐篷的一个潜在的危险就是把樱井大造所说的"新公共性"当作"旧公共性"来创造,倚着惯性栖身于那种"痒",继续"蛰居在自己的独房里",无法或不愿回到痛的现场。(樱井大造《关于公共性的"痒"》, 10—11)

那么,帐篷如何重新地生产知识分子呢(如果我们不说改造的话)?这是内在于中国社会中间阶层的意识问题,也是这次演出的一个重要主题。剧中的一个主要角色"刑天"可以为理解这一主题提供一个切入点。刑天是上古神话中的人物,他胆敢和代表着中国历史与政治的正统权威的黄帝作战,最终战败被俘,落得身首异处的下场。"刑天"这两个字就是"砍掉脑袋"的意思;在《山海经》里失去头颅的刑天被描绘成以脐为口、以乳为目,挥舞着武器继续作战的样子。《乌鸦邦 2》中刑天的故事则是这样的:垃圾处理场发生故障,进入地下进行检修的工人死于事故,而埋在地底被山石镇住的刑天找到了工人的头颅,把它安在自己的身上回到了地面……

这是一种显像结构,但是,是可以被称为"屏忆(screen memory)"的那种显像结构:它既投射出历史的真实影像,但这投射同时又成为一堵墙,一道屏障——它只为我们过滤出那些能够通过的部分,因为那是 80 年代以来的社会脉络唯一允许的历史叙述,即以一种萨满教式的移情作用使历史创伤结痂。它正是以记忆的名义来遗忘,以历史之名来简化历史本应具有的全部丰富性和复杂性。这恰恰不是表现,而是反表现,是遮蔽;我们只是在展示痂壳,却误把它当作了创伤本身;它并不痛,而只是痒。

在演出准备阶段的自主稽古中,这种历史记忆形塑的主体构造已有非常具体的呈现,并以问题化的方式延伸到了《乌鸦邦 2》的剧本中。刑天是最具代表性的、也是最具表现力的一个形象。周瓒自己写作了由她出演的这个角色,他(或她——刑天其实是无性别的,这在以前的帐篷戏剧中也有先例,如《变幻 痂壳城》里的主人公"多数")抚摸着自己脖子上的伤口,念出下面这段独白:

> 这还是我的脑袋,我的眼睛吗?为什么我看到别的风景?荒野!鲜血!残肢!垃圾!广场!枪口!鲜花!爆炸!被残杀的无辜的孩子!

> 无声的大张的嘴！痛苦却欣慰的垂死者的眼神！还有高高举起的手臂的森林！缓慢渗透的红色的黑暗！那是被深埋的历史创痛吗？伤疤的痒！痒啊！也许是我的皮肤里渗出了鲜血吧！快回到我自己！定睛观看这四周！我在这里，在这里！在深深的坑道里，啊！垃圾在动，它们活了！让我出去！

“深埋的历史创痛”化作一种痒浮现在主体摩擦着现实世界的肤表，以不断申述其不肯就此放弃的存在权利。而正是在这一开裂的伤口处，身体内部被潜抑的历史创痛才得以同外部社会现实中新的创伤经验耦合在一起：“我死了吗？我被埋在地下了吗？什么原因？瓦斯爆炸？透水事故？”因过度开采而导致频发的矿难，已成为今天中国“发展的悲剧”的一个集中写照。后面的情节里，刑天最终是通过另一个因垃圾场事故而死于地下坑道的工人重新回到地面的：那个工人的哥哥是一个卖馄饨的小贩，他迫于当地政府的压力且又收取了垃圾场老板的“补偿金”，于是同意把弟弟的尸体封存在冰柜里，以免事故真相外泄给自己招惹不必要的麻烦。那个冰柜的门第一次被意外打开时，一个全身裹着黑色尸布、面目焦黑的鬼从里面跳了出来，一边踏着近似舞蹈的舞步，一边发出凄厉的尖叫；当它第二次被打开时，跳出来的人就换成了刑天。这样的一次历史与现时的耦合，也是生成新的历史主体的过程。实际上，它超越了周瓒最开始在自主稽古里所表演的刑天，而且也没有把它变成又一个单向度的形象——因为知识分子改造为劳动阶级并不是理所当然的一件事；同样，在劳动阶级而言，作为资本主义生产体系中的一个环节，也并不拥有与生俱来的主体性。在文化战士的身体与工人的头颅的对接之中，脑体对立并没有被简单地取消，而是经由二次颠倒而呈现出一种新的不稳定性：并不是反叛的思想俯身于坚实得近乎顽固的躯干，而是被认为无用的头颅寻回同样被废弃的身体。因此，在这种不稳定性造成的气息振动中，伤口继续痛痒着，这个既是断裂也是缝合之处被展现为某种可能性的场所，从那里发出的呐喊，从那里喷涌出的鲜血和语言，就是主体性的塑形。

室内化：“不要从内部进行批判！”

2013年夏天，重新组建的北京流火帐篷剧社在798艺术园区隶属于朝阳区文化馆的“玫瑰之名”剧场进行了《赛博格·堂吉诃德》（周瓒编剧、樱井大造导演）的演出。这是一次失败了的行动，但终究还是一次具有启迪意义的失败的行动。在演出的实现过程中，它丢失了它的最基本的东西——帐篷，而完全变成了在那座旧工厂厂房改建的剧场里进行的一次室内演出。然而，比起丢掉帐篷的物质形式更为重要的，是它在演出真正举行之前就已然丢失了争夺和创造新的公共空间的意志。这仍然是与前述北京帐篷的主体性问题（它的中间阶层/中产阶级属性）密切相关的，而且直接地呈现在搭建帐篷的场地——更准确说，是场所——的选择上。

今天的戏剧艺术，从整体上看，正经历着一个持续的“室内化”的过程，帐篷剧也在以它自身的方式面对这一困局。而这里用到的“室内化”这样的空间修辞，既是直接源自现实主义客厅剧的现代戏剧规范形式，同时又联接着在认识论以及艺术再现层面上对于全球化的社会空间部署的感知和想象。在已施行土地流转制度的今天的中国，资本的去领土化已不再只是理论性的比喻说法了，我们正持续地经历着资本主义的温室效应。

从易卜生的作品开始，现代戏剧发展出一种关于空间的再现策略，可以称之为是反讽的现实主义。从舞台呈现上来看，其核心特征就如同雷蒙德·威廉斯所说的：“一个房间。”① 但是在这些资产阶级的客厅里发生的故事，都是以那个房间外面也即舞台之下的空间为它的前提的，或者反过来说，也就是以舞台呈现的在场来表现缺席，那些缺席者、那些被现代性规划的历史进程所放逐的人们，都将以“群鬼”的面目回返（“Gegangere”的本意就是“不断回返者”），以申述他们在这块本应属于他们的舞台上的应有

---

① Williams, Raymond. “Social Environment And Theatrical Environment: The Case Of English Naturalism”. *English Drama: Forms And Development*. p.207.

权利——从约翰·汤尼森不请自来地闯进博尼克家的那一刻起，现代戏剧的舞台和剧场空间就变成了戴维·萨伏兰所说的“现代性的闹鬼的房子”。（Savran, David. “The Haunted House Of Modernity”. *Modern Drama: Defining The Field*. 117-127）易卜生由此而为现代戏剧奠定了两个相反相成的主题：“闯入者”（在约翰·汤尼森之后，有在复活节登门讨还债务的林德奎斯特，有带着全部的罪孽回来参加家庭团聚而被复仇女神追踪至此的哈里，还有不请自来、要为死去的女孩伸张正义的神秘“探长”[①]）和“心之所往”（在娜拉之后，有永远在说着“到莫斯科去！”的三姊妹，有一心向往着天边外的安德鲁·梅约，有想要闯荡外面的世界而终归还是回到“狭的笼”中来的曾文清[②]），来调度舞台上下的可见性与不可见性的辩证法。诚如威廉斯所论：“在起居室这个关键场所之外，在相反的各个方面，存在着体验的各种决定性领域，语言和起居室的行为无法表达它们，或者无法充分解释它们。那个广阔社会中的各种社会的、经济的危机反过来对起居室有影响……”（雷蒙德·威廉斯《作为政治论坛的戏剧》，122—123）

重要的是，现代戏剧剧场空间的再现策略，是基于资本主义社会空间的一个具体历史条件而形成的——这就是资本主义生产制造的“密室”效应。首先是在生产的流水在线，继而是在消费的环节，人们对这个世界的认识只能是局部的，有如困在一个密室里一样。斯图亚特·霍尔曾以极为有力的论辩阐明，意识形态并非是现实简单的谬误或歪曲，而是因为人们主要是通过市场来从日常生活的点滴中把握这个世界的，但市场只是资本主义生产流程中的一个部分，只是最容易组成日常经验的表面的、可见的部分。而那些对于资本的持续增值和整个流程自身的扩大再生产都是必不可少的环节则在相当程度被遮蔽了。也就是说，市场“是对整个流程的不充分的解释。它是用部分代替了流程的整体——这样一种程序，在语言上被称为‘换喻’，而

① 这里涉及的现代戏剧作品包括：梅特林克的《闯入者》、易卜生的《社会支柱》、斯特林堡的《复活节》、艾略特的《家庭团聚》和约翰·博因顿·普里斯特利的《探长来访》。

② 这里指涉的现代戏剧作品包括：叶芝的《心之所往》、易卜生的《玩偶之家》、契诃夫的《三姊妹》、奥尼尔的《天边外》和曹禺的《北京人》。

在人类学、精神分析和马克思的著作中(在某种特殊意义上),被称为拜物教。然而,循环过程中'被丢失'的其他环节成了无意识的——它们隐而不见。"① 这一马克思主义的论述中还隐含着关于社会的总体性的重要观点,作者暗示,潜藏在"资本的持续增值和整个流程自身的扩大再生产"中的社会总体性并非不复存在,而是它开始隐没于无形之中;因此,那暗中作祟者,除了不断回返以申述自身应有权利的"群鬼"之外,还有一个无所不在的幽灵,就是货币——正是因为有了它的中介性的调停,人们与他生存其间的世界的关系变的日益疏离。戏剧和其他艺术一起,面临着美学自身的重大危机,就是直接经验本身与总体认识之间的脱节。而现代戏剧采取的解决危机的方案,以易卜生的伟大创新为开端,就是通过言此而意彼的反讽现实主义,以局部暗示总体,用可见来调度不可见,借助有限的空间(它直接体现为资产阶级客厅剧的规范形态)引入社会关系的无限性(黑格尔意义上的"绝对"——或准确说,是绝对的空无)。

现代戏剧的这一再现策略一直延续到贝克特《等待戈多》的时代:"戈多先生不来了!"指示着超越于直接经验之外的那个世界的彻底缺席。在那之后,这一维系着缺席与在场之间辩证调度的界线将被后现代戏剧一举打破。的确,发轫于60年代的后现代戏剧以彻底突破剧场的边界为旨归,空间的全开放性成为这场戏剧革命的重要表征。在抹除这个删格化的世界设立的各种区隔界线方面,后现代戏剧确曾提供了一种有效的社会象征行动。然而直到今天,后现代的文化抵抗是如何以其激进的保守姿态重新汇入到新自由主义的世界秩序中去的,仍然是一个特别值得思索的问题。如果从时代的划分上来说,这个问题也联系着更大范围的历史转折,即:世界革命的60年代是怎样转入世界体系重建的70年代的。如前所述,布雷顿森林体系解体的标志性意义是在于,浮动汇率制是怎样实现了对黄金也即实物经济的终极象征物的去领土化的,它为全面进入金融垄断资本主义铺平了道路。与此同

① Hall, Stuart. "Problem Of Ideology: Marxism Without Guarantees". *Stuart Hall: Critical Dialogues In Cultural Studies*. p.37.

时，它所提出的也仍然是一个再现策略的议题：地缘政治向币缘政治的转化是如何吸收了后现代式的夷平一切界线的空间生产的。它造成了我们今天仍然能够看到的后现代戏剧以及整个戏剧艺术发展的“室内化”——我们不妨同样借用易卜生创造的重要空间意象，来称之为“资本主义的温室效应”。

后现代戏剧对于剧场建制的再现边界的破除，看似极具颠覆性，然而在度过了60年代最初的激进时期之后，这种源流各异的空间开放性却逐渐趋同汇聚为一种发展倾向，这就是跨文化主义的戏剧人类学。也就是说，这片被打开的天空只对本质论的、民族文化的基础主义是有效的，它在肯定其本质特征的前提之下，促进民族文化（有时甚至是东西方文明）的交流与混融。这或许可以解释为什么在70年代以后的剧场实践中最富成就的恰恰是后殖民的戏剧活动——以“混杂（hybidity）”、“述行（performativity）”等术语为标记的理念与实践，的确推动了对西方文化霸权的解构。然而从整体境况来看，对于“文化”的这种理解仍然是非常偏狭的，它完全忽略了文化自身的社会构成性质。比如，举个很简单的例子，当我们说起下午茶这种“典型的”英国人的文化的时候，茶叶的生产及其在资本主义殖民主义的历史进程中所处的位置是不会被考虑进去的；这和“耐克”运动鞋所标志的那种美国文化没有什么实质性的不同（耐克公司总部设在美国俄勒冈的“世界校园”，但它的工厂都在美国本土以外世界上劳动力最便宜的地方，而且在2005年后中国加强了劳动与社会保障的相关政策法规执行力度之后，越来越多的服装鞋帽加工厂都搬去了巴基斯坦等劳动力更为廉价的国家和地区）。同样，小川绅介创办山形电影节，提出要让电影机器这种现代工具更加贴近作为生命自然始源的大地这样的理想，以便在东北亚到东南亚“吃米的民族”中建立电影文化的纽带；但在这一理想中，日本政府曾有意识地要把日据时期的台湾变成日本的粮仓从而推广种稻的殖民经济政策也是没有被考虑进去的。在日本，这种降沉重心的低身位的身体姿态也已成为包括戏剧在内的舞台艺术家自觉区别于西方戏剧身体姿态的文化表征，但即便是在艺术源流自身的脉络中，它也完全无法去处理诸如暗黑舞踏受二战后德国现代舞影响的渊源关系（而且不要忘了，降沉重心的身体姿态首先是欧美的现代舞区别于古典芭蕾舞的自我特征)。樱井大造在演员训练时也会强调这种传统的身体姿态的重要性,但这远不是他唯一的、"救命稻草"一般的身体论依据。与那种跨文化主义的戏剧人类学相反,樱井大造在他近期的戏剧创作中,如2014年在东京演出的《百B元神圣喜剧》里面,以"武器"、"衣服"、"货币"等作为主题词,尝试探索一种(我们姑且称之为)"中介的人类学"。借助这样的各种中介意象的演绎,他试图探讨的是人类的社会性的形成及演变,而这样的探讨又是和今天的现实紧密联系在一起的。例如在《百B元神圣喜剧》这部剧中,他引入了巴基斯坦一服装厂因缝纫机振幅频率一致而导致厂房坍塌、无数女工丧生的悲剧性事件,并把它还原到人类史的框架中对于"衣服"即一种社会性中介的需求来加以呈现。——总之,这里有必要重申对于"文化"的两种理解:一是本质论的、基础主义的(民族)文化;一是结构功能性的、社会生成意义上的文化。基于前者的后现代戏剧,特别是跨文化主义的戏剧人类学,完全放弃了对于社会生成的文化也即现实生活中一切表意实践的省思,而沦为一种单调、乏味的化约论的艺术生产,使得本来具有丰富社会内涵的一切表意实践都可以被删削、化约为以文明特征为骨骼的本质化的身体论。它们不仅以各种国际戏剧节、艺术节空间来接受资本温室中的养殖式生存,而且在剧场的或者说再现的空间本身,也已彻底放弃了在60年代的激进姿态中打开的空间,而直接诉诸于"利贺山房"、"鲸鱼骸骨内"、克拉普的"档案室"① 等各种室内化的空间比喻。

今天帐篷戏剧在北京的行动,同样面临着室内化的挑战或者说是邀请,但这同时也恰恰说明它通过划割一块空间而形成新公共领域的那种尖锐的现实针对性。历史地看,现代戏剧仍然有一个确实存在的外部世界能够成全它的再现策略及批判效力;然而在今天,资本主义的温室效应已完全笼罩了

① "利贺山房"是铃木忠志接受大资本赞助而获得的戏剧基地,《鲸鱼骸骨内》指尤金尼奥·巴尔巴(Eugenio Barba)带到2013年中国乌镇戏剧节的一部作品,而克拉普的"档案室"则是罗伯特·威尔逊(Robert Wilson)带到2014年北京国际戏剧奥林匹克演出的贝克特剧作《克拉普的最后一盘录音带》。近年来,借助阿维尼翁戏剧节前沿剧展、乌镇戏剧节、国际戏剧奥林匹克等众多名目的戏剧活动,这些所谓的"后现代戏剧大师"迅速进入中国戏剧市场并发生影响,这本身是一个非常有趣、值得关注的现象。

我们勉强算是生活在它上面的这个地球,跨文化主义式的“自我/他人”的差异区分已被更加原子化的生产者/消费者身份整合消耗殆尽,因此,那个外部就只能从作为人类的我们自身生发。对抗这种室内化,既是十分真切、急迫的任务,又是一个原理性的问题。它联系着中国社会层级结构中的市民社会想象以及依托于这一想象性建构的小剧场戏剧的“繁荣”。一方面,在后奥运时代,随着国族主义的社会黏合剂渐趋失效,阶级对立造成的深刻裂痕在愈加扩大的社会范围内蔓延,在这一意识形态状况的背景之下,国家权力机构加紧了对于社会空间的栅格化管理,无所不在的“室内化”迅速成为对各种公共空间进行整理、规划的重要措施。另一方面,要想维持处在结构性悖论中的现代中国继续运转,唯一的途径就是不断扩大生产与消费的自体循环,也就是将那种囿于民族—国家幅员内部现代化的自我剥夺的临界效应最大化;而土地流转政策的实施,便意味着资本的去领土化开始落实为最直接的字面意义的举措,它已成为这一“发展的悲剧”单行道上的最新路标,而与之相呼应、相配合的,则是对城市空间的文化消费,即一种虚假的再领土化的行为,就像装置艺术、当代艺术始终是房地产经济的反光而已——如今戏剧,尤其是秉小剧场艺术之名的戏剧,也迅速跻身于这样的空间。

在2013年《赛博格·堂吉诃德》筹备期间,这就是北京流火帐篷剧社所面临的与它即将展开的行动相关的现实情境。然而遗憾的是(现在这样说当然是一种后见之明),那种严峻性并没有进入北京帐篷成员的自觉意识。没有什么选择是比因袭惯性而依附于现成既有的空间以及支配这一空间的机构更缺乏进取心和想象力的了。这并不是说,帐篷戏剧应该一律回绝来自体制内的任何室内化的邀请或挑战,而是说,这一次的“行动”(它其实已经不能称之为是行动了)未能在公共空间支配权的共有和争夺中去确认自身的位置。《赛博格·堂吉诃德》如期演出,但搭建在“玫瑰之名”剧场前厅的帐篷却名不副实。尽管在对这一空间的争夺中,作为导演的樱井大造仍然力图通过使用剧场前厅大门外的空地来作为后台,从而使帐篷像垃圾的渗沥液似的流溢到被封闭的空间以外,然而,就像后来他自己也承认的那样,这一次的“帐篷并没有真正搭建起来”。

《赛博格·堂吉诃德》讲述了两个现代堂吉诃德的历险故事,他们不仅性别不同,而且一个来自台湾、一个来自大陆;他们就像《变幻 痂壳城》里的"多数"一样寻找着对方,就像是两个在同一座山洞里挖掘的人,其实他们也不知道是否终有一天会挖穿这座大山而因此面对面地遇到彼此;何况,他们还是在一个空中的洞穴——或者,借用保罗·策兰诗歌中提供的意象,是在空中的坟墓——中挖掘。这一冒险历程将当下中国的社会万象交织、穿插在一起,有被强制拆迁的历史学者"死火",有背负着贫瘠土地上先辈记忆的"飞鱼",有不得不混迹黑社会的尘肺病患者……剧中那架电梯(这也是经常出现在樱井大造的帐篷剧里的机关场景)只会下行而不能上行,成为关于今天中国社会整体境况的一个核心隐喻。不过,为尽其可能地争取和保持帐篷的外部开放性,樱井大造也介入到了剧本的修改工作中,他的这一努力突出地体现在一句至关重要的台词当中:"不要从内部进行批判!"——的确,在由北京成员自己创作的帐篷剧本里,要么仍固守着对外部空间的现代主义式的否认(在现代主义已经完全失效的今天):"这里根本没有窗子和天空!"(《乌鸦邦2》);要么妥协于将外部空间室内化,它所付出的代价有可能是帐篷本身:"毕竟,我还有这一层薄薄的帐篷布……"(《赛博格·堂吉诃德》)。在一种安全的现实主义的透视法中去理解和再现社会,即难免流于"从内部进行批判"。这是今天中国大陆的戏剧实践——包括以民众戏剧相号召的舞台艺术实践(近来较为引人瞩目的这类作品有赵川带领的"草台班"在中国各地巡回演出的《世界工厂》,顾雷和他的"树新蜂秧歌剧团"演出的《顾不上》,以及像新工人艺术团和木兰花开文艺队始终在坚持的行动等等)——或多或少都正在面对的一个难题。这个难题恰恰不是戏剧社会学的难题,而是它在再现结构上的难题。戏剧空间向社会底层的生存处境开放,似乎是一个理应值得肯定的新的发展方向,然而再现结构甚至整个戏剧想象的因循守旧,都使得这类戏剧意图批判的现实反而看上去更加坚固了。无论承续着社会主义文艺遗风的批判现实主义,还是新时期小剧场艺术氛围里培养出来的现代主义,都不能消除它们搬演的内容与其形式技巧之间这一耐人寻味的矛盾现象。同样,对于今天中国之现实,《乌鸦邦2》是以寓言的方式,《赛博格·堂吉诃德》则以更为直接的方式,尝试去予以理解、触摸和呈现,然而陈旧的再现结构却以批判的名义和姿态继续接受、看护着那既有的现实——这不能不说是一种讽刺。因此,这种室内化既形诸于空间层面,又是心理学化的;归根结底,它源自于(社会中间阶层)自我意识构造的“内面”的透视法。

“重新发明中国”

“重新发明中国”的意思,是重新使“中国”动词化,而且是以“破除作为民族—国家的中国的既定存在的方式,恢复它的否定之否定的原理性——只有打破中国的固有界线才能使它真正得以成立”。同时,这也涉及本体论层面的对现实的重构,不只是在戏剧行动的意义上,更是在再现结构的意义上,创造一种新的现实存在感,将缺席、不在场和凹陷作为既有实存之轮廓,用被从历史和现在抹去的人们空洞的形状为铸型,以雕琢、刻画未来的模样。

2011 年 1 月初,樱井大造编导、台湾海笔子制作的帐篷剧《蚀月谭——东亚绝望工厂传奇》在台北上演,它所表现的是东亚地区作为“世界工厂”和“世界市场”的主题,同时融入大陆与台湾的历史和现时纠葛。这部剧的舞台上挤满了带有中国上古神话人物名字的角色,有些曾为鲁迅《故事新编》所改写,有些则直接来自《乌鸦邦 2》;特别是发生在南方台资工厂富士康连续发生的工人坠楼事件,成为戏剧主要关涉的社会事件,那些因绝望而自杀的女工们在帐篷的舞台上重获希望、因死而生。然而这部《蚀月谭》又不仅仅是关乎于中国的故事——樱井大造明确表示,这次搭建的两座帐篷之间的那个小水洼既代表台湾海峡,“也有可能代表着冲绳或菲律宾与台湾之间、逐渐隆起的新生海底(新兴的美国武力)”。(樱井大造、孙歌《冲绳的问题大于冲绳》, 32)

帐篷是一个创造关系性的存在场域,在它的交互作用和流动性当中,一种“人民外交”被实践,一种新的“东亚”甚或“亚洲”的想象和表现通过帐篷戏剧而得以搬演,它不是既存的,而是被创生出来的。面对资本主义全球化以及实质上的不同层次上的美国化,樱井大造在这次演出前的筹备会上宣称:"最重要的不是坐在这进行批判,而是要做一个正面建设性的行动",他甚至已经在为此构想具体的行动计划了:我们"务必进行'人民外交',比如和冲绳串联,渡过台湾海峡到金门岛,和金门岛,包括厦门、东莞民众串联,通过这样的活动来打造不同的空间,这样的空间会形成一种对抗性、建设性的力量"(樱井大造、孙歌《冲绳的问题大于冲绳》, 32)。

实际上,自从2007年帐篷戏剧登陆北京之后,这种"人民外交"从来没有中断。不仅《乌鸦邦2》和《赛博格·堂吉诃德》的演出是在东京野战之月和台湾海笔子的联合制作中得以完成,而且在台北和东京的帐篷剧演出(《霉菌市场默示录》和《百B元神圣喜剧》),也已有越来越多的北京帐篷成员参与,他们既从事后台协力工作,也加入到舞台上的表演当中。不过,对于北京流火帐篷剧社的成员来说,仍显得十分迫切的,是在被错误的动词性撕裂的中国之内,寻求"向下走"的外部交往,寻求与东莞这样的地方(在这里,它只是中国充当世界工厂的一个缩影)的民众串联。当然,自我改造并不只是知识分子的任务,没有任何的主体性是与生俱来的;只有在恢复了动词性的行动中,只有站在如针尖麦芒的存在的瞬间,我们才有可能重新发明"人","重新发明中国"、亚洲和我们的世界。

参考文献:

1. 阿尔文·古尔德纳(Alvin W. Gouldner):《新阶级与知识分子的未来》,杜维真等译,人民文学出版社2001年版。

2. 汪晖:《去政治化的政治、霸权的多重构成与60年代的消逝》,《去政治化的政治,短20世纪与90年代的终结》,三联书店2008年版,第1—57页。

3. 林于并:《亡灵凝视的空间:樱井大造与台湾帐篷戏剧》,《日本战后小剧场运动当中的身体与空间》,台北艺术大学2009年版,第118—144页。

4. 帕萨·查特杰(Partha Chatterjee):《被治理者的政治:思索大部分世界的大众政治》,田立年译,广西师范大学出版社2007年版。

5. 周瓒:《开掘记忆和身体的可能性》,《北京帐篷小组通信——自主稽古特辑》,2010年。

6. 柄谷行人:《历史与反复》,王成译,中央编译出版社 2011 年版。

7. 班纳迪克·安德森(Benedict Anderson):《想象的共同体:民族主义的起源与散布》,吴叡人译,台北:时报文化出版有限公司 2010 年版。

8. 程凯:《新剧〈乌鸦邦 2〉解说》,《海笔子通信 5》,台北,2010 年。

9. 雷蒙德·威廉斯(Raymond Williams):《作为政治论坛的戏剧》,《现代主义的政治——反对新国教派》,阎嘉译,商务印书馆 2002 年版。

10. 樱井大造:《关于公共性的"痒"》,胡冬竹译,《海笔子通信 2——樱井大造与"场"》,台北,2007 年。

11. 樱井大造:《行旅·戏剧·生活——"帐篷剧"是什么》,韩冰译,《新知》2014 年第 2 期。

12. 樱井大造、孙歌:《冲绳的问题大于冲绳》,《海笔子通信 5》,台北,2010 年。

13. 樱井大造、戴锦华:《帐篷剧:流动中的呼唤》,《艺术评论》2007 年第 10 期。

14.Badiou, Alain. "The Cultural Revolution: The Last Revolution". *Positions* 13. 3 (2005): , pp.481-514.

15.Hall, Stuart. "Problem Of Ideology: Marxism Without Guarantees". Morley, David and Chen, Kuan-Hsing. *Stuart Hall: Critical Dialogues in Cultural Studies*. London: Routledge, 1996, pp.24-45.

16.Hardt, Michael and Negri, Antonio. *Multitude: War and Democracy in the Age of Empire*. New York: The Penguin Press, 2004.

17.Jameson, Fredric. "Periodizing the 60s". *The Ideologies of Theory*, London: Verso, 2008, pp.483-515.

18.Savran, David. "The Haunted House Of Modernity." Knowles, Ric and Tompkins, Joanne. *Modern Drama: Defining The Field*. University of Toronto Press, 2003, pp.117-127.

19.Williams, Raymond. "Social Environment And Theatrical Environment: The Case Of English Naturalism". *English Drama: Forms And Development*. London: Cambridge University, 1977.

民众请站起来之前与其后：小剧场运动与民众戏剧的交汇

李哲宇
台湾清华大学社会科学研究所

设址于云林麦寮的六轻，1998 年即以 398 支烟囱逼视着邻近的大城乡台西村。每当夏季南风吹起，石化废气就如恶灵般盘旋于村民与农作，悄悄地使台西村成为彰化县罹癌率最高的乡镇，也渐渐剥夺村民赖以为生的鳗苗与西瓜。在摄影工作者钟圣雄与许震唐《南风》的纪录下，2014 年钟乔以戏剧工作坊的方式，同村民发展了证言剧场，并于台中自然科学博物馆，呈现六轻来了之后村民的生与死。这使人想起，早在二十几年前兰屿就开始反对的核废料存放运动中，王墨林等人曾在 1988 年“兰屿的驱赶恶灵行动”发展的行动剧场。那时小剧场正亢奋于演出形式不断推陈出新的时刻，王墨林却已尝试以民众为演出主体，与社会运动相结合的戏剧行动。90 年代，当小剧场运动普遍消沉之际，论者争议着戏剧体制化为元凶与否的同时，钟乔也搭上亚洲民众戏剧网络，正开始摸索着戏剧发展的新形态。

80 年代是小剧场运动的年代，而后接轨于亚洲民众戏剧的发展，或许正使我们在戏剧本体的方法论证以及戏剧体制化与否的争辩之外，拓展了审思帝国、殖民与冷战遗绪下，环绕于戏剧的民众与民主课题。从这个角度而言，80 年代的小剧场运动就未曾在 90 年代急剧断裂，而是在新的视野下进行转化。从1988年的行动剧场到2014年的证言剧场,不就说明着某种接续与转化的历程吗?于下文中,我们将初步求索80年代小剧场运动如何接续与转化于90年代的民众戏剧。希冀对这些历史资产的召唤,能为今日艺文实践参照。

小剧场运动的生与死

打从1980年兰陵剧坊推出融合传统京剧与现代戏剧的《荷珠新配》,揭开80年代以降的小剧场运动序幕后,“集体即兴”、“贫穷剧场”、“环境剧场”与“政治剧场”等西方剧场理论与实践也相继由渡洋学者引介回台,80年代中期,相应着台湾社会力的高涨,小剧场运动也有了与政治齐飞的荣景。80年代是自力救济、政治运动与农运等各式社会力狂飙的年代,也是剧场、电影、视觉艺术等艺术领域剧烈转变的年代。不论是以个体的形式或集体的形式,不乏有艺术工作者的艺术实践是与社会运动紧密联系。1988年,剧场工作者王墨林、周逸昌、王俊杰与黎焕雄等人,因为看到报道摄影工作者关晓荣发表在《人间杂志》有关兰屿核废料的报道,因而促成台湾第一次的“行动剧场”演出——《驱逐兰屿的恶灵》。那时王墨林对行动剧场的理念,就贴切道出艺术实践可以如何与社会运动紧密联系的社会氛围:“社会就是我们的舞台,人民就是我们的演员,社会事件就是我们的蓝本。‘行动剧场’将与各种具民间性质的社会运动结合,配合社会运动而演出”(罗群,1990:339-340)。此刻,翻转观众为演出主体的民众戏剧俨然有着雏形,然而,就在迈入90年代后,“解严”后的政治松动,社会运动的普遍沉寂,与上个年头还活力四射的小剧场运动也落于疲态。观众还没来得及站起来,1991年王墨林(2010)就从政策补助的收编角度,宣告“小剧场已经死了”(pp.53-54),惋惜小剧场运动游走在体制外的激进动能,已因为各式体制化的建制而转趋保守。1991年7月起,台湾戏剧发展在“文建会”“社区剧团活动推展计划”资助中,进一步从台北的剧场圈扩展至台中(顽石剧团)、台南(华灯剧团)、高雄(南风剧团)与台东(台东剧团)等县市(马森，2002:117），这期间也不乏有受小剧场运动洗礼的工作者参与其中，邱坤良（1997）就认为90年代兴起的社区剧场算得上是小剧场运动的成果之一。在相关政策补助上，还有1992年通过的“文化艺术奖助条例”，该条例也常标志着台湾艺文体制化的起始点，特别是该条款论及的“设置文化艺术基金会”以及“百分之一公共艺术基金”，深刻影响了日后的艺文发展。“文化艺术基金会”迄今仍在艺文补助上扮演重要角色，而“百分之一公共艺术”条款，除了提供90年代公共艺术／参与式艺术在台湾发展的主要动能，日后更进一步联系上1994年以降的社区总体营造运动与公民美学的操作 。粗略盘点90年代初期推出的一系列文化政策，也难怪王墨林有着政策收编的疑虑。但相应于整个80年代小剧场工作者的耕耘，宣称“小剧场已死”不免耸动。钟明德（1996）就形容像是给小剧场工作者一记“清脆响亮的耳光”（p.196），提醒着我们在社运转型面临瓶颈下，剧场还能朝商业化、专业化与推广剧场教育等发展，使我们没有理由再耽溺于颠覆、叛乱与革命的浪漫情怀里。

也就是说，面对小剧场运动在90年代后的体制化转型，钟明德（1999）认为，80年代的“运动”或“革命”精神，在90年代应当更积极地转化为建设性的行动，当务之急是让演出更为专业化、制度化与本土化，使剧场“‘到民间去’，跟民众的生活在一起”（p.260）。马森（2002）同样也有运动任务已告完成的想法，特别是曾经的党外运动在“经过政党政治的落实，有许多敏感的话题，到了九〇年代，都可以经过反对党之口吐露出来，小剧场渐次失掉了先前的政治批判的着力点。……政治的事既然可以直接诉诸民意代表之口，何需戏剧、文学或艺术来旁敲侧击呢？”（p.105）相较于那些崛起于80年代小剧场，而在90年代渐渐取得商业成功的剧团，马森注意到“剩余的与新兴”的小剧场，则坐实了小众的发展形势，并趋向为反叛主流文化而反叛的演出形式以及关怀社会弱势却日益淡化政治色彩的样态。无论如何，透过学院训练体系的建立、经费补助的开展与相关文化政策的配套，小剧场运动从80年代戒严氛围下的探索与冲撞，已走到了90年代“解严”后的文化治理机制当中，它在90年代正朝向剧场制度化与组织化的发展。小剧场运动称不上死,反之,它可能更为健全。如此的转变,对彼时的剧场工作者或许还带有不适,但是“……如果我们撇开‘轰轰烈烈干他一场’的革命浪漫主义,……作为一种‘运动’的小剧场热的确已经退烧了,但是,‘小剧场’并没有死……”(钟明德,1996:197),“‘运动’的时代结束了:回到剧场默默耕耘……运动之后的抉择大约只有如此”(钟明德,1999:259)。

暂且不论“运动”与否的相左论点,戏剧在90年代因为学院与相关政策的完善,朝向专业化与制度化的发展,反映的毋宁是台湾整体社会于“解严”后踏入理性化的摸索过程 。小剧场运动的前卫性如同社会运动的各式政治主张,渐渐转化为治理机制的其一环节,成为治安秩序(police)的一部分。90年代的剧场现象,提醒我们以艺术制域(regime)的观点思考剧场的发展,留意特定的文化机制与制度(学院、国家剧场、“文建会”与文化政策等),如何交织着剧场专家知识的运转(各式戏剧理论),并使得特定的戏剧实践得以展现与被理解(京剧、话剧、前卫剧、社区剧场等等)。因此,审思剧场实践的焦点就不仅在于戏剧实践本身的形式、内容与方法论,它所铭刻的治理机制也应掌握,特别是当我们走过“政治戒严”,而回看80年代剧场圈于“体制外”激起的运动与革命等理想何以衰退时。

那么运动就这样结束了吗? 80年代我们寄托戏剧带给社会的变革力道,难道就只能在“解严”的时代让位给代议制度?就只能在相关政策下依附于学院与社区进行去政治化的实践?文艺是否就此失去了政治干预的力度?

说明小剧场运动在90年代的制度化与组织化发展,终究只是呈现小剧场运动如何与治安秩序的相互调节,而非指认治安秩序的过错,以进一步打破既有的治安秩序。在这个意义上,马森与钟明德陈述小剧场运动于90年代的转化,仅止于治安层次上的思考。因此,若我们过快接受运动结束的观点,只怕是过快顺服既有的治安秩序,可惜了80年代小剧场运动曾经开展的政治向度。我们倒不如,就把王墨林的小剧场已死与收编论,视作一种警告既有治安秩序对小剧场的吸纳,以削弱小剧场运动指认治安过错的能耐。这样看来,90 年代以降的戏剧实践如何接续与转化 80 年代所撑开的政治关怀就值得我们爬梳。

民众戏剧的亚洲连带

1988 年《驱逐兰屿的恶灵》行动剧场,开启了台湾参与式艺术的先例,它以反核废料运动为剧本,并由抗争者为演出主体。这等情节使人想起上个年代乡土文学运动“回归乡土、到民间去”的艺文实践呼吁,终于在“解严”后的社会有了更多实践的契机与空间。耐人寻味的是 90 年代以降一系列的文化政策,在搭起艺文实践与社区发展的联系,并让艺文的社会实践有了政策上的支援后,钟明德呼吁艺文工作者“到民间去”的理想,不免交织着以社区为治理单位的文化政策以及把民众视作社会变革主体之间的矛盾。“到民间去”跟民众生活与关怀社会弱势的艺文行动,貌似接续了 70 年代现实主义文艺精神的关怀,却不免也使人忧心是否是对既有治安秩序背书,成为政府治理蓝图的一部分。这就如钟乔(2006)在回顾台湾社区戏剧的发展中就很传神地指出:“现在,我们立即遭遇的困局是:由社区出发的‘渗透作用’几乎没有较为具颠覆性的穿透力。究其原因,国家在基于‘善意’前提下释放的社区资源,到底是让民众因而从社区互助中反思资本社会的掠夺呢?还是,‘善意’终将成为国家设计下精致的统御蓝图,作为‘看管’人民民主的一道影响防线?质问,迫在眼前。”(p.49)在 90 年代以降的戏剧体制化之后,什么是民众,民间又在哪里?

90 年代初期,钟乔与一些演员们成立了民众剧场,摸索以戏剧面向民众的方式进行实践。成员之一的赖淑雅(2012)回忆,当时民众剧团的成立意味着想要走出一条不同于“解严”后小剧场运动的路径,它想要直面的是底层的被压迫者。他说的被压迫者自然指的就是 Augusto Boal(2000〔1979〕)《被压迫者剧场》一书的主角。我们都知道 Boal 的民众戏剧实践经验,普遍影响了台湾日后民众戏剧/社区剧场的发展,而我们对于 Boal 戏剧理论的接收与民众戏剧的认识,则可溯及 90 年代初期,亚洲民众戏剧连带的历史。倘若小剧场运动的经验提供了我们思考戏剧、社会与国家之间的关系，亚洲民众戏剧的相互参照，则提供我们跳脱内在于单一民族国家的视野，进而踏入冷战格局下的帝国与殖民等课题。这段经验也有助于我们对于戏剧的政治想象，不再局限于“解严”后的政党政治与代议政治的范畴里。

莫昭如与林宝元编著的《民众剧场与草根民主》(1994)，与钟乔的《亚洲的呐喊：民众剧场》(1994) 算是两本最早针对亚洲各地民众剧场发展的报告。在这些民众戏剧先行者的实践中，他们也曾困惑于何谓民众剧场的民众？特别在亚际间的横向联结中，不同地方的人们因立足于不同历史与社会等条件下，对于民众自然有着不一样的感知。

1990 年 6 月在“亚洲民众文化协会”(Asia Council For People's Culture) 与“韩国民族艺术总会”(Korea Nationalistic Artists Federation) 联合举办的“民众文化工作者的训练者之训练”(Trainer's Training Workshop for People's Cultural Worker) 当中，透过报道我们看到了反独裁军政府的孟加拉戏剧工作者如何跑到农村与农民组织戏剧工坊；尼泊尔的戏剧工作者则以戏剧控诉印度资本家在该地进行伐木的破坏活动，并参与该国的民主运动；韩国的戏剧工作者则以现代的演出技巧，结合农民传统祭祀仪式与面具剧，发展了广场戏剧 (Madame Theatre) 的演出形式，以此来追求“民族的、民众的、民主的”文化行动，进入到学运、农运与工运的现场 (钟乔，1994；莫昭如，1994)。在不同的历史脉络下，表述何谓民众与民众戏剧不免就有着歧义。

1992 年 3 月在香港进行的“第一届亚洲民众戏剧节”的与会者即对何谓民众有着议论。尔后他们归纳出民众戏剧在思考民众 (people) 时的几种倾向：“For the people”：剧场知识分子对于弱势的关怀，而发展为弱势发声的文化行动；“With the people”：与弱势群众站在一起、生活在一起；“Of the people”：理解、探讨弱势群众所身处的情境，并提出解决方案；“By the people”：让弱势群众发出自己的声音，且以群体的力量解决问题 (林宝元，1994：8–9)。乍看之下，这里的民众原型，似乎还烙有西方民主制度的痕迹，还说着我们已越来越不相信的民有 (Of the people)、民治 (By the people)、民享(For the people)等美式民主政治宣称。但就如上述的报道所见,亚际间的民众戏剧连带,已揭示了一种迥异于美式民主政治下的民众样貌。

除了在政治、经济、族群与性别等面向上的弱势者,可以是民众戏剧的参与民众之外。我们也看到,亚洲各地民众戏剧所面对的民众仍有不少是处在军事独裁、威权政体与父权压迫的社会底下,他们贫穷、困苦被排斥于社会边缘,是整个中产阶级市民社会的化外之民。而与台湾在同一年有了政治“解严”的南韩民众戏剧,则在争取民主化的道路上,时刻反省 50 年代以降的冷战体制,如何造成了南北的分断局面以及美国由此祭出的新殖民主义,维持它在后冷战时代仍能透过政治、经济与文化层面,继续对亚洲民众进行干预。对照亚洲各地民众戏剧的实践,新/后殖民社会底下的民众自然不能完全类比于西方民主下的民众,民主也不尽然能发生于市民社会的领域,它倒可能发生于 Partha Chatterjee(2010)指陈的政治社会当中——那些生存权利既被国家也被市民社会排除在外的受压迫者,透过各种抗争形式所形构而成的社会。

台湾的处境不也相似于这些地方?在历经日本殖民、国民党威权与 1950 年朝鲜战争爆发后,由美苏划开的冷战架构中,确立了“亲美反共”的意识形态。而后于美国新殖民主义的干预中,接纳新自由主义思维,也正不断扩大着社会上的不平等与反民主。90 年代引发的亚洲民众戏剧的连带,再次提醒我们在戏剧实践上,有必要重新梳理因为冷战而遗留下来的诸多课题。就如 70 年代乡土文学运动对于 60 年代铺天盖地的西方现代主义文艺反省,不就率先意识到冷战架构下台湾亲美的文艺意识形态?那么面对 80 年代残酷剧场、贫穷剧场、环境剧场等“两度西潮”所带动的小剧场运动(马森,2006),我们也应能警觉西潮背后的冷战、殖民与帝国主义课题。

冷战期间,美国为了取得自由与民主的诠释权以“对抗”社会主义阵营,抽象绘画、现代主义在全世界的发展,已成为众所周知的文化冷战武器。它透过各式基金会的奖励补助,收拢着各地知识分子赴美取经,以使这些知识分子在回国后无意识地把持这些文化冷战武器。80 年代的小剧场运动,或转化为90年代以降蓬勃的社区剧场、参与式艺术等,强调参与、对话与民主的艺术介入社会的过程,很难不使人联想到美国国艺会早年推广的公共艺术以及在80年代强调公共艺术必须以社区为基础并促进民众参与(Lacy,2004:32),究竟在多大的程度上制约着我们的艺术想象与实践以及扭曲着我们对于民众与民主的认识,乃至于丧失了指认治安过错的能力。

汇流亚洲的剧场运动

无论小剧场运动是否死于90年代,或已转化为体制的一部分而存活,1990年起,台湾戏剧工作者面向亚洲的民众戏剧交流确有其时代意义。韩国、中国、菲律宾等民众戏剧工作者的跨境交流与学习,在相互参照彼此类同的社会历史中,已提示一条不同于闭锁在单一民族国家之内的戏剧流变考察以及固守在单一民族国家之内的戏剧运动视野。取而代之的是亚洲国度共同在冷战架构下,于戏剧实践上不得不回避的帝国与殖民、政治社会与市民社会、压迫者与被压迫者等一系列超越民族国家疆界的课题。"在师法西方的大潮流下,中国戏剧势必非走向西方现代剧场的方向不可。"(马森,2006:231)这就不会是不得不的选择。亚洲戏剧连带的资源,不也可以是台湾戏剧有效的样板和激素吗!

如此,民众戏剧的实践,就不仅仅是台湾小剧场运动在90年代后的一种戏剧类型变体,或者只是附庸于文化政策的有效剧种。具体地说,面对体制化的小剧场,我们无需消极地视之为政府对于戏剧的收编与(透过社区剧场)收拢地方社会的治理行径;而是可以积极地视它替亚洲民众戏剧连带所打开的思想资源,提供了进入台湾地方与社区的物质基础。在这样的感知下,进入社区的戏剧实作,就不会只是简单地追求沟通、对话、交流等粉饰太平的民众参与。而是戏剧如何使受压迫者撑开其政治社会的样貌,以指认治安的过错及其运转逻辑所承载的帝国的、冷战的与殖民的遗绪。

80年代小剧场运动与90年代东亚民众戏剧连带所遗留的课题,仍旧对于今日的民众戏剧、社区剧场或参与式艺术有着启发,何不就让这些先行者的传统,继续向梦魇一样纠缠着我们的艺文实践。

参考文献:

1. 王墨林:《都市剧场与身体》,台北:稻乡 1990 年版。

2. 王墨林:《身体作为一种媒体作用——台湾小剧场运动的“行为论”》,《艺术观点》2010 年第 44 期。

3. 田启元:《给剧场同志的一封公开信》,《表演艺术杂志》1996 年第 40 期。

4. 林宝元:《序言》,莫昭如、林宝元编著《民众剧场与草根民主》,台北:唐山 1994 年版,第 7—10 页。

5. 邱坤良:《台湾剧场与文化变迁:历史记忆与民众观点》,台北:台原 1997 年版。

6. 马森:《台湾戏剧——现代到后现代》,佛光人文社会学院 2002 年版。

7. 马森:《中国现代戏剧的两度西潮》,台北:联合文学 2006 年版。

8. 莫昭如:《一壶浊酒喜相逢:日、韩剧场旅记(三)》,莫昭如、林宝元编著《民众剧场与草根民主》,台北:唐山 1994 年版,第 77—81 页。

9. 莫昭如、林宝元编著:《民众剧场与草根民主》,台北:唐山 1994 年版。

10. 赖淑雅:《台湾社区剧场发展概况》,赖淑雅主编《区区一出戏:社区剧场理念与实务手册》,台北:“文建会”2006 年版。

11. 赖淑雅、陈光兴、蒋耀贤、钟永丰等:《“以文艺进行社会实践——路径、作用与限制”座谈会》,《艺术观点》第 51 期之别册《现实的后像:重探台湾七〇年代》,台南艺术大学 2012 年版,第 22—41 页。

12. 钟明德:《继续前卫:寻找整体艺术和台北的当代文化》,台北:书林 1996 年版。

13. 钟明德:《台湾小剧场运动史:寻找另类美学与政治》,台北:扬智文化 1999 年版。

14. 钟乔:《亚洲的吶喊:民众剧场》,台北:书林 1994 年版。

15. 钟乔:《剧场社区与改造社会的想像》,赖淑雅编《区区一出戏:社区剧场理念与实务手册》,台北:“文建会”2006 年版,第 46—57 页。

16. 罗群:《行动剧场的处女秀》,王墨林《都市剧场与身体》,台北:稻乡 1990 年版。

17.Boal , Augusto:《被压迫者剧场》,赖淑雅译,台北 : 扬智文化 2000 年版 。

18.Chatterjee , Partha (2010) *Beyond the Nation Or Within EMPIRE AND NATION* . New York : Columbia University Press, pp. 164–177 .

19.Lacy , Suzanne:《量绘形貌:新类型公共艺术》,吴玛悧等译,台北:远流 2004 年版。

20.Ranciere , Jacques (2010) *Dissensus : On Politics and Aesthetics* . London ; New York : Continuum .

文化行动的入径：从“回到里山”到“返乡的进击”

锺　乔
台湾“差事剧团”编剧、导演

一

在剧场里，以ACTION来延伸“表演”之外的“行动”，有其特殊且深刻的意涵。主要在于，表演对应于空间，到底是服务或某种文化性的占领，生产的内涵将完全不同。一般说来，当其内涵为服务时，我们见到的恰恰是当下习于惯性的表演活动；如果是占领时，这项表演与其称作活动，更确切地说：应是一种行动的主张。

便是从这样的主张开始，“差事剧团”回到民众戏剧的出发点上，再次以“文化行动”来诉说身体的民众美学性格。从2015—2016年，分别展现在连结美浓并远赴日本《大地艺术祭》的“回到里山”；与时间点上，相随其后的“返乡的进击”上。无须回避的，“回到里山”比较是一种召唤。一方面是复甦 生态、生产与生活的“里山精神”；再者，则是将美浓反水库运动的记忆，重新以环境剧场来连结“site specific”“ 实时即景”的地景。坦言之，当美浓里山户外剧场团队，透过林纯用精心制作的版画推出这项演出的文案时，首先浮现的是社区剧场的字眼。然则，这样的字眼被我给推翻了。原因仅仅在于,多年的社区戏剧经验,让我当下感受到“回到里山”并非以共同的剧场课程为足(当然,这是社区戏剧连结的重点),而是进一步达成以身体诉说一种行动的主张。当然,这样的召唤,免不了是从80年代“社运”到90年代“社造”经验的转换相关,个人多年的民众剧场投入,似乎以一种“返身的召唤”让我提出身体行动的语境。而这又与多年思索社会反抗如何“变身”成为文化抵抗的命题,发生着多少连带呢?也是我常思索的问题。

“变身”。是的,恰恰是现实的“变身”,让我们免于急着去回应剧场如何改造现实,而去提供另类的思索,以连结剧场与现实如何因著文化行动的介入,产生朝向一种进步社会能量的变化。就是这样的思维,进一步推动着我回返到2014年在台西村展开的“证言剧场”的现场。在这个备受“空污”之害而沦陷于“癌症村”边缘的小村庄,剧场永远没有证言要紧;但,吃紧的是,我和来参与“证言剧场”工作坊的八位农民,共同的约定却是剧场的表现。这催促我们得一起去完成一件和“牺牲”相关的差事。谁是牺牲者?又为何成为“牺牲体系”下的一环?或许,因为逼问迫在眉睫,我们找到以自身被牺牲的历程为故事的蓝图,共同写作村民的生活史,围绕在隔着母亲之河浊水溪五公里外的398支烟囱,所造成土地、作物、生命危害的“空污”问题上。

“证言剧场”是“返乡的进击”的源头,这是毋庸置疑的事实……而后,才有“差事剧团”制作的“女娲变身”一剧的问世。当然,这样的文化行动,在性质上,相当有别于“回到里山”的召唤。应该说,它已经不是一种召唤,而是临界于残酷的现场。在这样的现场,有生者的焦虑,更有亡者的幽灵,统统在我们的身边回绕。若说是“召唤”,倒不如说是“进击”更为贴近。

就这样,两种几乎前后发生的身体行动,有了形类质异的内涵,却也都朝向一种身体性的反思。这是1990年从亚洲第三世界引进民众戏剧以来,个人从来无意为文化行动做任何定义性的概称。因为戏剧既与民众产生进步性的对话关系,便无法脱离如何在剧场工作者与民众本身,通过时间上的疏离与融合,探索彼此之间的对等视线(非平等的理所当然假象)。因此,既称之为身体行动,无法不去面对的,仍然是剧场人如何让民众撑起自身身体的一片天;而后,才有剧场人不以他者为教化对象的身体行动。这是称作文化行动,得以从“回到里山”延伸至“返乡的进击”的重要原因。

二

“这世界的确需要专业的演员或艺术家去完成艺术的想象;但,如何将舞台或艺术创作交还给一般庶民,却一直不是艺术家或专业演员,愿意去想象的事情……这也是菁英民主对这不平等世界的一种占有方式吧!”我曾在写给参与“女娲变身”的庶民演员曹月红的一篇短文中,这样子说了内心的话。其实,也是我多年从事民众戏剧,最核心的思维。

我与月红相识在台北市敦化北路的“台塑大楼”门口。2015年春,有一天的黄昏,选在下班人潮蜂拥时刻,我们突击式地将一场小型的《南风摄影展》移动到“台塑大楼”门口展示。月红来了,她说她是离乡的台西村女儿,我们邀他上台说说话。她其实是毫不畏惧的,只说自己不善言辞,怕在公众面前讲演。行动主持人小段于是建议,由我现场采访她。我拿起麦克风邀月红上台,她一句句说出自己15岁时国中毕业,未再就学,离家到台北五分埔当车衣女工……对家乡的种种牵挂……

那次街头行动,主要希望将PM 2.5的“空污”问题,以摄影展的文化行动,让生活在北市的上班族,有机会了解这是普遍存在岛上的自生性污染,带来的身体伤害与冲击将是体内重金属污染后,导致的各样癌症的病发……当然,很重要的,污染的受害恰也是牺牲体系的一种具体而微的表现。例如,第一线的受害者,通常因为享有经济发展成果的首善之都而牺牲了自身的生存权。

这在日本福岛核灾后是如此的状态,也可以看在福岛的PM 2.5“空污”问题上。而月红的故乡——台西村就是在这样牺牲体系的直接受害区域——一个很小很小却愈来愈受到关注的村庄。

后来月红参加“差事剧团”以台西村做背景的年度演出《女娲变身》。她只是站在舞台上,倒了一桶从她家乡带来的浊水溪的黑土,并说出一句证言,引发观众深切的回响,写在剧评人深有所感的评论中……月红这样说:“15岁离开家乡到五分埔车衣厂做女工,但我一直站在家乡的土地上,我担心这样的空气给孩子带来的威胁。”简洁而有生命力,因为声音的真诚。这以后,月红参加了“差事剧团”“众志计划”的贺岁短剧演出。伊说:“我紧张……就会忘词……”果然,伊连忘词时,都还蛮自在的……演完后,她被邀上台做了一件很有意思的事情。便是将她这些年来,在人家家里帮佣做家政工的家庭艺术作品,当场和观众们分享。于是,她在一颗带来的高丽菜上,一层层一片片小心地拨开,再放上几粒红番茄,便完成一件家政工人的艺术作品……一种生活的美感,自在地发生了……

“返乡的进击”的文化行动便是由这样的证言作为基础,才找寻到进一步民众美学的表现。

三

那么,就让我们以此作为基点,来谈谈“返乡的进击”吧!

> 这难道不是在上演现代的代罪羔羊《scapegoat》戏码吗?被灾难袭击的社会,为了从自身的罪恶中脱逃,而将全部责任推卸给没有力量的羔羊,把它当作牺牲。就这样,社会将羔羊视为解救自身的存在而崇敬奉仰着。

高桥哲哉,日本东京帝大哲学教授,福岛县人。在他著名的著作《牺牲的体系》中,有一句名言就写在书的封页上:**“凭什么要别人为自己(可有可无)的利益而牺牲”**。

剧场与田野纪录的关系,应该可以从这句话展开。2015岁末风寒中,在宝藏岩山城户外剧场,演员李薇扮演的一个角色称作“浊”……手里握着一个羊头面具,她专注而凝神地走在沙地上,准备着代罪羔羊的仪式。**“你们说的牺牲,就是我们……”**她这样说着。而后,开始了一场舞蹈。正当她以倾斜的坐身闭目微微颤抖着身体之际,透着寒风的舞台上方垂降下一纸防毒面具。这是一出称做《女娲变身》的戏码,诉说的是备受“空污”霾害后,饱经重金属荼毒而身罹癌症的村民,从内心底层发出的呐喊!就这样,戏继续

着。但,冲撞在我脑际的,却是高桥哲哉那句:

> 社会将羔羊视为解救自身的存在而崇敬奉仰着。

这是很有意思的一句话,引人深思。社会如何以找到代罪羔羊而来逃避自身的罪责,又将之供奉着以解救自身的存在?当我们这样发问时,不也同时在追问自己:**“这又凭什么呢?”**而这样的提问,既受用于事件的加害对象,也受用于对这样的加害,怀抱仁者之心或批判意识的人。这是剧场与底层受害现场,发生初步关系时,我经常对自己的发问。一开始,会去想:作为知识分子的自己,能够透过书写、摄影、影像……或剧场为受害者发什么言;渐渐地,便也发现这是工具性的道德癖好在作祟。当然,这是一定要存在的感知,因为,仅有透过这样的感知,我们进一步卸下了和受害者之间并不对等的视线关系。从而,找到走进牺牲体系所编织起来的、繁复且细密的权力关系网络中。

展开这样的自我辩证,对于建构自身与被牺牲者的连带,有着非常重要的关联,催促人从现场发现的田野走向剧场创作的田野。并经常以一面镜子的隐喻,来面对暴露在客观现实下的自己。这让我回想起, 30 年前在“人间杂志”工作时,常常披着满身的惑问与兴奋,从田野报道的现场回返杂志社。通常,轻轻响在耳边的,总是陈映真边看似很稀松平常,却引人深深思索的一句话:**“不是我们多会写……而是现场的民众教育了我们。”**

现在想来,这样的一句话,其实在表达的是:从日据时期到 1978 年乡土文学论战以降,环绕在进步知识人身上的左翼现实主义文艺观。亦即,一种回到民间后,如何与民众站在对等视线上的反思。这里面,与其说是带有知识人对底层民众的启蒙意图,倒不如说是费尽气力将启蒙意识给自我推翻。当时,经常浮现在自己内心深处的话语,通常总免不了是这样的两面:其一,透过报道的文字,如何能既通透且丰饶地爬梳现场民众的情感与思维。其二,就算努力地这样生产了报道文字,又如何能让民众从困境中脱身?

两者都不易,但恰恰因为不易,便也形成内心的逼问。这逼问,让身为文字工作者的知识人,先去面对写什么、如何写的文艺美学问题;而后,便是随之而来的文艺如何干预现实的问题。很重要的,这样的逼问,如果成为道德的提问,将会很容易落入:工具性看待报道写作的圈套中。从而失去继续书写的能量,改而以街头行动取代写作。

但,辩证的思索,给予我的功课,却在于:如何返身思索美学与民众之间的对话,便建筑在底层受害的现场上。昔时的文字书写如是;当下的剧场亦如是……。

四

在《女娲变身》一剧中,于是有诗作一首如下:

> 睁开眼,看见一起蹲着的身体
> 在风头水尾,准备站起身来
> 雾霾,降落在家乡每一寸土地上
> 来吧!来听听我们的心跳声
> 错乱的节拍,是根在田土里爆裂的声音
> 是鳗鱼的灵魂,在剧烈的挣扎
> 是断了气的西瓜,在寻找呼吸的方向
>
> 来吧!来听听我们的心跳声
> 是一具肉体在底层放胆的歌声
> 凝聚着、孕育着多少希望
> 在黑色的污泥里
>
> 红色警戒、红色警戒……拉紧我们相连的臂膀
> 不在他乡,就在我们断了气的家乡
> 我们呼吸!我们呼吸!呼吸就是一种反抗
>
> 起身时,双脚踩进黑色的污泥里
> 黑色,是母亲之河的颜色

黑色,是日晒留下的颜色
污泥,是劳动生存的疤痕
污泥,是抵抗污染的印记

这样的诗作,主要是为一个被人遗忘的小小村庄而作;在这里,刻着深深的烙痕,是牺牲的印记。其背后,恰恰潜藏着 PM 2.5 巨大的阴影。“空污” PM 2.5,非但在西海岸引发社会大众的高度关切,甚且将议题延烧到全台各地。可以说,台湾“空污”已成岛内工业污染的普遍性问题,引发民众的抗争。

“差事剧团”自 2014 年进台西村,与村民展开《证言剧场》以来,以民众戏剧出发,所进行的回到民众生活当中的戏剧活动,始终带有身体的社会行动性质。亦即,不仅仅在剧场之美的需求下,从底层受害民众拦截戏剧题材或语境;而是经常性地思考:如何将剧场的表现,转化为与底层民众共同的文化行动。

于是,创作了 2015 年年底在台北宝藏岩演出的《女娲变身》。相当关键性的一件事情是:剧场作为一种文化行动,一方面须与现实的抗争同声进击;另一方面却更要保有文化作为表现的主体性。因此,有了《台西村的故事》作为《返乡的进击》。这样的进击,是剧场人与民众相遇时,一种进步的选择。当然,这样的相遇,将永远存在着相互之间的对等关系,如何继续辩证下去的艰困。

也就是带着这样的艰困,我们发现:以文化方式传达环境问题,最为关键之处,仍在于如何将表现回归到受害民众的生活领域中。并且具备超越一般消费生活肌肤体验之外的阶级认识。如此,或许遁形的将是普世价值当中,对于美好环境的现代化想象,而重新聚集一种对底层的凝视,并发现问题所指,恰得以称之为身体行动。

透过这样以牺牲体系为参照的身体行动,剧场人与台西民众共同建构了**“返乡的进击”**。这样的行动,称之为“返乡”,自然有将文化的进击连结至底层的意图,并且回到受害者的现场。其实,正视的恰是一种文化知识人与民众,如何经由对等的视线,找到彼此得以对话的过程。很重要的观点在于:与其说，是社会运动的一种模式，不如更确切地说，是一种文化行动的到位。

因此，我们邀约的对象，除了有受害当事人本身的“台西村民——证言剧场”及“许震唐摄影展”之外，曾以“空污”为主题成功地开展傀儡游街剧的“大开剧团”，在经过与国际知名的“面包傀儡剧团”的合作后，继 2015 在埔里推出“大家船——‘空污’撤散游街剧”后，并参与 1226 台北街头的“反空污”大游行，是备受文化及社运界瞩目的文化行动。这同时，林生祥也受邀来现场，演唱他最新创作的“反空污”歌曲，无疑皆是身体文化表现的“返乡的进击”。

在这里，出现了一个不可忽略的字眼。称作“占领”。空间自来是剧场行动的关键领域；然则，不仅仅是地理的考量或思维，而是一种文化或社会进步性的主张。当这样的前提出现时，我们会发现：从村民“证言剧场”里释放了多层面“被占领”的痛楚。反应在诸如：西瓜肖丛（开花不结果）、鳗苗减产、作物及养殖被污染以及当然最为焦虑的血液重金属污染上。这些相关于土地、河流、水资源、农作与人的问题，表面上看，是环境与人受到长久的伤害，来源是石化工业的庞大利润；深层地看，却是一种家乡“被占领”后的长久噤默忍耐。当然，这便意味着，制造污染的 398 支烟囱，无须进占村庄任何一片土地，而村民的呼吸已经形成“被占领”的绝对状态。

那么，将“被占领”的重新“占领”回来，便显得有相当重要的意涵。至少，就身体行动而言，剧场在许厝巷 19 号这片古宅中，重申了这样的命题。许厝巷 19 号，在台西村里，是参与“证言剧场”演出的农民——许想的老家三合院，因长久荒废已迹近废墟。2016 年 2 月 27 及 2 月 28 两日，“返乡的进击”恰以这废墟为基地，将村民“被占领”的土地、河海、人与往生的灵魂重新“占领”回来……

现代性的边界

恶的“升华”：审美现代性①中的主体精神②

刘文瑾
华东师范大学中文系

在法文中，恶与痛是同一个词“le Mal”，我们由此自然想到“恶是痛苦”，“人做恶就会给他人和自己带来痛苦（精神或肉体的）”。在西方文化传统

① 在西方，“现代性”一般被认为是肇始于中世纪晚期以来的社会变革，至今仍在其过程之中。“现代性”意识的产生既与马克思·韦伯在《新教伦理与资本主义》一书中指出的基督教的世俗化以及理性对世界的祛魅化有关，亦同黑格尔在哲学中完成的精神“自我确证”的要求有关（参见［德］哈贝马斯：《现代性的哲学话语》，曹卫东等译，译林出版社 2004 年版，第 19 页）。与作为时代概念的“现代”相比，“现代性”是一个更难具体界定、语焉不详的词汇，它不属于可以在编年史中明确划分的时期，然而，在讨论人文社会学之时，我们又很难离开它，因为它确实指向了某个特定内涵，即：由历史意识的变化而带来的美学和价值判断方面的危机或革新意识。学者们常常强调，现代性的含义是“一种发展的过程”（［法］伊夫·瓦岱：《文学与现代性》，田庆生译，北京大学出版社 2001 年版，第 2 页），是“运动加上不确定性”，（Georges Balandier：“人类学的现代性研究”，收于伊夫·瓦岱：《文学与现代性》，前揭，第 118 页），是一个“大漩涡”般的世界，在这里，“一切坚固的东西都烟消云散了”（［美］马歇尔·伯曼：《一切坚固的东西都烟消云散了——现代性体验》，徐大建、张辑译，商务印书馆 2003 年版，第 15 页）。“审美现代性”不是现代性问题较为次要的美学方面，而是现代性问题的核心，因为现代性问题的发生基于以人的理性和感性（例如身体）来取代传统宗教价值的地位，而审美经验正是人这种“自我确证”之需要的集中体现。事实上，正如许多学者指出的，审美的现代性经验和历史的现代性经验常常融合在一起。例如，作为现代性审美批判的“第一部纲领性文献”，席勒的《审美教育书简》便意图以艺术代替宗教，建立审美的乌托邦，来完成一种全面的社会—革命作用。（哈贝马斯：《现代性的哲学话语》，前揭，第 52 页）。又例如，首次用法文对现代性做出概念性定义的人是波德莱尔，他是从审美角度，把现代性界定为“一种发展变化的价值”（伊夫·瓦岱：《文学与现代性》，前揭，第 23 页），一个“确立自我的问题”（哈贝马斯：《现代性的哲学话语》，前揭，第 9—10 页）。

② 本文为国家社科基金青年项目“道德崩溃与现代性危机”（批准号：12CZX050）阶段性成果。

中,痛苦源于人僭越了神圣事物规定给人的尺度,这就是希腊悲剧所体现的人在苦难命运之束缚中重新认识自己[①]以及基督教所说的"罪的工价乃是死"[②]。恶与痛的关系长期以来是西方文艺的主题,因为文艺的重要功能是探索人性的奥秘和生活的可能性,然而自现代主义以来,随着神圣之维的淡出,恶的传统内涵发生了微妙改变:恶从一个贬义词逐渐"升华"为中性,甚至具有了褒义;恶意味着自由和真实,或者说,直面真实的清醒;恶作为灵感的源泉,在"恶之花"中有了令人艳羡的魔力。

一、审美与恶的新型关系

同过去相比,19世纪以来的西方现代文学,恶的最大特征是经验的内在化。传统善恶观及其差别在主体化视角下被逐渐消解,主体以此完成了自我确立的艺术,但也将神性世界化约为了一个自然欲望的世界。主体获取了冷静观察的绝对自由以及定义什么是真实的权力,但也时常深陷灰暗绝望当中。

以普鲁斯特为例,作为波德莱尔最好的读者和继承人,他试图在孤独的写作中建立起个人的教堂,这种追求构成了其长篇巨著的精神框架。敏感的普鲁斯特在道德感的挣扎当中越来越体会到:"'善良与高尚的情操并非书中高于一切的东西',文学的尺度与生活的尺度不尽相同。"[③]为什么?因为文学的本质在现代发生了转变,文学的意义已经不再是对传统价值的担当,而是对主体性原则的支持。在这种转向之下,伟大作品的风格可能是清醒、残酷、但却懂得创新的审美主义。

由此,痛苦失去了以往的道德内涵,而仅只意味着生存的偶然性,以及这偶然性所引发的荒诞感。非伦理的荒诞代替道德觉醒,成为了现代悲剧的主旋律。不但如此,恶和残酷以自主性和本真性为由,成为了审美现代性的动

---

① Marie-Claude Chalier, "Le poids du passé", Coll. *Le destin :Défi et consentement*, Dirigée par Catherine Chalier, Paris: édition Autrement, 1997, pp. 38-39.

② 《圣经·罗马书》6:23,本书参照《圣经》为中国基督教协会印行的新标点和合本,南京,2007年。

③ 涂卫群:《从普鲁斯特出发》,中国社会科学出版社2000年版,第107页。

力。乔治·巴塔耶(George Bataille)宣称:“文学所表达的恶——一种恶的尖锐形式——对于我们,在我看来有至高的价值。”①他的话勇敢道出了不少20世纪前卫艺术的心声。他还进一步指出,这并非文学的不道德,恰恰相反,这就是文学的“超级道德”②,因为文学首要的道德是忠实于交流,而深度交流需要奠基于精确的恶的知识。③

同样,残酷戏剧的创始人安东尼·阿尔托(Antonin Artaud)认为,戏剧的使命不是要给人制造美好生活的幻觉,而是要让人们清醒直面生活的危险和狰狞:“我们不能继续糟蹋戏剧了,它的价值在于与现实、与危险保持神奇而残酷的联系。”④阿尔托表达了20世纪流传甚广的观念,即艺术首先意味着这种面对现实的态度:“严格、专注、铁面无私的决心,绝对的、不可改变的意志。”⑤是这种态度,而非血腥,构成了残酷在艺术中的精神:残酷首先是一种清醒——“对必然性的顺从。没有意识,没有专注的意识就没有残酷”⑥。通过阿尔托激烈却不甚清晰的表述,我们看到,残酷不再像过去那样作为贬义的恶的同义词,而是作为必然性,以及对必然性的着迷而出现;同样,痛苦不再是需要避免的,而是被视为积极的因素来接受,并被转化为创作的激情。

20世纪,包括普鲁斯特、纪德、乔伊斯、纳博科夫、贝克特、热内特等重要作家在内的文学创作,都以冷静描述生活中的消极现象和灰暗感受为己任。谈及心仪的诗人波德莱尔时,普鲁斯特承认说:“冷酷,在他诗中的确存在。那是一种拥有无限感受力的冷酷。在他的刚硬中,更令人惊讶的是他嘲弄痛苦,以无动于衷的态度表现痛苦,而人们能觉察到他连神经末梢都感到痛苦。”⑦但他随即指出,波德莱尔的创造力正来自于这种冷酷:“他给予这些我相信让他从内心深处感到痛苦的景象一幅图画,这幅图画如此鲜明强烈,对

① Georges Bataille, *La Littérature et le mal*, Paris : Gallimard,(1957), rééd. Folio Essais, 1990, p.9.

② 同上。

③ 同上书,第9—10页。

④ [法]阿尔托:《残酷戏剧》,桂裕芳译,中国戏剧出版社2006年版,第78页。

⑤ 同上书,第92页。

⑥ 同上。

⑦ Marcel Proust, *Contre Saint-Beuve*, www.publie.net, ISBN 978-2-8145-0062-4,édition numérique proposée par publie.net, dernière mise à jour le 25 novembre 2010, p.185.

他感受的表达却又如此不落痕迹，以至于只有那些纯粹的冷嘲家和热爱色彩的人，那些的确心如铁石的人，才会对它欢呼雀跃。”① 对此，他的辩护是：“让自己的感觉从属于真理和表达，这也许根本上是天才、艺术的力量高于个人悲悯之心的标志。”②

诗人必须让自己的个人感受服从于艺术的要求，此外别无其他，这正是波德莱尔的座右铭。他在谈论挚爱的作家爱伦·坡时，批评一种“可怕”的、“有关教诲的邪说”。③ “许多人认为诗的目的是某种教诲，或是应当增强道德心，或是应当改良风俗，或是应当证明某种有用的东西……这样的奇谈怪论……每天都在摧毁着真正的诗。”④ 真正的诗是独立于外在一切目的、“只以自身为目的”的。⑤ “如果诗人追求一种道德目的，他就减弱了诗的力量；说他的作品拙劣，亦不冒昧。”⑥ 当然，波德莱尔认为自己并非否认道德或无视道德的重要，只是强调：对一个诗人而言，趣味必然高于道德。⑦ 然而，毋庸置疑的是，在他的排序里，诗高于生活，诗人高于普通人，美高于一切：“正是这种对于美的令人赞叹的、永生不死的本能使我们把人间及其众生相看作是上天的一览，看作是上天的应和”⑧；“诗的本质不过是，也仅仅是人类对一种最高的美的向往”⑨。

以艺术和审美自身为目的的生活为何必然与道德冲突？虽然艺术家和诗人并不认为自己是道德的天敌，但冲突似乎总是无法避免。总有种非此即彼的紧张，存在于二者之间。“为艺术而艺术”所要挑战的最顽固的对手，最后总是道德。而现代人的诗意和美感，似乎总伴随着离经叛道的痛感和快

---

① Marcel Proust, *Contre Saint-Beuve*, www.publie.net, ISBN 978-2-8145-0062-4,édition numérique proposée par publie.net, dernière mise à jour le 25 novembre 2010, p.187.

② 同上书，第 188 页。

③ [法] 波德莱尔：《波德莱尔美学论文选》，郭宏安译，人民文学出版社 1987 年版，第 204—205 页。

④ 同上书，第 205 页。

⑤ 同上。

⑥ 同上。

⑦ 同上书，第 205—206 页。

⑧ 同上书，第 206 页。

⑨ 同上。

感——这恰是“恶之花”的光芒所在,也是“背德者”的魅力之源。

纪德诸多作品的主题,就是现代人在道德与审美之间的深刻冲突。这位深受王尔德影响、在“为艺术而艺术”的养料中成长起来的大作家以《背德者》(*L'immoraliste*)这部小说蜚声文坛。小说描写主人公在道德与欲望之间的挣扎。最终,具有强大生命力的欲望使他冲破家庭与宗教桎梏,不顾一切地追求享乐,同时也陷入虚无的困惑之中。这部自传性作品隐晦地诱惑人们:只有破除社会枷锁和道德陈规,听凭本能或“天赋”去爱和行动,才能享受生命。与此同时,它也间接地宣扬:只有面对情欲本能,人才能真正认识自我和真理。这种主张像尼采超人哲学的通俗文艺版,充满反抗的诱惑,缺少被拯救的喜悦。1947年,他荣获诺贝尔文学奖,颁奖词称赞他的作品“以对真理的大无畏的热爱和敏锐的心理洞察力表现了人类的问题和处境”。

我们不禁要问,趣味和道德的冲突,如果无法避免,那么,这种冲突背后的差异,究竟是什么?曾有学者分析:“艺术与道德经常冲突由来已久……这两个领域似乎把生活的任务和价值摆在对立的位置:道德要求从属于普遍适用的法则,艺术热望个性极其自由地发展;道德以责任的严肃声音说话,艺术造就人们一切能力的自由发挥。”① 这一分析点出:道德和艺术在现代生活中的差异是由于现代生活分裂为了内在与外在、自我与世界、个性与习俗、自由和责任之间的深刻对立。正是由于这种分裂,艺术在自我表达以及表达自我的独特、完整性上,才获得了前所未有的意义。现代人认为,人灵魂深处的渴望、超越世俗而获得不朽的盼望,唯有通过艺术才能实现。因此,波德莱尔说:“只要人们愿意深入到自己的内心中去,询问自己的灵魂,再现那些激起热情的回忆,他们就会知道,诗除了自身外并无其他目的,它不可能有其他目的”②;“正是由于诗,同时也通过诗……灵魂窥见了坟墓后面的光辉”③。

恶的文学和残酷戏剧类似尼采歌颂的“超人”生命艺术,目的是要征服

① [德]R. Eucken(倭铿):《道德与艺术——生活的道德观与审美观》,何光均译、张法校,收于刘小枫主编《现代性中的审美精神——经典美学文选》,学林出版社1997年版,第334页。

② [法]波德莱尔:《波德莱尔美学论文选》,郭宏安译,人民文学出版社1987年版,第205页。

③ 同上书,第206页。

上帝之死给人遗留下的空白。审美与道德的矛盾，源于人在试图确证自我之绝对时，同“外在于自我”的社会规范之间发生的冲突。

二、审美现代性与主体的确立

审美与恶的新型关系之建立乃是由于，审美的现代经验不再以道统，而是以主体的自我确证为旨归。在这种旨趣中，审美的道德参照不再是善恶，而是主体自主性的伸张、“本性 / 自然（nature）”的实现。

与古代社会相比，文艺在现代社会所扮演角色的最大不同，大概是它所担当的作为个体之解放和创造的启蒙精神。事实上，启蒙运动就是从文艺复兴拉开序幕。卡西尔在《启蒙哲学》中指出：文学和哲学这两个思想领域具有“深刻的、内在的必然联系”，“启蒙运动断定这两门学问是统一的，并寻求这种统一”。[①] 如果说在古代社会，文学或者说“诗艺（Poetry）”主要作为一种神话思想或道统的承载（“文以载道”），有助于维护和传播古代具有终极目的性的文化价值，那么在现代社会，艺术则是在失去了确定性而又无尽涌动的潮流中，扮演个体自我意识的革命者和先锋。特别自浪漫主义以来，所谓“审美精神”“为艺术而艺术”，其神髓皆在于此。

黑格尔早已指出，“现代世界的原则就是主体性的自由，也就是说，精神总体性中关键的方方面面都应得到充分的发挥”[②]。如果说，主体性原则是现代性的圭臬，那么，审美经验绝非现代性问题较为次要的感性方面，而是现代性问题的核心经验。因为现代性问题的发生是由于人的理性和感性（例如身体）取代了传统上帝的地位，而审美经验正是人这种“自我确证”之需要的集中体现。

查尔斯·泰勒指出，“审美（Aesthetic）”这一概念的产生实际上同 18 世纪人们对于艺术与美的理解的主观化转向有关。[③] 在这种主观化转向中，“艺术与美的特殊性不再按照实在或其描绘方式来定义，而是通过它们在我

① ［德］卡西尔：《启蒙哲学》，顾伟铭等译，山东人民出版社 1988 年版，第 269 页。

② 转引自哈贝马斯：《现代性的哲学话语》，译林出版社 2011 年版，第 20 页。

③ ［加］查尔斯·泰勒：《本真性的伦理》，程炼译，上海三联书店 2012 年版，第 78—80 页。

们身上激起的种种感觉,一种特殊的、有异于道德或他种愉快的感觉来辨别”[①]。审美最终指向一种自为的满足、一种完全性。这种完全性不同于道德成就,却有可能优于道德。因为当道德陷入面对欲望的分裂之时,审美却拥有自身的真实和自足——这对于现代人而言,就是首要的价值,甚至超过被认为是“外在于自我的”道德。

因此,“循着概念史来考察‘现代’一词,就会发现,现代首先是在审美批判领域力求明确自己……‘Modern’、‘Modernität’、‘modernité’和‘modernity’等词至今仍然具有审美的本质涵义,并集中表现在先锋派艺术的自我理解中”[②]。因为在审美经验中,现代性完成了自己最抽象又最具体的一步——独特主体对自我的感知和确证。这恰如哈贝马斯所指出的:“在审美现代性的基本经验中,确立自我的问题日益突出,因为时代经验的视界集中到了分散的、摆脱日常习俗的主体性头上。”[③] 在《小说的艺术》中,米兰·昆德拉正是为了捍卫有差异的主体性而辩护艺术的精神:“不会笑、没有幽默感的人,固有观念的无思想性,媚俗:这是与艺术为敌的一只三头怪兽。艺术作为上帝笑声的回声,创造出了令人着迷的想象空间,在里面,没有一个人拥有真理,所有人都有权被理解。这一想象空间是与现代欧洲一起诞生的,它是欧洲的幻象,或至少是我们的欧洲梦想。”[④] 在此,艺术的精神就是对差异主体性的高扬。

昆德拉钟爱的这个高扬主体性,从而想象世界、个体差异无比宽容的欧洲,可溯源于18世纪中后期兴起的浪漫主义。在浪漫主义各不相同的流派与作家背后,共有的关注是对“自我”之“本性/自然(nature)”的着迷与探索。“自我”不再是理性、透明的,而是像谜一般并且具有无限深度。对“自我”的好奇既是由于新兴现代文明对精神生活的异化引发了人们的焦虑,更是由于,在颠覆了以上帝为中心的传统之后,这是现代人剩下的唯一的重心。

以卢梭为例,自然的呼声是个人良知的根源,但这个自然不是前现代的

① [加]查尔斯·泰勒:《本真性的伦理》,程炼译,上海三联书店2012年版,第78页。

② 哈贝马斯:《现代性的哲学话语》,译林出版社2011年版,第10页。

③ 同上书,第10页。

④ [法]昆德拉:《小说的艺术》,董强译,上海译文出版社2012年版,第183—184页。

自然,而是相对于现代工业文明的自然。卢梭关于倾听自然呼声的主张并非简单地让人们返回前现代,而是出于对启蒙主义的批判。如查尔斯·泰勒指出,他思考在现代文明的处境下,如何“通过一种使理性与自然结盟或融合的方式,或换种说法,通过文化或社会为一方,与自然的真正生命力为另一方的结盟与融合,来逃脱精明的、依附他物的状态,逃脱舆论的压力和由它带来的野心”①。他的努力代表了浪漫主义的根本诉求:人如何在受到异化威胁的现代性处境中,争取自身的独立、完整和自由。他是“现代文化转向更深刻的内在深度性和激进自律的出发点”②。

文学旨趣的变化必然会体现在文体方面,现代文学对“自我”的热情便体现在对日记或通信等自述体写作的强烈兴趣上。③ 从卢梭的《忏悔录》开始,自传性质的写作掀开了一个“告白文学(littérature de l'aveu)”的时代。④ 书信体小说以卢梭的《新爱洛依丝》、歌德的《少年维特的烦恼》等为代表,自传体小说以夏多布里昂的《勒内》、贡斯当的《阿道尔夫》等为代表,体现了时代对个体心灵的关注与好奇。

卢梭《忏悔录》的写作中虽多少遗留着奥古斯丁《忏悔录》里那个对自我进行审判的道德法庭,但作者的意图却是要用关于他一生的告白,来呼吁无罪的判决。⑤ 这一呼吁对于奥古斯丁忏悔罪、直陈信、赞美神的呼告,已经是一个根本的倒置。在随后另一本浪漫主义文学天才的自传——歌德的《诗与真》——中,道德法庭的痕迹不仅荡然无存,还体现了天才的这样一种信念:通过诗人自我拯救的努力,“发生在他身上的一切最终都会变为

① Charles Taylor, *Sources of the Self: the Making of the Modern Identity,* Harvard University Press,1989, p.359. 译文引自中译本《自我的根源》,韩震等译,译林出版社 2001 年版,第 552 页。

② 同上书,第 363 页。中译本,第 559 页。

③ Dominique Rabaté, "Le secret et la modernité", in *Modérnité n°14: Dire le Secret*, PUB, 2001, p.13.

④ 同上。

⑤ 参见卢梭在《忏悔录》第一章开篇不久的表白:“万能的上帝啊!我的内心完全暴露出来了,和你亲自看到的完全一样,请你把那无数的众生叫到我跟前来!让他们听听我的忏悔,让他们为我的种种堕落而叹息,让他们为我的种种恶行而羞愧。然后,让他们每一个人在您的宝座前面,同样真诚地披露自己的心灵,看看有谁敢于对您说:‘我比这个人好!’”引自[法]卢梭:《忏悔录》,黎星译,人民文学出版社 1980 年版,第 2 页。

善”[①]。至此,自传对自我进行灵魂省察的需要已经彻底让位于对自我进行“创作”的需要。如学者所言:“歌德的《诗与真》把自传从所有道德的悬案中分离开来,并把他的自我暴露于一个新的原则之下——这一原则使他能把历史及社会的世界看作用于教育绝无仅有个性的物质和储备。”[②]

到了20世纪,除了纪德日记这类公开出版的自我中心的写作外,类似纳博科夫的《洛丽塔》那种近乎露阴癖式写作,或者普鲁斯特式的寻找自我的写作,成为了一种显赫的文学现象,仿佛写作的天然动机,就是为了永无休止地探索关于自我的秘密,无论这秘密是形而上还是形而下的。“因此现代文学的主流在告白这一边,它迫使我们扭转文学是高尚品味、美好作品的观念,而将文学当作对一个秘密的表达,这个秘密有待全部呈现,但又总在逃逸之中。这一点构成了所谓的现代文学同经典文学的重大差别。”[③]

至此,忏悔、日记、书信这些传统的私密叙事成为公开出版物,这个悖论体现了现代文学的特殊角色:文学是部分宗教功能的世俗化,承载着人类灵魂的秘密。现代文学的目的,无疑是要寻找这个秘密,然而与宗教不同的是,现代文学的探索是从自我到自我,因为主体是其意志的唯一源头。现代文学中,真理的基石是主体的经验,而非大写的理性和上帝。但自我远非天然自明,而是需要对自己进行“再”感觉与“再”意识,需要对自己的喜怒哀乐等各种感受进行诠释。[④] 福柯在《性经验史》中讨论性话语的形成机制时曾举例说,《我的秘密生活》的匿名作者叙述了许多怪异的私人性爱行为,但最怪异的,莫过于这一叙述本身:“其中最最奇特的做法是巨细无遗地坦白出来,日复一日,没完没了,两个世纪以来,这一原则深深地植根于现代人的心灵之中。”[⑤] 福柯想说明:现代人的性经验已经被纳入一个话语权力机制,

---

① [德]耀斯:《个性的宗教来源与审美解放》,刘英凯译、刘小枫校,收于刘小枫主编《现代性中的审美精神——经典美学文选》,学林出版社1997年版,第1084页。

② 同上书,第1083页。

③ Dominique Rabaté, “Le secret et la modernité”, p.13.

④ 本文对私密写作和自我关系的探讨参考了 Michel Braud,“Le Secret Intérieur”, in *Modérnité n°14*, pp.33–40.

⑤ [法]福柯:《性经验史》,佘碧平译,上海人民出版社2002年版,第16页。

这个机制背后是一种"认知的意志（le vouloir de savoir）"。正是这种"认知的意志"引起了文学的变化："人们从以英雄叙事或'考验'勇敢和健康的奇迹为中心的叙述和倾听的快感，转向了一种以从自我的表白出发，无止境地揭示坦白无法达到的真相为任务的文学。"[①] 由自我认知的意志出发而诞生了"告白文学"，这正说明，文学在人们对自我进行探索的过程中扮演了必然的、不可或缺的角色。

实际上，现代文学与其说是要寻找关于自我的秘密，不如说，是要让这个秘密始终处于接近与逃离的状态。因为现代人对自我的认知意志，与其说是建立在对答案的预期上，还不如说是建立在欲望的机制上。作者幻想在他的笔下，将出现某种不可知的东西，出现一个秘密，这种幻想驱使着他的写作，驱动他坦白自我的叙述。欲望之为欲望，在于它的不透明性：彻底的透明或黑暗都会让欲望消失；而文字则正好处于透明与黑暗之间，它既是对真实的模仿，也是对真实的创造，这就是为什么，任何写作都不能彻底满足对秘密的寻找，但却可以让秘密不断被深入。写作的欲望可以帮助身体的欲望进一步发现自我的深度，这就是语言这种特殊媒介的妙处。文学是人类探测自我的、无可代替的精密仪器。

现代文学虚构了自我空间的无限性，仿佛两面镜子的无穷反照。人类在此中贪婪地注视着自我，仿佛那位正对着自己的影像无限着迷的纳克索斯（Narcissus）。由此，上帝缺席留下的空白，被文学的回声填满。

三、现代性危机与审美辩证法

具体而言，审美现代性是如何将作为消极经验的恶转换为一种有关自由和真实的积极经验的？其中最关键的环节便是危机意识的转换。正是在危机意识中产生的审美辩证法，完成了主体的自我确证，艺术也因此成为人的自我"救赎"，取代了宗教。

① ［法］福柯：《性经验史》，佘碧平译，上海人民出版社 2002 年版，第 44 页。

现代性的危机意识首先是有关历史意识的危机感。现代性的历史意识与犹太—基督教的救赎史观有一种吊诡关系:要么将其世俗化为进步史观(黑格尔、马克思);要么对其全盘否定,转而求助于神话和古老的文化价值,表现为相对主义史观(尼采、海德格尔)。现代性的历史意识在不同的认识论范式,在规律与偶然、进步与虚无的相互矛盾之间无所适从。这种危机感加速了主体自我确认的强烈需要。审美的现代经验就是要在这种历史意识之谜宫中确认自我。[①] 于是,这种经验便常常体现为一种审美辩证法:面对毁灭和虚无的威胁,主体反而被激发出一种睥睨一切的"英雄气";藉此,恐惧不安被转化为力量,"英雄"以让自己成为"黑暗的心脏"(康拉德),来融入甚至支配黑暗。

波德莱尔最早开始了这种现代审美经验的冒险,其途径便是要在现时之转瞬即逝的危机感中"创生"经典和永恒。在他看来,没有对现时的危机感,就无法领会"美":"美永远是、必然是一种双重的构成……构成美的一种成分是永恒的、不变的……另一种成分是相对的、暂时的……没有它,第一种成分将是不能消化和不能品评的,将不能为人性所接受和吸收。"[②] 就在他讨论美的这同一篇文章中,他说道:所谓"现代性",就是"从流行的东西中抽取出它可能包含着的在历史中富有诗意的东西,从过渡中抽出永恒"[③]。因此,现代性首先不是特指某个时段,而是特指某种精神特征,即:"过渡、短暂、瞬间"与"永恒不变"的双重性,以及这种双重性的悖论性交汇——具有永恒意味的瞬间。[④] 同样,审美在此不是主体关于美的对象之体验,而是将瞬间与永恒进行叠加的精神创举。这种精神创举即是主体的自我确证:通过将永恒的魅力纳入当下来实现当下。[⑤] 现代性首要的任务,就是这种危机中的

---

① 伊夫·瓦岱:《文学与现代性》,北京大学出版社 2001 年版,第 31—35 页。

② [法]波德莱尔:《波德莱尔美学论文选》,郭宏安译,人民文学出版社 1987 年版,第 475 页。

③ 同上书,第 484 页。

④ 同上书,第 484—485 页。另参见伊夫·瓦岱:《文学与现代性》,第 36 页;哈贝马斯:《现代性的哲学话语》,译林出版社 2011 年版,第 10—12 页;[德]本雅明:《巴黎,19 世纪的首都》,刘北成译,上海人民出版社 2006 年版,第 51 页。

⑤ 哈贝马斯:《现代性的哲学话语》,译林出版社 2011 年版,第 10—12 页。

审美,就是以审美来克服危机感。

“波德莱尔是第一个使现代性成为一个具有普遍意义概念的人。他借助一种帕斯卡尔式的逆反程式,将浪漫主义者们眼中失望的现时——在历史条件没有发生根本变化的条件下——转变成了一种英雄现时。”① 帕斯卡尔式的逆反程式是指理性带来了人的自我挫败:现代人掌握越多的科学知识,就越是发现宇宙浩瀚无边、奥妙无穷,也越是发现人渺小卑微——“一个人在无限之中又是什么呢?”② 如果说帕斯卡尔的逆反程式是为了让人认识到自己面对无限的渺小,从而产生对无限的敬畏之心——“这些无限空间的永恒沉默使我恐惧”③,那么,波德莱尔的逆反程式则正好相反,是为了以审美来完成人的自我放大。

面对变化迅捷、动荡不安、无从把握的“现代”,波德莱尔眼中的现代艺术家是一些玩世不恭的“浪荡子(Le Dandy)”。他们是“享受推陈出新的瞬间的能手”④,“只在自己身上培植美的观念,满足情欲、感觉以及思想,除此没有别的营生”⑤。然而,我们千万不要把他们等同为头脑简单的个人主义和享乐主义者。这种表现出来的自我中心和漠视他人,不过是他们作为精神贵族的优越感的象征。为使自己成为独特之人,满足自我崇拜的需要,“浪荡子”必须显得与众不同⑥;因此,“浪荡子的美的特性尤其在于冷漠的神气”⑦。他们的冷漠,其实是一种同内心的恐惧作战的方式。他们的胜利,是将恐惧转化为享乐的激情。

如波德莱尔所言,“浪荡作风是英雄主义在颓废之中的最后一次闪光”⑧。在怀旧的感伤和对未来的迷茫之间,现代生活的“英雄”是那些敢于以豪迈的气概来迎战消逝感和不确定性、懂得从现实生活中挖掘其雄壮一面的人。

---

① 伊夫·瓦岱:《文学与现代性》,北京大学出版社2001年版,第41页。
② [法]帕斯卡尔:《思想录》,何兆武译,商务印书馆1997年版,第29—36页。
③ 同上书,第101页。
④ 哈贝马斯:《现代性的哲学话语》,译林出版社2011年版,第10页。
⑤ [法]波德莱尔:《波德莱尔美学论文选》,郭宏安译,人民文学出版社1987年版,第499页。
⑥ 同上书,第500页。
⑦ 同上书,第502页。
⑧ 同上书,第501页。

他们身上充满了异端式的桀骜不驯。诗人自比为“赌徒”:“我是以一种满不在乎和英雄的轻率态度,在决定胜负的第三局,把我的灵魂押作赌注而输掉了。”[①] 有时,诗人也自比为“拾垃圾者”[②]:他在街头发现社会渣滓,却能从社会渣滓中“提炼”英雄题材。这些诗亦宣告自己面对的是“伪善的读者,——我的同类”[③]。

我们应当注意激发现代“英雄”战斗激情的两种关键情致:其一,这是一种对艰难、痛苦情境的反应,其中有一种必然的悲剧意味;其二,他们有一种“反对和清除平庸的需要”,这种需要代表人类骄傲中包含的精英意识。[④] 这两种情致使他们具有造反的特点,正是基于此,审美现代性可能滋生出针对“庸人”的纳粹倾向。我们不难从波德莱尔下面这段描述里预感其中关联:“浪荡作风特别出现在过渡的时代,其时民主尚未成为万能,贵族只是部分地衰弱和堕落。在这种时代的混乱之中,有些人失去了社会地位,感到厌倦,无所事事,但他们都富有天生的力量,他们能够设想出创立一种新型贵族计划,这种贵族难以消灭,因为他们这一种类将建立在最珍贵、最难以摧毁的能力之上,建立在劳动和金钱所不能给予的天赋之上。”[⑤] 这种“能力”和“天赋”,就是“贵族”或“英雄”的自我意识。

与之相应,审美现代性产生的最显著的时代背景,是“庸众”的出现。“庸众”不是阶级或阶层,而是工业化和商品化时代制造出来的产业工人、消费者与社会垃圾的组合,是人群。这个现象深深引起了19世纪作家的注意,波德莱尔甚至为之震惊。这种震惊感通过他对“巴黎风光”,对包括乞丐、妓女、小老头、老太婆、凶手、尸骸等的速描传递出来,回荡在这样一些句子中:“当我穿过新建的崇武广场之时,/突然之间唤起我的丰富的回想。/旧巴黎

① [法]波德莱尔:《恶之花·巴黎的忧郁》,钱春绮译,人民文学出版社1991年版,第214、442页。

② 同上书,第237页。

③ 引自波德莱尔《恶之花》的第一首诗《致读者》,收于波德莱尔:《恶之花·巴黎的忧郁》,第7页。

④ [法]波德莱尔:《波德莱尔美学论文选》,郭宏安译,人民文学出版社1987年版,第501页。

⑤ 同上。

已面目全非（城市的样子 / 比人心变得更快，真是令人悲伤）”[①]；“熙熙攘攘的都市，充满梦影的都市，/ 幽灵在大白天里拉行人的衣袖！ / 到处都有宛如树液一样的神秘，/ 在强力巨人的细小脉管里涌流。”[②] 本雅明指出，波德莱尔的写作就是对这种震惊做出的回应——一种精神的防御行为。[③]

波德莱尔很少直接描绘人群，而是使之作为秘密在场，作为诗歌背景的躁动不安。庸众的隐蔽形象在他的创作上留下印记，是一种混浊暧昧的基调、腐朽阴暗的气息。而诗人就像一位精神上的剑客，“他的劈杀是为了给自己打开一条穿越人群的道路”[④]。在一首未身前未及发表的《恶之花》的跋诗中，波德莱尔写道：

> 心里满怀喜悦，我攀登到山上，
> 从这里可以览眺都市的宏伟，
> 医院、妓院、炼狱、地狱和劳改场，
>
> 一切极恶全像花儿一样盛开。
> 你知道，撒旦，我的痛苦的主保，
> 我来并非为了流无益的眼泪；
>
> 而是像老色鬼，恋恋不忘旧交，
> 我要陶醉于这个巨大的娼妓，
> 她的地狱魔力使我永不衰老。[⑤]

对庸众的厌恶、对布尔乔亚的敌意使得波德莱尔在政治上倾向于保守。在他看来，民众即美的敌人，亦即“浪荡子”的敌人。[⑥] 因此他会说：“你

---

① ［法］波德莱尔：《恶之花·巴黎的忧郁》，钱春绮译，人民文学出版社 1991 年版，第 192 页。

② 波德莱尔：《恶之花·巴黎的忧郁》，第 195 页。

③ 参见本雅明：《巴黎，19 世纪的首都》，刘北成译，上海人民出版社 2006 年版，第 140—155。

④ 波德莱尔：《恶之花·巴黎的忧郁》，第 196 页。

⑤ 同上书，第 493 页。

⑥ 详参［法］帕斯卡尔·皮亚：《波德莱尔》，何家炜译，上海人民出版社 2012 年版，第 86—87 页。

们能设想一个浪荡子对民众发言吗,除了讥笑他们之外?”(《我心赤裸》)“……而民众钟爱使其愚昧的鞭子。”(《恶之花》之《远行》)“真正的圣人是为了民众的利益而鞭打和杀戮他们的人。”(《迸发》)[①] 1848 年保皇运动的失败使他在对现实政治感到失望之余,更进一步对人类的能力和大众的本质感到怀疑。[②]“浪荡子”对布尔乔亚的道德报以残酷嘴脸,不惜扮演一个被诅咒的孤独的反抗者、现代悲剧英雄。

本雅明颇具慧心地点明:波德莱尔的现代性是一种“辩证法”。[③] 诗人以孤独对抗大众,以英雄气对抗幻灭,又以怠惰慵懒、睥睨一切的“浪荡子”姿态面对时代给予的震惊,以疏离来对抗焦虑。诗人用直面死亡、蔑视痛苦的方式来向绝望宣战:“世界行将终结。世界还能延续的唯一理由是它存在着……沦落在这个丑恶的世界,人群擦肩而过,我如同一个疲惫不堪的人,眼睛望着身后那些幽深的岁月,有醒悟,有苦涩;而在他面前则是一场毫无新意的暴风雨,既无教益,也无痛苦。”[④] 这位宣战者以不抱希望来表达自己的骄傲。或者说,他的傲慢正是由于他无所畏惧地面对恐惧,毫不在乎地放弃自己,就像他自己诗中所说:“任何恐怖的魅力只能使强者陶醉!”[⑤] 他似乎已经超脱了失望,但是,这与其说这是一种超脱,不如说是一场战斗和冒险,就像本雅明所说:“出自波德莱尔笔下的虔诚自白几乎总是像战斗的呐喊……波德莱尔不得不与自己的无信仰进行斗争,而他自己是真正的赌注。”[⑥]

《恶之花》赢得了文学史上的胜利,成为了现代诗歌创作的灵感之源,而

---

① 详参[法]帕斯卡尔·皮亚:《波德莱尔》,何家炜译,上海人民出版社 2012 年版,第 86 页。

② Dominique Carlat, “Mouvement Littéraire: Romanisme finissant, Parnass et naissance de la modernité”, in Charles Baudelaire, *Les Fleurs du Mal*, Texte intégral + dossier par Dominique Carlat, Edition Gallimard, 2004, p.234.

③ “现代性是他诗中最主要的关切……恰恰是现代性总在召唤悠远的古代性。这种情况是通过这个时代的社会关系和产物特有的暧昧性而发生。暧昧是辩证法的意象表现,是停顿时刻的辩证法法则。”本雅明:《巴黎,19 世纪的首都》,刘北成译,上海人民出版社 2006 年版,第 21—22 页。

④ [法]帕斯卡尔·皮亚:《波德莱尔》,何家炜译,第 96—98 页。

⑤ 诗出《骷髅舞》,参见波德莱尔:《恶之花·巴黎的忧郁》,钱春绮译,人民文学出版社 1991 年版,第 218 页。

⑥ 本雅明:《巴黎,19 世纪的首都》,第 76 页。

现代“英雄”却注定在劫难逃。晚年的波德莱尔写作《深渊》，似乎已经有种不祥之兆：“帕斯卡尔有个随他移动的深渊。/——唉！一切皆深渊，——行动、欲望、幻梦、/ 语言！我曾多次感到恐怖之风 / 吹过我全身竖起的汗毛上面。”① 他解释这一意象说：“我用快感和恐怖培养我的歇斯底里。如今，我经常感到眩晕……”②

在他的一篇题为《光轮的丢失》的文章中，“诗人”丢失了往日的光环，他为此而高兴，因为可以更方便地沉溺于放纵③；据说这个主题的初稿出现在他的日记中，结尾并不一样：诗人很快拾起光环，但立刻感觉不安，觉得这个事情可能是一个恶兆。④ 这种矛盾状态和不祥预感仿佛是对其继承人悲剧命运的预言。七八十年后，因为与皮条客相冲突而被赶出德国的文人，有些成为了纳粹的颂扬者，如豪斯特·威塞尔（Horst Wessel）。⑤ 而浪漫主义与纳粹神话的关联也成为了人们反思的话题。⑥

的确，这个失而复得的光环是危险的。在波德莱尔之前，诗人的光环来

① 波德莱尔：《恶之花·巴黎的忧郁》，钱春绮译，人民文学出版社 1991 年版，第 356 页。

② 同上。

③ 同上书，第 478 页。

④ 同上。

⑤ 本雅明：《巴黎，19 世纪的首都》，刘北成译，上海人民出版社 2006 年版，第 149 页，注 4。

⑥ 参见哈贝马斯：《现代性的哲学话语》，译林出版社 2011 年版。在这本书中，哈贝马斯分析了与波德莱尔、马拉美等浪漫主义先锋艺术家富有亲缘性的尼采是如何通过审美的经验视野来发动对现代性的反抗，而这种审美反抗的颠覆性力量又是如何在两个不同的方向上分别被海德格尔（德里达）和巴塔耶（福柯）所继承和发扬。哈贝马斯批判了海德格尔和巴塔耶思想中同法西斯主义契合的部分，指出审美现代性话语非但不能超克现代性，而且把现代性内部所固有的反话语重新挖掘出来，释放了现代思想自身当中的颠覆力量。例如：“尼采把反基督的回归时刻确定在‘正午时分’——这和波德莱尔的审美时代意识有着惊人的一致。潘神来临之际，白昼屏住呼吸，时间凝滞不动——瞬间和永恒融为一体。”（第 111 页）“从早期浪漫派开始，就不断要求用审美主义和神秘主义的临界经验来让主体在迷狂中实现超越。神秘主义者在绝对者的光芒照耀下变得盲目了，他们视而不见；审美迷狂者则表现出震惊和眩晕。无论是前者还是后者，其震惊的源头都是不明确的。而这种不确定性中所呈现出来的，正是遭到克服的范式的模糊轮廓——即被解构之物的轮廓。从尼采一直到海德格尔和福柯，这种局面都没有什么变化；从中还出现了一种没有客体的顿悟。于是，亚文化出现了，通过没有膜拜对象的膜拜行为，亚文化既平息又保持了对未来不确定真理的激情。这种奇特的游戏带有宗教—审美的放纵色彩，它所吸引的主要是知识分子，他们时刻准备着在需要指点迷津的祭坛上奉献理智。”（第 362 页）

自其宇宙宠儿的地位:他是神圣灵感的信使、大众的启蒙教育者,是冒险窃天火到人间的普罗米修斯。诗人与神圣、自然以及大众的关系是和谐的,诗歌王子的代表是雨果和歌德。波德莱尔虽欣赏雨果,却认定自己的使命完全不同。他要调动完美的形式和韵律,去写与神圣、自然和大众悖逆的诗,而非雨果那种在他看来是通过民主主张来煽动群众的宣传。[①] 他赤裸裸地描写死亡和恶,描写恶的诱惑以及这种诱惑对灵魂的刺激和折磨。如同雨果著名称赞所言,"《恶之花》的作者创造了一种新的颤栗"。从波德莱尔开始,诗歌在文学史上的教育功能被抗议功能取代[②],向下的虚无深渊取代了上帝的无限[③],恶的消极意义"升华"为积极意义。

四、本真性:自然抑或僭越?

在对波德莱尔的研究中,本雅明提到了快速发展的工业时代带给诗人的震惊,并指出,在震惊的经验中,抒情艺术的灵韵消解。这灵韵就是上文波德莱尔所写的,诗人失去的"光环"。灵韵是一个"无形的、想象的领域"[④],在那里,事物的灵性和神秘感尚未消失。本雅明形容它使被我们注视的事物仿佛也能够对我们报以回眸。[⑤] 而波德莱尔诗歌的法则就是对这种灵韵的消解:他在诗歌史上的里程碑意义就是使抒情诗变得可疑。波德莱尔消解灵韵的观看标志着审美进入了一个新阶段:万物的灵性消除了,人的目光取代了

---

① 波德莱尔对雨果的态度,详参[法]帕斯卡尔·皮亚:《波德莱尔》,何家炜译,上海人民出版社 2012 年版,第 152—162 页。

② Dominique Carlat, "Mouvement Littéraire: Romanisme finissant, Parnass et naissance de la modernité", p.235.

③ 如上文所示,波德莱尔曾提到"帕斯卡尔有个随他移动的深渊。/——唉!一切皆深渊"(波德莱尔:《恶之花·巴黎的忧郁》,钱春绮译,人民文学出版社 1991 年版,第 356 页)。波德莱尔大概是指帕斯卡尔这句著名的话,即:人是"维系在大自然所赋给他在无限与虚无这两个深渊之间的一块质量"(帕斯卡尔:《思想录》,何兆武译,商务印书馆 1997 年版,第 30 页)。然而,波德莱尔虽意识到深渊的存在,却并未如帕斯卡那样,承认人的有限和脆弱,敬畏无限,而是要经由自身的深渊经验来挑战深渊。

④ 本雅明:《巴黎,19 世纪的首都》,刘北成译,上海人民出版社 2006 年版,第 224 页。

⑤ 同上。

过去的宇宙神性、取代了创世主祝福或谴责的目光。

本雅明用照相术与绘画的区别来说明这两种观看的不同,绘画中总有某种我们不能一眼看到底的东西,一种灵性的光辉,而照片和电影是对人欲望的目光的延伸与追逐:"对于永远不会将一幅画一览无余的眼睛而言,摄影更像是给饥饿者提供的食物,给干渴者提供的饮料。"① 过去在观看者与被观看者之间的精神交流关系从循环式的变成了单向度的。波德莱尔描写美丽的女性"镜子般漠然的眼睛",这种眼睛与其说是为了用来观看的,不如说是为了用来表现一种漠然的魅力。正是这种漠然的距离感加倍激发了看者的情欲。波德莱尔的诗人迷恋于对他的眼睛不做任何回应的那双眼睛的魔力:"你的眼睛炯炯发光,就像商店橱窗 / 又像节日里被灯火装饰的紫杉 / 凭着借用的权力而蛮横嚣张。"②

这种观看方式的变化也体现为现代人对艺术作品的消费方式与过去不同:过去,希腊悲剧的演出是城邦空间里具有宗教色彩的公民活动,教堂里的圣像意味着人的视线与神圣视线的交错③,传统舞台剧场的演出不乏台上台下的双向互动;相比之下,现代人坐在屏幕前、黑暗中的观看,有时像是一种源于欲望的偷窥。尽管早在古希腊时代,一批警告看之欲望的神话就已存在,如:纳克索斯、美杜莎(Meduse)、普绪克与埃洛斯(Psyche et Eros),等等,但18世纪以后,恰恰是由人欲出发的"看"为现代艺术提供了兴奋点,它鼓励每一个体大胆观看和创作自己所欲看到的。这种欲望甚至也影响了现代政治革命。法国大革命的暴力便来自某种透明地观看的激情:从罗伯斯庇尔开始,透明化每一个体、每一他者之隐私的欲望就以道德理想的名义来施展。④

通过自然化、合理化人内在的欲望视野,许多现代艺术表现出对自我中

---

① 本雅明:《巴黎,19世纪的首都》,刘北成译,上海人民出版社2006年版,第225页。

② 同上书,第230页。

③ 参见 Jean-Luc Marion, *La Croisé du visible*, Presses Universitaires de France, 1996, Chapitre IV, Le Prototype et l' image.

④ 参见 *Modernité 14*, p.12.

心论(Egoist)的本真性近乎无条件地支持。本真性对应于"Athenticity"、"Athenticité",关涉原发性原则(the principle of originality)[①]。查尔斯·泰勒在《本真性的伦理》一书中梳理过本真性的起源[②]:它发端于这样一种思想,即认为,道德具有一个"内部"的声音,只有忠实于这个"内部",人才能够获得完整的存在。这样一个"内部",虽然在奥古斯丁的《忏悔录》中,曾是属于上帝启示的位置,但到了卢梭这里,则彻底属于人自身。从卢梭开始,本真性理想在现代文化中变得十分重要,它意味着每个人都有其不可替代的独特性,每个人都应当忠实于自身。由于涉及原发性,本真性很有可能同被视为外在于自我的习俗或道德发生冲突。但查尔斯·泰勒认为,本真性并不必然等同于自我中心论[③],只是现代社会原子式的生活方式和价值观加速了本真性的变质,才促其向着自我中心论这端滑落。[④]

撇开大众文化领域的自恋文化不谈,艺术领域里的本真性概念是通过尼采和海德格尔的哲学而广为人知的。尼采将审美与主人意志相连,寻求一种在审美中完成自我创造的人生;海德格尔在《存在于时间》中将本真性视为自我的"向死而在",他们都代表了一种自我中心论本真性的"高级"形态。正是由于尼采和海德格尔及其某些弟子们的推进,一个企图颠覆"资产阶级秩序伦理"的激进的本真性追求发展起来,直至其捍卫本能(自然)、崇拜暴力(例如法西斯主义)的极端形态。

法国学者Marcel Muller以《怪异,或者自然》为题[⑤],分析了普鲁斯特在《索多玛与蛾摩拉》中对夏吕斯男爵和裁缝絮比安的同性恋行为的叙述策略,即:以一种十分微妙的方式,将习俗视为怪异的同性恋处理为了一种比异

① 查尔斯·泰勒:《本真性的伦理》,程炼译,上海三联书店2012年版,第37页。

② 同上书,第33—38页。

③ 泰勒认为,本真性和自我中心论的关系是既有亲和,又有争执。本真性也要求:1)对重要性视野的开发,否则,"忠实于自我"的追求就失去了欲将自我从日常生活的"沉沦"中拯救出来的意义。2)本真性不同于自决的自由,而是包含了在与他人的对话中进行自我定义。参见查尔斯·泰勒:《不可逃避的视野》,《本真性的伦理》,第40—52页。

④ 同上书,第70—76页。

⑤ Marcel Muller, "Etrangeté ou, si l'on veut, naturel", in *Recherche de Proust*, Editions du Seuil, 1980.

性恋更为自然的行为。怪异是就与习俗不同、不自然而言。当作家试图维护个体自主性和本真性时,怪异的合理性被重新奠定在自然之上。在现代主义话语中,自然扮演的角色,是解放习俗禁锢下的个性,让其回复本真。而“习惯成自然”的习俗,此时则成为反自然的。然而这样一来,当一切特立独行都被视为自然,个性与病态就难以区分。当一切都可以因为自然而合理,任何外在的约束都可以被视为反自然、视为流俗,那自然就注定会成为一切人反对一切人的斗争。自然状态就是无政府的混乱状态,在此中,一切回复命运的野蛮统治。这个自然无法解释和超越恶的问题。

现代主义所依据的自然与传统自然有根本差别。传统自然是一个神圣和谐的宇宙、真与美的源头,它的道德秩序与物质秩序奠定于同一个形而上学根基。而到了18世纪,感官主义的发展与经验科学的飞跃使得很多新哲学家同形而上学前提拉开了距离,他们接受了一种动态的自然概念,即不再用一种固定的观念来理解自然,而将它视为依据能量运动而不停地变化着的,例如:萨德说,自然是一座永远在喷发的活火山。① 然而这个自然亦非纯粹物质或生物性的,而有其精神性的惊人之处,有其语言和叙事。只不过对于人类,它只是命令,并没有给人的诠释以足够的自由;只是叙事,却是不通过人的嘴唇说出的语言。② 它有生死却没有善恶。在古代,神圣法则原本是为了保护有限的人类免遭命运野蛮的毁灭性力量,然而,到近代,神圣法则受到了现代理性所确立的个体自主性法则的颠覆,但现代理性又解释不了恶的问题③,以致自然成为了一种潜在的可怕力量。④

① Pierre Claudes, “Naissance du mal moderne”, in *Modernité n°29 : Puissance du mal,* Presses Universitaires de Bordeaux, 2009, p.21.

② C. Chalier, *L'Alliance avec la nature*, Chapitre premier, 3. *La narration sans le langage des lèvres*, pp.43–52.

③ 莱布尼兹和斯宾诺莎都试图以神义论来回答恶的问题,神义论实际上是人试图以理性的方式来解释恶,只不过这个理性以上帝的名义自许。然而1755年的里斯本大地震后,伏尔泰和卢梭都猛烈批判了神义论,指出神义论无法解释无辜者受难的问题。启蒙运动后的哲学家,尽管抱着对理性的乐观态度而相信人类的进步,但都承认恶有一个无法解释的部分,无法像过去的时代那样,系统有力地面对恶的问题。

④ *Modernité n°29*, pp.18–24.

对自然之魔力的预感在歌德那里就已经得到充分展现。在现代科技方兴未艾的18、19世纪，试图将科学与艺术、真与美合为一体并曾经声称自然是最高艺术家的歌德，其伟大之处并不仅仅在于对自然的发现，而更在于他先知般地同时揭示出了自然的伟大与悲哀。他像一个自然的宠儿，始终保有其天才般生气蓬勃、不断更新的创造激情，但他也预感了自然的盲目。在他笔下，维特虽一味沉浸于自然之美，却也意识到自然的危险：“伤害我心灵的是隐藏在大自然中的耗损力，它所造就的一切无一不在摧毁它的邻居，无一不在摧毁它自己。想到这些我便心惊胆颤，步履踉跄。围绕我的是天和地，以及它的创造力，我所看到的唯有永远在吞噬、永远在反刍的庞然大物。”①

维特之死，正是那些号称“天才”的自然之子们任由自己被自然的阴霾所诱惑和掳掠的结果。“天才”只肯按照内心的自然——亦即本真性——来生活，为此不惜以自杀来反抗他人和现实世界的困扰。在《浮士德》中，墨菲斯特代表了具有诱惑力的自然，推动和刺激浮士德不懈地追求，但它毕竟只是恶，最终被浮士德超越自我、造福人类的精神所战胜。歌德晚期的小说《亲和力》，围绕着一个相对独立于人世的庄园，讲述了四位男女主人公之间情感与命运的纠葛，然而小说真正的“主角”却并非他们，而是那个神秘的、不可捉摸的自然。在这个自然的驱使下，人的情感和命运有如在一个由有机物与无机物、可理喻和不可理喻的事物所共同组成的迷宫中行走，可能会经历自然全部的奇妙精彩，但也将经历自然的荒谬和报复。在这部小说中，自然是一个深刻美丽，但却没有希望和救赎的世界；它虽不乏魅力与幻象，但终究只是暧昧与含混——同时是神圣和幽暗、纯洁和堕落；它诱惑那些自以为清白无辜的人落入命运的圈套。

现代主义的自然所夸耀和释放的能量，通过维特之死，已经开始了一场现代心智的哥白尼革命——“通过并在痛苦 / 恶（le Mal）的经验中发现一种超越”②。如果说，在18世纪的维特那里，这场“革命”还只体现为愤世嫉

---

① ［德］歌德：《少年维特的烦恼》，韩耀成译，译林出版社1997年版，第62—63页。参见 *Modernité n°29*, p.23.

② *Modernité n°29*, p.24.

俗的痛苦以至于自尽，到了 19 世纪的拜伦和萨德笔下，“革命”则成为现实的反抗与恶的经验。唐璜不顾一切法律风俗的约束，只管追逐内心那个疯狂的自然，直到最终，“一种类似迷失方向的自然的东西让他远离了自然；他的死就是违法必究的超自然的力量对他的反自然行为的报应”[①]。萨德毫无顾忌地为罪与恶辩护，指出所谓的罪恶，只是由于挑战了习俗的利益，而它们本不过是人的本性和一切理性行为的基础，它们遵守自然法。[②]“有一位上帝、一只手创造了我所看到的事物，然而却是为了恶。他只在恶中感到高兴，恶是他的本质。……恶的后果是永恒的。”[③] 萨德所看到的自然，是欲望在人类心灵深处的破坏性能量及其动态的繁殖力。它没有实质性内容，是一个不安分的、饥渴难耐却又无法餍足的“空”。它像传染病毒一样四处出击，不断变形，侵蚀一切。它只有在嚣张挑衅中才能感受自己，从而避免被绝望捕获。

如果说，在 19 世纪的“恶之花”中，恶尽管表现出某种“伟大”，但毕竟还处在非常规与例外状态，那么，到了 20 世纪，恶的体验则占据了文学的显位。巴塔耶直截了当地说：“文学不是清白的，而是有罪的，它最终应该承认这一点。行动自己有权利。我渐渐希望说明：文学最终是重新获得的童年。那统治性的童年有真理吗？……最终文学的使命是为罪辩护。”[④] 巴塔耶把一个摆脱了古老价值的影响、丧失灵韵的世界比作人类的童年。童年意味着对罪的无知，不仅如此，还是对罪的辩护。其辩护的理由是人的自由。巴塔耶思想的关键词是“僭越”，在他看来，文学的使命就是对道德的僭越，并且在这种僭越当中获得一种销魂的感受，在这种感受当中重获自我。

巴塔耶的“僭越”其实是对圣经主题的逆反，并不新鲜。保罗早在《罗马书》中指出过罪性的顽固，警告人们：律法本是让人知罪，但罪却因为律法而更加活跃。[⑤] 这不是律法出了问题，不是禁止导致诱惑，而是因为罪的实

---

① 福柯：《性经验史》，佘碧平译，上海人民出版社 2002 年版，第 29 页。

② *Le Mal*, Textes choisis & présentés par Claire Crignon, Paris : Flammarion, 2000, pp.190–197.

③ 转引自 *Modernité n°29*, p. 22.

④ Bataille, *La Littérature et le Mal*, p.10.

⑤ “那本来叫人活的诫命，反倒叫我死；因为罪趁着机会，就借着诫命引诱我，并且杀了我。”（《罗马书·圣经》7:10–11）

质是自我中心,它渴望在对一切约束的僭越中确证自我。[①] 保罗的批评虽是两千年前发出的声音,但已深刻触及现代性的根本问题。然而,经过弥尔顿在《失乐园》中对撒旦的“革命精神”的揭露,经过波德莱尔在《恶之花》中悲剧性的审美创举,最后,经过尼采式英雄所进行的普罗米修斯式的价值颠覆,20 世纪得到的回报是:僭越不再是一种“精英”行为,而是溶入到了一个腐化的巨大市场中,成为另类“恶的平庸”——作恶并不需要太多借口,“成为我自己”便已足够。20 世纪,在许多时候,恶的平庸和悲剧的日常化成为了生活现实,僭越沦为人类精神的退化。

① 所以保罗说:“既然如此,那良善的是叫我死么?断乎不是;叫我死的乃是罪。但罪借着那良善的叫我死,就显出真是罪,叫罪因着诫命更显出是恶极了。”(《罗马书·圣经》7:13)

迈向“完美戏剧”：瓦格纳的“整体艺术”蓝图

张　望
厦门大学外文学院

1848年10月瓦格纳完成了《希格弗里德之死》的诗稿。在那之前，他已经完成了“瓦格纳经典”中最早的三部：《漂泊的荷兰人》、《唐豪塞》、《罗恩格林》。在这三部歌剧中他未来的音乐戏剧在主题、形式和风格上的大部分特征都已出现。创作了《希格弗里德之死》的诗稿后，瓦格纳将艺术创作工作停下来，开始思考关于艺术的理论问题。之后的大约三年是韬光养晦、蓄势待发的三年。他必须停下来，因为《希格弗里德之死》在他的设想中将是一部与自己乃至所有其他人曾经创作过的歌剧都不同的作品，这将是一部真正的戏剧，一部“词汇—声调语言”的“诗”；甚至此时他可能已经把计划中的这部作品设想为古希腊悲剧的再生和“未来的艺术作品”的起点。为了这个目标他必须做深入的思想准备。瓦格纳的这个思想准备可以说是对自己过去全部艺术经验（尤其是从《漂泊的荷兰人》开始的艺术经验）的总结，他以往的艺术实践中那些最具创造性的东西被理论化了。不过，此时作为“原料”被卷入这场头脑风暴的还有1848革命年代他的政治体验和他所受到的哲学启发。最终，这一切复杂的体验经过思索的整理成为系统的诗学，主要体现在《艺术与革命》、《未来的艺术作品》、《歌剧与戏剧》三部理论作品里。其中的《歌剧与戏剧》(1851)毫无疑问是瓦格纳一生所有理论作品中最突出的,是他青年时代艺术思想的精华,是他一生的理论著述中最系统、最详尽、最充满创造性和灵感、最具启发意义的作品。

《歌剧与戏剧》不仅包括了瓦格纳对自己艺术经验和思索的总结,而且还包括了他对自己未来要进行的艺术创作的理论规划。《歌剧与戏剧》分为三部分,有关的理论化总结构成了前两部分——“歌剧及音乐之本质”和“戏剧及戏剧诗之本质”,而对未来艺术创作的理论规划构成了第三部分——“未来的戏剧中的诗与声调艺术”。瓦格纳完成了以上这些理论著述后,于1851年重新开始艺术创作,于次年12月完成全部的《指环》诗作;1853年11月开始为《指环》谱曲,到1856年已经完成了其中前两部的谱曲。①在《指环》中《歌剧与戏剧》第三部分所提到的“未来的戏剧”的诸般特征几乎全部出现,艺术的“未来”成为了艺术的“现实”。

《歌剧与戏剧》的第三部分题目是“未来的戏剧中的诗与声调艺术”,瓦格纳在这一部分主要谈的就是在未来的“完美化的戏剧”中“词汇诗人”和“声调诗人”各自的“任务”,即诗人与音乐家分别该做什么。对于这些“任务”,瓦格纳按照步骤的前后顺序,一步一步做了详细的规划。本来瓦格纳设想的是完整的艺术作品,其主体部分由诗、音乐和摹仿三种“人性的艺术”合作而成,但是当时瓦格纳的思考侧重于舞台下的创作,所以他的规划的重点是诗与音乐的创作,涉及舞台上的艺术(如演和唱及其他舞台艺术种类)的内容便不多。

---

① 瓦格纳本来的计划是写一部名为《希格弗里德之死》的歌剧,但当他完成了这部歌剧的诗稿,他发现有些重要的情节因为出现在《希格弗里德之死》的故事之前,只能通过人物之口简单回顾一下,而他并不满足于此。于是他又为《希格弗里德之死》创作了一部“前传”:《青年希格弗里德》(1851年5月)。但是同样的困扰又出现了,瓦格纳还是觉得有些作为背景的情节需要重点交代,所以他又创作了一部“前传”《女武神》(1852年6月)。最终,出于同样的考虑他又创作了《莱茵黄金》(1852年11月),并对最早创作的那两部进行了大范围的修改。《指环》的四部诗作就这样以从后往前的顺序创作出来了。之后瓦格纳将《青年希格弗里德》和《希格弗里德之死》分别更名为《希格弗里德》和《神界的黄昏》。

一、词汇诗人的任务

（一）构建行动的必然性

词汇诗人的任务分为两个部分，首先是设计戏剧行动，其次是为戏剧人物的表达找到合适的词汇语言。关于戏剧行动的设计，什么样的行动才适合于戏剧呢？这个问题会把我们引回青年瓦格纳对于戏剧艺术的最基本的主张：戏剧要展示“自由、强健、美丽的人”，展示这样的人为实现自己的“必然性”采取的行动；当这样一个人、这样一个行动摆放在观众面前的时候，会激起后者的“同情”，这种同情会令他领悟到舞台上的那个人实际上是他自己。通过这个过程，观众的“感受”获得了对于自己天性的理解，同时还获得了美感，因为他们真正爱的事物（即那充满了“纯粹人性之特质”的人）就是美的。如此，戏剧也便实现了自己的社会功能和艺术功能。我们可以把瓦格纳创造“希格弗里德”这个形象看做他以上的理论主张的注解。在“致吾友”（1851）中瓦格纳告诉读者：他选择创造希格弗里德这个形象标志着他的“艺术意志”已经从自发转化为自觉。我们完全有理由把他的意思理解为：希格弗里德是按照他的艺术理想创造的人物，因为这个人物是个具有“纯粹人性之特质”的人。在“致吾友”中瓦格纳这样谈到他：

> 对我来说，他是永恒的、独一无二的创造性“本能”的化身，是真作为者的化身，是最饱满的男子气的化身，充满与生俱来的力量，非常可爱。这个“人”的爱不是冥思苦想，而是身体力行；爱使这个快乐的男子汉的每一根血管、每一块肌肉激动不已，催促它们以优美的行动将其实现。（*Richard Wagner's Prose Works Vol.1*，p.375）①

而在创造这样的戏剧行动的时候，最关键的是要让观众的“感受”能够懂。这便意味着：这个行动必须具备足够的“必然性”，因为观众的“感受”

① 本文中所有中文引用的译者都是笔者。

只懂得具"必然的"的东西。瓦格纳这样说:

> 他(指诗人)要完成他的任务,就一定要把种种饱含自发性的生活展现在我们眼前,即展现生活的必然性。因为他表达的对象——情感——只懂得这种必然性。(*Opera and Drama*, p.208)

> 因此,在"戏剧"中,一个行动只有完全为"感受"确认为必要,才算有存在的理由。因此诗人的任务不是创造行动,而是使这个行动具有感受方面的"必然性",清晰易懂,让我们在解释它时可以完全抛开"智力"的帮助。因此戏剧诗人的主要工作是挑选行动。他要挑这样的行动,当他从"感受"出发,其特征、其范围都完全具有合理性;因为就在这种合理性中,他才实现了他的目的。(*Opera and Drama*, p.209)

瓦格纳所说的"必然性"指的是人性上的必然性,而不仅仅是"非得如此、只能如此"的意思。若是一个行动让观众觉得"非得如此、只能如此",那它便是我们通常所说的"情理之中"的行动,这样的行动在通常的戏剧舞台上也不少见。**但是瓦格纳要的"必然的行动"是一个在动机上能够体现纯粹人性的"需要"的行动,换句话说该行动是纯粹人性所致,因而这个行动能够充分体现人性某一方面的特质。台下观众的"感受"为之共鸣的便是这种他们普遍具有的特质。就因为此,瓦格纳认为这样的戏剧只能存在于未来,因为只有未来的已经获得了人性之解放的诗人才可能想象或者认出这样的"必然的"行动,也只有未来的解放了的观众能够与这种戏剧英雄共鸣。**瓦格纳是在《歌剧与戏剧》第三部分"未来的戏剧中的诗与声调艺术"中谈到戏剧行动的设计问题的,这部分的标题本身就意味着他构想的是"未来的戏剧",不是现在的戏剧。瓦格纳特意指出过:现在的观众看不懂纯粹人性的戏剧行动,因为他们自己的纯粹人性已经被深深地压抑和高度地扭曲了。瓦格纳的观点是人只能懂得和他自己类似的人,照此逻辑,现代人只能懂得被"国家"与"宗教"塑造过的现代人,只适合去看反映现代生活和现代人的"罗曼司";面对希格弗里德,面对"戏剧",他只会困惑不解。那么,怎么理解《指环》呢?《指环》不就是给现代人看的吗？实际上瓦格纳在好几个场合（包括自传《我的生活》）表示或暗示过：他创作《指环》的时候就意识到这部作品是不能、也不适于在当代舞台上演出的；甚至他创作这部作品就是因为他已经“抛弃了任何与这个得意洋洋的世界相关的希望”（“致吾友”）。放弃了对这个世界的希望就意味着不再寻求与其合作，意味着不再进行人生观与艺术价值方面的妥协，意味着和传统的社会和主流的艺术圈公开决裂并放手创造自己理想中的艺术。《歌剧与戏剧》和《指环》就是这种决裂和放手大干的成果。

回到上面的引文上来，瓦格纳说“诗人的任务不是创造行动，而是使这个行动具有感受方面的‘必然性’”，把诗人的任务说成是“挑选行动”，他的意思是：诗人没有必要创造一个新的行动，而只需在生活中挑选一个行动；他挑选的行动最大的特征是他能在其中看到纯粹人性的动机；诗人要做的是把这个常常隐藏起来的、因此也时常被人忽视的纯粹人性的动机变得明显。但是，在瓦格纳看来历史中的人的行动动机太过混杂，其中纯粹人性的愿望是有的，但是它们和文化赋予的愿望（与国家的、宗教的观念有关的愿望）混在一处、彼此作用、斗争和妥协，因此并不明显，所以这些行动也不适合作诗人挑选的对象。那么，到哪里去挑选呢？到神话中去！神话是神话时代的产物，是那个时代纯粹人性的艺术想象力的结果，因此充满了可供后代诗人去选择的有着纯粹人性的动机的行动。瓦格纳以为这就是为什么古希腊的悲剧诗人总选择已有的神话进行再加工。瓦格纳自己的戏剧作品也大部分取材于民间传奇或神话：《荷兰人》取材于挪威的民间传说和基督教神话（“漂泊的犹太人”），《唐豪塞》取材于13世纪的传说，《罗恩格林》的故事同样源于中世纪的传奇，《指环》改编自北欧神话、萨迦和中世纪德国的英雄史诗，《特里斯坦》的灵感来自中世纪的罗曼司。如果对比一下瓦格纳的素材和他完成了的戏剧作品，我们会发现极大的差异。素材往往更像一个个新奇的故事，但是瓦格纳以之为原料创作的戏剧则有着素材没有的高度整一和强烈的情感动机。如果让瓦格纳来解释这种差异，他会说这是因为神话受基督教文明的破坏，已经残破得让人认不得其中纯粹人性的动机了，而他瓦格纳看出了这些动机，他无非是在自己的戏剧中浓墨重彩地诠释了这些纯粹人性的动机。这种诠释的结果是这些神话、传奇、萨迦或史诗的情节和性格经瓦格纳之手发生了极大的变化。瓦格纳为了让他的行动充分展现纯粹人性的动机,是不惮于大刀阔斧地处理他的素材的。

在瓦格纳的观念中,与充满必然性的行动相对的是“国家的、历史的、宗教的”行动,即戏剧的主要行动的动机是某种国家的或者宗教的观念,或者该行动完全是一系列外在事件导致的结果,是戏剧主人公迫于环境的无奈之举(即所谓“历史的”)。这些行动因为与纯粹人性的特质关系不大,所以无法引起未来的观众的“感受”的共鸣,所以瓦格纳特意将它们指出来并明确排除在“未来的戏剧”之外。瓦格纳认为“文明社会的戏剧”的绝大多数都是以“国家的、历史的、宗教的”动机为主要动机,这大概也是他以为他的那个时代没有真正的戏剧的主要原因之一。

总之,设计戏剧行动的最终目的,评价诗人能力的最高标准,就是戏剧行动成功地为“感受”所理解。当然,这同时意味着:所有理性的理解都要作为感受理解的后续;当感受面对戏剧行动处于高度兴奋和接受的状态时,它根本不用、甚至想不到找理解力帮忙。按照瓦格纳的说法就是:

> 面对“戏剧艺术作品”,喜爱综合的“智力”找不到东西可供探究。作品中的每样东西都足够让“感受”平息,在“感受”的平息中存在着宁静自身,后者带给我们对“生活”的本能理解。在“戏剧”中我们必须通过**“感受”**成为**知者**。只有当“感受”告诉我们:**“一定如此”**时,“理解”才告诉我们:**“是如此的”**。…… 要通过“理解”的百转千回才能解释清楚的东西会让“感受”坐立不安。(*Opera and Drama*, pp.208-209)①

(二)“浓缩”与“奇迹”

现在我们回顾一下我们已知的瓦格纳对建构戏剧行动的看法:诗人要挑选一个具“必然性”的行动,因为只有这样的行动观众的“感受”才会理

① 在来自瓦格纳文章的引文中出现加粗字体的地方在原文(英译本)中亦通过斜体得到强调。

解;然后诗人要更充分地以纯粹人性的动机诠释这个行动以至让观众的"感受"觉得该行动完全"必要"。现在,我们可以着手理解"浓缩"与"奇迹"了。这是两个瓦格纳谈论戏剧行动时常用的词,同时也是两个被他描述得相当模糊的概念。但是有一点是很清楚的:瓦格纳视建构戏剧行动的过程为一个"浓缩"的过程,浓缩的结果,即戏剧行动自身,被他称作"奇迹"。以下段落来自于《歌剧与戏剧》,是瓦格纳对相关概念解释得比较清晰的部分:

> 诗人渴望展现人生现象的一个大的整体,因为只有在整体中我们才能把握这些现象。在现实中,行动是大量的、无限蔓延开来的;而为了观众的理解,有必要浓缩这些行动。为了富有成效的浓缩,诗人要把那些被他抛弃的行动的动机带入他要展示给观众看的行动的动机中来;他要让这些动机成为主要动机的加强,从而使情感觉得合情合理。而被强化的主要动机相应地产生强化的行动。最后,我们看到唯有通过诗化的创造——奇迹——行动才能被强化到超凡脱俗的程度。这个奇迹完全属于人性,但把人性的机能高贵化、强化到日常生活中达不到的程度;这个奇迹不在生活之外,而是在生活的最中心被放大,使日常生活的种种与之相比晦暗无光。那么,现在我们只需确切地了解:那个带来了强化行动的强化动机,它们从何而来?
>
> 按照我们刚才的意思,所谓"将动机强化"是什么意思呢?
>
> 很显然,我们所说的不可能是堆砌动机;因为堆砌起来的动机没有一个统一的行动,是不可能让情感理解的;即使可以解释给理解来听,也无法让理解信服。动机多,行动却小,只会让动机显得渺小、异想天开、与彼无关;一个大的行动,如果有这么多动机,也只能收到漫画的效果。因此,动机的加强不在于不重要动机的叠加,而在于**许多动机**被吸纳入**这一个**中来。如果有这样一种愿望,在不同人身上、不同时间里、不同环境中中普遍存在,而且按具体情况各有适应;一旦这些人、这些时间、这些环境基本相同,人性中某个必然的方面则昭然若揭;那么,我们就把这个愿望设计成某个人在某一个时间某一个环境中的愿望。面对这一个

人的愿望,我们把不同的外部环境塑造成同一个。但这也就等于说,我们要拿走这愿望中一切特殊的和偶然的东西,而且将其全部展示为一个必然的、纯粹属于人的**情感表达**。一个人,如果还没有在关乎自身的必然性方面与自己达成一致,是没有能力做这种情感表达的。也就是说他的情感还没有一个足够强大的外物驱使它们做出一个必然的爆发;面对无力的、偶然的、毫无同情的外物,他的内心仍然分作两半。但如果存在这样一个强大的外物面对着他,或者充满如此难以捉摸的敌意,迫使他全力以赴、与之抗争;或者对他构成不可抗拒的吸引力,使他渴望付出所有、融入其中。在此情况下,他的愿望不仅清晰可见,而且海纳百川,将其之前分裂的、无力的愿望纳入其中,而且彻底将它们消化。(*Opera and Drama*, pp.220–222)

现在笔者通过解释以上的引文来解释何谓“浓缩”和“奇迹”。引文的内容可以解释为三点,合在一起就是“浓缩”和“奇迹”的主要内容。第一点,“浓缩”是诗人对生活中某种纯粹人性的愿望和行动的浓缩,即令某个具普遍性的行动(其自身发自某个具普遍性的人类愿望)集中地体现在一个具体的人身上及一个具体的情况中,这便是瓦格纳称为“奇迹”的戏剧行动。第二点,浓缩的核心部分是将戏剧行动的动机强化,即创造这样一个环境,在这个环境中主人公某种纯粹人性的愿望“达到最有力、最充分的程度”。第三点,创造一个强化的动机的最好办法是为主人公创造一个强大的对立面或一个强烈吸引他的对象,因为这样的对立面或对象最有可能激发并因而显现出他的那个纯粹人性的愿望,因而令其动机达到最强烈和纯粹的程度,他的行动也随之变得强大有力,成为“奇迹”式的。

诗是诗人对生活的浓缩,其结果便是“奇迹”,瓦格纳在这个问题上的灵感显然来自于神话。神话在瓦格纳看来是人类最初的艺术,也是最理想的艺术。虽然他在青年时代盛赞古希腊悲剧堪当艺术之“理想”,但他承认:

悲剧诗人仅仅是把神话的内容和本质以最决定性和最易懂的方式展现出来;他的悲剧无非是在艺术上将神话完成;而神话则是共同生活

观的诗。(*Opera and Drama*, p.156)

到了后来,例如在 1879 年的文章“论作诗与作曲”中,连这些悲剧诗人都成了炒荷马冷饭的人(这同时也说明在瓦格纳看来文明世界与真正的艺术是多么遥远!)。那么神话的妙处何在呢?神话诗人凭什么堪为所有诗人之祖呢?就是因为神话是最早的浓缩和奇迹,神话诗人因此是最早的诗人。在瓦格纳看来,在神话中自然被浓缩为人,人被浓缩为神和英雄。

瓦格纳并没有解释为什么说神话是将自然现象浓缩为人和英雄,笔者在此尝试着做个解释。在此笔者的灵感来自于托马斯·曼,后者在“理查·瓦格纳的哀愁与光荣”(1933)中提到这样一点:瓦格纳抓住了神话的精髓,即死而复生以及美好的青春被阴暗的冬天摧毁。作为证据,曼指出塔木兹(Tammuz)、阿多尼斯、奥赛利斯、狄奥尼索斯、耶稣的神话都具有以上这种自然现象的特征。现在笔者就以阿多尼斯的神话为例来说明瓦格纳关于神话与浓缩的观点。[①] 当神话的创造者在自然中发现了春夏秋冬的更替,他们便在阿多尼斯的神话中表现他们对该自然现象的理解。阿多尼斯是个美丽的少年,在狩猎时被熊所害(我们怎能不想到希格弗里德呢?)。他的情人阿芙罗蒂特(爱神)向宙斯请求,使其得以复生。复生后的阿多尼斯半年生活在人世,与爱神为伴,另外半年生活在冥府,与另一个爱他的女神帕尔赛弗涅(冥后)为友。这个神话对自然的象征是明显的:阿多尼斯是美好的春天的化身,是植物和农作物勃勃生机的化身,他为熊所害象征着美好的春光被寒冷无情的冬天取代;他的死而复生象征着冬去春来四季更迭;他每年在阳世与冥间各度过半年则象征着每年有一半的时光大地充满生长力,另一半时光大地则缺少生长力。在阿多尼斯的神话中,广泛存在的自然现象被具体化,集中体现在阿多尼斯这个人身上,因为就像自然万物皆有生死,人亦有生死,于自然于人死亡都是残酷而不可改变的现实。以自然的一分子人的某种现

---

① 塔木兹是苏美尔、巴比伦和亚述神话中的司动植物生殖之神,其事迹主要是少年时被杀害,后被某女神搭救,以后每年在阳间和阴间各过半年,与女神 Ishtar 结婚。学者们普遍认为 Tammuz 与阿多尼斯这两个神话是同源的。另外,奥赛利斯、狄奥尼索斯和耶稣的神话都有共同的重要特征:死而复生,活力的复苏。

象来代表自然中广泛存在的该种现象,这就是神话诗人的“浓缩”。当然,在阿多尼斯神话中浓缩并非仅此而已。除了自然的“生死”被浓缩为人的生死,存在于人间的广泛现象又被浓缩为阿多尼斯的身世。人间遍是生死、爱情,常有情欲导致的悲伤、嫉妒和争夺,而神话诗人把这种“对人和道德的看法”浓缩在阿多尼斯的故事里,便有了阿多尼斯的生死,阿芙罗蒂特与帕尔赛弗涅的情欲和争夺,阿芙罗蒂特的悲伤等等。到此为止,阿多尼斯的故事成为了自然现象和人的现象的混杂的浓缩。可以说,在本质上“浓缩”是诗人以人脑的“幻想”功能创造意象的过程。

浓缩不是用一个普通的现象代表普遍的现象,瓦格纳要浓缩过程达到的目的是一个“超凡脱俗的”行动,一个“使日常生活之种种与之相比晦暗无光”的行动,一个他称之为“奇迹”的“强化的行动”。强化的行动自然需要“强化的动机”,这就涉及如何将动机强化的问题。首先,按照瓦格纳对理想戏剧的设想,强化一个动机必然意味着强化某种纯粹人性的愿望,因为这个纯粹人性的愿望才是戏剧的正题。其次,使主人公某种纯粹人性的愿望强烈起来的最好办法是为他创造一个强大的敌人,或者一个强烈吸引他的对象。最后,为了突出作为动机的那种纯粹人性的愿望,诗人要去除动机中“一切特殊的、偶然的东西”,也就是说不能给观众这样的感觉:这个行动在一定程度上出于主人公的怪癖,或者其发生有偶然的成分。只有这个行动的动机中不包含任何“特殊的、偶然东西”,只有它仅仅是某个纯粹人性的愿望所驱动的,是主人公蓄意而为的,观众方才感受得到这种愿望的“必然性”。所谓“必然性”的意思就是:它恒在,它有着难以抑制的获得实现的趋势。

我们可以这样理解一个强大的敌人(或者“对立面”)的意义:它的存在导致了主人公不得不以抗争的和全力以赴的方式去实现人性中某一方面的“必然性”,甚至为此牺牲性命。在瓦格纳看来这正是悲剧的意义:通过英雄的牺牲指明他的人性中的某种东西是多么的“必然”。这就是为什么瓦格纳赞赏安提戈涅的神话:除了安提戈涅是“直觉”的化身,因此就像希格弗里德一样是理想的舞台英雄,还因为她的死亡符合他对悲剧中死亡意义的理解。在他看来安提戈涅与强大的敌人克里翁的对峙凸显了“爱”这种“共同的内在信念”，通过冒死去爱显示了“爱”的必然性。在瓦格纳自己的作品中，以主人公的冒死搏斗来凸显爱之必要性的情况也不少见，最典型的是西格蒙德与洪丁的决斗和布仑希尔德对沃坦的反叛。如果我们回味一下西格蒙德从梣树上拔出诺通宝剑之后的唱词，就会发现瓦格纳赋予英雄的殊死搏斗以怎样强烈的“必然的”动机（这个动机和安提戈涅的在本质上是一样的，都是“爱”）：

> 神圣的爱的最深的痛苦，渴望着的爱的焦灼的欲望，尽在我心中熊熊燃烧，驱使我去行动和死亡。诺通！利剑啊，我以“需要”为你命名！（《女武神》）

瓦格纳还提到另外一种强化动机的手段：为主人公找到一个吸引他的“对象”，这个对象“对他构成不可抗拒的吸引力，使他渴望付出所有、融入其中”。瓦格纳没有明确说这个对象最好是怎样的，但熟悉瓦格纳艺术的人可能立刻就想到他戏剧中主人公所爱的那位异性。在他的戏剧世界里，为爱而死不一定是因为与阻碍爱的敌人的抗争（就像西格蒙德对洪丁的抗争），也常常是非暴力的、主动的死亡。桑妲因为对荷兰人的“爱的同情”跳入大海去追随他，因此脱离人世升入天堂；伊丽莎白因为对唐豪塞的“宗教之爱”向圣母祈祷，以自己离开人世去侍奉圣母换取所爱之人的拯救；特里斯坦和伊索尔德为了在本体的世界中与对方合为一体而主动踏入“夜的国度”。所有这些强有力的行动都是因为某个异性的“不可抗拒的吸引力”所致，而作者希望观众因此体味到“爱”的必然性。

（三）强化的诗词

当词汇诗人通过浓缩设计出了一个“奇迹”般的行动，戏剧行动的强度便已经决定了艺术作品的语言势必要有强度，因为强化的行动和动机需要不同寻常的表达，如果表达寻常了，反而显得不自然；如果寻常与不寻常的表达方式交替进行，甚至可能显得滑稽。这是瓦格纳在《歌剧与戏剧》里表达的观点。熟悉瓦格纳艺术的人都知道：他的作品不是为所有歌剧爱好者准备的，它们的高强度只适合歌剧观众中的一部分人；这些观众要有强健的神经、充沛的体力和一种几近偏执的特殊人格才能够真正承受、欣赏甚至享受瓦格纳戏剧的强度和长度。在这些戏剧中，观众的情感始终被维持在一定的激动和紧张程度上，而且时常处于高强度的波动之中。瓦格纳不给观众的情感任何懈怠的机会，从《指环》往后他的作品中几乎找不到歌剧中常见的甜美、醉人或者轻松活泼的段子。瓦格纳的戏剧是一座活火山，要么在震动和冒烟，要么在激烈的喷发；或者像始终不肯安静的、时常浊浪排空的大海。不仅如此，它们有着超出一般观众接受能力的长度，就是说观众情感的激动和紧张时常要持续三个半到四个半小时。对于观众来说，这种感受仿佛一个孩子跟着一个壮年奔跑，很容易感觉精疲力竭。① 回到这些作品的创作中来，瓦格纳赖以维持观众这等激动和紧张程度的要素，除了“强化的”舞台行动本身，更重要的就是同样被强化了的诗词和音乐。**在表达方面，说瓦格纳追求不同寻常还不足够说明问题，事实是他很难接受、以至于完全排斥任何寻常的东西。这一点堪称瓦格纳舞台世界最突出的风格。**

因为在“完美化的戏剧”的创造过程中，诗人要先写出剧本，然后有音乐家来谱曲，所以瓦格纳在《歌剧与戏剧》里先谈诗词（他称之为“词汇语言”）的问题。总结瓦格纳对创作词汇语言过程的描述，我们可以归纳出诗人的四点基本策略。第一，诗人不能使用表现当代“国家的、历史的、宗教的”观念的语言，而是要使用一种更属于纯粹人性之表达的语言。第二，诗人的语言要简洁而富于节奏。第三，诗人不要忘记他的词汇语言最终将由音乐家扩展成为“词汇—声调语言”，即作曲家要把词汇语言变成歌并且从始至终用管弦乐给舞台“伴奏”，所以诗人写出的诗词必要比话剧的语言更简

① 创作超长的作品于瓦格纳并非从《指环》开始，他的第一部歌剧成名作《黎恩济》（1840）1842年10月20日在德累斯顿首演时居然长达六个多小时，好在观众反响很好，之后一段时间不得不分成两个晚上演。今天人们看得到的短的版本是瓦格纳后来修改的结果。瓦格纳作品不同寻常的强度和长度后来成为一些人打趣的对象，也引来了人们对其中原因的猜测。对于人们想到的种种可能的原因，笔者此处不必赘言，只是提出一个时常被人们忽略的角度：瓦格纳的精神世界是不同寻常的，他在兴奋时的精力旺盛的程度也是不同寻常的。举个例子来说：他在五十岁以后还不时在非常开心的时候飞快爬上一棵树或者倒立。所以衡量他的戏剧长短完全是个衡量标准的问题：是以观众的标准还是以瓦格纳本人的标准。

洁。第四,使用头韵。头韵的意义笔者在上文介绍过了,下面简单介绍一下其他三点创作诗词的策略。

关于第一点,即诗人要使用“更纯粹人性的语言”,瓦格纳的意思是:既然在“完美化的戏剧”中戏剧的行动的动机是纯粹人性的愿望,传统上诗人们用来表达“国家的、历史的、宗教的”内容的“智慧语言”自然是不能用的,因为它们只能是思想(“理解”)的载体,而不是情感(“感受”)的载体。也就是说,诗人要令自己的语言返璞归真,回归到类似词汇语言的纯真阶段的状态(参见上文瓦格纳对词汇语言之发展史的构想),那种状态的语言才适合表达纯粹人性的情感。关于第二点诗词要简洁而富有节奏,瓦格纳给出了使诗的词汇语言更简洁和富于节奏的具体办法。他指出:现代语言有这么一个特点,就是其唯一能令人理解的加重音方式是按语义重点加重音,也就是说,关键词在哪里重音就在哪里。这意味着重音与重音之间相隔较远,其间不少音节没有重音。散文里重音少一些当然没有问题,但是诗需要更多的重音,因为它需要节奏。以往诗人解决节奏问题的办法是生搬硬套古人的某套格律,按照相关的格律把重音强行加在某些音节上,完全不顾这个音节是不是语意重音。这种语意重点和声调重点的不协调瓦格纳是不接受的。他认为今日的诗人可以从人们激动时的表达方式中获取如何安排重音的灵感。在人情感强烈时,他使用的词汇更少,关键词的比例高,所以语义重音的比重更大;他言辞的简练也使他能将更多的气息用在这些重音音节的重读上,从而使语言更加情感化。诗人完全可以效仿这种方式。此外,瓦格纳还建议诗人通过使用最简洁的表达方式来进一步促进诗词的简洁与节奏,例如去掉不必要的助词,从而使重音与重音之间距离更近。可以这么理解:瓦格纳认为“完美化的戏剧”中的强化的行动和动机本身就意味着更简洁的词汇语言、更密集的关键词和重音以及由此带来的更能体现语意内涵的节奏。

关于第三点,即“完美化的戏剧”中的词汇语言比通常的话剧(诗剧)中的要简洁,除了因为它经过了以上提到的语言的简洁化和节奏化处理,还有一个原因:“完美化的戏剧”是整体的艺术作品,使用的是一种诗、音乐与模仿融为一体的语言,并非像“绝对的诗”在那么高的程度上依赖词汇语言。一般话剧中那种知无不言、言无不尽的尽兴抒怀在完美化的戏剧中会显得冗赘多余，完美化的戏剧的词汇语言——也就是歌词——要简洁得多，因为大量的信息是通过音乐——包括歌曲和管弦乐队演奏的乐曲——和演员的肢体和表情（模仿）实现的。可见，无论是出于节奏的考虑还是出于“整体的语言”的考虑，瓦格纳要的“戏剧”中的诗词是极其简洁的，而且有意思的是，这样的诗词我们似乎也只能在瓦格纳的戏剧中听到。《特里斯坦》（1857）的诗词当属这种简洁诗词之典型。很多热爱瓦格纳艺术的人认为这部歌剧是瓦格纳最感人至深的作品，有趣的是它的剧本也是瓦格纳所有剧本中最让人看不懂的，究其原因就在于这部歌剧的诗词是最不独立的，大量的意义要结合歌曲旋律和乐曲旋律才能理解。另外，这部作品的诗词也最能体现以上第二点中瓦格纳所倡导的简洁而富有节奏的词汇语言的理想，笔者在此节选其中一段有代表性的拿出来作例子。这一段来自第二幕，是两位主人公在幽会部分的最后一段合唱，以下是英译文，虽然不能体现原文的韵，但原文那种突出的言简意赅的特征清晰可见：

O endless night!
Blissful night!
glad and glorious
lover's night!
Those whom thou holdest
lapped in delight,
how could e'en the boldest
unmoved endure thy flight?
How to take it,
how to break it, –
joy existent,
sunlight distant.
Far from mourning,

sorrow −warning,
fancies spurning,
softly yearning,
fear expiring,
sweet desiring!
Anguish flying,
gladly dying;
no more pining,
night enshrining,
ne'er divided
what'er betided,
side by side
still abide
in realms of space unmeasured,
vision blessed and treasured!
Thous Isolda,
Tristan I;
no more Tristan,
no more Isolda.
Never spoken,
never broken,
newly sighted,
newly lighted,
endless ever
all our dream;
in our bosoms gleam
love delights supreme！[①]

① 英译文引自 *The Authentic Librettos of the Wagner Operas*.

词汇诗人在按照上述的四点“语言策略”完成了他的任务以后,戏剧的诗词便成为了简洁的、有抑扬顿挫之节奏的、使用头韵(和尾韵)、表达纯粹人性之情感的语言。这个时候,诗之表达已经脱离了普通戏剧的繁复的“智慧语言”而成为相当“情感化”的语言,也就是说它已经能够激发观众感受的兴趣了。但是,瓦格纳认为这种诗词还没有完全情感化,它处于感受的语言和理解的语言的中间。我们也许可以这样理解瓦格纳:这样的诗词,其词汇本身仍然是理解的语言,但是词汇所具有的主观情感色彩、尤其是它们的韵和节奏赋予了它们以一定程度地激发情感的能力,所以它现在处于“半感受半理解”的状态。瓦格纳指出:戏剧语言如果发展到这一步就不再继续向前发展了,它既不能让感受充分理解也无法让理性充分理解;它唯一的出路是继续由声调诗人——即音乐家——发展成为“词汇—声调语言”。

二、声调诗人的任务

(一)歌曲与乐曲

笔者在上文介绍过“智慧感受化”这个概念。这是在瓦格纳的诗学中处于中心地位的观念之一:诗人若想要向观众传递一个观念(或者说他理解到的某样东西),他必须完全而充分地面向观众的感受,将那个“智慧”转化为观众的感受看得见听得到的东西(即将其“感受化”),唯有如此,观众才能真正理解那个观念。在上文笔者也总结了瓦格纳对纯音乐的发展史和诗的语言的发展史的看法,其中谈到过:瓦格纳认为音乐是情感(或者说“意志”)的语言。理解了以上的观点,我们就很容易理解在“完美化的戏剧”中音乐担当的关键性角色了:即将戏剧的语言情感化。为了表述方便,笔者按照瓦格纳的思路把音乐家的工作划分为创作角色演唱的“歌曲”和创作管弦乐队演奏的“乐曲”这两项——当然歌曲和乐曲的旋律在完美化的戏剧中往往互相转换——然后分头描述歌曲和乐曲是如何在戏剧中发挥情感化的功能的。

歌就是声调诗人把词汇诗人的诗词旋律化，就是通过唱的方式将诗的语言从词汇语言转化为真正的诗的语言，即“词汇—声调语言”。从原理上说，再情感化的词汇语言的诗，其内核仍然是理解的语言——词汇，这意味着它们的情感内容既不充沛也不清晰，还不足以承担“戏剧”表达一个奇迹式行动和一个强化的动机的重任。从观众认识的角度看，词汇是理解的语言，音乐是感受的语言，词汇诗人创作的诗词有节奏有头韵，已经具有了某种音乐性，也就是已经具有某些感受性，但离真正的感受的语言还远。所以，无论是为了提高诗词的感受性，还是为了更适合于表达一个强化的行动，诗词都必须由“声调诗人”上升为歌。歌的演唱相对于同样歌词的朗读在表达的情感强度和情感效果上的差别是毋庸置疑的，理解这种差别只需随便挑选一首流行的歌曲，先聆听其演唱，然后聆听其歌词的朗读，一切便一目了然了。中国人会说某个人“说的比唱的都好听”，但瓦格纳很明了：说的永远没有唱的那么好听。

瓦格纳认为由管弦乐队演奏的乐曲的功能可以分为两种：一种是伴奏，一种是表达“不可言说或不愿言说的”。在“戏剧”的某些场合，角色用歌进行充分地情感丰沛的表达，这时候歌是表达的主角，乐曲充当配角，进入“后台”，仅仅为歌提供必要的和声支持，这就是它的伴奏功能。但在另外一些戏剧场景中，角色并未进行充分的表达：可能他的内心在活跃着，因此嘴上的“言谈”便不那么“尽情”，甚至只是轻描淡写地唱几句；可能他的肢体动作很多，但因为独自一个人而没有任何“言语”。在这样的场景中，如果有表达的需要乐曲可能来到“前台”。这时它便不仅仅是伴奏，而是担当起表达的主角或主角之一，向观众表达“不可言说或不愿言说的”。所谓“不可言说的或不愿言说的”，就是诗人没有通过角色之口表达，而通过管弦乐队表达的一切。它最有可能是角色的心理活动和情感，但也有可能是管弦乐队直接对观众倾诉的情感；在后一种情况下，乐曲的作用类似于希腊悲剧中的合唱，是一种来自于舞台表演之外的影响或干预。希腊悲剧的歌队在舞台行动的空档向观众表达自己对刚刚所发生的行动的感受以及由此引发的联想，或者对未来产生某种预感或期待，在“完美化的戏剧”中管弦乐队承担了类似的功能。瓦格纳把管弦乐队向观众表达自己的感受与联想的功能称为“回忆”,把乐队表达预感与期待的功能称为“预感”。换句话说,在“完美化的戏剧”中,乐队时常是角色或一个看不见的歌队的“思前想后”的器官。

先说说瓦格纳对乐曲的伴奏功能的看法。瓦格纳强调的一点是:管弦乐队对歌的和声支持是绝对必要的,事实上越是歌担当表达之主角的时候,管弦乐队的在场越重要。为什么呢?因为这种和声支持保证了乐队即使在充当配角的时候都始终在场,而管弦乐始终在场意味着适合于观众的感受力的音乐始终在对这些感受力说话。具体地说,当角色通过歌进行充分表达的时候,有时为了更精确的描述,歌词势必变得更加理性更加适合理解力,同时因为有歌曲包裹着歌词所以整个的歌尚有感受之语言的表象。在这种情况下,管弦乐队可以通过伴奏加强表达的“感受化”程度:作为情感的语言,哪怕是最简单的伴奏乐曲都可以有效地说服观众的感受,使其保持在一定程度上活跃着;而感受活跃着意味着它为真正理解戏剧要表达的感受内涵做好了准备。所以瓦格纳特别指出:“戏剧”中仅用歌表达是不够的,管弦乐对于实现戏剧的目的必不可少,它必须始终在场。“未来的艺术作品”(1849)中的一段话很形象地说明了管弦乐始终在场的意义:

> 可以这么说,管弦乐队是无边无际的普遍情感的沃土,从这片沃土中单个演员的个体情感获得力量,可以一飞冲天。从某种意义上,乐队把现实的场景融化了,使之成为流动的、可塑的、易感的天仙之气,其深不可测的底部是情感的汪洋大海;所以它就像巨人安泰脚下的大地,只要他的脚触碰到它,便会获得无穷的力量。管弦乐队本质上与围绕演员的场景,也就是与地点,截然相反;它被合理地安置在舞台景框之外前台的下面;但他同时对场景做了完美的补充,因为它把无穷尽的自然的物质成分扩展成为同样无穷尽的艺术的人的情感成分。(*Richard Wagner's Prose Works Vol.1*, pp.190−191)

在上面的引文中,管弦乐被称为“无边无际的普遍情感的沃土”、“巨人安泰脚下的大地”、“情感的汪洋大海”,所有这些比喻只是为了形象地说明乐曲的一个功能:打开观众情感的大门,让他们的情感活跃、热烈起来。这个时候,他们的感受便已准备好了去积极地认识。面对感受这种非常活跃而积极的状态,演员的表演和演唱自然有不俗的效果。实际上瓦格纳在这段引文中所描述的管弦乐给舞台表现带来的神奇的变化发生在观众的认知之中,在观众内心的剧场中。

(二)“回忆”与“预感”

现在解释一下乐曲的另一个功能:表达“不可言说的和不愿言说的”。我们可以把“不可言说的和不愿言说的”理解为角色的情感:情感常常是存在角色心底的,便是所谓“不愿言说”;情感更经常是无法真正以词汇表达出来的,因为它太复杂、藏得太深、太微妙或太不稳定,这就是所谓的“不可言说”。所有这些“不可言说的”和“不愿言说的”情感是观众理解戏剧所必要认知的,而管弦乐队则提供了令观众可以认知它们的手段。当戏剧目的要求角色保持某种程度的节制的时候,也就是当戏剧目的不允许角色充分通过肢体或歌表达的时候,管弦乐就要起到补充和配合唱与演的作用,必要时甚至成为戏剧表达的第一主角。此时管弦乐队演奏的已经不再是简单的伴奏,而是像交响曲一样有丰富的、变化着的、贯穿始终的动机,外化了角色的内心。

瓦格纳特别强调管弦乐的“回忆”与“预感”功能。我们可以视“回忆”与“预感”为音乐诗人利用音乐动机传递角色思想情绪的两种方式,它们对应的是人的思想情绪自身的两个方向:面向过往和面向未来。能够用管弦乐“预感”与“回忆”,音乐诗人就可以放手让角色的内心自由驰骋了。要做到这一点,作曲家先为某一个戏剧情境(其焦点是某人、某物、某种思想或情感等)创作一个音乐动机,然后让这个音乐动机(包括其变奏形式)在相似的情境中反复出现,以此在观众的感受中建立起这个动机的基本意义。**当很多这样的音乐动机都通过类似的戏剧情境在观众的感受中建立起了自己的基本意义,乐曲就突破了绝对音乐只能表达宽泛情感的局限,有了一套属于自己的可以表达个性化情感的语言。**这种音乐动机被瓦格纳的研究者称为“主导动机”(leitmotiv),不过瓦格纳本人没使用过这个词。在本文中笔者既使用

“主导动机”这个专门的词,也使用其他的说法来指代同样的东西。瓦格纳不是最早在歌剧中使用主导动机的人,莫扎特、韦伯等人都使用过有主导动机特点的技巧,但是有意识地、大量地使用主导动机、将其作为歌剧表达的突出手段,瓦格纳是歌剧史上第一个这么做的作曲家,“主导动机”这个词因此时常和他的名字连在一起,被认为是他发明的。

先解释一下管弦乐的“回忆”。笔者上文说过:绝对音乐家为自己的音乐命名(即标题音乐),试图以此说明自己音乐的内容,这个内容在瓦格纳看来只是音乐家单方面的幻想,并非听众们共有的理解;而且就是这种标题音乐被再三重复,它的含义仍然是模糊的。这就是绝对音乐的短处,它无法依靠自身做确切的表达,无论它想表达的是某个特定的情感还是某个特定的形象。在有这个认识的前提下,瓦格纳指出用音乐表达戏剧人物内心的这条路还是走得通的,就是音乐可以通过“回忆”的方式“将思考外化”,将人物的“确定的情感”传递给观众。“回忆”的关键步骤是通过歌中歌曲与歌词的结合。通过这种结合,歌曲中的某一段旋律、某一个音乐主题被清楚地赋予了歌词的含义。如果用比喻来说明歌中的这种关系,瓦格纳的那个比喻最恰当:男性般的诗人来到音乐之海,女性般的音乐家从这海的底部游到海面,两个人就在海面上举行了婚礼。在结合之后,诗人在海面上看到自己的倒影,而海底对于他来说仍然“充满着无限的可能性,深不可测”,那是“自然本身的深与广”。可以这么理解:当音乐与诗在歌曲中结合,音乐的水中便有了诗词的倒影,音乐本身表达的泛泛的情感就被这个“倒影”具体化了,有着无限可能性的音乐就有了较确定的含义;但与此同时,在诗的倒影之下,是无限深广的情感的大海,也就是说诗词在与旋律结合之后获得了远超过它自身的深度。因为歌词与歌曲在歌中的结合令后者有了明确的涵义,所以某个音乐主题的涵义就建立起来了,这个时候它就成为研究者们所说的“主导动机”;然后,无论在戏剧的何时何地,只要该“动机”以管弦乐曲的形式出现,观众便会本能地理解它的含义。事实上随着戏剧的发展,同一个动机会一而再再而三地出现,有时候出现在歌曲里,但绝大多数时候是在乐曲里,这个时候该动机的含义就不仅仅来自于歌词,而是来自于他所出现的整个戏剧情境。在这个反复出现的过程中，这个动机的含义不仅对观众来说更加清楚，而且还因为它所依赖的那些情境有所加深。最后观众听到这个动机会条件反射般地想到它所代表的情感或事物，它也就成为了一个和文字符号一样确切的音乐符号。作曲家把几十上百个这样的音乐符号按需要交织在一起，就可以尽情用管弦乐挥洒他的“回忆”，更准确地说挥洒角色的回忆或乐队（在“完美化的戏剧”中担负着古希腊悲剧中歌队的功能）的回忆，“音乐诗人”就是这么成就的。此外，瓦格纳指出“回忆”这种表达方式有这样一个妙处：当乐曲中出现某个主导动机的时候，我们可以将其视为角色心中所感所想；但同时角色还可以唱，这时他可以用一段新的歌（包括新的歌曲）表达一段新的感想。这么做的话，观众就能同时“看到”角色内心的世界和他外部的表达。

瓦格纳在《歌剧与戏剧》中说得很明白：某个音乐主题若要获得清楚的含义，一定要经历与歌词在歌中的结合，但是在瓦格纳本人的戏剧里歌词不是唯一能够赋予音乐主题以含义的东西。在这些戏剧中，重要的音乐主题都曾出现在歌里，但是它们也出现在各种其他的场合；在那些其他的场合，它们仅仅出现在乐曲里，但是舞台行动本身会在一定程度上赋予其含义。可以这样说，在瓦格纳的作品里，歌对于观众确定重要的音乐主题的含义必要的，但不是唯一的，而且不可能是唯一的，因为紧靠歌来赋予主导动机以内容是不够的。当一段旋律在歌曲中出现过一两次之后，观众完全可能仍然没记住这段旋律、更不用提记住同它一起出现过的歌词了。瓦格纳的作品中主导动机很多，戏剧时间也很长，这些音乐动机散布在整个作品中，这更意味着若要在观众心中建立某个动机的意义，仅靠歌曲是不够的。对于很多瓦格纳的观众来说，瓦格纳戏剧中的某个音乐主题在含义最终明确之前，可能已经在歌和乐曲中出现过多次；他们不是仅仅依赖歌词来领会它们的意思，更要靠领会它们现于其中的一整个一整个的戏剧情境；有的时候他们要比较和综合这些不同的情境才能真正把握同一个音乐主题的意义。当然，对某个音乐主题领会的速度因为观众能力的不同而不同，但是总的来说，一支歌过后便能把握其中的主导动机的情况当属罕见。

管弦乐队的“预感”是“完美化的戏剧”中管弦乐队利用主导动机担

当的另一种职能。具体来说,就是在戏剧行动由一种确定的感情推动之前,或者说在戏剧行动的平静期、未来行动的主导性情感动机还没有形成的时候,管弦乐队以一定的乐曲在观众心中制造从平静到渴望和期待的情感。用以造成“预感”的乐曲同样是某些主导动机,但是由于这些动机刚刚出场,尚未在歌中与歌词结合,也不曾被某个情感鲜明的戏剧情境赋予意义,所以它们的意义是模糊的。这种意义模糊的音乐动机最适合于为观众带来“预感”,因为后者本来就是某种模糊的感情。不过,瓦格纳所说的“预感”的手段不仅包括制造预感,也包括实现预感:这个被创造出来的渴望和期待将在戏剧行动中、尤其是角色的歌词中得到满足或验证。如果戏剧某一幕的某个乐曲的动机给观众带来这样的预感——未来将发生一场致命的冲突,那么后来这样的冲突就要真的发生。更能够给观众带来满足的方式是:创造了预感的那个主导动机后来在歌中出现,并由歌词非常明确地赋予了意义。例如在戏剧的某一幕的某一个时刻,管弦乐队开始一次或数次呈现某个音乐主题,而观众的感受意识到这是个温柔的爱的主题;那么,最好的“满足”或“验证”方式莫过于在其后的行动中由角色尽情唱一支爱的歌,让这个主题在歌曲旋律中出现,此时歌词印证了观众当初的“预感”——“温柔的爱”。实际上,即使没看过瓦格纳的音乐戏剧读者也能通过流行歌曲理解“预感”的技巧。很多流行歌曲的前奏部分往往包含了整个歌曲最重要的旋律,可以说这么做就是给听众创造“预感”,并且随后通过唱(往往是在副歌中)满足这个“预感”。瓦格纳认为乐曲创造的“预感”对于戏剧“奇迹”的实现非常必要,指出如果没有事先的“预感”,观众面对奇迹式的行动会感觉不懂、甚至荒唐。

托马斯·曼有一个关于瓦格纳的观点:瓦格纳艺术的锻造诚然有天才式的灵感的因素,但同时也包括了精心而巧妙的设计。这个观点在一些场合成为了曼反对瓦格纳的一个理由,变成了如下的观点:瓦格纳的作品显得象是天才的“即兴之作”,显得像是纯真的“德国式的作品”,实际上却是瓦格纳精心设计的结果;这种设计“充满野心,非常狡猾”,目的就给观众带来“天才”、“纯真”、“德国的”的印象,并操纵他们走向兴奋和陶醉。曼的这个观点起源于尼采,后者在“瓦格纳事件”(1888)中数次称瓦格纳为“老魔法师”,利用音乐跟观众“玩把戏”,制造效果。无论是曼还是尼采,他们的这些说法针对的目标主要是瓦格纳利用主导动机进行“预感”与“回忆”的技巧。对于这样的批判,笔者姑且不论瓦格纳的艺术目的是否“纯真”,不论他是否像尼采和曼所说的那样以“放大自我”为创作之宗旨,因为艺术家的心里所想往往是最难否认也最难证明的东西。在这个前提下,笔者的看法是以下这三个观点。第一,瓦格纳的艺术确实是精心设计的。虽然笔者毫不怀疑他戏剧中的很多细节是即兴的产物,而且相信任何一个伟大艺术家的创作过程一定包括了那些令人叹服的即兴时刻,但是瓦格纳的这种精心设计的态度在《歌剧与戏剧》中让人一目了然:他周详地计划了未来的“完美化的戏剧”的创作过程,考虑了这个过程的每一步,而最能体现其设计之巧妙的便“回忆”与“预感”。第二,瓦格纳对剧场观众的感受非常敏锐,他的艺术驾轻就熟地利用了他在这方面的敏感,他创造“完美化的戏剧”的方法时常是顺应观众的感受方式来的(这本身就是瓦格纳诗学的一个特征),并以此将观众引导向一个超凡脱俗的境界。但是,反过来说,哪一位伟大的音乐家或诗人做不到高度了解并且熟练主导他的观众或读者却成就伟大的?如果艺术的技巧本质上不是这种高度了解和熟练主导,那它是什么?第三,如果说瓦格纳是个“魔术师”,这个魔术师倒有着罕见的“老实”,因为他把自己魔术的秘密全写得明明白白然后出版了(《歌剧与戏剧》)。

(三)再论“回忆”与“预感”

关于用管弦乐进行“预感”与“回忆”的方法,笔者还要做些补充说明。首先,瓦格纳指出了在“戏剧”中广泛使用主导动机创造预感与回忆的做法会促成戏剧的“整一”。瓦格纳是这样说的:

> “戏剧行动”的这些“主要动机”就如头韵一样,适时出现,有所暗示,而且外化为可辨别的旋律片段。如今这些旋律片段共同铸造了一个连续的艺术“形式”,不仅覆盖了戏剧中较小的若干片段,而且覆盖了整个戏剧本身。这是个有凝聚力的联合体,其中的旋律片段互相阐释,结

> 为一体。它们蕴含的“情感”或“场面”的动机是“行动”的最有力动机,并且在自身包含了较弱的动机;它们在“感受”面前也互为条件,表现了它们同源的关系。就在这个联合体中完美的统一的“形式”终于出现,表达了统一的“内容”。如此,这个“内容”的实现第一次成为可能。(*Opera and Drama*, p.348)

我们可以这样理解瓦格纳这个观点:这些用作预感和回忆的“旋律片段”(即主导动机)是用来表达那些最重要的戏剧动机的,即那些决定了那些强化的、凝缩的行动的“根动机”。音乐家所做的无非是把这些“根动机”感受化,外化为相应的“旋律片段”,就是我们通常所说的“主导动机”,并按照戏剧的目的灵活运用。在某个根动机出现的地方(例如当角色产生了相应的念头的时候),相关的主导动机就会出现。因为戏剧的根动机是行动的基本动力,会在整个戏剧范围内反复出现,所以相应的主导动机也会反复出现。就这样诗人通过主导动机的预感与回忆为“戏剧”编织出了形式和内容上的双层“整一”。有趣的是瓦格纳再次指明了这种戏剧动机和音乐动机的重复对观众的感受产生的特殊效果:这种全剧范围内旋律的重复就如同歌里面关键词开首辅音的重复(头韵),能够激发感受的兴趣并因而导致更充分的理解。

其次,当管弦乐队进行预感与回忆的时候,它便能够像希腊悲剧的歌队那样在舞台行动之外阐释和评价舞台行动。观众诚然可以把管弦乐队的很多预感与回忆当做角色内心的感受,是角色自身的预感与回忆;但是,既然这些感受不是角色唱出来的,而是管弦乐呈现给我们的听觉的,那么观众在戏剧的某些场合便可能有理由把这些乐曲看做一个舞台之外的声音(而且管弦乐队确实在舞台之外)在对着他们表达,这个声音表达的是它自身对舞台行动的感受。如果这么理解管弦乐的预感与回忆的话,乐队就成为了全能的叙事者,或者史雷格尔所谓的“理想的观众”,甚至是诗人为烘托气氛在观众席前方安排的“托儿”。在这种情况下,管弦乐队在“完美化的戏剧”中干起了歌队在古希腊悲剧中的活。直至今日,管弦乐队在剧场里的位置仍然大约相当于歌队在古希腊剧场里的位置——舞台前方，而且乐队和乐池还叫做orchestra，和希腊悲剧的歌队场地同名，这也许说明了文艺复兴时代以歌剧恢复古典悲剧形式的古老理想一直都在，但是似乎只有瓦格纳曾经真正地实现了这个理想。

瓦格纳曾经这样总结管弦乐队在“戏剧”中的功能：

> 戏剧“表达”的重心在于表演者的**歌曲**：绝对的管弦乐队旋律作为**预感**向歌曲靠近；歌曲又产生了用乐队动机表现的“思想”，也就是**回忆**。“预感”有如一线光亮，投射在物体上，让我们看到这物体的真颜色；“回忆”是那颜色自身汇聚在一起，由画家从那物体借来挥洒在类似的其他东西上。我们眼前是活生生的演出，是歌曲演唱者的动作或表演者的戏剧姿态；而管弦乐队对着我们的耳朵解释这一切。当然，管弦乐队最根本、最必要的职责是用和声支持歌曲。——在表演者的每次整体表达中，无论是对着观众的眼睛还是对着他们的耳朵的表达，**管弦乐队**都始终陪伴着，在各方面加以支持和解释。我们可以称管弦乐队旋律为“音乐的母体”，从中产生了一统“表达”的手段。（*Opera and Drama*，p.335）

《歌剧与戏剧》是瓦格纳青年时代的理论大成，在这部作品中瓦格纳设想在完美化的戏剧中所有一切都为戏剧服务。在上面的引文中，瓦格纳说“戏剧表达的重心在于表演者的歌曲”，指出管弦乐队的作用是面向观众“支持和解释”舞台表演，这意味着他认为在完美化的戏剧里乐队是为舞台行动服务的，或者说音乐家要做诗人的“仆从”。但是，即使从瓦格纳这个时期的理论来看，他理想中的这个“仆从”有相当程度的独立性。道理很简单，管弦乐队在舞台之外（或者说舞台之前）对观众表达使它客观上成为独立于舞台的声音。可以这么说：正如希腊悲剧是由舞台上的戏剧和舞台外的合唱两部分构成的，“完美化的戏剧”也是由舞台上的戏剧和舞台外的乐曲这两部分构成的。二者与其说是主仆关系，不如说更像主次关系。至于如何规定二者的主次关系，青年瓦格纳再三强调舞台行动为主管弦乐曲为次，而在他中年转折之后，他开始宣扬相反的说法（详见后文）。上面的引文的最后瓦格纳称乐曲为"音乐的母体"。"音乐的母体",由音乐构成的"母体",这是个极有启发性的说法,它指示给我们的与笔者在上文提到过的"巨人安泰脚下的大地"和"海面上的婚礼"的比喻差不多。在"大地"的比喻中瓦格纳指出管弦乐可以令歌具有一飞冲天的活力;在"婚礼"的比喻中,他指出诗人与音乐家的结合令音乐之海的海面上有了诗人的倒影,这个意象也可以理解为:通过歌某些主导动机有了明确的意义,但是这些主导动机下面是管弦乐的深广大海。而"音乐的母体"的说法指向了相同的理念:在戏剧中管弦乐是大海,它不仅在舞台之外支持和解释舞台行动,它还有自身独立的、不可取代而且更为"无限"的意义。**青年瓦格纳将戏剧中的管弦乐比喻为"大地"、"大海"、"母体",说明与其他同时代的歌剧作曲家比较,他对管弦乐在戏剧中的作用并非更轻视,他比他们更加看重管弦乐,对其倾注了更多的期望。他要求音乐家在未来的艺术家联盟中服从于诗人,这个"服从"的关系我们最好理解为"积极配合"的关系,并不意味着音乐在意义和潜能上比诗更低,实际上他的看法正相反。这种对音乐的意义与潜能的高度评价和重视,最终在叔本华的引导下催化了他中年以后的另一种与青年时代的"瓦格纳主义"相当不同的艺术思想。**

关于瓦格纳的"预感"与"回忆"还有一点笔者要说明,就是虽然他在《歌剧与戏剧》中指出"完美化的戏剧"中的"旋律片段"表达的是戏剧行动最主要的动机,还说过这样的旋律片段不宜过多,但他自己的戏剧里这样的"旋律片段"很多,其中很多并非指向行动的主要动机。瓦格纳戏剧里的主导动机不仅仅指代一种感情,其中很多指代的是具体的一个事件或者事物,后一种情况在《指环》中尤其明显。在《指环》里,瓦尔哈拉宫、莱茵河、沃坦的长矛、诺通宝剑、希格弗里德、迷魅、巨人们乃至布仑希尔德的马都有与其相对应的音乐动机。当然,这些动机出现的时候并非一成不变,其变奏形式可以表达在特定场合角色提到或想到这些人和事物时的特定的情感。可以说,瓦格纳戏剧的音乐,尤其是乐曲部分,就是由大量指代不同情感、事件、事物、人物的主导动机为主体的,这种编排音乐的方式赋予了音乐极强的表现具体内容的能力。预感与回忆就是管弦乐队表现这些具体情感或思想的两种形式:当一个音乐动机的意义尚未明朗化,在它尚未在歌曲中被赋予清晰的含义之前,它在乐曲中的存在便是所谓“预感”;当这个音乐动机意义明朗化之后,它在乐曲中的存在便是“回忆”。

最后,由于“预感”与“回忆”诗的管弦乐是由丰富的指向性很强的主导动机构成的,所以“声调诗人”必须具备以短小的旋律代表乃至象征多种个性化的情感、人物和事物的能力。这也是瓦格纳在《歌剧与戏剧》里对声调诗人提出的要求。他指出:只有作曲家具备了表达丰富的戏剧性情感的能力,诗才从词汇诗人创造的雏形成长为“被完成的戏剧”,从词汇诗人的“愿望”(通过作曲家)成为最终实现的“能够”。如果声调诗人没有这种能力,那么戏剧中的音乐(配乐)还是绝对的,还是它自己,并且因此与戏剧分隔开了,观众便会注意到它,却不会被它带向戏剧,反倒被它分散了注意力。如果这样的话我们只能哀叹“完整的戏剧”没有实现,所谓戏剧还是各种绝对艺术的拼凑;只是这回并非由于艺术家们不想将他们的艺术融为一体,而是他们“不能”。瓦格纳这样设想音乐家的“能”与“不能”导致的不同情况:

> 音乐家受诗人的“目的”启发,使“管弦乐队”的强大表现力更上一层楼,使之每时每刻都向“感受”明白地展现“戏剧场面”之“不可言说的”。此时音乐家无需谨小慎微;正相反,他该极尽其才华,为熨帖地表达而发明色彩无限的乐队语汇。“戏剧动机”是无限多样的,需要极具个性的表达,如果管弦乐队的语言缺乏足够的个性,不堪此重任,那它就不能真正地去满足,那就只能起到捣乱的作用。在“完整的戏剧”里,任何不完全足够的要素都会把观众的注意力引向该要素自身;而为了戏剧目的考虑,注意力是不该被引向这些要素自身的。但如果“管弦乐队”处处以最亲密的姿态伴随“戏剧动机”,体贴入微,它就能将我们的整个注意力不可逆地引离表达方式自身,而直接引向被表达的东西。所以,最丰富的乐队语言是将艺术目标暗示给观众,以完全不被听到的方式言说。也就是说:我们听到的不是它的机械结构,而是它的有机能力。此时的它与“戏剧”是一体的。(*Opera and Drama*, pp.370–371)

所谓“以完全不被听到的方式言说”以及“我们听到的不是它的机械结构，而是它的有机能力”，意味着观众从音乐那里获得是戏剧情感，而不是他以往从绝对音乐（包括歌剧）中获得的“形式”和“旋律”。当观众聆听纯音乐或者歌剧音乐的时候，他品味着作曲家呈现给他耳朵的“形式”，或者享受着旋律带给他的种种令人愉快的感觉；但是他从中听不到戏剧性的情感，一种**具体的**情感。这种情况就仿佛一个人在说话，听者享受着他悦耳的声音、优美的语调、铿锵的节奏，赞叹他的发音器官如此灵活巧妙地运作，因为这一切快乐、陶醉，但却没注意到他在**说什么**。但是，当音乐按照“完美化的戏剧”的设计所要求的方式为戏剧服务并且能够胜任，那么虽然它仍然是结构和旋律，但是观众听到的是“戏剧动机”。这就仿佛当听众真正听懂了一个演讲者在对你说什么，并且对其内容深感兴趣，他们的注意力就不在他的音色、语调、节奏和发音上了。归根结底，瓦格纳所谓“以完全不被听到的方式言说”与他的那个基本艺术主张是一致的，即艺术手段完全为艺术目的服务。

到此为止，笔者已经解释了瓦格纳关于“戏剧”的创作计划的主要步骤。现在，我们以《歌剧与戏剧》中的一段话来回顾“完美化的戏剧”的创作过程：

> 听众有意愿的期待，或者说期待中的听众的“意愿”，是艺术作品的第一个促进者；它决定了诗人为满足它而来取的“表达”方式。听众紧张地期待某些不同寻常的东西出现，所以诗人不仅要让他懂，而且要让他以其期待的那个强度去懂。
>
> 从最开始，诗人就要为使自己的“目的”清晰而利用观众的期待感，这就要通过向目的地的方向引导观众不确定的情感。纯“音乐”，即管弦乐队的语言，是一种不确定的暗示着的语言，唯它能胜任这项工作。管弦乐队表达了在艺术作品出现之前我们的期待感，按照特定戏剧目的的需要引导着我们心中悬念般的感情，将其发展为“预感”。“预感”势必要一个确定的现象与之契合；当诗人将期待的对象，一个戏剧人物，置于场景之中时，如果此人的语言让我们想起刚被我们忘却的凡

> 俗生活，那他只会让我们已被唤起的“感受”愕然、失望。这个人物如果还想符合我们已然波动的情感的话，那他必须使用唤起了我们情感的那种语言。也就是说他如果还想我们已然热乎起来的“感受”理解他，他便必须用“声调语言”说话。而且，他的语言必须要将我们激动的情感固定。能将这些模糊情感固定的方式是给它们一个明确的点，让它们围绕这个点聚合起来，感同身受，凝缩为一种具体的同情，面向此事、此环境、此困境中有此意志的这个特定的人。只有词汇语言才能向“感受”确定地展现这样一个个体。我们在日常生活中本能地理解它，用它表达我们的困扰和愿望。戏剧人物要想让我们理解他的话，也一定要用这种语言。然而观众热烈的情绪势必要求人物语言不可皆然不同于曾打动了它的声调语言，所以人物的词汇语言要与声调语言有所结合。结合之后的语言既是对跃跃欲试的情感的阐释，又是这情感的伙伴。既然“表达”已高于生活中的语言，戏剧人物在我们面前演示的“内容”也须超凡脱俗。既然“表达手段”已经为诗人目的的实现提供了孤垒危亭，诗人要从这个高处出发选择与此高度相配的“内容”。
>
> 这个立足点很高，诗人因而能够——因为他深感必须——从此出发发展起实现他目的所需的不同寻常的、奇迹般的内容。他人物和情境的奇迹性质与他“表达”手段的得心应手是成比例的。也就是说，在从人生借用可为常人理解的东西作为戏剧“情境”的基础后，表演者的语言能由声调化的“词汇语言”提升至真正的“声调语言”，从中最终流淌出“旋律”，表达着确定的纯粹人性的“个性”与“情境”，满足着观众同样确定的“感受”。（*Opera and Drama*，pp.340-342）

这一段文字凝练地总结了戏剧“成长”的过程，包括了预感、歌曲、奇迹、回忆等创作阶段。最后一段中所谓“表演者的语言能由声调化的‘词汇语言’提升至真正的‘声调语言’，从中最终流淌出‘旋律’”，“声调化的词汇语言”指的是旋律性不强的演唱部分，大致相当于一般歌剧的宣叙调；“真正的声调语言”指的是旋律性更强的歌，有些像一般歌剧的咏叹调；“从中流淌出旋律”即从歌中产生主导动机的“回忆”。不过以上这个“成长”的过程显然不是上面所论的词汇诗人和声调诗人依照次序一步一步完成戏剧的过程,而是戏剧本身在观众的感受面前展开的过程,是“戏剧”面对观众的感受去激发兴趣和满足兴趣(或者说激发需要和满足需要)的过程。上文提到过:瓦格纳描述艺术家的创作及艺术与观众的关系时,他的中心比喻就是男性与女性的交媾。只是他在使用这个交媾的比喻时时明时暗。在谈到男性的诗人与女性的音乐家的合作时,瓦格纳用的是明喻:在歌中诗人把“诗之目的”送给音乐家“孕育”,生产出有着明确意义的旋律,即主导动机。但在谈到艺术家与观众的感受的关系时,瓦格纳用的便是暗喻,只是简单地说:艺术家是男性的,观众是女性的。我们可以这样理解这个暗喻:艺术家向观众的感受展示自己的艺术的过程正仿佛男性令女性受孕的那个过程。男性在整个交媾的过程中处于主导地位,他是建立这种关系这个目的的产生者,为此他必须一步一步激发起他的女性伙伴的兴趣,并且相应地逐步满足这些兴趣;而这个激发和满足兴趣的过程,对于女性来说就是在这个关系中越发积极地成为男性的合作者的过程。合作的结果是女性将男性的生殖细胞纳为己有,在自己的体内孕育,并且最终生产出他们共同的子女。与之相对应的是艺术家在艺术创作过程中也要担当主导性的、更积极的角色——他要建立起并满足观众的感受对“戏剧”的兴趣,最终令观众成为艺术作品的积极的“促进者”,令其欣然而全力以赴地“拥抱”整个戏剧,并“孕育”和“生产”出只有感受才有能力孕育和生产出的理解。

此外,瓦格纳把以上引文中的戏剧面对观众感受的“成长”过程称之为“成为”的过程,或者“有机成长”的过程,并且特别指出这个“成为”的过程是必要的,只有经历了这个“成为”过程的东西才能为情感所理解。如果诗人们不去一级一级地搭建起感受的台阶并相应地一级一级增强行动和表达的强度,如果他们上来就天雷地火般地行动和表达,那么观众的感受只会愕然而不知所措,便不会自然地、密切地予以配合了。例如,虽然诗人要在观众面前展示一个强化的奇迹般的行动,但是为了观众理解得更好,在设计戏剧情境的时候,尤其是设计戏剧冲突的时候,不能让自己的设想超出人所经历的或有可能经历的范围;在这个前提下,诗人通过删除行动中一切偶然性的东西,通过构建突出的人物个性等手段,逐步构建出奇迹般的行动。

参考文献:

1. 弗烈德里希·尼采:《尼采反对瓦格纳》, 陈燕茹、赵秀芬译,山东画报出版社 2002 年版。

2. Richard Wagner, *Richard Wagner's Prose Works V1: The Art-work of the Future, &c.*, trans. William Ashton Ellis, London: Kegan Paul, Trench, Tr ü bner & Co., LTD., 1891.

3. Richard Wagner, *Opera and Drama*, trans. William Ashton Ellis, Lincoln and London: University of Nebraska Press, 1995.

4. Richard Wagner, *The Authentic Librettos of the Wagner Operas*, New York: Crown Publishers, 1938.

5. Richard Wagner, *My Life*, London: Constable and Company Ltd., 1911.

6. Thomas Mann, *Pro and Contra Wagner*, trans. Allan Blunden. London & Boston: faber and faber, 1985.

伊莎贝尔的“阅读”

田墨浓
北京语言大学人文学院

在《伟大的传统》中，F. R. 利维斯对《一位女士的画像》推崇备至，认为它体现了优雅深远的“兴味关怀”，代表着作者“最为充分而自由发挥”的“天才活力”，因而是“最伟大的英语小说”之一。[1]

诚如利维斯所言：《一位女士的画像》是一部“具有独创性的杰作”[2]。这种独特性，很大程度上源自其叙事视角的突然转换：在故事的前半部分，伊莎贝尔作为叙事活动的中心（例如：亨利艾塔赴欧洲采访，戈德伍德与沃伯顿勋爵求婚等事件都围绕伊莎贝尔展开），被动接受了作者外部视角的干预，因而思想与行为都被赋予了较大的明确性；但在故事的后半部分（分水岭自然是伊莎贝尔与奥斯蒙德的“结合”），伊莎贝尔摆脱了外部视野的直接干涉，并且通过心理活动与读者进行对话，展现了独特的感受性。在前后对照的演进模式中，伊莎贝尔对事件的不同“阅读”方式构成了叙事转换的关键，也在本体意义上塑造了故事情节的类型。

---

① ［英］F. R. 利维斯：《伟大的传统》，袁伟译，生活·读书·新知三联书店 2009 年版，第 164—167 页。

② 同上书，第 164 页。

德国文论家沃尔夫冈·伊瑟尔（Wolfgang Iser）曾提出过“召唤结构”（Appellstruktur）的概念。他认为：作为虚构的产物，文学作品必然会在字里行间留下模糊的“空白点”（Leerstelle）。审美活动则与此相反，它是一个逐步“具体化”的想象性实践过程，有赖于读者利用个性化的“构想”（Vorstellung）对文本的“空白点”进行填补。[①] 优秀的文学作品都具有这种召唤读者进入文本世界填补“空白”，进而参与意义建构与审美体验的结构性功能，这即是所谓的“召唤结构”。[②]《画像》的开篇便勾勒出这样的“召唤结构”：“在某些情况下，所谓午后茶点这段时间是最令人心旷神怡的，生活中这样的时刻并不多。”[③]

读到这里，我们不禁要问：“为什么‘午后茶点’最令人心旷神怡？这种典型英式的享受对作者有什么特殊含义？与‘生活中这样的时刻’相对的究竟是什么样的事件？二者是否只能以对立的关系出现在异度的时间轴上，而不具有任何逻辑上的联结？”接下来，作者叙述了举行茶会的具体环境：在英国乡间的古老别墅前，浓密的草坪上陈列着各种精致茶具。时值盛夏，阳光正穿透怡人的空气照射着大地，既迸发出绚丽的色泽，同时也投下稠密的阴影。无论怎样读解，这样一幅田园画卷至少在表面上优雅迷人，充满闲情逸致。但接下来的叙述，却为这种祥和的气氛投下了一小片阴影：三人中的两人已经罹患重病，其中一位年老体衰，对世界持有悲观的想法；另一位则瘦弱丑陋——“绝不是幸福的征兆”[④]。这种欢快与忧伤并陈、美好与丑陋杂糅的叙事风格彰显了作者强势的“预言”权力，他似乎在告诉我们：“尽管当下是美好的，丑恶与阴郁总有一天会降临人世。”这种预期，对读者而言是自然而然的，也是进一步阅读的基本动力。但与此同时，茶会的情境及其主人公

---

① Wolfgang Iser, “The Reading Process: a Phenomenological Approach”, In *New Literary History*: Winter 1972, Vol. 3, No. 2, p.285.

② Wolfgang Iser, “Indeterminacy and the Reader’s Response in Prose Fiction”, In Iser, Wolfgang. *Prospecting: From Reader Response to Literary Anthropology*. Baltimore and London: The John Hopkins University Press, 1989, pp.29–30.

③ ［美］亨利·詹姆斯：《一位女士的画像》，项星耀译，人民文学出版社 1984 年版，第 1 页。

④ 同上书，第 4 页。

所留下的“空白点”必然会引起另一种“预期”:这是一幅女性缺失的场景,三个人的闲谈却围绕着婚姻与女性命运展开。[①] 异性的缺席,同时也意味着“召唤”,伊莎贝尔的出场因此获得了重要的意义:读者或许可以通过对她的命运的观察来验证三人的理论;更为重要的是,伊莎贝尔不仅具有“行动中心”的被动塑造力量,同时也具有观察者的读解能力:如果说我们是处在文本外的读者,并因此和作者通过创作展现出的主观语境具有天然的距离感;伊莎贝尔则是处于文本内的“读者”:她自幼生长在美国,此前只通过短期游历接触过欧洲。展现在她面前的,同样是一个陌生的世界;由于她对欧洲文明的认识主要来自书本,她对欧洲的观察处处以自己的阅读经验作为蓝本。而作品开端对女性命运和婚姻的探讨,也无疑为伊莎贝尔的“阅读”注入了更加深刻的现实意义。

她对欧洲社会的观察视角令人期许。第二章开篇,作者就迫不及待地告诉我们:这是一位“身材颀长”“俊俏秀丽”的美国女孩[②],全身洋溢着美利坚的清新气息;第四章又描述她如何酷爱阅读文学作品,并因此培养了丰富的想象力。[③] 她的阅读兼具认知与审美色彩,充盈的想象力成了她对抗孤独的一剂良方。但令人讶异的是:虽然主要从阅读文学作品中获益,她却渴望真正现实的认知:“她对学问有强烈的欲望,但实际上,几乎任何一种知识来源,在她眼里都比书本的地位高。”[④] 这种近乎功利的求知欲,实质上折射出这样一个严峻的现实:通过对其后内容的阅读,我们发现结婚前的伊莎贝尔几乎对一切能够带来陌生感受的事物都充满好奇。也就是说,现实社会正是伊莎贝尔通过自己持续不断的阅读行为所区隔开来的,因而她虽然富有学问,却缺乏严密的认知复杂事物的方法——一种剥离事物表象,深入探索其本质的阅世能力。

因此,虽然有着认知世界的美好愿景,她还是无意识地将自己对欧洲上

---

① 亨利·詹姆斯:《一位女士的画像》,项星耀译,人民文学出版社 1984 年版,第 9—13 页。

② 同上书,第 14 页。

③ 同上书,第 38 页。

④ 同上。

层社会的观察与认知当作了“文学阅读”的延续。当梅尔夫人找到她时,她正坐在屋里读书[①];而当她见到英国贵族时,第一句话却是:“真像小说一般!”[②]“阅读”已经成为了她的孤独体验最深沉的一部分,并且培养了她的细腻忧郁的感受力。虽然读者可能对此寄予厚望,但当我们首次见到伊莎贝尔时,却发现这种由于和社会疏离,因而迷惘无措的个性体验几乎完全被刚见到陌生事物时的新奇感所压服。[③]缺乏与他人人生的生动联结,因而渐趋沉寂的感受性,使作者难以信任伊莎贝尔的读解,而为了让这部“悲剧”获得突兀的效果,一种喜剧氛围的铺垫势所必行。一颗以忧郁体验见长的心灵是难以在其中获得独特而震撼的感受的。

伊莎贝尔总是将英国的建筑与风土人情回置于“文本真实”中去,而这种回溯总是伴随着至今仍未通过“阅读”得以满足的“认知”快感。[④]在第四章中,作者写道:“她得到了最好的一切,在一个那么多人的命运都是不值得羡慕的世界上,她可从没碰到过特别不愉快的事……从她跟文学的接触中,她体会到,它们往往也是一种乐趣的源泉,甚至还可从中汲取教益。”[⑤]到达花园山庄不久,伊莎贝尔就迫切地询问拉尔夫:“这儿有没有鬼?”当得到肯定的答复时,她便认定“这是一幢有传奇色彩的老房子”[⑥]。伊莎贝尔对世界的阐释展现着稚嫩可爱的“浪漫化”倾向。她试图调动自己的想象力来弥补认知能力的不足——这对一个忱于幻想,却缺乏阅历的少女来说,本是十分自然的行为;但现实经验的缺席,往往会解构想象的空间,因为“具体化”的审美诉求强烈呼唤“阅读主体”去唤起丰富的“客观对应物”。对于此时的伊莎贝尔来说,现实不是对“阅读”的校验,而只是后者的一种延伸。

---

① 亨利·詹姆斯:《一位女士的画像》,项星耀译,人民文学出版社 1984 年版,第 23 页。

② 同上书,第 16 页。

③ 作者写到伊莎贝尔见到都铎王朝时期的建筑,以及沃伯顿勋爵富有骑士风度的殷勤举动时的惊喜感(第 18、19 页),却并没有把这种喜悦之情完整传递给读者。不得不说,这是很让人遗憾的。

④ 具体请参见:Elizabeth Boyle Machlan, “There are Plenty of Houses”: Architecture and Genre in The Portrait of a Lady. *In Studies in the Novel*: Winter 2005, Vol.37,Issue 4, p.394.

⑤ 亨利·詹姆斯:《一位女士的画像》,第 35 页。

⑥ 同上书,第 52 页。

她借此获得了积极入世的自信与憧憬，但也丧失了填补“空白点”的洞察力，因而作者总是难以放心地将欧洲之旅内化为她的心理体验：当她要求拉尔夫带她去看鬼时，我们在书中第一次听到了拉尔夫严厉的谴责语气：“像你这么年轻快乐、天真活泼的人，永远看不到鬼。你必须首先有痛苦，很大的痛苦，对悲惨的生活有了一些知识，到那时候，你的眼睛才会看到鬼。”[①] 拉尔夫的这段话非常富有启发性：如果说伊莎贝尔对文学和想象的热爱误导了她对现实的认知；那么拉尔夫也并不要求对现实进行完全祛幻。作为人生惨淡的洞见者，他能够预见“现实”的可能走向；但作为小说中的人物，他不得不在某种亦真亦幻的环境中展开思考与行动，进而挫败现实思维对文学世界的平面化尝试。

如果纠结于“美国人”对欧洲文明的探索，这部小说将变得索然无味，因为女主角的外在视角必将对文本的诗化因素构成压力，进而排挤出一部杰作应当具有的精致因素。为了防止这样的局面发生，亨利·詹姆斯必须在力所能及的范围内对此做出弥补。在全书的前半部分，伊莎贝尔处于叙事中心，这期间各种事件与人物纷纭出场，但很少能脱离主人公的向心力，尤其是像求婚、遗嘱这样意义重大的事件。虽然穿插着杜歇先生的去世，以及戈德伍德和沃伯顿令人遗憾的求婚，《画像》前半部分的氛围无疑是喜剧性的，它建立在伊莎贝尔社交活动的狭隘以及几乎所有人物对她的喜爱之上。这种喜爱可能令读者陷入极大的疑惑：为何这样一群性格各异的人，在面对伊莎贝尔时会表现出如此同质性的爱？作者的预设近乎专断，几乎是“神话”模式的回归。[②] 但至少有一点能够解释伊莎贝尔的魅力：自幼的阅读体验，使伊莎贝尔避免了物质利益的直接干预，同时也培养了一种理想化的社会理念（这种理想化的视角当然来自于对文化著作所蕴含的“真、善、美”的纯真信

① 亨利·詹姆斯：《一位女士的画像》，项星耀译，人民文学出版社 1984 年版，第 53 页。

② 在《批评的剖析》中，弗莱将一切文学作品划分为 5 种类型。这 5 种类别循环往复，如同四季的更替；而处在文学史开端的，便是“神话”模式。“神话”的主人公在本质上优于其他人和他所处的环境，因而是一位神祇或被奉为神灵。请参见［加］诺思罗普·弗莱：《批评的剖析》，陈慧、袁宪军、吴伟仁译，百花文艺出版社 2002 年版，第 3、473 页。

仰)。她因此能以一种自信和超脱的心态来观照人性:不仅对于沃伯顿勋爵这样的情人,以及亨里埃塔这样的诤友,即便是像卡斯帕这样纠缠不休的求婚者,她也能挖掘出独特的优点。①

然而这种全面的人性观并不完全是一种洞见:它建立在一个完全超然于社会的视角上,因而同时意味着对社会现实的阴暗面缺乏体认。更为关键的是,这种蕴藉在书本中的理想人性观在本质上是将现实因素进行提纯之后的重组与升华,因而必然会在超脱现实的同时将其片面化。② 但通过"阅读"经典获得的"博学"声望使伊莎贝尔过于信赖自己的认知能力,难以将欧洲经典中的文学性描述与欧洲的具体现实进行区分。这直接导致了悲剧的发生。

获赠大量遗嘱一事,也许会在读者心中促生出新的憧憬:确实,这是那些具有"童话"性质的现实主义小说的标准结局。但作者早在"茶会"一幕中就对伊莎贝尔的悲剧性结局做了断言:"真正的暮色还有好几个小时才会到来……阴影已长长地铺展在平坦稠密的绿茵上。"③ 在第六章中,我们进一步了解到:"她经不起科学的分析,但我们只是希望激起读者对她的同情,以更温和的态度,更宽厚的期待对待她。"④ 伊莎贝尔已在不知不觉地走入一种作者预设的悲剧性结构:这意味着阴暗而"自然"的危险已在悄然逼近,因为暮色降临前的午后,也正是"闲情逸致"姗姗而来的时刻。⑤ 伊莎贝尔很快也会迎来这个时刻。

当伊莎贝尔初次见到梅尔夫人时,她是一位衣着考究、琴技高超,同时能讲一口流利法语的神秘夫人。她的高贵气质吸引着伊莎贝尔,也引导着后

---

① 在第十三章中,伊莎贝尔为"他(卡斯帕)在性格上和事实上都是一个无所畏惧的英雄人物感到高兴"。而此前她正为后者可能带来的烦扰而感到忧虑。亨利·詹姆斯:《一位女士的画像》,项星耀译,人民文学出版社 1984 年版,第 132 页。

② 巴赫金在《论行为哲学》中指出:"即使是审美直觉,仍不能把握唯一的事件性,因为事件性中的各个形象已经发现客观化,即就其内容说已被从现实的唯一形成过程中抽取出来,不再参与现实过程之中";"这一行为因而丧失了自己的价值性,丧失了生动形成和自我定型的整体性"。请参看:[俄]M. M. 巴赫金:《论行为哲学》,《巴赫金全集》第一卷,贾泽林译,河北教育出版社 1998 年版,第 3 页。

③ 亨利·詹姆斯:《一位女士的画像》,第 1 页。

④ 同上书,第 57 页。

⑤ 同上书,第 1 页。

者做出了错误的判断:这是一位来自法国的贵客。在作为上流标准语的“法语”与伊莎贝尔强烈的认知欲望之间,横亘着一道难以弥合的裂痕:伊莎贝尔渴望领悟人生与社会的微妙因素;但作为将整个欧洲上层阶级联系起来的语言,“法语”所起的作用只等同于表面化的“常用语”。它无疑迎合了伊莎贝尔对以法语作品为典范的高雅文化的“读者预期”以及她作为一位独立富足的文化精英的自我定位;然而,在这种均质化的“标准语”之下,掩盖着说话人身份、性格,和经历的本质差异。对伊莎贝尔这样一位单纯的读者而言,这些因素无疑太过于微妙了。梅尔夫人的出现并没有在外显的层面上造成与此前叙述的断层;然而一旦将自我纳入这种上流文化的话语体系,缺乏阅历的伊莎贝尔必将丧失独立感受性,她只能看到艺术品光鲜的外表:“面对那些不朽的天才作品,她的心激动地跳着,她的眼睛充满了甜蜜的眼泪,连那退色的壁画,那发黑的大理石也在眼前模糊了。”① 伊莎贝尔秉持着一种连贯的审美化视角,但在其中,我们分明听到了作者的嘲讽:艺术魅力常常迫使读者以全副激情投入对它的读解;但失去理性分析的阅读也会因情感的过分张扬而变得泛化含糊;“发黑”与“退色”,分明彰显了艺术品的物质属性,但此时的伊莎贝尔却因物质的富足而对其视若无睹。当她遇到奥斯蒙德时,立即被这位优雅、平易、品味卓异的男士所吸引。就像那些壁画与雕像一样,奥斯蒙德为数不多的古董也具有艺术与物质双重属性。换句话说,这些古董既具有审美对象的价值,也显示了奥斯蒙德作为中产阶级的经济水平。而在伊莎贝尔看来,这些古董的意义只在于它们“琳琅满目,美不胜收”②。这种单向度的精神视角严重干扰了伊莎贝尔的判断,在奥斯蒙德身上,她发现了一种梦幻的气质,也仿佛体验到了那种离群索居的孤独魅力:“他不能容忍生活中庸俗的琐事,因而离群索居,躲进自己精致、优雅、平静的小天地,陶醉在艺术、美和历史中。”③ 这分明是向她幼年阅读时孤独而纯粹的精神体验的回归。一至于此,伊莎贝尔悲剧性的命运便不可避免了。

① 亨利·詹姆斯:《一位女士的画像》,项星耀译,人民文学出版社 1984 年版,第 291 页。

② 同上书,第 309 页。

③ 同上书,第 331 页。

在故事的前半部分,作者经常通过对反讽性意象(例如已经提到的:第一章中与茶会的欢快氛围形成对比的“阴影”、“黄昏”等阴暗的意象)、全知性议论(如第六章开篇对伊莎贝尔性格的评价)[①] 的频繁运用来直接指涉事件含义;而在小说的后半部分,即对伊莎贝尔婚后生活的叙述中,这种主观化的叙事方式被作者有意控制在较小的范围内。[②] 在《画像》开篇,题目、杜歇先生的议论,以及若隐若现的阴郁的环境描写明显预示了全书的“悲剧”主题。而在全书的后半部分,伊莎贝尔对自身命运的读解成为了我们理解事件意义的关键。

但一个基本问题是:相对于婚前的外在“阅读”,伊莎贝尔在婚后展现的心理深度究竟在多大程度上可被看作一种“阅读”?《画像》前半部分的叙事张力,很大程度上来自于两种因素的调和:一种是明快而外化的浪漫故事;另一种则是潜在而深沉的悲剧预言。求婚、游历、财富等因素无疑是传统浪漫故事乃至童话的积极构建因素;而奥斯蒙德内心世界的一瞥,伊莎贝尔的天真,乃至于反讽意象的积累则以压迫性的声音预言着悲剧的必然性。作为一种文学类别,悲剧存在主义的残酷逻辑是:只有读者真正走入悲剧,并对主人公的苦难产生感悟和同情,悲剧的本体地位才能最终确立。如果对于主人公的境遇读者自始至终都处于麻木状态,那么悲剧便会从根基上被完全解构。从这个意义上讲,通过心灵体验感悟到自我和他人惨淡命运的伊莎贝尔是《画像》暧昧的悲剧性因素的第一读者,她对人世炎凉的感悟,既构成了所有《画像》读者的“前理解”,也确立了自己作为悲剧主人公的本体地位。

第三十九章开启了《画像》的后半部分,它以罗尔齐对帕茜的追求发端,伊莎贝尔婚后四年的生活完全迷失在文本的线性叙事中。我们只是从梅尔夫人的口中,才了解到“他们(即伊莎贝尔与其丈夫)的想法完全不同”[③]。这自然也是一种“召唤结构”。而其特异之处则在于它其实正是对第

---

① 亨利·詹姆斯:《一位女士的画像》,项星耀译,人民文学出版社 1984 年版,第 57 页。

② 比如,第三十九章就是对梅尔夫人与奥斯蒙德的秘密对话的完整追述。但需要指出的是,即便是在这样的叙述中,作者的直接干预仍是极少的,事件及其含义主要依靠人物的对白“自然”展示。

③ 亨利·詹姆斯:《一位女士的画像》,第 434 页。

一章的呼应:《画像》以对缺席女性的召唤开篇,对女性命运与婚姻的探讨也预指着全书的基本主题;在第三十九章中,伊莎贝尔同样是缺席的。而梅尔夫人对奥斯蒙德夫妇不和的确认同时也是一种更大的疑问:它要求读者不断调动想象,以填补伊莎贝尔这四年生活的旁枝细节。

但作为文本内的参与者,伊莎贝尔得以运用不同于普通读者的方式对文本空白进行建构:她对自己婚姻生活的诠释是随着罗尔齐对帕茜求婚的介入而展开的。时隔四年,当我们跟随罗尔齐的视线,再次见到伊莎贝尔时,她“身穿一身黑天鹅绒衣服,神色端庄,正如他所说的,非常可爱,甚至显得光彩夺目,雍容华贵!”[①]这简直就是伊莎贝尔初次见到梅尔夫人的情境的翻版。尤其是当我们考虑到罗尔齐也像伊莎贝尔一样,是一位崇尚精神远胜于物质的痴情男子,并且同样对帕茜同样怀有一种牺牲精神时,这种视角就和伊莎贝尔当年对梅尔夫人的崇拜渐渐重合。这表明伊莎贝尔曾经的焦虑已然成为现实:那种她极力渴望的自由已经完全拜倒在夫权面前。

由于她自觉地置身于奥斯蒙德的体系之内,因而不得不逐渐放弃外在个性,接受所谓上层社会的礼仪标准。当罗尔齐央求伊莎贝尔在自己与帕茜的恋爱问题上予以帮助时,伊莎贝尔的态度显得含糊不清,大异于我们在《画像》开篇时遇到的那个率真开朗的美国女孩。当拉尔夫在伊莎贝尔婚后第一次见到她时,他富有洞察力地认识到:她的“安详神色显得呆板、机械”,“那不是一种表情,只是一种脸谱”[②]。但有一种信念始终维系着伊莎贝尔的家庭观:那就是她对崇高精神的信仰,以及对它的执着追求。在她心中,梅尔夫人和自己的丈夫就是这种崇高精神的具体化。而一旦否定他们光辉的文化典范性,必然也会造成伊莎贝尔对自我认知的重构。这种洞见在沃伯顿勋爵的介入下连绵展开。当奥斯蒙德提到伊莎贝尔与沃伯顿曾经的恋情,并且以丈夫的名义要求她促成沃伯顿勋爵与帕茜的婚事时,“她的心一下子砰砰跳动起来”[③]。由此她开始回忆自己与沃伯顿的感情,虽然她力图说服自己:

① 亨利·詹姆斯:《一位女士的画像》,项星耀译,人民文学出版社 1984 年版,第 443 页。
② 同上书,第 475 页。
③ 同上书,第 513 页。

"他们之间的纽带完全断了",但她却不由自主地承认:她对沃伯顿勋爵的看法"甚至比以前更为美好"。[①] 这种自我意识的介入为伊莎贝尔的思考注入了现实性的因素,也在潜移默化地破坏着伊莎贝尔对奥斯蒙德的精神崇拜。惟其如此,一种独立的、公正的"阅读"才成为可能:"她的丈夫和梅尔夫人有着她意料不到的更直接的关系。这个印象不时回到她的眼前来。"[②] 直到现在,梅尔夫人与奥斯蒙德小心翼翼地掩盖着的关系才在伊莎贝尔面前露出了冰山一角。由此她开始质疑自己的精神权威:"她的任何意见,她都心甘情愿可以牺牲,只要她感到这是他爱她所必要的。但他要求的是全部——她的整个性格,她的感觉方式,她的判断方式。这正是她不愿放弃的。"[③] "婚后生活的无限远景,实际只是一条又黑又小的胡同。"[④] 而奥斯蒙德本人,只是一个表面清高,实则充满功利思想的投机分子。[⑤]

《画像》后半部分的叙述视角转换表现了作者对伊莎贝尔"阅读"能力的认可。毫无疑问,作为一种指向自身历史的心理意识,伊莎贝尔的洞见在确立文本的悲剧意义时仍然带有时空上的延迟性;但作为文本后期的"感受中心",它同时也在赋予故事情节新的意义:一种由于感同身受而逐渐充盈的悲悯感。当她遭到丈夫的冷嘲热讽,甚至怀疑沃伯顿放弃对自己女儿的追求是因为伊莎贝尔在其中作梗时,她"几乎为他感到难过"[⑥],因为他不得不面对失败的现实,还不得不强作笑脸;而帕茜与罗尔齐的爱情则是对主人公浪漫化的爱情理想的延续,她为二者的美好感情在奥斯蒙德压制下的挫败而伤心;甚至当她得知梅尔夫人对自己的陷害时,她仍然发出了"不幸的梅尔夫人"的慨叹。[⑦] 围绕伊莎贝尔发生的事件种类繁多,而她作为"感受中心"却有一种将各类事件"均质化"的效果。她对自己的丈夫以及梅尔夫人并

---

① 亨利·詹姆斯:《一位女士的画像》,项星耀译,人民文学出版社 1984 年版,第 513 页。
② 同上书,第 514 页。
③ 同上书,第 519 页。
④ 同上书,第 514 页。
⑤ 同上书,第 521 页。
⑥ 同上书,第 577 页。
⑦ 同上书,第 661 页。

非不怀有怨恨，但人道主义的普世信念总使她试图超越现实功利的狭隘拘囿，以获得一种形而上的理想色彩——在这里，我们又看到了早年读书经历对她的影响。

伊莎贝尔对人性的心理化解读不仅指向过去，也预示了未来：在《画像》前期，油画与建筑不断作为现实环境的艺术性替代出现在女主角面前，由此成为婚前对伊莎贝尔意义最为重大的意象：它象征着伊莎贝尔通过单纯的审美性阅读对现实世界的完美构想，它超脱时空的拘挛得以永恒；而在《画像》后期，伊莎贝尔所汲汲追寻的则是罗马城内的残垣断壁①，它表现了浪漫模式的永久破灭和亘古延续的凄苦氛围。对日趋成熟的伊莎贝尔来说，既然人类历史就是美好事物不断破败，并最终消亡的必然过程，她未来的生活又何尝不至如此？伊莎贝尔的观念在她的外部行动中得到了验证：她怜悯罗尔齐对帕茜质朴的爱情，然而她对两位年轻人的帮助不仅没能玉成他们，反而使得帕茜被其父送往修道院；她对拉尔夫感情深挚，然而她的探望也难以挽救后者的死亡。在这两件事上，伊莎贝尔都不处于当事人的位置，她的介入只是加速了自己与奥斯蒙德的决裂。所以，伊莎贝尔最后向奥斯蒙德的回归在很大程度上源于她对人类普遍悲剧命运的感悟。

总而言之，伊莎贝尔的“读者”与“主人公”身份交错重叠，赋予了作品复杂的结构张力。在《一位女士的画像》的前半部分，她实际上承担了伪浪漫故事中的女主角形象，其神秘的魅力将形形色色的人物与事件联结在自己身边；在小说的后半部分，她俨然成为悲剧中的女英雄，而其伟大的力量正来自不断内省的心灵。毋庸置疑，作为“读者”的伊莎贝尔只能在故事的发端寻找阐释的根源：在小说的前半部分，伊莎贝尔将幼年阅读经典的体验直接挪用到对现实的分析中去，赋予了周边环境一种虚假的浪漫色彩，也造成了她对奥斯蒙德的“误读”，从而引发了悲剧；而在小说的后半部分，社会阅历的逐步积累，自我观念与阶级规约、夫权理念的貌合神离都在滋养着她那敏锐精确的心理意识，进而确立了《画像》作为一部“悲剧”

① 亨利·詹姆斯：《一位女士的画像》，项星耀译，人民文学出版社1984年版，第625页。

的基本意涵。伊莎贝尔的阅读行为必然是对文本“空白点”的填补,但其“主人公”身份又使这种填补同时变为文本内的“空白点”与读者阅读的“前意识”,从而赋予小说摇曳多姿的叙事灵性与文化蕴藉。正因如此,伊莎贝尔的“阅读”行为使《一位女士的画像》成为一部令人难忘且匠心独运的佳作。

作为『跨文化诗学』的侨易观念

主持人语

曾艳兵
中国人民大学文学院

后现代似乎离我们渐行渐远，但它的遗产和影响犹在；解构主义曾一度让我们欣喜若狂，但我们开始慢慢回避、扬弃它。我们曾经在解构中嬉戏、狂欢，而渐渐忘却了建构的责任。当然，与殚精竭虑、持之以恒地建构相比，解构总显得轻松愉快，若是纯粹破坏性的解构，那就更可以称得上是真正的痛快了。譬如小孩搭积木，精心搭建起来的作品，可以在顷刻之间推倒，化作乌有，这种痛快来得容易，去得也迅速。渐渐地我们都习惯了解构，而不再费心费力去建构，与其穷毕生精力去建构自己的理论和体系，以便让他人去解构；不如随解构之大潮随波逐流，成为时代的“弄潮儿”，反而可以得风气之先。正是在这种背景下，当我们看到叶隽教授以及他的团队多年以来兢兢业业地建构有关侨易学的理论和体系，不由得不心生感动和钦佩。尽管这种理论还留有诸多的不完善、不周密之处，可以给那些解构主义者留下解构和嬉戏的机会，但是，我们相信，历史书写的总是那些建构者，或者说，历史就是由那些建构者的活动和成果构成的；而那些解构者除了可以帮助建构者将其理论建构得更加周密和严谨外，将随着潮涨潮落最终会烟消云散、不留踪迹。

近年来，有关侨易学的观念和理论已有诸多讨论，并已有诸多文化实践。

各种有关侨易学的学术讨论会已举办了许多次，我自己就参加了四五回，并且每次均有不同的收获。今年9月由对外经济贸易大学与洪堡基金会联合主办的“北京洪堡论坛”（2016年9月17—18日），会议主题原本是“绿色经济、文化传承与工业4.0”，竟也设立了一个分论坛“文学、知识与思想的侨易空间——以德华二元为中心”，可见侨易学的影响与意义早已不再局限于文学，它已经渗透到知识和思想的各个领域。

当然，文学依然是侨易学讨论的一个重要话题。我们这里看到五篇文章组成一个以“文学的侨寓与翻易”的圆桌，虽然不尽讨论文学，但似乎仍以文学为中心。五篇文章长短不一，各有特色。李川的《汉字的侨易学刍议》从文字的侨易探讨侨易理论的普遍性和适应性意义，这在以往的侨易学讨论中尚未曾见，颇有令人耳目一新的感觉。论文以日本对汉字的取法和改造为例，兼及朝鲜和越南对汉字的引入，转而论述文字的源头及其发展问题。论者在比较分析中最后得出结论：“侨易学则有可能是对逻格斯中心论甚或西方理论进行全面深入检讨和反思的思想样式，对于厘清一切言说不脱西方框架的偏狭学术状态不无借镜意义。”侨易学的跨文化意义便凸现出来了。陈戎女的《千世万象，无不侨易——关于侨易学的思考》一文发表了她对侨易学的基本看法。她认为，“与其说侨易学是已严谨求证完毕的理论观念（不必说此书在做这样的努力），毋宁说它只是一个发端，一个问题场域的初步厘定，一个有待精确的地图草图”。也许正因为如此，有关侨易学的思考和讨论便有着无限广阔的空间。生安锋的《一种“文化诗学”：浅议叶隽的侨易学理论》将侨易学理论与新历史主义的文化诗学理论进行了比较，并认为叶隽的理论创新“无疑是一种跨文化诗学，他对包括文学在内的文化、传统和智性史表现出极大的关注并为之提供了一种崭新的视角和思考维度”。然而，就“跨文化诗学”而言，它似乎比“文化诗学”具有更博大的心胸和更广阔的视野。白峰杉的《高维度的文化空间孕育自由之思想》，索性从45亿年前的星球出现时说起，渐渐说到人类文明的发生、发展和分化，气象宏大。就当今世界而言，“人的运动在高维空间实现的是自由飞翔；人在高维的文化空间才能够实现自由的思想——绝对是创新的源泉呀！”他所期许的叶隽的侨易学理论的创建,或者就是这样一次“高维的文化空间的自由飞翔”吧。范天佑的《物质运动与侨易学可能的联系》似乎从物理学的高度证明了“千世万象,无不侨易”的说法,不过若真的“从物理学的方法来发展侨易学”则恐怕难度太大,非“物理文学家”或“文学物理学家”所能及也。凡此种种,侨易学果真是说不完、道不尽。

当我写下这段文字时,叶隽教授已经从中国社会科学院调往同济大学了,从中国北方到了南方,从研究机构到了大学,由学术的“京派”变成了“海派”。如此看来,叶教授不仅积极倡导他的侨易学理论,而且身体力行,一定要将他的侨易学贯彻到底。似乎自己若不保持“侨易”状态,如何理解他人以及世界之侨易?这似乎达到了我们心向往之的知行合一境界了。借此机会,我希望叶隽教授与他的学术团队在这一侨易过程中,不仅有更多的侨易感受和生命体验,还将带来更为丰硕的学术成果。

2016年9月29日改定

一种“文化诗学”：浅议叶隽的侨易学理论

生安锋
清华大学外国语言文学系

历来学术难做，要想在学术上有所创新更是难上加难。各类大学和研究机构中负有学者名号的人不计其数，但真正能做出水平、实现理论创新的可谓凤毛麟角。体制内的很多所谓学者不过都是在循规蹈矩地做学问混口饭吃而已，外国文学界似乎更是如此。而读完叶隽的新著《变创与渐常：侨易学的观念》，领略过他深邃的学术思考和理论探索，却让人不得不相信这样一个事实：这是一本富有理论原创性的著作，这是一个善于思考的真正学者。

一打开他的新著《变创与渐常：侨易学的观念》，迎面而来的是一股巨大的冲击力。一方面是珠玑满眼，新名词、新思想层出不穷，用一句网上的俗话说就是“信息量太大了！”另一方面则是由于新词迭出而对读者造成的那种挫败感，那些佶屈聱牙的名词，从一打开书就让人踌躇犯难，甚至仅仅是该书的题目就让人沉思良久，书里面更是如此，譬如说“观侨阐理”、“取象说易”、“察变寻异”，譬如说“变创”、“创辟”、“迁变性”、“区域侨易”、“侨易主体生性值”等等，不一而足。这些新词足以让一般读者感到头疼，但如果耐着性子慢慢读下来，我们就会发现手中捧的并非是一本故弄玄虚之作，而是一本思想深刻、逻辑严密的创新之作。

作者另造新词如侨易学的核心词汇“变创”、“创辟”、“渐常”等,绝对不是为了哗众取宠,而是另有深意的无奈之举,是理论思辨的需要。作者这样辩道:“变是积极的,变也是消极的,变中有太多的不定因素,变中有能看得见的变化,也有看不见的不变。所以我们要强调‘变创’的一面,也就是应当在变化过程中求所创辟。所谓创新,如今已经被滥用,所以这里使用创辟的概念,就是指在原有的基础上有所创造、有所发明、有所开辟、有所求新。变创就是要在变化之中求所创辟,渐常就是要在渐进之中求所守常。变创-渐常,构成侨易观念中的基本二元关系,前者不无突变的涵义,而后者更注重观照渐变—渐常的复杂关联。”[①] 这样一来,“变创、渐常两者就构成了一个行动维度上的基本二元,创是求新,常似守旧;变为新理,渐乃旧势”[②]。

叶隽所提出的侨易学理论十分复杂,这里只做一简略介绍。叶隽受李石曾的《侨学发凡》一文的启发,融合了我国古代经典《易经》中“易”的概念,创造了“侨易学”的概念。从作者的设计看,侨易学的构想不是要建立起一门整齐的具体学科,“而是从一种解决问题、阐释现象的方法前提着手,来建构一种相对实用、便于操作但又具有相当宽阔拓展哲理思维空间的具体理论”;它更多地是强调一种解决问题的方法论[③]。侨易学首要关注的是“事物二元取象之后的流力因素以及间性关系……关注并研究事物的变化过程,同时强调在这一过程中的‘二元结构’和‘三维要素’”[④]。那么这里的“二元三维”又是何物?这就涉及侨易学的基本原则了。在作者看来,侨易学的基本原则有三:一为“二元三维,大道侨易”,二元可理解为乾坤,三维则是打破二元思维,使之达到“由二生三”与“由三归二”的根本所在。譬如我们用之理解一个社会内部结构的话,则可运用此三维思路,形成整体性的文化、制度和器物等三个层面的稳固结构;二为“观侨取象、察表寻异”;三为“物质位移导致精神质变”。[⑤] 侨易学意在“通过一种有效的观念、理论、方法的

---

① 参阅叶隽:《变创与渐常:侨易学的观念》,北京大学出版社 2014 年版,第 228 页。

② 同上书,第 229 页。

③ 同上书,第 17 页。

④ 同上书,第 18 页。

⑤ 同上书,第 20—23 页。

整体形成，通过实证性的可操作方式，来考察具有关键性的文化、思想、精神的具体形成问题（尤其是创生）……其主要追问，或许在于人的重要观念的形成，总是与其物质位移、精神位移息息相关，尤其是通过异质性（文化）的启迪和刺激，提供了创造性思想的产生可能。故此，侨易学的核心内容乃在于探讨异文化间相互关系以及人类文明结构形成的总体规律。”[①] 侨易现象所产生的后果，即侨易效应等于侨易主体（对象）生性值 X 侨易时间 X 侨易条件。[②] 而侨易的主体可以分为侨易个体、侨易群体与侨易共同体，而侨易现象按照不同的活动类型则涵盖留学现象、传教现象、驻外现象、移民现象、游历现象、游侠现象等。[③] 在方法论上，作者强调比较法、因果论、归纳法、演绎法、回溯法等。[④] 从根本上讲，扎实而具体的研究是检验侨易现象的基础，而“思想力质变”则是检验侨易现象的规则：“检验侨易现象是否成立的规则在于把握住最根本的一条，就是思想力质变……侨易现象研究的核心关注还是精神层面的，是思想力。”[⑤]

侨易学关注的不只是人类历史和文化遗迹，甚至也并不仅仅是文学或者文化的问题，而是对当下 21 世纪的人类命运的担忧与关注，透露出对追求生命之真谛与大道的执着：“网络时代的蔓延、战争的此起彼伏的怪圈、金融势力的渗透、核泄漏事故的危害……人类如何才能摆脱这个自己造出的铁笼？仅仅靠‘铁屋中的呐喊’可能并不管用，侨易学或许可以提供一种有益的思维方式，即我们要能够在大千世界的变动不居中去把握其大道所在。”[⑥]

这里需要指出的是，叶隽的侨易学理论构想所展现出的新思维并非是空穴来风，而是建立在其多年来对中外文化交流史、思想史、留学史等多个领域的精深研究基础之上的。出道不久，叶隽就接连出版了多部沉甸甸的著作，包括《德语文学研究与现代中国》、《异文化博弈——中国现代留欧学人与西学东渐》、《主体的迁变——从德国传教士到留德学人群》、《另一种西

---

① 叶隽：《变创与渐常：侨易学的观念》，北京大学出版社 2014 年版，第 18 页。

② 同上书，第 112 页。

③ 同上书，第 111—115 页。

④ 同上书，第 132—133 页。

⑤ 同上书，第 137—138 页。

⑥ 同上书，第 98 页。

学——中国现代留德学人及其对德国文化的接受》、《现代学术视野中的留德学人》、《史诗气象与自由彷徨——席勒戏剧的思想史意义》、《歌德思想之形成——经典文本体现的古典和谐》等,显示出非凡的学术功力和严谨的治学态度。这次侨易学理论的提出,也是水到渠成。有着这样长期从事留学史和双边文化交流史研究的基础,作者选择数个心得颇深的研究领域来展示侨易学的手段,小试牛刀即令人称叹。

作者由对中外文化交流史、比较文学领域、留学史等领域的研究所创立的侨易学,与近期学界流行的后殖民主义、世界主义等理论思路多有契合之处。对与此相关的流散文学问题和跨文化研究等议题虽未展开深究,但也有所触及[①],如作者明确指出,“犹太人的世界流浪史,其实也是一部物质位移和精神质变强烈互动的侨易现象史,值得认真开掘”[②]。另外,作者认为,对于一些研究颇多的领域,如果采取这一新的研究方法,我们很可能也会有新的斩获,“譬如对于胡适、吴宓二君,就可以将其留学经验视为一种侨易现象,进行具体分析、深入的比较,如此则对于他们日后在现代中国文化场域的成败得失,当有更接近本质的发现。实际上,这样的方法也有助于摆脱过于孤立地将留学史作为孤案来考察,形成一种融通的联通学术场域之效应,对拓进整体性研究是非常有益的”[③]。

作者指出,“一般而言,侨动过程往往很难避免一个长期的过程,即使我们因为研究而不得不人为地界定某个时间断点,但那并不代表这就是事物客观发展的必然断点,其实事物本身就是在不断地变化迁流之中,永无止境,无所谓始,无所谓终,只有在这样一种大宇宙观的背景下我们才能领悟万事万物发展之大道于万一”[④];“技术层面可以分解,整体层面必须宏观,这就是我们提出的基本原则——‘大道元一,二元三维’。”[⑤]“虽然在具体分析个案的过程中,我们要强调‘观侨阐理’、‘取象说易’、‘察变寻异’等基本方法,

① 参阅叶隽:《变创与渐常:侨易学的观念》,北京大学出版社2014年版,第45—46、233、236和241等页。

② 同上书,第236页。

③ 同上书,第238页。

④ 同上书,第166页。

⑤ 同上书,第170页。

乃指要借助侨易学的理论分析模型，具体讨论侨易现象分类、侨易现象组成、侨易现象公式等问题。但我们始终不能忘记的是，‘二元三维，大道侨易’。我们必须努力在宏观思维的指导下来把握具体个案，在个案身上也必须寻到超越其个体本身的大势承载面。”① 从而避免一叶障目不见泰山的常见窘境。

这样看来，侨易学不是一种固化和僵死的理论与方法，而是活跃的、动态的、随机应变的策略和指导方针："无论是一种文化，抑或一个个体，其经由物质侨动经验而引发的种种触动，必然导致思想或观念整体的变化，这就是侨易现象的意义。但这里提示我们的则是，不能用凝滞和固定的眼光看问题，要考虑到引入变量的同时，本来的规定量可能也是在变的。”②

那么侨易学追求的仅仅是一种学科的建立吗？建立一门崭新的学科固然是很多学者梦寐以求的理想，是很多学者毕其一生而追求的目标。侨易学的提出自然也不例外。但叶隽的理想并不止于此。叶隽多年以来就在孜孜探索留学史、文化交流史以及跨文化研究的多个相关课题，对这些领域也有了丰厚的积累。他的世界性经历和穿透古今的眼界已经将他的目光抬高，已经远远高于具体的学科建设之上了。作为一个苦守书斋数十年的学者，叶隽自然不会对全球化浪潮和现代化进程所带来的后果熟视无睹，面对人类的困境和信息爆炸所带来的思维枯竭，叶隽提出侨易学的抱负也是十分明显的，"如果仅将侨易学视为一种具体分析研究问题的理论资源，也还未免有些明珠暗投。我更在意的是侨易学的整体性思维，它应是借助于易经思维的总体资源而提供对文明、对自然、乃至对宇宙的大道追寻。寻道之责不忘，大道原则确立，就是最为根本的贡献。我们如果能始终在一个‘大设计’中来思考侨易学，化用侨易学，则其意义或可更为彰显。”③

在对侨易学的阐发和建构中，作者不仅从哲学的层面上去探索理论，也展现出一种对知识分子自身价值和自身理论创造的承认和自信，作者借用美国学者海尔布罗纳的话说："凡是能左右人们意向的，则去所掌握的权力，就

---

① 叶隽，《变创与渐常：侨易学的观念》，北京大学出版社 2014 年版，第 176 页。

② 同上书，第 216 页。

③ 同上书，第 271 页。

比军人或君王所掌握的还要大,他们会震撼世界,塑造世界……这并不是出于他们的阴谋诡计,而是由于他们在思想上具有非常巨大的力量";作者进而指出,"就文明史的进程而言,知识者,尤其是伟大的思想家,是握有极为显赫的权杖的,通过接受者的实践性转化,他们的话语之音可以转变为巨大的爆炸之力。"① 而这些"知识者"的宿命就是去追寻那纷繁复杂现象背后的秩序,就是"寻道",叶隽认为,"知识者生来的使命,或许就是'寻道'。寻道必然是一个个体一生无法终结的过程,甚至或许是人类命运终结之前也无法完成的任务。然而,上天生人,就是要有这样一批寻道者,在某种意义上他们也是殉道者,他们会在求知的道路上披荆斩棘、百折不回、上下求索、九死不悔。"② 作者意味深长地指出:"侨易学的意义或许正在于使我们能够意识到,全球化需要大智慧、人类文明需要新结构、生态空间(宇宙大设计)需要自然律,而这一切都不能不依赖于人类知识精英的勇气、承担和智慧,去面对我们曾经作为的一切,无论是正面的,还是负面的。"③

作者在可贵的质疑精神、思辨精神甚至自我批评中,不断地将自己的理论思索层层推进。因为他深知,理论的任何创新都伴随着自我的复杂思辨甚至是艰难的质疑过程。如果将像叶隽这样一位如此年轻的七零后学者说成是学贯中西、会通古今似乎有过于溢美之嫌,可这确确实实是我读完其著作后的第一感受。另外,一旦突破了开头的新词障碍关,该书可谓具有极强的可读性和参考价值;作者斐然的文采亦跃然纸上,他旁征博引、引证丰实,涉及古今中外很多重要哲学家和文化理论家的论点和著述,很多引文都附有原文,以便有心的读者自己揣摩原作者的深意,实为不可多得的文化研究著作。新历史主义的创始人之一斯蒂芬·格林布拉特将自己结合文学研究与史学研究的理论建构称为"文化诗学",而叶隽的理论创新无疑是一种跨文化诗学,他对包括文学在内的文化、传统和智性史表现出极大的关注并为之提供了一种崭新的视角和思考维度,而在一种普凡的意义上来看,侨易学不也就是一种文化诗学吗?

---

① 叶隽,《变创与渐常:侨易学的观念》,北京大学出版社 2014 年版,第 246 页。

② 同上书,第 248 页。

③ 同上书,第 278 页。

千世万象，无不侨易：关于侨易学的思考

陈戎女
北京语言大学人文学院

西美尔曾经说过一段有趣的话：

> 男人经常可能为了一种观念而生和死，他总是面对着观念，观念是男人无止境的使命，在观念的意义上，男人始终是一个孤独者。……就女人而言，她的生存和思想就是一回事，尽管一种命运注定的孤独偶尔可能驾驭她，但一般说来，她决不可能像男人那样孤独，她永远都在自己家里，而男人的"家"却在自己身外。(《性别问题中的相对和绝对》)

直白地说，男人好理论、好思想的冲动，但女人的生存和思想、生活和观念却是一体的。读罢叶隽君惠赠的《变创与渐常：侨易学的观念》后，我即以此段话回赠他，博君一哂。

初次见叶隽，是若干年前在北外一个讨论顾彬汉学的会议上，他说了什么已经忘记，只记得学术地位颇高的主持人先生将他作为新辈青年才俊推出。及至听闻其侨易学大道，是在北二外一次较为随意的学术沙龙，他不疾不徐侃侃而谈，从容之中指东道西。估计当时在座的听众有多半同我一样，第一次听说"侨易学"这个陌生的词，如此独出机杼的学术冠名以及恢弘的

理论构图的确令人耳目一新。一石激起千层浪，之后我陆续在好些个同仁学刊上见到关于侨易学的笔谈和讨论，或誉之为含英吐葩继承新学统的“大设计”之作，有引领示范之效，或疑之为宽泛空蒙的夫子自道，可谓热议纷纷。

细细披阅《变创与渐常》一书后，方睹侨易学的庐山真面目。从逻辑架构看，《变创与渐常》一书上篇“观念与方法”构造侨易学的哲学根基，中篇“侨易现象”搭建侨易学的学科骨骼，下篇“案例研究”则以文化交流史的案例和学域操演充实侨易学的血肉。我的阅读体验是，上篇宏大高远，中篇条分缕析，下篇细密详实。

“侨易学”乃新造之词，明显没有遵照奥卡姆“如无必要，勿增实体”的古训。新造词必定是表达新思维的需要，那么，到底什么是侨易学？按叶隽的说法，简言之，侨易学是研究侨易主体相交后产生变异的过程，实际上是产生于“文化交流史实证研究的理论需要”（pp.6–7）。如若是文化交流史的问题，为何要另起炉灶另名称之？文化交流史属于史学的范畴，但为侨易学打造其背后的元理论或哲学才是叶隽念兹在兹的事。侨易学借鉴李石曾的“侨学”只是获取了一个观念的开端，更具理论形塑意义的是取法《易经》以及易学涵括力甚广的宇宙学。一旦侨易学摆脱了文化交流史的史学面目，获得了“二元三维—大道侨易”的哲学内核，辅以“观侨取象、察变求异”、“物质位移导致精神质变”的学科理念，侨易一变而为学。

叶隽说，侨易学是一种观念，广义地讲是元理论 / 哲学，但狭义处说又是学科 / 领域，而且主要又是一种方法（p.17），如此左右腾挪，足见创建新理论之难。我辈理解，这种学问上可直达哲学之天庭，下亦可俯就成为具体操作之术。然而上下之间如何打通理和法，道和术，何其难矣。概念说明，现象分类，常常面临怎么说也说不清楚，如何划分也难以厘清的困局，譬如书中侨易现象和侨易主体、物质位移与精神侨易的辨析就是如此，主客之间的转圜，物质与精神的交涉是世界之本然，跨文化、跨领域、跨代际的交流现象尤其如是，但问学之术却硬要将它们划分归类，削现象之足适学科之履。这像极了20世纪初比较文学中法国学派试图界定“影响研究”时的困局，梵·第根把二元关系的跨国研究归为影响研究，二元之上三种关系的历史横切面的跨国文学关系研究硬生生地归为总体文学研究，如此画地为牢、自设疆界引起后世学人激烈诟病（如韦勒克的多番责难）。广义地来看侨易学已经通吃二元、三元的种种跨越类研究，更何况侨易学试图建立的是理解世界的元理论，这种心胸和阔大气魄，远非是一百年前那些法国学者的气度。

然而，侨易学过于宏大的企图（哲学—学科—方法），想要把一切现象纳入侨易视野一网打尽，那种舍我其谁的气概，也是在冒相当大的学术风险。阅毕此书后，我不禁掩卷长叹：千世万象，无不侨易！对宏大的理论叙事，我向来有一种无来由的警惕。警惕倒非因为后现代以来屡见不鲜的解构之快欲，而是不相信凭空拔起的理论楼阁能装下大千世界的种种微妙与繁华，即便勉强装下了，那居住情形和宜居度也是很窘迫的。当然不能否认，在大观念之下侨易学也给出了若干细致的理论设定，譬如从三条基本原则推导出"观侨阐理"、"取象说易"、"察变寻异"的基本方法，任何读者都能感觉到作者竭尽全力想要给侨易学提供从宏观到微观的理论自洽性。

但是，叶隽始终想在更为宏通的视野下确立侨易学的价值和意义："如果仅将侨易学视为一种具体分析研究问题的理论资源，也还未免有些明珠暗投。我更在意的是侨易学的整体性思维，它应是借助于易经思维的总体资源而提供对文明、对自然、乃至对宇宙的大道追寻。寻道之责不忘，大道原则确立，就是最为根本的贡献。"（p.271）这样的目标设定，不惟侨易学，说是学问之终极目的也无不可。从侨易学的浅层目标看，叶著仍留存有实证倾向，比如研究国际留学史的目的被归结为"最重要的当然还是复原历史现场，呈现作为核心环节的留学历史本相"（p.239）。但是看具体的阐释时，又总是感觉到他被另一股理想主义的力量拉着向更高的方向飞升，比如将中国现代留学生当作人类社会创造者和世界精神承载者，这时书中的实证主义倾向部分地被理想主义折中。及至在全球化和现代性的物质—精神双背景下，在无法圆融的东—西文化选择中，他辩称应归于大道，归于二元三维的元思维时，中国传统思想中的"求和"和"无用之用"表面上成为了侨易学的思想底色，但也冲抵了侨易学实质上依傍西学得来的学理力度。

那么究竟应该怎么看待侨易学这门新创的学问呢？我最朴素的理解

是，与其说侨易学是已严谨求证完毕的理论观念（不必说此书在做这样的努力），毋宁说它只是一个发端，一个问题场域的初步厘定，一个有待精确的地图草图。叶隽自承“必须通过大量的实证性研究来运用其基本原理，并提出各种各样的问题，从而来检验其有效适用度，并为更好地完善这个理论提供问题性资源”（p.135）。《变创与渐常》在哲学观念和学科理论的开疆破土之外，下篇“案例研究”适时提供的就是这样的实证性研究。案例研究的好处是具体问题具体解决，且不妨碍得出类似案例的普遍性结论。譬如，侨易学在观察具体的侨动过程时，注意到了双边流动的势差。弱国到强国的人员侨动，会使势弱者产生对强国的追慕和自我自卑感，可能如郁达夫《沉沦》中描写的近代中国留日学生那样患上忧郁症，走向自裁的结局。强国到弱国，举凡很多游历东方的欧洲旅行写作，绝大部分都暗含着帝国主义/东方主义的话语潜流，这方面萨义德可以给我们列出一长串名单。类似这些侨易现象，《变创与渐常》在谈及留学史中边陲社会和中心社会之间的边缘人知识分子时有相当精彩的阐发。所以，虽然叶隽本人的学术进路是从具体到抽象，从实证的文化交流史到自觉构建抽象的侨易学的观念和方法，但于学术界而言，这座侨易学的理论大厦是否能入法眼，侨易学是否有未来以及有什么样的未来仍需要取决于多领域的验证，而学术界是否接纳侨易学的关节点可能恰恰就在于此，而不在于这个新说的理论装备是否夺目好看。

说到理论装备，我们知道任何一种理论（何况是元理论的创造）都不可能空穴来风。《变创与渐常》的理论来路，表面看取自中国颇多（李石曾的侨学、《易经》），且也受当代中国学人力求兼扩中西的学术主体意识的感召（葛兆光、桑兵、王铭铭），但其理论素养的基石则无法隔断与德国的联系（莱布尼茨、歌德、席勒、洪堡、尼采、胡塞尔等，甚至还有西美尔）。而其行文中广采各家之言形成的游戏“场域”或博弈“棋局”，每每使人感佩叶隽君读书之浩繁广博。中西方的宏论自不必说，甚至还有印度学者室利·阿罗频多的《薄伽梵歌论》，格局上合了汤用彤先生“融会中西”、“接通华梵”，中西印三大文化并举之说。广采并取不失为一种汲取理论营养和视点的方法，何况乎巴特早已预言“文本是由各种引证组成的编织物”。但于论证方式而言，前辈大家的说法虽好,却因其理论背景和道德立场各异,广征博采的引证有时不仅不能说“明”问题,还使得问题跌入无穷尽的互文之海,再打捞出来已然湿透,原来的模样已断然无法辨认了。其实以叶隽做德国文学和思想史的功底,完全可以驾驭材料之间实质性的思想联系,《变创与渐常》读起来引文大于论证,让人产生引文荟萃的阅读体会(不否认读者亦从中受惠),也许是作者被侨易学的观念所累,非要兼及东西,打通古今不可。我个人觉得这种思路很像钱钟书的《管锥篇》,在比较中打通的“通识”自觉,虽然叶隽否定了这种“通人”的学术追求(p.272)。实则上跨文化研究中最难的是融通,且不说形而上思维打而不通,东西方文明亘古恒久的冲突也是棘手的难题。

不得不说,书中对21世纪东西方文明冲突之结局乐观的判断,明显多出于纯理论推导或玄思,与现实脱节。21世纪以来,东西方文明冲突愈演愈烈有目共睹,如2015年11月13日法国巴黎发生连环枪击爆炸恐怖袭击,超过150人死亡,全世界哗然,更不用说久拖不决的叙利亚战争和巴以冲突。但是,《变创与渐常》却援引争议很大的波普尔的话:“文化的冲突未必总是导致流血的战斗和破坏性战争,而可能也是富有成效的和促进生命发展的原因。”(p.123)波普尔的说法也许有其内在的理路,但是听起来像空中楼阁一样空玄,不切实际。而对于亨廷顿的“文明冲突”说,书中所引的森格哈斯(Dieter Senghaas)的解读(p.171),我并不觉得准确。首先,森格哈斯做出二分预判:西方把冲突视为不可避免的,需要调节,东方则把冲突理解为混乱和机能障碍需要压制,我以为这本身就表现出一个西方学者东—西对峙的东方主义倾向,值得检讨一二。毕竟,在东方思想资源中,一点也不缺乏从“求同存异”的“存和”以达“和谐”之境的说法。其次,“矛盾是一种常态现象,而冲突是一种异态现象,存和又达到一种常态,和谐则始终是理想状态。(p.171页)”诸如此类的表述是相当理想化的,只能扣上大宇宙观的帽子,却无法解释为何当今的地缘政治冲突不断。理论不一定非要观照现实,所谓静观的智慧“何处惹尘埃”。但是我们身处全球化时代,涉及东西文明这样切身且现实的议题时,务虚的理论只能给历历在目的冲突和战争涂上一层理想的香膏罢了。所以，当侨易学降下观念的身段与现实接榫时，可能会发生错位。那么，如何增强侨易学的阐释有效性，除了更加周密的理论外，也需要观念—现实之间不一定无缝但应是有说服力的对接。

上面看起来是对侨易学的观念方法提出了一些批评，但对于《变创与渐常》一书，我内心其实是激赏多于苛责。激赏处不仅在于很多学人已赞叹过的中国学界缺位已久的理论自觉，即便不是如此，书中讨论到的大小议题，叶隽都奉献了自己认真的思考，读者诸君只要认真读下来必然获得知识或思想的实质性的增益。来而不往非礼也，行文至此，我也不妨斗胆提供一些聊备一说的断想。

既然侨易学的基本理念是因“侨”而致“易”，“侨”无非就是位置之间的移动，是“具有势差之间的异质文化体之间的位置变化”导致精神的质性变易（p.31），那么，旅行文学或旅行写作（travel writing）可能是一个特别适合阐发侨易学的领域。“侨”是移动（Mobility，叶隽敲定的“侨易学”英文是同样引起陌生感的 Kiao-iology），侨易现象中不仅有二元三维的哲学之道，也有因侨动产生的政治学和诗学，这方面国外已有相当丰富而广泛的研究。其中一个有意思的视角，是侨动主体的性别身份，有时对侨易过程和结果起着决定性影响。譬如，晚清民初来华的欧美旅行者中，有不少英国和美国女性，早期多为外交官、传教士、商人的夫人们，如传教士毕治文的妻子伊莉莎·珍（Elisa Jane Gillett），因为是女性，她们来华时的旅行见闻和纪录不同于男性。史景迁曾提到，伊莉莎·珍等晚清西方来华女性“更细微地呈现了中国妇女的风貌”，不再是 18 世纪法国作家伏尔泰笔下贞洁勇敢的伊达，或者威尼斯剧作家戈齐童话剧中追求自由的中国公主杜兰朵，她们笔端的中国和中国女性更加信实可靠（《大汗之国》，p.135）。随后来华的西方女子出现了身份独立的女传教士、作家、旅行家、画家、摄影家，如作家立德夫人（Alicia Little），旅行家伊莎贝拉·伯德（Isabella Bird），画家艾米丽·坎普（Emily G. Kemp）、康斯坦斯·卡明（Constance G. Cumming），她们留下的见闻纪录和小说，不仅成为我们观察彼时中国的历史记载，也成为反观和见证她们自身的材料。来华旅行对于女性旅行者（women traveller）而言是长途跋涉且充满危险的异域之旅，然而其独特魅力恰恰在于，她们通过模仿这种男性化行动，一方面获得了一种无性别的、超性别的白种人权力，在性别上获得了解放，另一方面则是对本国社会规约的逃离，在社会意义上解放了自己。除了性别维度，如果再加入帝国/殖民地的维度，这些来华的欧美女性面对东方时是强势者，是帝国主义的代言人，作为侨动主体她们就比男性带出的文化意味更加微妙复杂。但是也有学者提出质疑，男性和女性作为异域的共同观察者，性别上的差异叙事事实上不那么明显，代际、政治和意识形态造成的叙事差异显得更为重要。那么，性别、代际、历史话语、地方性伦理/普世性伦理、政治和意识形态，到底哪些因素影响侨易结果的权重更大，并在文本和叙述中呈现出来，也许是侨易学可以富有成效地施展拳脚的一个领域。

此外，无论是前现代还是现代，跨文化、跨领域、跨代际的侨易过程的结尾不一定是两种异质存在的和谐。我们知道异质文化主体的跨文化交流有时不是发生对他者"同情的理解"，文化交易的后果也不尽然是产生间性思维，多数时候反而是对他者的拒斥，对自我（意识、文化、身份、性别）的确证。若如方维规先生所说：有"侨"必"易"，确证自我到底是"易"之后的"不易"，还是更高级形式的"易"，可以做更有意思的探讨。比如一生桀骜不驯的辜鸿铭，自小游学四方，会九门外语，熟谙西学，却以臧否促狭西人为乐，学成后归国，成为中国（儒家）文化的坚定维护者，他无论是翻译《论语》、《中庸》（虽然王国维认为他的翻译不及理雅各准确），还是著书《春秋大义》，都是对本土文化立场的自觉选择。即令具有世界眼光的歌德也莫不如是，"歌德之所以写不成《埃尔佩诺》，说到底还是中欧伦理观的无法调和，也就是在传统承续中选择了一种抗拒"（p.267）。当然还有大量的反例可以证明，侨易的结果是侨动主体受到他者影响改变自己产生了精神质变。可见，侨易现象千差万别，不宜套入公式一概而论，最好是进入历史语境具体分析。

最近几年，一些70后学人的力作频出，如叶隽《变创与渐常》、李猛《自然社会》。2015年的长江学者名单，70后成为当仁不让的主角，人文社科领域至少有6名入选。从建设中国学术的角度看，这应该说明70后学人正在逐渐成为学界的中坚,可与50后、60后等前辈鼎立担当学术责任,建设呼声不绝于耳的中国学术共同体。叶隽的《变创与渐常》一书敢于取法先贤,拔剑论道,表现出一种担当的勇气。他不仅是"寻道者"、"见道者",还是所谓的悲壮的"挺身入局"者,甘愿承领西美尔所谓的男性为观念而生死的孤独命运。这命运于个体来说是孤独的涓涓细流,但是于学术共同体而言,却是不可缺少的汇聚之流。

2016年2月5日初稿

2016年3月6日改定于京西陋室

汉字的侨易学刍议

李　川
中国社会科学院外国文学研究所

侨易学有三条基本理论原则，我称之为侨易三纲。其一为“二元三维，大道侨易”，即从“道器两立”的二元立场而及于文化、制度和器物，最终落脚于大易之道。其二为“观侨取象，察变寻异”。从人类认知事物的直观体验活动入手而蠡测宇宙万象的流转变迁。其三为“物质位移导致精神质变”，探究物质—精神—社会之间的变动关系。此条乃由“察变”推导而来，是由易而侨的逻辑。叶先生所提出的侨易三纲无疑对于学术研究提供了新的路径和方法，我下文拟从文字的角度入手以期对中西不同的思维方式提出一种个人的理解，而特别注重于对取象问题的阐释。不当之处，唯海内外方家正教。

一、音义兼借：汉字的侨易形态

作为侨易现象的文字系统呈现出鲜明的侨动特色。文字的创造机制和文字本身呈现的形态、意指对社会制度、文化取径乃至于名物有相当深刻的影响。典型的例子日本对汉字的取法。大家熟知，日本曾经 19 次派出遣唐使，中国—日本之间的这种关系自是一种侨动关系，由长安—江南、朝鲜半岛而日本列岛的路线正是中日之间的文化侨易之路。而这条路上的主角无疑是中国文化，正如研究者所指出的，日本遣隋唐使肩负购求书籍之使命，这是汉文化东传的重要原因。而这条“书籍之路”遵循双向互流乃至东亚环流的规律。[①] 书籍之路的核心是“文明”（明胡宗宪《筹海图编》谓遣唐使为“文明使”），日本从国家制度、礼乐文明、文化和宗教等方方面面都效仿唐朝，举凡琴棋书画、医卜星相、三教九流等等，无一不有唐朝的影子。持续两百六十多年的交流得以使“唐风文化”在日本扎根，才有奈良与平安文化的勃兴。汉字自是中日文化侨动的核心。汉字在中日文化交流中呈现出怎样的侨易规律？何以会出现如此情况？

日本在吸纳汉字的过程中，并没有完全照搬汉字系统，而是结合自身的文化特性开发汉字的表达潜能。日本人之借用汉字，就像阿卡德人借用苏美尔人的文字一样，极大限度地利用汉字的表音功能以记录日语音节。日本称之为“假名”，假，借也；名，文字也。其中标志性的事件便是“万叶假名”的出现，它利用汉字的音读或训读，不仅丰富了日语表达，且促进了其文化的繁荣。[②] 而后乃有平假名、片假名等的产生。

我此处想要着重强调的问题是，日本由汉字而万叶假名的过程，并非单纯的移植，而是一个连续的、流动的侨易过程。这其中，朝鲜半岛的“吏读法”乃是连接汉字和“万叶假名”的一个中间桥梁。“吏读文”是利用汉字的音和意记录朝鲜语言。吏读按照朝鲜语的语法体系，使用汉字标记其语言。汉字表达音韵体系和语法结构，却不能完全适用于朝鲜半岛的语言。为此，古代朝鲜三国时期创制了以汉文标记其语言的记录形态——吏读。[③] 而“吏读文”在日本假名的形成过程中起了一定意义的借鉴作用。[④] 无论吏读文还是假名，都遵循相通的规则。可以概括为如下两条：其一、借音。分为借

① 王勇：《遣唐使时代的“书籍之路”》，《甘肃社会科学》2008 年第 1 期。

② 梁海燕：《“万叶假名”的创造及其意义》，《日语学习与研究》2007 年第 2 期。

③ 金喜成：《试论古代朝鲜的“吏读”》，《满族研究》1989 年第 4 期。

④ 尹云镇：《论“万叶假名”、“吏读文”与汉字间的关系》，《东疆学刊》2010 年第 4 期。

全音、借部分音以及借近似音等情况。实际这种情况乃是汉字内部的方式。借全音不论,部分借音其实类似于中古音韵学中的“字母”的做法,比如著名的守温三十六字母。① 而借近似音就是《说文解字》注音法中“读若”②。朝鲜、日本的作法正是发扬光大了汉字系统本身的方法。其二、借义。借本义,或引申其义。

无论借音还是借义,其实都是汉字“六书”中“假借”之法的活用。六书之假借原则为“本无其字,因声托事”,声近似于所谓的“音”,而“事”近似于所说的“义”;假借原则揭示的,在没有文字的情况下,音义结合也同样可以记录语言。这一点也就是索绪尔所揭示的语言学原则。至于借义,则是“本无其字”而直接移用汉字。因此,笼统而论,借音、借义都可以归到假借的方法之中。

古代日本人则将假借这一六书中的原则作为使用汉字的通则,日本人在借鉴汉字的过程中,采用汉和混合表记法,既借音又借义,迅速丰富了日语词汇,提高了其接纳异文化的能力。某种意义上,汉文化的输入激发了其文化自觉意识,模塑了其民族精神。以侪易学术语表达,便是汉字的物质位移引发了日本民族的精神质变,对“和魂”的塑造起了决定的作用。进而言之,“和魂”与“汉文化”和“洋文化”之间的侪动,有酿就了今日日本独有的文化形态。③ 汉字在日本人的价值观塑造、社会制度模塑、文化形态的成形过程中,起着关键的作用。

日本人只是东亚文化借用汉字的特例之一,在此我所关注的是,尽管日本人所发展出的片假名可以记录一切词汇,然而它并未就此废止汉字的使用,而仍旧保留了相当一部分汉字,呈现出汉和混书的书写形态。换个角度解释,日本在借音的同时(平、片假名可视为借音的凝练形态),也不放弃借

① 文献方面的介绍,可参考黄易青:《〈守温韵学残卷〉反映的晚唐等韵学及西北方音》,《北京师范大学学报》2007 年第 3 期。

② “读若”研究者众,如杨剑桥:《〈说文解字〉的读若》,《辞书研究》1983 年第 3 期;冯玉涛:《〈说文解字〉的“读若”作用类考》,《宁夏大学学报》1996 年第 3 期;湛玉书:《〈说文解字〉“读若”本质及其他》,《西南民族大学学报》2005 年第 4 期。

③ 邱丽君:《论日本文字对汉字的借鉴》,《郑州大学学报》2013 年第 5 期。

义（亦即直接移用汉字）。这也是汉字在东亚流传过程中的共同特征，朝鲜、越南等国家或民族都或者仿制、或者借用汉字，从而形成强大的包含 18 种文字的汉字文化圈。[①] 这种音义兼借的侨易形态使得东亚语言并没有走上纯表音的道路，直到西方殖民主义的浪潮席卷过来，才有所改观。那么，如何理解音义兼借的侨易现象呢？排除诸如社会、政治、经济、文化的因素不论，音义兼借的现象恰恰是汉字特质的延伸。而理解汉字的这种特质，我们不妨从文字的思维方式入手。

二、取象以立意：汉字的表达特色

关于文字的起源，有相当多的讨论，最为流行的是起源的象形说，这种学说的西方版则是威廉・沃伯顿的图画文字说，这种学说 20 世纪风行一时，并为大多数中国学者所接受。然而，该学说也受到一部分人的质疑 [②]，而丹尼斯・施曼特－贝瑟拉（Denise Shmandt Besserat）通过陶筹理论对象形说进行了全盘清算。[③] 陶筹理论立足于考古证据，指出陶筹由朴素而复杂的变化，指出封球、印泥在由陶筹而文字中起了关键作用。这个理论为时下最能自圆其说之论。然而，该理论立足于西亚楔形文字系统，并且基于一种文化传播论的预设。它仍然难以解释何以埃及圣书字、殷周甲骨金文系统以及玛雅文字何以有如此众多的象形符号。而且，作为观念上的文字系统之起源并不等同于具体的每个文字的起源。因此，该理论仍不能令人完全信服。职是之故，有学者提出更为稳健的文字形成机制之说 [④]，该说将文字的产生分为巫师文字和通行文字阶段，并从经济社会发展水平的角度进行分析。不过，其巫师文字云云仍带有进化论色彩。如果撇开对文字成形的发生学讨论，单就文字自身所呈现的视觉形态而言，无论象形说、陶筹说还是机制说，都可以归结为

① 周有光：《汉字文化圈的文字演变》，《民族语文》1989 年第 1 期。
② 何丹：《论“图画文字说”的原始版》，《浙江大学学报》2004 年第 5 期。
③ 参［美］丹尼斯・施曼特－贝瑟拉：《文字起源》，王乐洋译，商务印书馆 2015 年版。
④ 何崝：《中国文字起源研究》，巴蜀书社 2011 年版。

一个最根本的问题，就是文字是取象的还是臆造的？实际上，无论哪种说法，文字系统都有其可效之形、可法之象。这与以抽象的字母拼写的拼音系统根本不同。一言以蔽之，取象乃文字系统的根本特征，而此特征尤其鲜明的表现于汉字系统。

汉字经历“取象”“聚象”“寓象”三度成熟，遂成为以形为基础，以音为形式，形音一体化的文字系统。① 以形寓义、借形表义乃汉字常用手段。这就充分说明，汉字的形对于意义的表达至关重要。汉字以声旁表音，似与形无涉。然按其实际，声旁亦有表意功能，不纯为了表音。黄承吉云“谐声之字，其右旁之声必兼有义，而义皆起于声，凡字之以某为声者，皆原起于右旁之声义而制字，是为诸字所起之纲。其在左之偏旁部分（或偏旁在右在上之类皆同），则即由纲之声义分为某事某物之目。”② 这归纳出两大原则：一，汉字因声部而孳乳，而其声旁必有意义。二，偏旁起着分门别类的提示作用。进而言之，声旁也是形之一种，归根结蒂仍是寓意于形。从这一点而言，汉字意义的表达不能脱离具体的象，乃取象思维的产物。而取象思维归本于《易经》，遵循比附推论的逻辑方法。③ “以形正名”“以象测脏”等取象方法在中医理论体系中的巨大成功 ④，成为中国文化的精髓。它是直观的体道方式。⑤

观物取象比类体道的思维活动不同于西方的逻辑，这种分歧也体现于书写系统中。拼音系统遵循音（所指）义（能指）任意结合的原则，这个原则成为索绪尔语言学的核心主张。而文字系统则完全不能用于这一原则。如前所说，汉字的意义受制于形，汉字的音也受制于形，形才是汉字的根本。

理解了这一点，就可以懂得声训的原理。声训主张“凡从某声，即有某

---

① 钟如雄：《转注系统研究》，商务印书馆 2014 年版，第 13—15 页。

② （清）黄承吉：《字诂义府合按》，中华书局 1984 年版，第 75 页。

③ 于春海：《论取象思维方式——易学文化精神及其现代价值讨论之一》，《周易研究》2000 年第 4 期。

④ 任秀林：《黄帝内经瑭验构中医药理论的基本范畴——取象》，《中华中医药杂志》2008 年第 9 期。

⑤ 王前：《中国传统科学中“取象比类”的实质和意义》，《自然科学史研究》1997 年第 4 期。

义”，“古人用物多取名于音近，如松之言容，柏之言迫，栗言战栗（见《公羊》文二年何休注），桐之言痛，竹之言蹙（《白虎通》：‘竹者，蹙也。桐者，痛也。’），蓍之言耆（《白虎通》：‘蓍之为言耆也，久长意也。’），皆此类也。”[①] 西方语言中除了零星出现的《奥德赛》9.366 Οὖτις 之类外，极为罕见。这其中的原因在于，汉字（进言之，文字系统）以形声共同承担意义的表达，而拼音系统仅仅依靠声音。由于拼音系统需要通过声音的差异来区别意义，故拼音系统声音趋于繁复，一音一词。而文字系统因形声共表，表声的部分功能可由表形部分分担，因此其表声多区域简略，往往一形多音，因而文字系统大量存在多音字现象。

我们认为，采取文字系统还是拼音系统，对于思维方式的模塑起了根本的决定作用。拼音系统最终模塑的二元思维，形成了逻格斯主义或者语音中心主义的传统。而文字系统模塑的思维方式与此不同，它遵循一种取象的方式。[②] 职是之故，东亚各文化共同体在借用汉字的过程中，出现音义兼借的现象也就不足为奇。因其思维方式的内在要求，借义可以望形而知意，借音又可以记录本地的观念和名物。这比单纯借音要来得通达的多。

这里应当注意几种古老的文字体系，苏美尔文字、埃及文字以及玛雅文字，它们是否也遵循上文所标举的取象原则？我们认为是的。理由是：第一，从比较文字学的视野看，这些古文字都适用于“意符、音符、定符”这套三书理论。[③] 埃及字符具有形音义功能，也有类似于汉字那样的一符多音现象。辅音—元音之间元音提示。[④] 其中意符表意、音符表音而定符起归类作用，这与汉字机制相通。然而，域外学术界通常的做法采取拉丁转写，很大程度上损失了意符、定符所承载的意义，造成其为拼音文字的印象。第二，上述几种文字，一形多音多义的现象较为常见，这也正是不专倚声音、而寓意于形的特

① （清）马瑞辰：《毛诗传笺通释》，中华书局 1989 年版，第 390 页。

② 见拙文：《“二分”与“三合”：中西思维方式的分野》，《郑州大学学报》2016 年第 2 期。

③ 周有光：《比较文字学初探》，语文出版社 1998 年版，第 166—168 页。

④ 王海利：《失落的玛阿特：古埃及文献〈能言善辩的农民〉研究》，北京大学出版社 2013 年版，第 263 页。

征。由此看来,这几大古典文字体系都遵循取象原则。然而是否能说其也发展出取象的思维?

三、思维革命:汉字作为思想型书写系统的契机

上文从汉字的侨易形态及表达特色两个角度分析了汉字的特质,汉字倾向于圆融的、诗化的、流动的、会通的表达,这种特质无妨概括为取象思维,或者谓之侨易性也无不可。其与拼音系统之强调逻辑清晰、非此即彼的思维方式不同。这种思维的形成需要具备一个核心条件,就是思想革命。很遗憾,上述几种文字体系只有汉字产生了思维革命。从具体的文字形态而言,几大古典文字之间存在着诸多共性。比如,遵循"三书"或"六书"的造字—用字机制;有与之相匹配的高度发达的古老文明传统;从而成为人类文明的核心策源地。而且,从世界体系的角度分析,几大古典文明之间存在着潜在的文化联系。如殷商王族通过北方游战民族—加喜特人与巴比伦之间的关联,马商在汉—高加索大语系形成中的作用。[①] 这就是中国学者所说的中西文化交流之线,即由西亚—高加索—乌拉尔山脉—阿尔泰山—外贝加尔湖—蒙古草原而华北平原的路径。[②] 著名的安诺石印便出现于这条线路之上。另一条经由两河流域而伊朗、阿富汗、天山南麓、甘青地区而内蒙、陕北、晋北而入中原。这条路上临近著名的印度河谷文明,何崝指出,印度河谷乃是中国西亚沟通的重要文化地带[③],而且通过比较,印度河谷所出土四百多个字符中与中国相似者多达89个(包括史前或殷商)[④]。至于先商文化与玛雅的关系,张光直提出了"中国—玛雅文化连续体"的假设。这个现象促使我们思考,中国文字的起源,应当放置到全球体系的背景下予以理解,也充分说明中国文字系统的形成与异域文字之间的存在可能的侨动关系。这种侨动状态孕育着

① 郭静云:《夏商周:从神话到史实》,上海古籍出版社2013年版,第225—235页。

② 王巍:《商代车马渊源蠡测》,载李伯谦主编《商文化论集》,文物出版社2003年版。

③ 何崝:《中国文字起源研究》,巴蜀书社2011年版,第480—512页。

④ 同上书,556页。

共同思维方式成形的可能性。

尽管古典文字书写体系之间存在着可能的侨动关系，汉字体系却仍是其中最独特的。这是因为，其他古典文字不断弱化乃至于泯灭了其取象立意的特质，而只有汉字继续沿着这条路子发展。比如埃及字符常用者仅 700 例而已，字符和汉字一样具有形音义等功能。一个埃及字符可以被赋予一个或数个音值（类似于多音字，埃及字符有时一个字可能对应四个音）。埃及字符在辅音—元音之间没有元音提示，在阅读时加上元音字母。埃及字符分为表意符号、表音符号以及限定符号三种。所谓表意符号，即用图形表示所代表的或与之密切相关的事物。但是在这套符号系统具体运用中，字符本身与其所代表事物之间对应之例极少。绝大多数表意符号失去了表意功能，而转化为纯粹的表音符号。而经过长期使用，到西元前 600 年，埃及文字更是形成规范的表音系统，以图形表示单、双或三辅音。而单辅音的额使用频率最高，形成 24（或 26 个，含变体）字母体系。[①] 也有人统计，单辅音音符 30 个（含 5 个变体），双辅音音符 136 个，三辅音音符 73 个，共 239 个。[②] 实质上它更近似于字母系统，古埃及语乃是一种"高度的屈折语"。

楔形文字符号总共有一千八百多个，但是到西元前 2700—2350 这段时间，这些符号迅速减少，并且形成线性书写的模式。而到前 2500 年左右，迅速完成了从图像向着语音转化的历史进程；到前 2000 年为止，其常用符号则仅有 570 个左右。[③] 楔形文字符号主要有以下四类。一为词符，即用一个符号代表一个或一个以上的明确的概念。最早的两河流域文献仅有语义符号，没有语法因素（安徽蚌埠双墩符号其实类似之，但未能完整勾勒其流传序列，因此学界犹豫不定）。其二为音节符号，此类符号仅具表意功能，其词义功能完全滤去。其三为定义符号，类似汉字中的偏旁部首，对词汇的意义起着提示和限定作用。最后一类尾音指示符，即在一些词符后面增加一个音节符来

---

① 王海利：《失落的玛阿特：古埃及文献〈能言善辩的农民〉研究》，北京大学出版社 2013 年版，第 261—263 页。

② 李东生：《汉骎店圣书字表词方式比较研究》，人民出版社 2013 年版，第 116 页。

③ ［新西兰］史蒂文·罗杰·费希尔：《书写的历史》，李华田、李国玉、杨玉婉等译，中央编译出版社 2012 年版，第 38 页。

确定该词的读音、意义和格尾。这说明楔形文字的复杂程度。而后阿卡德、巴比伦、亚述、赫梯、波斯等在借用苏美尔符号的过程中,由于这些政治势力所操的语言与苏美尔语又根本不同,因此一方面赋予其既定符号以更多的音值(阿卡德人赋予苏美尔文字以阿卡德语音,类似于日语取法于汉语),另一方面又根据民族特点对苏美尔符号进行改造(波斯系统的楔形文字,就如越南仿汉语构造发明字喃)。凡此例证,都说明一个本质因素,即符号本身的取象因素已经无足轻重,其最重要的功能在于读音。

而汉字则反其道而行之,在不断的重构过程中,其表意趋势要大于表音趋向。① 这也就意味着,汉字不断强化了取象立意的创制机制。

一言以蔽之,其他几种古典文字逐渐汇入到拼音系统之中,而汉字与其距离日渐分离。在必须注意的一点是,雅斯贝尔斯所说的哲学突破的民族,都是采纳拼音系统的民族,而唯独华夏采纳的是文字,也就意味着,华夏族乃是唯一实现了精神革命的文字民族。按照上文我们的分析,采纳文字系统与采纳拼音系统有不同的思维方式。

结　语

理解汉字的取象特质或侨易性对于反思西方逻格斯中心论有重要意义。德里达之标举文字学,正是针对拼音系统表达所营造的语音中心论,他的哲学某种意义上也可谓之"延异哲学"②。德里达的延异观念瓦解中心论、稳固论,从而为流动、变通和圆融开启了可能性,其与过程哲学之反思二元论异曲同工③。尽管德里达以哲学家的洞见察觉到了二元论的问题,但其对汉字并不了解,未能从表达系统的深层掘发汉字之于思维的模塑意义。这就为侨易学留下了进一步发展的空间。

雅斯贝尔斯试图构建一种"唯一的起源与目标"的人类史,其"文明连

① 赵平安:《新出简帛与古文字古文献研究》,商务印书馆 2009 年版,第 207 页。

② 李松、董迎春:《延异哲学:从"摧毁"到"解构"》,《长江学术》2008 年第 3 期。

③ 杨富斌:《怀特海过程哲学思想述评》,《国外社会科学》2003 年第 4 期。

续性”理念、“轴心时代”的范例等勾勒出的世界主义意向,有助于文明相互嫁接理念的引入。[①] 侨易学处于现代语境下,必然乃是嫁接的、会通的理论样式,汉字系统只是其一个可能的理解角度。如何将其发展为包容性强而又超越西方二元论的、逻格斯中心的新的理论样式,理应成为其理论方向。汉字系统只是亚洲文化或者非西方文化的一个范例。近人研究指出,亚美文化连续体以宇宙整体性、连续性为特征。在此背景下“李约瑟问题”便暴露了其西方中心论的产物的面相。[②] 而侨易学则有可能是对逻格斯中心论甚或西方理论进行全面深入检讨和反思的思想样式,对于厘清一切言说不脱西方框架的偏狭学术状态不无借镜意义。

---

① 乔安妮·赵美羊、金寿铁:《卡尔·雅斯贝尔斯视野中的人类全球史——轴心时代与文明相互嫁接理念》,《学术研究》2013 年第 12 期。

② 王纪潮:《亚美文化连续体背景下的科学——“李约瑟问题”的人类学观察》,《自然科学史研究》2003 年第 3 期。

高维度的文化空间孕育自由之思想

白峰杉
清华大学数学科学系

与我们的星球45亿年、我们的星球上出现生命35亿年的历史相比，人类25万年的历史、现代智人10万年的历史实在是相当短暂的，更不要说农耕文明的一万年和近代工业化社会的两百多年。[①] 这就是时间的维度，刻画人类的历史就是要沿着这个维度。

在给定的时间点上，人类能够自如运动的范围，界定的就是空间。人类的文化空间，也是处于不断扩展的过程中。但与人类在物理空间的运动不同的是，不同文化的相互碰撞交流，会显现出更加复杂的现象。当然如果在高速运动之下物理空间的运动也相当复杂，爱因斯坦的相对论告诉我们，时间和空间的维度居然是不独立的，这也颠覆了西方古典哲学的基础。这也就是为什么当代伟大的物理学家霍金说“哲学死了！”让我们想起一百多年前德国伟大的哲学家尼采所说的“上帝死了！”两者有异曲同工之处吧。

一、物理和数学的维度概念

维数在科学（特别是物理学）和数学上当然是基本概念。本文希望借

① 克里斯蒂安：《极简人类史》，王睿译，中信出版集团2016年版，第49页。

用这个概念来刻画文化取向的可能性和活跃程度，当然首先要适度严格但又相对通俗地来定义这个概念。

在远古的年代（比如25万年前），人类的活动范围局限于栖息地的附近，这时人类的运动范围（相对于地球的尺度而言）就可以抽象为一个点，它在空间中就是0维的；如果能够确认10万年前人类确实有一次大的迁徙，那就是人类历史上第一次的1维运动，但无论如何人的1维运动还不是自如的；郑和下西洋和西方人的大航海，人类的运动在2维上达到了比较充分的水平；莱特兄弟让人类的运动有了三维的形态，而以人类登上月球为标志，与我们的星球在同样的尺度上人具有了3维运动的能力（但还没有达到很自如的水平）。

从数学上来讲，点是最基本不过的概念，古人在两千多年之前就意识到这一点。欧几里德的《几何原本》，开篇就是如下的几个定义[①]：

> 定义I.1：点：点不可以再分割为部分。
>
> 定义I.2：线：线是无宽度的长度。
>
> 定义I.3：线的两端是点。
>
> 定义I.4：直线：直线是点沿着一定方向及其相反方向无限平铺。
>
> 定义I.5：面：面只有长度和宽度。
>
> 定义I.6：一个面的边是线。

这里的6个概念讨论的点、线和面就分别是最简单的0维、1维和2维的几何对象。它们同时也是最基本的几何对象，基本到不能够被定义的程度。事实上我们可以想象一下，在任何的体系设定下，总有若干基本概念是不定义的，否则必然会出现逻辑的循环。被称为“20世纪首席数学家”的希尔伯特，在他的划时代作品《几何基础》中重新梳理了欧几里德的体系，将点、线和面这几个概念作为只说明而不定义的。因为严格地定义一个对象，只能够用已经定义过的更基本的概念进行定义，所以总是要有最源头的起点。如果我们回头去看欧几里德的几个定义，确实不能够说他真正定义了什么。

但无论如何，点是最简单的，除了它可以出现在不同的位置外，它实在没

① 欧几里德：《几何原本》，燕晓东编译，人民日报出版社2005年版，第26页。

有任何变化;而直线的几何直观似乎是用点“平铺”出来的;而平面是用直线“平铺”出来的。而线可以是直的,也就是最简单的直线;当然也还可以是弯曲的也就是曲线,而且弯曲的形态可以各异,也就比直线复杂。同样的,有平面也会有曲面,你尽可以想象它的复杂或者生动。

线包括直线特别是曲线,他们形态各异,但共性的东西是什么呢?如果我们将线直观理解为用点“平铺”出来的,形态各异的曲线“铺”的方式不再“平”了,就产生了差异。但你注意到,如果线是点组成的,无论是直线还是曲线,点沿着线运动,划出来的轨迹,只有或左或右的一个方向,所以我们就称线是 1 维的;而平面看成是由直线“平铺”出来的,则平面的维度就是 2 了。换一个角度讲,1 维是可以度量长度的几何对象,而 2 维可以度量面积。

当然我们还应当进一步指出,维数不一定是整数。这当然与人们的直观相当不吻合。例如我们考虑一个正三角形 S_0 假设其面积是单位 1。取三个边的中点并连线得到 4 个小的面积大小相等的小三角形。将位于中心的小三角形去掉得到的图形称为 S_1(如下的图):

S_1

显然,图形 S_1 的面积是 3/4。如果我们重复一次上述的过程得到 S_2,再重复一次这个过程得到 S_3 如下:

S_2

S_3

显而易见的是 S_2 的面积是（3/4）^{2}，而 S_3 的面积是（3/4）^{3}。我们想象一下将这个过程重复 p 次得到的图形 S_p 的面积则是（3/4）^{p}。我们考虑这里的 p 无限增大得到的图形面积趋于零，如果度量长度则是无穷。它的维数是大于 1 但小于 2 的。

二、文化与文明的概念界定

本文要讨论的文化，其实又是一个需要适当严格界定的概念。特别是文化和文明这两个词的使用是相当的不一致，东西方都如此。比如塞缪尔·亨廷顿认为："人类的历史就是文明的历史。不可能用其他任何思路来思考人类的发展。"但书中讨论更多的其实还是文化冲突。该书对文明与文化概念的界定有清楚的讨论，指出①：

> 在德国之外，文明被看作一个文化实体。19 世纪德国的思想家描述了文明与文化的明显区别，前者包括技巧、技术和物质的因素，后者包括价值观、理想和一个社会更高级的思想艺术性、道德性。这一区分在德国的思想中保持了下来，但在其他地方并没有被接受。

尽管如此，本文使用的概念还是更接近德国文化，好处在于它的可分辨性非常好。通俗地讲，文明是说什么是好的，是具有普适性的；文化则是说什么是我的，是强调归属性的。文化与文明是一个层层包含的关系。越靠近外层或者说在越大的范围，其文明性越突出；越是小范围的、小群体的，则更具有文化性和独特性。亨廷顿就指出②：

> 各个乡村、地区、种族群体、民族、宗教群体都在文化异质性的不同层次上具有独特的文化。意大利南部的村落文化可能不同于意大利北部的村落文化，但它们具有使自己区别于德国村落的共同的意大利文

① 塞缪尔·亨廷顿：《文明的冲突》，周琪等译，北京新华出版社 2012 年版，第 20 页。
② 同上书，第 21 页。

化。欧洲社区也具有使自己区别于中国社区或者印度社区的文化特征。然而中国人、印度人和西方人都不是任何更大的文明实体的一部分。

可以看到，虽然亨廷顿自己声称德国人的区分方式在德国之外并没有被接受，但他自己对文明与文化的区分也接近德国人的体系。最起码，德国人的区分方式是相对严格的、比较少混乱的。

三、文化的元和维度

五千年前古老的四大文明：古埃及、古巴比伦（或者西方更多称美索不达米亚）、古印度、古代中国，它们同属于农耕的文明形态，同时开始有文化差异性的发展。与新石器时代初期的农耕文明相比，他们有鲜明的各自的独立性，所以它们在五千年前是文化的四个古老的“元”。与人类在那个年代在物理空间运动能力相匹配，人类的文化也是0维的点形态。而且这个“元”，文明的成分还是大于文化的成分。

两千五百年前是人类文化成长的轴心时代，按照雅思贝尔斯的观点，采用比较地域化的典型描述，最重要的文化“元”则是：古希腊文化的柏拉图、中国文化的孔子、印度文化的释迦牟尼和希伯莱文化的耶稣。而这些文化“元”与五千年前的文明源头之间的关系呈现出有趣的差异性。中国文化的直接源头是古代中华文明，印度文化源于古印度文明，它们是单一文明源头的文化。特别是古希腊文化则呈现出明显的不同，它是多文明源头的，其关系可以用图表示为：

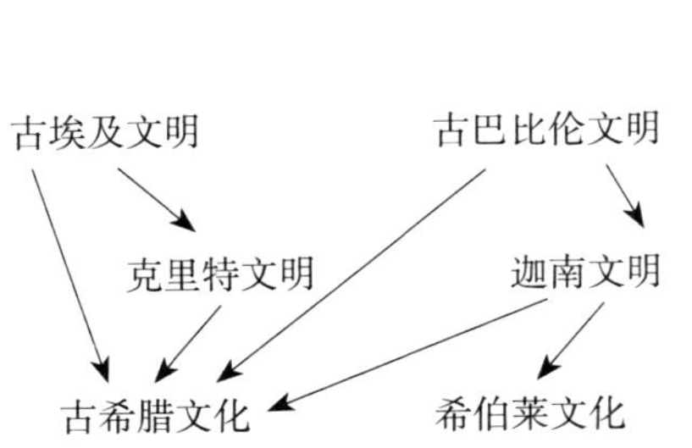

这个时期，人类的文化基本上还是0维的点形态，但文化独特性得到比较充

分的发展,因此完整的文化“元”已经形成。

按马克斯·韦伯的说法,人类文明与文化传承发展到今天最核心的文化形态可以归结为五大文化或者是由五大宗教承载的,就是儒、佛教、基督教、伊斯兰教和印度教。今天这些文化元素绝对不是一个孤立的点,它们之间对话演进的过程,就是人类文化空间不断延展的过程。

我们首先以相对比较简单的中国文化为例。梁启超先生认为①,中国的历史可以划分成三段:中国之中国、亚洲之中国、世界之中国;相应的两个分界时间点,一个是汉代,标志是佛教进入中国,一个是乾隆末年,标志是与西方冲突开始。相应“中国之中国”时期的中国文化形态就是一个点,也就是0维的,当然这个点的内部结构相当丰富,代表诸子百家的孔孟老庄特色鲜明。而“亚洲之中国”时期的则由于与佛教文化的对话,文化形态称为线的形态,也就是它是1维的。这个1维结构形成的标志是形成了中国化的佛教禅和朱熹的新儒学。按钱穆先生的话说就是,中国文化完成了第一次文化转身。亚洲之中国时期的中国文化对伊斯兰教并不陌生,回族在中国这个多民族大家庭中至少超过千年;基督教的传教士来到中国至少我们知道马可波罗,但对话并不是充分的。所以用古典的几何概念来说直到今天我们的文化是1维的,但用分形几何的概念,肯定是维数大于1的。

对于西方化我们不难发现类似的现象,让我们觉得非常有趣。首先,古希腊文化与希伯莱文化的对话形成了完整1维形态的基督教文化。而基督教(西方文化的代表)除了儒文化之外,对其他的文化都有相当的了解。基督教和伊斯兰教之间有过多年持续的战争,其实就是不断相互了解的过程;公元前三百多年,亚历山大大帝的帝国曾经一直延伸到印度北部,所以基督教文化对佛教、印度教也是不生疏的。因此今天的西方文化,也是古典意义上1维的,但广义的意义上是高维的、但不是整数维的。

① 1901年9月梁启超在《清议报》上发表《中国史叙论》提出此论,引自梁启超:《中国历史研究法》,中华书局2009年版,第173—174页。

四、未来理想的文化空间

恰如亨廷顿所说的,西方文化的价值不在于它的普遍性,而是在于它的独特性。其实每个文化都有它的独特性,而且这种独特性应当获得尊重。如同人生而平等,每个人的人权都应当受到保护和尊重一样;文化也应当平等地享有被尊重和被保护的权利。今天我们关注自然界的生物多样性,认为它对这个星球长远的未来是重要的。文化的多样性何尝不是如此。

在人类生存的漫长历史中,文化最主要的存在方式就是独立于其他文化,如果有交流也是间断的。所以工业革命之前的各个文化,就如同没有信息交换或交换非常少的平行宇宙。按历史终结论的观念,代表西方文化的强势文化宇宙要吞噬其他的弱势文化。但试图终结历史的文化,就是走向没落和衰败的文化,历史上无例外。未来健康的文化秩序,应当是相互有沟通的平行宇宙,大家共享的也许应当是生态文明,就如同两千年前人类共享的是农耕文明。差别在于,农耕文明的年代,人类不具备干扰自然的能力,在自然力面前的渺小感,让人类对自然充满了敬畏。这种敬畏是因为不理解而产生的。工业革命之后的今天,人类过于自大,其实在强大的自然力面前,人类还是非常渺小而且我们必须在更多了解和理解了自然的前提下,尊重并敬畏自然。所以生态文明所主张的对自然的敬畏是理解和了解的基础上的理性。

无论是中国文化还西方文化,今天所呈现的都是古典的1维和广义的高维形态。不难想象1维的困境就是,沿着1维的直线或曲线运动,你的选择是完全受限的非左即右,因此呈现出强烈的二元对立。人类文化今天面临的共同课题,就是从广义的高维文化空间走向经典意义上的高维度。其中的意义,绝对不亚于工业革命前的大航海和今天人类的飞向太空。钱穆先生所言"中国文化的第二次转身"期许就在于此。人的运动在高维空间实现的是自由飞翔;人在高维的文化空间才能够实现自由的思想——绝对是创新的源泉呀!

物质运动与侨易学可能的联系？

范天佑
北京理工大学物理学院

侨易学研究物质运动与精神漫游的关系。物质运动是世界的最基本的现象。物质运动有多种形式，例如机械运动，即物体位置变化引起的物运动，是最简单的运动。但是其包罗面极其广泛，小到细小颗粒，大到星体的运动，都遵从机械运动的定律，即牛顿定律。这种运动的物体如果不太大，也不太小，而且物体运动速度不太大，那么和时间—空间的关系就比较简单和直观，容易为一般人理解。在这种情形下，时间和空间的联系不紧密，可以用牛顿绝对时空概念，即空间与时间无关。如果物体运动速度很大，接近光速，那么牛顿定律失效，要用 Einstein 狭义相对论描写，牛顿绝对时空概念必须放弃。这时不仅物体运动与时空的关系更加紧密，时间与空间已经不可分离，Minkovskii 引进四维时空概念，不过与原来在普通机械运动中所用的几何，都属于欧几里德几何，就是我们平常比较熟悉的几何。任何两个物体之间都存在引力，如果物体不太大，牛顿引力定律可以描写，而且精度很高。如果物体太大，牛顿引力定律导致的误差太大，而必须用 Einstein 广义相对论描写，在这种情形，时间和空间不仅完全不可分开，时间和空间组成的四维时空，永远是弯曲的，欧几里德几何学在这种情形，已经不再有效，必须用 Riemann 几何学才能描写。这种弯曲在四维时空中以波的形式传播，相当于时空涟漪，波的传播速度小于光速，这就是去年9月14日首次被实验观察到，去年12月26日再次被实验观察到的Einstein预言100年的引力波。可见即使是机械运动也很复杂，运动与时空的关系也很复杂，而Riemann几何学在广义相对论中得到最成功的应用。去年9月14日首次被实验观察到，去年12月26日再次被实验观察的现象证实Einstein广义相对论预言的正确，自然也是证实Riemann几何学预的正确。这说明时空理论和物质运动紧密相关。物质运动除物理运动之外，还有化学运动，生物运动，等等。物质运动对人的精神有影响，但是很复杂，本文笔者不甚了解。

侨易现象或者物质运动与精神漫游的关联，属于人类社会现象，为一种社会运动，其规律服从社会运动的普遍规律，但是有其特殊的规律。社会运动包括侨易现象在内是比物理运动，化学运动，生物运动复杂得多的一种运动，与单纯的自然现象不同。社会运动虽然也和时间—空间等物质条件有关，还与特定的条件有关，这些特定条件，包括社会发展（生产力、生产关系）的阶段、种族、民族、精神现象。特定的社会运动只会发生一次，不像自然现象会出现完全重复的事件，在时间上是不可逆的。社会运动虽然和空间有关，但是两者关系极其复杂，不存在简单的几何学描写。

可以学习物理学研究物质运动的方法，把侨易现象从与之相关的社会现象中割裂开来，组成它自身（内部）的系统，把割裂开来的外部对它的影响，作为外场。侨易现象的本质，由其内部的结构和运动规律决定，外部包括物质运动对它的影响，作为一种外界因素和条件。这样可否借助物理学的方法来发展侨易学？本文笔者由于不了解侨易现象的内部结构，不可能进一步做这种分析。

参考文献：

1. Sommerfeld A, *Vorlesungen ueber theoretische Physik, Band I-VI*, Verlag Harri Deutsch, Thun.Frankfurt/M, 1992.

2. 叶隽：《变创与渐常》，北京大学出版社2014年版。

3. 恩格斯：《反杜林论》，中共中央马恩列斯著作编译局编译，人民出版社1999年版。

4. 恩格斯：《自然辩证法》，中共中央马恩列斯著作编译局编译，人民出版社1999年版。

『比较』中国

中国古典诗歌在 18 世纪法国的传播与影响

钱林森
南京大学文学院

中国古典诗歌西传法国，得益于 18 世纪法国汉学的勃兴，更得力于 18 世纪知识渊博、汉学和文学造诣俱佳的一些来华传教士汉学家率先译介与引进，尽管其引介之最初动因并不出于纯文学的考量，而出于传教布道的宗旨、在于对中国古代文明的总体考索。以探索中华古老文明奥秘为己任、以寻求异教文明与基督教义相汇融为旨归的法国入华耶稣会士，为着传教的需要，十分注重中国文化经典的译述、探究。作为中国文学文化灿烂的源头、榜列“五经”的《诗经》，自然受到他们的格外青睐，古代中国的歌、赋因而被率先引进到法国和欧洲，成为中国文学西渐的先行。据考，第一个把《诗经》译成西方语言的，是法国耶稣会士金尼阁（Nicolas Trigault，1577–1628），但他的译文却未流存下来。西方学者公认最早的西译《诗经》，是法国传教士孙璋（Alexandre de la Charme，1695–1767）的拉丁文译本，他的《诗经》翻译始于 1733 年，但真正刊行面世，是一百年以后的事。① 在 18 世纪与孙璋差不多先后同时对《诗经》进行翻译、研究的法国传教士还有赫苍璧（Julien-

① ［法］费赖之：《在华耶稣会士列传及书目》（下册），冯承钧译，中华书局 1995 年版，第 748 页。

Placide Herieu, 1671–1746)、白晋(Joachim Bouvet, 1656–1730)、马若瑟(Joseph Marie de Prémare, 1666–1735)、宋君荣(A.Caubil, 1698–1759)以及稍后的韩国英(Pierre–Martial Cibot, 1727–1780)、钱德明神父(Jean–Joseph–Amiot, 1718–1793)等。赫苍璧曾编过一部《诗经》选译[①],白晋则著有《诗经研究》(稿本)[②],马若瑟也有《诗经》选译。宋君荣不仅译注了《诗经》,还运用其中的资料来研究中国的天文历史[③]。18 世纪下半叶,钱德明神父、韩国英神父秉承法国传教士汉学家注重文化经典的译介和学术开发的传统,恪守传教布道的根本宗旨,连续在多卷汉学巨著《北京耶稣会士中国论集》(简称《中国论集》)刊发系列长文,全面、系统介绍中国古籍"四书""五经",并以《中国论集》为主要平台,继续选译《诗经》及清朝乾隆帝创作的《盛京赋》等古典歌赋、诗文,将这一时期法国人对中国古典诗歌的译介和研究,推向深广。18 世纪下半叶至世纪末,传教士汉学家对中国古诗的迻译,引起了启蒙运动主流作家伏尔泰、狄德罗、18 世纪末天才诗人谢尼埃(André Chénier, 1762–1794)极大的注意与兴趣,更把以《诗经》为主体的中国古代歌赋的迻译和介绍、传播与影响拓展到一个新的层面。我们在这里,仅从《诗经》法译文本流变与影响的角度,对马若瑟、白晋、钱德明、韩国英神父的相关诗、赋译述与诠释加以梳理、举证考析,伴之以伏尔泰、狄德罗启蒙大家的积极参与和回应、大诗人谢尼埃的诗性解读与受纳,更不但从中清楚地看到,中国诗歌西渐法国(欧洲)的初期,如何受制于译介者的传教布道的宗旨而形成其诗译的成败得失,以及中国诗歌(文学)西传法国和欧洲旅程中如何伴随 18 世纪传教士汉学的生成、发展而发展的某些特点,而且也能清楚地看到中国古典诗文在 18 世纪法国的传播与接受的一个真实侧影。

---

① [法]费赖之:《在华耶稣会士列传及书目》(下册),冯承钧译,中华书局 1995 年版,第 593 页。

② 稿本藏巴黎国家图书馆,据费赖之:《在华耶稣会士列传及书目》(上册),冯承钧译,中华书局 1995 年版,第 438 页。

③ 如研究《诗经》中的日食。据费赖之:《在华耶稣会士列传及书目》(下册),冯承钧译,第 694 页。

一、马若瑟神父、白晋神父的《诗经》选译和诠释

马若瑟神父的《诗经》选译——马若瑟（Joseph Marie de Prémare, 1666–1735），系康熙帝特使白晋招募二期来华的耶稣会士，他在华历练不久，遂成为著名的索隐派汉学家。1666年生于法国瑟堡城（Cherbourg），1735年歿于澳门，其生前业绩特色，颇得业内人士肯定："若瑟之传教热忱，鼓励其研究中国语言文字。其研究与一般传教师异，盖其志不仅在肄习传教必须之语文，而尤注重于寻究中国载籍中之传说，有裨于宗教者予以利用，发挥教理，若瑟此类研究，成绩甚优，甫数年即能用优美的中国文字著述立说。"其著译甚丰，被后世汉学界推崇为来华传教士中，"于中国文学造诣最深者"[1]。从文本流变来看，马若瑟神父是将《诗经》部分诗歌介绍到法国并产生过影响的首个译者。他选译了《诗经·周颂》中的《敬之》（法译"*Un jeune Roi prie ses Ministres de l'instruire*"--《一位年轻君王请求大臣教导他》）、《天作》（法译"*A la louange de Ven vang*"--《文王颂》）、《诗经·大雅》中的《皇矣》（法译"*A la louange du même*"--《文王颂二》）、《大雅·抑》（法译"*Conseils donnés à un roi*"--《谏君王》）、《大雅·瞻卬》（法译"*Sur la perte du genre humaine*"--《人类之不幸》）、《小雅·正月》（法译"*Lamentations sur les miseres du genre humain*"--《哀民生之多艰》）、《大雅·板》（法译"*Exhortation*"--《劝诫》）、《大雅·荡》（法译"*Avis au Roy*"--《忠告君王》）等八首诗[2]，刊发在杜赫德神父（Y-B·du Holde）主编的《中华帝国全志》1736年第2卷第370—380页，开创了法国人探究中国文学源头的先河。杜赫德还为此专门撰文对《诗经》做了介绍，这可能是我们见到的法国人最

---

① 雷慕沙：《亚洲新杂纂》卷二，第265、262页以下，转引自［法］费赖之：《在华耶稣会士列传及书目》（上册）冯承钧译，中华书局1995年版，第527—528页。

② Voir J-B. du Halde, *Description géographique, historique, chronologique, politique et phisique de l'Empire de la Chine et de la Tartarie chinoise*,Vol.II. pp. 370-380. 1736, Paris.

早介绍《诗经》的文字。① 杜赫德告诉法国读者,《诗经》是中国人的一部古老的诗集,“整部作品收录的都是周王朝时期创作的一些颂诗、赞美歌以及诗歌,描写了在天子统治下管辖封地的诸侯们的风俗习惯和准则”。对这部诗集的解析,中国诠释家形成了不无自相矛盾的看法,一方面,“人们对美德大加赞颂,从中发现了很多非常睿智的箴言”,就连孔子也对其大加称颂,“肯定作品中的说理是非常纯洁和神圣的”;另一方面,却有部分学者认为,“夹杂的一些糟粕破坏了这部作品:因为其中包含有怪诞和无神论的内容,使其被视为伪经”。杜赫德强调,《诗经》中的诗作在中华帝国享有“极高的权威”。虽然在他看来,《诗经》文体风格显得十分“晦涩难解”——原因可能源自“文笔的简练,以及作品中随处可见的隐喻和大量古老的谚语”,不过,正因其“晦涩难解”,才赢得了博学者的重视和尊敬。杜赫德打破了《诗经》风、雅、颂的分类法,把《诗经》中的诗分为五种不同的类型:一是对人的颂歌,因其才或德受到赞美,“按照一些习规,人们在一些盛大隆重的典礼、献祭仪式、葬礼和祭奠祖先的仪式上吟诵”;二是反映王朝的风俗,“就像小说一样,是由个人创作的,不被吟诵,但会在皇帝和大臣面前朗诵。其中如实地描绘了各种风俗,批评民众和统治他们的诸侯的不足之处”;三是比兴的诗,“都是用比喻和对比的修辞手法”;四是颂扬高尚的事物,“从某些大胆的讽刺的内容开始,引向赞赏”;五是可疑的诗,即被孔子斥为“伪经”的诗。从杜赫德对《诗经》的这般介绍,我们不难看到,传教士对《诗经》的探究重心虽不在文学,但当其首次接触到这部文化经典时,又不可能绕过文学的切入点,而首先集中在《诗经》这部“经书”的文学性质的考辨上;当其一旦进入纯文学(诗歌)的探索时,又难以说出个究竟来,真实的反映出引介初始阶段的实际水平。由于杜赫德的《中华帝国全志》在18世纪欧洲所拥有的巨大影响,它于1735年在巴黎以法文面世后不久,又由英、德、俄等三种

① Ibide., pp.369–370. 杜赫德对《诗经》最初介绍的文字,载其主编的《中华帝国全志》第二卷第369—370页,巴黎,1736年。如下引文,均据此迻译,不再一一详注。18世纪法国世俗汉学家弗雷莱1714年9月7日宣读、1720年发表的《关于中国诗歌》(*De la poésie chinoise*)一文,虽然征引了一首所谓《诗经》四言诗,据考证,这纯粹是误读。

文字在欧洲传播,伟大的歌德在1781年11月10日的日记记载中,奇妙地发出了赞叹:"啊!文王!"大约是这位德国诗坛巨星从马若瑟译诗和杜赫德的绍介中获得了对《诗经》最初印象的反映,这可以见出马若瑟、杜赫德开拓之功的反响。

通读马若瑟首译《诗经》八首诗,从选题体裁和内容看,均为《诗经》颂、雅中的"颂歌体"(Ode),译者冠以"八首颂歌",内容多为颂扬帝王帝祖,或劝诫、规谏君王大臣的诗篇,彰显德性,讽喻弊端;从其迻译方式及准确性来看,译文大体把握原诗原意,采取意译的移植方式,基本上传达并保持了原诗的内容和风格,显示了译者较高的汉语言修养和水平,实在难能可贵。在此,我们不妨对照原文来读一读马氏迻译的《诗经》首篇颂歌(Premiere Ode)《敬之》,即可证实。先读原诗(含今译),这是群臣在宗庙进谏成王的乐歌,或谓成王自箴的诗。一说,为成王悔过告庙诗之一。

敬之敬之,	戒慎恐惧,戒慎恐惧,
天维显思,	天道光明显赫,
命不易哉。	天命不会更易。
无日高高在上,	不要以为"天高高在上",
陟降厥士,	自上至下无所不察,
日监在兹。	天天监视我们。
维予小子,	只有我小子——成王,
不聪敬止。	不聪明,也不警惕。
日就月将,	愿日有所就月有所成,
学有缉熙于光明。	学而明达洞察机先。
佛时仔肩,	大家辅助我担当重任,
示我显德行。	请以德行启示我。①

译者马若瑟将《敬之》迻译成法文,全诗如下:

① 杨任之:《诗经今译今注》,天津古籍出版社1986年版,第529—530页。

Je sçai qu'il faut veiller san cesse sur soi-même : que le ciel a une intelligence à qui rien n'écappe :que ses arrêts font sans appel. Qu'on ne dise donc pas qu'il est tellement élevé & si loin de nous,qu'il ne pense gueres aux choses d'ici-bas.Je sçai qu'il considére tout : qu'il entre dans tout, & qu'il est sans cesse présent à tout.Mais hélas ! je suis encore bien jeune : je suis peu éclairé, & je n'ai pas assez d'attention sur mes devoirs :je n'applique cependant de toutes mes forces, & je tâche de ne point perdre de tems, ne désirant rien avec plus d'ardeur, que d'arriver à la perfection : J'espere que vous m'aiderez à porter un fardeau si pesant: & que les bons conseils que vous voudrez bien me donner, ne servions pas peu à me rendre solidement vertueux, ainsi que je le désire.①

我们依据马氏上述法译文本试着还原为如下中文:

我知,应时刻自省:天命难违,它做出的便是最终裁定,不可挽回。莫说老天高高在上,遥不可及,不问世间事。我知,他洞悉一切:他明察秋毫,无时无处不在。唉!不过我年纪尚轻:资质愚钝,不够重视自身的责任;然而我会极尽全力,既不容热情消逝,也不虚抛时日,只臻完美。望诸位助我担此重任:望诸位赐我金玉良言,让我成为德行坚定的人,此为我所欲也。

由上我们不难见出,马氏译文大体表达了原诗的内涵和风格 ,难怪其教友及后世学者都钦佩这位传教士译手的汉学学养之高。

但我们也必须注意到,马若瑟的汉学造诣和水平,虽然一直为其同辈和后世学者所称道、所乐道,被视之对中国文学“认识之深”,为清初入华耶稣会士“无人能及”。然而,当人们对照《诗经》原作仔细拜读他所迻译的、颇

① « Un jeune Roi prie ses Ministres de l'inftruire», Voir J-B. du Halde, *Description géographique, historique,chronologique,politique et phisique de l' Empire de la Chine et de la Tartarie chinoise*,Vol. II.p.370.1736,Paris.

具影响的上述几首颂诗，也不难发现到“一些令人惊讶的曲解之处”①，曾为后世学者所质疑。这让我们感觉到，马若瑟或许在盛名之下，其实难副。限于篇幅，仅以其中最短也最易移植的《天作》为例，加以检视，看看马氏的译文和中国原诗之间究竟存在多大的差距。请读《诗经》原诗。这是一首祭祀岐山的乐歌。岐山，为周之发祥地，太王，王季始迁于此，故祭祀之：

天作高山，	上天造下这高山，
大王荒之。	太王来开辟它。
彼作矣，	人们造下房屋啦，
文王康之。	文王来安定他。
彼徂矣，	人们都来了呀，
岐有夷之行，	岐山的道路多平坦，
子孙保之。	子子孙孙保有它。②

马若瑟将《天作》译为《文王颂》（*A la louange de Ven-Vang*），全诗译文载杜赫德主编《中华帝国全志》1736 年第 2 卷第 370—371 页，照录如下：

> C'est le ciel qui a fait cette haute montagne, & c'est Tai-Vang qui l'a rendue un désert ; cette perte vient uniquement de sa faute ; mais Veng-Vang lui a rendu son premier éclat. Le chemin ou celui là s'était engagé est rempli de dangers : mais la voie de Veng-Vang est droite et facile. Postérité d'un si sage roi, conservez chèrement le bonheur qu'il vous a procuré.③

依据上述法译，我们大体可转换成如下的汉语文字：

---

① 参见丁兆庆（Ting Tchao-tsing）：《法国人笔下的中国（1650—1750）》[*Les Descriptions de la Chine par les Français（1650–1770）*]，巴黎：保尔·古特纳出版社（Librairie orientaliste Paul Geuthner, Paris）1928 年版，第 77 页。

② 据金启华译注：《诗经全译》，江苏古籍出版社 1984 年版，第 806 页。

③ Voir J-B. du Halde, *Description géographique, historique,chronologique,politique et phisique de l' Empire de la Chine et de la Tartarie chinoise*,Vol.II. pp.370–371. 1736, Paris.

上天造下这座高山，大王将它夷为沙漠；这损失仅是他阴差阳错；文王却就此始建功业。大王所辟之途充满凶险：文王则是通衢大道。睿智君王的后代，要珍惜保留他为你们谋取的福祉。

将马氏这首《文王颂》的译文和《天作》原诗放在一起，对照阅读，即可发现马氏译文中一些不可思议的曲解。本诗题旨既是歌颂周朝的两位伟大的先辈，而这座高山（岐山）又原本是天帝赐予周朝一份珍贵的馈赠品，那怎么能说“太王将高山夷为沙漠（un désert）”呢？原来译者并不了解原诗“大王荒之”中的的确切意思，而将此处的“荒”理解为“荒漠”或“沙漠”（désert），这显然是误解[①]。按照这句被曲解的译文误导，所以接下来，又将原诗第三句“彼作矣”，迻译成“这损失仅是他（太王）的错”，译者在此又犯了第二个错误[②]。如此错上加错，才有下文“大王所辟之途充满‘险阻’”、“文王却走上‘通衢大道’”等这样令人费解、与原诗原意毫无关系的译句出现。更为离奇的是，马若瑟在迻译此诗时，还给译文加上一些注释和说明，他本人可能一点儿都解释不清楚：夏商周在古代中国历史上被称为“三代”，即“三个朝代”（les trois dynasties）。而不了解“代”此词本义的马若瑟，则将其译为“race”（族）。因此，马若瑟称“周”为“第三族”；而“周”其实是中国历史上的第三个朝代。正如有研究者不无道理所指出的：“如果我们不知道原文说的是什么，那么这个严重的错误可能会导致整个历史变得难以理解。而如果我们了解中国历史，译者的注释就变得多余了。”[③]如此看来，法国人要读到比较完美准确的《诗经》译文，还需要等到一个半世纪后，河间府耶稣会士顾赛芬神父（Sérphian Couvreur, 1835–1919）的《诗经》（1896）全译本才有可能。

---

① 严粲：“治荒为荒，犹治乱为乱也。今谚言开荒，即始辟之意也。”转引自金启华译注：《诗经全译》，江苏古籍出版社 1984 年版，第 806 页注二。

② 郑玄：“彼，彼万民也。……彼万民居岐邦者，皆筑作宫室以为常居，文王则能安之。”转引自金启华译注：《诗经全译》，第 806 页注三。

③ Voir Ting Tchao-tsing, *Les Descriptions de la Chine par les Français*（1650–1770）, pp.76–77. Librairie orientaliste Paul Geuthner, Paris, 1928. 作者严厉地质疑道：“尽管马若瑟在汉语研究方面投入了不少时间，但他明显连最简单的句子都不能理解。而朱熹则对这些句子给出了清楚透彻的注释。”

白晋神父对《诗经》的诠释——白晋（Joachim Bouvet，1656–1730），法国勒芒（Le Mans）人，年轻时就进亨利四世耶稣会士学校学习，1673年加入耶稣会，1687年7月入华，为路易十四派往中国的首批“数学家”传教士之一，与后来入华的马若瑟、傅圣泽一起，是传教士汉学家“索隐派”或“象征论”（figurism）[①]代表人物，1730年6月逝世于北京。白晋神父生前著述甚多[②]，于儒家经籍曾有深入研究，除《易经释义》外，1718年前后，还撰写过《诗经研究》（未刊本）。他在这部著述中，以布道、证道为目的，以天主教“神话诠释学”（mythography）为手段，对《诗经》中的诗篇进行“再思”、“再释”，从中发现许多和《圣经》中的故事、人物相吻合的特殊事例，“足以和《圣经》历史和本教教义相提并论，相互发明，从而衔接东西，举为天主教在华‘古已有之’的明证”[③]。正是基于这样的动因和取向，白晋的《诗经》研究完全基督教化了。最典型的例证，莫过于他对《诗经·大雅》中《生民》一诗的阐释，先读《生民》第一章：

厥初生民，
时维姜嫄。
生民如何？
克禋克祀，
以弗无子。
履帝武敏歆，
攸介攸止，
载震载夙，

---

① 所谓“索隐派”或“象征论”，据台湾学者李奭学考论，是指清初入华耶稣会士运用特殊的“经解之学”或《圣经》“解经学”（biblical exegesis）的方法，对中国古籍进行重新解读的风潮，在康熙帝时期盛极一时，白晋、马若瑟等都是当时的主要代表。他们所解读者，皆以《易经》、《书经》、《诗经》等典籍为主，神秘色彩或神话性重。“加以方法上他们每由广义的托喻诠释着手，当时欧洲学者多以为和《旧约》寓言学有关，故称之‘象征论者’或‘索隐派’。”见李奭学：《中国晚明与欧洲文学——明末耶稣会古典证道故事考铨》第4章“神话：从解经到经解”，三联书店2010年版。

② 参见费赖之：《在华耶稣会士列传及书目》（上册），冯承钧译，中华书局1995年版，第437—440页。

③ 李奭学：《中国晚明与欧洲文学——明末耶稣会古典证道故事考铨》，第194页。

载生载育，

时维后稷。

对此阕诗中姜嫄“履帝武敏歆”后“载生载育”，怀胎后稷的这种奇异的诞生故事和方式，白晋作如下解读：“当她（指姜嫄——引者）鼓足勇气献上牺牲时，内心充满了崇高的爱的意愿，这种爱来自意欲拯救众生的天上的丈夫，她缓步踏着至亲至爱的人的足迹前行，全神贯注地等待他的神圣的意愿和决定。她内心纯真的祭献之情在上帝眼前散发一股沁人心肺的气味，神灵的美德瞬时便进入她的体内，她那处女的腹中突然感到一阵骚动，其子后稷就这样孕育在她的腹中了。”[①] 白晋认为，中国注疏家们由于其“异教的蒙昧和顽固地坚持文字意义的表象”，而“远离了该文的神秘和神圣的意义”，失去了判断问题的能力，声称“只要把智慧之光与传统进行一番比较，就可轻而易举地恢复其真正的意义”[②]。为此，他运用傅均夏（Fabius Planciades Fulgentius）《神话学》（Mitologiae）中“因事模拟之学”（analogy）的方法来解读《诗经·生民》姜嫄怀胎后稷的故事。白晋的诠解无视古来中国注家之见，不但拒绝视之为初民宗教仪式或“男女野合”的托词，更不以儒家传统的德行或政治寓言视之，反而认定这是历史事实，乃所谓“不婚受孕”（virgin birth）的东方典型。其依据是，姜嫄受孕和《福音书》中圣母玛利亚“圣灵感孕”而生耶稣的故事十分近似。于是，姜嫄遂由周人的母系始祖变成白晋笔下玛利亚的“化身”（figura），堪为世人或生民之母。白晋就这样假此“智慧之光”，将姜嫄怀胎后稷的诗句“恢复”其“神圣和真正的意义”，即“还原”为天主教文本。亦即在象征论的诠解之下，姜嫄已经纯然天主教化，根

① ［法］雅瓦莉（G. Javary）：《神农后稷》（*Hou Ji Prince Millet, l'agriculteur divin*），载《尚蒂伊国际汉学讨论会文集》，巴黎，1974年。转引自许明龙主编：《中西文化交流先驱》，东方出版社1993年版，第183—184页。

② Voir Genévier Javary, *Hou Ji, Prince Millet, l'agriculteeur divin : interprétation du mythe chinois* par le P è re Joachim Bouvet. S. J. Acte du IIIe colloque international de sinologie, Appréciation par l' Europe de la tradition chinoise à partir du XVIIe si è cle, pp.93-106. Paris, Les Belles Lettres, 1893. 中译参见［法］雅娃丽：《耶稣会士白晋对后稷的研究》，载［法］谢和耐、戴密微等《明清耶稣会士入华与中西汇通》，耿升译，东方出版社2011年版，第335页。

本就是玛利亚的东方分身。如此推论,正如李奭学先生所示,无非又因上述所谓“因事模拟”的“托喻”或“寓言”之学而来。[①]

从方法论看,白晋经解《诗经》并不限于“因事模拟”的“托喻”法,还大胆地采用了“字源托喻法”,力求“在托喻中另觅托喻,在诠释中再寻诠释”[②]。还以《生民》为例。在索隐派、象征论者白晋看来,此一诗组首章述姜嫄,除了上述不婚受孕所衍生的玛利亚形象之外,“姜嫄”一名另有深意。“姜”字系由“羊”及“女”字合组而成,而第二章写后稷降世时,又谓之“先生如达”。这里的“达”字果如郑玄所训,系“羍”的转字,那么姜嫄和后稷之间的关系便是“母羊生小羊”。对相信郑笺的人而言,如此诗法不过显示“羊”乃“羌”或其后周人的民族图腾罢了,渊源自岐山以羊为山神的周人神话。但是白晋得其所奉天主的启示,对此另表异见。他的基础是《圣经》,因为经中屡屡比人为“羊”,又把耶稣比为“牧羊人”。经文既然有此明示,姜嫄又是玛利亚的化身,则上文所谓“母羊生小羊”若从字源托喻的角度看,不就指后稷乃“天主的羔羊”吗?《若望默示录》中有分教:天主座前的羔羊无他,正是圣子耶稣。《说文解字》训“羌”,谓羌人自西徂东,而“西”字在白晋的认知中无如又指“泰西”之地。后稷为耶稣的“事实”,因此再得一文字学式的象征论佐证。即使《生民》第三章稚子后稷的哭声,白晋也有不同的看法。他以东来许慎自居,而联想力一发,就将“呱”字解为“啼”也。“啼”字从“口”,附以“帝”字,是以白晋相信《生民》打一开头,歌咏的就是“道成肉身的圣子的哭声”(les cris infantiles du Verbe

---

① 李奭学:《中国晚明与欧洲文学——明末耶稣会古典证道故事考诠》,三联书店2010年版,第210页。

② 李奭学在阐明白晋读《诗经》何以广纳解经学多种托喻解读法时,有这么一段精当论析:“解经学乃天主教的神圣之学,异教神话基本上却是旁门左道,异教文本也称不上是文化正统,所以有心挪用异教的疏家必须在托喻中另觅托喻,在诠释中再寻诠释,有如白晋之解《生民》一般,否则左道的亵渎绝对难以变成本门的神圣。天主教的神话诠释学家因为有此通权达变的认识,是以古典神话才能为解经所用。耶稣会的象征论者也因有神话诠释学这块后盾,故此收编《诗经》,挪用《易经》,才能面不红,耳不赤。”他指出,“傅均夏以降的神话诠释学家在因事模拟之外,尤长于字源托喻法”,而白晋神父深受其影响。同上书,第219页。

incarné),也就是降世为人的“上帝的哭声”[①]。在白晋象征论的著作里,字源托喻法的实践随处可见。比如,白晋的《古今敬天鉴》开书,认为《诗经·正月》“有皇上帝”中的“上帝”同为己教的天主。为了说明这个“上帝”乃天主教那无始无终的“元始”,白晋特地又依许慎为据而从容发挥道:“皇从白,为古‘自’字,即‘皇’字也,‘自王’也。”[②] 不一而足。再如,他对《生民》第七章“诞我祀如何”这一诗句中“我”字的诠释,拆解成左边的“手”和右边的“戈”两字组合,手持戈,显然是人,轻巧地得出了后稷既是神又是人的结论,说什么此人于此,“完全应该被视为父亲上帝”,但他同样也很适宜上帝之子基督,“基督同时是人类世俗生命和精神生命的本原……他甘心情愿地将一生奉献给了我们的永久拯救”[③] 云云。

从方法论角度,我们似应看到,白晋诠释《诗经》诗篇时,还吸取了神话诠释学道德寓言的滋养,颇受英雄化神说的浸染。虽然“英雄化神说”[④]一词,白氏在解经时未曾用到,但他诠解《生民》一诗,在明示自己经解目的时,这样强调过:“中国人的正统传统,把这些高尚的和真正神圣的道德与品质,都归于神圣的国王或古代编年史中的英雄,它们实际上仅涉及了王国中的国王和王公,也就是唯一的一位弥赛亚救世主,即神人。这些英雄中的每一位,都是崇尚自然信仰的学者思想中的理想的典范。”[⑤] 白晋强调,他之经解目的就在于求证上述这一“事实”。为此,他选用这些英雄中最著名的周王朝的先祖百谷王后稷为研究对象,揭示其“圣王”与“英雄”的面相,彰显其“真正神圣的道德品质”,还原其“弥赛亚救世主”的化身。我们看到,白晋读《诗经·生民》稍作联想,就情不自禁地将之视为天主教的道德寓言。《生民》第四章写后稷长成,“克岐克嶷”,于是“蓺之荏菽”,终而“禾

① 转引李奭学:《中国晚明与欧洲文学——明末耶稣会古典证道故事考诠》第4章“神话:从解经到经解”,三联书店2010年版,第220—221页。

② 同上书,第228—229页。

③ 中译见雅娃丽:《耶稣会士白晋对后稷的研究》,载[法]谢和耐、戴密微等《明清耶稣会士入华与中西汇通》,耿升译,东方出版社2011年版,第340页。

④ 详见李奭学:《中国晚明与欧洲文学》第4章中“再谈诠释的类型”,第230—240页。

⑤ [法]谢和耐、戴密微等:《明清耶稣会士入华与中西汇通》,耿升译,东方出版社2011年版,第334页。

役䅉䅉”，“麻麦幪幪”。这一派庄稼景象，白晋认为是虚笔，其中实具精神意蕴的，是“其心田的耕耘”（la culture même du coeur），“唯有天父才可实行之”。他还抬出《礼记》这顶儒家文本的大帽子强解一番：“后稷终生从事这种上天栽种技术的土地，就是人类的心田本身。”① 此处，正如批评家所指出的，白晋复因姜嫄已和玛利亚结合为一，所以让后稷这位“内心的耕耘者”摇身二变，变成《圣经》里的“天父”或三位一体的基督论中的圣子耶稣。如此附会成解的结论，白晋分析《诗经》时几乎俯拾皆是。姜嫄与后稷的故事，由是转为另一种形式的天主教神话，在白晋这位象征论大师笔下完全被证道故事化了，深深打上了英雄神话说的印记，“具有高度属灵的色彩”②。

由此可见，索隐派白晋神父所开拓的中国诗歌研究，只不过是西方传教士布教、证道指向下的“实验性”的尝试和产物，他对《诗经》的解读、考铨，纯然远离了中国“诗歌之源”的文学层面，抽离其固有的历史文化语境而进行的“再诠”；他所承袭的基督教神话诠释学的套路和方法，诸如“医事模拟”、“英雄化神说”、“字源托喻”等等，虽不无“机杼新出”的创意和方法论的意义，时而给人耳目一新的感觉③，但从现代人的观点看，未免有穿凿附会之嫌。这便是18世纪初叶传教士汉学家初遇中国文学难能两全的格局，法国人对中国诗歌进行文学层面、诗学意义的绍介，也许要等到18世纪下半叶以后才可见端倪。

二、韩国英神父、钱德明神父对《诗经》等歌赋的译介

韩国英神父对《诗经》的译介——法国18世纪下半叶对中国古典诗赋的

---

① ［法］谢和耐、戴密微等：《明清耶稣会士入华与中西汇通》，耿升译，东方出版社2011年版，第337页。

② 李奭学：《中国晚明与欧洲文学》第4章中“再谈诠释的类型”，三联书店2010年版，第212—213页。

③ 李奭学说：“就其分支‘字源托喻法’衡之，曲为解说的情况益炽，表现上尤其令人叹为观止。”同上书，第221页。

引进，得力于韩国英（Pierre-Martial Cibot，1727-1780）、钱德明等传教士汉学家的积极引介和开发，他们恪守传教布道的宗旨，秉承法国入华传教士汉学家注重文化经典的迻译和学术开发的传统，以多卷的《北京耶稣会士中国论集》（简称《中国论集》）为平台，继续对《诗经》及古代诗文加以深入的绍介、摘发，从而将这一时期中国诗歌的研究，推向新的发展阶段。韩国英出生于法国里摩日城，16 岁时入教会，1759 年入华，1760 年抵北京，直至 1780 年歿于此，他寓华近二十二年，居京逾二十载，被耶稣会称为“其人多才，通文学，对于一切科学皆有禀赋，兼具热心”[①] 的才俊之士，生前曾被聘为圣彼得堡研究院通讯院士，是本世纪汉学巨制《北京耶稣会士中国论集》的主要撰稿人之一。据我们查核获悉，韩国英神父在《中国论集》第一卷（1776）和第二卷（1777）发表长文《中国古代论》（*Essai sur l'Antiquité des Chinois*），对中国典籍《诗经》重新做了较全面、客观的介绍。《中国论集》第三卷（1778）和第五卷又以《中国名人肖像》（*Portaits des Chinois célèbres*）的栏目，刊发了陶渊明、李白、杜甫等名家的生平简历，这可能是法国介绍中国古典诗人最早的文字。接着，韩神父在《中国论集》第四卷（1779）又以《中国人之孝观》（*Doctrine des Chinois sur La Piété Filiale*）为题，编发了一组诗和散文诗体作品，内收七首《诗经》法译诗篇及评点。[②] 下面我们依次举例做一介绍和评述。

韩国英在《中国论集》第四卷长篇论文《中国人之孝观》中以“中国人的孝”为主题，译介了《诗经·小雅》中的《蓼莪》（法译“*Le fils affligé*”--《悲伤的儿子》）、《祈父》（法译“*Le général d'armée*”--《上将军》）、《常棣》（法译“*Le frere*”--《兄弟》），《诗经·大雅》中的《文王》（即《文王颂》“*Louages de Ouen-ouang*”）、《思齐》（法译“*Louages de Tai-Gin, Mere de Ouen-ouang*”--《文王之母大姜颂》），《诗经·鄘风》中的《柏

① 费赖之：《在华耶稣会士列传及书目》（下册）“第四一九韩国英传”。冯承钧译，中华书局 1995 年版，第 938—939 页。

② Voir, *Mémoires concerrnant l'histoire, les sciences , les arts, les Moeurs et les usages des Chinois par les Missionnaires de Pékin, 1776-1814*, .Vol. VI, pp.168-193.

舟》(法译“*La jeune veuve*”--《年轻的寡妇》)、《诗经·郑风》中的《将仲子》(法译“*La bergere*”--《牧女》)等七首诗[①]。译者在这里将《将仲子》、《柏舟》这样一些实际上抒发普通人纯真朴实的爱情歌唱及《常棣》、《祈父》、《蓼莪》这样一些表现社会底层一般人生活理想的诗章,力图跟歌颂文王、母后的颂歌体融为一体,统统纳入中国人之“忠孝观”框架下加以审视,彰显其美德善行,旨在证明古代中国人的传统思想与基督教教义并无矛盾,这显然与其前任经解《诗经》的价值取向,是一脉相承的。我们看到,当韩国英将这些不同思想艺术倾向的诗捆绑在一起,硬是纳入忠孝观的视域下加以移植时,便不能不产生“扩张”或“弱化”原诗旨意的主观性的“误解”或“偏离”现象,《柏舟》一诗的迻译就是译者主管性地“扩张”原诗旨意的一个典型例证。《柏舟》本意一解,是一首寡妇守节自誓的诗。诗序曰:“《柏舟》,共姜自誓也。卫世子共伯早死,其妻守义,父母欲夺而嫁之,誓而弗许。故作是诗以绝之。”(共伯,僖侯之子。卫武公杀兄自立,在周宣王十六年,即公元前812年)《柏舟》本意二解,经研究所得,共伯没有早死,与史实不符。认为此诗是写少女有所爱,誓不改变,这是怨恨父母不能谅解的诗。我们先读《柏舟》原诗(含今译)如下:

汎彼柏舟,	柏木船儿在漂荡,
在彼中河。	漂荡在那河中央。
髧彼两髦,	垂发齐眉的少年郎,
实维我仪,	该和我来成一双,
之死矢靡它。	到死来,我也不会变心肠。
母也天只!	妈呀,天哟!
不谅人只!	这样不相信人呀!
汎彼柏舟,	柏木船儿在漂荡,
在彼河侧。	漂荡在那河岸旁。
髧彼两髦,	垂发齐眉的少年郎,

① 见《北京耶稣会士中国论集》第四卷,巴黎,1779年,第171—177页。

实维我特，	该和我来配成双，
之死矢靡慝。	到死来，我也不会变主张。
母也天只！	妈呀，天哟！
不谅人只！	这样不相信人呀！①

该诗写一个普通的女子坚贞不屈地诉求爱情，怨其母不了解她，是一首质朴、真实的爱情吟唱，与儒家“守节”思想或基督教义的观念并无多少实际的关联，但在法译者韩国英神父笔下，少女的“誓情”却完全变了形。我们再读《柏舟》法译移植后的文字。韩国英神父将《柏舟》译为《年轻的寡妇》（*La jeune veuve*），全诗法译载《北京耶稣会士中国论集》第——四卷（第172—173页，巴黎，1779年），照录如下：

> *La Jeune Veuve.* Chi-king Koué-fong, Chap.VII-- 《Une barque lancée à l'eau ne remonte plus sur le rivage. Mes cheveux autrefois flottans sur mon front furent coupés ou relevés sur ma tête. J'appartiens à l'époux qui reçut ma foi ; je la lui garderai jusqu'au tombeau. O ma mère! ma mère! pourquoi prétendre vous prévaloir de vos droits? Mon coeur les révère & compare vos bienfaits à ceux du Tien : mais ce coeur est incapable d'une lâche infidélité.... Une barque lancée à l'eau ne remonte plus sur le rivage. Mes cheveux autrefois flottans sur mon front furent coupés ou relevés sur ma tête. Mes sermens m'ont donné à mon épou0x; je lui ferait fidèle jusqu'à la mort. O ma mère ! ma mère ! pourquoi vous prévaloir de vos droits ? Mon coeur en est touché & compare vos bienfaits à ceux du Tien : mais ce coeur ne se souilliera jamais d'un parjure.》②

依据韩国英上述法译，我们大致可还原为如下汉语文字：

---

① 据金启华译注：《诗经全译》，江苏古籍出版社1984年版，第100—101页。

② 《柏舟》法译文字载《北京耶稣会士中国论集》第四卷，第172—173页，巴黎，1779年。（*Mémories concernant l' histoire, les sciences, les arts, les moeurs et les usages des Chinois par les Missionnaires de Pékin,*tome IV, pp.172-173, Paris, 1779.）

小船一旦下水，便不再上岸。我那曾经垂到前额的秀发要么剪掉，要么短短地贴在头顶。我属于那接受了我忠贞诺言的丈夫；我将对他遵守诺言直至死亡来临。哦，母亲！母亲！为什么要宣称您的权利？我的心尊重它们，视您的恩情犹如上天的恩惠：然而这颗心却无法承受可耻的不忠……

小船一旦下水，便不再上岸。我那曾经垂到前额的秀发要么剪掉，要么短短地贴在头顶。我对丈夫发下过誓言；我将对他保持忠诚直至生命结束。哦，母亲！母亲！为什么要宣称您的权利？我的心为它们触动，视您的恩情犹如上天的恩惠：然而这颗心却永远不会因背誓而蒙污。

我们再将上述译文和《诗经·鄘风》中的《柏舟》放在一起对照阅读，就不难发现，韩国英神父对此诗的迻译，显然选取了《柏舟》原诗与史实不符的"寡妇自誓守节"的解说，而摈弃了少女有所爱而不为父母所理解的"怨诗"本意，采取了"扩张"、"强化"或歪曲原诗本意的手法，致使原诗抒情意蕴和抒情形象的变形与偏移。此处的抒情女主角已不是原作中情窦初开的普通少女，而是从一而终的年轻"寡妇"，如此歌吟角色内涵的"扩张化"、"强化"或"偏移"，皆出于译者韩国英神父为突出节妇形象的重塑所致，皆有意为之，而非韩神父知识功底欠缺的"误笔"。诸如原作开句"汎彼柏舟，在彼中河"，译成了"Une barque lancée à l'eau ne remonte plus sur le rivage."（小船一旦下水，便不再上岸）；接下来，原作中"髧彼两髦"（那垂发齐眉的少年郎），莫名其妙地变成抒情女主人本人要剪去自己的"秀发"，大有"削发为尼"的决绝之势，译者或许以为，只有经过如此的"改塑"或"重塑"，才足以表现"年轻寡妇"忠于夫君的美德，才能与儒家女子"忠孝观"挂上钩，也才能与西方天主教义想汇融。为此，译者为凸显女主角的"忠孝观"，不惜笔墨加上原诗所没有的描写诗句，而这与原诗表达的情感诉求和真实意义相距甚远。这样的例证在韩国英《诗经》的迻译中几乎随处可见。

本世纪下半期，以韩国英神父为代表的法国传教士汉学家所译介的中国诗，虽然仍以《诗经》为主，其研究路向，虽仍以了解中国总体文化为根本出发点,以探求儒家思想与基督教教义的一致性为追求,但相较于上时期马若瑟、白晋经解《诗经》之索隐式诠释,似乎更接近文学和诗学的研究,这无疑是一大前进,具体表现在如下几个方面:

其一,对《诗经》作为中国古代灿烂的文化和文学源头,有了较为正确、深入的理解,作出了相对于上半叶更为贴近的介绍。韩国英神父从诗风角度,向法国读者介绍了《诗经》中的“风”、“雅”、“颂”的内涵。称“风”是讽刺短歌,通过歌谣可以让国王体察民情,从中来了解“人民的性格、兴趣、才能和风俗”,这就像在法国,读者读着这些歌谣,犹如读着法国不同省份的公、侯,伯、男爵敬献皇帝的歌谣一样,可以了解他们治下的情况。至于国风中的诗风格不同,表达思想方式不同,乐调不同,也正像在他之故国里昂人的歌唱决不同于普罗旺斯人的歌唱,布尔日人表达思想的方法不会跟芒什人相符,布列塔尼人唱的调子相异于洛林人和弗朗什——孔泰人一样。韩国英称赞《诗经》是“一部伟大而特别的诗集,是那一历史发展阶段中珍贵、不朽的作品”。内中的诗歌,是“如此优美和谐,贯串其中的是古老的高尚而亲切的调子,表现的风俗画面是那样的纯朴和独特”①,足以与历史学家所提供的真实性相媲美,论及到了《诗经》文学层面的历史价值。

其二,对中国诗歌的初步研究,他深刻地认识到,“中国语言没有任何与欧洲语言相近似的地方,中国诗歌语言中所有的字都具有动作性和形象性”,进而对中国语言的特点做了探讨,韩国英神父对汉语特色领会颇深,他说,汉语有如下的特点:第一,言简意赅。这给最生动的形象增添了一种活力,一种力量,一种潜能,实在很难向欧洲人解释清楚,就像对不懂唱歌的人解释乐谱那样困难。第二,形同画图。汉字首先是对眼睛说话,这使诗歌对称的形象产生一种秀丽如画、赏心悦目之感。第三,由于汉语的特点,句法和表现手法,在其他语言中被视作艺术手法的对比、递进,重复等在汉语里是自然的运用。第四,这个语言拥有各种各样为别种语言所没有的重复手段。第五,在

---

① Voir, *Mémoires concerrnant l'histoire, les sciences , les arts, les Moeurs et les usages des Chinois par les Missionnaires de Pékin,1777*, Vol. II, pp.74–84. 见《北京耶稣会士中国论集》第二卷,巴黎,1779 年,第 74—84 页。

最富丽堂皇的夸张、描写和口头叙述中都必须做到简明扼要，显得不是铺陈细节，而是将细节凝缩于一个观点之中。① 这些精辟的论述，显然触及到了中国诗歌语言的特点。

其三，初步认识到中国诗歌有其独特的规则。他认为，中国诗歌的技巧，跟法国诗歌相比，照欧洲人初看起来，"就如象棋的技法之于贵妇人的游戏"。在中国，文人作一手好诗，如同法国步兵上尉拉一手手风琴一样，是极容易的事。然而，在中国作为一个诗人，仅仅具有才气还不够，还必须具有广博的知识、正确的思想、描写事物的出色的想象力以及将自己的诗情适应于严格的诗律之灵活性。因此，必须具备下述的能力。首先，在作诗的时候，善于挑选适当的字作停顿；要在诗句中运用那些最有力、最生动、最响亮的词；其次，每首诗只能容纳一定数量的字，这些字必须根据一定的规则来组合，并以一个韵脚收尾。又其次，诗节的句子有多有少，但一定要符合韵脚的安排，符合主题的发展。② 这里，很明显，已经初步地接触到了中国古诗的某些艺术特征，虽然，这些认识很不充分。

其四，看到了中国诗歌运用隐喻、比兴和象征等等独特的表现手法，认为：这不仅给中国诗增添魅力，而且也给它们造成某种神秘性。中国诗歌语言的固有特性和表达方法的独特，给西方人移植和欣赏带来无法想象的困难。韩国英神父就说，"理解汉语诗的困难与翻译汉语诗的困难相比实在算不了什么。因此，我译这首诗就和别人用黑炭临摹一幅细密画差不多。"③ 据此，学者们特别提醒法国读者在阅读和欣赏中国诗歌时，要十分注意其独特的表现手法和不同的审美内涵。他们指出，有些事物及其内含的思想，似乎在任何时代任何民族都相似，但在中国却往往相反。比如说，一个欧洲诗人，

---

① Voir, *Mémoires concerrnant l'histoire, les sciences , les arts, les Moeurs et les usages des Chinois par les Missionnaires de Pékin, 1782*, Vol.VIII, p.83. 见《北京耶稣会士中国论集》第八卷，巴黎，1779 年，第 83 页。

② Ibid., Vol. VIII. pp. 237–238.

③ Cité in *Poésies de l'époque des Thang*, traduites du chinois et présentées par le Marquis d' Hervey-Saint-Denys, p.109. l' Editions Champ Libre, Paris,1977. 转引自德理文：《唐诗》，巴黎，1977 年，第 109 页。

当他描写一个女人披在肩后的卷曲、金黄色的长发，又大又蓝的眼睛，玫瑰色的面颊，修长、轻盈的身材，裸露的胸怀，他自以为绝妙地写出了这个女人的美。然而，这样描写的美人，对一个中国诗人来说，一点也不美。因为他们有自己的美学标准，有全然不同于欧洲诗人的表达方式。

其五，本时期法国《诗经》译介者通过亲历的实践认识到，汉语和母语之间太过悬殊的差异性，是移植中国诗的主要难度所在。韩国英神父认为：中国人写的诗是一种完全不同于欧洲语言的另一种语言系统，“其中的每个字都会产生情节，构成图像，因此，要在不放弃‘诗性’的条件下翻译这些诗句几乎是不可想象的。汉诗语言优美的形式与华丽的光彩来自中国人的传统，来自他们的‘经’，来自他们的文学与风俗，来自他们全部的思想与先见，来自他们构想与表达事物的方式，这些与我们之间的距离，无疑比他们的国度还要遥远”[①]。这些诗既难于逐字移植，纳入西方语言中，“如果执意将其纳入我们的语言之中，就会使中国人显得滑稽可笑，使得译文不堪卒读。换言之，这就好比我们选出大诗人卢梭（这里指让 – 巴蒂斯特 – 卢梭[②]——引者注）的几篇颂歌，让国子监的太学生们用一种可以接受，甚至明白易懂的方式将它们逐字翻译成汉语”；也不易于采用西人所熟悉的《圣经》中人物形象与崇高体修辞，加以置换，一旦采用这种方法“置于‘经’的语言系统中，即使是出现在那些我们能够对之抱有最大希望的地方，也无法引起文人的任何想象；它们会用晦涩的观念阻碍思想的传达，用一些毫无美感、趣味与情致的‘新东西’，使人们松弛了对其本身的关注”。两难之中，故而必须采取适宜的翻译方略，这便是 18 世纪伊始马若瑟就运用的自由诗体的意译策略。然而，“意译本身就是才华的坟墓，是一种令人悲哀的翻译策略”，它是以去除“诗性”为代价的。或许这正是 18 世纪传教士汉学家译介《诗经》的弊端所在，而这种弊端在中法文学相遇、交流初始阶段，实在是无法避免的，法

---

① Voir *Mémories concernant l' histoire, les sciences, les arts, les moeurs et les usages des Chinois par les Missionnaires de Pékin,*tome IV, pp.168–169. Paris, 1779.

② 让 – 巴蒂斯特 – 卢梭（Jean-Baptiste Rousseau，1670–1741），法国诗人、剧作家，一生写了大量的宗教颂歌。

国人译介中国诗而不失去“诗性”的成熟，需要经几个世纪的探索，至 19 世纪顾赛芬、乃至 20 世纪戴密微时代才有可能。

钱德明神父对《盛京赋》的译介——钱德明（Jean-Joseph-Amiot, 1718—1793）神父是耶稣会圈内学界公认为“学识鸿博，嗜爱研究”[①] 的饱学之士。他 1718 年出生于法国土伦城，1750 年入华，居北京 42 年，被称为法国教会与耶稣会之“一代学者”[②]，享有很高的声誉，纯然是学者型传教士汉学家，他与韩国英神父一样，也是《北京耶稣会士中国论集》的主要撰稿者。钱德明神父的著译更丰，重要的有《中国古今音乐篇》(1776)、《中国兵法》、《孔子传》(1784) 等，他还编撰了《满法词典》、《梵 - 藏 - 满 - 蒙 - 汉多语对照词典》，全文译注乾隆皇帝御制《盛京赋》(*L'éloge de Moukden de Kien-Long*) 及其《咏茶诗》(Une pi è ce de *Vers sur le Thé*)，极大地拓展了 18 世纪下半叶法国人引介中国诗歌的领域。他对中国诗歌西传法国的贡献主要体现在对乾隆帝《盛京赋》的法译移植和引介。

《盛京赋》是清朝乾隆八年（1743）秋，乾隆（爱新觉罗 · 弘历，1711—1799）皇帝第一次东巡祭祖时所作，系两汉大赋规制的长赋，仿两汉大赋之两都赋和二京赋，由序言（散文体）和赋（多为骈俪文字）组成，约四千字，铺张摛藻，体制宏大。钱德明首次将《盛京赋》全文译成法文，寄往时任法国皇家铭文与美文学院院士的东方学家吉涅（即德经）先生，由后者于 1770 年在巴黎刊行[③]，无

---

① 费赖之：《在华耶稣会士列传及书目》（下册）“第三九二钱德明传”，冯承钧译，中华书局 1995 年版，第 875 页。

② 其列传赞曰：“学界以为马若瑟、宋君荣诸神甫后，法国传教师之有功于科学、文学实无逾于德明者也。”同上书，第 876 页。

③ 由著名的东方学家德经（Joseph de Guines, 1721–1800）校注，于 1770 年 4 月 14 日在巴黎 N. M. Tillard 出版社刊行面市，参见《狄德罗全集》第 18 卷，巴黎：埃尔芒（Hermann）出版社 1984 年版，第 165 页。Cf. Diderot Denis, *Lettres et Arts, 1767-1770: Critique II,* présentée par Herbert Dieckmann, Jochen Schlobach, Jeanne Carriat, *Oeuvres complètes;* Vol.18, p.165.Paris, Hermann, 1984（1er édition 1979）. 乾隆皇帝《盛京赋》法文译本全名“*'Eloge de la Ville de Moukden et de ses environs. Poème composé par Kien-long, Empereur de la Chine et de la Tartarie actuellement régnant.Ouvrage traduit du Chinois en Français par le Père Amiot, Jésuite, Astrologue et Missionaire à Péking, et publié par M. De Guignes, de notre Académie des inscriptions et belles-lettres.Volume in 8voc.*”（《盛京赋》，乾隆皇帝所赋之诗，由耶稣会士、天文学家、驻北京传教士钱德明神父从汉文译成法文，法兰西铭文与美学院德经先生编注出版，八开本。）

疑大大拓宽了这一时期法国人介绍和研究中国诗歌的领域。从编者德经先生的序言获悉,钱德明神父逐译乾隆这首长赋时,已经入驻北京二十多年,德经认为“其翻译的准确性是值得信赖的”①。虽据说其译文曾因翻译得“冗长不堪”而为后世苛严的东方学家所质疑②,但我们统观钱德明神父的译文,感到大致还是忠于原作旨意的。译者本人也宣称他在自己母语所容许的限度内,“忠实地传达了原作者的思想。”③ 我们不妨将乾隆原作原序和译者译文对照试读。在此,仅以《盛京赋》原序中如下一段文字与钱德明相关译文为例:

乾隆皇帝《盛京赋》原序——

……孔子曰:明乎郊社之礼,禘尝之义,治国其如示诸掌乎?宗庙禘尝之典固先王继志述事之大经也。然自圣人象大过肇封树以来,上陵之制汉代已然。我国家肇兴盛京郊岐之地桥山在焉。……予小子缵承丕基,惧德弗嗣,深惟祖宗缔构之勤,日有孜孜敬奉神器。言念盛京为天作之基,永陵福陵昭陵巍然在望。不躬亲祀事,其奚以摅悫忱而示来许。爰以乾隆癸亥秋,恭奉皇太后发轫京师,届我陪都。孝思以申,祖武是仰。因周览山川之浑厚,民物之朴淳,谷土之沃肥,百昌之繁庑,洵乎天府之国兴王之会也。昔豳居相度,召颂公刘。岐宅作屏,周歌大王。莫不于上帝之监观下民之君宗三致意焉。故物以赋显,事以颂宣,既见于斯,岂默于言乎。④

钱德明《盛京赋》原序相关译文——

……孔子说:谁能在夏至和秋分的祭祀中得体地完成敬奉天地的既

① Cité in Diderot Denis, *Oeuvres complètes*. Vol. 18, p.169. Paris, Hermann, 1984.

② Ibid., Diderot Denis, *Oeuvres complètes*. Vol. 18, p.166. 据考,德国著名汉学家克拉柏特(Julius Klaproth, 1783–1835)在其《满文精选集》(*Chrestomathie mandchoue*, Paris, 1828)中收录了《盛京赋》的原文和一个法文译本,他列举出钱德明译本中诸多翻译不确切的地方,称之为一种“矫揉造作的欺骗”,对译文质量提出了严厉批评:“从来没有哪种翻译竟是如此偏移原文,还不如说它是哪位博学传教士自创的作品;译者把乾隆的诗句译得冗长不堪,改成了他自以为典雅的滔滔长句。”(第 235 页)

③ Ibid.,p.170.

④ (清)爱新觉罗·弘历:《盛京赋》(简体字本),沈阳出版社 2010 年版,第 113—114 页。

定仪式，并知晓它们全部的含义，他治理起国家来便了如指掌一样容易。

夏秋两季的祭祀，还有敬奉祖先的仪式都传自古时的君王，为的是教导我们对天地及赐予我们生命的人履行最重要的义务。古代对修剪陵墓的规定，如何装饰，主墓的形状，栽什么树，用什么样的土来砌，都应归功于汉朝的皇帝们，他们做了一切，好让我们对祖先追忆的流传下去。

我们也当感念这些皇帝用心留给我们的不朽的文学作品，让我们能够看到令人肃然起敬的古代盛行的大部分与今不同的习俗。正是在这些习俗中，在对帝国列位缔造者的赞颂中，在这据说是他们出生的地方，在这他们建制的地方，我认识了这个声名赫赫的城市，我的先祖在这里初步创立了他们伟大的基业。没错，我在豳地与岐地结识了盛京，在桥山[①]之中认识了我的故土。[②]

……帝国传到了我这个微不足道的人手中，我决不能忘记重振祖先功业的使命；然而我担心自己永远不能到达他们的高度！每天我都在深思，自己应该采取什么办法来才能成功地效仿他们，向他们表明我对他们的感恩；每天我都俯伏在他们的画像前，向他们表达我真诚的崇敬。我就是这样神往着盛京，一直去到那片令人肃然起敬的土地，在我看来，那是上天造就的最为卓越与荣耀的地方。盛名不朽的陵墓啊！福荫子孙的陵墓啊！光辉闪耀的陵墓啊！我该时时刻刻看着你们！我该全心想着你们！我肩负着那么多的任务，若是逃避，哪怕几天，我还如何能拜谒你们的陵寝，俯首在供奉着你们遗骸的陵寝之前？我还如何向后代昭示我对给予我生命之人深深的尊重，并以此教导他们呢？[③]

正是为了履行一项如此重要的义务，在我主政的第八年秋天始，我离开了北京，太后，我的母亲愿意准许我恭敬地在旅途中扶持她。来到这

---

① 钱德明注："根据《史记》的说法，桥山是黄帝成长的地方，豳地与岐地则是周王朝几位杰出的缔造者的发祥地……此说应视为某种寓言。"（第30页）

② Voir, *'Eloge de la ville de Moukden et de ses environs, poème composé par Kien-Long, empereur de la Chine—On y a joint une pièce de vers sur le thé—par le même empereur. Traduit en français, par Le P. Amiot, —et publié par M. Deguignes.* pp. 29–30. Paris, N. M. Tillard, 1770. Cité in, Diderot Denis, *Oeuvres complètes* . Vol. 18, pp.172. Paris, Hermann, 1984.

③ Ibid.,pp.41–45. Cité in Diderot Denis, *Oeuvres complètes* . Vol. 18, p.173.

片先人曾经建立王庭的土地，我感到自己的心中充满了孝，想用一切我所能做的事情将之表现出来。我向一切能够代表祖先遗迹的东西致敬，连最细小的地方也不放过。我怀着难以言说的喜悦，看到了满目苍翠的青山，泛着清漪的河流，肥沃的田野，还有这美丽的土地，好像还能感受到旧时主人到来。我尤其喜爱这里的人，他们真诚而善良，生活得很幸福，因为他们安于己命，无忧无虑，在各方面都享有惬意的富足。真让我激动地对自己说，一个为上天所眷顾的王国，这一刻，我深深体会到了一个帝王真正的幸福；这一刻，我为见识了这片孕育过真正王者的神圣土地而自豪。

是的，在最为久远的古代，它多次受到赞颂，人们称它做豳和岐。只消在豳和岐成长，或者仅仅住一段时间，就能成为声名显赫的杰出统治者。'他曾经住在豳'少康公这样说，他想证实公刘是一个贤明的君主。最后，在周朝为纪念太王而唱的颂诗末尾，人们提到他在岐地建立了王庭。一直有这样的说法：至高无上的天之主用特别的方式护佑着豳地和岐地；他亲自统治着那里的人民，慷慨地赐予他们一切厚爱。①

知道了所有这些尊崇我的故乡的寓言，以及对它——它被冠以不同的名字——的赞颂之词，我何不将自己微弱的声音加入令人肃然起敬的古人之声呢？赞颂一个地方可以采用两种不同的方法：赞美在那里发生过的事情，这是"颂"的主旨；歌颂它出产或蕴藏的东西，这应该是"赋"主要包含的内容。②

乾隆皇帝《盛京赋》原序属于散文体，叙述了作者踵武皇祖，东巡盛京祭祖，周览龙兴故都的由来，言简意赅，才情充沛。单就如上原序节选文字和钱德明神父相关译文对照一阅，不难看到，其迻译文字在篇幅上虽是原著的四倍，未免"冗繁"，但我们认为，它基本保持了原作的格调和风韵，大致忠实地转达了原作的旨意和思想，显示了译者对中国文化知识整体把握的水平，实弥足珍贵。尽管钱德明的译文遭到上述后世苛严的汉学家之质疑，然而，他所

① Ibid., pp.35–38. Cité in Diderot Denis, *Oeuvres complètes* . Vol. 18, p.174.

② Ibid., p.39. Cité in Diderot Denis, *Oeuvres complètes* . Vol. 18, pp.173–174.

逯译的《盛京赋》在当时巴黎文化界、思想界却大受欢迎，有影响的《文学年鉴》1770年11月号（*L'Année littéraire,* novembre，1770，pp.145–174）和《特雷屋日志》1770年8月号（*le Journal de Trévoux,* août，1770，pp.323–341）都对它有过详尽的评述和报道；启蒙运动主流作家伏尔泰和狄德罗也随即在第一时间特此撰写专文和述评，对钱德明法译《盛京赋》作出热情的肯定和回应，钱译乾隆帝《盛京赋》法译文本在18世纪法国思想文化界的影响可见一斑。

三、伏尔泰、狄德罗对中国古典歌赋的赞美与诗性解读

传教士马若瑟、白晋、韩国英、钱德明神父对《诗经》和乾隆帝歌赋的译介和传播，在18世纪法国思想文化界引起很大反响。钱德明神父译乾隆御制《盛京赋》的翌年，崇拜中国文化的启蒙作家领袖伏尔泰（Voltaire, 1694–1775），即以此为主题发表了《致中国皇帝书：关于他命人刊印的御制诗集，1771》，这样热情地赞叹能歌能赋的"东方哲人王"乾隆帝的诗才和中国古典文学的魅力：

> 请接受我的致意，可爱的中国之王。
> 你的宝座就在巴那斯的双丘上！
> 西方人都知道，怪癖如我，
> 也极钟爱那些吟诗的国王。
> ……
> 我欣喜地看到，在我们这个半球上，
> 赋诗的艺术对人类同样必不可少。
> 不爱诗歌的人，精神枯燥而沉闷；
> 我尤不愿在聋人耳边唱歌。
> 诗歌实为灵魂之音乐，
> 哦，宝座上的你啊，为天上的火光照亮，
> 请告诉我，你这令我们心醉神迷的伟大艺术，

在北京和在巴黎是否同样难以掌握？……[①]

除“中国迷”伏尔泰如此热情赞美乾隆帝的诗情与才情外，另一位启蒙作家思想家狄德罗（Denis Diderot, 1713–1784）还以钱德明迻译《盛京赋》法文文本，发表了一篇颇具美学观照和诗学见解的文学述评《咏盛京及其周郊》（*L'éloge de la ville de moukden et de ses environs*,poème composé par Kien Long, empereur de la Chine et de la Tartarie）[②]，表达了他对乾隆皇帝《盛京赋》（包括“咏茶诗”）的认识和赞赏之情[③]。狄德罗这篇述评，经我们悉心研读后发现，它比钱译文字更简约，但进一步强化了译者钱德明所采用的“悲惋笔调”，钱译法文文本基本传达了原诗作者风格。在此细究起来，狄氏这些简述（或评述），既非凭空编造、或亦步亦趋的照录，也非纯然主观臆断，而是有述评者自己的选择性和鲜明审美取向的。一如法国批评家奥古斯特·瓦涅先生所指出，是原诗的东方诗性特质深深打动着狄德罗：“一个以家庭为特征的帝国，一个家长式的君主，统治着一群像子女般孝敬他的臣民，种种以祭祖之礼的形态呈现的政治仪式，这些都是令哲学家——他的《一家之主》[④]刚刚上演——着迷不已的种种观念。另一个为狄德罗所喜爱的观念，即文学与社会之间的密切关系，似乎也由此得到了证实：模范的中国社会，不能不产生一种文学的典范。”[⑤]狄德罗据钱德明的译本认为，乾隆帝的《盛京赋》表达的诗性主题有二：一是赞美在盛京发生的事件，这是“颂”（Toukletchoun）的主题；二是歌

---

① *'Epître au roi de la Chine,sur son recueil de vers, 1771.* 转引自《狄德罗选集》，Cité in Diderot Denis, *Oeuvres complètes* . Vol. 18, pp.167. Paris, Hermann, 1984.

② 狄德罗的这篇述评刊发在狄德罗挚友德国作家、记者格里姆（Grimm）的《1770 年 5 月 1 日文学通讯》（*La correspondance littéraire du 1er mai 1770*），后收入《狄德罗全集》，据推测，写这篇文章的日期应在 1770 年 4 月 20 左右，参见《狄德罗全集》第 18 卷第 165 页，巴黎，1984 年。Cf. Diderot Denis, *Oeuvres complètes* . Vol. 18, p.165. Paris, Hermann, 1984.

③ 狄德罗这篇康熙帝《盛京赋》诗学评述文字详见拙作：《狄德罗的中国观及其当代意义》，《南国学术》2015 年第 2 期。

④ 《一家之长》（Pére de famille,1758）系狄德罗创作的一部介于“悲剧”和“喜剧”之间的新剧种“严肃喜剧”。

⑤ Denis Diderot,*Oeuvres complètes,* Vol.18， p.167. Paris, Hermann, 1984.

颂盛京的出产或蕴藏的资源,这是“赋”(Foutchouroun)的主题[①]。诗作者歌颂了他的祖先和他们不朽的功业,他们的生活、风俗、盛宴、创立的城市,歌颂了盛京的建筑、周郊的田野、毗邻的大海,高山、平原、森林、河流、植被、金属矿藏、宝石,动物,鱼类,鸟类;该诗“以崇高、智慧、质朴、热烈而真实的方式描绘了所有这些风物。再没有哪部作品比它更渊博和高雅。它生动活泼,内容丰富,蕴含着某种深刻的情感,庄严肃穆,怀着对祖先温情脉脉的敬意。”[②] 狄德罗述评称,《盛京赋》“包含着一种父爱的精神,令人感动和着迷”,述评作者由此而引入人性一致的观照,说:“总体上讲,我们在这首诗中发现的不是某种我们称之为寓言或幻想的东西,而是一种所谓世界万国之中、未来万世之下真正的诗性。”[③] 狄氏述评最后还对乾隆帝《三清茶》[即《咏茶颂》或《饮茶颂》(*L'Ode sur le Thé*)]一诗赞许有加:“我敢说在拉·法尔和肖利厄,还有古代和现代的阿那克里翁们也写不出更加生动,更加优美,更加富有感情、智慧和品味的诗了。我对中国人的道德,没有什么更好的看法,不过想到他们的文学,我还是稍微多一些谨慎,少一些自以为是。我请你们将这篇颂诗轻微改动之后加以誊写。我敢打赌,这能让我们在诗歌本身的体裁和翻译的直感之上重新找回原诗真正的表达方式。于贝先生[④]常给我读一些从德文翻译过来的诗歌段落,我一句也听不懂,却时常打断他,对他说:‘诗人不是这样说的,他是这样说的,这才是他的思路。’而结果的确如此。因此,不论出于何种缘由,诗的语言中总是存在着某种为各民族共有的东西。”[⑤]

---

① 钱德明译本,第211页注2。据钱德明注:“Toukletchoun”为满语,意为“颂”,这是一个新出现的词。它的词根为Toukiembi,表示用两手恭敬地呈上、举起某物——通常是用一种崇高的方式向某人表示敬意的东西。“赋”“Foutchouroun”也是一个新创的满语词,意思同汉语中的“赋”。Cité in Denis Diderot,*Oeuvres complètes,* Vol.18, pp.174–175.note 12.Pais.

② Denis Diderot,*Oeuvres complètes,* Vol.18, p.175.Pais.

③ Denis Diderot,*Oeuvres complètes,* Vol.18, p.177.Pais.

④ 米夏埃尔·于贝(Michael Hubert, 1721–1804)在1750至1776年间经常与百科全书派交往,并在《外国报》有过合作。他翻译过格斯纳Gessner的《亚伯之死》(1759)和《田园诗》(1762),编订了诗集《德国诗歌选》(1766),是德国文学引介到法国的先驱之一。

⑤ 法尔(La Fare)侯爵查尔·奥古斯特(Charles Auguste, 1644–1712),以作风放荡和善写情诗闻名。他是《关于路易十四统治时期的主要历史事件的回忆与思考》(1715)一书的作者,与肖利厄(Chaulieu)神甫纪尧姆·安弗里(Guillaume Amfrye)交好。后者同样以道德轻佻著称;1724年两人的诗收进同一本书出版,后多次再版。Cité in Denis Diderot,*Oeuvres complètes,* Vol.18, p.177, note 18. Paris, Hermann, 1984.

这里足以见出，狄德罗的这篇文学述评，确有自己独特的诗性体悟和真知灼见，堪称一篇跨文化的诗评。一如有学者所指出的，狄德罗对乾隆帝的诗作这些赞许，是与他本人对文学原始主义 ① 的信仰和对莪相风格 ② 的热烈崇拜相一致。尽管他从并不可信的翻译中寻找原文诗性的企图是一种自我欺骗，然而事实上存在着一种跨越语言的诗性，这一假想却不能不说是新颖而独特的，是这位 18 世纪启蒙思想家和美学家所作出的跨文化诗学观照。

四、诗人安德烈·谢尼埃对《诗经》的赞美与采撷

诗人谢尼埃（André Chénier,1762–1794）对《诗经》的赞美、采撷与接纳——18 世纪末期英年早逝的诗人安德烈·谢尼埃，系法兰西诗坛的大诗人，1762 年出生于君士坦丁堡，父亲时任法国驻土耳其领事，母亲是博雅多才的希腊女子。在母亲的培育下，谢尼埃从小就学会了古希腊语，熟悉并喜爱古希腊文化，特别热衷古典诗歌，十四岁就翻译古希腊抒情诗歌。二十岁开始诗作试练，就显露其创作才华。1787 年后，他出任法驻英大使秘书，开始卷入国内政治斗争，1789 年法国大革命初期，曾一度投身革命，后对雅各宾专政不满转而敌视革命。1791 年从英国回国后，他坚守保皇党立场，撰文赋诗，攻击罗伯斯庇尔，为谋杀马拉的女凶手颂歌。1794 年被捕，在狱中写完《田园诗集》（*Les Idylles*）和《哀歌集》（*Les Elégies*），服刑前写出《讽刺诗》（*Les Iambes*），尚有两首未完成的长诗。1794 年 7 月，他于雅各宾派恐怖政权垮台前两天被送上了断头台，年仅 32 岁。他的诗作直到 1819 年才得以问世，他作为 18 世纪法国大诗人的地位，是 1862 年全集出版后得以公认。他在

① 原始主义，一种关注人类情感而非理性，与"现代主义"相对的理论思潮，包括人性原始主义，文化原始主义与文学原始主义。后者提倡文学作品中对自然与人性的回归，代表作家有英国作家劳伦斯等。

② 莪相（Ossian），凯尔特神话中的英雄，爱尔兰著名战士和游吟诗人。1762 年，苏格兰诗人麦克菲森（James Macpherson）声称"发现"了莪相的诗，他假托从 3 世纪凯尔特语的原文翻译了《芬戈尔》和《帖木拉》两部史诗，并先后出版，于是这些所谓"莪相"的诗篇便传遍整个欧洲，对早期浪漫主义运动产生了重要影响。

遗作中留下了一份阅读《诗经》的《中国文学笔记》(*Notes sur la littérature chinoise*[1],真实地记录了这位英年早辞的诗人采撷、欣赏中国古诗的情境,生动有力地见证了18世纪法国诗人与中国诗歌相遇、结缘的独特侧影。

据笔者考证,安德烈·谢尼埃,是得之于朋友弗朗索瓦·德·庞热(François de Pange)[2] 引介,阅读中国读物而相遇中国,进而与中国诗歌相逢、结缘的。其时正当诗人初登诗坛、英姿勃发的青年时代,即大约1783—1792年间,时值18世纪法国中国文化热退潮期,正临大清帝国盛世末期。据查核,谢尼埃最先读到的是风行于法国(欧洲)三大汉学论著之一《北京耶稣会士中国论集》,该论集从1776年到1814年一共出了16卷,他读了前9卷(该卷出版于1785年)。与此同时,诗人还阅读了当时颇具盛名的冯秉正(Joseph-François-Maie-Anne de Moyriac de Mailla)神父的《中国通史》(*Histoie Générale de la Chine*),冯神父系康熙盛世康熙帝本人所器重的耶稣会士之一[3],他之撰译《中国通史》历六年始成,原书稿先寄赠里昂图书馆,后转赠道院长格鲁贤(Grosier, S. J.)神甫,由后者于1773至1783年间在巴黎刊行[4],共13卷,格鲁贤编辑出版

① André Chénier,*notes sur la littérature chinoise*,cite in André Chénier, *ŒUVRES COMPLETES*, pp.775-779. texte établi et annoté par Gérard Walter,ce volume,le cinquante-septi è me de la biblioth è que de la Pléiade, publiée par la libraire GALLIMARD, à été achevé d'imprimer le 4 février 1950.(安德烈·谢尼埃《全集》,吉拉尔·瓦尔特编注,巴黎:加利玛七星文库1950年2月4日57版,第775—779页)

② 据考,德·庞热也曾写诗,后来放弃了。为此,谢尼埃还赋诗一首。庞热主要是位道德家,拥护君主立宪制,但其政论文也流露出民族思想,研究过"孔夫子的语言"。Cf. Itroduction in *ŒUVRES de François de Pange,* ed. Louis Becq de Fouqui è res. Paris 1872.

③ 冯秉正(Joseph-François-Maie-Anne de Moyriac de Mailla,1669-1748)字瑞安,法国比热(Bugey)地方之贵族后裔,1669年12月出生于贝莱(Belley)教区之迈拉(Maillac)城堡,其姓名写法有繁简之别,且有异文。秉正自云:"我家姓de Moyriac,而Mailla盖为一领地名,用以为氏以别于长房。"他1703年6月入华,1748年6月逝于北京。系著名传教士汉学家马若瑟、巴多明同门、同期教友,生前同样深得康熙帝的器重,据云:"康熙帝欲使满语传世久远,曾命人将中国正史译为满文;派深通满、汉文字官员为译人。至1692年满文译文告成。至是帝又命秉正将同一史书转为法文。"继云:"欧罗巴人之精研中国历史、文学,得谓鲜有能及秉正者。秉正研究勤挚,铺以强健之记忆力,中国士人与之讲学者,莫不惊叹云。"(格鲁贤撰写冯秉正《中国通史》序言,XXV页以下。)——上述参见费赖之:《在华耶稣会士列传及书目》(下册),冯承钧译,中华书局1995年版,第607—608页。

④ 冯秉正编译的《中国通史》所依据的,是康熙帝鉴定的满文《通鉴纲目》,采录《通鉴纲目》者,达97卷之多,耗时六年,冯氏一完成此书就将之寄赠里昂图书馆,1737年寄达,当时著名的思想家、世俗汉学家弗雷莱看重冯氏这部《中国通史》,拟由国家出资刊行,后因弗雷莱病故而未果,才由里昂图书馆转赠道院长格鲁贤(Grosier, S. J.),在巴黎刊行。

冯神父这部《中国通史》时,将自己所撰《中国概述》[①]列入最末一卷。鉴于冯氏《中国通史》原本张本为宋朝朱熹《通鉴纲目》,编译者"先采录《通鉴纲目》之文,然后杂采他书以益之,尤详于明清两代事迹"。故而《中国通史》内容丰富、广博,清盛世列代君王的武功文略之英雄业绩"尤详",致使阅读该书的法国诗坛才俊谢尼埃,读到了东方帝国"最伟大的诗人之一"[②]乾隆皇帝的田园主题诗,比如"颂茶歌",便情不自禁地发出了由衷的赞美。由此媒介,引领他与中国《诗经》的相遇,读到了韩国英神父迻译的几首短小精悍的"国风"民歌,不断发出赞叹,赞美它们"赏心悦目的纯真",是"美不胜收"的好诗、"绝美的诗句",或"值得一读"的佳篇[③],充分表明他对《诗经》、对中国诗歌有着特别的兴趣。他在阅读《中国概述》、《北京耶稣会士中国论集》的过程中,举凡遇到选自《诗经》里的译诗都做了注释,作出了自己的审美评价,并密切地关注《诗经》在欧洲是否有完整的译本[④]。谢尼埃阅读《诗经》和中国古典诗歌的兴趣,并不像往昔传教士或前辈学者那样,仅仅将该著视为了解中国和中国人道德、伦理风尚的原始资料,着力于从布教或政治层面的观照;他注重考析的是中国人的风俗习惯、行为礼仪、个人生活等等,如何影响着中国民族的语言特性,继而进行文学层面的审视,专注于诗性的感受。关于《诗经》文学层面的语言特点考索,谢尼埃依据传教士提供的译介文本,认为《诗经》"国风"中那些吟唱诸侯国不同地域传统风习的民歌,无一不充分体现了各地区的叙说方式、语言特征和抒情风格,他

---

① 格鲁贤所著《中国概述》(*Description générale de Chine,*…)除首次作为冯秉正《中国通史》第13卷法文版在巴黎问世后不久,又数度单独刊行:1785年、1787年、1818—1820年间3个独立法文文本,1788年和1789年分别在伦敦和莱比锡推出英译本和德译本,英译本又于1795年再版。参见张国刚:《从中西初识到礼仪之争》,人民出版社2003年版,第333页。

② André Chénier,*notes sur la littérature chinoise*, pp.775–779. cité de ses *Œuvres compplètes,dans* l' édition de la Pléiade procurée par Gérard Walter,Gallimard, 1950.

③ IbId. , p. 776.

④ 谢尼埃在读到《北京耶稣会士中国论集》第1卷第311页时写道:"孙璋神甫翻译了《诗经》和《礼记》。有人还说《书经》和《诗经》的手稿在欧洲。这些手稿是原本还是译本呢?《书经》的译本已经在欧洲出版了。" Cf. André Chénier,*notes sur la littérature chinoise*, p.779. cité de ses *Œuvres compplètes,dans* l' édition de la Pléiade procurée par Gérard Walter,Gallimard, 1950.

认为此乃众所皆知而无需他证的事实，还特地援引传教士逘译的《诗经·卫风·硕人》中一阙诗句加以明示：

手如柔荑，
肤如凝脂。
领如蝤蛴，
齿如瓠犀。
螓首蛾眉，
巧笑倩兮，
眉目盼兮。①

《卫风·硕人》以如此奇绝的华章和如此奇特的语言，抒写卫庄公夫人的优美动人的风姿，令这位天才诗人心醉神迷！他认为此乃《诗经》中不同诸侯国的"风俗习惯传统、个人生活、食物、气候影响民族语言天才"② 的一个突出例证，大力赞扬。对此，谢尼埃还摘抄了一首早于《诗经》的《击壤歌》③，予以补充说明：

日出而作，
日入而息。
凿井而饮，

---

① 谢尼埃亲手摘抄的这首法译诗行为：« ses mains sont comme les tendres rejetons d'une plante, la peau de son visage comme la surface de la graisse fondue, son cou comme le ver blanc qui forme dans le bois, ses dents comme des grains de melon ; elle a les tempes comme la cigale, les sourcil comme le papillon ; qu'elle sourit agréablement……! » Mém., t.VIII, p.258. Cité in André Chénier, *notes sur la littérature chinoise*, p.777. de ses *Œuvres compplètes,dans* l' édition de la Pléiade procurée par Gérard Walter,Gallimard, 1950.

② IbId. , p. 777.

③ 据笔者查核，《击壤歌》出自《帝王世纪·击壤歌》，或许是中国歌曲之祖，清人沈德潜《古诗源》注释考："帝尧以前，近于荒渺。虽有《皇娥》、《白帝》二歌，系王嘉伪撰，其事近诬。故以《击壤歌》为始。" 谢尼埃摘抄的这首歌谣法译为：« Quand le soleil commence sa course, je me mets au travail ; et quand il descend sous l'horizon je me laisse tomber dans les bras du sommeil. Je bois l'eau de mon puits, je me nourris des fruits de mon champ. Qu'ai-je à gagner ou à perdre à la puissance de l'empereur ? » 试译中文为："当太阳升起时，我开始劳作；当太阳降落在地平线下，我投入自己的梦乡。我喝着自家井里的水，我吃着自家田里的果实。君王的权威与我有何干系？"

耕田而食。

帝力于我何有哉?

这是一首淳朴的古风民歌,据《帝王世纪》记载:“帝尧之世,天下大和,百姓无事。有八九十老人,击壤而歌。”这位八九十岁的老人所歌的唱词就是上述的诗句,歌唱的是在上古上尧时代的太平盛世,人们过着无忧无虑的生活,太阳出来就开始干活,太阳落下就回家休息,开凿井泉就有水饮,耕种田地就有饭吃,生动地反映了农耕文化的显著特点,是普通劳动者自食其力生活的真实写照。谢尼埃读后认为这是中国人的生存方式影响叙说方式、语言特点,进而影响抒情风格的鲜明例证,他极其欣赏,决定要将其移植到自己的《田园诗》去。

我们注意到,谢尼埃阅读中国、阅读《诗经》的兴趣,不仅表现了他对中国文学、中国诗歌特别的喜好,还表现出诗人对其中折射出的中国道德伦理、行为方式和历史传统的应有的关注,但这显然与前驱传教士们“读经”、“释经”的关注点、切入点是大相径庭的。这一方面,我们只须读一读诗人谢尼埃援引传教士移植《诗经》译诗的例子,便可一目了然。比如韩国英神父(P. Pierre-Martial Cibot)翻译的《诗经·郑风》中的《将仲子》一诗,这无疑是《诗经》民歌中一首清新可人的乡野情诗,韩神父则视之为《诗经》宣扬“孝德”的诗歌范本而加以迻译的,译诗题名也改为《牧羊女》(La Bergére. Chi-king Koué-fong, Chap.VII.)①,全篇诗文如下,请读者试阅:

O Tchong-tsée ! je t'en prie, ne viens pas dans notre hameau, ne romps plus les branches de nos saules. Je n'oserois t'aimer, la crainte de mon pere & de ma mere me retient. Mon coeur pourroit se tourner vers toi, mais puis-je oublier ce que m'ont dit mon pere & ma mere ?

哦,仲子哥!我求你了,不要蹓进我们小村庄,别再攀断我家的柳树枝了,我不敢爱你,对父母的畏惧阻止了我,我的心可向着你,但我怎能

① 韩国英(P. Pierre-Martial Cibot)《论华人之孝》(*Mémoire sur la piété filiale des chinois*) Voir *Mémories concernant l'histoire, les sciences, les arts, les moeurs et les usages des Chinois par les Missionnaires de Pékin,* t. IV.(1779),*Doctrine des Chinois sur la piété filiale*, pp.174-175.

忘记父母对我说过的话呢?

O Tchong-tsée ! je t'en conjure, ne montes pas sur notre muraille, ne rompt plus les branches de nos mûriers. Je n'oserois t'aimer, la crainte de mes freres me retient. Mon coeur pourroit se tourner vers toi, mais puis-je oublier ce que m'ont dit mes freres ?

哦,仲子哥!我恳求你了,不要攀越我家的围墙,别再折断我家的桑树枝了,我不敢爱你,对兄长的畏惧阻止了我,我的心可向着你,但我怎能忘记兄长对我说过的话呢?

O Tchong-tsée ! je t'en supplie, n'entre pas dans notre jardin, ne romps pas les branches de nos arbres de Sandal. Je n'oserois t'aimer, la crainte de mes parens me retient. Mon cœur pourroit se tourner vers toi, mais puis-je oublier ce que m'ont dit mes parens ?

哦,仲子哥!我哀求你了,不要进入我家的花园,别再攀折我家的檀树枝了,我不敢爱你,对亲戚的畏惧阻止了我,我的心可向着你,但我怎能忘记亲戚对我说过的话呢? ①

《诗经·郑风·将仲子》原诗文本如下:

将仲子兮,无逾我里。无折我树杞,岂敢爱之?畏我父母。仲可怀也,父母之言?亦可畏也。

将仲子兮,无逾我墙。无折我树桑,岂敢爱之?畏我诸兄。仲可怀也,诸兄之言。亦可畏也。

将仲子兮,无逾我园。无折我树檀,岂敢爱之?畏人之多言。仲可怀也,人之多言,亦可畏也。

诗人谢尼埃不识汉字,当然看不懂中文原版诗篇,他凭据的是韩国英法译移植文本,一读到韩译《诗经》中这首法译诗,就赞之为是一首歌唱爱情

① 上述中译诗句,皆系引者依据韩国英神父法译原诗文本试译,仅供参照。

的“绝美的乡野诗篇”,通篇充满“令人悦目的质朴”[①],称收入他自己的《田园诗》集正适宜。而此诗译者韩神父如上所示,他之所以移植该诗,是仅仅将之视作宣扬道德(特别是孝德)的范本而加以特别推介的,与鉴赏者谢尼埃欣赏的焦点,显然相悖。类似的例子还有:如《诗经·小雅》中的《蓼莪》,韩国英译为《悲伤的儿子》(*le fils affligé*)[②],谢尼埃赞为“全诗充满美妙的事物”;《诗经·国风·鄘风》中的《柏舟》,韩神父译为《年轻的寡妇》(*La jeune veuve*)[③],谢氏赞为“迷人的好诗”应将之融入他自己的《田园诗》;《诗经·小雅》中的《棠棣》,韩译《兄弟》(*Le frére*)[④],谢氏夸奖为是“中国最优美的中国颂歌之一,最奇妙的诗篇”等,足见诗人谢尼埃和传教士读《诗经》,有截然不同的读法,谢氏注重的是诗性解读,传教士看重的是“读经”“悟道”;即使两者同样关注原作中表达的民风民俗、社会公德和伦理传统,谢尼埃侧重的是文学书写和诗意的摘发,传教士看中的是“释经”、“说教”、“布道”,关注点和出发点都显然不同。

细读谢尼埃《中国文学笔记》,我们还发觉到,《诗经》和中国诗体作品,诸如诗歌、散文诗、寓言故事等等,之所以引起谢氏极大兴趣,并不止于这些作品对“村野生活细节”的一般再现,还由于这些作品对中国古风细致具体而颇富诗性的书写。有时候他宁愿赞美几篇他觉得清新素朴的诗体散文和寓言故事,这在他颇为广泛的阅读中,实不乏这样的例证。比如司马光(Sée-ma-kouang)的寓言故事《燕子》(*L'Hirondelle*, *Fable allégorique*)[⑤]和无名氏的抒情散文《农夫》(*Le Laboureur*. King-ting-tsi-tching, *Liv. XIX.*)[⑥],前者寓意、颂扬的是普世伦理德行,后者抒怀的是普通人的美德,两文都充盈着诗情,诗意盎

① 谢尼埃的赞语皆见其《中国文学笔记》不再详注。Voir André Chénier,*notes sur la littérature chinoise*, p.776. cité de ses *Œuvres compplètes,dans* l' édition de la Pléiade procurée par Gérard Walter,Gallimard, 1950.

② Voir *Mémories concernant l' histoire, les sciences, les arts, les moeurs et les usages des Chinois par les Missionnaires de Pékin,* t. IV. (1779), pp.171-172.

③ IbId., pp. 172-173.

④ IbId., p. 173.

⑤ IbId., pp. 177-178.

⑥ IbId., pp. 180-182.

然，因而深得谢氏的喜爱，表明这位诗人阅读中国而令其动心的，并不是一般的、即时性的社会风景，而是古代中国良风美俗的诗意呈现。诗人阅读视线完全投向了古代中国的传统风尚及其精神意蕴的诗意表现与抒情画面，目的旨在从中寻求自身文化的诗性滋养。他曾不止一次表白，有意采撷这些文学素材当作浇灌自家诗苑的源泉，这种鲜明的接纳意图，与其举步诗坛"创造性模仿"（imitation inventrice）的信念是一脉相承的。我们知道，诗人谢尼埃是在古希腊罗马文化艺术深切熏陶下而步入诗坛的，他的模拟诗以及许多抒情、田园、牧歌体，就是希腊罗马文学深刻影响的产物。这在其以诗论诗的代表之作《创造》（*L'Inventation*）与《书简诗》（*L'Epitre*）中，他已就仿古与创造、继承与革新的辨证诗艺观，做了精辟的论述[①]。显而易见，他热情采集东方古国文学素材，是与这一接纳路线和策略一脉相承的，可以说，是诗人谢尼埃阅读中国、阅读《诗经》的基本指向与期待。如此，秉承"创造性模仿"这一受纳线路的法国诗人，每每读到《诗经》或其他中国诗歌体的作品，总使他联想到古希腊罗马田园牧歌体的歌唱，情不自禁地发出上述的赞叹，充分显示了谢尼埃惊人的想象力、鉴赏力和不凡的审美才能，而在其对中国诗歌美的这热情赞美中也让我们看到了这位法国天才诗人意欲构筑东西诗歌汇通之桥的愿望与雄心。[②]

作者附识：本文源自南京大学"中国文学与东亚文明"协同创新中心、中华诗词发展基金会、台湾新地文学发展协会联袂主办的"第一届中国古典文学高端论坛"（2015年8月21—25日，南京国际会议中心大酒店）宣读文稿，2015年国庆"黄金周"长假期间修订补证，时断时续，终稿于10月9日寒露深秋凌晨，修订于10月30日—11月3日午夜，南京秦淮河西滨跬步斋陋室。

---

① 参阅柳鸣九主编：《法国文学史》第一卷（修订本），人民文学出版社2007年版，第328—329页。

② 谢尼埃阅读《诗经》，通向中国诗歌之旅中，何以能表现出如此非凡的鉴赏力和超拔的审美力？为何在他那个时代独有他能对中国古典歌赋具有如此敏锐的感受力和高水准的审美力？以及东西诗歌汇通的举证，请阅钱林森：《谢尼埃鉴赏中国诗歌美：东西诗歌汇通的可能性》，《跨文化对话》第33辑，三联书店2015年版，第144—148页，也可参见：Bien, Gloria. *Chénier and China. Studies on Voltaire and the Eighteenth Century*, No. 242（1986）, pp.363-375. Lu jin, DuGoût de Chénier pour la poésie chinoise: essai sur son esthetique.Revue:Tangence, Numéro68, hiver 2002, pp.103-119.

比较文学在中国学科建设的问题探索

夏光武
厦门大学中文系

多年前当笔者准备报考大陆的比较文学博士而开始搜集资料时，我才发现内地高校的比较文学专业的完整名称都是“比较文学与世界文学”，属于中文系下的专业之一。基本上，我对这个学科名称一直存有疑惑，因为在美国的大学里，比较文学研究所并不少见，而部分的州立大学的本科也设立了比较文学系，不过就我所了解，并没有“世界文学”或是“比较文学与世界文学”的学科设置。所以笔者今天试着以我国内地和台湾地区的比较文学学科状况为例，同时也参照美国的比较文学发展现况，探讨“比较文学在中国学科建设的问题”。一方面因为在比较文学的发展过程当中，美国学派的影响十分深远，美国的大学学科设置自然值得我们加以参考借鉴；另一方面是笔者关切大陆目前这门学科的名称会影响到学生对它的一般性看法，以免本科同学因为一知半解而导致他们对于比较文学基础认知的误解。这两点正是启发笔者着手进行此次可争议议题研究的主要想法。

一、世界文学应该是比较文学的理想

目前比较文学本身的发展方向仍然众说纷纭而莫衷一是，不过我们暂且先搁置这个问题，缩小范围来检视将世界文学和比较文学并列为一门学科专业的适当性。当然，比较文学与世界文学专业的学生都知道“世界文学”的说法来自于德国大文豪歌德，在《歌德谈话录》中，他由对比及题材的角度来看，认为当时的民族文学范畴已经无法包容当代的文学现象，所以他在谈话中推论“世界文学的时代已快来临了”①。值得注意的是，他所谓的世界文学不单指经典还包括对经典的学习与研究。这一个想法也同时提醒我们，歌德是通过作品交流的角度，认为文学可以增进各个民族和国家之间的相互了解。

不过，有一点我觉得需要深入探讨。如果说世界文学的发展在于增强民族之间的交流，可是这么多年过去了，为什么总是中国学者研究比较的外国作家及作品要远多于外国人来评论我们的作品呢？比较文学不是该有双向平行的视野吗？就此事实而论，我们不能再简单地归纳说那是因为这门学科源自于欧洲，因此它有欧洲中心主义之倾向。就其实，我认为世界文学所扮演的角色应该是比较文学所要追寻的理想和目标，而不该成为与比较文学平行的学科设计，二者之间属于因果的关系——比较文学是学科的研究方法及核心论点；世界文学是学科的理想目标。

回顾比较文学与世界文学在中国的发展过程，大陆是在“1997 年，国家教育部在培养研究生学科、专业目录中，将比较文学和世界文学合并，以‘比较文学与世界文学’的名义归为中国语言文学内的二级学科，在本科专业目录中，也明确规定比较文学为中文系主要课程之一”②。然而，将理想和学科特性合而为一的学科设计在欧美的大学科系中是见不到的。比如说，“英文（文学）系”（Department of English）和“应用英文系”（Department of Applied English）一定是有所区隔的两个不同的科系，即使有部分基础课相同，但是前者上的是文学专业，后者上的课程则是类似秘书实务类的相关应用课程。不过，无论是英文系还是应用英文系，在学科名称中都非常清楚地

① ［德］爱克曼辑录：《歌德谈话录》，朱光潜译，人民文学出版社 2000 年版，第 113 页。

② 胡亚敏、梅启波：《英美高校比较文学课程研究》，《中国比较文学》2003 年第 1 期。

表达了自己的学科特性，所以学科名称的设计一定会影响到课程的整体规划以及学科的学术走向。可以说在科系规划的时候，学科的名称极为重要，而且名称可以随着时代的进步而予以调整，学科的课程更该具有弹性，尤其对于比较文学这种具有跨学科、多元化特质的专业而言，拥有课程安排的高度弹性与理论的延展扩张是击败比较文学危机论最有力的武装。

世界文学理应扮演比较文学的理想目标，主要的检验标准至今越来越明显。乐黛云教授曾经说过“（大陆）中、青年比较文学学者的新著，在原有比较文学原理的基础上，大大地前进了一步”①，乐教授归纳近年来中国比较文学界有三点推进：“一、倡导合而不同的多元文化互存与互补观念。...... 二、提出了跨文化、跨文明的比较文学观念。…… 三、提出了东西方文化与诗学平等对话的观念，并探索了对话的机制与方法。”② 由此可知，比较文学是朝着跨文化的多元方向在进行着，追求的是平等对话的平衡发展，可见比较文学仍然还是一个正在发展中的学科，大陆在全力推广这一方面的研究时，应该树立明确的努力方向与目标。

就“比较文学”与“世界文学”的关系来说，我坚信比较文学的理论发展永远是世界文学的基石，而不应该成为一种合并在一起的学科称谓，毕竟只有稳固的基础才有可能继续延展学科的生命，而且多元的活泼发展才有可能推进和深化比较文学的理论研究。

二、比较文学与世界文学的学科关联

如果要进一步研究将比较文学与世界文学相提并论的学科适当性，这应当要从两个基本面来思考：首先，一个指出学科的方法和特性③，另一个代表的是学科的理想和目标；其次，比较文学具有跨学科的特质，而“‘世界文学’

---

① 乐黛云：《全球化时代的比较文学：中国视野——在17届国际比较文学年会上的发言》，《中国比较文学》2005年第1期。

② 同上书。

③ 比较文学学科定义也是一个可以辩论议题，因不在本文范围所以不加以讨论。

则只触及文学本身”[1]。

在进行“比较文学与世界文学”学科关联性的研究时，我发现大陆已经有学者提出类似的呼吁，虽然还不多见。在这些相对微弱的为学科正名的声音当中，北京大学外国语学院的辜正坤教授在《比较文学的学科定位及元——泛比较文学论》中提到为此学科正名的问题，他大力呼吁“创建或定位任何一个学科的首要工作是正名工作。正名这个概念容易使我们联想到儒家学说，因为它是儒家学说的核心概念之一。当孔子的弟子子路问孔子，如果他一旦管理国家政治，首先打算从何入手展开工作？孔子的回答是：‘必也正名乎。’……所以他强调‘名不正则言不顺，言不顺则事不成。’”[2]我也抱持着同样的看法，必须先正名才可以建立学科的理论模式而后达到学术的目标，正名的重要性就如同基础的逻辑推理，如果设立的前提错误，尽管其后的推演非常精彩，展开获得之结果将是不正确的推论。

除了已经有学者表达过学科正名的必要性，我们如果再到互联网上各高校的论坛[3]看看，听取本科学生的心声，或许部分学者可以发现不少的年轻学子对“比较文学与世界文学”的认知存在着不同程度的误解。“世界文学”的沉重名称让许多年轻人错误判断这一门学科的性质，他们一开始就担心无法研读世界上所有的经典而打起了退堂鼓，更担心他们自己的外语能力，在还没有机会碰触到文学本身，他们的心中就已经搭建了藩篱壁垒。然而在学生还没有进入这个专业之前，比较文学的教师们又有多少机会能对高中和本科一年级学生阐述比较文学的意义和世界文学的目标呢？更不用说比较文学的特色在于多元理解的视角。长此以往，这一门学科在内地的发展将会受到局限，而且学科的影响力不会因为名称而增加，只会因为不恰当的学科规

① 吴锡德主编：《跨文化与比较文学》编者编语“体验‘世界文学’”，台北：麦田出版社2003年版，第2页。

② 辜正坤：《比较文学的学科定位及元—泛比较文学论》，《北京大学学报》（哲学社会科学版）2002年第39卷第6期。

③ 参见各高校论坛可以找到相关主题的讨论。如：北京大学“北京大学中国语言文学系学术论坛”：《比较文学的研究生应该注意加强哪些方面的素质》。http://chinese.pku.edu.cn/ bbs/ thread.php?tid=123267， 3 Jan. 2005.

划而减少影响。

让我随手引述北京大学中文系论坛的比较文学讨论区上面的一段话作印证,有位学生的帖子是这么写的:“我已经失去了方向。1、我只懂英语和汉语。等到学好了法语、德语、日语、韩语,我已老矣……2、等我学好了语言,我该研究什么呢? 论文? 专著? 我的生命被语言掏空。而且我对自己的语言才能十分怀疑……。”[①] 在一连串的问号后面,呈现出学生对自己学科的不了解,忽略了翻译及译介学的功能。如果学科的名称会给人错觉,拆开来反而可以减少初学者的误解,一举数得,主其事者何乐而不为呢?

对于世界文学与比较文学的关联性,在国外的学界也有着分歧的看法。美国加州州立大学比较文学的J.希利斯·米勒(J. Hillis Miller)教授认为比较文学目前面临着两难。第一个困境,在于“将比较文学归类于‘世界文学’”[②],而他的看法是:“在这种发展趋向中存在的问题是显而易见的:没有什么人能够真正胜任‘世界文学’的教学,因为这牵涉到太多的语言、文学和文化知识。”同时,“在所谓的‘世界文学’中存在着明显的以欧洲或美国或英语文学为中心的观念,而中国文学与西方人观念中的文学是很不相同的,如何拿西方的标准来衡量中国文学呢?”与此同时,第二个困境是“将比较文学综合化”。米勒认为:“翻译语种即使齐全,这么多的翻译者他们的思想和看法却不见得相同。而且英美两地的比较文学教学和研究历来以英语文学为主,如此综合性的全球比较文学实际上是让英语成为全球性的语言,是帝国主义在文化上的一种典型表现。”这两种困境都指出所谓的世界文学其实是一种难以立即达成的目标,而既然是目标,就不应该与融合的过程混杂在一块,只有厘清比较文学和世界文学之间的关系,知道何者为先、何者为后的发展顺序,这门学科才能在大陆逐渐地发展茁壮。

---

① 参见各高校论坛可以找到相关主题的讨论。如:北京大学“北京大学中国语言文学系学术论坛”:《比较文学的研究生应该注意加强哪些方面的素质》。〈http://chinese.pku.edu.cn/bbs/thread.php?tid=106321〉, 3 Jan. 2005.

② J. Hillis Miller, “‘World Literature’ in the Age of Telecommunications”, *World Literature Today*, 74:3, Summer 2000, pp.559-561. 拙作亦参考空草的中文摘要,空草:《J.希利斯·米勒谈世界文学与比较文学》,《外国文学评论》2001年第2期。

除此之外，我觉得米勒的看法还说明了另外一个问题：真正的世界文学是很难实践地理想。那么，让我们反思一下，是不是可以考虑将我们的专业名称单纯化，然后重新审视内地的比较文学课程规划是不是因为放入“世界文学”的理想而混乱了课程规划的主轴呢？我们不是应该以自己的民族文化为主轴来面对、来迎接全球化的浪潮吗？我们或许不得不接受目前世界上以英语为主要沟通语言的事实，不过那只是工具的选择，在比较文学的范畴中，学者的优势就是拥有许多的工具，此时我们学科所需要的方法理论建构应该才是大家关切的焦点，而不是将一个大型的理想转化成为框架，强加在一门发展中的重要学科之上。

基于以上的思考，我主张将学科名称单纯化和实质化。学科名称可以是临时的，但必须具有与时俱进的革新精神，最理想的状况是具有高瞻远瞩的眼光。在欧美的高校里，学科的名称是保持弹性的变化，这种做法可以为学科带来源源不绝的生命活力。学科设立的目的是为了因应国家人才的实际需要以及学术思潮的变化，所以它应该要能不断地寻求定位、重整、跨越，同时进行国际化与本土化的转型，这不正是比较文学存在的理由吗？如果按照美国史丹佛大学中文系王靖宇教授的算法，“从 1870 年哈佛大学正式开设中文方面课程算起，美国大学里中文系的成立可以说已有一百三十多年的历史”[①]，我们反过来看中文系在美国的大学里面发展时，学科名称常被更改，同时授课种类和内容也因此而变化，这种情形显示美国高校会因应社会及学术的需要而不断地重新定位与转型，该门学科的学术地位和生命也因此而更加丰富。

台湾的元智大学中国语言系主任王润华在 2004 年召开的“全球中文系发展新方向国际会议”中，以美国加州州立大学圣塔芭芭拉分校为例，他说：“在 1960 年代以前，教授中文与研究中国问题的工作放在德国与斯拉夫研究系…… 1970 年代前后，美国的中文日文韩文系，都因此命名为东方（Eastern,

① 王靖宇：《美国大学中文系的演变——从语言学习到文化研究》，全球中文系发展新方向国际会议论文摘要，http://cl.hs.yzu.edu.tw/ICCS/paper/ 王靖宇论文摘要 .doc ， 3 Jan. 2005。

Oriental）语言与文学系……到了1980年代，放弃带有殖民色彩的Oriental与Eastern名词，而改用东亚（East Asian）语言文学系……1996年当我回去UCSB的东亚语言文学系担任访问学者，发现它的名称又改了，变成东亚语文与文化研究系（Department of East Asian Languages and Cultural Studies）。”① 或许中文系在美国的发展有一些特别的时代因素，不过单单由“德国与斯拉夫研究系”到“东亚语文与文化研究系”的科系名称，当中变化之巨大已经足够令我们惊奇，也表现出美国高校在科系名称随着时代演进而能够弹性变化的远见。

针对两种文学之间的关系，我觉得大陆的比较文学学科基础建设应该如华东师范大学的张弘教授所说：“目前各高校普遍设置的‘比较文学与世界文学’专业，不应该把它的内容理解为比较文学和世界各国文学研究，而应理解为在世界文学理想指导下的比较文学。”② 换言之，比较文学扮演的角色应该是进入世界文学理想境界的法门。原来这就是让我一直在思索的关键问题：“在学科名称及课程规划上该不该高悬着理想呢？”我并不是反对“世界文学”的理念，而是认为学科名称上面没有放置目标的必要，尤其当这个理想本身就是一个难以企及的高点。

捷克著名汉学家、比较文学家马立安·高利克教授的评论也非常深刻，他认为“世界文学在其历史的和渐进的发展中包含了‘世界的统一性’（mundumuniversum），而它过去是、现在是、未来还将是处于一种也许可称为‘即将形成’的状态之中，永不停歇地变化着”③。对于世界文学而言，它不也是处于这种永恒又持久的“即将形成的状态”里面随着文学的交流与发展而持续处于整合的阶段中吗？所以世界文学将是比较文学永远的理想指导，而不应当是一种平行的学科设置。

---

① 王润华：《不断改名定位、整合重组、越界转型、国际/本土化的中文系》，全球中文系发展新方向国际会议论文全文，http://cl.hs.yzu.edu.tw/ICCS/paper/王润华论文全文.doc，3 Jan. 2005。

② 张弘：《中国比较文学的现代语境与危机问题》，《学术月刊》2003年第11期。

③ ［捷］马立安·高利克：《世界文学概念、比较文学以及建议》，胡荣译，《中国比较文学》2003年第1期。

在学科名称多少存有着疑义的情形下，我国的高校为何不化繁为简呢？当我们在比较文学的单纯学科设计下，大家可以仔细规划学术走向。比如：考虑到翻译课程在跨文化语境的重要性，在比较文学学科可以加强翻译理论和对中外语言的要求。我们知道20世纪中国文学受到了西方深刻的影响，不过，在目前高亢的国际化、全球化声音以及渴求科技发展的当口，较不熟悉外国语言的人文学科“中文系”，恐怕有被边缘化的危机。而目前在大陆高校大多归属建置于中文系的“比较文学与世界文学”专业，将来的身份恐怕会更为尴尬，所以内地的各大学必须及早规划，赋予跨文化的比较文学应有的发展计划。

三、比较文学学科正名后的新发展方向

长期以来，有些人喜欢提到比较文学面临着危机，但是他们多多少少还是在运用影响研究或是平行研究的方法来进行学术活动，所以我相信不管比较文学的功能产生了何种的变化，只有扎实的基础才能顺利应变。以目前中文系学生为例，他们一般只上外国文学史以及比较文学概论，有时两者都是选修课程，基本上对于外国文学只有一知半解的认识。他们对于这个专业的了解根本不够，很难奢望本科同学能够对比较文学有正确的看法。

如果比较文学与世界文学的专业设置可以划分清楚，那么未来可以再进一步继续研究学科的设立，将“比较文学系”独立成为一个科系，不再是一个专业而已，那么内地的这一门学科就能集中在比较文学的研究范畴，由大学一年级起，开始要求学生的语言基础以及中西经典文学名著的阅读，同时加强学生基础理论认识，那么这一门学科才有可能吸引同时融合其他的学说理论，成为真正达成理论实践的基地，培育出属于我们中国自己的比较文学人才。同时，这也是个机会，一个在学术发展上能够超越欧美的难得机会，因为我们跨越了一大步，让学生进入大学就能够知道比较文学的意义和要求，他们可以在中西文化的熏陶以及语言的要求之下，奠定比较扎实的基础。

当然，英美高校的比较文学系的做法可以作为参考。它们为学生提供了

很多课程,除文学理论、比较文学概论、比较文学研究方法与理论等基础课程外,学生可以根据需要来选修各种课程。在英美比较文学课程设置中,文学研究的课程占有相当大的比例。除了比较文学的理论以外,文化研究目前很明显地已经成为比较文学的主要倾向之一,而文化简单说就是生活的方式,它包括了我们的思想、典章制度、风俗习惯、文学艺术等,这些都能考虑增加到新的选修课程之列。笔者以前在美国的硕士班读书时,有一堂课是“文学与人文观”(Liberal Arts & Human Values),教师是不固定的但都有着不同的专业领域,他们以生动的方式来引领学生进入文学殿堂。有时看画展、听歌剧,有时到室外草地上讨论法国的蒙田等等。这些课程让我们了解到文学就在生活当中,所以比较文学的课程可以这么多姿多彩。

由此,新的课程规划应该集中在跨文化、跨语言、跨学科的学习上面。关于这种方式,我们还可以参考台湾辅仁大学比较文学研究所的安排,该所只有三位专任教师,其他老师都是“聚集校内英美文学、德国文学、法国文学、西班牙文学、日本文学、中国文学、音乐学、电影研究的师资”①。由辅仁大学比较文学研究所的课程安排,可以发现除了传统的多国文学及文本阅读以外,电影及影像理论等当代文化前沿研究也都进入了比较文学的课题。

比较文学开放的特殊性质让它拥有了跨学科的正当性,却也正是学界一般对它似乎无所不比的批评所在。我们身为比较文学界的一分子,可以考虑将其与世界文学的理想区隔,由基础做起,活用跨学科的特质来进行个案研究与系统研究,与此同时,可以运用学科开放的弹性,随时代变化而调整内涵结合教学的点、线、面。当然没有任何的学科永远不会变动,我认为值得关注的应该是比较文学在大学的学科理论铺设,只有仔细地规划基础课程和学术训练,大家所关切的比较文学研究范围等等的问题才有解决之机会。

这些笔者所关切的大陆比较文学学科发展方向,只有在单纯的学科环境

① 辅仁大学比较文学研究所网站。http://www.complit.fju.edu.tw/main.htm, 4 Jan. 2005.

之下，才有可能获得学界全力的支持和全面之发展。与其使得大学的新生对这门学科名称产生畏惧而裹足不前，不如回归到世界主流之学科策划。与此同时，大陆的比较文学发展因为早期的环境因素等而起步较晚，目前也只有将学科单纯化，再赋予深入而且专门的研究。对于大陆高校而言，也唯有如此，这一门新兴学科才有可能获得事半功倍的发展效果，培育出对比较文学有正确认知的新一代大学生。

中国比较文学研究年度报告（2014）

纪建勋
上海师范大学比较文学与世界文学研究中心

由国家重点学科——上海师范大学比较文学与世界文学研究中心与《文贝：比较文学与比较文化》编辑部联合组织撰写的《中国比较文学研究年度报告》已经进入第二个年头了。《中国比较文学研究年度报告（2013）》在学界推出以后取得了一定反响，《高等学校文科学术文摘》2015 年第 4 期还予以转载[①]，这坚定了我们把年度报告持续做下去，力争做得更好的信心。与 2013 年相比较，本年度的中国比较文学研究出现了以下几个值得学界注意的新特点：其一，本年度的研究是伴随着中国比较文学学会第 11 届年会暨国际学术研讨会的胜利召开而深入开展的，年会的主题是“比较文学与中国：百年回顾与展望”，正表明了已经走过百年历程的中国比较文学也需要认真做好总结工作，以更好地为新形势下的中外文学文化的交流与拓展服务。其二，汉学研究逐渐引起比较文学界的重视。海外汉学经过几个世纪的发展，其名称、范式、中心也几经演变，到现在已蔚为大观，甚至跻身典范，有论者认为难逃“主义”之嫌。由于西方世界拥有理论制动权的缘故，学界普遍认

---

① 纪建勋：《近年中国比较文学研究综述》，《高等学校文科学术文摘》2015 年第 4 期。

为，唯有将汉学在世界领域所遭遇的挑战和意外的复兴等相关的问题梳理清楚，才能够帮我们认清应该带着怎样的问题意识去认识它、研究它、利用它和转化它。一个具有学术史价值的、对话机制的海外汉学才能水到渠成。[①] 其三，经过一段比较长时间的积累与反思，近年的比较文学研究涌现出一批相当有分量的研究成果。已有的研究理论与方法不断丰富，新的领域和学科辐射不断延展，建立"中国学派"[②] 与比较文学成为一级学科的呼召日益强烈。这与比较文学在全球范围内面临的困境与危机形成鲜明的反照。其四，国学在中国国内的再度兴起、遭遇的困难以及世界文学在全球化时代的重构，这些都清楚地展现了一些旧有学科面临的问题与可能的发展。与此同时，国内比较文学出现的一些新的学科建设和研究项目也需要关注。[③] 对此，我们唯有在跨文化交流这一更为宽阔的背景下，从学科建制之发展与变化的角度加以理解。

一、学术活动：凸显国际化的学术对话优势

对中国比较文学研究而言，本年度最重要的学术活动就是中国比较文学学会第 11 届年会暨国际学术研讨会的胜利召开。2014 年 9 月 18 日—21 日会议在延边大学隆重举行。开幕式由中国比较文学学会副会长兼秘书长、北京大学陈跃红主持。延边大学校长朴永浩教授、斯洛伐克科学院东亚研究所高利克在开幕式上先后致辞。中国比较文学学会会长、中国人民大学杨慧林在开幕式上做了《第 10 届中国比较文学学会工作报告》。他将三年来开展的工作和取得的成绩概括为四个方面：一是比较文学学术机构和学术队伍不断壮大；二是比较文学学术活动更加凸显国际化的学术对话优势；三是比较文学研究领域和学科辐射进一步拓展；四是比较文学学术出版亮点频出。杨

---

① 季进：《海外汉学：从知识到立场——以海外中国现代文学研究为例》，《国际汉学》2014 年第 1 期。

② 曹顺庆、李泉、孙婧：《中国当代文化的发展趋向——四川大学杰出教授、教育部"长江学者"曹顺庆访谈录》，《四川戏剧》2014 年第 2 期。

③ 耿幼壮：《移动的边界——从"经文辩读"进入中国语境谈起》，《基督教文化学刊》2014 年第 1 期。

慧林还就目前中国比较文学学会所存在的问题提出了一些建议。

在主题发言环节,金柄珉、高利克、谢天振、钱林森、曹顺庆、王宁、刘小枫、Chloe Starr、叶舒宪等国内外比较文学研究专家先后作报告,引起强烈反响。大会期间,在学会秘书处的主持下,召开了第10届第2次理事会和常务理事会。并经代表大会选举了新一届理事会、常务理事会。乐黛云为中国比较文学学会终身荣誉会长,乐黛云、饶芃子、谢天振、钱林森、严绍璗、孟华、陈惇、刘象愚等资深学者为学会学术顾问。同时授予以上各位学术顾问及已故副会长孙景尧等人“中国比较文学终身成就奖”。

9月21日下午,闭幕式由杨慧林主持。闭幕式上首先由各分组代表发言小结,接着,新任秘书长、北京大学张辉宣布新一届学会理事会换届改选结果。随后新一届学会会长曹顺庆发表就职讲话,对第11届理事会的工作计划作出展望,并宣布下一届年会将由河南大学承办。河南大学文学院院长李伟昉就下一届年会筹备做了简短说明。最后,主持人杨慧林宣布本届大会圆满结束。①

2014年8月21至22日,由国家重点学科——上海师范大学比较文学与世界文学研究中心举办的“比较诗学与比较文化丛书”编纂会(第二次)在上海举行。刘耘华(北美汉学与比较文化方法论)、杨乃乔(中国诗学诠释学)、朱志荣(中国诗学导论)、查清华(中国诗学原典导读)、张西平(欧洲汉学与比较文化方法论)、赵小琪(中国现代诗学导论)、陆扬(西方古典诗学经典导读)、范劲(西方现代诗学导读)、严明与山本景子(日本诗学导论)、尹锡南(印度诗学导论)等来自国内外的专家学者就丛书编纂中的各类学术问题展开了热烈讨论。刘耘华总结认为与会学者对各种问题进行了和而不同的阐述,使丛书的编纂工作得到了很大推进。②

2014年秋文学人类学青年学者读书会分别在京沪两地举行,讨论主题是:玉石神话信仰是否可以视为一种独立的宗教现象?怎样才能从考古学资

① 徐东日:《中国比较文学学会第11届年会暨国际学术研讨会综述》,《比较文学与世界文学》2014年第2期。

② 吴佩炯:《“比较诗学与比较文化丛书”第二次编纂讨论会综述》,《比较文学与世界文学》2015年第1期。

料重建出的大传统新知识出发，探寻华夏文明的信仰之根？由此问题讨论所引发的另外的问题是，相对于西学的理论优势，为什么中国的人文学界迄今少有自己的理论建构和理论输出？学者要怎样努力才能实现理论的突破？回答是必须从青年学者开始培育理论思维的训练功夫，引导其思考重大理论问题的自觉。玉教的深入探讨能够突破有关中国无宗教的现代偏见，找回驱动华夏文明发生的信仰之根。① 本年度，叶舒宪主持“神话历史：探寻神话的历史原型”专栏，分别围绕“神话历史”主题展开，并对 2013 年 6 月召开的中国玉石之路与玉兵文化研讨会作出多学科视角的评述。②4 篇文章结合起来，可以大体上表明神话文学研究到神话历史研究的范式转型。③

2014 年是中印友好交流年，又值中印首倡的和平共处五项原则发表 60 周年。在此背景下，第 5 届深圳学术年会“中国印度关系与世界新格局”学术研讨会于 1 月 4 日至 5 日在深圳大学召开。与会论文以文明对话与文化比较专栏的形式刊发，分别从历史经验、战略格局、合作前景三个方面，对中印关系作出评价、定位和展望。④ 另外，2013 年上海交通大学与美国杜克大学中国研究中心委托亚洲风向标民意调查组织在印度开展了有关中国崛起的民意调查显示：在印度民众眼中，对亚洲最有影响的国家，中国当前排在美国之后、十年后则次于印度，总体上印度民众对中国的态度时好时坏，摇摆不定，莫迪的外交政策会受到印度民意的一定影响。⑤

---

① 叶舒宪：《玉石神话背后有一种“玉教”吗？——华夏文明的信仰之根的讨论》，《百色学院学报》2014 年第 6 期。

② 叶舒宪：《特洛伊的黄金与石峁的玉器——〈伊利亚特〉和〈穆天子传〉的历史信息》，《中国比较文学》2014 年第 3 期。

③ “神话历史：探寻神话的历史原型”专题，《中国比较文学》2014 年第 3 期。叶舒宪：《特洛伊的黄金与石峁的玉器——〈伊利亚特〉和〈穆天子传〉的历史信息》；唐卉：《“神圣的”伊利昂“坚固的”特洛伊——神话历史视阈下伊利昂和特洛伊名源考》；杨骊：《石峁遗址的发现与中华文明探源的进路——关于中国玉石之路与玉兵文化研讨会的再思考》；蔡雨钱：“Myth, History, and the Ancient Novel: Sarah Allan, Literary Anthropology, and Sino-Hellenic Comparison”。

④ 文明对话与文化比较专栏，《深圳大学学报》（人文社会科学版）2014 年第 3 期。郁龙余：《主持人语》；郁龙余：《龙象共和”是历史的神圣召唤》；姜安、吴世阳：《中印关系的外交逻辑——一种基于国际视野的框架性读解》；沈开艳、周及真：《中印国家竞争力比较与合作前景分析》。

⑤ 刘康：《印度民众看中国崛起——亚洲风向标民意调查》，《人民论坛》2014 年第 28 期。

2012年9月3日—5日，由乔健主持召集，人类学高级论坛在山西介休召开有关“从人类学视野看黄土文明”的专题会议。期间与介休地方政府合作举行了题为“维护文化遗产，发展城市文化”的圆桌对话。徐新建以黄土文明的区域人类学研究为题，以山西介休的地方历史文化为例，讨论从区域人类学视角对黄土文明的研究可能及其理论意义。[①]2013年9月28日，人类学高级论坛“中国人类学家口述史文库”课题组成员在四川大学聚会，就《文库》的出版和“总序”构想进行了专题对话。会议由徐新建主持。与会者追溯了口述史的发展脉络，从不同的角度阐述了口述史，尤其是中国人类学家口述史的重要价值和意义。最后形成了两万多字的“对话体”“中国人类学家口述史文库·总序”初稿。[②]

近年的《海南大学学报》（人文社会科学版）特设“启示与理性”古希腊古典学专题，截止至2014年已经连续刊发了7个专题。据栏目主持人张志扬语，其目的在于为我们揭示出有益于当今中国的古希腊古典学的两种阅读取向，进而洞晓西方现代性至少可看作西方古典性的一个偏执的单向度发展。在这个意义上，研究古希腊古典学在研究西方文化中仍是一个不可或缺的学科类型或专业方向。[③]

本年度国内外比较文学学术期刊的情况。美国英文学术期刊《中国文学》与《中国现代文学与文化》两份杂志有很高的学术声望，在提高中国文学的国际影响力，促进中国文学研究国际化方面发挥了无可替代的作用。前者创刊于1979年，至今已经出版36年；后者创刊于1984年，至今已经出版30年。刘洪涛等学人已经合力将前者1979—1993年、后者1984—1912年各期论文目录译出[④]，使读者可以更全面地了解英语世界学者研究中国文学

---

① 徐新建：《黄土文明的区域人类学研究》，《文化遗产研究》2014年第1期。

② 徐杰舜、彭兆荣、徐新建：《对话：人类学高级论坛与中国人类学家口述史》，《民族论坛》2014年第4期。

③ 张志扬：《主持人语》，《海南大学学报》（人文社会科学版）“启示与理性”专栏（7）2014年第2期。

④ 刘洪涛、吴永安、张晓帆：《美国英文期刊〈中国现代文学与文化〉目录汉译》，《励耘学刊》（文学卷）2013年第2期。

的独特视角、关注的热点话题以及采用的研究方法，以期对汉语学术界有所启迪。[①] 另外，本年度范劲的研究中还关注到了上海犹太流亡杂志《论坛》中的文学文本与文化身份建构问题。[②]

中国比较文学学会学术集刊《比较文学与世界文学》自2012年6月创刊以来，一直集中刊载本学科领域各位同仁的学术成果，报道中国比较文学学会的相关学术信息，并力图反映国际国内最新比较文学研究信息。在“学术焦点”栏目，已经陆续刊发了涉及“世界文学”“口传文学”“古典学”“乔伊斯与东方”等的专题文章。通过这些专题文章，一方面呈现海内外学人的最新研究成果；另一方面也以此方式有效吸收相邻学科的营养，进一步拓展比较文学研究的既有边界，可以说已经成为了该集刊的金牌栏目。值得注意的是第1期《比较文学与世界文学》也是和《加拿大比较文学评论》的联合特刊，可谓一次跨文化学术出版的尝试。[③] 第2期还特别呈现了国际比较文学学会前会长Steven P. Sondrup的特稿“Poetry and the Possibility of Gifts”。[④]

在20世纪80年代，比较文学界都知道由孙景尧及马克·本德尔一起开创的中国比较文学英文学刊—《文贝》。可以说我国比较文学研究中的一些顶尖成果，在国门重开之初，是由《文贝》推向国际的。随着中外文化交往的情势变化，编辑部希望在延续原先之办刊主旨（向国际推介我国比较文学研究现况）的同时，也能够以原创性的研究成果来致力于增进中外文学文化间的深层理解和学术对话，并为海内外学界提供一个具有学术公信力的交流平台。因此将办刊方针调整为以发表比较文学、比较诗学、比较文化等领域的原创论文（中英文皆可）为主，以书评、综述、年度报告为辅，并实行双向匿名审稿制，每年两辑，定期出版。[⑤] 复刊后的刊物全称为《文贝：比较文学

① 刘洪涛、古婷婷、吴永安：《美国英文期刊〈中国文学〉目录汉译：1979—1986》，《励耘学刊》（文学卷）2014年第1期；《美国英文期刊〈中国文学〉目录汉译：1987—1993》，《励耘学刊》（文学卷）2014年第2期。

② 范劲：《上海犹太流亡杂志〈论坛〉中的文学文本与文化身份建构》，《文贝：比较文学与比较文化》2013年第Z1期。

③ 陈跃红、张辉：《编者的话》，《比较文学与世界文学》2014年第1期。

④ 同上。

⑤ 刘耘华：《编者的话》，《文贝：比较文学与比较文化》2014年第1期。

与比较文化》，由上海师范大学比较文学与世界文学研究中心主办，刘耘华任主编。先是在2013年出版了《孙景尧先生周年祭纪念文集》特辑，随后又在2014年出版了两期。新《文贝》的出版更加注重国际化与电子化方面的努力，在继续由中国知网推出电子版的基础上，编辑部更与台湾辅仁大学跨文化研究所联合，在台湾推出了本期刊的繁体版。刊物质量与学术水平不断提高。

由钱中文、曹顺庆主编的《中外文化与文论》在14年出版了两期，第1期“文化遗产与文化认同”专号收录17篇论文，是对2013年11月23—24日在四川大学举行的“文化遗产与文化认同国际研讨会”的总结与延伸。第2期刊登了曹顺庆等的一篇专论《当代中国文论的创新路径》认为中国文论界整体思维中存在三个深层次的“死角”让中国文论自身陷入了言说困难、“失语”失声的吊诡处境：学科划分和隔绝、“元语言”地位的失落、唯科学主义方法论的主宰。① 面对当今文化霸权的环境，我们首先要清醒地认识到中国话语的“中国化”原则，回归原典，从中国古代文论出发，以传统的话语方式锤炼学术。②

《华文文学》与《世界华文文学论坛》这两种期刊作为展示世界华文文学最新研究成果的重要园地，在今天已经俨然成长为促进海内外文化学术交流的纽带与推动海外华文文学研究不断发展的双子星。特别值得指出的是，2014年10月，在《华文文学》即将迎来创刊30周年之际，由汕头大学《华文文学》编辑部主办、特邀古远清教授编纂的《世界华文文学研究年鉴·2013》以增刊的形式出版，篇幅约40万字，可说是世界华文文学学科建设的一件大事。该年鉴是世界华文文学研究界的第一本年鉴，它的及时出版有填补学界空白的拓荒贡献与意义。③

耿幼壮在本年度《基督教文化学刊》的编者絮语中比较全面地阐述了杨慧林及其团队所从事的“经文辩读”研究及其意义。指出在引入和推介经文辩读时，中国人民大学杨慧林和他的同事们选取了一个独特的视角，即早期传教士对于中国古代经典的阅读、翻译、诠释和理解，以及中国学者对

① 曹顺庆、时光：《当代中国文论的创新路径》，《中外文化与文论》2014年第2期。

② 曹顺庆：《文化传承与建设》，《四川戏剧》2014年第2期。

③ 世华：《世界华文文学研究年鉴·2013》，《世界华文文学论坛》2014年第4期。

于传教士在这方面活动的重新认识和阐发,并进而形成或建立一种中西之间的经文辨读。无疑,作为一种宗教学与文学的交叉研究,这是一个很好的入思方式和研究进路。其主要原因是近年来,随着中国传统文化的传播,出现了重新翻译中国古代典籍的热潮。可是,过于匆忙地提供一些新译本,还不如对早年传教士们的中国经典翻译做细致的校订和研究,因为在这些译本中（包括翻译和注释）可以看到中西不同文化和宗教思想的最初碰撞。与此同时,中西之间经文辩读的提法本身也关涉到神学研究的走向,特别是当我们把眼光投向所谓汉语神学时就会发现这一点。这同时也可以说明何以近年来,民国时期的中国本土神学何以受到海内外学者特别关注。[①]

2014 年第 1 期《圣经文学研究》推出美国惠顿大学勒兰德·莱肯的专稿《"作为文学的圣经"在西方》强调"作为文学的圣经"概念出现于文艺复兴时代，18、19 世纪对圣经的宗教性理解逐渐消减,圣经经常被仅仅视为文学著作。20 世纪文学中,圣经依然是被引最频繁的书。对"作为文学的圣经"的学术研究肇始于 20 世纪初期,那场运动由英美研究者注入了活力,把自身在文学课堂上常用的理论和方法运用于圣经研究。[②] 梁工的《多元化圣经批评的当代景观》一文揭橥后现代主义哲学在认识论、方法论和价值论等方面大力倡导多元论,推动形形色色的文学理论相继登场,为圣经学者提供了可资一试身手的多种批评工具。这使当代圣经研究发生了从历史批评向文学批评的范式转型,具体表现为:从历史过程转向文本自身,从浅层心理转向深层心理,从作者意图转向读者接受,从封闭思辨转向文化批判,从单一阅读转向综合解析。[③]

5 月 24 日,阿来研究中心成立仪式、《阿来研究》集刊首发式暨阿来文学创作与藏区文学创作研讨会在四川大学举行。阿来寄语:"少数民族文学是我国文学创作的重要组成部分,希望能够以对我作品的研究为开端,引起大家对藏区文学的关注。"在 2014 年第 1 期《阿来研究》卷首语中,曹顺庆

① 耿幼壮:《移动的边界——从"经文辩读"进入中国语境谈起》,《基督教文化学刊》2014 年第 1 期。

② 勒兰德·莱肯:《"作为文学的圣经"在西方》,梁工译,《圣经文学研究》2014 年第 1 期。

③ 梁工:《多元化圣经批评的当代景观》,《圣经文学研究》2014 年第 1 期。

谈及刊物的意义，以中国多民族历史书写与文学书写为题，指出阿来的文学创作提供了“跨族别”写作和多民族文学共同发展的典型范本。[①] 另外，阿来的长篇小说《瞻对：终于融化的铁疙瘩——一个两百年的康巴传奇》是一本非常独特的小说，高玉的研究主要探讨《瞻对》的文本形式及其意义。[②]

二、中国文学的世界性与比较文学

1990年代以来学界出现了世界文学理论研究热。讨论的世界文学理论热点问题有：重新定义世界文学，将其看成是民族文学的椭圆形折射；世界文学的发展模式是从古代“马赛克式”的拼贴向近现代的一体化、体系化转变，原先独立发展的文学逐渐被征服、同化，演变为一个统一的整体，即世界文学体系；世界文学作品是由译本构成的，是融合了源语文化与译语文化的混杂、共生作品；世界文学话语在进入实践层面时，既包含了对普世价值的追求，也会传达特定的民族倾向和区域立场，因此世界文学是一个复数的存在；世界文学观念总体上经历了一个范围不断扩大、欧洲中心主义思想逐渐弱化的过程。[③] 刘洪涛等人的研究并以美国比较学者达姆罗什主编的《朗文世界文学作品选》为例，说明世界文学观念上的转变。[④]

作为国家社科重大项目“马克思主义与世界文学研究”的阶段性成果，王宁的研究首先指出当代西方学者虽然也承认后来马克思恩格斯在《共产党宣言》中对世界文学的提及对这一理论概念的成型有一定的作用，但是却很少沿着这条线索探讨马克思主义在世界文学研究领域内的不可替代的贡献。实际上，无论是马克思恩格斯还是列宁等经典马克思主义者都对世界文

① 曹顺庆：《中国多民族历史书写与文学书写——阿来的意义》卷首语，《阿来研究》2014年第1期。

② 高玉：《〈瞻对〉：一个历史学体式的小说文本》，《文学评论》2014年第4期。

③ 刘洪涛、张珂：《全球化时代的世界文学理论热点问题评析》，《清华大学学报》（哲学社会科学版）2014年第6期。

④ 刘洪涛、周淑瑶：《〈朗文世界文学作品选〉与全球化时代的世界文学理论与实践》，《南京师范大学文学院学报》2014年第3期。全球化时代的世界文学理论与实践——评达姆罗什等主编：《朗文世界文学作品选》，《中国比较文学》2014年第3期。

学史上的经典作家的创作成就发表过许多十分精辟的见解，这些见解无疑构成了马克思主义的世界文学观的奠基性思想。① 其次，王宁在追溯了世界主义的历史发展和演变后，又主要从文化和文学的角度对之进行建构和阐释。② 在中国的语境下，长期以来，“世界文学”这个概念并不包括中国文学本身，而是以外国文学的身份出现，这就人为地将自己划在了边缘的地位。新的世界文学的中国版本，应该将中国文学当作世界文学的一个重要部分。③ 再次，王宁还将中国当代文学放在一个更为广阔的世界文学语境下来考察、定位和研究。④ 指出关于世界文学语境中的中国当代文学，我们过去经常说，越是民族的就越是世界的，然而这并不全面，正确的说法应该是，越是具有民族特色的东西，越是有可能走向世界，但是必须借助于翻译的中介。⑤ 从文学理论的角度来说，我们这个时代可称为一个“后理论时代”，其来临也为中国文学理论走向前台铺平了道路。⑥ 最后，王宁认为美国学者孟而康在中西比较诗学作出的开创性贡献是不可忽视的。⑦ 另外，在2014年度王宁还总结了自己的学术道路。概括其比较文学著述风格为理论性、前沿性、跨学科性和全球本土性。⑧

在方汉文等人看来，21世纪前十年间美国与中国学者都开始关注世界文学史的新建构，在其特别策划的专栏中，既选辑了关于比较叙事学的论文，强调从一种世界文学的观念来比较研究，同时也关注文本研究。⑨ 认为2014年是中国的世界文学年，在方氏主持的另一个专栏中还收入了比利时鲁汶大学西奥·蒂汉的论文《绘制世界文学地图》，明确指出其与当代美国学派的

---

① 王宁：《马克思主义与世界文学研究》，《文学理论前沿》2014年第2期。

② 王宁：《西方文论关键词 世界主义》，《外国文学》2014年第1期。

③ 王宁：《世界文学的中国版本》，《学术研究》2014年第4期。

④ 王宁：《“世界文学”的双向旅行》，《文贝：比较文学与比较文化》2013年第Z1期。

⑤ 王宁：《世界文学语境中的中国当代文学》，《当代作家评论》2014年第6期。

⑥ 王宁：《也谈“后理论时代”的理论状况及我们的对策》，《东吴学术》2014年第6期。

⑦ 王宁：《孟而康·比较诗学与世界诗学的建构》，《文艺理论研究》2014年第6期。

⑧ 王宁：《我的学术道路》，《当代外语研究》2014年第1期。

⑨ 方汉文：《主持人语》；谭君强：《时间与中外叙事作品中的时间表现》；姜深洁、方华文：《避世与担当：艾丽斯·门罗的后女性无意识叙事》；胡程、王际超：《更上层楼凭远处——评方汉文教授编著〈比较文学教程〉》；Peter Hitchcock：《世界文学的伦理性》，柳士军译。《池州学院学报》2014年第2期，特别策划——世界文学史新建构的多元化视域，第1—19页。

观点有相当大的差异。①

为缅怀孙景尧对中国比较文学的卓越贡献,上海师范大学推出了纪念孙景尧逝世一周年研究特辑。专题首先将孙景尧置于新时期中国比较文学复兴与发展的脉络之中来论述他的地位与贡献;其次,专题还以孙景尧的人生历程为经,以贯穿其一生的学术追求和贡献为纬,回溯其跌宕起伏又浓墨重彩的一生;再次,指出辨识危害中国比较文学发展的种种"中心主义"陷阱并率先致力于廓清这些横亘于中国学派发展道路上的障碍,是孙景尧构筑其比较文学方法论体系的首要之义和先决条件,是孙景尧为探寻比较文学中国学派形成和发展做出的一个重大贡献。②

王向远提出了比较文学史上的宏观比较方法论及其价值问题。认为"宏观比较文学"是以民族文学为最小单位的总体比较,宏观比较重总体把握,重印象描述,重直观感受,重直觉与观相的审美判断,追求形态性、个别性、民族性和特殊性。它与重事实、重实证的法国学派,与重规律性、普遍性的美国学派,在方法论上都有很大差异,具有独特的、不可取代的方法论价值,值得好好研究和吸收。③ 李建华、孟昭毅则认为接受研究对比较文学领域有新垦拓,它不仅弥补了影响研究理论与实践上的不足,而且为拓宽比较文学研究空间进一步奠定了基础。④

近年来,曹顺庆主要从事比较文学的学科理论研究,阐释了比较文学中国学派,提出了比较文学变异学,去年出版专著《中外文论史》(四卷本),试

---

① 方汉文:《主持人语》;西奥·蒂汉:《绘制世界文学地图》,殷国明、刘娇译;方汉文、方楠:《诗可以兴、观、群、怨——习近平词〈念奴娇·追思焦裕禄〉注疏》;朱安博、徐云云:《翻译文学视野下的朱译莎剧研究》;陈李萍:《克里奥尔女人不再疯狂:〈藻海无边〉中安托瓦内特性别化种族身份的重构》。《江南大学学报》(人文社会科学版)2014年第5期,专栏:经典重建——世界文学文本的中国梦,第91—115页。

② 《中国比较文学》2014年第3期,纪念孙景尧先生逝世一周年特辑。刘耘华:《孙景尧先生与新时期中国比较文学的复兴》;邓艳艳、陈义海:《良师仪范 学术丰碑——中国当代比较文学专家孙景尧的学术人生》;纪建勋:《廓清横亘于中国学派发展道路上的障碍——再论孙景尧比较文学学科方法论思想》。

③ 王向远:《比较文学史上的宏观比较方法论及其价值》,《中国比较文学》2014年第1期。

④ 李建华、孟昭毅:《接受研究对比较文学领域的垦拓》,《石河子大学学报》(哲学社会科学版)2014年第4期。

图以中西对话方式彰显中国文论的价值。[①] 指出东西方文明的异质性和话语规则的不同是导致阐发变异的根本原因，而决定阐发的则是话语权。由于与话语权紧密相连，平行研究中的阐发变异不仅是有待研究的学术问题，而且也是值得反思的文化问题。[②] 基于变异学的理论，追求同源中的变异，将形象学纳入变异学的研究范畴，以解决形象学的学科归属问题。[③] 针对文言话语霸权与白话话语霸权在中国文学史上交替出现，往往从一个极端走向另一个极端的现象 [④]，曹顺庆等人的研究从审理古体诗词及古代文论在当代的尴尬处境入手，深入追踪这一现象背后所潜设的思维缺陷。[⑤]

三、中外文学关系研究

20 世纪 80 年代以来，外国文学研究在后现代、全球化、网络化、信息化、标准化、工具化的冲击和影响下，研究兴趣、研究领域、表述方法，乃至关键词、术语，也随之发生了根本的变化。曾艳兵认为在这种背景下，首先我们的研究一定要具有国际视域，但仍然应当保持和坚守中国本土立场；其次，我们在学术研究的符号游戏大潮中不能丧失人文关怀或人文精神；再次，我们所倡导的文学回归不能仅停留在理论层面上，而应该更多地付诸实践。[⑥] 从外国文学研究现状出发，曾艳兵也深刻意识到了比较文学研究中的立场问题。指出比较文学作为一门学科，原本就立场不够坚定，在后现代和全球化语境下其立场就

① 曹顺庆：《构建学术评价新标准：学术话语与学术创新》，《中国社会科学报》2014 年 6 月 4 日学术评价 A05 版。

② 曹顺庆：《比较文学平行研究中的变异问题》，《中山大学学报》（社会科学版）2014 年第 3 期。

③ 曹顺庆、张莉莉：《从变异学的角度重新审视异国形象研究》，《湘潭大学学报》（哲学社会科学版）2014 年第 3 期。

④ 曹顺庆、李莎：《白话话语霸权与文言话语霸权——对中国文学发展史的反思》，《江汉论坛》2014 年第 1 期。

⑤ 曹顺庆、周娇燕：《关于中国现当代文学史不收录现当代人所着古体诗词的批判》，《社会科学战线》2014 年第 8 期。

⑥ 曾艳兵：《21 世纪中国的外国文学研究的困境与出路》，《广东社会科学》2014 年第 2 期。

更加飘忽不定，随风摇摆。中国的“西学”学者缺乏自己观点和判断，原因自然是多方面的，但其中一个重要原因就是没有坚守自己的学术立场。[①] 葛桂录关于中国文化语境中的外国文学学术史研究认为，外国文学在中国的研究历程，既折射出中国不同时期的特定文化需要与意识形态诉求，也显示出外国文学在异域文化背景中的接受变异特征。在概观其历史发展进程和学术得失的同时，应该重在讨论特定时期的中国文化因素如何影响与制约外国文学研究，造成了哪些误读、误释或创造性阐释。[②] 陈建华等人关于外国文学史编撰问题的研究着重针对外国文学史的编撰工作中存在的问题，从文学史观的变革、文学史内容方面的变革、提倡专论型文学史的编写等若干角度进行了反思，以为今后外国文学史的编撰提供参考。[③] 宋炳辉认为作为一种跨文化学术实践的中外文学关系研究，不仅其研究对象是一个历史的生成和建构过程，其研究本身也应该是研究主体借以参与当代多元文化和文学建构的实践展开，成为世界文学理想下跨文化文学交融共生的一个展开场域，使中国文学成为世界多元文化体系中一种可以并且值得沟通、对话、理解和欣赏的“现代文学”，而关于方法论的探讨，包括研究范式的尝试，应该以此为前提展开。[④]

说到实践层面，有趣的是本年度的世界文学年度报告赵白生的引题以“世界文坛小，女豪为何多？”切入，注意到世界文坛各大重要奖项大都为女性作家包揽的现象，引人思考。[⑤] 另外，王晓路对美国非洲裔文学理论建构与解读范式的质疑指出，美国非洲裔文学理论虽然获得了极大发展，但存在着

---

① 曾艳兵：《比较文学的立场问题》，《文贝：比较文学与比较文化》，2013 年第 Z1 期。

② 葛桂录：《立体的学术史研究：文献、学术、思想——以中国的外国文学学术史研究为例》，《中国社会科学报》2014 年 1 月 3 日 B01 版。

③ 陈婧、陈建华：《努力提升我国外国文学史的编撰水准——关于外国文学史编撰问题的几点思考》，《燕赵学术》2014 年第 1 期。

④ 宋炳辉：《论中外文学关系研究的主体立场及其方法》，《山东社会科学》2014 年第 5 期。

⑤ 《中国图书评论》，特约书评人专栏，第 85—112 页。赵白生：《主持人语：世界文坛小 女豪何其多》；赵白生：《非洲文学的天下情怀》；Daniel Vuillermin、卢静：《2013 年英文传记文学盘点》；代学田、覃琳：《文学中的风月与政治：2013 年美洲文学年度概览》；潘珊：《南亚文学世界梦，不露山水亦峥嵘——2013 年南亚当代文学比较研究》；郑春光、尹琴：《2013 欧洲文坛关键词》；于壮：《重整旗鼓，蓄势待发——2013 年日本文学年度报告》。

互为关联的悖论。认为对种族身份和种族话语的分析不应该简单地以文化政治的同一性来替代文学文化研究的学理性，单一的种族意识形态式的解读反而矮化了美国少数族裔的文化生成力。[①] 李庆本的卡尔松与生态美学研究发现加拿大环境美学家卡尔松总结了自然欣赏的艺术模式与环境模式，而生态美学模式则是在这两种模式的基础上提出的一种自然欣赏的新模式。[②]

关于中英文学关系研究。高旭东等人对《哈姆莱特》在当代中国的研究、改编与艺术重构的研究认为《哈姆莱特》提供了一个文本跨文化旅行的典型案例，会使对世界名著的审美欣赏与学术研究具有跨文化的共性与独特性。[③] 在刘洪涛看来原始主义在劳伦斯小说中对其应用有三种形式：其一是把远古时代理想化，其二是把意大利“原始化”，其三是美洲想象。三种原始主义引领着劳伦斯的视野走出英国、超越欧洲，与异域原始文明相遇，成为他为陷入危机的西方现代文明提供的救赎之道。[④] 孙宜学的研究指出英国诗人雪莱虽然一直把中国当作未开化、未驯服的蛮族，但在 20 世纪初，在以救亡启蒙为己任的中国知识分子的热切期盼下，他作为精神偶像，在中国产生了热烈的反响。当时翻译介绍西方作家，其根本目的本就不在文学本身，而在借“他山之石”“为中国说法”。[⑤] 无独有偶，赵渭绒、戴珂对毛姆的中国书写研究同样指出毛姆长篇小说《面纱》中对中国的沉默贫民、没落贵族以及被中国化的英国人这三类形象的塑造颇能反映毛姆对中国文化以及中西文化交流的复杂态度。虽然其中也有对中国文化的欣赏，但在毛姆的作品中由西方中心主义而产生的优越感始终是占主导地位的。[⑥]

---

① 王晓路：《种族身份与种族话语之悖论——对美国非洲裔文学理论建构与解读范式的质疑》，《文化研究》2014 年第 2 期。

② 李庆本：《卡尔松与欣赏自然的三种模式》，《山东社会科学》2014 年第 1 期。

③ 高旭东、蒋永影：《〈哈姆莱特〉在当代中国的研究、改编与艺术重构》，《外国文学研究》2014 年第 6 期。

④ 刘洪涛：《原始主义在西方现代主义文学中的应用——以劳伦斯小说为中心》，《南开学报》（哲学社会科学版）2014 年第 3 期。

⑤ 孙宜学：《中国的雪莱观与雪莱的中国观》，《上海师范大学学报》（哲学社会科学版）2014 年第 4 期。

⑥ 赵渭绒、戴珂：《毛姆的中国书写：论毛姆〈面纱〉中的中国人形象》，《中外文化与文论》2014 年第 1 期。

关于中法文学关系研究。2014年钱林森连续发表多篇关于17或18世纪法国思想家、文学家们对中国的想象、思考或描述的研究文章。首先,作者聚焦于17世纪法国宗教背景下拉莫特·勒瓦耶和帕斯卡尔对中国的思考和描述。① 其次,钱氏还分别以东方学家拉克洛瓦的著译以及勒萨日的戏剧创作为例探讨了十八世纪法国的中国风尚尤其是舞台上的中国风尚。② 尤为重要的是钱氏通过卢梭《论科学和艺术》、《新爱洛伊丝》等代表作品对中国素材的采集、征用的梳理和考析,凸显出了卢梭笔下的中国想象与描述其不同于启蒙主流派作家伏尔泰等的思想个性特征和价值意义。③ 户思社从现实和文字的关系入手,探讨玛格丽特·杜拉斯《纳塔丽·格朗热》的文学和社会价值。④ 作为社科基金重点项目"世界文学史新建构的中国化阐释"的阶段性成果,赵小琪的研究透过具体案例揭示出在20世纪上半叶法国现代主义作家的作品充当了发掘中国文化和展现中国面貌的重要角色。他们遵循相似律、接近律、相反律的想象逻辑对中国进行了不同程度的描绘与重构,进而生成了特定时空中的中国知识和图像。⑤

郁龙余探讨了印度诗学的中国接受问题,梳理了中国古代对印度诗学的研究和应用、现代学者对印度诗学的研究成果,还介绍了印度诗学在现代中国的实际应用。将中国对印度诗学的接受大致分为三个阶段:第一阶段是学术滥觞期,始于汉末印度佛教东渐;第二阶段是原典译介期,可追溯到元代藏族学者对《诗镜》的译介;第三阶段是学科发展期,自20世纪80年代开始。⑥ 孙宜学的泰戈尔研究揭示出泰戈尔与谭云山、戴季陶诸人的交往史,谱写了

① 钱林森:《"思想中国":17世纪法国宗教背景下的"哲学注释"——拉莫特·勒瓦耶和帕斯卡尔对中国的思考和描述》,《思想战线》2014年第5期。

② 钱林森:《十八世纪法国舞台上的中国风尚:以东方学家拉克洛瓦的著译为中心》(第21—29页)、《十八世纪法国舞台上的中国风尚:以勒萨日的戏剧创作为例》(第30—36页),《华文文学》2014年第3期。

③ 钱林森:《卢梭笔下的中国想象与描述》,《中国比较文学》2014年第3期。

④ 户思社:《与现实平行的文字真实——解读〈纳塔丽·格朗热〉》,《外语教学》2014年第5期。

⑤ 赵小琪:《法国现代主义文学想象中国的方式论》,《安徽大学学报》(哲学社会科学版)2014年第3期。

⑥ 郁龙余:《印度诗学的中国接受》,《国际汉学》2014年第1期。

一阙带有浓重政治气息的文化佳话。[①]

关于中俄文学文化关系研究。近些年出现了重估“20世纪俄罗斯文学”与再认识当代苏联文学黄金时段的倾向。汪介之在《名作欣赏》开辟20世纪俄罗斯文学“拾遗”专栏，指出近年来，人们似乎渐渐对“苏联文学”产生了一种陌生感、疏离感。不过“苏联文学”它既不包括20世纪初至十月革命前的俄罗斯文学和苏联解体以后的俄罗斯文学，也不能涵盖从20世纪20年代兴起的俄罗斯域外文学（旧称侨民文学）三次浪潮。因此，“20世纪俄罗斯文学”概念的提出，以及重新认识20世纪俄罗斯文学，也就无可回避地摆到了人们面前。专栏的开辟就是希望通过有选择地介绍和评价曾被长期排斥在“苏联文学”之外的作品（包括获得诺贝尔文学奖的作家作品）[②]，和广大读者一起重新面对20世纪俄罗斯文学，认识它那不会被历史烟尘所遮蔽的丰富内涵和审美价值。[③]

陈晓兰针对20世纪30年代旅苏游记与苏联形象的研究指出，对于这个世界上版图最大、民族构成最为多元、政制最为特殊的国家，中国观察者的评价和描绘并非众声狂欢而是两重声音并置。[④] 董晓论“文革”时期俄苏文学在中国的命运则发现了俄苏文学在“文革”时期的中国有着特殊的遭遇。“文革”时期对俄苏文学的批判与后来俄苏文学在当代中国遭到的冷落有着必然的关联。[⑤] 中篇小说《一切都在流动》是瓦西里·格罗斯曼的绝笔，作品对国家乌托邦神话进行了深刻的反思。[⑥] 而《历史上的涅恰耶夫》一文认为涅恰耶夫所撰写的《革命者教义》对俄罗斯革命的偏激性起到了不可忽

① 孙宜学：《泰戈尔与中国：如果没有谭云山》，《戴季陶与泰戈尔：佛法与佛情》，《书屋》2014年第6期。

② 汪介之：《〈诗人的散文〉：帕斯捷尔纳克的中短篇小说》，《俄罗斯文艺》2014年第1期。

③ 汪介之：《〈空中线路〉：一种隐喻性表达》，《名作欣赏》2014年第19期。

④ 陈晓兰：《“两个苏联”:20世纪30年代旅苏游记中的苏联——旅苏游记与苏联形象》，《文贝：比较文学与比较文化》2013年第Z1期。

⑤ 董晓：《论“文革”时期俄苏文学在中国的命运》，《广东社会科学》2014年第3期。

⑥ 董晓：《生命本身就是自由——瓦西里·格罗斯曼与其中篇小说〈一切都在流动〉》，《名作欣赏》2014年第28期。瓦西里·格罗斯曼：《一切都在流动》（节选），董晓译，第66—70页。

视的作用。[①] 李正荣的论述发现莱蒙托夫的创作贯串着一种“英雄”的气质，而其中最主要的特点之一就是“马”，或者“骏马”为表征的诸多叙事元素的逐渐层积，构成了莱蒙托夫的程式化的语言符号和程式化的格式。另外，2014 年第 3 期的《俄罗斯文艺》是纪念莱蒙托夫诞辰 200 周年专号，刊发了大量研究莱氏的专文，值得关注。[②]

宋炳辉的研究着重从中俄文学交往看鲁迅《狂人日记》的现代意义，揭示出以往的研究往往只就果戈理的影响角度切入分析，忽视了鲁迅的现代主义复杂资源。[③] 何云波的研究指出顾彼得在十月革命后来到中国，著有《被遗忘的王国》、《彝人首领》、《神秘之光》，分别以丽江、西康彝人、中国道观为主要描写对象，建构了一个俄国人眼中的独特的中国形象。[④]

关于当代苏联文学，周启超提出了一个新观点，认为其黄金时段也许并不像流行的文学史教科书所叙述的那样——或是 20 世纪 50 年代中期以降的“解冻”岁月，或是 20 世纪 80 年代中期起始的“改革”年代，而是在“解冻”与“改革”之间。准确地说，应是 20 世纪 60 年代中期至 70 年代中期这一时段。在这一时期，具有伦理探索深度的“乡村小说”别开生面；“战争小说”的心理分析得以深化。以特里丰诺夫为代表的刻画城市生活中的消费主义习气的文学创作，以艾特玛托夫为代表的对自然生态与精神生态中悲剧性主题的探索，以舒克申为代表的对平凡的日常生活中的人生哲理意义的探索，使得当代苏联文学进入一个十分繁荣的“金色秋天”，苏联文学创作园地出现了不同的艺术流派百花竞放的景象。[⑤] 周启超还提出了一个号召，认为在尊重历史原生态，检阅历史，回望历史的基础之上对苏联“社会主义现实主义”这一核心话语进行客观冷静的历史反思，已成为 20 世纪文艺理论史、20 世纪美

---

① 董晓：《历史上的涅恰耶夫》，《现代传记研究》2014 年第 2 期。

② 李正荣：《莱蒙托夫的英雄诗学——马的，或者骏马的》，《俄罗斯文艺》2014 年第 3 期。

③ 宋炳辉：《从中俄文学交往看鲁迅〈狂人日记〉的现代意义——兼与果戈理同名小说比较》，《中国比较文学》2014 年第 4 期。

④ 何云波：《顾彼得的中国书写》，《俄罗斯文艺》2014 年第 2 期。

⑤ 周启超：《警醒人心的伦理向度，形塑性灵的道德能量——重读当代苏联文学黄金时段的几部小说名作》，《外国文学研究》2014 年第 5 期。

学思想史甚或20世纪艺术文化史的书写中一个不可回避的话题。[①]

关于中日文学文化关系研究。孟庆枢《日本比较文学概论》一文梳理了明治时代以来的日本比较文学研究，分析了不同阶段不同的问题意识。无论是对于西方比较文学的接受，还是对于中国比较文学的视点都有不同的可借鉴之处，对于总结中国百年比较文学经验也是有益的。[②] 中国的"日本学"研究何为？研究日本"学术地掌握"日本，翻译研究日本文学"艺术地掌握"日本，是中国"日本学"的旨归。[③] 认为包括中日文学文化关系研究在内的中国东方学可谓"实"至而"名"未归。[④] 王中忱在2014年第2期的《东北亚外语研究》主持了专题研究"甲午战争、东亚国际秩序与近代知识生产"，指出一百二十年前发生的中日甲午战争，无疑是一个具有全球史意义的重大事件。栏目的四篇文章，分别从词典编制、近代国际关系体系、文学创作及语言教育等方面，考察甲午战争与近代思想、知识生产之复杂缠绕。[⑤] 王中忱还有一篇专文试论《禹贡》派学人的"疆域"史观与日本的"满蒙"言说，指出如何协调"价值"与"事实"之关系，是《禹贡》派学人内心挥之不去的焦虑，他们"由研究地理沿革而转趋到边疆调查"的方向调整，意义远超过研究范围的拓展。[⑥] 陶凤和靳明全的研究辨析了芥川龙之介文学作品中的中国人形象的变迁及其深层次原因。[⑦] 张洁、肖霞则通过与当代女性作家的家庭、母性描写的对比，来探究山田咏美的家庭母性观。[⑧]

---

① 周启超：《一个核心话语的反思——苏联"社会主义现实主义"话语演变记》，《文艺理论研究》2014年第5期。

② 孟庆枢：《日本比较文学概论》，《汉语言文学研究》2014年第2期。

③ 王向远：《中国的"日本学"何为？》，《中国社会科学报》2014年第2期。

④ 王向远：《中国东方学"实"至而"名"未归》，《中国社会科学报》2014年第4期。

⑤ 专题研究：《甲午战争、东亚国际秩序与近代知识生产》，《东北亚外语研究》2014年第2期。王中忱：《学术主持人语》；陈力卫：《近代辞典的尴尬：如何应对洪水般的日语新词》；王铁军：《甲午战争与近代东亚国际关系体系》；周冰心：《军医作家森鸥外在两次战争之间——简析森鸥外的战争文学创作》；汪帅东、李腾龙：《甲午战后日语翻译人才培养机制探寻》。

⑥ 王中忱：《民族意识与学术生产——试论〈禹贡〉派学人的"疆域"史观与日本的"满蒙"言说》，《社会科学战线》2014年第10期。

⑦ 陶凤、靳明全：《芥川龙之介文学作品中的中国人形象》，《当代文坛》2014年第6期。

⑧ 张洁、肖霞：《家庭、母性神话的消解——山田咏美小说中的家庭观与母性观》，《中华女子学院学报》2014年第3期。

在王晓平看来,日本学术随笔的特点是“随”、“杂”和“通”,这使它具有很大的包容性。也正是有这样的特点,随笔在传播文学经典方面起到了三条快捷纽带作用,这些并非纯粹面对研究界的书,更便于联系日本现当代作品对中国古典的接受。① 而唐五代书仪中的敬语给日本“往来物”的语言以显著影响。《云州消息》正是日本平安时代后期著名学者和文人藤原明衡以中国书仪为蓝本编写的一部书札范文。② 王晓平还从以《句双纸》为中心进行的日本古典文学校注中的汉语研究,发现日本文学研究对于中国文学研究来说,提供的不仅是中国文学域外传播的丰富资料,而且还有近在身边的来自他者的参照系。③

关于日本文学与文论。首先,王向远认为日本古代文论经历了一千年的历史流变,在此过程中逐渐形成了五大基本论题。一是“慰”论的文学功能论;二是“幽玄”的审美形态论;三是“物哀”及“知物哀”的审美感兴论;四是“寂”的审美态度论;五是“物纷”创作方法论。这些都从不同侧面体现了日本古代文论既不同于中国、也不同于西方的民族特色。④ 其次,关于“物纷”论,认为其经历了从“源学”用语到美学概念的演进,在日本文论乃至世界文论史上具有独特的意义和价值。⑤ 再次,对于中国的“感”、“感物”与日本的“哀”、“物哀”从审美感兴诸范畴的比较分析指出,作为审美感兴之范畴的中国的“感”字,至少在8世纪就见于日本文献。在心与物的关系上,中国是以心感物,心离不开物,心受制于物;日本是以心“感心”,心可离物而独立。日本特色的审美感兴范畴是“哀”与“物哀”。⑥

---

① 王晓平:《日本学术随笔与20世纪中国文学经典的传播》,《文贝:比较文学与比较文化》2013年第1期。

② 王晓平:《敦煌书仪与日本〈云州消息〉敬语的比较研究》,《敦煌研究》2014年第2期。

③ 王晓平:《日本古典文学校注中的汉语研究——以〈句双纸〉为中心》,《东北亚外语研究》2014年第1期。

④ 王向远:《日本古代文论的千年流变与五大论题》,《北京师范大学学报》(社会科学版)2014年第4期。

⑤ 王向远:《日本“物纷”论:从“源学”用语到美学概念》,《上海师范大学学报》(哲学社会科学版)2014年第3期。

⑥ 王向远:《中国的“感”、“感物”与日本的“哀”、“物哀”——审美感兴诸范畴的比较分析》,《江淮论坛》2014年第2期。

严明近些年致力于对东亚国别汉诗的研究。凸显用非母语进行诗歌创作并保持长期兴盛的东亚汉诗，成为持续影响东亚各国文学文化发展的重要因素，这在世界文学史上极为罕见，独具东亚特征。[①] 严明并以朝鲜汉诗和时调的发展为例，直指其都与明清时期的诗坛风气转变密切相关。[②] 徐东日的朝鲜朝使臣眼中的中国北方集市形象研究则发现燕行使臣通过中朝两国经济、文化的比较研究，找出中国之长与朝鲜之短，积极力主"北学中国"。[③]《岭南摭怪》被称为越南最早的汉文小说，在越南流传很广。刘介民等人对《岭南摭怪》的研究从审美建构、艺术神韵、中国因素这三个方面来展开，揭示出越南的神话传说是中越文化交融、文学变异的产物，足以能够反映越南神话传说与中国文学的联系。[④]

在陈思和的论述中，文学史上不仅在中国，西方国家也有这样一种悠久的民间传统。而这种传统就是写底层，莫言恰是在这样的领域作出了贡献，那种对生命的讴歌和赞美，在中国和欧洲都很缺乏。中国文学发展到今天，尤其是从 90 年代以后，逐渐形成了一个强有力的创作群体，基本上代表了我们这个时代最高的创作成就。陈思和认为这里有一个很重要的美学分界，即这些作家走的多是民间道路，他们采取的立场都是民间的立场。这与我们以前官方的文学、意识形态的文学、知识分子的文学都不一样，与学院派的文学也不一样。这批作家的创作资源是完整的、自然的，大多来自民间，没有受到现代教育制度的分类和净化。[⑤] 而程通和靳明全的研究则关注到了莫言短篇小说的创作历程和艺术特征。[⑥] 陈思和关于杭州会议和寻根文学的意义指出杭州会议的重要作用。会议表明大家对现代派文学完全是肯定的，对当前小说创作的形式实验有了信心，对于过去不甚注意的民族传统，尤其是民间文化传统，开始有了关注的意愿，努力用西方现代意识来重新发现与诠释传统。

① 严明：《东亚国别汉诗特征论》，《安徽师范大学学报》（人文社会科学版）2014 年第 3 期。
② 严明：《明清诗学对朝鲜汉诗时调的影响》，《文贝：比较文学与比较文化》2013 年第 1 期。
③ 徐东日：《朝鲜朝燕行使臣眼中的中国北方集市形象》，《东疆学刊》2014 年第 1 期。
④ 刘介民、刘小晨：《从〈岭南摭怪〉看中越艺术审美》，《岭南文史》2014 年第 3 期。
⑤ 陈思和：《莫言与中国当代文学》，《扬子江评论》2014 年第 5 期。
⑥ 程通、靳明全：《浅谈莫言短篇小说的创作历程和艺术特征》，《当代文坛》2014 年第 2 期。

结论是我们的创作应该自觉融汇西方现代主义意识与中国民族文化的传统因子,两者是相通的。①

四、多民族国家的比较文学疆界与研究范式

本年度叶舒宪主持的国家社科基金重大项目“中国文学人类学理论与方法研究”,主张以物的叙事重建失落的历史世界②,在理论与方法研究上不断作出新拓展。在叶舒宪看来,探寻每一个文明的观念之源,需要诉诸于史前至文明之初的神话观念形成史。当代神话学家通过解析西方文明源头的文学作品揭示出神话观念支配仪式行为和叙事表达的规则,叶氏通过解析《史记·秦始皇本纪》的历史叙事案例,再现支配华夏国家统治者行为的观念要素,提示神话观念决定论的理论命题,呼应恩格斯晚年提出的意识形态的反作用力与韦伯的宗教观念决定论。③ 囿于篇幅,这里仅把叶舒宪本年度发表之论文予以简单分类,以供参考。关于玉石神话信仰的研究有《玉教神话与华夏核心价值——从玉器时代大传统到青铜时代小传统》《东亚玉文化的发生与玉器时代分期》《从玉教神话到金属神话——华夏核心价值的大小传统源流》《〈山海经〉与白玉崇拜的起源——黄帝食玉与西王母献白环神话发微》《从玉教神话到金属神话——华夏核心价值的大小传统源流》等。关于文化文本的符号多级编码原理有《玉兔神话的原型解读——文化符号学的N级编码视角》《八面雅典娜:希腊神话的多元文化编码》《“玉帛为二精”神话考论》等。关于大小传统新视野理论有《为什么说“玉文化先统一中国”——从大传统看华夏文明发生》《竹节与花瓣形玉柄形器的神话学研究——祖灵与玉石的植物化表现》等。关于作为新方法论的四重证据法有《论四重证据法的证据间

---

① 陈思和:《杭州会议和寻根文学》,《文艺争鸣》2014年第11期。

② 叶舒宪:《以物的叙事重建失落的历史世界》,《中国社会科学报》2014年7月4日B01版。

③ “文学人类学研究”专栏,《百色学院学报》2014年第5期。叶舒宪:《主持人语:神话观念决定论》;叶舒宪:《神话观念决定论刍议》;R. B. 奥尼安斯、王蓓:《〈欧洲思想起源〉导论》;瓦尔特·伯克特、吴玉萍、宋琦:《从狩猎到献祭:希腊葬礼仪式剖析》;王红旗:《神木石峁古城遗址当即黄帝都城昆仑》。

性——以西汉窦氏墓玉组佩神话图像解读为例》《《天问》“虬龙负熊”神话解——四重证据法应用示例》《从汉字“國”的原型看华夏国家起源——兼评“夏代中国文明展:玉器·玉文化”》等。关于田野考察调研有《西玉东输雁门关——玉石之路山西道调研报告》《玉石之路黄河道再探——山西兴县碧村小玉梁史前玉器调查》《游动的玉门关——从兔葫芦沙丘眺望马鬃山》、《金张掖,玉张掖?》《重逢瓜州日 锁定兔葫芦》等。

徐新建的比较文学人类学研究强调跨族群对话,着重凸显中国比较文学的双重路径。认为中国的比较文学,由于内外兼有的原因,自诞生之初就踏上了一条别具特色的双向道路,即同时既“向外跨国”又“向内跨族”。可惜的是,长期以来由于受到中原汉文化中心观念的束缚,国内学者大多忽视了作为多民族共同体之中国的内部文学与文化多样性,因而也就忽略了从现实与学理两个方面内在于中国比较文学的双向路径。而要深入理解这一点,就得知晓致使这种双向性得以形成的历史脉络,也就是作为多民族共同体之中国从传统帝国向现代国家的转变进程。[①] 作为国家社科基金重大项目“中国多民族文学的共同发展研究”的阶段性成果,徐新建指出“歃血为盟”是东亚大陆众多民族在历史上处理相互关系的诸种方式之一,“彝海结盟”与“普洱誓盟”生动地说明,在多民族的互动历史中,在“天下—王土”式的“大一统”体制之外,其他“对等—制衡”模式对于文化多元与族群并存格局的重要意义。[②] 徐新建的另外一篇文章还从“夷夏互补”和“礼失求诸野”的角度考察以苗族“吃牯脏”和侗族“吃相思”为代表的“饮酒歌唱”习俗,提出其不但体现了“兴观群怨”的礼乐特征,同时还蕴含着“礼”“野”互动的文化意义。[③]

作为国家社科基金重大项目“中国非物质文化遗产体系探索研究”的阶段性成果,彭兆荣在本年度的研究首先体现在努力构建非物质文化遗产的体

---

① 徐新建:《跨族群对话:中国比较文学的双重路径》,《文贝:比较文学与比较文化》2013 年第 1 期。

② 徐新建:《封贡与誓盟——简论“夷夏交往”的诸种类型》,《思想战线》2014 年第 1 期。

③ 徐新建:《“饮酒歌唱”与“礼失求野”——西南山地民族饮食习俗的文化意义》,《中国山地民族研究集刊》2014 年卷,社会科学文献出版社 2015 年版,第 14—42 页。

系。[1] 其对我国非物质文化遗产体系的总结是:生生遗续。就体系的结构而言,它大致包括三个层次和要素。其中"生生遗续"为总体系,"六生"为次体系,每一个次体系中又有各自的核心元素。其整体形制为:生命礼仪、生态亲和、生计方式、生产技术、生业组织、生养制度等连环递进的生生遗续图。[2] 另外一个重要的探索成果就是以"体、用、造、化"的"四字诀"所阐述的文化遗产"格致论"。包括"体"之"名、形、质、色、饰","用"之"人、地、事、用、价","造"之"材、具、序、诀、仪、艺"和"化"之"天、地、人、变、生"。"四字诀"和"六生体系",是对中国传统智慧的发掘,也是对符合中国文化思维方式的文化遗产传承体系的一种探索。[3] 再次,引领国内人类学对民族志范式的求索。深刻指出中国民族志"本土化"讨论已有时日,仍步"西方范式"后尘。研究从中国本位体察,以"王"、"参"、"品"为关键词,从"王":神圣之道、"参":三位一体、"品":体味之感这三个层面,以体性之于民族志关系进行讨论。[4] 其次,在本年度的研究中,彭兆荣还提出了四个重要观点。一是我国的行业传承形成了自己的特色,是日常的,也是神圣的,是一份重要的文化遗产。[5] 二是提出文化人类学将饮食仪式视为一个重要的研究课题。[6] 三以行走为题引,并将其置于人类身体遗产的范畴加以讨论。指出把行走的身体与思考的思想置于一畴,"意识流"恰好满足人们行走中不断变幻的观景流动这样一种文体。[7] 四是彭兆荣提示在城镇化发展过程中如何继承我国"城郭—城邑—家国"一体,融合了"天人合一"的伟大智慧的传统以及"城—郊—野"的城建形制至关重要。[8]

---

① 廖明君、彭兆荣:《生生遗续 代代相承——彭兆荣教授访谈录》,《民族艺术》2014年第6期。

② 彭兆荣、蔡石:《生生遗续 代代相承·中国非物质文化遗产体系纲要》,《人与生物圈》2014年第5期。

③ 彭兆荣、巴胜超:《体-用-造-化:文化遗产"格致论"》,《青海民族大学学报》(社会科学版)2014年第5期。

④ 彭兆荣:《体性民族志:基于中国传统文化语法的探索》,《民族研究》2014年第4期。

⑤ 彭兆荣:《"以生为业":日常的神圣工作》,《民俗研究》2014年第4期。

⑥ 彭兆荣:《饮食遗产中的礼事与礼性》,《中原文化研究》2014年第3期。

⑦ 彭兆荣:《行走作为人类身体的遗产》,《百色学院学报》2014年第6期。

⑧ 彭兆荣:《我国的城镇化建设与文化遗产保护的关系》,《西北民族研究》2014年第4期。

另外，彭氏还主持了数个遗产学研究专题。刘介民、刘小晨的广府民俗艺术的民间审美研究也值得引起学界的重视。①

2014年8月，蔡熙的《“多彩贵州”的文化蕴含研究》一书出版。②乐黛云首肯了该著在贵州文化研究的系统构架方面所作出的突出贡献③，2014年8月30日的《光明日报》第9版文化遗产专栏发表的《古村落也可生产性保护》一文即为蔡熙关于贵州文化蕴含研究的阶段性成果。④另外，蔡熙的文章还揭示出在贵州高原上土生土长的苗族作家万胜昌、欧阳克俭、李文明、李再春等在田野调查的基础上以民族志的方式呈现苗族社会奇特的社会文化现象，用富于民族色彩的叙事来探寻根本性的个性文学表述。⑤

关于苗族长篇口头作品“亚鲁王”研究。徐新建的文章从文学功能等角度入手，强调其性质应为为亡灵诵唱的“送魂歌”。⑥作为2013年国家社科基金西部项目“《亚鲁王》的文学人类学研究”主持人，蔡熙的研究同样在2014年度交出了出色的答卷。新史诗的发现可能对传统史诗观念和史诗研究范式带来根本性突破，为史诗发生学、史诗分类学的研究带来重大变革。⑦西方以荷马史诗为范例建构起来的“英雄史诗”只是解读《亚鲁王》的一个维度，而不能囊括其作为口头史诗的本质特征。其具有鲜明的活态性。⑧作为文化超人的亚鲁王是苗族文化价值体系的集中代表，是苗族文化得以延续和传播的主要价值载体。⑨为我们探讨史诗的仪式起源问题提供

① 刘介民、刘小晨：《广府民俗艺术的民间审美》，《岭南文史》2014年第4期。

② 蔡熙：《“多彩贵州”的文化蕴含研究》，云南大学出版社2014年版。

③ 乐黛云：《地域文化研究的佳构——序〈“多彩贵州”的文化蕴含研究〉》，《中华读书报》2014年9月3日第10版。

④ 蔡熙：《古村落也可生产性保护》，《光明日报》2014年8月30日第9版。

⑤ 蔡熙：《试论苗族的生态文化特征》，《贵州民族报》2014年5月13日第A03论苑版。

⑥ 徐新建：《生死两界“送魂歌”——〈亚鲁王〉研究的几个问题》，《民族文学研究》2014年第1期。

⑦ 蔡熙：《〈亚鲁王〉研究：构建跨学科的活态史诗观念》，《中国社会科学报》2014年5月30日第B03文学版。

⑧ 蔡熙：《〈亚鲁王〉：“英雄史诗”还是“活态史诗”》，《贵州文史丛刊》2014年第4期。

⑨ 蔡熙：《从〈亚鲁王〉看苗族文化中的文化超人形象》，《中国文学研究》2014年第3期。

了鲜活的例证。[①]《亚鲁王》蕴含着丰富的生态伦理思想。在万物有灵信仰的基础之上形成的动植物崇拜和图腾崇拜,形塑了亲近自然的生态文明观。[②]《亚鲁王》中铸造日月神话、射日月神话以及鸡鸣日出的神话构成了一个完备的日月神话体系,表征着远古苗人对自然的认识和理解,是其自然观念的幻想的折光反映。[③] 对《亚鲁王》的创世神话进行比较神话学研究,以揭示创世神话的共同特征及其生成原因。[④] 另外,《亚鲁王》还塑造了美轮美奂的女性形象,大致可以分为四类,即铜鼓文化的殉道者、能征善战的女英雄、女性神力形象和管家型的妇女群像等,每一类女性形象都有着古老的历史文化蕴涵。[⑤]

五、比较诗学

当下在对西方文论的质疑声中,不乏一种文化上的大国心态之复生和复现。这种心态的出现,会严重影响到我们对于西方思想传统的深入了解与认识。其次,对于西方文论的过于盲从所导致的一个现象是,对于各种新思潮的追逐会使传统的价值被遗忘。结果,这不但导致了新理论与传统学说之间关系的割裂,而且同时阻碍了对于二者的理解与把握。就此而言,解构主义似乎首当其冲,同时受到了基于两种心态的误解与曲解。耿幼壮通过讲述德里达对于柏拉图《蒂迈欧》的读解与阐释,以说明新理论与旧传统之间的密切思想关系。[⑥] 耿氏还以英国文论家伊格尔顿重要戏剧作品《圣奥斯卡》为

---

① 蔡熙:《史诗的仪式发生学新探——以苗族活态史诗〈亚鲁王〉为例》,《湖南科技学院学报》2014 年第 4 期。

② 蔡熙:《从活态史诗〈亚鲁王〉看苗族的生态伦理思想》,《鄱阳湖学刊》2014 年第 2 期。

③ 蔡熙:《〈亚鲁王〉的日月神话探赜》,《贵州社会科学》2014 年第 6 期。

④ 蔡熙:《〈亚鲁王〉的创世神话比较研究初探》,《名作欣赏》2014 年第 14 期。

⑤ 蔡熙:《〈亚鲁王〉的女性形象初探》,《湖南工业大学学报》(社会科学版)2014 年第 3 期。

⑥ 耿幼壮:《西方文论的讲述——以德里达读柏拉图〈蒂迈欧〉为例》,《文艺研究》2014 年第 3 期。

研究对象，揭示这一作品与伊格尔顿文学思想之间的联系。[①] 另外，耿氏还以法国作家布朗肖的文学思想为研究对象，围绕着沉默与声音这一对概念，深入分析了布朗肖对语言和文学的独特认识。[②]

代迅对西方学界的东方美学研究表明，由于美学学科内部知识生产力和文化权力等因素制约，东方美学对于当今西方美学建设尚未发生实质性影响。[③] 西方美学挟强势文化背景进入中国之后，中国美学西化无法避免，并因面临西化挑战而激活本土传统的某些方向和侧面。西方美学"化中国"和中国美学"化西方"的双向逆行，由趋同性话语而走向普适性理论，是不可逆转的历史进程。这对于非西方后发展国家的美学研究，解构"西方中心论"并建构普世性美学理论，均具有示范意义。[④]

艺术学理论成为一级学科，亟须学界对中国型艺术学理论进行研讨。张法的研究凸显出基本概念的困境与出路[⑤]，进而总结出中国型艺术学的基本特点，第一，在与西方的艺术体系相比，是把文学和建筑除开，把广播电视和设计学加进来之后，形成的体系；第二，由于这一排除，一加进，让艺术学的基本术语产生了不少的含混；第三，以上两点都是中国艺术学在历史演进中，在与西方的互动形成的。此外强调中国型艺术学的这些特点正是中国型艺术学在面向世界和面向未来的理论出发点。[⑥] 曹顺庆论艺术学学科理论建构，认为应在广泛总结、吸收多种艺术本质论的基础上，从艺术的内在特征阐述"艺术是生命之歌"这一艺术本质新观点。[⑦]

后殖民理论进入中国语境已整整二十年了，进入21世纪之后，后殖民理

---

① 耿幼壮：《唯美、道德、政治——读伊格尔顿的〈圣奥斯卡〉》，《外国文学评论》2014年第4期。

② 耿幼壮：《文学的沉默——论布朗肖的文学思想》，《外国文学研究》2014年第5期。

③ 代迅：《发现东方：西方学界的东方美学研究》，《社会科学战线》2014年第4期。

④ 代迅：《两种西化与两种西方美学——中国美学西化的运作机制》，《江海学刊》2014年第1期。

⑤ 张法：《中国型艺术学理论：基本概念的困境与出路》，《文艺争鸣》2014年第9期。

⑥ 张法：《论中国型艺术学的基本特点——中国人民大学美学与现代艺术研究所所长张法访谈》，《四川戏剧》2014年第6期。

⑦ 曹顺庆：《艺术学学科理论建构与艺术本质新论》，《贵州社会科学》2014年第7期。

论对中国学界的影响突出反映在外国文学研究领域。在后殖民视野影响下，中国的外国文学研究取得了不俗的实绩，问题意识越来越具前沿性，研究视野也从欧洲扩展到亚洲、非洲、大洋洲、南美和加勒比地区。下一阶段应努力在学科的自我反思、文学史的重写和契入“世事性”等方面取得新的突破和进展。[①] 蔡熙通过论述萨义德的狄更斯批评指出萨义德的后殖民主义虽然在一定程度上解构了文化殖民主义和文化霸权，为文学和文化研究开辟了崭新的视角，但是他主张的精英主义文化依然没有挣脱欧洲中心主义的束缚。[②]

张法在其美学求索之路中坦承，中国文化与西方文化的差异，就在于西方人以区分型的思维和方式做学问，中国人以关联型的思维和方式做学问。用关联型思维去做美学，就一定会被与美相关联的文学、艺术、哲学、宗教、心理、社会、文化所纠缠。因此，张法被引进了美学，并在中国型思维的暗中制约下，进一步被美学引向以下各个方面的比较美学研究。[③] 本年度张法的研究具体体现在以下几个方面。第一，对作为终极意义的无：全球化语境中生命的意义追问。[④] 第二，对“美”字释义与对中国美学的重新审视。[⑤] 西方由区分型而来，美具有自身的目的。[⑥] 中国美学起源于“美”字，美是在上古仪式的整体活动中产生的，美的整体性体现在“禮”字上。[⑦] 从美的字源到《尚书》到《国风》，呈现了一条美的演进线索。[⑧] 第三，从文化与美学看京城的建筑象征体系。故宫体系中，内蕴着中国文化远古的核心，而这一特色

① 张德明：《后殖民理论在中国语境的旅行（1992—2012）》，《浙江大学学报》（人文社会科学版）2014 年第 1 期。

② 蔡熙：《论萨义德的狄更斯批评》，《社科纵横》2014 年第 6 期。

③ 张法：《美与万象——我的美学求索》，《美与时代》（下）2014 年第 5 期。

④ 张法：《全球化语境中生命的意义追问》，《中华书画家》2014 年第 11 期。

⑤ 张法：《“美”在中国文化中的起源、演进、定型及特点》，《中国人民大学学报》2014 年第 1 期。

⑥ “‘美’字释义与对中国美学的重新审视”专题，《郑州大学学报》（哲学社会科学版）2014 年第 3 期。张法：《比较美学语境中的中文“美”字与中国美学之特色》；刘成纪：《从“美”字释义看中国社会早期的审美观念》；刘天召：《〈说文解字〉中的“美”》；王赠怡：《“美”字原始意义研究文献概述》。

⑦ 张法：《礼：中国美学起源时期的核心》，《美育学刊》2014 年第 2 期。

⑧ 张法：《〈尚书〉〈诗经〉的美学语汇及中国美学在上古演进之特色》，《中山大学学报》（社会科学版）2014 年第 4 期。

就体现在王朝的京城模式之中。[①] 天安门体系作为京城的建筑象征体系，新世纪的四大建筑是京城象征体系的一种扩展。[②] 而 CBD 在北京的出现，显现了京城模式的一种根本性转变，即从苏联模式向西方模式的转变。[③] 第四，从西方哲学、印度哲学 [④] 以及中国哲学 [⑤] 的关键词入手，进而凸显中国哲学 [⑥] 关于运动、变化与生灭的独特思想。[⑦] 第五，对中国音乐理论发展的总结 [⑧] 与中国型海洋美学的建构的展望。[⑨] 而张德明则主张以人、海、船、岛四大基本构成要素，为海洋文化研究设定问题意识和研究模式。[⑩]

张辉治中德美学交流史有积年之功，对德国美学之东渐尤有专深之研究，尤其凸显一种审美现代性问题，通过细读莱辛作品，张辉非常敏锐地发掘出了器物所承载的人物、制度，乃至更深层的文化意义。[⑪] 首先，通过莱辛《拉奥孔》解题向我们阐明之所以在造型艺术的希腊之外要讨论甚至弘扬另一个希腊——诗的希腊，事实上并不仅仅是为了分别诗与画在艺术符号意义上的界限，更重要的，是要人们看到：在被片面理解的静穆的希腊之外，还有一个不该忽视的希腊——行动的希腊。[⑫] 其次，论述穆齐尔、尼采对文体即意义问题的思考。直指不仅要在文体与意义之间进行思考，而且要特别关注此二者所存在的“重合”与交融现象。其不仅可以为打通文学与思想史研究寻找一个有意义的新入口，而且有助于我们在新的层面重建诗与哲学的对话关

---

① 张法：《从远古历史和文化性格看故宫》，《东吴学术》2014 年第 2 期。

② 张法：《从文化与美学看京城的建筑象征体系》，《中国政法大学学报》2014 年第 3 期。

③ 张法：《象征北京走向现代国际大都市的 CBD（商务中心区）》，《晋阳学刊》2014 年第 5 期。

④ 张法：《从三个关键词看印度哲学中的世界（宇宙）观念》，《河北学刊》2014 年第 3 期。

⑤ 张法：《论中国哲学关于运动、变化与生灭的独特思想》，《社会科学战线》2014 年第 12 期。

⑥ 张法：《从关键词看中国哲学中的世界（宇宙）观念》，《社会科学》2014 年第 4 期。

⑦ 张法：《从三个关键词看西方哲学的世界（宇宙）观念》，《贵州社会科学》2014 年第 7 期。

⑧ 张法：《论 20 世纪 80 年代中国的新潮音乐》，《四川戏剧》2014 年第 6 期。

⑨ 张法：《怎样建构中国型海洋美学》，《求是学刊》2014 年第 3 期。

⑩ 张德明：《海洋文化研究模式初探》，《宁波大学学报》（人文科学版）2014 年第 1 期。

⑪ 叶隽：《“诗哲之争”与“格义物器”》，《中国出版传媒商报》2014 年 5 月 9 日。

⑫ 张辉：《画与诗的界限，两个希腊的界限——莱辛〈拉奥孔〉解题》，《文贝：比较文学与比较文化》2013 年第 1 期。

系。[①] 与之相应,叶隽的德国美学研究则对莱辛的早期剧本《犹太人》进行文本细读,探讨剧本所反映的宗教问题。[②]

王晓路将文化批评作为当代西方文论的关键词进行了梳理,涉及其源流、主旨及实践方式。但对此舶来的话语形态,中国学界有必要超越译介阶段,直面问题的不同类型,探求其可能性,从而在揭示问题和理论再生产两个方面提供洞察力。[③] 吴家荣针对唯形式主义与颓废主义文学思潮研究尖锐指出,形式主义的极致就是反形式,艺术性的“顶峰”就是无艺术性。这种令人难以置信而又无法置疑的结局当然不是文坛的主流,但也该让文坛的探索者深长思之。[④]

本年度王杰负责国家社科基金重点项目“中国悲剧观念的形成及其发展研究”阶段性成果之一就是论“中国梦”的美学维度及文学批评家的任务。以电影《百合》和小说《北京和尚》为例从中国的乡村与城市两个角度来分析中国梦的具体表现形式,最后指出“美学的革命”与文学批评家的任务。[⑤] 不仅是让文学作品的审美形式更清晰地呈现出来,还应通过对文学作品“审美形式”的分析和把握,通过发现广大人民大众审美经验中积极的审美意义,达到引导和激励人民大众追求文化自觉和文化解放的目标。[⑥]

史忠义在本年度的一个重要贡献就是从文本理论切入反思符号学的得与失,明确指出继续过分炒作文本理论,特别是忘却和否定作品理论,是错误

---

① 张辉:《文体即意义?——试论穆齐尔、尼采对这一问题的思考与回答》,《北京大学学报》(哲学社会科学版)2014 年第 3 期。

② 叶隽:《社会问题还是宗教情结?——论莱辛剧本〈犹太人〉对传统种族价值的颠覆》,《同济大学学报》(社会科学版)2014 年第 2 期。

③ 王晓路:《西方文论关键词:文化批评》,《外国文学》2014 年第 3 期。

④ 吴家荣:《唯形式主义与颓废主义文学思潮》,《温州大学学报》(社会科学版)2014 年第 4 期。

⑤ 张永禄、王杰:《文化自觉与审美人类学研究——王杰教授访谈录》,《民族艺术》2014 年第 5 期。

⑥ 王杰:《没有梦想就没有未来——论“中国梦”的美学维度及文学批评家的任务》,《马克思主义美学研究》2014 年第 2 期。

的。[1] 另外,还拿出了两篇重要译文。朱莉娅·克里斯蒂娃的《建立复量符号学》[2]、米歇尔·梅耶的《修辞学的重大定义》[3]。

马汉广的比较诗学研究首先辨析了"文学性"概念的多重蕴涵与当下意义。揭橥对这个问题的讨论多半忽视了这个概念在不同语境中的发展变化,而依然执着于形式主义者提出这个概念时针对文学作为一种独立的精神生产形式与种种非文学形式的区分上,而没有看到这个概念的提出改变了研究文学问题的视角、方式、方法,因而对当下文学创作实践和文学研究具有的启迪。[4] 另一重要的工作就是针对中国文论现代性转型先天缺陷之反思。坦承中国文论近百年来一直在追求现代性的建构。其特点与缺陷也是相对应的。第一,中国文论 一百多年的建设始终围绕着某种现实的政治诉求,理论建设在某种意义上变成了实用研究。第二,因为缺少了学理上的追问,逻辑理性被现实实用理性所取代,理论自身的现代性目标,则愈益被能否指导中国文学实践走向世界,成为世界文学中的一部分所取代,比如中国人的诺贝尔文学奖情结。在这样的情形下,无论是中国古代文论,还是西方文论,都只是我们可以随时拿来为我所用的现实工具,而不是不同的学科理论体系和文化思想资源,因而也就没有了要全面系统地加以梳理和整合的愿望与要求。[5]

胡继华和罗钢两人还分别对陈寅恪和王国维的诗学进行研究。胡继华发现陈寅恪与王国维有三个方面的关联:一为文化孑遗心境,二为中国文化本位立场,三为学术精神与方法。陈氏的复杂象征体系就其直探中国文化之本而言,陈氏的史境乃是文化保守主义;而就其为现代精神张目而言,这种史

① 史忠义:《符号学的得与失——从文本理论谈起》,《湖北大学学报》(哲学社会科学版)2014年第4期。

② 朱莉娅·克里斯蒂娃:《建立复量符号学》,史忠义译,《山东师范大学学报》(人文社会科学版)2014年第3期。

③ 米歇尔·梅耶:《修辞学的重大定义》,史忠义译,《当代修辞学》2014年第3期。

④ 马汉广:《"文学性"概念的多重蕴涵与当下意义》,《文艺研究》2014年第7期。

⑤ 马汉广:《中国文论现代性转型先天缺陷之反思》,《黑龙江社会科学》2014年第4期。

境显然深得自由主义的真谛。[①] 罗钢的国家社会科学基金后期资助项目"跨文化语境中的王国维诗学"研究力图通过梳理揭示出《人间词话》的国学经典化之路乃是一种"被发明的传统"。当我们把王国维等人依据德国古典美学传统建构的"意境说"视为中国古代诗学的核心范畴和审美理想时,同时也就埋葬了自己民族的诗学传统与审美理想。[②]

关于古希腊古典学研究。2014 年度学界的贡献可以分为几个部分来归总。第一是对列奥·施特劳斯的政治哲学与古希腊古典学的幽微关联进行辨析。[③] 刘小枫注意到施特劳斯与托兰德问题。[④] 刘小枫又进而提出施特劳斯在论及隐微写作传统时为何对曾经专论此传统的托兰德只字未提,实际上是要恢复古典的隐微论。[⑤] 二是元典释读。刘小枫以亚里士多德《论诗术》中的肃剧定义[⑥] 和柏拉图《普罗塔戈拉》中苏格拉底关于哲学和诗的戏言[⑦] 为例进行研读。

关于马克思主义文论的当代命题研究。金永兵建议在马克思主义的"问题性"中寻找到时代的真正问题,形成理论命题,以"术语的革命",实现当代形态文论话语系统的建构。[⑧] 重新来反思经典作家关于"美学观点和史

---

① 胡继华:《陈寅恪历史隐喻诗学探析》,《中原文化研究》2014 年第 6 期。

② 罗钢:《"被发明的传统"——〈人间词话〉是如何成为国学经典的》,《南京大学学报》(哲学·人文科学·社会科学)2014 年第 3 期。

③ 《海南大学学报》(人文社会科学版)2014 年第 2 期"启示与理性"专栏(7)。张志扬:《主持人语:施特劳斯从雅典回到耶路撒冷——"我们为什么仍然还是犹太人"》;刘小枫:《双重写作与启蒙——施特劳斯与托兰德问题》;赵雪纲:《施特劳斯论洛克》;徐戬:《谋杀启蒙:施特劳斯笔下的雅可比之"相"》;刘振:《哲人与僭政——施特劳斯与科耶夫关于〈论僭政〉的争论》。

④ 刘小枫:《托兰德的"自由思想"与双重写作》,《江汉论坛》2014 年第 3 期。

⑤ 刘小枫:《双重写作与启蒙——施特劳斯与托兰德问题》,《海南大学学报》(人文社会科学版)2014 年第 2 期。

⑥ 《海南大学学报》(人文社会科学版)2014 年第 1 期"启示与理性"专栏(6)。张志扬:《主持人语:古希腊古典学的两种阅读取向》;刘小枫:《城邦卫士与性情净化——亚里士多德〈论诗术〉中的肃剧定义试解》;梁中和:《苏格拉底会爱一个人吗——论柏拉图式的爱与"个人"的关系及其展示出的哲人处境》;李向利:《刺达曼堤斯的审判——〈高尔吉亚〉灵魂审判神话中的哲学与政治》;王江涛:《试论古典政治哲学中的勇敢美德》。

⑦ 刘小枫:《内敛的哲学与张扬的诗——论〈普罗塔戈拉〉中苏格拉底关于哲学和诗的戏言》,《思想战线》2014 年第 2 期。

⑧ 金永兵:《发现马克思主义文论的当代命题》,《文艺理论与批评》2014 年第 4 期。

学观点”这样一个理论命题的论述，也许能够从另外一个层面进入到马克思主义文论和美学的精神内核中去。[①] 作为国家社科项目“马克思主义文学理论与20世纪中国文学理论的变迁”的阶段性成果，季水河认为20世纪伊始至30年代初，是马克思主义文学理论中国化的早期阶段。[②] 20世纪30年代中期至40年代末期，既是马克思主义文学理论的系统传播期和发展成熟期，又是中国现代文学理论体系的建构期。[③]

在本年度，胡继华继续深入对德国早期浪漫主义美学以及现象学神学之维的探究。首先指出《德意志观念论体系的源始纲领》是德国观念论与浪漫派的开篇之作。[④] 然后通过梳理揭示出“浪漫主义”概念常常在多种意义上被使用，在18、19世纪的宏大理论脉络之中，甚至汇入了思想史、批评史以及政治观念史的语境之中，成为跨学科考察的对象。[⑤] 并且认为德国浪漫主义与中国古代艺术家之间有一种遥契合，那就是超越审美而趋于属灵的真实实在。[⑥] 另外，还尝试从现象学在20世纪后期法国语境下的变异出发，通过以德里达、南希和马里翁的宗教思想个案为线索，探索现象学的神学之维。[⑦]

六、国际中国人文研究

关于汉学研究。严绍璗的研究以“汉学史”的事实，揭示了“汉学主

① 金永兵：《“美学观点和史学观点”——作为新时期中国文论命题》，《文艺理论与批评》2014年第6期。

② 季水河：《论20世纪早期初级形态的中国马克思主义文学理论》，《学习与探索》2014年第8期。

③ 季水河：《论马克思主义文学理论与20世纪中国现代文学理论体系的建构》，《湖南师范大学社会科学学报》2014年第6期。

④ 胡继华：《神话逻各斯——解读〈德意志观念论体系的源始纲领〉以及浪漫“新神话”》，《杭州师范大学学报》（社会科学版）2014年第3期。

⑤ 胡继华：《魔幻词语，灵知载体——“浪漫主义”概念辨析》，《北京第二外国语学院学报》2014年第6期。

⑥ 胡继华：《自然道说 宇宙悲情——德国观念论视野下的风景画美学》，《艺术百家》2014年第5期。

⑦ 胡继华：《现象学的神学之维——德里达、南希和马里翁合论》，《中国现象学与哲学评论》2013年第1辑。

义”的“伪科学”的“哗众取宠”的特征,批评了“汉学主义”的狭隘和偏执,更进一步总结出关于“汉学主义”的三个层面的特征。第一,“汉学主义”的提法本身就是三十余年来我国人文学术层面上“西方文化中心主义”的又一种表现。第二,我们注意到“汉学主义”的提出者和传播者,犯了“提出主义”和“研究文本”脱节这一“跨文化研究”领域中的一种“常见病”。第三,以日本关于《论语》阐述为例,说明今日“汉学主义”之提出,是与这一论说的表述者在认识事物本相的视觉中“历时性”和“共时性”混乱、“局部”与“整体”错位的思维逻辑相关联的。文章的核心正是要强调“任何观念性言说”,必须以“文本细读做基础”!① 而陈跃红认为如何理性地在既有的中国问题与借鉴来的所谓汉学或者说中国研究范式之间建立起一种阐发、比较和面向未来的对话、共创的交往研究模式,是今后一个时期这两者关系研究的迫切命题。除了继续不断尝试从国际的视野去展开更精深的研究之外,一直以来曾经只属于比较文学的跨文化比较研究的理论范式能够有所助益。② 张西平则有“西文之中国文献学”初议,倡导建立西方语言的中国文献学,或简而称之“中学西书文献学”是展开西方汉学研究之基础,是做好中国典籍外译和流播研究之基础。同时也是在全球范围内展开中国历史文化研究,将中国史放入全球史中加以研究的基础性工作。③ 另外,关于中国文学文化走出去,张西平主张中国文化外译的主体当是国外汉学家。④ 本年度张西平的另外一个贡献就是从历史与思想的角度说清18世纪西方启蒙思想和中国文化的关系。⑤ 当下中国学术界在理解西方启蒙思想和中国思想的关系时,要么从后现代主义出发,否认中国文化对当时启蒙思想的影响,把西方近代思想的形成说成一个自我成圣的过程;要么将启蒙思想与中国跟

① 严绍璗:《我看汉学与“汉学主义”》,《国际汉学》2014年第1期。

② 陈跃红:《汉学范式与中国问题》,《北京论坛(2014)文明的和谐与共同繁荣——中国与世界·传统、现实与未来:“汉学范式与中国问题研究”专场论文及摘要集》。

③ 张西平:《西文之中国文献学初议》,《文献》2014年第2期。

④ 张西平:《中国文化外译的主体当是国外汉学家》,《中外文化交流》2014年第2期。

⑤ 张西平:《启蒙思想与中国文化——16—18世纪中国文化经典对欧洲的影响再研究》,《现代哲学》2014年第6期。

传统思想对立起来，无法揭示二者之间的历史和思想的联系，从而赋予儒家思想以现代意义。张西平的研究着力于中国文化海外传播中的汉学与国学对话①，在世界范围内展开中国文化研究②，从学习西方到中国文化的自觉和复兴③。

刘耘华近年致力于北美汉学研究与中西比较文化方法论的建构。在本年度刘耘华依循于连的入思路径，对他借助汉学视角所建构起来的中西比较文化方法论进行了较为深入而全面的探讨。结合其著述，对其把“中国”视为西方的“未思”及主要蕴含进行了较为透彻的解析，指出于连对于中国文化的研究虽然见解独特而深具启迪性，但是他在实现“迂回”的目标——借中国之“未思”来使西方“再范畴化”方面却反而少有建树，其中大有深意，值得中外学者倾心探究。④个中奥秘在对中国的诠释方面，特别是在关于中国文化的基本性质之认定方面，于连的研究与美国学者安乐哲、郝大维具有令人惊讶的一致性，都把情境性、过程性、动态性以及内部构成要素之相互关联性（更侧重美学的类比关系而非科学的因果关系）等视为中国文化的基本特点，在他们看来，根本而言，中国的“智慧”是“诗性的”，运用这种智慧可以帮助西方来矫正其“求真的偏至”。⑤

另外，季进的研究较为系统地梳理与评述了海外学界关于通俗文学研究的基本情况，与其说是对通俗文学审美价值的重估，不如说是对晚清民国文学现代性的重估。他们重视的不是其文学性的缺失，而是这种缺失如何辩证地构成了一种新的现代机制。这对于我们反思通俗文学的命运、探讨雅俗文学的关系，都具有重要意义。⑥中国当代文学作为一种资本在全球范围内流通与渗透。中国当代文学的精神场域受制于世界文学的话语冲击，以世界文

① 张西平：《中国文化海外传播中的汉学与国学对话》，《对外传播》2014年第4期。

② 张西平：《在世界范围内展开中国文化研究——张西平教授访谈录》，《社会科学论坛》2014年第8期。

③ 张西平：《从学习西方到中国文化的自觉和复兴》，《红旗文稿》2014年第22期。

④ 刘耘华：《汉学视角与中西比较文化方法论的建构——以于连为个案》，《中国比较文学》2014年第2期。

⑤ 刘耘华：《中国的“智慧”是“诗性的”》，《中国社会科学报》2014年4月11日文学B01版。

⑥ 季进：《通俗文学的政治——海外中国现代文学研究论之一》，《当代文坛》2014年第2期。

学的最高成就作为自己的参照;同时,重返中国文学传统,以独特的实践参与世界文学进程之中,对世界文学施以刺激,显示作为世界文学的中国文学的独特风貌。① 世界文学构成中国当代文学的背景。②

陈思和在本年度发表了一篇纪念夏志清的专文,直指其努力营造了一个中国现代小说的“大传统”。认为夏氏在 1961 年出版的《中国现代小说史》里梳理出鲁迅、茅盾、张天翼等代表的左翼文艺,沈从文、师陀等代表的乡土民间文艺,张爱玲代表的现代都市文艺以及钱锺书为代表的知识分子的讽刺文艺四大传统,基本上也奠定了中国现代文学的基本格局。重要的是在陈思和看来,夏氏的这一贡献与其近些年一直标举的“先锋”与“常态”两种文学发展模式若合符节。③ 另一方面,赵小琪的研究还关注到了普实克与夏志清的中国现代诗学研究。认为历史地看关于普实克与夏志清的中国现代诗学的研究存在着将文学与政治、知识与政治意识形态、知识的真理性与知识的权力性割裂开来进行论述的问题。④ 从政治意识形态和哲学观的双重视角去审视普实克与夏志清建构的中国现代诗学形象,会发现传统的尊“夏”贬“普”之说的偏颇性。⑤

关于海外新诗。赵小琪还发现了在追求和反思现代性的过程中,当代台港澳新诗建构了一个由个体性与民族性、理性与感性、理想与现实相结合的现代性中国形象。⑥ 与之相应,新诗的中国梦的实现既然是一个既涉及合规律性又涉及合目的性的复杂的、系统的过程,这就必然要求我们辩证、动态地看待新诗系统内个体与社会、现实与理想等结构性要素之间的既对立又统一的关系。⑦ 赵小琪、何娟还从二元对应性的空间结构美学来析论马华作家朵拉《听风的

---

① 季进:《论中国当代文学的英译与传播》,《中外文化交流》2014 年第 4 期。

② 季进:《世界文学构成中国当代文学的背景》,《中国社会科学报》2014 年 1 月 24 日文学 B01 版。

③ 陈思和:《假如中国现代小说也有“大传统”——纪念夏志清先生》,《书城》2014 年第 3 期。

④ 赵小琪:《普实克与夏志清中国现代诗学权力关系论》,《广东社会科学》2014 年第 5 期。

⑤ 赵小琪:《普实克与夏志清中国现代诗学形象建构方式论》,《中南民族大学学报》(人文社会科学版)2014 年第 6 期。

⑥ 赵小琪:《当代台港澳新诗的现代性中国形象建构》,《社会科学战线》2014 年第 4 期。

⑦ 赵小琪:《新世纪中国新诗合规律性、合目的性论》,《武陵学刊》2014 年第 3 期。

声音》中的空间意识。[①] 而在张辉看来，杨炼在流散中意识到了中文诗歌中一些此前被忽略的东西，同时空间的置换也给他的视角带来一定的遮蔽，对于杨炼“中文性”诗学的阐发，不仅需要借助于结构主义诗学，更需要引入一种历史动力学。[②] 孟昭毅等人对菲律宾作家黎萨尔与20世纪中国文坛考论为中菲两国的文化文学交流增添新成果。这种影响因为其“绝命诗”的中译问题而和中国的6位作家产生了各种各样的联系，与中国现当代文坛结下近一个世纪的不解之缘。[③]

20世纪90年代以来，饶芃子将海外华文文学研究引入文艺学、比较文学的领域，取得了一系列有影响的学术成果。2013年12月4日“华文文学及相关学科发展”学术研讨会在暨南大学召开。饶芃子的发言从学科融通的角度论述了比较文学之于海外华文文学的意义。[④]《暨南学报》于2014年第1期特设《百年海外华文文学研究——经典研究专题》，刊登的3篇论文，有理论研究，有区域性的文化观照，也有经典作家作品的个案解读。《百年海外华文文学经典研究之思》一文，是从理论上倡导并论说开展海外华文文学经典研究的学术意义、研究基础和特殊性，同时还提出了这一领域经典化和经典文本研究的若干方法论问题。《东南亚华文诗歌复杂的文化认同——以若干代表性诗歌为例》一文，以东南亚若干有代表性的华文诗歌为研究对象，分析该地区华文诗人在流散生活中所表现出来文化认同的复杂性，并对这种复杂性原因进行具体细致的分析，从一个侧面解读、挖掘该地区华文诗歌所蕴含的经典意味。《论聂华苓长篇小说中的文化意蕴——从〈桑青与桃红〉到〈千山外，水长流〉》一文，以美国著名华文女作家聂华苓的两部代表作品为研究对象，从文化的视角，分析作品主要人物形象的寓意、身份认同的隐喻

① 赵小琪、何娟：《二元对应性的空间结构美学——论马华作家朵拉〈听风的声音〉中的空间意识》，《海南师范大学学报》（社会科学版）2014年第11期。

② 张辉：《一个诗歌身份的暧昧指认——杨炼“中文性”诗学评析》，《长沙理工大学学报》（社会科学版）2014年第2期。

③ 孟昭毅、郑宁人：《菲律宾作家黎萨尔与20世纪中国文坛》，《华文文学》2014年第1期。

④ 饶芃子：《学科融通：海外华文文学与比较文学——在“华文文学及相关学科发展研讨会”上的发言》，《世界华文文学论坛》2014年第1期。

以及它们艺术结构的特色，从个案探索海外华文作家笔下所呈现的中外文化互动的形象折射情景，有独特的文化内涵。本栏目提出的关于世界华文文学的研究思路是一个有待开拓和深化的重要论题。①

七、比较文学视阈下的翻译研究

关于翻译的使命与翻译学科建设。许钧总结出需要注意的三方面问题：（1）要将学科发展跟国家社会发展结合起来。（2）要继续深入翻译理论研究。（3）要加强翻译人才的培养。② 关于加强中译外研究，许钧则建议对出版商和编辑的修订标准进行历时的研究，从而把握某些带有规律性的东西，同时还可以对引起他们修订标准变化的原因进行分析，考察其文学多元系统的历时变迁，从而为中国文化走出去之“何时译”提供理论参考。③ 就翻译的总体研究而言，许钧发现有几点值得译学界注意：一是译学界对关涉翻译根本性问题的研究重视不够；二是对新形势下国内学界对翻译的期待与批评缺乏回应；三是在对翻译的语言中心主义展开批判的同时，翻译的泛文化研究倾向严重。针对上述问题，许氏倡议在新的时期，翻译研究有两方面的工作需要加强。一是要直面历史，加强翻译史研究。这方面，香港中文大学的王宏志做过出色的工作，其影响已经凸现。同时，翻译研究从翻译本身出发，直面历史，也应该密切关注涉及翻译的重大现实问题。④ 刘云虹与许钧还有一次关于翻译批评与翻译理论建构的对谈。表达了翻译批评在当今中国的有效在场不

① “百年海外华文文学研究——经典研究专题”，栏目主持人：饶芃子，《暨南学报》（哲学社会科学版）2014 年第 1 期。饶芃子：《百年海外华文文学经典研究之思》；陈涵平：《东南亚华文诗歌复杂的文化认同——以若干代表性诗歌为例》；李亚萍：《论聂华苓长篇小说中的文化意蕴——从〈桑青与桃红〉到〈千山外，水长流〉》。

② 许钧、曹丹红：《翻译的使命与翻译学科建设——许钧教授访谈》，《南京社会科学》2014 年第 2 期。

③ 许方、许钧：《关于加强中译外研究的几点思考——许钧教授访谈录》，《中国翻译》2014 年第 1 期。

④ 许钧：《直面历史 关注现实——关于新时期翻译研究的两点建议》，《外国语》（上海外国语大学学报）2014 年第 3 期。

够，翻译批评遭遇了生存危机；翻译批评者的主体意识和翻译批评的历史意识这两者的重要性尚未得到充分认识；翻译批评的学术合法性基础之一在于它是翻译实践与翻译理论构建之间的互动场域，必须真正发挥翻译批评在翻译理论构建中的重要作用，同时真正让批评介入翻译场域和系统。①

在2014年度，杨乃乔召集了关于翻译之一项比较有趣的研究。杨氏邀请了王东风、许钧与封一函，四人约定就五卷本“汉英文化对照本”的出版等问题，以笔谈的形式给出各自的思考。杨乃乔的思考以异质文化观念的不可通约性及其翻译的创造性为中心、王东风的思考以中国典籍走向世界——谁来翻译为中心、许钧的思考以对照的多重意义为中心、封一函的思考以《红楼梦》全译本的开放式阅读为中心。现下正值因莫言获取“诺奖”而国内学界侈谈莫言小说的翻译及获奖的问题。从文学的本质与品位两个面相来公允地评判，曹雪芹的《红楼梦》及其翻译的贵族性、厚重性与莫言小说及其翻译的坊间性、大众性，这两者是不可同日而语的。四位学者在此重谈《红楼梦》及其相关的翻译问题，其目的之一，也是对莫言本身并不希望的炒作及相关翻译的过度讨论给予研究方向上的归正。②

王向远在本年度比较关注翻译研究。《翻译学 · 译介学 · 译文学——三种研究模式与“译文学”研究的立场方法》一文指出，当代中国的翻译研究，因研究者的立场、宗旨、方法的不同，可以划分为三种研究范式。一是以语言转换为中心问题的“翻译学”，二是立足于比较文化立场的“译介学”，三是立足于文学与文本（译本）立场上的翻译文学研究，可称为“译文学”。“译文学”坚持以译本为本位的立场，强调译本的自性或本体价值，提炼出“迻译”、“释译”、“创译”三种翻译文学文本生成方法的概念，认为只有从翻译语的研究入手，“译文学”才能真正细致深入地展开。③ 指出近年来我

① 刘云虹、许钧：《翻译批评与翻译理论建构——关于翻译批评的对谈》，《外语教学理论与实践》2014年第4期。

② 杨乃乔、王东风、许钧、封一函：《翻译的立场与翻译的策略——大卫 · 霍克思及〈红楼梦〉翻译四人谈》，《汉语言文学研究》2014年第1期。

③ 王向远：《翻译学 · 译介学 · 译文学——三种研究模式与“译文学”研究的立场方法》，《安徽大学学报》（哲学社会科学版）2014年第4期。

国译学界围绕“创造性叛逆”问题,形成了“忠实派”与“叛逆派”的理论论争。“忠实派”的理论适用于“文学翻译”的实践要求,“叛逆”派理论则是对翻译成品即“翻译文学”的描述,但两者却将各自的主张绝对化。而只有看到“破坏性叛逆”,才能正确认识“创造性叛逆”。①《论翻译文学批评——特殊性、批评标准与批评方法》一文指出,翻译文学批评对于翻译文学来说,非常必要,但做起来非常困难。对我国翻译文学而言,“信达雅”是基本标准,“神似”、“化境”可以作为最高标准。在批评方式方法上,对同一原作的不同译本的比较批评,即译本比较批评,在翻译文学批评中是一种重要的、行之有效的批评方式。② 王宁在本年度的翻译研究中倡导翻译学要走出“语言中心主义”的囚笼,因而对翻译学的重新定义就势在必行。③ 另外还对翻译与跨文化阐释之间的关系进行辨析。④ 田德蓓等人的研究首先讨论了翻译中的创造性叛逆,力证正是译者个体特性、赞助人、隐含读者以及干预客体所形成的合力,共同导致此阶段的创造性叛逆。⑤ 另外,以杨苡译《呼啸山庄》在中国的经典化为例研讨翻译文学经典的建构。⑥

罗选民指出我国的翻译历史源远流长,翻译资源十分丰厚,文化记忆与翻译研究的结合,必然可以从一个侧面推动我国的翻译研究向纵深发展。研讨翻译作品的创造性 ⑦ 与翻译研究中的文化记忆是有待开发的课题。⑧ 另外,关于翻译研究罗氏指出一个不可否认的事实是商务广告已经在日常生活中

---

① 王向远:《“创造性叛逆”还是“破坏性叛逆”?——近年来译学界“叛逆派”、“忠实派”之争的偏颇与问题》,《广东社会科学》2014 年第 3 期。

② 王向远:《论翻译文学批评——特殊性、批评标准与批评方法》,《苏州科技学院学报》(社会科学版)2014 年第 2 期。

③ 王宁:《走出“语言中心主义”囚笼的翻译学》,《外国语》(上海外国语大学学报)2014 年第 4 期。

④ 王宁:《翻译与跨文化阐释》,《中国翻译》2014 年第 2 期。

⑤ 汪健、田德蓓:《合唱的艺术巨献——评译作生产阶段的创造性叛逆》,《合肥工业大学学报》(社会科学版)2014 年第 4 期。

⑥ 张卓亚、田德蓓:《翻译文学经典的建构——杨苡译〈呼啸山庄〉在中国的经典化研究》,《合肥工业大学学报》(社会科学版)2014 年第 5 期。

⑦ 罗选民:《一部翻译作品的创造性》,《文艺报》2014 年 10 月 24 日文学评论 003 版。

⑧ 罗选民:《文化记忆与翻译研究》,《中国外语》2014 年第 3 期。

变得不可或缺，译者应在尊重原广告的基础上，将原广告中的互文指涉充分体现在译文中，同时运用互文性理论增强译文广告的宣传效果。[①]

穆雷的团队在翻译学研究上拿出了不少引人瞩目的成果，涉及翻译的各个方面。关于翻译史。揭示出明朝的四夷馆和清朝的同文馆都设立了较为完备和具体的人才选拔和考核制度。分析明清翻译人才选拔与考核制度与国家语言政策及翻译政策之间的关系。[②] 关于翻译学专业建设及翻译的职业化。首先提出随着语言服务业的快速崛起，翻译博士专业学位的建设，是语言服务业的百年大计，不求数量，但求质量，决不能重蹈 MTI 批量发展的覆辙，还需要语言服务业的大力支持与鼎力合作。[③] 其次，采用文献计量的方法，考察了近二十年来中国两岸近 700 篇翻译研究博士论文在研究主题、研究对象、研究方法、研究视角等方面的特征与变化，以此评估中国翻译研究博士生培养的成效。[④] 关于当下翻译研究新领域的开拓。首先针对军事翻译的研究现状，尝试着从学科上界定“军事翻译”。进而以一个英国国家课题“战争中的语言：冲突中语言接触的政策与实践”为引子，分析了国际国内军事翻译研究的现状和发展。[⑤] 其次，基于笔者设计和建设口译语料库的经验，指出口译语料库中副语言信息的转写及标注所应注意的问题。[⑥] 再次，以专业化为视角，通过文献法和理论思辨法，对中国和加拿大两国共四家语言服务业专业协会的职能进行了对比，并对中国相关协会的职能发挥提出了建议。[⑦]

① 罗选民：《互文性与商务广告翻译》，《外语教学》2014 年第 3 期。

② 许艺、穆雷：《明清翻译人才的选拔与考核》，《中国英汉语比较研究会第 11 次全国学术研讨会暨 2014 年英汉语比较与翻译研究国际研讨会摘要集》。

③ 穆雷：《论语言服务业高层次人才培养》，《外国语》（上海外国语大学学报）2014 年第 4 期。

④ 穆雷、邹兵：《中国翻译学研究现状的文献计量分析（1992—2013）——对两岸四地近 700 篇博士论文的考察》，《中国翻译》2014 年第 2 期。

⑤ 穆雷、王祥兵：《军事翻译研究的现状与展望》，《外语研究》2014 年第 1 期。

⑥ 邹兵、穆雷：《口译语料库中副语言信息的转写及标注：现状、问题与方法》，《中国英汉语比较研究会第 11 次全国学术研讨会暨 2014 年英汉语比较与翻译研究国际研讨会摘要集》。

⑦ 穆雷、韩莹：《专业协会在语言服务业专业化进程中的角色——中国和加拿大相关协会职能的对比研究》，《中国翻译》2014 年第 6 期。

谢天振认为迄今为止，国内学界，包括翻译界、翻译研究界，没有意识到文化转向对当今译学研究发展必然趋向的显示，而只是把它视作热闹一阵就会过去的时髦理论。[①] 有鉴于此，2014 年第 1 期的《中国比较文学》开辟“中国文学走出去”特辑。[②] 季进的研究总结了当代文学英译与传播三个方面的转向，并以《受活》的英译为例，具体论述了当代文学翻译的作用。葛浩文和史国强合作的研究则从葛氏的翻译入手探讨了翻译理论及译者的问题，指出从葛氏角度而言译者总是现身的，也总是隐身的。江帆的研究比较了英语读者对外文出版社和企鹅出版社两种《红楼梦》英文全译本的悬殊反应，对基于传统的“外宣模式”进行深刻反思。耿强以熊猫丛书这一政府翻译项目为研究对象，整体考察丛书在美国文化系统中的接受过程，意在揭示丛书在译本传播阶段存在的问题。林少华认为莫言成为 2012 年度诺贝尔文学奖获得者，日本作家村上春树作为强有力的竞争者而最终落选。文章就以下四点对两人进行比较性探讨：善恶中间地带、民间视角与边缘人立场、富于东方神秘性的魔幻现实主义、作为共同创作取向的陀思妥耶夫斯基，以期深化对这两位世界级当代作家的文学特质的认识。[③]

与此相应，2014 年第 3 期的《安徽大学学报》还开辟了“翻译史研究”专栏。赵稀方的文章以学衡派的翻译活动及其翻译目标为依据，指出“学衡派”与五四新文化运动的分歧并不在于整体性地肯定或者否定西方文化，而在于要学习西方文化的哪一个部分；付文慧、王恩冕的《北平沦陷时期翻译状况初探》与熊兵娇的《上海“孤岛”时期文学翻译的发生与建构——以〈西洋文学〉杂志为讨论对象》则有两相呼应之妙。前者探讨 1937—1945

---

① 谢天振：《正确理解“文化转向”的实质》，《外国语》（上海外国语大学学报）2014 年第 5 期。

② 张聪：《“中国文学走出去：挑战与机遇”学术研讨会综述》，《中国比较文学》2014 年第 1 期。

③ “中国文学走出去”专题，《中国比较文学》2014 年第 1 期。谢天振：《中国文学走出去：问题与实质》；季进：《作为世界文学的中国文学——以当代文学的英译与传播为例》；葛浩文、史国强：《我行我素：葛浩文与浩文葛》；江帆：《文学外译的助力 / 阻力：外文社〈红楼梦〉英译本编辑行为反思》；耿强：《中国文学走出去政府译介模式效果探讨——以“熊猫丛书”为个案》；林少华：《莫言与村上：似与不似之间》。

年间北平沦陷时期的翻译活动，后者梳理上海“孤岛”时期的译作状况。①

八、跨学科研究

在叶隽看来，侨易学的基本理念乃是由“侨”而致“易”，其间包含了相当丰富的哲理因子，既有空间维度的整合，也有时间维度的演进，如此纵横交错，经纬交织，构成一组有效地理解事物进程的矩阵型结构。②2014年，叶隽的“侨易学”理论基本成型③，还借助侨易学基本理论，讨论魏时珍、王光祈、郭沫若、宗白华等具体个案人物的侨易现象，借助鲁迅的少年求学经历来取象说易，说明侨易现象的普遍性与特殊性问题，并试图进一步讨论思想形成的人文底蕴、社会场域与文化地理等诸因素的关系。④

葛桂录等认为中国的比较文学形象学研究，从“他者形象塑造”研究模式起步，发展到目前从跨文化传播角度，探讨西方现代性世界观念秩序里东方主义话语的研究策略，更进一步的研究思路或可体现为思想史语境的他者形象阐释路径。⑤ 可是在2014年，以周宁为旗手的跨文化形象学研究却遇到了瓶颈。跨文化形象学起于当下中国文化自觉的问题，从解构西方的中国形象入手，揭示其中知识与权力的关系，进而提出“三组课题”：“西方的中国形

---

① 此一专辑是2013年10月在四川外国语大学举办“中国翻译学学科建设高层论坛暨中国比较文学学会翻译研究会第十届年会”的成果。详见：谢天振：《主持人语》；赵稀方：《另类现代性的构建——从翻译看〈学衡〉派》；付文慧、王恩冕：《北平沦陷时期翻译状况初探》；熊兵娇：《上海“孤岛”时期文学翻译的发生与建构——以〈西洋文学〉杂志为讨论对象》。载《安徽大学学报》（哲学社会科学版）2014年第3期。

② 《江苏师范大学学报》（哲社版）“人文世界与侨易空间”专栏之一，人文世界与侨易空间：在侨易视域中重审人文世界。叶隽：《开栏语》；周云龙：《跨文化研究：从“侨易学”学习什么？》；熊辉：《从侨易学的角度审视徐志摩人生志向的转变》。

③ 叶隽：《东西方文化生成过程的侨易视域——兼论侨易学元思维的“侨易二元”》，《文化研究》2014年第2期。

④ 叶隽：《思想形成的人文底蕴、社会场域与文化地理——若干个案的侨易学简析》，《比较文学与世界文学》2014年第1期。

⑤ 邬震婷、葛桂录：《思想史语境里的他者形象研究——关于比较文学形象学研究方法的反思》，《福建师范大学学报》（哲学社会科学版）2014年第4期。

象”“世界的中国形象”和“中国的自我想象”。按三组课题清理跨文化形象学的基本研究思路与体系,发现了第三组课题留下的理论困境:真正需要解构的,不是西方现代性和西方现代性构建的中国形象的知识-权力网络,而是中西方二元对立的现代性思维模式。在这一思维模式中,我们不可能摆脱西方这一巨大的他者进行现代性自我确认。周宁本人以《欧洲形成中的亚洲》为例分析这种诡计的运作方式,让我们进一步看清了“西方中心主义”的“反写”与“正写”的辩证结构以及这种辩证结构赋予“西方中心主义”话语的强大力量。①

叶隽主持的专栏指出周宁在其跨文化形象学研究中延续发挥了萨义德一曼海姆的知识批判进路,并在批判的基础上提出了两个解决方案:首先是让文化研究与国家权力联姻,通过国家权力来强力推行某种特定的国家形象;另一个解决方案则是鼓励不同文化之间的相互对话,在一种“文化间性”的框架中达到一种全球主义或者世界大同的状态。称前一种解决方案可称为“权力联姻”进路,后一种称为“世界大同”进路。并着重剖析了前一种进路可能产生的困境以及后一种进路作为替代性方案在规范层面上的吸引力。② 当前学界也确实对跨文化形象学研究提出了一些批评意见:“世界的中国形象”是“西方的中国形象”的复制;西方与非西方处于“主体/他者”的二元关系中,从而陷后者于建构主体性的两难境地;跨文化形象学研究的价值立场可能背叛它的学理性。③ 要之,第三组课题出现的理论困境,将直接质疑跨文化形象学前提与使命。④

在本年度,周宪的艺术学理论研究收获颇丰。第一,其对艺术理论的三个问题研究表明艺术理论是一个充满争议的概念,也是一个边界模糊的知识

---

① 周宁:《“反写”即“正写”:“西方中心主义”批判的思想陷阱——以〈欧洲形成中的亚洲〉为例》,《文艺理论研究》2014年第1期。

② 《中国图书评论》2014年第1期特约书评人专栏。叶隽:《主持人语:亚洲、东方与汉学主义》;周云龙:《“汉学主义”,或思想主体的焦虑》;林曦:《权力联姻:跨文化形象学的困境与路径》。

③ 周宁、张春晓:《跨文化形象学:辩驳与猜想》,《厦门大学学报》(哲学社会科学版)2014年第4期。

④ 周宁:《跨文化形象学:思路、出路或末路》,《东南学术》2014年第1期。

领域。[①] 第二，对艺术品的意义与产生阐释表明艺术品意义的阐释是艺术理论和艺术批评的重要问题，也是当代最富争议性的问题。[②] 第三，对艺术现代建构的文化逻辑探究显示出从艺术的现代发展来看，由合到分再由分到合似乎是一个明晰的发展脉络。[③] 第四，对艺术史与艺术理论的紧张的诠解凸显出艺术史与艺术理论历来存在着既爱又恨的复杂关系。[④] 第五，从异面同相角度论艺术与科学呈现两者内在的复杂关联，从一个侧面确证了济慈的诗歌名句："美即是真，真即是美。"[⑤] 第六，关于跨文化研究中的理解与解释表明文学研究等人文学科的跨文化研究具有许多独特性，处于一系列复杂的交互性关系之中，解释冲突最为显著，因为他者文本的编码与跨文化语境中对文本的解码间存在一系列的不对称。[⑥]

自 20 世纪 90 年代以来，视觉文化的崛起在很大程度上改变了中国文化原有的地形图，并成为考察中国社会现代转型的一个重要参照系。作为教育部哲社重大攻关课题"当代中国社会转型中的视觉文化研究"的阶段性成果，周宪在其研究中向我们揭示微文化有一系列突出的文化症候，其中微型、快捷、海量和快感是值得注意的四个方面。微文化的后果是复杂的，微认知的习性化、对微装置的依赖、微主体的塑形和微政治的建构描述了这一复杂后果的深刻影响。面对微文化，穿越并重建多元总体性是一个可能的文化策略。[⑦] 论文《从形象看视觉文化》，着重讨论了形象的多方面的问题，从形象构成的媒介差异入手，分别考察了图像、影像和景象三种形象，再进入形象的主题学类型分析，最后把形象与视觉性和表征相关联，指出当代中国视觉文化研究的一个复杂的路线图。专题刊出的两篇调研报告则以调研资料为依据，结合其他文献和数据，对当前视觉文化研究中非常引人瞩目的领域进行

① 周宪：《艺术理论的三个问题》，《文艺理论研究》2014 年第 3 期。
② 周宪：《艺术品的意义与产生阐释》，《东南大学学报》（哲学社会科学版）2014 年第 4 期。
③ 周宪：《艺术现代建构的文化逻辑》，《文学评论》2014 年第 4 期。
④ 周宪：《艺术史与艺术理论的紧张》，《文艺研究》2014 年第 5 期。
⑤ 周宪：《从异面看同相：关于艺术与科学》，《学术界》2014 年第 3 期。
⑥ 周宪：《关于跨文化研究中的理解与解释》，《外国文学研究》2014 年第 5 期。
⑦ 周宪：《时代的碎微化及其反思》，《学术月刊》2014 年第 12 期。

分析研究。[①] 与之相应，本年度还举办了"微时代的文化与艺术"学术研讨会，对正在崛起的微时代的精神状况作出蠡测，系首都师范大学文化研究院重大研究项目"微文化与当下中国社会文化变迁研究"的阶段性成果。研讨深刻指出微时代奠基于后福特主义工业文明，肇始于新媒体传播方式的变革，最终指向的却是人类经济社会结构、生活方式、审美趣味、精神状况的全面转型。它既是大时代的产物，也是大时代的多棱镜，更是大时代的突破口。[②]

基督教与中国文学关系研究。基督教神学与西方人文学术的相互介入、不同思想和学说对单向主体的共同警觉，近些年得到了学界的普遍关注。其中齐泽克的相关著作，也许最有可能在中国语境中激发出特别的反响。然而杨慧林对齐泽克"神学"的文学读解提醒我们，齐泽克的"反向"涵纳着一种标志性的思路。这是在确认一切"有限性"、"不可说"、"不可能性"之后，对于"无限"和"真"的言说；是在消解一切可疑的单向主体之后，对生成性主体的重构；是在"易碎的绝对"之中确认"绝对"、在脆弱的主体之后重构"主体"、在"真的死结"之外寻求"真"的依托。[③]2014 年刘耘华著《依天立义：清代前中期江南文人应对天主教文化研究》出版。有评论指出我国基督教研究的"范式转型"所包含的目的和方法两个层面上的转向都指向现今的基督教与中国文学文化关系研究。刘耘华治明清天主教，注意到古代的思想家，同时也是文人、文学家的事实。《依天立义》将研究对象锁定

---

① "中国当代视觉文化研究"专题，《江海学刊》2014 年第 4 期，周宪：《从形象看视觉文化》；李健：《中国当代大众文化的视觉建构问题调研报告》；庞弘：《当代中国"草根传媒文化"发展状况调查报告》。

② 《圆桌会议：聚焦微时代的精神状况》，《探索与争鸣》2014 年第 7 期。叶祝弟：《主持人语》；毛崇杰：《微时代与后启蒙》；汪民安：《机器身体：微时代的物质根基和文化逻辑》；盖琪：《后福特主义时代的话语表达机制》；胡智锋：《微时代的艺术生产与传播——以影视艺术为例》；陈旭光：《微批评的崛起与公共文化空间重构》；周宪：《微民主与现代公民性建构难题》；韩琛：《"微 / 伪 / 萎托邦"：自由的幻象》；周志强：《微客、微话语与"复杂思想"的消解》；张颐武：《"四跨"与"三改"："微生活"新论》。

③ 杨慧林：《"反向"的神学与文学研究——齐泽克"神学"的文学读解》，《文贝：比较文学与比较文化》2013 年第 1 期。

为“文人”，详细考辨“江南文人”与“天主教文化”两极间所存有的联系。这无疑是范式转型后的基督教与中国文学文化关系研究的一个突破。刘耘华认为，“敬天”风潮在顺治、康熙时代甚至成为“显学”。它已不同于泰州学派的“宗教化”尝试，只是儒学自身脉络的延伸，而是与天主教有着千丝万缕的联系。[①] 如果说，《依天立义》还谈不上解决了明清思想转型这一问题的话，至少是坐实了儒学宗教化与天主教的关联。[②]《依天立义》并以宏观入手，阐释了当时东吴文人与天主教文化、西方科技、西方器物之关系。重要的是，刘氏结合比较文学之形象学理论，开辟了明清天主教器用之学的形象学研究，这一研究范式在以往的中国基督教史的研究中还没有出现过。[③] 刘氏以“敬天”思潮为中心对天主教东传与清初文人的思想重构的析究也表明晚明中西“上帝观”的比较研究值得深入开掘。[④]

作为梁工主持的国家社科项目“20 世纪多元文论与圣经批评的关系研究”阶段性成果，其“殖民 / 后殖民圣经读者的多样化阅读”研究具体分析了两大类圣经读者中的复杂情况，他们对圣经各显千秋的理解和阐释，从一个角度呈现出当代后殖民圣经批评的景观和特色。[⑤] 梁工主持的“文学研究与跨文化思辨”专题也是从跨越性视界观照文学的新收获。其中《两种文化视力的博弈——再论果戈理与别林斯基之争》实现了异类文化之间的跨越，一端是别林斯基关注的政治斗争，另一端是果戈理强调的宗教信仰；《圣经透镜中的〈高加索灰阑记〉》打通了一部现代德语戏剧与古犹太—基督教

① 刘耘华：《“敬天”与“成人”：清初太仓文人的道德践履新探》，《比较经学》2014 年第 2 期。

② 刘耘华：《天主教东传与清初文人的思想重构——以“敬天”思潮为中心》，《北京行政学院学报》2014 年第 1 期。

③ 纪建勋：《评〈依天立义——清代前中期江南文人应对天主教文化研究〉》，《文贝：比较文学与比较文化》2015 年第 1 期。

④ 纪建勋：《明末清初天主（上帝）存在的“道德论证”》，《基督教文化学刊》2014 年第 2 期；《明末清初天主（上帝）存在证明的“良能说”》，《北京行政学院学报》2014 年第 1 期；《〈碑记赠言合刻〉版本篇目互校》，《国际汉学》2014 年第 2 期；《汉语神学的滥觞：利玛窦“帝天说”与上帝存在的证明》，《汉语基督教学术论评》2014 年第 1 辑。

⑤ 梁工：《殖民 / 后殖民圣经读者的多样化阅读》，《汉语言文学研究》2014 年第 1 期。

经典之间的壁垒;《梦的追随与西方文学》则运用跨民族、跨语言、跨文化的比较文学主题学方法,通过解读李伯梦、但丁梦、皮尔斯梦和海涅梦,分别呈现出美国、意大利、英国和德国的国民性格,进而对其予以整合,发掘出有益于实现中国梦的思想资源。①

"中国侠文化"专题及金庸小说研究。作为国家社科基金重大项目"百年来中国文学海外传播研究"的阶段性成果,季进结合英语世界金庸研究的最新成果《纸侠客:金庸与现代武侠小说》一书,从"作为文本的金庸"、"作为现象的金庸"和"作为话语的金庸"三个方面,反思金庸研究中雅俗文学形态的辩难、文学空间的重构、文学史书写程式的变动等问题。② 韩云波在其主持的"中国侠文化"专题指出,金庸武侠小说以一种原本不能登大雅之堂的通俗的类型文学形式,步入了具有纯文学意味的殿堂。这既是中国武侠小说类型意涵的张力所决定的,也是由金庸本人的文学态度所决定的。高玉认为,金庸小说的成功也是有一个过程的,如果按历时发展的逻辑来进行理解,可以看到"两个金庸"及两个金庸小说版本:一种是通俗文学版的金庸小说,可称之为"旧版";一种是纯文学版的金庸小说,可称之为"新版"。金庸小说成功的秘诀,正是金庸从通俗文学走向了纯文学,从而泯灭了通俗文学与纯文学之间的鸿沟,做到了雅俗共赏。同理,不仅武侠小说如此,武侠电影亦然。刘郁琪以1950年以来的武侠电影为研究样本,生动说明武侠作为一种"有意味的形式",本身是具有无限广阔的拓展空间的。③

在中国绘画史上,"文人画"就是中国绘画的代表性流派,从王维、苏东坡直到董其昌等人。④21世纪的世界艺术史与中国艺术学理论研究已经将

---

① 文学研究"文学研究与跨文化思辨"专题,《河南大学学报》(社会科学版)2014年第3期。梁工:《主持人语》;王志耕:《两种文化视力的博弈——再论果戈理与别林斯基之争》;梁工:《圣经透镜中的〈高加索灰阑记〉》;张思齐:《梦的追随与西方文学》。

② 季进:《作为文本、现象与话语的金庸——从〈纸侠客:金庸与现代武侠小说〉谈起》,《中国现代文学研究丛刊》2014年第10期。

③ "中国侠文化"专题,《西南大学学报》(社会科学版)2014年第3期,韩云波:《主持人语》;高玉:《论两个金庸与两种金庸武侠小说》;刘郁琪:《中国武侠电影双序列叙事模式的形态逻辑与审美意味》。

④ 殷国明:《观念与实践:世界文学艺术的跨文化与跨学科对话》,《淮北师范大学学报》(哲学社会科学版)2014年第5期。

中国画的传统守约与创新制衡点呈现。从世界艺术的多元化来看，中国绘画学的主体特性与价值约定使得中国文人画的重建势在必行。“重建文人画”首先要对文人画的历史源流进行梳理。[①]重建沿三个层面展开：首先是传统的“外师造化”原则将在生态文明中实施话语建构；其次是“中得心源”在多元主体的艺术心理中重建自我内心创造愿景；再次是在跨文化的当代艺术对话中建立本土化的文人画审美体系建构。作为主体约定的中国文人画则会将以上三者作为现实题材的创新、笔墨融新与学术体系的精神“替变”的实践。[②]2009年7月1日，中国军旅画家举办了“红色记忆艺术邀请展”以庆祝建国60周年。作为艺术顾问参加的杨乃乔根据弗雷德里克·詹姆逊的理论，指出政治无意识是一种文本力量，视觉艺术则是由画语构成的文本形式，而军旅画家的红色经典即是由政治无意识所推动与形塑的视觉文本，因此在红色经典的视觉想象中，必然彰显着他们以红色政治无意识对历史进行叙事化与文本化所选择的价值立场。[③]

何云波主持国家社科项目“中国围棋思想史研究”，认为围棋作为一种竞技性游戏，本是形而下之“技”，但其后又逐渐成为艺术，并与形而上之“道”联系起来。围棋的这种意义生成过程，与中国传统的知识生成机制有关。中国围棋的意义建构，在棋论之间、围棋与其他棋种之间，形成一种“互文关系”，最终指涉的都是中国文化。中国围棋理论，与其他各种棋类理论，包括琴、书、画、诗、文理论，都是共用一套话语，言说不同的对象，这决定了它们之间话语的相通，当然也有其各自的独特性。[④]而肖淑芬对扬州评话书场的模式、运营形态及多重关系的讨论告诉我们，在扬州评话的发展过程中，书场的形态发生了很大的变化，从露天书场、堂会书场、茶社书场、专业书场等，

① 方汉文、汤胜天：《文人画：历史起源与重建》，《盐城工学院学报》（社会科学版）2014年第4期。

② 方汉文、汤胜天：《重建中国文人画：世界艺术史的守约与期待》，《淮北师范大学学报》（哲学社会科学版）2014年第5期。

③ 杨乃乔：《红色记忆、红色经典与后－红色经典——论政治无意识及其多元画语的视觉想象》，《学术月刊》2014年第1期。

④ 何云波：《围棋思想史：意义生成与棋论话语》，《体育学刊》2014年第1期。

发展到当下的社区书场,它是扬州评话兴衰的历史见证。书场的经济运营模式也因时而变,从现场收费、门票制,发展到义务说讲。而书场中,书场经营者与说书艺人的关系、说书人与听书人的关系等都是评话发展中十分重要的链条关系。[①]

① 肖淑芬:《扬州评话书场的模式、运营形态及多重关系》,《价值工程》2014 年第 30 期。

文学空间与地域想象

“鲁迅与浙东文化”论纲（上）

陈方竞
汕头大学文学院

一、研究缘起与方向

（一）研究缘起

20世纪30年代中期，当鲁迅离开我们的时候，中国人民怀着深深的敬意，把他尊为“民族魂”①。半个多世纪以来，“鲁迅精神”作为20世纪中华民族

---

① “十月二十二日，上万群众拥上街头，为鲁迅送行。在葬礼上，上海民众代表将一面白地黑字旗覆盖于先生灵柩，上书‘民族魂’三个大字……如一位亲历者所说，所有的送葬者‘合成巨大的集体’，‘更想到各地受他感化的大众，虽然不能亲自到来送殡，也必然遥寄最真挚的心情，使这个集体无形中扩大到不知多少倍’。鲁迅的逝世，成了民族凝聚并显示自己力量的纪念节日，此后年年都有‘纪念’，从未停止过；而鲁迅也就成为某种群体（民族，民众……）的力量、精神的‘代表’，这大概是鲁迅的宿命。……不难注意到，对于鲁迅的逝世，反映最为强烈的是思考与反抗的热情的年轻人。……因此，完全可以理解，1936年鲁迅开始远行时，人们最初面对他的背影，首先认定的，他是一位‘青年的导师’，一位‘被压迫民族与民众的代言人’。胡愈之的一篇文章的观点是可以代表左翼知识分子与日趋‘左’倾的青年对鲁迅的体认的：‘真正的伟大的民族作家，一定是被压迫的人民大众的代言者。从整个中国文学史看来，能够深刻地理解人民大众的痛苦和要求，能够真正表现一个伟大的民族的喜怒哀乐，而且能够代表着他们，向一切民族敌人，作不断的抗议和思想斗争的，这样的民族作家，除了鲁迅先生，几乎再找不出第二个。’邹韬奋的一篇文章则强调，鲁迅是‘民众心坎里公认的领袖，不是藉权势威胁可以得到的，不是藉强制造作可以得到的，是由于永远刚毅不屈不挠的为大众斗争的事实所感应的’。———这或许是历史派定给鲁迅的一个角色吧。”见钱理群：《远行以后——鲁迅接受史的一种描述》，贵州教育出版社2004年版，第14—17页。

魂灵的凝聚与象征，已经越来越为人们所承认。这一事实本身就历史地铸定了鲁迅与蕴含着民族精神的中国文化的深刻联系。鲁迅的精神、人格、思想、性格、气质，他的文化选择和文化个性，是深深植根于中国文化的深厚土壤之中的；进一步说，离开了中国文化的诠释，他的精神、人格、思想的价值，将无从得到真正显示。

中国文化以“五四”为转捩点，划分出传统与现代这样的变革性承续两部分。鲁迅出生在1881年，他的青少年时代基本上是在晚清社会中度过的，他较为系统地接受了中国社会延续几千年的传统教育，他多次强调自己是中国几千年宗法社会遗留下来的最后一个知识分子。① 但是，如何认识鲁迅与传统文化之关系，至今仍是鲁迅研究的一个困惑点，是深化鲁迅研究必须解决的一个关键问题。

由于鲁迅置身于19世纪末、20世纪初的中国历史变革期，作为中国现代文化的开拓者与创造者，他几乎终生不止地进行的“社会批评”和“文明批评”，这一定程度地模糊了他与中国传统文化本有的内在联系。20世纪80年代的鲁迅研究热点主要在“鲁迅与西方思想文化”中，一些研究著作和文章，将鲁迅心灵世界的文化起点落在西方，片面地、简单化地理解传统文化，把鲁迅与传统文化的联系仅仅归结为一种消极意义，认为鲁迅的文化追求仅仅是如何从传统文化的束缚中解脱出来，鲁迅的价值仅仅在于他以西方文化为参照对中国文化的批判与改造，甚至认为，任何从积极意义上去探讨鲁迅与传统文化的关系，都会冲淡以至抹杀鲁迅的新文化战士的形象。但是，在20世纪90年代勃然而起的“传统文化热”（或称“国学热”）中，一些研究者更为片面、简单地理解传统文化，把鲁迅种种切中传统文化要害的言论驱除出他们所谓“国粹”中，表现出对鲁迅的极端冷漠，甚至把鲁迅对传统文化的批判视为一大“罪状”，认为鲁迅是民族文化延续和发展的“罪人”，作为这种倾向的另一种表现形式，则是淡化鲁迅与西方思想文化联系对中国文

① 许广平回忆鲁迅说：“他晓得自己的性情和遭遇，对我谈话时曾经说道：‘我其实是知识阶级分子中最末的一个，而又是最顽强的。我没有照着同阶层的人们的意志去做，反而时常向他们挑战，所以旧的知识分子如此恨我。’”见许广平：《元旦忆感》，《欣慰的纪念》，人民文学出版社1981年版，第176页。

化发展的价值和意义，而认为鲁迅一生的文化追求就是对传统的充分肯定与继承，这有意或无意地模糊甚至抹杀了鲁迅"社会批评"与"文明批评"对于推动中国文化发展的作用。显然，前述不同认识相一致忽略了鲁迅自身深刻的矛盾性与复杂性，回避了鲁迅精神由多层次、多侧面有机构成这一客观事实，既缺乏对鲁迅超越时代局限的精神特质的认识，又较少研究鲁迅所应该具有的文化视野和文化观念，相一致地背离或忽略了鲁迅深深植根于民族文化土壤中这一研究的基本前提。

鲁迅作为中国现代文学的重要开拓者，鲁迅研究中的上述"偏差"，又直接影响到对中国现代文学与中西文学之关系的认识。诸如，在对中国现代文学发生与发展的研究中，一方面因为强调与西方文学的关系，而把中国现代文学看成是西方文学不可分割的组成部分之一，另一方面，则因为突出与固有文学难以隔断的联系，而把中国现代文学视为古代文学的自然延伸与发展，两方面的研究呈现出相对立的倾向。值得注意的是，这两个方面都能够在鲁迅的创作和言论中找到一些根据，这说明鲁迅独立的文化选择和文学取向，是在对中西文化、中西文学整体格局的认识中建立起来的，而在不同时间和空间，针对不同问题，有又各自不同的侧重。如果我们看到，正是经过五四新文学倡导，中国现代文学与域外民族、国家的文学才有了更加紧密的联系，这是其与中国古代文学的根本差异，但当我们进一步去认识"世界文学中的中国现代文学"，又不能不看到，中国现代文学在与域外民族、国家的文学相互影响而同步发展过程中，正是以其与本民族的文化（文学）的血肉联系，而获得在世界文学整体格局中的位置的，——这正是鲁迅致力于中国现代文学走向世界的基本思路。①

五四新文学潮流奔涌于中国文学的历史长河中，是对几千年中国古典文学的变革性承续与发展。鲁迅30年代中期虽有"新文学是在外国文学潮流的推动下发生的，从中国古代文学方面，几乎一点遗产也没摄取"②之说，但

---

① 参见陈方竞：《鲁迅对中国现代文学走向世界的思考与追寻》，《陈方竞自选集》上卷，汕头大学出版社2005年版。

② 《集外集拾遗补编·"中国杰作小说"小引》，《鲁迅全集》第8卷，人民文学出版社1981年版，第399页。本文鲁迅著作的引文注释，如不特殊标明，均引自人民文学出版社1981年版《鲁迅全集》。

在我看来，这是鲁迅总结新文学创作不足之原因的极而言之。他五四时期对传统积弊的超出同时代人的痛切感受而表现出激烈地反传统，也并不意味着他割断了自身与民族传统文化的联系，他的创作明显始终保持着与中国几千年文学传统的血脉相通，所以才有后来对此这样的说明——

> 因为新的阶级及其文化，并非突然从天而降，大抵是发达于对旧支配者及其文化的反抗者中，亦即发达于和旧者的对立中，所以新文化仍然有所承传，于旧文化也仍然有所择取。①
>
> 新的艺术，没有一种是无根无蒂，突然发生的，总承受着先前的遗产……②

（二）“固有之血脉”

显然，核心问题之一，是应该如何认识中华民族的传统文化？在我的理解中，民族传统文化应该包含这样两个内在关联的层面：一者存在于民族历史与民族生活深处，蕴含着民族“固有之血脉”，是民族得以形成并确立的根基；另者是前者的人为化、经典化以至社会意识形态化，这又分出两途——一是前者的丰富与升华，而成为民族发展的内在动力，二是前者的剥蚀与蜕变，而成为民族发展的负累与桎梏。中华民族延续几千年，到晚清其文化的生机与活力丧失殆尽。所以，当西方列强以武力打破世界各民族之间的隔绝与封闭，中国社会落后的物质和腐朽的制度，首先受到冲击就是必然的。但是，物质与制度是思想文化的产物，民族思想文化因其固有精神的剥蚀与蜕变而成为物质落后、制度腐败的根源。所以，思想文化变革成为民族自强与发展的关键所在。鲁迅20世纪初在东、西方文化碰撞与交汇中对此有深刻的理解，他在《文化偏至论》中明确提出——

> 外之既不后于世界之思潮，内之仍弗失固有之血脉，取今复古，别立

---

① 《集外集拾遗·〈浮士德与城〉后记》，《鲁迅全集》第7卷，人民文学出版社1981年版，第355页。

② 《书信·340409·致魏猛克》，《鲁迅全集》第12卷，人民文学出版社1981年版，第381页。

> 新宗,人生意义,致之深邃,则国人之自觉至,个性张,沙聚之邦,由是转为人国。①

将思想文化变革确立于汲取"世界之思潮"与继承民族"固有之血脉"这"内"、"外"两方面结合的基础上,以保证设想中最终实现之"人国"的人类性与民族性。鲁迅在20年代后期对此又有进一步地申说:"世界的时代思潮早已六面袭来,而自己还拘禁在三千年陈的桎梏里",这是身"内"的桎梏;"于是觉醒,挣扎,反叛,要出面参与世界的事业"——"但是,我们是迟暮了,并未参与过先前的事业,于是有时候不过敬谨接收,又成了一种可敬的身外的新桎梏",提出:"内外两面,都和世界的时代思潮合流,而又并未梏亡中国的民族性"②。

对民族"固有之血脉"的追寻,贯穿鲁迅的一生,是鲁迅反传统的根由和目的之一。这是可以通过鲁迅五四时期的小说《补天》中女娲与她所造的"小东西"的对比看出的——在这方面,鲁迅甚至表现出一种"反文化"的倾向,对人的自然本性的高扬,以及对"文明进步"造成的人的自然本性的蜕化的批评,其中不无对自我的憎恶。你再读读《朝花夕拾》中的《狗·猫·鼠》吧,他对"动物界"的"适性任情"的赞赏,而主张"人禽之辨,本不必这样严",对人脱离动物而能直立,能说话,能写字作文后的"堕落"的激烈抨击③。鲁迅的这一倾向到30年代仍然有十分显著的表现:在《门外文谈》中对"不识字的作家"的赞扬,对"民间文学"的肯定④,作文谈"人生识字胡涂始"⑤,尤其是在历史小说《理水》中,他以"油滑"之笔,把"文化山"上的那些中西学养深厚的现代学者,与远古时代为治平洪水,不尚空谈、体察实性、埋头苦干的大禹,放在一起写,形成鲜明对照,寄寓着他对中国长期被湮没的民族"固有之血脉"的追寻。

---

① 《坟·文化偏至论》,《鲁迅全集》第1卷,人民文学出版社1981年版,第56页。

② 《而已集·当陶元庆君的绘画展览时》,《鲁迅全集》第3卷,人民文学出版社1981年版,第549—550页。

③ 《朝花夕拾·狗·猫·鼠》,《鲁迅全集》第2卷,人民文学出版社1981年版,第233页。

④ 《且介亭杂文·门外文谈》,《鲁迅全集》第6卷,人民文学出版社1981年版,第93—95页。

⑤ 《且介亭杂文二集·人生识字胡涂始》,《鲁迅全集》第6卷,第295—297页。

鲁迅对“民族性”的理解,更蕴含了民族历史文化的丰富内涵,这是对民族“固有之血脉”的承续与发展而形成的历史文化传统。在这方面,鲁迅对传统文化的批判,同时又是对传统文化的继承。比如,人们经常提到鲁迅1925年2月写的《青年必读书》,却很少注意他写于同月、后另编入《坟》中的《再论雷峰塔的倒掉》一文中的类似话题,他在这篇文章中说:“无破坏即无新建设,大致是的;但有破坏却未必即有新建设”——他把“破坏”区分出“革新的破坏”与“寇盗式的破坏”、“奴才式的破坏”两类,提出要重视二者的区别,认为前者“内心有理想的光”。[①] 鲁迅内心“理想的光”不仅在西方,更主要在中国,在中国过去的历史中 [②]——可以证之的是,《再论雷峰塔的倒掉》写出三天后,鲁迅在《看镜有感》一文中说了这样一段颇动感情的话——

> 遥想汉人多少闳放,新来的动植物,即毫不拘忌,来充装饰的花纹。唐人也还不算弱,例如汉人的墓前石兽,多是羊,虎,天禄,辟邪,而长安的昭陵上,却刻著带箭的骏马,还有一匹驼鸟,则办法简直前无古人。……
>
> ……汉唐虽然也有边患,但魄力究竟雄大,人民具有不至于为异族奴隶的自信心,或者竟毫未想到,凡取用外来事物的时候,就如将彼俘来一样,自由驱使,绝不介怀。[③]

我读这段文字,不禁想起钱理群在为王瑶先生逝世一周年所写的“祭文”中说到的,从鲁迅到闻一多到王瑶,这几代中国知识分子对中国历史上

---

① 《坟·再论雷峰塔的倒掉》,《鲁迅全集》第1卷,人民文学出版社1981年版,第192—194页。

② 值得提出的是,鲁迅1930年翻译卢那察尔斯基的《浮士德与城》所写“后记”中,也有着相一致地思考和认识,说:卢那察尔斯基“之主张择存文化底遗产,是因为‘我们继承着人的过去,也爱人类的未来’的缘故;他之以为创业的雄主,胜于世纪末的颓唐人,是因为古人所创的事业中,即含有后来的新兴阶级皆可以择取的遗产,而颓唐人则自置于人间之上,自放于人间之外,于当时及后世都无益处的缘故。但自然也有破坏,这是为了未来的新的建设。新的建设的理想,是一切言动的南针,倘没有这而言破坏,便如未来派,不过是破坏的同路人,而言保存,则全然是旧社会的维持者。”见《集外集拾遗·〈浮士德与城〉后记》,《鲁迅全集》第7卷,人民文学出版社1981年版,第356页。

③ 《坟·看镜有感》,《鲁迅全集》第1卷,第197—198页。

曾经出现的"汉唐盛世"的由衷的神往，承受着由"愧对祖先"而产生的刻骨铭心的精神痛苦，将"复兴中华民族"的愿望融入自己的生命与血肉，为之奋斗终生，虽屡遭挫折，仍矢志不移。①

鲁迅与传统文化联系的深刻意义正在于此。曾经炳赫于世界民族之林的中国文化给予鲁迅的精神营养，是他执着地致力于民族文化变革的内在动力之一。他为复兴民族"固有之血脉"，对这个老大民族的文化数百年来在整体上趋于僵死与腐朽的格局与内涵，进行了彻底的毫不妥协的批判与改造，促其"返老还童"，焕发青春活力。在这方面，鲁迅与上世纪初以来的那些死抱着传统文化僵尸不放的复古主义者有着本质的区别，可以说这是从同一文化母体中分娩出的文化品质迥异的两类人。由于后者凭借强大的社会力量和根深蒂固的习惯势力而存在，使中国文化变革之艰难，非常人所能想象，鲁迅不能不把"文明批评"、"社会批判"置于自己建设新文化的前景位置，甚至发出"要少——或者竟不——看中国书"的痛切呼唤②。

当然，问题还有更复杂的一面。鲁迅与传统文化的联系本身并非单一的性质，又使他痛感自己"苦于背了这些古老的鬼魂，摆脱不开，时常感到一种使人气闷的沉重"③，说：

> ……一切事物，在转变中，是总有多少中间物的。动植之间，无脊椎和脊椎动物之间，都有中间物；或者简直可以说，在进化的链子上，一切都是中间物。当开首改革文章的时候，有几个不三不四的作者，是当然的，只能这样，也需要这样。他的任务，是在有些警觉之后，喊出一种新声；又因为从旧垒中来，情形看得较为分明，反戈一击，易制强敌的死命。但仍应该和光阴偕逝，逐渐消亡，至多不过是桥梁中的一木一石，并非什么前途的目标，范本。④

① 钱理群：《从痛定中挤出的回忆与理解——王瑶师逝世一周年祭》，《中国现代文学研究丛刊》1990年第4期。

② 《华盖集·青年必读书》，《鲁迅全集》第3卷，人民文学出版社1981年版，第12页。

③ 《坟·写在〈坟〉后面》，《鲁迅全集》第1卷，人民文学出版社1981年版，第285页。

④ 同上书，第285—286页。

鲁迅的这一从彻底的文化变革出发对自身文化性质的认定，更进一步证明了他与传统文化的固有联系。但是，这种联系在鲁迅身上，主导因素无疑是积极的。这正是鲁迅较之同时代的那些文化人，能够在历史变革期转而成为中国新文化的开拓者与创造者的重要原因之一。

（三）研究方向

显然，探讨鲁迅与中国传统文化的关系，是“鲁迅研究”的重要基础之一。但是，正是在这个问题上，多年来的鲁迅研究多停留在“现象论”，即避开鲁迅与传统文化的实质性联系，仅仅着眼于他的精神与思想的某些侧面，创作个性的某些偏好，作品的某些艺术特征等，与中国古代作家、作品相比照以溯源，其中不乏真知灼见，又往往浅尝辄止，语焉不详——

比如，鲁迅曾说他的创作追求的是中国旧戏和年画那样的单纯、朴素的风格，但这仅仅缘于他对传统文化中的民间艺术的喜爱吗？是否存在着他与民间艺术的主体——农民，在精神气质上的某种至深的联系呢？又如，鲁迅偏爱魏晋作家，他的杂文被人称作“魏晋文章”，他并没有反对[①]，但这仅仅是一种文风的相似吗？他辑校《嵇康集》长达二十三年，校勘十余次，抄本三种，亲笔校勘本五种[②]，这难道仅仅是因为他与嵇康之间某种个性志趣的相投吗？如果承认他们之间深刻的精神联系，是否可以进一步提出，促成这种联系的重要基础之一，是他直面现实社会人生产生的强烈的“魏晋感受”，以及在与嵇康相似的境遇和心态中凝聚着中国传统文化所铸造的某种精神特质。还有，在一些研究中仅仅看到鲁迅与章太炎文章的“魏晋特色”的相似，有的将这种联系作为鲁迅早期思想形成过程中的局限来认识，认为鲁迅思想发展的表现之一，就是逐步摆脱章太炎的影响。其实情况并非如此，不仅鲁迅偏爱魏晋作家以及他自身的乡土作风，都或深或浅地受到章太炎的影响，而且，可以说，鲁迅对章太炎思想与学术的继承与发展，在近现代之交中国的思想文化变革中具有相

① 孙伏园说：“刘半农先生赠给鲁迅一副联语，是‘托尼学说，魏晋文章’。当时的朋友都认为这幅联语很恰当，鲁迅先生自己也不加反对。”见孙伏园：《鲁迅先生逝世五周年杂感二则》，孙伏园《鲁迅先生二三事》，湖南人民出版社 1980 年版，第 46 页。

② 参见赵英：《籍海探珍》，中国文史出版社 1991 年版，第 38 页。

当重要的意义。如果看到章太炎在近现代之交的中国是革命派中绝无仅有的"思想家"，对思想文化领域的变革起到了极其重要而深远的作用，那么显然可以深化对鲁迅自1907年始倡导的思想启蒙的认识。如果进一步理出章太炎与浙东学术的深刻联系，还可以发现，正是以鲁迅为核心的章门弟子对章太炎思想与学术的继承与发展，构成了五四新文学发生的"浙东背景"。

还可以提出一些。显然，诸如此类的问题，如果避开鲁迅与传统文化的实质性联系，就现象论现象，不仅不可能得到深刻解释，而且，所得出的结论必然是零散、片面的，如恩格斯所批评的那样："丢掉了事物的总的概貌，过于经常地陷入一种几乎是无休止、无结果的对枝节问题的妄想中。"①

应该首先提出的是，早在1936年，在当时"左联"作家包括某些领导人对鲁迅还知之甚少而对传统不屑一顾的情况下，冯雪峰在《关于鲁迅在文学上的地位》一文中，就提出了鲁迅与中国传统文学的深刻联系——

> ……中国旧有的好的文学传统及丰富的中国历史演变的教训，也深刻地影响着鲁迅的文学与思想。他的文学事业，有着明显的深刻的中国特色，特别是他的散文的形式与气质。其次，在文学者的人格与人事关系的一点上，鲁迅是和中国文学史上的壮烈不朽的屈原、陶潜、杜甫等，连成一个精神上的系列。这些大诗人，都是有着伟大的人格和深刻的社会热情的人，鲁迅在思想上当然是新的，不同的，但作为一个中国文学者，在对于社会的热情，及其不屈不挠的精神，显示了中国民族与文化的可尊敬的一方面，鲁迅是继承了他们的一脉的。②

冯雪峰的这篇文章，鲁迅过目并修改过。冯雪峰说：文章中"关于在后面说他在中国文学史上和屈原、杜甫等的精神上的传统的（联系）一点"，鲁迅是"同意的"③。联系"五四"以来东西文化碰撞，使中国文学的旧有价值体系被彻底打破，冯雪峰在中国文学的历史长河中，重新梳理出承上启下

① 恩格斯：《致施米特的信》，人民出版社1995年版。

② 《雪峰文集》第4卷，人民文学出版社1985年版，第24页。

③ 同上书，第25—26页。

而影响及于鲁迅的一脉文学传统，其开拓意义是不容置疑的。但冯雪峰主要是从现实政治革命的需要出发来认识鲁迅并追及传统，因而纯化了鲁迅与传统文化联系的丰富性与复杂性，未能切入到鲁迅与传统文学联系的个性方式中。侯外庐先生从中国思想发展史的角度研究章太炎，提出鲁迅“直接继承发展了章太炎思想的传统，更以章氏为桥梁，把诸子异端思想以至魏晋‘非汤、武而薄周、孔’的嵇康、鲍敬言思想，溶化于他的前期文学作品中”[①]。这种认识极为深刻，但却未能展开说明。真正具有这方面的学术研究优势的，是著名学者王瑶先生。王瑶青年时代在朱自清先生指导下，依据鲁迅的“六朝文学观”研究中古文学史，取得了至今为研究者难以企及的成果；他自身又有着为人称道的“魏晋风度”[②]——这成为他50年代对“鲁迅作品与中国古典文学的历史联系”的研究的切入口[③]。他在文章中系统地阐述了章太炎与鲁迅在“魏晋文学观”上的继承与发展关系，全面而深刻地揭示了鲁迅与嵇康、阮籍、孔融等魏晋人物在思想与创作上的联系，研究“每下一义，泰山不移”，至今仍有重要的指导意义。“魏晋风度”与“六朝文学”是鲁迅与中国传统文化研究得以确立的根基之一。但是，由于众所周知的原因，王瑶先生的这一研究未能进一步展开和深化便中断了。80年代以来，王瑶先生对当时还少为人问津但在这一研究中却具有重要价值的鲁迅的《故事新编》、《朝花夕拾》展开系统阐释，在更宽泛的领域中深化了鲁迅与传统文化的研究，提出了诸多卓有见地且发人深省的见解，显示了前辈学术宗师在坚实的学术功底上的取精用宏，积厚发微。钱理群在此基础上把这一研究进一步拓宽拓深，他的《心灵的探寻》的一个重要的研究指向，就是揭示鲁迅的思想与艺术形成的深厚的历史文化渊源，展示鲁迅与传统文化内在联系的丰富内涵，

① 侯外庐：《鲁迅与中国传统思想》，香港《文汇报》1948年9月22日。

② 王瑶的《自我介绍》言：“在校时诸多平平，鲜为人知。惟斯时曾两系囹圄，又一度主编《清华周刊》，或能为暌违已久之学友所忆及。多年来皆以教书为业，乏善可述，今乃忝任北京大学教席。迩来垂垂老矣，华发满颠，齿转黄黑，颇符‘颠倒黑白’之讥；而浓茗时啜，烟斗常衔，亦谙‘水深火热’之味。惟乡音未改，出语多谐，时乘单车横冲直撞，似犹未失故态耳。”（原载《清华1934—1938—1988纪念刊》，1987年5月）引自《王瑶先生纪念集》封面，天津人民出版社1990年版。王瑶逝世，他的弟子献了一副挽联：“魏晋风度，为人但有真性情；五四精神，传世岂无好文章。”

③ 王瑶：《论鲁迅作品与中国古典文学的历史联系》，《文艺报》1956年第19、20号。

诸如他在"思维篇"："'多疑'、'尖刻'中的现代智慧"一章中分析鲁迅杂文的思想艺术个性与"绍兴师爷笔法"的关系①，被严家炎先生称为"很有见地的独到的研究"②。尤其是"艺术篇"："人、神、鬼"一章，"从鲁迅的学术研究与文学创作中对于神话、传说中的鬼、神形象的评价、处理这一特殊角度，来把握鲁迅与中国传统文化的关系"③，是我所见到的有关这方面研究的最有分量的篇什之一。

说明展开鲁迅与中国传统文化研究的必要，展示这一研究的发展历程，本文的研究方向从中得以确立。

二、研究"中介"——故乡文化

（一）个性化研究

研究方向提出后，首先面临的问题是，鲁迅全部著述表明，他汲取了中国古代儒、释、道、墨、法等多种思想的精华，但是，如果将他与传统的联系看成是这些传统思想的堆积与综合，其结果必然失去了"鲁迅"。因此，在研究方法上，探讨鲁迅怎样以他特有的个性方式形成与中国传统文化多方面的联系，就成为研究得以展开并深入的关节。

恩格斯在《反杜林论》的旧序中反复强调，采取什么样的思维方式，往往对于研究工作具有决定性的意义。应该看到，长期以来，我们对鲁迅与中国传统文化联系的研究，主要停留在现象性描述，除了观念上的障碍，一个重要原因在于研究的思维方式的局限。显然，找到切合鲁迅思想文化个性的个性化的研究方式，就成为一个十分重要的问题，这不仅是研究得以深化的要求，而且，更重要的是，提出个性化研究方式的客观依据，就存在于研究的对象——鲁迅自身。

---

① 钱理群：《心灵的探寻》，上海文艺出版社1988年版，第91—97页。

② 严家炎：《二十世纪中国文学与区域文化丛书·总序》，湖南教育出版社1995年版。

③ 钱理群：《心灵的探寻》，第273—287页。

鲁迅产生的时代——“五四”，是一个“人”的个性意识充分觉醒的时代。如刘纳所说：

> “五四”时期变革中的现实生活为我国人民，特别是我国知识分子个性的解放和发展开辟了广阔的道路。比起古代人来，现代人更多地属于他们自己。他们不再是巨大的封建伦理锁链中的一环，他们发见了宗法关系之外的“个人”存在价值。……适应着时代前进的趋向，呼吸着新鲜的民主空气，文学研究会与创造社的作家们，以强大的声音发出“个性解放”的呼声，而他们，首先解放着自己的个性。我们在文学研究会与创造社作家那里，能够看到古代作家所无法比拟的鲜明个性。

刘纳着眼于文学研究会与创造社这两大作家群特征迥异的性格比较，发现在他们身上，分别深深打上了中国儒、道两家所造就的“儒雅”与“风流”这样两条并行的传统印记。[①] 显然，鲁迅既不“儒雅”，也不“风流”，他的个性迥异于上述两类作家。我阅读了鲁迅的全部著作以及有关鲁迅的研究资料，一个突出的感觉是：鲁迅个性的特异，如他自己所说——

> 别人猜测我，都与我的心思背驰，因此我觉得我在中国人中，的确有点特别……[②]

于是，引起我注意的是如下对鲁迅个性的一些独到的观察——

> 他的敌人说他多疑，神经质，阴郁，他的爱人说他“感受的黑暗居多”，“以悲观作不悲观”（《两地书》），他自己则说他因了“经验”，“也就比农民更加多疑起来”（《上海所感》），“自觉脾气实在坏得可以”（《两地书》），他纵酒，他焦躁，他有时为了不舒心的事，在家里长时间的不说、不动。作为他感情活动的一种特征，敌、友、己从不同的动机出发，却在各自的感受中，达到了某种一致，这反映了他的某种心理素质，某种感情

① 刘纳：《“五四”时期的两大作家群》，《论“五四”新文学》，浙江文艺出版社 1987 年版，第 102—103 页。

② 《书信·270612·致章廷谦》，《鲁迅全集》第 11 卷，人民文学出版社 1981 年版，第 548 页。

> 面貌，某种精神气质所显示出来的稳固特征，即其特有的个性气质。①
>
> 坎坷的遭遇使他从小便带有阴郁、怀疑、憎恶的眼神看待这个世界，并形成了一种明显的内向、孤僻又略带偏执的性格。②

如上观察有一致之处，反映出鲁迅个性的某些突出侧面。依此，我们进一步对鲁迅个性的形成进行文化溯源，显然，简单地从与儒、释、道、墨、法等的联系出发，是无从给予解释的。使我更感兴趣的是，前述两位学者的文章都体现出个性化的研究方式，即不囿于固有的“结论”而转向“过程”，对鲁迅个性的形成，都追溯于他的童年至青少年时期受到的影响和特殊经历。

大量事实表明，作家较之一般人，其艺术个性的形成，与深深触及他们童年至青少年生活经历的地域文化背景和氛围，有更直接、更深刻的关系。比如，恩格斯批评歌德的“谨小慎微，事实知足，胸襟狭隘”，就归因于他的故乡——莱茵河畔的商业中心法兰克福的小市民庸人气息的影响。③ 果戈理是这样评价俄国近代文学之父普希金的：

> 命运好像故意地把他抛掷到那个地方去了，……庞大的、终年积雪的高加索，在酷暑的盆地里，使他惊叹不止；可以说，高加索唤起了他灵魂的力量，毁坏了依然束缚在自由思想上的最后的锁链。大胆山民的自由的诗意的生活，他们的格斗的，迅速的、不可抗拒的袭击，俘虏了他；从这时候起，他的画笔就获得了使刚刚识别俄国的人为之惊奇和倾倒的那种广阔的规模、敏捷和大胆。……只有他才是高加索的歌手，他以整个心灵和感情爱上了高加索；……④

果戈理自己又何尝不是如此，别林斯基说在他的成名作《狄康卡近乡夜话》里，他的故乡乌克兰“大自然所能有的一切美好的东西，平民乡村生活

---

① 张建生：《鲁迅个性气质论》，《中国现代文学研究丛刊》1985 年第 2 期。

② 吴俊：《鲁迅深层意识管窥》，《中国现代文学研究丛刊》1986 年第 2 期。

③ 恩格斯：《诗歌和散文中的德国社会主义》，《马克思恩格斯列宁斯大林文艺论著选读》，江西人民出版社 1983 年版，第 89—90 页。

④ 果戈理：《关于普希金的几句话》，《文学的战斗传统》，满涛译，新文艺出版社 1953 年版，第 1—2 页。又见段宝林编：《西方古典作家谈文艺创作》，春风文艺出版社 1980 年版，第 415 页。

所能有的一切诱人的东西，民族所能有的一切独创的典型的东西，都以虹彩一样的颜色，闪耀在……诗情幻想里面"[①]，乌克兰是他创作的灵魂。

鲁迅思想与艺术的个性之"根"，深扎在故乡生活的文化土壤之中；对此，人们已经做过多方面的研究与说明。比如，会稽历史上留下的禹、舜之遗迹，绍兴"十字街头"平民生活中的"禹、墨遗风"[②]，对鲁迅自幼濡染，在他的精神气质上留下了清晰印记，许寿裳说：鲁迅写《理水》、《非攻》，"在描写大禹、墨子的伟大的精神中，有他自己的面影存在"[③]；又如，鲁迅早年就为人称道身上有"越人卧薪尝胆之遗风"[④]，如他所解释：我"还是脱不出往昔的环境的影响"——"总觉得复仇是不足为奇的"[⑤]；再如，周作人曾谈到，绍兴人的"浙东性"，"这就是世人所通称的'师爷气'"，"那法家的苛刻的态度，并不限于职业，却弥漫及于乡间，仿佛成为一种潮流"[⑥]："绍兴师爷传统"蕴含的法家的人生态度、思维方式，对鲁迅一生的思想与创作产生极为深刻的影响。[⑦] 瞿秋白对鲁迅与故乡的精神联系，更有独到的说明——

> 他的士大夫家庭的败落，使他在儿童时代就混进了野孩子的群里，呼吸着小百姓的空气。这使他真像吃了狼的奶汁似的，得到了那种"野兽性"……
>
> ……（他）永远没有忘记自己的乳母的，……很久地在孤独的战

---

① 《论俄国中篇小说和果戈理君的中篇小说》，《别林斯基选集》第1卷，上海译文出版社1979年版，第198页。

② "东昌坊这条街并不阔，……做锡箔的，担轿的，摇船的，做木作的，做泥水作的，箍桶的，以及小商小贩……清早起来，就都在忙碌。如果有一天闲着，他们反而要发愁了。一到黄昏，他们在暮色苍茫中吃晚饭——绍兴的风俗是一日三餐煮饭吃的。老百姓往往托了一碗饭站着吃，饭碗上放着一长条乌黑的干菜……一叶叶撕下来，就那么咬着吃。……此外的吃食就是腌菜，霉苋菜梗，红霉豆腐，臭霉豆腐之类。人们常常是吃完饭以后，油灯也舍不得点，摸黑把碗筷收拾好，就休息了……"："绍兴平民上述勤劳卓苦的生活方式，十字街头的市风，显然有禹、墨遗风。"见钱理群：《周作人传》，北京十月文艺出版社1990年版，第24—26页。

③ 许寿裳：《我所认识的鲁迅》，人民文学出版社1981年版，第76页。

④ 沈瓞民：《回忆鲁迅早年在弘文学院的片段》（原载1961年9月23日《文汇报》），鲁迅博物馆等编《鲁迅回忆录》上册，北京出版社1999年版，第46页。

⑤ 《坟·杂忆》，《鲁迅全集》第1卷，人民文学出版社1981年版，第223页。

⑥ 《雨天的书·自序二》，许志英编《周作人早期散文集》，上海文艺出版社1984年版，第235页。

⑦ 参见钱理群：《心灵的探寻》，上海文艺出版社1988年版，第91—97页。

斗之中找寻着那回到"故乡"的道路……

他从他自己的道路回到了狼的怀抱。①

（二）以故乡文化为"中介"

故乡文化培育了鲁迅的个性。鲁迅以植根故乡文化的个性方式为"中介",形成与中国传统文化的联系。

这种联系一方面表现在择取,鲁迅与"魏晋风度及文章"的联系即属此例。魏晋名士蔑视礼法,"非毁典谟",与浙东先贤的"浙东性",即"逆于时趋","辩论之间,颇乖时人好恶"②,以及"满口柴胡,殊少敦厚温和之气"③,是有内在相通之处的,源于窥破世态人心,而与时趋相背、愤世嫉俗的傲骨。在这方面,魏晋名士较之绍兴先贤又有过之无不及,而为鲁迅心神所往。"孔融作人,喜用讥嘲的笔调"④,嵇康文章"近汉孔融"⑤,"刚肠嫉恶,轻肆直言,遇事便发",直透底里,而为司马氏集团所深恶;这与含有"法家的苛刻的态度"的绍兴"师爷笔法",亦有相通之处,表现出透视人情世故的极端冷酷而见"世人的真面目"。在这方面,"师心以遣论"的"魏晋文章"较之绍兴"师爷笔法",亦有过之无不及,而为鲁迅取之融会笔端。鲁迅对"魏晋风度及文章"的择取,是对以"名教"包藏祸心,诛杀异己的司马氏之流的拒斥,同时又是对视魏晋时代"药·酒·女·佛"为万恶之源的宋明理学及桐城文的拒斥。

择取与拒斥,常常显示出鲁迅对传统文化惊人的洞察力和独到的分析力。可以清代为例,清廷纂修的《四库全书》收书3503种,分经、史、子、集,可谓浩瀚广博,为后人称道不已,曾有"珍本"、"善本"之争。鲁迅看此书却别有眼光,认为这里有"深通汉文的异族的君主",对"被征服的汉族的文化和人情"

① 《鲁迅杂感选集·序言》,李宗英、张梦阳编《六十年来鲁迅研究论文选》,中国社会科学出版社1982年版,第106页。

② 章学诚:《章氏遗书》卷二十九《上辛楣宫詹书》。

③ 《雨天的书·自序二》,许志英编《周作人早期散文集》,上海文艺出版社1984年版,第235页。

④ 《而已集·魏晋风度及文章与药及酒之关系》,《鲁迅全集》第3卷,人民文学出版社1981年版,第513页。

⑤ 刘师培:《中国中古文学史·论文杂记》,人民文学出版社1984年版,第44页。

的“鄙夷,但也恐惧,有苛论,但也有确评”和故意的“删改”;但“倘有有心人”把“好像无人过问”的《东华录》、《御批通鉴辑览》、《上谕八旗》、《雍正朱批谕旨》等书“加以收集,一一钩稽,将其中的驾驭汉人,批评文化,利用文艺之处,分别排比,辑成一书,我想,我们不但可以看见那策略的博大和恶辣,并且还能够明白我们怎样受异族主子驯扰,以及遗留至今的奴性的由来的罢”①:在本文的研究中,这种眼光与认识是与故乡文化学术传统的影响直接相关的。

进一步说,鲁迅对儒、墨、道、法等,又并不囿于某一思想传统而拒斥其他,是从自己植根于故乡文化的个性出发都有所择取。比如,他对先秦显学三家,独取老庄,主要是着眼于“文采”——“儒家崇实,墨家尚质”,“文辞之美富者,实惟道家”。② 但他对老子的“不撄”之说和庄子的“无是非观”又有最严厉的批判。他立身行事,平民化的生活习性,明显染有“禹墨”遗风——“只要是损己利人的,他就挑选上,自己背起来”③;同时他身上,尤其是文章中又有“法家的苛刻的态度”,像周作人所说的那样,一下子“抓住事件的核心,仿佛把指甲狠狠的掐进肉里去”④:“墨”与“法”在他身上都有引人注目的表现,二者相矛盾,又互为制约与补充,摒弃了墨家的“泛爱”和法家的“唯我”,统一在他的思想与艺术个性中。

鲁迅说自己有庄周式的“随便”⑤:“我向来正是这随便党里的一个”⑥,“忽而爱人,忽而憎人;做事的时候,有时确为别人,有时却为自己玩玩,有时则竟因为希望生命从速消磨”⑦。他的论敌说他有道家的“世故”,他自己也说“因为年纪渐大,精力就衰,世故也愈深”⑧,自认在中国社会“不通世故”不行,“深于世故”不可⑨,实际上他是“深知世故而不世故,他参透人生,又

① 《且介亭杂文·买〈小学大全〉记》,《鲁迅全集》第6卷,人民文学出版社1981年版,第57—58页。

② 《汉文学史纲要》,《鲁迅全集》第9卷,人民文学出版社1981年版,第370页。

③ 《南腔北调·为了忘却的纪念》,《鲁迅全集》第4卷,人民文学出版社1981年版,第483页。

④ 周作人:《知堂回想录》,香港:三育图书有限公司1980年版,第580页。

⑤ 《坟·写在〈坟〉后面》,《鲁迅全集》第1卷,人民文学出版社1981年版,第285页。

⑥ 《且介亭杂文末编·死》,《鲁迅全集》第6卷,第610页。

⑦ 《两地书·二十四》,《鲁迅全集》第11卷,人民文学出版社1981年版,第79页。

⑧ 《书信·330618·致曹聚仁》,《鲁迅全集》第12卷,人民文学出版社1981年版,第185页。

⑨ 《南腔北调集·世故三味》,《鲁迅全集》第4卷,第590页。

采取了积极进取的人生态度"[①]。无可否认，他一生对儒家思想有最多的批判，但在他自强不息的生命行程中，热烈、进取、坚韧、执着的人生态度，"知其不可为而为之"，注重实践，"以悲观作不悲观"，"作绝望的抗战"[②]的人格精神，明显与儒家思想有更多的内在联系。

最足以显示鲁迅植根于故乡文化的个性方式的形成，还在文学艺术方面。

鲁迅对汉魏六朝文学的选择，又得益于乡风的濡染。清代人谈文学，多宗桐城，他的塾师寿镜吾先生却"不喜八股文，所授止经史纲要、唐宋诗、古文词，……常手抄汉魏六朝古典文学"，时时诵读，他"并不措意，……亦喜阅之，故往往置正课不理，其抽屉中小说杂书古典文学，无所不有"[③]。在唐弢先生的介绍中，这又是可以追溯到"两浙的文风"，加之李越缦、章太炎的播扬，在绍兴等地"影响的深远"的[④]。鲁迅是由寿镜吾而更接近章太炎，同时又超越了章太炎，视"六朝文学"为"文学的自觉时代"[⑤]，倾心于魏晋名士的"非圣无法"、"非毁典谟"，同时又缘魏晋而看六朝，认为宋、齐、梁、陈大抵"吟风弄月"，"醉生梦死"，而看重晋末宋初的陶渊明诗文于平淡中见沉郁，不事雕琢，意境深远，就此而言，他与同样喜爱陶渊明的周作人又有不同，他不取"选家"、"论客"所赞许的陶诗的"飘逸"，提取出陶渊明诗文中"'金刚怒目'

① 钱理群：《心灵的探寻》，上海文艺出版社1988年版，第59页。

② "你好像常在看我的作品，但我的作品，太黑暗了，因为我常觉得惟'黑暗与虚无'乃是'实有'，却偏要向这些作绝望的抗战，所以很多着偏激的声音。其实这或者是年龄和经历的关系，也许未必一定的确的，因为我终于不能证实：惟黑暗与虚无乃是实有。"《两地书·四》，《鲁迅全集》第11卷，人民文学出版社1981年版，第20—21页。

③ 寿洙邻：《我也谈谈鲁迅的故事》，见鲁迅博物馆等编《鲁迅回忆录》上册（散篇），人民文学出版社1981年版，第4页。

④ "阮元曾任浙江巡抚，在杭州设立诂经精舍，大大地影响了两浙的文风。李越缦目空一切，于桐城攻击不遗余力，对阮元则有所许可；章太炎指出文、笔之说，未必精当，博引群书，详加论列，说明阮元'籍此证成，适足自陷'，但他的论文观点仍接近阮元。不过李越缦、章太炎都已突破《文选》范围，别有发展。寿镜吾虽然不过一个塾师，却也爱读魏晋六朝文章，也许他的目光并未超出《文选》，不过流风所被，足见这一派在浙江绍兴等地影响的深远。鲁迅幼从寿镜吾，以后又请益于章太炎，耳濡目染，对魏晋文风表示好感，在艺术上融会贯通，扬长避短，从而有所吸收和创造，正是不言而喻的事情。"见唐弢：《鲁迅传》第二章"从小康人家坠入困顿"，《鲁迅研究月刊》1992年第5期。

⑤ 《而已集·魏晋风度及文章与药及酒之关系》，《鲁迅全集》第3卷，人民文学出版社1981年版，第504页。

式”的一面，“证明着他并非整天整夜的飘飘然”[①]。这样的眼光贯穿了他对中国文学史的认识，如屈原，肯定《离骚》“其言甚长，其思甚幻，其文甚丽，其旨甚明，凭心而论，不遵矩度”[②]，故而“放言无惮，为前人所不敢言”，“然中亦多芳菲凄恻之音，而反抗挑战，则终其篇未能见”[③]，至晚年仍然认为这“只是不得帮忙的不平”，所以在文学史上有地位，因为它“究竟有文采”[④]。

鲁迅更为倾心和衷情的还是故乡的民众戏剧目连戏，不仅在《朝花夕拾》中追忆，1934年在文章中说目连戏里“勾摄生魂的使者”无常，是“何等有人情，又何等知过，何等守法，又何等果决”，又谈到穿插戏《武松打虎》，“比起希腊的伊索，俄国的梭罗古勃的寓言来，这是毫无逊色的”[⑤]。1936年逝世前还一往情深地写出《女吊》，当他听说“《小尼姑下山》、《张蛮打爹》两段，已被绍兴的正人君子禁止”，十分愤慨，说“这种戏文，好像只有绍兴有，是用目连巡行为线索，来描写世故人情，用语极奇警，翻成普通话，就减色。似乎没有底本，除了夏天到戏台下自己去速记之外，没有别的办法”——“我想在夏天回去抄录，已有多年”[⑥]，流露出割舍不开的眷念之情。

鲁迅是以故乡文化为“中介”，形成了他与中国传统文化的联系的。

三、浙东特殊地理历史文化传统

着眼于鲁迅与故乡文化的联系，进一步思考，可以发现：

---

① 《且介亭杂文二集·“题未定”草（六至九）》，《鲁迅全集》第6卷，人民文学出版社1981年版，第422页。

② 《汉文学史纲要》，《鲁迅全集》第9卷，人民文学出版社1981年版，第370页。

③ 《坟·摩罗诗力说》，《鲁迅全集》第1卷，人民文学出版社1981年版，第69页。

④ 《且介亭杂文二集·从帮忙到扯淡》，《鲁迅全集》第6卷，第344页。

⑤ 《且介亭杂文·门外文谈》，《鲁迅全集》第6卷，第100页。鲁迅说“无常”，“在庙里泥塑的，在书上磨印的模样上，是看不出他那可爱来的。最好是去看戏。但看普通的戏也不行，必须看‘大戏’或者‘目连戏’。……全本里一定有一个恶人，次日的将近天明便是这恶人的收场的时候，‘恶贯满盈’，阎王出票来勾摄了，于是乎这活的活无常便在戏台上出现”。（《朝花夕拾·无常》，《鲁迅全集》第2卷，人民文学出版社1981年版，第270—271页。）又说：“武松打虎之类的目连戏，曾查刊本《目连救母记》，完全不同。这种戏文，好像只有绍兴有。”（《书信·351204·致徐訏》，《鲁迅全集》第13卷，人民文学出版社1981年版，第265页。）

⑥ 《书信·351204·致徐訏》，《鲁迅全集》第13卷，第265—266页。

第一,鲁迅故乡因其历史的久远,文化内涵相当丰富。考察其历史——远古时代称“古荒服之国”、“南蛮鴃舌”之地。古称“越州”。《史记·夏本纪第二》载:“禹会诸侯江南,计功而崩,因葬焉,命曰‘会稽’。”[①] 又,《越绝书》卷八《记地传第十》载:夏禹在此会合诸侯,记功行赏,“爵有德,封有功,更名茅山为会稽”。《太史公自序》也有“上会稽,探禹穴”的记载[②]。会稽的大禹陵,相传就是禹的葬地。春秋战国时期,称“越地”,为越国的国都。秦始皇称霸,兵戈东南,临会稽山祭禹,留下《会稽刻石》。汉承秦制,置“会稽郡”。隋初至唐,改称“越州”,以越窑瓷器闻名。至宋,高宗赵构迁都东南,落难于“越州”,按“绍祚中兴”之意,将“越州”改名为“绍兴”。“绍兴”一名延续至今,由会稽、山阴两县合并而成。[③]20世纪以来的考古发现,不断地丰富着此地的历史文化内涵。1973年在宁绍平原上的一个名叫河姆渡的村畔,突然从四米深的地层底下发掘出一个沉睡了7000年之久的古越族的遗址(称“河姆渡文化遗址”),而将此地的历史和文化推向更加遥远的过去。

第二,从鲁迅言及故乡的全部文字可见,故乡文化的现实层面在他的感受和认识中,在整体上是被否定的。“从小康人家而坠入困顿”的“途路”中,所见“世人的真面目”[④],反映出他对故乡士大夫文化传统的憎恶;留学日本归来,痛感:“禹勾践之遗迹故在,士女敖嬉,睥睨而过,殆将无所眷念”[⑤];1911年,他在写给许寿裳的信中一再表示“越中棘地不可居”[⑥];返回故乡“挈眷居于北京”,说“不复有越人安越之想”,并自问:“近来与绍兴之感情亦日恶,殊不自至[知]其何故也”[⑦]。他甚至以更加激烈的言辞说:“近读史数册,见会稽往往出奇士,今何不然?甚可悼叹!上自士大夫,下至台

① 《史记》第一册,卷一至卷七,中华书局1972年版,第89页。

② 《史记》第十册,卷一一八至卷一三〇,中华书局1972年版,第3293页。

③ 会稽、山阴两县毗邻。鲁迅、蔡元培同出生在绍兴,鲁迅自署为会稽人,蔡元培则自署为山阴人。

④ 《鲁迅全集》第1卷,人民文学出版社1981年版,第417页。

⑤ 《古籍序跋集·〈会稽郡故书杂集〉序》,《鲁迅全集》第10卷,人民文学出版社1981年版,第32页。

⑥ 《书信·110307·致许寿裳》,《鲁迅全集》第11卷,人民文学出版社1981年版,第334页。

⑦ 《书信·190116·致许寿裳》,《鲁迅全集》第11卷,第358页。

隶,居心卑险,不可施救,神赫斯怒,湮以洪水可也。”①

在历史与现实的比照中,鲁迅赞许并肯定的是故乡文化的历史传统,他1912年在为绍兴《越铎日报》所写发刊词中说——

> 于越故称无敌于天下,海岳精液,善生俊异,后先络绎,展其殊才;其民复存大禹卓苦勤劳之风,同勾践坚确慷慨之志,力作治生,绰然足以自理。②

“海岳精液,善生俊异”,出自鲁迅辑录的《会稽郡故书杂集》中的《会稽典录》。鲁迅这段话是对会稽特殊地理历史文化传统的概括,而使我们向这片土地的历史走去。

(一)一个古老的民族

追溯鲁迅故乡特殊的地理历史文化传统,首先想到的就是在这片土地上发现的,曾经震惊中外的“河姆渡文化遗址”。

从地质学、地史学、古地理学、第四纪学等学科出发,结合考古学、历史地理学、历史学等的研究提供的大量成果表明,中国东、南部沿海,从第四纪晚更新世以来,曾经发生过三次海侵,即星轮虫(terorotalia)、假轮虫(pseudorotalia)和卷转虫(asnmonia)海侵。陈桥驿先生在《越族的发展与流散》一文中说:“星轮虫海侵发生于距今10万年以前,海退则在距今7万年以前。这次海侵从全球来说保存下来的地貌标志已经极少”,海退后,中国东南部江浙的平原地带尚处在浅海之中;“假轮虫海侵发生于距今4万多年以前,海退则始于距今约2.5万年以前。这次海侵是全球性的,规模极大,中国东部海岸后退约600公里,东海中的最后一道贝壳堤位于东海大陆架前缘-155米,……这是至今发现的假轮虫海侵的最后海岸线。”③这次海退后,浙江靠近东南和西南山区面积远比今天更为广阔的宁绍平原,地势较高,得以浮露,旧石器时代晚期活动在浙南山区以采集、渔猎为生的原始人,开始由

① 《书信·110102·致许寿裳》,《鲁迅全集》第11卷,人民文学出版社1981年版,第331页。

② 《集外集拾遗补编·〈越铎〉出世辞》,《鲁迅全集》第8卷,人民文学出版社1981年版,第39页。

③ 陈桥驿:《吴越文化论丛》,中华书局1999年版,第40页。

山地走向平原，在宁绍平原这块土地上繁衍生息。这是一片面山、临江、背海的狭长的平原（东、北濒海，西北临江，西南、东南靠山），气候暖热湿润（年平均气温在18℃—19℃之间），雨量充足，河网交错，水土资源丰富，"距南面不远，就有山林之饶，而平原北缘濒海，又有鱼盐之利"①。如此自然生态环境②，一方面适宜稻谷生长，此地先民将野生稻谷改变为人工栽培，他们的生活开始由采集、渔猎向稻作生产转变；另一方面，濒海，临江，靠山，海潮侵袭带来的土地盐渍化，江洪突发带来的田毁人亡，又造此地成先民生存环境的艰难性：自然生态环境这两个方面的共同作用，激发着此地先民的内在凝聚力和生活、生产的日益秩序化。一个吃苦耐劳、苦战奋斗的民族——古越族，诞生了。

悠悠岁月，一万多年过去了。古越族文明在日渐辉煌之时，遭到了第三次海侵，即卷转虫海侵的吞噬。据陈桥驿先生介绍："卷转虫海侵从全新世之初就开始掀起。到距今1.2万年前后，海岸就到达现在水深-110米的位置上，到（距今）1.1万年前后，上升到-60米的位置上，到了距今8000年前，海面更上升到-5米的位置上。在（距今）7000—6000年前到达最高峰。东海海域内伸到今杭嘉湖平原西部和宁绍平原南部。今钱塘江北，古海岸沿嘉定、黄渡、蟠龙、松江、漕泾达杭州玉皇山一线。钱塘江以南，今会稽、四明诸山山麓冲积扇以北，也成为一片浅海。钱塘江以南，今会稽、四明诸山山麓冲积扇以北，也成为一片浅海。"③ 从陈桥驿先生的介绍可知，卷转虫海侵来势较缓，偌大的宁绍平原被海水一片一片地吞食掉。④ 古越族先民被迫舍弃家园，

---

① 陈桥驿：《于越历史概论》，《吴越文化论丛》，中华书局1999年版，第16页。

② "当时河姆渡一带的气候比现在更加温暖湿润，相当于热带或亚热带气候类型，平坦的原野和起伏的山丘上，生长着许多热带和亚热带植物，山间林中，栖息着成群的热带动物，在那绿草盖地的原野上点缀着大大小小的湖泊，犹如一面面明亮的镜子。湖泊沼泽周围芦苇丛生。湖泊中菱角、芡实和莲藕等竞相生成，浮水而出。飞禽走兽栖息其间，穿梭而过，真是一派生机勃勃的繁茂景象。现在的人不难想象，这是一个何等理想的史前人类居住生息的环境！"周新华：《稻米部族——河姆渡遗址考古》，浙江文艺出版社2002年版，第5页。

③ 陈桥驿：《越族的发展与流散》，《吴越文化论丛》，第42—43页。陈桥驿先生在这段话后接着说："七十年代在宁绍平原的宁波、余姚、绍兴、杭嘉湖平原的嘉兴、嘉善一带进行所谓人防工程时，在地表10—12米之间，相当普遍地存在着一层牡蛎壳层，是这次海侵的极好物证。当卷转虫海侵达到顶峰之时，杭嘉湖平原和宁绍平原成为一片互相连接的浅海。"（同前）

④ 陈桥驿：《于越历史概论》，《吴越文化论丛》，第16—17页。

向三个方向流散[①]：

一是古越族中临江的部落，越过今杭州湾（古钱塘江下游）向浙江西部和江苏南部的丘陵地带迁移，他们在以后的岁月中创造了马家浜文化、崧泽文化、良渚文化等，是载入史书的句吴族的缔造者。《越绝书》中说："吴越为邻，同俗并土"，"吴越二邦，同气共俗"[②]；《吴越春秋》中说"吴与越，同音共律，上合星宿，下共一理"[③]；《吕氏春秋》中说"吴之与越也，接土邻境，壤交通属，习俗同，语言通"[④]——这些说法大体反映出远古时期"吴越同源，由越而吴"的历史。

二是古越族中濒海的部落，在宁绍平原生存环境逐步恶化的过程中，他们运用长期与江海打交道而积累、掌握的漂流技术，用简单的独木舟或木筏漂洋过海，落脚于台湾、琉球、南部日本以及印度支那等地。[⑤]

三是古越族中靠山的部落，进入宁绍平原以南的会稽、四明山麓，"河姆渡文化"就是他们留下的一个聚落点，至今保存下来的象山城郊的塔山遗址、奉化南浦的茗山后遗址、宁波市江北区的妙山八字桥遗址、丈亭镇鲻山遗

---

① 如下对卷转虫海侵后古越族流散情况的介绍，主要参照了陈桥驿先生的《吴越文化和中日两国的史前交流》一文（见《吴越文化论丛》，中华书局1999年版，第59—60页）。

② 《越绝书》卷六、卷七。

③ 《吴越春秋》卷六。

④ 《吕氏春秋·知化篇》。

⑤ 日本古文化的"古越族渊源说"，是日本学者重视并研究的一个课题。陈桥驿认为：日本的"一个叫做吉野里的弥生时代遗址"，"实际上就是从绳文时代到弥生时代，为了逃避第四纪的最后一次海侵，即卷转虫海侵，由中国东南沿海地区漂流到南部日本的'外越'人及其后裔所建成的一个史前聚落"。他并且说：在日本"我看到范围最大也最古老的称'越'的地名，即日本的旧国名'越前'、'越中'、'越后'，以及由此而来的派生地名如'越后山脉'、'越后平原'等"，"在日本含有'越'字的地名何止千百，如越智郡、上越市、越生町、乌越村等，不胜枚举"。见陈桥驿：《与日本学者交谈两国史前文化》，《吴越文化论丛》，第68—69页。陈桥驿在《吴越文化和中日两国的史前交流》中进一步着眼于"语言、文字、宗教、风俗习惯"，提出："我们必须把日本早期接受的吴越文化和以后接受的特别是汉、唐时期广泛接受的中国文化区别开来"，"古代越族没有自己的文字，……日本人使用的假名和汉字，就不能算是吴越文化"，"但语言就不是这样，日语音读中的许多词汇均是越音，举个最简单的例子，日语音读数字：一、二、三、四、五等等，这个'二'，音读作'ni'，现在主要流行于宁绍地区"；"从宗教上说，汉族由于受孔夫子的影响，宗教观念是比较淡薄的。甚至在佛教传入以后，许多人表面上信奉佛教，其内心仍抱着孔夫子对宗教的态度"，"但越族在这一点上大异于汉族，这是一个淫祠滥祭的民族，……宁绍地区一带，什么都是'神'"，"在农村，甚至连一间简陋的厕所，也有'神'管辖。日本也是个信奉佛教的国家，但是我看到日本的祭祀活动极多，不少祭祀活动都不属于佛教的，是不是越族残留的影响，也值得研究"。见陈桥驿：《吴越文化论丛》，第65页。

址等（还有大量的遗址有待发现），清晰地保留了这批古越族人在漫长岁月中不断南移、东迁的足迹。

上述后两部分漂洋过海和南移进山的古越族人的情况，《越绝书》中也有记载：一者称为"外越"，或称"东海外越"①，是指漂洋过海的一支；另者称为"内越"②，《越绝书》明确指出就是移入会稽、四明山地的一支。后者在漫长的岁月中，将已创造的文明向广泛的区域传播，但生存境遇相当艰难，《吴越春秋》中所说越人"随陵陆而耕种，或逐禽鹿而给食"，"人民山居"③，反映了他们的生活实况。他们在海退之后，大约在公元前10世纪前后，其中一部分人回到了宁绍平原，是后来载入史书的于越一族的缔造者。

引人注目的是在第二、三次海侵之间，生活在宁绍平原上的古越族人曾经创造的灿烂文明，"河姆渡文化遗址"为我们提供了有关这方面的物证。人类文明产生与发展，是以物质条件的改善为基础和前提的。河姆渡遗址有四个文化堆积层，以第四层即7000年前的古越族文明的遗存物最为丰厚，而且，遗存物中的稻谷和骨器保存的完好与新鲜程度，也为第一、二、三层所远不能比④这间接反映了，古越族文明湮没于那场遍及世界、突然而至的灭顶之灾——海侵。⑤我们更为关心的是，从古越族遗存中可以看到那个几乎不可能复原的远古物质文明，曾经达到了怎样辉煌的程度——

从遗址第四层厚度可观的稻谷堆积⑥可以断定，古越族人不仅结束了采集、渔猎为主要生存方式的时代，而且改变了初期疏散、零星播种稻谷的状况，进入了具有原始农业规模的人工栽培稻谷的阶段，稻谷成为古越族人生

---

① 《越绝书》卷八。

② 同上。

③ 《吴越春秋》卷六。

④ 据姜彬主编《稻作文化与江南民俗》（上海文艺出版社1996年版，第2页）描述："稻谷刚出土时色泽如新，在阳光下闪着黄澄澄的金光，稻秆碧绿挺硬，甚至连颖壳上的纵脉与稃毛皆清晰可辨。"

⑤ 参见姜彬主编《稻作文化与江南民俗》对这一推测的分析和说明（第10页）。

⑥ 据姜彬主编《稻作文化与江南民俗》介绍："在一九七三年冬季第一期考古发掘时，在离地表三米多的第四文化层，在广达四百多平方米的十余个探方内，普遍发现稻谷堆积，稻谷、稻秆、稻叶、谷壳交相叠压，厚度一般在二十至五十厘米之间，最厚处堆积达一米以上。"（第2页）

活的主粮。[①] 原始农业规模生产的形成,是与生产工具的改进相联系的。从“手耕”到“火耕”,再到“刀(石或木制)耕”,最后“骨耕”这一耕具的产生并使用,既是大面积的农耕的需要,又是原始集体劳动的智慧的创造,这对于稻作生产可谓是一场革命——骨耕既具有石耕的锋利,又具有木耕的轻便,且以动物(主要是鹿和水牛)的肩胛骨为原料,取材方便又取之不尽,而且制作容易,耐用。河姆渡遗址第四堆积层出土了大量“骨耕”,可以反映当时生产规模之大,收获之丰。[②]

在古越族的稻作生产中与骨耜的广泛使用相伴而生的,是这种规模农业赖以实现的古越人聚族而居的建筑。河姆渡遗址第四层遗存物中有大量木构住房建筑遗迹[③],其基本结构为“半楼式地面建筑”——“以木柱为基础,在其上架设大、小梁(龙骨)承托地板,构成架空的建筑基座,再于其上立柱架梁,建造的干栏式木构房屋,是原始巢居的直接继承和发展”[④]。采用这种底部架空的“半楼式地面建筑”,是用以抵御居住环境所可能遭致的来自大自然的侵害:古越族的居住区即稻作区,稻谷适宜于在低洼潮湿的沼泽、水泊地生长,而这样的地方,蚊蚋成团,蛇鳄横行,还有多雨季节的山洪漫流,潮汐侵袭。显然,“半楼式地面建筑”的设计和制造,是古越族人民抵御百害、坚持农耕、保护收获的一种富有智慧的创造。

河姆渡遗址还出土了大量的陶器和纺织用具。仅第一期考古发掘,在第四文化堆积层中就清理出陶器两百多件,以饮食器皿为主,“有关人类最

① 参见姜彬主编《稻作文化与江南民俗》(上海文艺出版社 1996 年版)第一章第一节中对“原始稻作生产的规模阶段”的分析和说明。

② 据姜彬主编《稻作文化与江南民俗》介绍:“河姆渡遗址第一期发掘发现的稻谷堆积,经折算数量当在百吨上下,如果以亩产二百至二百五十计算,人工栽培的稻谷面积当在八百至一千亩之间。这是一片不小的面积,证明当时以拥有相当数量的熟耕田。河姆渡遗址发现的两百件骨耕,大都磨损严重,有的刃口磨损得接近銎部,可见其使用频率之高”。(第 5—6 页)

③ 据姜彬主编《稻作文化与江南民俗》介绍:“河姆渡遗址第四文化层发现的木构遗迹,使我们得以窥见七千年前人类在长江流域的一处典型住宅群。遗址在第一期发掘中,木构建筑露头于第四层中部,越往下发掘木构遗存就越丰富。出土的木构件总数达千件以上,蔚为大观”。(第 12 页)

④ 《河姆渡遗址第一期发掘报告》,《考古学报》1978 年第 1 期。

初的煮、蒸、汲、藏、饮、食等日常生活方面的必需品差不多应有尽有"①。生活方式和内容的丰富，反映出古越族人民在抵御天灾水害过程中稻谷收获之丰足，物质生活之盈余，其乐融融的情景。纺织品进入古越族人的生活，标志着他们真正地结束了以木叶和兽皮蔽体的原始生活，踏上了人类文明发展的一个重要台阶。②

河姆渡文化遗址证实了远在7000年前的宁绍平原上，古越族创造的建立在稻作文化基础上的惊人的物质文明；但是，至今在史书上，并未有与之相匹配的古越族人精神文明创造的记载。试想，曾经断发文身，辟草莱，浮大泽，用自己强旺的生命之力，外化成一片膏腴之地的古越族人民，在第三次海侵即卷转虫海侵过程中，目睹了自己的家园被吞噬，那种对"海患"的憎恨，一定是刻骨铭心而世代相传的，那种降服"水害"的愿望，也同样是刻骨铭心而世代相传的。陈桥驿先生对此作了这样的描述：海侵后进入山区的古越族先民，"（站）在会稽、四明山地的山麓冲积扇顶端，俯视这片茫茫大海，面对着这块他们的祖辈口口相传的，如今已被洪水所吞噬的美好故土，当然不胜感慨。他们幻想和期待着有这样一位伟大的神明，能够驱走这滔天洪水，让他们回到祖辈相传的这块广阔、平坦、富庶、美丽的土地上去"③；他依据《史记·夏本纪》有关"禹葬会稽"的记载，对"大禹治水"的神话传说的起源地，做过一个大胆的推测：

> 禹的传说就因为卷转虫海侵而在越族中起源，然后传到中原。……这种传说在宁绍平原地区一带是根深蒂固的。中原的汉族虽然把这位越族传说中的伟大人物据为己有，但是他们显然留有余地，设法在这种传说中添枝加叶，尽量布置一个结局，让这位从越族中硬拉过来的人物，最后仍然回到越族中去，这就是权威的史书《史记·夏本纪》中所说的：

① 参见姜彬主编《稻作文化与江南民俗》（人民文学出版社1981年版）第一章第三节中的"河姆渡文化时期的饮食器皿"。

② 参见姜彬主编《稻作文化与江南民俗》第一章第一节中的"纺织——人类步入文明的一个重要台阶"。

③ 陈桥驿：《越族的发展和流散》，《吴越文化论丛》，中华书局1999年版，第46页。

> "帝禹东巡猎,至于会稽而崩。"在《史记》的正文以后,司马迁还要加上一段他自己的话:"禹会诸侯江南,计功而崩,因葬焉,命曰会稽,会稽者,会计也。"《国语·鲁语》还记下了一个禹会诸侯于会稽得插曲:"仲尼曰,丘闻之,昔禹致群神于会稽之山,防风氏后至,禹杀之。"……实际上就是汉族人告诉越族人:"对不起,我们占用了你们传说中的一位伟大人物,但是在他死以前,我们原物奉还吧!"①

在这里,需要指出的是,陈桥驿先生曾经专门撰文辩驳历史上流传久远的"越为禹后说",认为此说与历史上的"吴为周后说"一样,均属于"无稽"之谈。他说"在古代,汉族由于在土地、文化、人口等种种方面所处的巨大优势,因此在它周围的少数民族为他们的先世编造一些故事以依附汉族,这样的例子绝不是个别的",他追溯"越为禹后说"的起源,认为这是从"强盛"后的"于越内部散布出来的一种传说","覆灭句吴,报仇雪耻"后的句践,"编造和传播"此说"实际上是他进一步称霸中原的策略之一";陈桥驿先生认为这一说法所以影响了司马迁的《史记》,秦始皇起了很大作用,他依据《秦会要订补》卷六所记"始皇尝曰:东南有天子气,于是东游以厌之",认为秦始皇对于越"除了武力镇压、强迫移民等严峻办法外,另外就是'上会稽,祭大禹,望于南海,而立石刻颂秦德'。这是一种政治上的怀柔措施"。② 我认为,陈桥驿先生针对中国历史上的"'大汉族'意识"所作出的这一"辨证",是有意义的;但这并不影响他的"禹的传说就因为卷转虫海侵而在越族中起源,然后传到中原"这一推测的可信性。

宁绍之地大禹故迹之多 ③ 和这一传说流传之深广,是中原地区所远不能

---

① 陈桥驿:《吴越文化和中日两国的史前交流》,《吴越文化论丛》,中华书局 1999 年版,第 62 页。

② 陈桥驿:《"越为禹后说"溯源》,《吴越文化论丛》,第 35—36 页。

③ 陈桥驿说:"因禹的帝位是舜禅给他的,所以舜和禹可能就是一个传说中的两个人物,所以他(按指陈桥驿的研究生乐祖谋)把舜迹和禹迹一起调查,三县(按指绍兴、余姚、上虞)之中,查得禹舜故迹共十八处。"(《吴越文化和中日两国的史前交流》,《吴越文化论丛》,第 62—63 页)徐建春在《"大禹治水传说产生于越"是正确的》(《江西社会科学》1990 年第 4 期)一文中说:"大禹治水"的神话传说,"其中心点在越,可从禹舜故迹分布密度及风习等方面得到印证,如绍兴、余姚,上虞三县境内舜禹故迹有 18 处之多。绍兴民间相传 3 月 5 日是禹生日,至今春游禹庙仍不减当年遗风"。

相比的。顾颉刚先生早在1923年，通过对历史典籍的考证与研究，提出“禹是南方民族的神话中的人物”，“这个神话的中心点在越（会稽）”：

> 商、周间，南方的新民族有平水土的需要，酝酿为禹的神话。这个神话的中心点在越（会稽）；越人奉禹为祖先。自越传至群舒（涂山）；自群舒传至楚；自楚传至中原。流播的地域既广，遂看得禹的平水土是极普遍的；进而至于说土地是禹铺填的，山川是禹陈列的，对于禹有了一个“地王”的观念。①

这使我们有理由相信，“大禹治水”的传说，是古越族人民降服水患的精神和愿望的体现；也正因为此，“越人奉禹为祖先”，“禹大圣也，而形劳天下也如此，使后世之墨子，多以裘褐为衣，以跂蹻为服，日昼不休，以自苦为极。曰，不能如此，非禹之道也，不足为墨”②，直至鲁迅生活的时代，绍兴“十字街头”仍然浸染、传承着“禹、墨遗风”③。

可以进一步提出的是，这次吞噬古越族家园的卷转虫海侵，在世界各地都留下了关于“洪水”的传说，《旧约》中的诺亚造方舟以逃生的故事，就是其中的一例。如果把这个故事与“大禹治水”的传说相对比，可以明显看出，古越族人治平水土的意志之顽强，胸襟之博大，以及前仆后继、决死拼搏的精神，确可谓“海岳精液，善生俊异”；而且，这也可以证明，古越族人民宁愿为之献身而追寻的那个古老文明的灿烂与辉煌。

因此，《史记·越王勾践世家》的“越王勾践，其先禹之苗裔，而夏后帝少康之庶子也。封于会稽，以奉守禹之祀。文身断发，披草莱而邑焉”④，此说虽不能“坐实”，但却可以反映古越族人民复归于宁绍平原创建于越国，定都

---

① 《顾颉刚古史论文集》第一册，中华书局1988年版，第151—152页。顾颉刚1923年在讨论古史的文章中，据《说文解字》训“鲧”为“鱼”、训“禹”为“虫”，提出鲧是“鱼”，禹是“蜥蜴之类的虫”（《古史辨》第一册，1926年出版，第63、119页）。鲁迅一再抨击顾颉刚的“禹是一条虫”出于对“大禹”的敬畏，实则有学术思想上的分歧，也有“五四”后与现代评论派论争的根源，需要专文讨论。

② 《庄子杂篇·天下》。

③ 参见钱理群：《周作人传》（北京十月文艺出版社1990年版）第一章第三节“十字街头（上）”。

④ 《史记》第五册，卷三一至卷四二，人民文学出版社1981年版，第1739页。

于会稽山即禹之葬地,承续的是古越族先民的精神血脉,而有“十年生聚,十年教训”,卧薪尝胆,报仇雪耻,——这种“禹—勾践之精神”,既集中体现了越地特殊的地理历史文化传统,同时又是这一特殊地理历史文化传统所铸造,而为鲁迅所体认并追寻。

(二)越文化与吴文化

我们对古越族历史的追溯与勾勒,不仅要说明鲁迅所认同并追寻的故乡特殊地理历史文化传统,究竟是怎样的一种文化传统,而且想进一步提出,在鲁迅与故乡特殊地理历史文化传统的联系中,存在着越文化与吴文化之不同。

谭其骧先生早在20世纪90年代初就呼唤要重视“历史人文地理研究”,提出“论文化则要注意到各种文化现象的地理分布和地理差异”①。他认为吴与越是“一族两国”②,他之所谓“一族”即吴与越同来源于古越族,“两国”则是指吴与越,因其地理位置的不同和自然生态环境的相异(不排斥有相同的一面),滥觞了吴文化与越文化的差异。

先说吴文化。如前所述,卷转虫海侵所造成的古越族的流散,临江的部落经今杭州湾进入浙西、苏南的丘陵地带,海退之后,杭嘉湖平原浮露,他们留在了这片较之宁绍平原更为广袤的土地上。杭嘉湖平原环太湖。太湖古称震泽、具区、笠泽,是古代长江和钱塘江的泥沙堰塞而形成的大泻湖,位于长江下游三角洲的南缘,归长江水系。太湖地跨江苏、浙江,北达无锡,西至宜兴,东下苏州,西南与东南则是浙江的杭嘉湖;这些地区环太湖而紧紧连在一起,呈盆地状,土地平展,土质松软,河网密布,气候温润,雨量充沛,物产丰富,受海潮、山洪危害不大,于稻谷生长,确可谓得天独厚。从太湖流域的马家浜文化遗址、崧泽文化遗址、良渚文化遗址中的稻谷遗存可见,这里于史前的新石器时代曾经发生过一场“绿色革命”③,使“水乡泽国”的太湖流域成为

---

① 谭其骧:《积极开展历史人文地理研究》(原载《复旦学报》1991年第1期),《长水粹编》,河北教育出版社2000年版,第364页。

② 皱逸麟:《谭其骧论地名学》,《地名知识》1982年第4期。

③ 参见姜彬主编:《稻作文化与江南民俗》第一章第四节“踯躅在太湖流域的谷神”,人民文学出版社1981年版。

“鱼米之乡”，而享有“苏湖熟，天下足”的江南粮仓之盛誉。太湖流域靠近中原，溯江可通楚地，沿江九省通衢，经济、文化交流便捷，地理位置极为优越。吴国，进一步说，吴文化，正是建立在这个基础之上的。《史记·货殖列传》云：“夫吴……东有海盐之饶，章山之铜，三江、五湖之利，亦江东一都会也。”①

再看越文化。首先看吴、越之分界。《论衡》说：“余暨以南属越，钱塘以北属吴，钱塘之江，两国界也”②；《史记》记：“浙江（按：浙江即古钱塘江，后改为行政区之名）以南则越”③。两部书都将古钱塘江作为吴、越两国的国界，这应该接近历史事实。

古钱塘江的下游至入海口的水域应为今杭州湾，杭州湾以南、钱塘江（包括今富春江）以东的浙江地域尽属越地。虽然于越建国于海退后已呈狭长的宁绍平原，但卷转虫海侵时越人的足迹，已将宁绍平原与南部山区连为一体——平原人与山地人血缘相通，文化血脉相承：产生于南部山区且影响深远的“大禹治水”传说④，在宁绍平原广泛流传，而有绍兴舜、禹故迹之多。公元前秦始皇为统一中国而兵戈东南，宁绍平原上的越人再度进入南部山区，被后人称为“瓯越”⑤，其中的一支进而入福建山区，被称为“闽越”⑥，西下逃到浙、皖山区的，后来称为“山越”⑦，这可以反映出，于越国的越人身上根深蒂固的“山性”，这是与钱塘江以西生活在太湖流域的句吴人不同的。

越地宁绍平原的自然生态条件虽近于吴，但受钱塘江阻隔（此江古时甚难跨越⑧），经济、文化皆显封闭，且海潮、山洪的侵袭时有发生，越地南部山区

① 司马迁：《货殖列传》，《史记》第十册，卷一一八至卷一三〇，人民文学出版社 1981 年版，第 3267 页。

② 王充：《论衡·字虚篇》。

③ 司马迁：《货殖列传》，《史记》第十册，卷一一八至卷一三〇，第 3267 页。

④ 据民俗学者调查，至今在浙东山区广泛流传着“大禹治水”的传说：奉化有《三过家门》、《大禹引东江》，东阳有《禹杀防风氏》、《大禹治水》、《禹化龙》、《禹王八面》、《禹耕田》、《望禹》，衢州有《大禹治水》，丽水有《大禹王和巨灵神》等等（参见姜彬主编：《稻作文化与江南民俗》，人民文学出版社 1981 年版，第 662 页）。

⑤ （明）焦竑：《焦氏笔乘续集》卷三。

⑥ 同上。

⑦ 《后汉书·灵帝记》。

⑧ 《文化区的意义及先秦浙江文化区的演变》（《浙江学刊》1990 年第 1 期）一文对此还有更具体的说明，可参见。

的生态环境更为恶劣,对此,徐建春在《文化区的意义及先秦浙江文化区的演变》[①] 一文中介绍说:

> 至于浙南文化区,大多为山地丘陵,沿海平原远较今天狭小。因为这里在新石器时代曾遭到海侵的巨大影响:"当时瓯江、飞云江、敖江河口沦为溺谷式海湾,大罗山成为海中孤岛,平原地区一片汪洋,波浪直拍山前"。(潘明友:《温州地区沿海地带的地貌发育》,载《调查文集》)今温州滨海丘陵区低山的茶山、龙湾、石塘、白门等乡境内发现泥炭层为"滨海沼泽相沉积"(出处同上),台州区的椒江河口也"远远上溯到今三江村以上的小海门附近……当时面积达 100 万亩的温黄平原,尚处在浅海之中"(祝永康:《椒江河口整治的历史经验与开发利用问题》,杭州大学油印稿)。后来,随着河流挟带泥沙的沉积作用,这些沿海平原逐渐形成,但大的海潮仍可将其湮没,因此,古人主要生存在高亢的孤丘上。因此,《山海经》称"瓯居海中"也是真实的。……直至汉代,这里的物质文化也远比浙北文化区落后,因为当时这里因"非有城郭邑里"的山处野居生活,而被中原人视为"不居之地"(《汉书》卷六十四《严助传》)。

与这种较之吴地远为艰难的自然生态环境直接相关,越地盛行大自然的图腾崇拜以及由此形成的仪式化的巫术,陈桥驿说:"这是一个淫祠滥祭的民族,至今对这个地区的影响至深。"[②] 比如,江南稻作文化区普遍崇蛇。从河姆渡文化遗址出土的陶器上经常出现的由蛇形演变而成的几何纹饰可见,江南的蛇图腾崇拜最早出现在古越族。[③] 但随着时光的流逝,环境的改善,环太湖流域的吴地这种崇蛇习俗逐渐淡化,而将蛇置入庙宇,偶有灾、病则供奉。[④] 但越地特别是"瓯越",崇蛇之风始终存在。最早的《逸周书·王会

---

① 载《浙江学刊》1990 年第 1 期。

② 陈桥绎并且认为"越族在这一点上大异于汉族"。见陈桥驿:《吴越文化和中日两国的史前交流》,《吴越文化论丛》,人民文学出版社 1981 年版,第 65 页。

③ 参见姜彬主编:《稻作文化与江南民俗》第八章第三节"稻作生产与蛇崇拜",人民文学出版社 1981 年版。

④ 参见姜彬主编:《稻作文化与江南民俗》第八章第三节,人民文学出版社 1981 年版。

解》记载:“东越海蛤,瓯人蝉蛇,且瓯文蜃”,“越沤,剪发文身”。直至汉代,《汉书》载越人风俗:“文身断发,以避蛇龙之害。”[①] 即使是在今天,我们在偏远山区越人后裔的生活中,仍能发现这一崇蛇的古老习俗的遗迹。比如,20世纪90年代以来,民俗学者在福建山区的樟湖坂镇发现,“闽越”后裔每年旧历正月十七、十八、十九这三天举行“游蛇灯活动”,尤其是七夕节的“活蛇赛神活动”,家家户户都参加,庄重、虔诚,如醉如狂,从中仍能感受到越地曾经发生过的“洪水茫茫,遮天蔽日”的海侵压在越人心底抹不去的梦魇。[②] 再如,对鸟的崇拜也普遍存在于吴越地区,这也是稻作文化的表现之一,越较之吴,这一习俗根深蒂固,而可见根源于古越族。[③] 在中原人看来,越人是鸟种,称作“鸟夷”[④],人有鸟相,语言为“鸟语”[⑤]。据说,越王勾践还专门造过“望鸟台”[⑥]。越地人王充在《论衡·书虚篇》中说:“会稽,众鸟所居。”反映出越地古时是适于鸟类生息繁衍之地。越人崇鸟,是受惠于鸟的一种报恩。鸟又是稻谷的天敌之一,生存环境本已艰难的越人崇鸟,未尝没有畏惧心理。正是后者,使越地的崇鸟习俗保持久远,规范严格。比如,“奉化一带,把麻雀当作谷神”敬拜[⑦];钱塘江以东地区的正月初一晚上要在天黑以前就寝,俗称:“同鸟宿”[⑧];义乌

① 《汉书》卷二十八《地理志》。

② 参见林蔚起的《福建南平樟湖坂崇蛇风俗的初步考察》(《东南文化》1990年第3期)和林蔚文的《福建南平樟湖坂的崇蛇民俗的再考察》(《东南文化》1991年第5期)。据后一篇文章介绍:樟湖坂镇的“活蛇赛神活动在每年七夕举行,从农历六月下旬开始,当地人就要四处捕捉活蛇,一般捉的是花蛇、蟒蛇等无毒或微毒蛇,将其交给蛇王庙中的庙祝(巫师)‘蛇爸’统一保管。‘蛇爸’把蛇放在小口陶罐中加少许水养着。七夕这一天,参加赛神活动的男人都凭‘蛇爸’发给的交蛇收据到蛇王庙领取一条活蛇参加赛神活动。赛神活动之一是游行,游行时,前面旗幡招展,鼓乐开道,接着是一人手持一大蛇走在前面,其后是蛇王菩萨的舆驾。参加游行的人,每人手中都握有一蛇,或大或小,或缠人腰,或缠人头。据说,此时蛇都很温驯,一般不咬人。游行活动结束后,‘蛇爸’要选定一条最大的蟒蛇,在其颈部挂上一特别‘龙牌’,让人抬到闽江边放入水中放生。其他的蛇也随之一一送到蛇王庙前的闽江边放生”。

③ 参见姜彬主编:《稻作文化与江南民俗》(人民文学出版社1981年版)第八章第四节“稻作生产与鸟崇拜”。

④ 《禹贡·扬州》载:“鸟夷卉服。”

⑤ 《周礼》说:越地“人民鸟语”。《吴越春秋》也说:“大越鸟语之人。”

⑥ 《拾遗记》:“越王入国,有丹鸟夹王而飞,故勾践之霸也,起望鸟台,言丹鸟之异。”

⑦ 见姜彬主编:《稻作文化与江南民俗》,人民文学出版社1981年版,第540页。

⑧ 同上书,第541页。

之地则视乌鸦为义鸟，直接以之作为本地之名。较之图腾崇拜，越地的巫术禁忌更为森严。流传至今的“秧子落缸，夫妻分床”的习俗[①]，即清明浸稻种时，严禁夫妻同房，认为两性关系为污秽，会冲犯洁净的谷神，影响稻种发育。又如，越地“请龙求雨时，不仅要施行诸如掷珓、降僮、晒龙、抢龙等等巫术行为，还要遵守许多特殊的禁忌”，如“男女老少不能吃荤”，“人人要洗澡沐浴”，“夫妻不能同房”，“妇女不准接龙”、“不准见龙”等等，如有违反，严加惩处。[②]正如民俗学者所感受到的，越地的“禁忌无所不在”[③]。这使我们自然想到出生在绍兴的鲁迅与周作人，周作人五四时期在文章中一再强调的“乡村中的道教势力”[④]，鲁迅则进一步提出“中国根柢全在道教”[⑤]，他们针对的是中国文化的整体状况，却不能不有他们自幼对越地民俗的切身感受与体验。

越地还崇牛，这特别应给予重视。越地牛图腾崇拜形成的时间较晚，大约在“百姓煦牛而耕，曝背而耘”[⑥]的春秋战国时期。崇牛习俗延续至今，越地旧历4月8日（春耕时节）为牛生日，衢州一带认为这一天是“天牛下凡”，奉化一带则视牛为“耕作神”，乞丐自立春日起，牵木牛乞讨，被越地人普遍看成“吉祥”的征兆。[⑦]这些习俗反映了越地自远古以来发展起来的是以农为本的农耕文化传统，越人的执着、坚韧、卓苦勤劳以及不无牛之倔强的性格，与牛这一象征物也产生了深刻契合。就此而言，进一步看，越人崇鸟，又是自身生存能力的反映，古越族于海侵之后，形成“尚漂泊又恋乡土”的文化性格，这在鸟图腾上得到集中体现。越人崇蛇也可谓一种生存智慧的象征，其中不无古越族人“爱美”（智慧本身也是一种美）的天性。图腾崇拜，从根本上说，证明了人与动物同源，说明了人本有的自然生命活力，可以说，在河姆渡文化遗址所展示的古越族文明辉煌的那个时代，正是古越地人的自

---

① 见姜彬主编：《稻作文化与江南民俗》，人民文学出版社1981年版，第581页。详见该书第九章“稻作生产与民间巫术”。

② 同上书，第600页。详见该书第九章“稻作生产与民间巫术”。

③ 同上书，第580页。

④ 周作人：《谈虎集·乡村与道教思想》，河北教育出版社2002年版，第223—224页。

⑤ 《书信·180820·致许寿裳》，《鲁迅全集》第11卷，人民文学出版社1981年版，第353页。

⑥ 贾谊：《新书·春秋篇》。

⑦ 见姜彬主编：《稻作文化与江南民俗》，第547—553页。

然生命活力得到最充分表现的时代。

但是,如前所述,越地曾有过的"河姆渡文明"的灿烂与辉煌以及由此滥觞的古越族文明,毕竟去而不返了。越地人面对仅一江之隔的吴地,由其优越的自然生态环境而日见兴隆所产生的悲凉心境以及他们的生存困境,这在更深层次(人的精神主体和深层心理内涵)上激励了他们身上古越族精神的复苏与勃发。春秋战国时期的吴、越争霸就是最好的例证。吴国天时地利,经济日足,灭楚,败齐,伐鲁,攻宋,拘勾践栖于会稽,一时所向披靡,天下无敌,而"欲霸中国以全周室"[①];越较之于强吴,可谓地狭,人稠,国力甚弱,但越却最终灭吴,所靠:一是"勾践为人能辛苦"——"食不重味,衣不重采"[②],与民同甘共苦、同仇敌忾;二是越人坚韧的毅力,誓死决战的精神[③]以及超人的智慧——利用吴之骄奢淫逸所使用的韬晦之计。故而,司马迁说:

> 禹之功大矣,渐九川,定九州,至于今诸夏艾安。及苗裔勾践,苦身焦思,终灭强吴,北观兵中国,以尊周室,号称霸王。勾践可不谓贤哉!盖有禹之遗烈焉。[④]

鲁迅一再肯定和追寻的,无疑是体现古越族精神的"大禹卓苦勤劳之风,同勾践坚确慷慨之志"。所以,他对吴文化传统之不取的态度,非常鲜明:在《阻郁达夫移家杭州》一诗中有"钱王登假仍如在,伍相随波不可寻"[⑤]之慨,杭州给他的感觉是近于上海,"总显得小家子气"[⑥];在给萧军的信中直言:"听到苏州话,就令人肉麻。此种言语,将来必须下令禁止"[⑦];他还多次明确表示:"我不爱江南。秀气是秀气的,但小气"[⑧];"江浙是不能容人才的,三

---

① 司马迁:《吴太伯世家》,《史记》第五册,卷三一至卷四二,人民文学出版社1981年版,第1473页。

② 同上书,第1469、1471页。

③ 《汉书》卷二十八《地理志》载:"锐兵任死,越之常性也。"

④ 司马迁:《越王勾践世家》,《史记》第五册,卷三一至卷四二,第1756页。

⑤ 《集外集·阻郁达夫移家杭州》,《鲁迅全集》第7卷,人民文学出版社1981年版,第155页。

⑥ 章川岛:《和鲁迅相处的日子》,四川人民出版社1979年版,第73页。

⑦ 《书信·350901·致萧军》,《鲁迅全集》第13卷,人民文学出版社1981年版,第200页。

⑧ 同上。

国时孙氏即如此”[1]；“中国士大夫之好行小巧，真应‘大发感慨’，明即以此亡。而江浙尤为此种小巧渊薮”[2]。

鲁迅喜爱的是“人们和天然苦斗而成的景物”和“倔强的魂灵”[3]。这正是他所认同并追寻的古越族及其后裔开拓的特殊的地理历史文化传统，他多次不无自豪地引用明末王思任的话来说明故乡历史上的这一传统：“会稽乃报仇雪耻之乡，非藏垢纳污之地”[4]；并一再表示：“身为越人，未忘斯义”[5]。

（三）浙东文化与浙西文化

但是，正如一些研究者所提出的，远古越文化的固有形态，在19世纪末的越地已不复存在[6]，而且，如我们在前文所述，鲁迅对现实层面的故乡文化，是明显持否定态度的。那么，鲁迅对故乡地理历史文化传统的感悟与认同，以及他自身的突出的越文化个性，是怎样形成的呢？

金克木先生在《文学的地域学研究的设想》[7]一文中，从历史地理学出发，提出文学（亦是文化）流变的地域性特征，并具体阐述了考察文学（文化）流变地域性特征的四种（分布、轨迹、定点、传播）途径，意在说明，地域文学（文化）在岁月的流逝中不论发生何等显著的变化，也不可能在根本上脱开其所植根的地域自然地理特征的内在制约。吴、越文化即是一例。因自

---

① 《书信·270808·致章廷谦》，《鲁迅全集》第11卷，人民文学出版社1981年版，第570页。

② 《书信·270802·致江绍原》，《鲁迅全集》第11卷，第567页。

③ 《三闲集·看司徒乔君的画》，《鲁迅全集》第4卷，人民文学出版社1981年版，第73页。

④ 《且介亭杂文末编·女吊》，《鲁迅全集》第6卷，人民文学出版社1981年版，第614页。“黄竟以此起家，为教育厅小官，遂编《越风》，函约‘名人’撰稿，谈忠烈遗闻，名流轶事，自忘其本来面目矣。‘会稽乃报仇雪耻之乡’，然一遇叭儿，亦复途穷道尽！”（《集外集拾遗补编·关于许绍棣叶溯中黄萍荪》，《鲁迅全集》第8卷，人民文学出版社1981年版，第404页）“仆为六七年前以自由大同盟关系，由浙江党部率先呈请通缉之人，‘会稽乃报仇雪耻之乡’，身为越人，未忘斯义，肯在此辈治下，腾其口说哉。”（《书信·360210·致黄苹荪》，《鲁迅全集》第13卷，人民文学出版社1981年版，第306页）

⑤ 《书信·360210·致黄苹荪》，《鲁迅全集》第13卷，第306页。“我的剪辫，却并非因为我是越人，越在古昔，‘断发文身’，今特效之，以见先民仪矩”。（《且介亭杂文末编·因太炎先生而想起的二三事》，《鲁迅全集》第6卷，第559页。）

⑥ 黄子平、陈平原、钱理群：《二十世纪中国文学三人谈》，北京人民文学出版社1988年版，第67页。

⑦ 载《读书》1986年第4期。

然地理特征不同、自然生态环境相异，形成的吴、越文化的深刻差异，在尔后的漫长历史岁月中，不仅使吴、越两地的地域分界始终存在，而且对两地文化一直保持着影响，并使二者呈现对峙状态——

首先是地域划分上的沿革。吴、越两地以钱塘江为界，钱塘江流贯浙江，并将浙江分为浙东与浙西。“两浙”之称由来已久。唐代置浙江西道、东道，宋代改称浙江西路、东路。据清代乾隆元年（1736）刊刻进呈的《浙江通志》卷一记载——

> 元至正二十六年，置浙江等处行中书省，而两浙始以省称，……国朝因之，省会曰杭州，次嘉兴，次湖州，凡三府，在大江（按：指钱塘江）之右，是为浙西。次宁波，次绍兴、台州、金华、衢州、严州、温州、处州，凡八府，皆大江之左，是为浙东。

地域划分上的沿革，反映了地域文化特征的延续。吴、越文化之不同，滥觞了浙西与浙东民风、民性之不同。

就民风、民性而言，浙西尚商，浙东重农。浙西已如前述，为江南粮仓，物产丰富，江通楚地，九省通衢，且靠近中原，大运河的挖通，进一步加强了南北交流，商业繁盛。而且，浙西多集市，集与集之间，最近仅隔 500 米。集市一般每月 6 市，多则每月 9 市，甚或隔日一集。① 集市发展而成市镇。浙西市镇以商业而显著。明嘉靖时的浙西吴兴人茅坤在文章中说：“至于市镇，如我之湖、归安、双林、菱湖、琏市，乌程之乌镇、南浔，所环人烟小者数千家，大者万家，即其所聚，当亦不下中州郡县之饶矣。”② 当时，商业性市镇人口超过五万的，就有乌青、盛泽、濮院、新城、南浔等。③ 市镇发展而为都市。浙西最大的都市杭州，商业最为繁盛。明嘉靖时，据《仁和县志》载，杭州城内就有 7 个市，城外则还有 12 个市镇，不少是以商品命名的专门市场。

浙西的商业性特点，突出体现在“米市”上。太湖流域杭嘉湖的农事，

---

① 见姜彬主编：《稻作文化与江南民俗》，人民文学出版社 1981 年版，第 307 页。

② 《茅鹿门集》卷二。

③ 见姜彬主编：《稻作文化与江南民俗》，第 308 页。

历来有“田蚕”之称,田指种稻,蚕则养蚕。早在宋代,杭州北门外的湖墅(又称“湖州市”)米市形成,南宋临安钱塘人吴自牧的《梦粱录》专门介绍临安(今浙江杭州)都市风貌,其中专有《米铺》一卷,说杭州“所赖苏、湖、常、秀、淮、广等处客米到来,湖州市米市桥、黑桥,具是米行,接客出粜”①。如果说此时米市的功能更主要在“出米”,那么明中叶以降,太湖流域的丝织业、棉织业发展迅速,浙西继杭州湖墅米市之后,嘉兴米市、硖石米市等相继出现,其功能更主要在“进米”,而在江南颇负盛名。如明末清初苏州昆山人顾炎武所说,鱼米之乡的太湖流域,“田收仅足支民间八月之食”,这是因为“公私仰供惟蚕虫是赖,故蚕月为重”,以致“无尺地之不桑,无匹妇之不蚕”②。丝贵米贱,蚕桑收入高于稻作,而带来农人的毁田植桑,再加上棉织业的兴起,粮田大片变成桑田、棉田。素负盛名的“粮仓”,一变而为而为“缺粮区”,米市赖以兴盛。江南人生活可几个月不食面,米却一日不可缺。明万历年间的《秀水县志》记载嘉兴,“其待籴而炊者,市日不下千石”。浙西每年都要由长江和运河从荆、楚、徐、淮等地运入大量粮食,米商有利可图。米市“进(米)在瘟潮,卖(米)在风潮”的商谚由来已久,“瘟潮”与“风潮”的米价差距甚大,米商囤积居奇,转手可富。③如遇灾年,米价成倍加价,以致涨价几倍。这种情况早在宋代即已发生,据记载,北宋天佑元年,杭州每斗米的价格最低仅二十至三十文,天佑四年,浙西水旱,每斗米的价格涨至九十五文,翌年竟增到一百文④。米贱米贵,商人得利,所伤在农。故而顾炎武说,太湖流域的“东西洞庭之民,鲜务农耕,多业商贾”⑤。

浙东重农。与浙西历久不衰反盛的“米市”形成鲜明对照的,是浙东的“牛市”。浙东沿袭越俗而崇牛,牛市集中体现了浙东重农的特点。浙东由于地少人多,自宋代始经过稻种改良,已出现早稻、中稻、晚稻的多种优良品种,

① 吴自牧:《梦粱录》卷十六《米铺》。

② 顾炎武:《天下郡国利病书·浙江》。

③ 据姜彬主编:《稻作文化与江南民俗》(人民文学出版社1981年版)所述:“瘟潮”在秋收季节,稻米上市,稻农急于脱手,米商乘机压价;“风潮”在青黄不接的春荒季节,乡民急需购米,米商又乘机抬价(见第324页)。

④ 彭信威:《中国货币史》,上海人民出版社1965年版,第216页。

⑤ 顾炎武:《天下郡国利病书》卷十九。

开始逐步推行一年两熟制或两年三熟制[①]。农耕离不开耕牛,农民视牛为生命。浙东的南部丘陵山地适宜放牧,耕牛养殖量大,但适宜耕种的田地不多,耕牛的需求量有限,相反,浙东沿海平原的耕牛需求量却远远超过养殖量,耕牛市场形成。浙东的温州、台州、金华等地牛市盛行,其中以台州的黄岩牛市最为著名。黄岩全县有6个牛市,其中的横街镇牛市,每年最多可成交5—6万头耕牛,"牛多如蟹"是当地人对过去牛市之盛的形象描绘[②]。浙东的牛市贸易过程也带有"农"的特点:沿海平原春耕早于山区半个月,山区的耕牛在牛市租赁或卖到沿海平原地区去耕田;半月之后,沿海平原地区的春耕结束,耕牛再通过牛市回到山区耕田;太湖流域的春耕又晚于浙东山区,这样,耕牛最后再次通过牛市卖到浙西平原。[③] 耕牛在一年中于山区与平原之间频繁往来,轮番作业,牛市起到了不可或缺的中枢作用。

浙西人经商转而巨富者多,因此,不仅农民弃田经商,而且在知识界包括官宦之家也出现弃儒经商之风,诸如清代被称为"学识为浙江第一"的沈垚[④] 这样说:"天下之势偏重在商,凡豪杰有智略之人多出焉"——"此又世道风俗之大较也"[⑤]。相比之下,浙东经商的牛贩子,大多文化程度和社会地位不高,农民往往诨名称呼,以见亲切,农民到牛市买牛,与牛贩子以信义相交,可以将买耕牛的银元交给牛贩子预购,牛贩也允许农民赊欠,秋后偿还,牛贩垫付的银元,收不回来的事偶有发生。[⑥]

故而,明万历年间的浙东临海人王士性,在他的人文地理历史著作《广志绎》中说:

> 两浙东、西以江为界而风俗因之:浙西俗繁华,人性纤巧,雅文物,喜

① 朱瑞熙:《宋代社会研究》,中州书画社1983年版,第4—5页。

② 参见姜彬主编:《稻作文化与江南民俗》(人民文学出版社1981年版)第五章第一节中的第四部分"牛市及其习俗"。

③ 参见陈顺利:《黄岩牛市习俗调查》,《中国民间文化》1994年第2期。

④ 沈垚之被称为"学识为浙江第一",引自龚书铎:《清嘉道年间的士习和经世派》,《中国近代文化探索》,北京师范大学出版社1988年版,第70—72页。

⑤ 《落帆楼文集》卷二十四《费席山先生七十寿序》。

⑥ 参见姜彬主编:《稻作文化与江南民俗》,人民文学出版社1981年版,第334—335页。

饰鞶悦，多巨室大豪，若家僮千百者，鲜衣怒马，非市井小民之利；浙东俗敦朴，人性俭啬椎鲁，尚古淳风，重节概，鲜富商大贾。而其俗又自分为三：宁绍盛科名逢掖，其戚里尚借为外营，又傭书舞文，竟贾贩锥刀之力，人大半食于外；金衢武健负气善讼，六郡材官所自出；台、温处山海之民，猎山渔海，耕农自食，贾不出门，以视浙西迥乎上国矣。①

对于浙西与浙东民风、民俗、民性的这种不同，史书多有记载。② 此种状况，衍及近代。《浙江潮》第5期刊载的匪石的《浙风篇》说："唯东西浙之各自殊尚而已，……浙西以文，浙东以武；浙西之人多活泼，浙东之人多厚重；浙西人好为表面之事业，浙东人能为实地之研究。其弊也，浙西之人柔，浙东之人闭；浙西人少团结之力，浙东人乏交通之性。" 1900年出生的浙东金华人曹聚仁，在《我与我的世界·浙东》中历陈浙东与浙西的民风、民俗、民性之不同，说："浙西的事，跟我们浙东人毫不相干"："浙西属于资产阶级的天地，浙东呢，大体上都是自耕农的社会。"③

周作人对浙东社会的自耕农特征有多方面具体而微的说明，其中透见浙

---

① 王士性：《广志绎》卷四《江南诸省·浙江》。《江南诸省·浙江》对当时"两浙"的不同民风、民俗、民性有极为精到的概括。著名地理历史学家谭其骧先生说："明代地理著作中特别值得重视的是万历王士性所撰《广志绎》一书，虽然篇幅不多，却是一部突出的高质量的著作。其中人文地理部分，尤为精致多彩。作者根据他一生的亲身经历和敏锐的观察，对明朝全国十五省中的十四省的经济、文化地理的各个方面，都作出了极为精到的分析和记述。……比之于在他以后约四十年的徐霞客对自然地理的贡献，……可以说有过之而无不及。本来在明末清初百年之内，王士性其人、《广志绎》其书是很受时人重视的，……但此后三百年竟然再没有人提起。这是由于乾嘉考据学兴起后，讲地理的专讲建置沿革，……以至此后以舆地之学名家的学人，绝无一人再重视此书。这是一种绝不合理的偏见。五四以后地理学界又流行重自然轻人文的风气，所以徐霞客受到丁文江以来广大地理学者的尊崇，却谁也不知道有王士性《广志绎》其人其书。" 见谭其骧：《积极开展历史人文地理研究》，《长水粹编》，河北教育出版社2000年版，第360—361页。

② 对于浙西，见诸史书的，如"吴兴山水发秀，人文自江右而后，清流美士，余风遗韵相续"。见胡朴安：《中华全国风俗志·上篇》（卷三），上海书店1986年影印版，第19页。"惟松江山秀水名，物产绕裕，故其俗喜清而尚侈，士生其间非有松风梅雪之癖终老于丘壑，则斥田园，系珠璧，沈酣于绮罗丝竹。" 见《送刑部副郎张君时敏贵省序》，《杨文懿公文集》卷十六。而浙东，清嘉庆年间的《宁波府志》云："鄞之风散缓，其俗迂阔而善妒。慈之风鸷健，其俗负气而矜高。定（按：指定海）之风脆弱，其俗习劳而寡营。象（按：指象山）之风朴直，其俗好竟而服义。"《绍兴府志》记："居会稽、余姚之间，地狭而好矜名。类能饬廉隅，笃孝让，然者生事，意气多发扬，少含蓄。"《金华府志》称："民朴而勤，勇决而尚气。族居岩谷，不轻去其土，以耕种为生，不习工商。"

③ 曹聚仁：《我与我的世界》，人民文学出版社1983年版，第39页。

东民性底里的一篇是《苋菜梗》——

> 读外乡人游越的文章，大抵众口一词地讥笑土人之臭食，其实这是不足怪的，绍兴中等以下的人家大都能安贫贱，敝衣恶食，终岁勤劳，其所食者除米而外唯菜与盐，盖亦自然之势耳。干腌者有干菜，湿腌者以腌菜及苋菜梗为大宗，一年间的"下饭"差不多都在这里，……《邵氏闻见录》云，汪信民常言，人常咬得菜根则百事可做……咬得菜根，吾乡的平民足以当之……咬了菜根是否百事可做，我不能确说，但是我觉得这是颇有意义的，第一可以食贫，第二可以习苦……①

周作人概括的这种固守"食贫"、"习苦"的生活方式与生活习性，在浙东自有深厚的传统，这是"以自苦为极""而形劳天下"的"禹墨精神"陶冶出的平民文化性格的体现。鲁迅自幼受其濡染，平民文化性格在他身上留下了抹不去的印迹。不过，鲁迅对浙东民性有更深的感悟和理解，他说——

> ……浙东多山，民性有山岳气，与湖南山岳地带之民气相同。②

鲁迅对浙东民性的"山岳气"的发掘与认同，与他赞许的浙东"海岳精液，善生俊异"，"其民复存大禹卓苦勤劳之风，同勾践坚确慷慨之志"③，内在一致，可以追溯到浙东特殊的地理历史文化传统。

浙东与浙西民风、民性之不同，衍及学术和学风殊异。清代著名史学家兼文学家章学诚是浙东绍兴人，他在《文史通义·浙东学术》中说——

> 世推顾亭林为开国儒宗，然自是浙西之学；不知同时有黄梨洲氏出于浙东，虽与顾氏并峙，而上宗王刘，下开二万，较之顾氏，源远而流长矣。顾氏宗朱而黄氏宗陆，盖非讲学专家各持门户之见者，故互相推服而不相非诋。学者不可无宗主，而必不可有门户，故浙东、浙西，道并行

① 周作人：《苋菜梗》，《看云集》，河北教育出版社2002年版，第31页。

② 见徐梵澄：《星花旧影——对鲁迅先生的一些回忆》，鲁迅博物馆编《鲁迅回忆录》（散篇）下册，人民文学出版社1981年版，第1317页。

③ 《集外集拾遗补编·〈越铎〉出世辞》，《鲁迅全集》第8卷，人民文学出版社1981年版，第39页。

不悖也。浙东贵专家,浙西尚博雅,各因其习而习也。[①]

"两浙"是清代经史之学的中枢之一。浙西重经学究学理而显博雅,浙东重史学切人事而见深刻。浙东自古就有重史的传统。[②] 现代学者何炳松先生在《浙东学派溯源》一书中认为,浙东学派形成于南宋,以史学而显著,在其发展过程中存在着南宋与清代这两个互为承续的史学高峰,并指出浙东学派始终与朱熹的理学"水火"不容。[③] 南宋,浙东学派形成,清代,浙东学派鼎盛。

清代在朝或在野的江浙知识分子,仍然能有他们并没有完全泯灭的民族意识,这更是通过他们重新建立起来的学术追求表现出来的。"渔仲亭林诸公,我以为今人已无从企及,此时代不同,环境所致,亦无可奈何。"[④] 鲁迅十分敬佩明末清初这些学者的"纵论唐宋,搜讨前明遗闻"[⑤],如以举人身份受特招任《四库全书》纂修官的戴震,虽然以考据为当时学者推重,但他的一系列著述激烈抨击的是理学,针对理学家的"存天理,去人欲",提出不能离"事物"而言"理义","欲,其物;理,其则也","凡事为皆有于欲,无欲则无为矣。有欲而后有为,有为而归于至当不可易之为理。无欲无为,又焉有理?"他认为"以理为气之主宰"是"诬圣乱经",痛斥这种"存天理,去人欲"是"适成忍而残杀之具","以理杀人"[⑥]。但是,反清意识强烈的江浙知识分子,又始终是清朝统治者的"心头之患",乾嘉之世,在清王朝残酷镇压和笼络羁縻臣民政策的推行中,他们"文字狱后"渐渐磨蚀了锐气,"乃专事研究错字,争论生日,变了'邻猫生子'的学者",鲁迅称之"守着奴才

① 李春伶校点:《文史通义》卷二内篇二,辽宁教育出版社 1998 年版,第 48 页。

② 浙东是中国史学的发源地之一,早在东汉初年,就产生了《吴越春秋》、《越绝书》等史书,而后浙东史家层出不穷,史学传统不绝如缕。

③ 何炳松:《浙东学派溯源》,中华书局 1989 年影印版,第 4—8 页。何炳松对浙东学派的认识,与章学诚相同之处在于,视浙东学派始终与朱熹的学说相对立;二人的不同主要是,何将浙东学派溯源于程颐之学,而章则认为浙东学术根源于陆九渊。笔者认为,何著受"疑古派"的影响所进行的学理性的分析,有独到的见解,但未能真正切入浙东学派学术品格的根基。在这方面,章学诚的《浙东学术》提出的浙东史学"切于人事"的特点,有值得深入研究的价值。

④ 《书信·330618·致曹聚仁》,《鲁迅全集》第 12 卷,人民文学出版社 1981 年版,第 184 页。

⑤ 《书信·340409·致姚克》,《鲁迅全集》第 12 卷,第 379 页。

⑥ 《中国大百科全书·中国历史·戴震》,《中国大百科全书·中国历史》,中国大百科全书出版社 1988 年版,第 153 页。

家法”①。在这时候，浙东学者坚持的“史学”传统的价值和意义就突出显现出来了，据徐梵澄回忆，鲁迅曾“甚夸‘浙东学派’”②。集浙东史学传统之大成的章学诚提出的“六经皆史”，以“史学”代“经学”，虽并未逾越儒家思想学说，但却体现了对清王朝异族政治统治更为明确的离心倾向，是从“史”出发使“经”回到汉民族的历史和文化中，是带有汉族知识分子沦为“奴才”的痛苦记忆的。章学诚在《文史通义》中进一步提出，浙东学术“言性命者必究于史”，“史学所以经世，固非空言著述也。……正以切合当时人事耳”③，所针对的是“舍今而求古”、“舍人事而言性天”的理学，谓“整辑排比，谓之史纂；参互搜讨，谓之史考，皆非史学”④，史学则在“记注”与“撰述”，“记注欲往事之不忘，撰述欲来者之兴起”⑤，由此可以“上阐古人精微，下启后人津逮，其中隐微可以独喻，而难为他人言者”，这是史学之根本，也是学者治史之根本⑥，而力诋乾嘉学派“腾空言而不切于人事”⑦的经典考据之法，主张“六经皆史”，“以史为鉴”，使伦理化、道德化的儒家经典在历史学、考古学、文字学、音韵学、训诂学、校勘学中得到重新阐释⑧。这是始终不忘“明亡之耻”的汉族知识分子精神发展要求的体现，如谭嗣同所说：

> 夫浙东诸儒，伤社稷阽危，蒸民涂炭，乃蹶然而起，不顾瞀儒曲士之訾短，极言空谈道德性命无补于身，而以崇功利为天下倡。揆其意，盖欲外御胡虏，内除秕政耳。⑨

---

① 《书信·340409·致姚克》，《鲁迅全集》第12卷，人民文学出版社1981年版，第379页。

② 徐梵澄：《星花旧影——对鲁迅先生的一些回忆》，鲁迅博物馆编《鲁迅回忆录》（散篇）下册，人民文学出版社1981年版，第1317页。

③ 章学诚：《浙东学术》，李春伶校点《文史通义》，卷二内篇二，辽宁教育出版社1998年版，第49页。

④ 同上。

⑤ 章学诚：《书教下》，李春伶校点《文史通义》，卷一内篇一，辽宁教育出版社1998年版，第11页。

⑥ 《章氏遗书》卷二十九《又与正甫论文》。

⑦ 章学诚：《浙东学术》，李春伶校点《文史通义》，卷二内篇二，第49页。

⑧ 侯外庐先生说：章学诚的“六经皆史”之说，“大胆地把中国封建社会所崇拜的六经教条，从神圣的宝座拉下来，依据历史观点，作为古代的典章制度的源流演进来处理，并把它们规定为‘时会使然’的趋向。他反对人们崇拜那种‘离事而言理’的经，更反对离开历史观点而‘通’经。”见《中国古代思想史》第5卷，人民出版社1956年版，第509—510页。

⑨ 谭嗣同：《致唐佛尘》，《中国哲学》第4辑，三联书店1980年版，第425页。

显然,清代浙东学派所表现出的“史学”精神,植根于前述浙东特殊地理历史文化传统之中。鲁迅无疑继承了浙东知识分子这一宝贵的精神品格,继承和发展了浙东学术重“史”的传统:他一生坚持“治学先治史”①,治史以透视社会人心。

“两浙”民性及学术、学风之不同,又深深地渗透于文学艺术之中。对于浙东与浙西的文风之不同,前人多有概括,诸如:

> 浙东多山,故刚劲而邻于亢;浙西近泽,故文秀而失之靡。②
>
> 两浙人文区薮,浙以西之文,华而靡;浙以东之文,清以淑。③

联系我们前面的分析和说明,这种概括显然是简劲而数语透底的。

但是,近代以来,浙东与浙西这种相对隔绝的状态已经打破,由自然生态环境不同、风土民情相异而产生的“两浙”经济和文化的差异在逐渐缩小,二者之间的互补与趋同,呈对差异性的覆盖之势。但文学艺术有其独立性,浙东与浙西的区别仍然明显。周作人在20世纪20年代以“世界文学”为潜在参照,来观察在中国颇为典型的浙江文艺界,思考浙江“近来三百年的文艺界”的“潮流”,他概括出“飘逸与深刻”这样“两种潮流”:

> 第一种如名士清谈,庄谐杂出,或清丽,或幽玄,或奔放,不必含妙理而自觉可喜。第二种如老吏断狱,下笔辛辣,其特色不在词华,在其着眼的洞彻与措语的犀利。④

显然,浙西文艺的特色在“飘逸”,浙东文艺无疑是以“深刻”见长的。周作人在文章中又进一步考察了文学艺术与学术、学风的关系,认识“飘逸与深刻”这两种不同文艺特色形成之根源,他发现两浙文艺特色上的不同,植根于两浙不同的学术和学风:

---

① 郭豫衡:《关于鲁迅治学方法的探讨》,《北京师范大学学报》1979年第1期。

② 《浙江通志》,胡朴安:《中华全国风俗志·上篇》(卷三),上海书店1986年影印版,第19页。

③ 周起莘:《雷琴记》,胡朴安《中华全国风俗志·上篇》(卷三),第2页。

④ 周作人:《地方与文艺》,许志英编《周作人早期散文选》,上海文艺出版社1984年版,第309页。

在明末时这种情形很是显露……浙江的文人略早一点如徐文长，随后有王季重张宗子都是做那飘逸一派的诗文的人物，……毛西河的批评正是深刻一派的代表。清朝的西冷五布衣显然是飘逸的一派，袁子才的声名则更是全国的了，同他正相反的有章实斋，我们读《妇学》很能明白他们两方面的特点，近代的李莼客与赵益甫的抗争也正是同一的关系。俞曲园与章太炎虽然是师弟，不是对立的时人，但也足以代表这两个不同的倾向。①

从周作人列举的"深刻一派"的代表人物可见，"深刻派"明显与浙东学术的史学传统相渊源，即章学诚所主张的"文"与"史"的相通；"飘逸一派"亦如此，如周作人所说"飘逸一派"，"王张（按：指王季重和张宗子）的短文承了语录的流"——这是"由学术转到文艺里去"而使然。② 对此，周作人后来在《鲁迅的文学修养》一文中有更明确地申说：

鲁迅的著作，不论小说或是杂文，总有一种特色，便是思想文章都很深刻犀利。这个特色寻找它的来源……因为在浙江省中间有一条钱塘江，把它分为东西两部分，这两边的风土民情稍有不同，这个分别也就在学风上表现了出来。大概说来，浙西学派偏于文，浙东则偏于史；就清朝后期来说，袁随园与章实斋，谭复堂与李越缦，都是很好的例子。再推上去，浙东还有毛西河，他几乎专门和"朱子"朱晦庵为难，攻击的绝不客气……拿鲁迅去和他们相比，的确有过之无不及，可以说是这一派的代表。③

浙江"近来三百年的文艺界"的"潮流"表现出的"飘逸与深刻"，是在对宋明理学和唐宋八大家以及桐城派的散文文风的反叛与剥离中形成，在

① 同上。鲁迅也曾谈道："明末太远，不必提了；清朝的章实斋和袁子才，李莼客和赵撝叔，就如水火之不可调和；再近些，则有《民报》和《新民丛报》之争，《新青年》派和某某派之争，也都非常猛烈"。见《准风月谈·"中国文坛的悲观"》，《鲁迅全集》第5卷，人民文学出版社1981年版，第247页。

② 周作人：《地方与文艺》，许志英编《周作人早期散文选》，上海文艺出版社1984年版，第309页。

③ 周启明：《鲁迅的青年时代》，中国青年出版社1957年版，第58—59页。

沥除“理学”之气的过程中呈现出个性浮露的二元取向:“飘逸一派”在自我心性的张扬中自娱自喜;“深刻一派”则视这种洒脱为轻佻,表现出的是一种阅尽人间沧桑的悲怆,不无个性上的执拗与硬直。鲁迅与周作人各有侧重地继承和发展了“深刻”与“飘逸”这两种文艺传统,则是明显的事实。

但也明显可见,周作人愈益倾心于明末公安派、随园派,不无“深刻”,更显“飘逸”,在对人生苦味的掩饰、剥离中文风和心态渐趋于“平和冲淡”;鲁迅则由“深刻一派”认同于“竹林名士”以放浪形骸之“表”表现出来的愤世嫉俗之“里”①,虽不无“飘逸”,却更显“深刻”,而把人世看得深透,宁愿苦涩与沉重。

较之故乡的文人传统,鲁迅更为倾心的,是直接显现浙东民性的“赛会”、“社戏”和民众戏剧“目连戏”,他是通过自己的创作表现这一民间文化传统的。在他陆续写出的童年生活记忆的散文中,首先是“赛会”:《陶庵梦忆》记载的“那时的赛会,真是豪奢极了”,所以“我常存着这样的一个希望:这一次所见的赛会,比前一次繁盛些。可是结果总是一个‘差不多’”——

> 然而记得有一回,也亲见过较盛的赛会。开首是一个孩子骑马先来,称为“塘报”;过了许久,“高照”到了,长竹竿揭起一条很长的旗,一个汗流浃背的胖大汉用两手托着;他高兴的时候,就肯将竿头放在头顶或牙齿上,甚而至于鼻尖。其次是所谓“高跷”、“抬阁”、“马头”了;还有扮犯人的,红衣枷锁,内中也有孩子。我那时觉得这些都是有光荣的事业,与闻其事的即全是大有运气的人,——大概羡慕他们的出风头罢。我想,我为什么不生一场重病,使我的母亲也好到庙里去许下一个“扮犯人”的心愿的呢?……然而我到现在终于没有和赛会发生关系过。②

平桥村“在我是乐土”,“我在那里所第一盼望的,却在到赵庄去看戏……现在想,那或者是春赛,是社戏了”:

> 最惹眼的是屹立在庄外临河的空地上的一座戏台,模胡在远处的

① “刘伶喝得酒气熏天,使人荷锸跟在后面,道:死便埋我。虽然自以为放达,其实是只能骗骗极端老实人的。”见《坟·写在〈坟〉后面》,《鲁迅全集》第1卷,人民文学出版社1981年版,第283页。

② 《朝花夕拾·五猖会》,《鲁迅全集》第2卷,人民文学出版社1981年版,第261—262页。

> 月夜中,和空间几乎分不出界限,我疑心画上见过的仙境,就在这里出现了……我最愿意看的是一个人蒙了白布,两手在头上捧着一支棒似的蛇头的蛇精,其次是套了黄布衣跳老虎。……忽而一个红衫的小丑被绑在台柱子上,给一个花白胡子的用马鞭打起来了,大家才又振作精神的笑着看。在这一夜里,我以为这实在要算是最好的一折。①

特别是绍兴民众戏剧目连戏里的"无常"和"女吊":"我们……最愿意看的,却在活无常。他不但活泼而诙谐,单是那浑身雪白这一点,在红红绿绿中就有'鹤立鸡群'之概。只要望见一顶白纸的高帽子和他手里的破芭蕉扇的影子,大家就都有些紧张,而且高兴起来了"——"人民之于鬼物,惟独与他最为稔熟,也最为亲密";"我至今还确凿记得,在故乡时候……常常这样高兴地正视过这鬼而人,理而情,可怖而可爱的无常;而且欣赏他脸上的哭或笑,口头的硬语与谐谈……"② 还有他逝世前写的"女吊",这是民众"在戏剧上创造了一个带复仇性的,比别的一切鬼魂更美,更强的鬼魂",特别是其中的"跳女吊"③一场:

> 自然先有悲凉的喇叭;少顷,门幕一掀,她出场了。大红衫子,黑色长背心,长发蓬松,颈挂两条纸锭,垂头,垂手,弯弯曲曲的走一个全台,……投缳之际,准备作厉鬼以复仇……她将披着的头发向后一抖,人这才看清了脸孔:石灰一样白的圆脸,漆黑的浓眉,乌黑的眼眶,猩红的嘴唇。……她两肩微耸,四顾,倾听,似惊,似喜,似怒,终于发出悲哀的声音……④

这些都是颇能显现鲁迅的精神气质、艺术天分的言辞和形象的,可以看

① 《呐喊·社戏》,《鲁迅全集》第1卷,人民文学出版社1981年版,第562、565—566页。

② 《朝花夕拾·无常》,《鲁迅全集》第2卷,人民文学出版社1981年版,第267、268、272页。

③ 冯雪峰回忆,1936年9月下旬,是"鲁迅先生病后写的《'这也是生活'……》、《死》、《女吊》"之后,"我到他那里去,他从抽屉里拿出原稿来说:'我写好了一篇。就是我所说的绍兴的女吊,似乎比前两篇强一点了。'我从头看下去,鲁迅先生却似乎特别满意其中关于'女吊'的描写,忽然伸手过来寻出'跳女吊'开场的那一段来指着道:'这以前不必看,从这里看起罢。'我首先感到高兴的却是从文章中看出先生的体力逐渐恢复了。他还说道:'这一篇比较的强一点,还有一个理由,是病后写的比较顺手了。病中实在懒散了。'"见冯雪峰:《鲁迅先生计划而未完成的著作》,《雪峰文集》第4卷,人民文学出版社1985年版,第16—17页。

④ 《且介亭杂文末编·女吊》,《鲁迅全集》第6卷,人民文学出版社1981年版,第614、617—618页。

到,浙东民间文化作为浙东文化的重要表现形态,鲁迅更是通过对此的发掘、体认与追寻,建构起他主体精神世界中的浙东特殊地理历史文化传统的。

在如上三个部分的阐述中,我们依据鲁迅对远古越文化的指认,走进了“河姆渡文化遗址”再现的七千年前宁绍平原上的一个“空前绝后”的古文明之中,“卷转虫海侵”使这一古文明滥觞了文化特征相差异的越文化与吴文化,钱塘江的存在,又使这种不同文化特征在浙东与浙西延续了上千年之久。当我们进一步在对浙东与浙西不同的民风民性、学术学风以及文学艺术的一一钩沉寻绎中,确立了浙东文化正是鲁迅感悟、体认并建构浙东特殊地理历史文化传统的基础。

鲁迅与故乡文化的联系,正是在这个基础之上建立起来的。

四、地缘文化

(一)地缘:一种文化之链

将浙东特殊地理历史文化传统置于鲁迅与故乡文化联系的前景位置,还应进一步提出,这种联系是怎样形成的?

故乡文化,作为作家思想与创作的背景因素,在以往的研究中,习惯于对此做以人为本位的历时性线性勾勒。对鲁迅,则注重他与浙东先贤,诸如勾践、陆游、明末文人、清末明初志士的精神联系。这种单纯立足于“点”和“线”的研究显然有局限性。比如,鲁迅的思想特点明显与浙东学术的史学传统有一脉相承之处,对此,如前所引述,周作人早有说明①,但却为研究者难以认同②。原因在于:对浙东学术的集大成者,清代绍兴人章学诚,鲁迅在著作中几无论及;对浙东史家李越缦的人品,鲁迅又颇有微词③。显然,如果仅仅局

① 周启明:《鲁迅的青年时代》,中国青年出版社1957年版,第58—59页。

② 杨义:《鲁迅小说综论》,陕西人民出版社1984年版,第283—286页。

③ 鲁迅说:“《越缦堂日记》近来已极风行了,我看了却总觉得他每次要留给我一点很不舒服的东西。……从中看不见李慈铭的心,却时时看到一些做作,仿佛受了欺骗。”《三闲集·怎么写》,《鲁迅全集》第4卷,人民文学出版社1981年版,第24页。

限于以人为本位的线性勾勒，鲁迅与浙东学术联系的研究必然搁浅。

我们是否可以换一个角度，把研究从显在联系转向潜在影响。

实际上，作家在其明显具有地域性特征的主体意识还未形成的青少年时期，更多受到的是故乡文化的潜在影响，而且，作家日后形成的明确的乡邦文化意识，也可以在这种潜在影响中找到根源。可以作为例证的是，鲁迅辛亥革命前后搜集他所能见到的"越先正著述"，于"五四"前夕辑成《会稽郡故书杂集》一书，如他在书的序言中所说，他辑录先贤撰著、弘扬乡邦文化之愿，始萌于幼时所感受到的故乡特殊的地理历史文化传统。这就是说，我们实际上提出了作家背景文化研究中与前述"点"与"线"不同的"面"的研究，即作家与地缘文化即地域文化关系的研究。

应该看到，提出对中国现代作家的地域文化研究，本身就是对"五四"的超越，其重要根据之一，是20世纪以来逐步破除"欧洲中心论"，承认人类文化因地域之不同，而存在着多元发展趋向这样一个事实。

19世纪西方社会的迅速发展，列强之足迹踏遍世界，使西方学者对自己的文化产生难以克服的优越感，进化论又为他们这种优越感提供了"科学"的解释和根据，即认为人类文化是一元单线进化的，西方文化则代表并体现了这种进化的最高成果和阶段。强调地域与文学之关系的丹纳，他的《艺术哲学》一书所注目的仅仅是欧洲，在地理环境优越的自我陶醉中散发出浓重的文化霸气。列维·布留尔在《原始思维》一书中虽然对进化论的人类文化学提出了批评，但仍然把东方文化特别是中国文化贬得一无是处。第一、二次世界大战使西方知识分子从自我陶醉中惊醒，开始对自己的文化传统作出深刻的反省与批判，也开始比较客观地对待和研究非西方文化。英国著名的人类学家马凌诺斯基（1884—1942）在他的著作中驳斥了人类文明单线进化观，他着眼于文化在维持社会结构中所担当的角色和满足人的各种需求的功能，从这两个方面来认识和研究不同地域的文化各自具有的结构和功能，这实际上提出了判断一种地域文化的优劣高下，不应以另外一种地域文化为标准的观点。美国人类学家鲁思·本尼迪克特正是在这种认识基础上，写出对西方文化产生很大影响的著作《文化模式》和《菊花与刀——日本文化诸模式》。美国当代科学哲学家库恩和费伊阿本德在 20 世纪 60 年代初提出不同文化之间的“不可通约性（incommensurability）原则”的理论，而使人们更加深刻地认识到：

> 游牧民族住帐篷，而农业民族住房屋，这里就没有一个共同的标准可用来评判哪一种住宿方式更好，因为这两种文化所处的世界和要解决的问题是不同的。任何一种文化无论多么发达，都只是人类的一种生活方式，一种存在的可能性，因而不可避免地有着自己的局限性和弱点。任何一种文化的无限扩张都会给人类文明整体带来巨大的灾难。①

着眼于东、西方文化之不同，而展开的对中国现代作家的地域文化研究，还应该看到中国本身的特点。

金克木先生在《文艺的地域学研究设想》② 一文中说：

> 我国和外国的不同情况要先查一下。西方除罗马帝国外一国的地域较小，所以地中海沿岸就连接不止一个洲，更不止一个国。巴尔干半岛包括了几个国家。国别研究，分开或结合，已经是地域学研究了。有的大国，如东方的印度，一国包括了十种以上有文史的语言，互不相下。古代虽有较统一的文言，好比中国的古文，但由于是拼音文字，方音差别和地方语言分歧使规范文言不及中国汉语文言的势力大。各语言的文学自然带有地域性。……惟有我国，汉语覆盖的地面本来很大，汉文在全国文化中的势力更大，而且一脉相传几千年。纵的历史的线不能不结合横的地理的面。所以我觉得不论外国如何，我国的汉语文学可以有地域学研究。艺术也可以在民族的和历史的之外再加地域的研究。

金克木先生在这篇文章中历述中国古代典籍中有关文学艺术的地域学研究成果：如地理书、地方志在我国历史上出现之早，数量之多，世所罕见，几乎都有地域与人文之间关系的叙述。又如孔子编定《诗经》，首列十五国风，多以

① 张汝伦：《多元的思维模式与多元的文化》，《读书》1986 年第 7 期。

② 载《读书》1986 年第 4 期。

地域名之;《楚辞》的冠名就标明产生于楚地;《乐府诗集》对汉代以来的民歌的分类,明显具有地域性。魏晋南北朝,汉文化的一统局面打破,南北文化的分界日渐明显,李延寿的《北史·文苑传序》中对南北文风的显著差异有清楚的勾勒。隋、唐以来,汉文化的一统趋势不断加强,但文化尤其是文艺,在大的框架中有南北之不同,小至不同地域也有不同特点,并且始终存在。唐代禅宗分南北派,明代董其昌倡山水画的南宗、北宗之说,戏曲（音乐）有南曲、北曲之分,书法则有北碑南帖之别。至于江西诗派、桐城派古文、浙西词派等,虽成因多以人的作用为主,但却以地域名之,是与其带有突出的地域人文特征相关的。近代以来,西学东渐,一些著名学者如梁启超、王国维,尤其是刘师培,仍然坚持中国文学的地域学研究而有诸多论述。

可见,丹纳的《艺术哲学》的地理环境决定论虽走了极端,但他看重地域与文学之关系并没有错。地域不仅指山水、土壤、气候等自然现象,还包括地面上的人文现象,二者构成文学之地缘。地缘,一种文化之链。① 地缘文化与作家之关系,可以从多方面得到解释。在西方有着很大影响的分析心理学家卡尔·古斯塔夫·荣格,依据考古学、人类学提出的重要假设——"集体无意识",如果把这一假设运用于人文历史地理学的范畴之中,可以说明为什么同一地域的人都有着大体相近的语言、信仰、风俗、习性以至心理特征,并能从中找到该地域的地理历史文化传统的印记。地缘文化正是以这种"集体无意识"方式进入作家的文化背景之中,而与作家的文学创作结下不解之缘的。

（二）血缘与地缘

前述地域文化与作家之缘,从根本上说,是建立在作家早年故乡生活基础之上的,是以空间方式呈现出来的,是作为一种共时性内涵进入到作家创作的文化背景之中的。当我们进一步寻求对作家背景文化的时空合一的研究时,就不能不提出作家背景文化中更为重要的历时性因素,或者说,这是以时间方式呈现的地缘文化,这自然要涉及作为文化载体的个体的人,涉及建

① 参见陈方竞:《地缘:文化之链——鲁迅与中国传统文化联系生成论》,《社会科学战线》1995 年第 3 期。

立在血缘关系基础上的人的历时性联系，具体表现为家庭（家族）血缘文化的历时性文化承传对作家创作的影响。

着眼于血缘文化，首先需要看到的是，血缘较之地缘，更具有文化传承的稳定性与持续性。这不仅因为现代科学已经证明，人类血型由化学结构十分稳定的遗传基因所决定，改变一种血清血型大约需要长达二三百万年的时间①，更重要的是，血缘关系是中国传统社会的文化得以承续的根基所在。中国几千年的社会一直延续了它所脱胎的血缘氏族社会的性质，如鲁迅指出的："家庭为中国之基本"②——为保障血统的纯正而形成的种种严格的等级、礼法规范，婚姻讲门当户对，血缘定远近亲疏，"华胄世业，子弟便易于得官；即使是一个酒囊饭袋，也还是不失为清品"③；"非我族类，其心必异"的血缘文化意识，在宗法社会中的中国人特别是士大夫阶层中是根深蒂固的。这就为我们从地缘关系进一步深入于血缘关系的作家背景文化研究，提供了切合中国文化特征的依据。

着眼于血缘文化的作家背景研究，更重要的客观依据，还存在于我们的研究对象——鲁迅自身。如前所述，血缘关系是在中国传统社会中被凸现的，血缘文化研究又一定程度受到研究对象所处时代与社会文化环境的限制。鲁迅出生在19世纪末的满清王朝晚期一个士大夫家族，并经历了系统的传统文化教育，他多次强调自己是上千年传统宗法制度遗留下来的最后一个知识分子④，他视自己为"历史中间物"，"仍应该和光阴偕逝，逐渐消亡，至多不过是桥梁中的一木一石，并非什么前途的目标，范本"⑤，——为血缘关系所承续的文化在他身上的存在就具有了某种必然性。

其实，血缘文化传承在作为"历史中间物"的一代中国现代作家身上，

---

① 赵相茂：《中华民族起源地的新探索》，《大众医学》1986年第9期。

② 《南腔北调集·家庭为中国之基本》，《鲁迅全集》第4卷，人民文学出版社1981年版，第619页。

③ 《坟·论"他妈的！"》，《鲁迅全集》第1卷，人民文学出版社1981年版，第232页。

④ "我其实是知识阶级分子中最末的一个，而又是最顽强的。我没有照着同阶层的人们的意志去做，反而时常向他们挑战，所以旧的知识分子如此恨我。"见许广平：《欣慰的纪念·元旦忆感》，人民文学出版社1981年版，第176页。

⑤ 《坟·写在〈坟〉后面》，《鲁迅全集》第1卷，第286页。

普遍有着十分引人注目的表现,比如,郭沫若就说过:"假使我也可以算得个诗人,那这个遗传分子确也是从我母亲来的了"[①],类似的话语也出现在茅盾、冰心、巴金、丁玲等诸多作家笔下,他们割舍不开、形诸笔墨的"母爱"本身,特别是他们"五四"后的创作出现的"亵渎父亲",都反映出他们根本无法回避的血缘文化承传关系。鲁迅在这方面无疑更为突出,也有着更为自觉的血缘文化意识。对此,人们已经做过多方面的研究。[②]

在中国这种聚族而居、安居少迁的社会生活中,血缘与地缘又是相依而存的。师从马凌诺斯基而写出《乡土中国》一书的费孝通先生,在《乡土中国》这本书中专门以"血缘和地缘"为题,做了这样的阐述:

> 血缘是稳定的力量。在稳定的社会中,地缘不过是血缘的投影,不分离的。"生于斯,长于斯"把人和地的因缘固定了。生,也就是血,决定了他的地。世代间人口的繁殖,像一个根上长出的树苗,在地域上靠近在一伙。地域上的靠近可以说是血缘上亲疏的一种反映……[③]

费孝通从地缘与血缘的依存关系推出的"血缘性的地缘"[④]这一概念,可以说明,正是因为植根于血缘关系,地缘文化才能够深深地渗入于作家的血脉之中,成为几乎不可更易的因素。

在鲁迅的"血缘性的地缘"关系中,周介孚是一个值得重视的人物。这不仅因为周介孚是覆盆桥新台门周家的族长,鲁迅是他的直系长孙,而且因为,周介孚对于鲁迅自幼开始的文化哺养、个性成长以至人生之路的改变与选择,都直接起到至关重要的作用。周介孚就是一个极富于浙东文化特征的人,比如,浙东学术的史学传统在周介孚身上就有明显表现:他不同于那个时代一般读书人家培养子弟的方式,他为本族子弟开蒙择定的教材是史书《鉴

---

① 郭沫若、宗白华、田寿昌(田汉):《三叶集》,上海书店1982年版,第110页。
② 参见钱理群:《心灵的探寻》第七章"叛逆的猛士与爱我者之间",上海文艺出版社1988年版。
③ 费孝通:《乡土中国》,三联书店1985年版,第72页。
④ 同上书,第73页。

略》[①],本族子弟学做文章也是从史论开始的[②],他藏有章学诚的《文史通义》及李越缦的《越缦堂日记》,为子弟很早就熟读。又如,周介孚身上明显有着周作人所说“弥漫及于乡间”的“浙东性”,即“世人所统称的‘师爷气’”[③]——他早年在京的散馆殿试中,对辅考大臣即恃才傲视[④],后改放江西金溪县任职时,对上官从不谄谀迎合,话不投机,即当面顶撞,以至言及“皇上家”也据理驳诘[⑤];由于愤世嫉俗,“他平时很喜欢骂人,自呆皇帝昏太后(即是光绪和西太后)起头直骂到亲族中的后辈”[⑥],“说话的豁刻,那总是独一的”[⑦]。周作人说鲁迅“不但他读过《文史通义》和《越缦堂日记》,就是只听祖父介孚公平日的训话,也是影响不小了”[⑧]。周建人后来回忆说,“他(鲁迅)的性情,有些地方,还是很像祖父的”[⑨],这一感觉的形成,可以追溯到1895年那场“科举舞弊案”:此案发生后,在周家台门内能够从容应对的,首先是案犯周介孚,他明知违“法”而为之,是因为对此已见惯不怪,所以案发后投案自首,拒绝审案官为自己开脱释罪,在公堂上仍然振振有词,历陈科场种种行贿、舞弊之事,自己“不过是照样来一下”[⑩];其次就是当时十四五岁的鲁迅,他既不像家中长辈那般惶惑,怨愤,甚至以自虐方式发泄苦闷[⑪],也不像

---

① 周建人说:“虽然祖父已经犯罪入狱,但对我们的教育,还是严格按照祖宗的规定进行。我们覆盆桥周家三台门,都不读《三字经》、《百家姓》、《千字文》、《神童诗》,而是读《鉴略》。”《鲁迅故家的败落》,湖南人民出版社1984年版,第92页。

② 周作人:《师爷笔法》,《知堂集外文》,岳麓书店1986年版,第442页。

③ “这四百年间越中风土的影响大约很深,成就了我的不可拔除的浙东性,这就是世人所统称的‘师爷气’……他那法家的苛刻的态度,并不限于职业,却弥漫及于乡间,仿佛成为一种潮流,清朝的章实斋李越缦即是这派的代表,他们都有一种喜骂人的脾气。”见周作人:《雨天的书·自序二》,许志英编《周作人早期散文选》,上海文艺出版社1984年版,第335页。

④ 房兆楹:《关于周福清的史料》,载《鲁迅研究资料》第7辑,天津人民出版社1980年版。

⑤ 《鲁迅生平史料汇编》第1辑,天津人民出版社1981年版,第86—89页。

⑥ 周作人:《知堂乙酉文编·五十年前之杭州府狱》,上海书店1985年版,第91页。

⑦ 周启明:《鲁迅的文学修养》,《鲁迅的青年时代》,中国青年出版社1957年版,第59页。

⑧ 同上。

⑨ 周建人:《鲁迅去世已经十年了》,载上海《群众》周刊第13卷第2期,1946年10月17日。

⑩ 周启明:《祖父的事情》,《鲁迅的青年时代》,第17页。

⑪ 在这方面表现最为突出的,是鲁迅的父亲周伯宜,见周建人的《鲁迅故家的败落》(湖南人民出版社1984年版)中的“谁是呆子孙”一节(见该书第112—115页)。

年幼的弟弟那样仍沉睡于“蔷薇色的梦”中[①]，面对这场突然而至的“家庭变故”，他较早结束了孩提时代的单纯与天真，默默地全心身尽着长子承孙的义务，为母亲分忧[②]，体味“世人的真面目”，这种体味与悟识竟与他终生相伴，在他日后写出的几乎所有文字中，都留下了或显或隐的印记。

显然，地缘植根血缘，血缘深化地缘。血缘与地缘的依存关系，为我们提供了对作家思想与创作的文化背景时空合一的研究方法：一方面是历时性文化承传，这是为地缘性血缘关系所决定的，另一方面是共时性文化濡染，为血缘性地缘关系所形成的，从这样两个紧密联系的不同侧面，进入作家文化背景的研究之中。

比如沈从文，他自幼生活的湘西是南方楚文化的故乡，他虽然并非湘西土著人，但他的嫡亲祖母是一个嫁到沈家的苗族姑娘，命运极为悲惨，这使他始终视自己为苗族的后裔，凌宇说：“沈从文与苗族的血缘联系，决定了他的创作在骨子里所烙上的中国南方楚文化的印记。”[③] 又如老舍，人们至今对他的北平文化背景中的满族血统重视不够，其实正是这种血缘联系，促成了他的创作与较多保留了旗人文化传统的北平下层市民生活难以割裂的依存关

① 钱理群在《周作人传》（北京十月文艺出版社 1990 年版）中说：“对于这时已经十三岁，并且是周家长孙的鲁迅来说，祖父的被捕，以及随后的避难生活，是他睁开了眼，清醒认识社会与人生本来面目的开端。但年仅九岁的周作人却没有因此醒来，还继续做着他‘蔷薇色的梦’——童年时代的美梦。于是，逃难对他来说，是一次愉快的旅行，是一连串新鲜的印象、感觉，一连串美好的记忆。”（见该书第 38—39 页）

② 鲁迅后来说：“我有四年多，曾经常常，——几乎是每天，出入于质铺和药店里，年纪可是忘却了，总之是药店的柜台正和我一样高，质铺的是比我高一倍，我从一倍高的柜台外送上衣服或首饰去，在侮蔑里接了钱，再到一样高的柜台上给我久病的父亲去买药。回家之后，又须忙别的事了，因为开方的医生是最有名的，以此所用的药引也奇特：冬天的芦根，经霜三年的甘蔗，蟋蟀要原对的，结子的平地木，……多不是容易办到的东西。然而我的父亲终于日重一日的亡故了。”（《呐喊·自序》，《鲁迅全集》第 1 卷，人民文学出版社 1981 年版，第 415 页）周建人回忆说：“我大哥在做这些事情的时候，从不推脱，没有怨言，不叫苦，不喊累。母亲吩咐她做什么，他就把事情办妥帖，把钱、当票、药包，如数交给母亲，清清楚楚，缺什么药引，他再去找。这副样子，俨然是个大人了。俗话说，‘国有大臣，家有长子’，他真是一个和母亲分忧的好帮手。直到后来，我从他的作品中，才知道他受到的侮蔑、歧视和欺凌。但他从没有吐露过半句，他向谁吐露呢？祖母老迈，父亲病重，母亲忧愁，弟弟年幼。他把所有一切都由自己承担起来了。”（《鲁迅故家的败落》，湖南人民出版社 1984 年版，第 115—116 页）亦可参见《鲁迅故家的败落》第十二节“家有长子”。

③ 凌宇：《从苗汉文化和中西文化的撞击看沈从文》，《文艺研究》1988 年第 2 期。

系,如他所说:“它是在我的血里,我的性格与脾气里有许多地方是这古城所赐给的”,它的“每一小的事件中有个我,我的每一个思念中有北平”①,以至“不能把这些搁在一旁而还有一个完整的自己”②。老舍甚至这样认为:渗入他骨髓中的旧北京城赋予了他孕育其中的生活故事的“特别的境界”,“这个境界使整个故事带出独有的色彩,而不能用别的任何景物来代替。在有这种境界的作品里,换了背景,就几乎没了故事”③。樊骏先生说:“一个特定的地域与一个作家及其作品亲密无间到如他所说的这般地步”,“以致没有北京就没有了老舍与他的作品——在中外古今的文学史上都是罕见的。”④曹禺的“贵族”血统以及贵族家庭生活体验,孕育了他表现大家族命运及文化独具的才华,促成了他与中外古典贵族艺术的深刻联系,以及他作品中特有的典雅、精致的艺术气氛;更重要的是,这种出身、生活与文化教养,滋养了他文学创作在根柢上的“贵族精神”,即不满足于“有限的平凡的存在”,而“要求无限的超越的发展”⑤,创作出《雷雨》到《日出》再到《北京人》不断实现“自我超越”的辉煌剧作。赵树理的“农民”出身,使他与太行山区的农民自然形成根深蒂固的联系,他开创的小说流派之被称为“山药蛋”,形象贴切,是含有血缘与地缘双重内涵的;他一生始终坚持为农民写作,这给他赢得了荣誉,体现了他的价值,也给他带来了局限和“麻烦”。

显而易见,家族血缘文化背景与早年生活文化氛围,是我们进入鲁迅与故乡地缘文化发生联系的途径:一方面,鲁迅先祖是种地的农民,“清道桥下百姓家,逸斋遗教是桑麻”⑥,自耕农意识从深层自律性地影响着家族后系子孙,浙东社会的自耕农性质,绍兴平民生活历久不衰的“禹墨遗风”,浙东民

---

① 老舍:《想北平》,《宇宙风》第19期,1936年6月。

② 老舍:《小人物自述》,《方舟》(月刊)第39期,1937年8月。

③ 老舍:《景物的描写》,《老舍论创作》,上海文艺出版社1982年版,第76页。

④ 樊骏:《认识老舍》(上),《文学评论》1996年第5期。

⑤ 周作人:《贵族的与平民的》,《自己的园地》,人民文学出版社1998年版,第15页。

⑥ 周作人:《数典诗》。周作人在诗后自注:“吾家始迁祖居越城清道桥,名已逸,家谱中称之曰逸斋公,时在明正德年间,以前悉不可考。”转引自钱理群:《周作人传》,北京十月文艺出版社1990年版,第6页。

性在他身上留下了拂不去的深刻印记[①]，由此而促成他对浙东民间文化的感性体悟与理性透视[②]；另一方面，鲁迅出生在一个有着百年历史、曾经鼎赫一时的士大夫家族，“大家族”影响[③]以及他经历的较为系统的传统教育，他对浙东经史文化的冥悟、汲取和认识[④]，清末民初形成的他与章学诚、章太炎的特有联系[⑤]，特别是他自幼即强烈感受到的浙东特殊地理历史文化传统，致使他“五四”前夕对《会稽郡故书杂集》等浙东典籍的辑录、校勘和整理[⑥]，——前述种种，随着鲁迅1918年之介入“五四”，而清晰可见五四新文学发生及源流的“浙东背景”[⑦]。

（三）“先天”与“后天”

程千帆先生在为刘师培著《南北文学不同论》所写“案语”中说：

> 文学中方舆色彩，细析之，犹有先天后天之异。所谓先天者，即班氏（按：班固）之所谓风，而原乎自然地理者也。所谓后天者，即班氏之所谓俗，而原乎人文地理者也。前者为其根本，后者尤多蕃变。盖虽山川风气为其大齐，而政教习俗时有熏染。山川终古若是，而政教与日俱新也。[⑧]

这种认识，深化了我们有关作家与故乡地缘文化关系的思考。可以依此作出如下阐释，地缘文化之于作家存在着“先天”与“后天”两种形态：前者更具有客观性与稳定性，植根于故乡所在地域的自然生态环境以及人文地理历

① 参见陈方竞：《“他身上流淌着农民的血液”——鲁迅与浙东民性之联系》，《东疆学刊》1993年第1期。

② 参见陈方竞：《“为有源头活水来”——鲁迅对浙东民间文化的感性体悟》（《鲁迅研究月刊》1991年第9期）和《“中国根底全在道教”——鲁迅对浙东民间文化的理性透视》（《鲁迅研究月刊》1993年第7期）。

③ 参见陈方竞：《“大家族”出身之于鲁迅的积极意义》，《鲁迅研究月刊》1994年第6期。

④ 参见陈方竞：《鲁迅与浙东经史文化》，《中国现代文学研究丛刊》1993年第2期。

⑤ 参见陈方竞：《对鲁迅与章学诚联系及其“五四”意义的再认识》（《社会科学战线》2001年第3期）和《对鲁迅与章太炎联系及其“五四”意义的再认识》（《齐鲁学刊》2004年第4期）。

⑥ 参见陈方竞：《鲁迅与浙东典籍文化》，《社会科学战线》1992年第2期。

⑦ 参见陈方竞、刘中树：《对五四新文学发生及源流的再认识》，《文艺研究》1999年第2期。

⑧ 程千帆：《文论十笺》，黑龙江人民出版社1983年版，第124页。

史传统之中,表现在体现“集体无意识”的语言、信仰、风俗、习性以至心理习惯上,于人而皆然,对作家创作潜在发生影响;后者更具有主观性,与时代和社会的变迁相联系,因人而异,表现为作家基于自身的社会人生体验与感受,在创作中对故乡地缘文化的自觉汲取与追寻,地缘文化内涵更是通过个人性的自我建构表现出来的,——前者(“潜在”)与后者(“显在”)相交汇,形成奔突于作家创作过程中主客体之间富有张力的文化场,故乡地缘文化获得更富有力度的表现。

对于故乡地缘文化之于作家的这两种表现形态,鲁迅与周作人曾各有侧重地做过说明。

周作人更多地谈到前者的地缘文化表现,就此而言,在他看来,中国现代文学与此前的文学在整体上根本不同,他认为中国古代文学的地缘文化个性是难以真正发展起来的,这不仅缘于千年古国文化环境的封闭,更直接受制于直至清末的“大一统”的思想文化专制,如他所说:“道学家与古文家的规律,能够造出一种普遍的思想和文章,但是在普遍之内更没有别的变化,所以便没有艺术的价值。”① 周作人的这番话,又是针对新文学提出的,即“因为传统的压力太大,以致有非连着小孩一起便不能把盆水倒掉的情形”②,如“评论家”强调的“文艺的统一”,“凭了社会或人类之名,建立社会文学的正宗,无形中厉行一种统一”,但这是“不应有”的,也是“不可能”的③,“各人的个性既然是各各不同,那么表现出来的文艺,当然是不相同。现在倘若拿了批评上的大道理要去强迫统一,即使这不可能的事情居然实现了,这样文艺作品已经失了他惟一的条件,其实不能成为文艺了”④,如果由此“因袭下去”,其结果只能是“成为新道学与新古文的流派,于是思想和文艺的停滞就将起头了”⑤。他针对“因反抗国家主义遂并减少乡土色彩”的现象,说:“我对于别的事情都

① 周作人:《地方与文艺》,许志英编《周作人早期散文选》,上海文艺出版社 1984 年版,第 310 页。

② 周作人:《旧梦》,许志英编《周作人早期散文选》,第 317 页。

③ 周作人:《文艺的统一》,《自己的园地》,人民文学出版社 1998 年版,第 23 页。

④ 周作人:《文艺上的宽容》,《自己的园地》,第 9 页。

⑤ 周作人:《地方与文艺》,许志英编《周作人早期散文选》,第 310 页。

不喜讲地方主义,唯独在艺术上常感到这种区别”,“我轻蔑那些传统的爱国的假文学,然而对于乡土艺术很是爱重”,因为“乡土色彩”和“强烈的地方趣味”,“也正是‘世界的’文学的一个重大成分”①。1923年他撰写的《地方与文艺》,对此有更进一步地申说:

> 风土与住民有密切的关系,大家都是知道的:所以各国文学各有特色,就是一国之中可以因了地域显出一种不同的风格,譬如法国的南方普洛凡斯的文人作品,与北法兰西便有不同,在中国这样广大的国土当然更是如此。这本是不足为奇,而且也是很好的事。我们常说好的文学应是普遍的,但这普遍的只是一个最大的范围,正如算学上的最大公倍数,在这范围之内,尽能容极多的变化,决不是像那不可分的单独数似的不能通融的。这几年来中国新兴文艺渐见发达,各种创作也都有相当的成绩,但我们觉得还有一点不足。为什么呢?这便因为太抽象化了,执着普遍的一个要求,努力去写出预定的概念,却没有真实地强烈地表现出自己的个性,其结果当然是一个单调。我们的希望即在于摆脱这些自加的锁枷,自由地发表那从土里滋长出来的个性。②

周作人认识中的五四文学变革意义,更在于实现了新文学之为“文学”的发展,而要求作家的地缘文化个性从“道学家与古文家”的钳制中解放出来,这是能够充分显现作家个性的,是对古代文学与地缘文化关系的一种真正发展,因此,他“推重那培养个性的土之力”,认为“把土气息泥滋味透过了他的脉搏,表现在文字上,这才是真实的思想与文艺”③,反映了他对作家“生于斯,长于斯”的地缘文化积淀的自觉表现的重视。

1923年后的“乡土小说”的出现,显然与周作人这一提倡是分不开的,由此也可见他直接影响的“浙东乡土小说作家群”出现的意义。

对于“生于斯,长于斯”的地缘文化积淀的自觉表现,鲁迅无疑也是重

---

① 周作人:《旧梦》,许志英编《周作人早期散文选》,上海文艺出版社1984年版,第317页。

② 周作人:《地方与文艺》,许志英编《周作人早期散文选》,第308—309页。

③ 同上书,第310页。

视的,他说:“籍贯之都鄙,固不能定本人之功罪,居处的文陋,却也影响于作家的神情,孟子曰:‘居移气,养移体’,此之谓也。”① 但他作为中国现代乡土小说的开创者,他之所谓“乡土文学”,又不限于“生于斯,长于斯”的故乡文化积淀的自觉表现,像他说过的法国 19 世纪流亡国外的贵族作家的怀乡之作,更是通过“异域情调来开拓读者的心胸”②,新文化运动的影响,使中国作家“被故乡所放逐”,“走异路,逃异地,去寻求别样的人们”,“流寓”或“侨寓”成为他们更主要的生存方式。鲁迅同样重视这种“异地”社会人生体验和感受在“乡土文学”创作中的作用,如他 1935 年在《中国新文学大系 · 小说二集序》中也述及 1923 年后出现的“乡土小说”,说这些“凡在北京用笔写出他的胸臆来的人们,无论他自称为用主观或客观,其实往往是乡土文学,从北京这方面说,则是侨寓文学的作者”:蹇先艾写出了“‘老远的贵州’的乡间习俗的冷酷,和出于这冷酷中的母性之爱的伟大”;裴文中“拉杂的记下了游学的青年,为了炮火下的故乡和父母而惊魂不定的实感”;李健吾取材于故乡生活的《终条山的传说》是“绚烂”的,“虽在十年以后的今日,还可以看见那藏在用口碑织就的华服里面的身体和灵魂”;同来自浙东又同以故乡生活为题材的王鲁彦和许钦文,两个人的“乡愁”却是“极其两样”的:“许钦文所苦恼的是失去了地上的‘父亲的花园’”,王鲁彦“所烦冤的却是离开了天上的自由的乐土”;湘中作家黎锦明的作品“很少乡土气息,但蓬勃着楚人的敏感和热情”,而“判过去的生活为灰色,以早期的作品为童骙了”;使读者看到“世态的一角,高门巨族的精魂”的女作家凌叔华,“她恰和冯沅君的大胆,敢言不同,大抵很谨慎的,适可而止的描写了旧家庭中的婉顺的女性。即使间有出轨之作,那是为了偶受着文酒之风的吹拂,终于也回复了她的故道了”③……显然,“流寓”或“侨寓”之地的生命体验和社会文化感受,是这些作家的“乡土小说”各自不同的鲜明个性形成的根源之一,而使他们的作品在“显着寂寞荒凉的古战场的情景”的北京,呈现出非

① 《花边文学 ·“京派”与“海派”》,《鲁迅全集》第 5 卷,人民文学出版社 1981 年版,第 432 页。

② 《且介亭杂文二集 ·〈中国新文学大系〉小说二集序》,《鲁迅全集》第 6 卷,人民文学出版社 1981 年版,第 247 页。

③ 同上书,第 245—250 页。

同一般的特色。其实,周作人一生"侨寓"于北京,所写的大量回忆故乡生活、风物的散文,又何尝不是如此呢。

鲁迅20世纪30年代论"京派"与"海派",更为明确地提出"京海之争"并非主要源于作家的"本籍",而更是他们的"流寓"或"侨寓"之地社会文化浸染的表现,即:"北京是明清的帝都,上海乃各国之租界,帝都多官,租界多商,所以文人之在京者近官,没海者近商,近官者在使官得名,近商者在使商获利,而自己也赖以糊口。要而言之,不过'京派'是官的帮闲,'海派'则是商的帮忙而已。"①

前述周作人与鲁迅各自侧重的不同方面,是中国现代作家故乡"地缘文化"表现的主要方式,这在沈从文、老舍、巴金等作家的创作中有着更为突出的表现,彼此之间的差异也更为明显。

在我们的一般理解中,沈从文的湘西小说更近于周作人所侧重的"乡土艺术",近于"生于斯,长于斯"的故乡地缘文化积淀的自然表现。其实,沈从文从"边城"走向"世界",笔下的"湘西"又是通过他后来在北京、上海、青岛的都市社会体验建构起来的,所以他的湘西小说或隐或显地贯穿着"双重视角",既是从"湘西"看"都市",又是从"都市"看"湘西"。即如他的代表作《边城》,小说第二章写茶峒城的景致,插上了一句:"一个对于诗歌绘画稍有兴味的旅客,在这小河中,蜷伏于一只小船上,作三十天的旅行,必不至于感到厌烦。正是因为处处有奇迹可以发现,自然的大胆处与精巧处,无一地无一时不使人神往倾心。"②点出作者是在以"都市人"的眼光看"湘西"。接着写这里的"风俗淳朴":"大都市随了商务发达而产生的某种寄食者,因为商人的需要,水手的需要,这小小边城的河街,也居然有那么一群人,聚集在一些有吊脚楼的人家","短期的包定,长期的嫁娶,一时间的关门,这些关于一个女人身体上的交易,由于民情的淳朴,身当其事的不觉得如何下流可耻,旁观者也就从不用读书人的观念,加以指摘与轻视。……即便

① 《花边文学·"京派"与"海派"》,《鲁迅全集》第5卷,人民文学出版社1981年版,第432页。

② 《沈从文全集》第8卷,北岳文艺出版社2002年版,第67页。

是娼妓,也常常较之知羞耻的城市中人还更可信任。”[①] 这在提示,他的《边城》又是立足于“湘西”看“都市”,整个作品的立意更主要在此,特别是写天保、傩送兄弟俩都喜欢上了翠翠,那句“兄弟两人在这方面是不至于动刀的,但也不作兴有‘情人奉让’,如大都市懦怯男子爱与仇对面时作出的可笑行为”[②],道出了他写《边城》这则爱情故事的动因。可见,沈从文离开了“侨寓”之地的社会文化体验和认识,是不可能建构起他的“湘西世界”的。

较之沈从文,老舍执着于写他自幼生活的底层社会市井杂院下等贫民所固守的“老北京”传统,更近于周作人说的“生于斯,长于斯”的地缘文化积淀的自觉表现。这根源于他的北平文化背景中的满族血统,正因为此,他的小说的地缘文化氛围,不仅与北京这座元、明、清三代皇都的帝王气象显得有些格格不入,而且对“五四”转而成为新文化倡导中心的北京也多少有些隔膜,即使是他执教英伦增添的一些流寓之地的文化体验,似乎也要经过在他身上根深蒂固的地缘文化感受与体验的过滤,而且,这种“流寓”体验与他所擅长表现的“老北京”传统之间呈现的是融合而不是对抗关系,他几乎自然而然地抹平了二者之间的矛盾与差异,以保证不失“老北京”传统特有的味道,可以说,在中国现代文学中他是最能够把地缘文化的“土气息、泥滋味透过了他的脉搏,表现在文字上”的作家,但也显而易见,早年生活空间的逼仄也局限了他,他难以超越“有限的平凡的存在”而“要求无限的超越的发展”[③],这不能不限制他的地缘文化表现的广度与深度。

与老舍恰恰相反,巴金的创作不是从故乡地缘文化淫染中蒸发出来的,而是被“五四”催生的,他是中国现代文学中十分典型的“走异路,逃异地,去寻求别样的人们”的作家,他流寓法国,受无政府主义革命家的感染开始写作,但他又没有实际参与无政府主义者的革命活动,切身体验之不足而靠着如火一般的青春激情创作的大量小说,其概念化模式化的突出表现之一,就是缺乏地域指认性,直至他回到自己早年熟悉的败落中的上层社会官僚家

① 《沈从文全集》第 8 卷,北岳文艺出版社 2002 年版,第 70—71 页。

② 同上书,第 115 页。

③ 周作人:《贵族的与平民的》,《自己的园地》,人民文学出版社 1998 年版,第 15 页。

庭的生活题材写出《激流三部曲》,地缘性的“土气息、泥滋味”之不足仍然是一个明显的缺陷,这是可以与同样自幼生活在成都平原、同样曾经留学法国的李劼人创作的《死水微澜》相对比看出的。历史上的巴蜀之地由于自然地理和生态环境的阻隔,在语言、信仰、风俗、习性和心理特征等方面与内地明显不同,李劼人的《死水微澜》写成都平原一带的社会人生形态,呈现的是与中国汉文化圈不完全相同的另一个文化圈里的人物及其生活故事,写出了这里的伦理道德观和人生价值标准与中国文化的中心地带的一些根本差异。对比可见,巴金小说几乎是没有“故乡”的,他是中国现代文学创作中最少“地缘文化”特征的作家之一,或者说,他的流寓生活“主观”情感体验的表现,自觉或不自觉地模糊甚至中断了他“客观”上所应该有的故乡之缘,即“天府之国”特征极其鲜明的自然生态环境和人文地理历史传统。

在上面的对比中,不难看出,鲁迅与老舍、巴金是明显不同的:一方面,就对“生于斯,长于斯”的地缘文化积淀的自觉表现而言,鲁迅并不逊于老舍的“客观”,如我们所看到,他的取材于故乡生活的小说中,包孕着深刻的否定性思想的是他与浙东民性深厚的亲和力,而要求浙东景观、风物以及故乡人物浮雕似的艺术再现的准确性,如他笔下灰白色沉重的晚云,黎明前的暗夜,遍身油腻、闪着黑沉沉的光的油灯,单调而毫无生气的纺车,人影幢幢围观杀人场面的丁字街头,偶尔发出几声哄笑的酒店、茶馆……成为他笔下的“鲁镇”、“未庄”、“S城”……几乎难以更易的“标识”;又如他曾经因为人们对《阿Q正传》的种种误解,一再对作品主人公阿Q予以说明与解释:

> 我的意见,以为阿Q该是三十岁左右,样子平平常常,有农民式的质朴,愚蠢,但也很沾了些游手之徒的狡猾。在上海,从洋车夫和小车夫里面,恐怕可以找出他的影子来的,不过没有流氓样,也不像瘪三样。只要在头上戴上一顶瓜皮小帽,就失去了阿Q,我记得我给他戴的是毡帽。这是一种黑色的,半圆形的东西,将那帽边翻起一寸多,戴在头上的;上

海的乡下,恐怕也还有人戴。①

另一方面,鲁迅也一次次“被故乡所放逐”,他的生命历程也是在不断“流寓”中度过的。“有谁从小康人家而坠入困顿的么,我以为在这途路中,大概可以看见世人的真面目”② ——这些言辞更是在“走异路,逃异地,去寻求别样的人们”③ 的异国、异地体验中蒸腾起来的,这使他将一己的经历与外在世界联系起来,透视覆盆桥周家台门内发生的种种变故——“明爷爷”(子京)在科场拼搏一生,最终“掘藏”疯癫而死④;到老“连半个秀才的名分也未捞到”而穷困潦倒的“孟夫子”,因“窃书”遭打,且被台门内外之人当作“笑料”⑤;败落大家的诸多落魄子弟如“桐生”的“末路”⑥;“衍太太”代表的族中势利长辈们的那一幅幅诡谲、阴毒的面孔⑦;还有父亲的病故⑧,祖母蒋氏的丧事⑨……在鲁迅的心目中,这些已经不再仅仅限于台门之内,为之或忧,或悲,或愤,而成为他“熟识的本阶级”的一砖,一木,一石,他从中看到的是整个社会的根基松动,并转而成为他营造的文学大厦最为坚实的素材。显然,就异国、异地体验推出的故乡地缘文化建构而言,鲁迅比巴金更为“主观”,他作品中之作为故乡生活写照的“鲁镇”、“未庄”、“S 城”……又是

① 《且介亭杂文·寄〈戏〉周刊编者信》,《鲁迅全集》第 6 卷,人民文学出版社 1998 年版,第 150 页。此外,鲁迅在《忽然想到·九》(《鲁迅全集》第 3 卷,人民文学出版社 1998 年版,第 63—64 页);《〈阿 Q 正传〉的成因》(《鲁迅全集》第 3 卷,第 378—379 页)等文章中也有类似的说明。

② 《呐喊·自序》,《鲁迅全集》第 1 卷,人民文学出版社 1998 年版,第 415 页。

③ 同上。

④ 参见收入周遐寿《鲁迅小说里的人物》(人民文学出版社 1957 年版)的《〈呐喊〉衍义》里的“县考”、“掘藏”、“发狂”三节。鲁迅将“子京”这一“原型”写进小说《白光》中。

⑤ 参见收入周遐寿《鲁迅小说里的人物》的《〈呐喊〉衍义》中的“孔乙己”一节。鲁迅将“孟夫子”这一“原型”写进小说《孔乙己》中。

⑥ 参见收入周遐寿《鲁迅的故家》(人民文学出版社 1957 年版)的《百草园》中“桐生”和“桐生二”两节。鲁迅将“桐生”这一“原型”写进小说《阿 Q 正传》中。

⑦ “衍太太”出自鲁迅的《朝花夕拾·琐记》,收入周遐寿《鲁迅小说里的人物》的《〈呐喊〉衍义》“本家与亲戚”一节,说她就是周家诚房的子传太太。这个人物可代表鲁迅的祖父入狱、父亲病故后,欺负孤儿寡母的族中势力长辈。

⑧ 参见鲁迅在《呐喊·自序》和《朝花夕拾·父亲的病》中所述。

⑨ 鲁迅的小说《孤独者》开端写魏连殳赶回寒石山为祖母送葬的情节,就是取自鲁迅自身的经历,即他在杭州教书时赶回绍兴为祖母蒋氏送葬。参见周建人《鲁迅故家的败落》(湖南人民出版社 1984 年版)第二十五节“孤独者”。

他认识中的"老中国"的缩影与象征，是他认识中的"老中国的儿女们"的现实社会人生境遇的缩影与象征；他的可以追溯到早年地缘性"绍兴师爷笔法"濡染的杂文[①]，作为贯穿他一生的主要创作，这些杂文在整体上构成的竟然是一部中国现代思想文化斗争的"编年史"，一部现代中国社会、政治、历史、道德、法律、文学艺术的"百科全书"，一部展示现代中国人的民性、民情、民俗、民魂的活的"人史"[②]。

鲁迅作品中故乡地缘文化的表现，似乎更接近沈从文，就主客观之间的关系而言，他们相一致表现出的是一种主观化了的"客观"与客观化了的"主观"，或者说，"客观"是在"主观"基础上建立起来的，"主观"同样是在"客观"基础上建立起来的，他们的地缘文化表现在主客观之间是高度统一的。

但是，鲁迅与沈从文之间仍然是有根本差异的。沈从文的异地体验和认识，在他的小说中又程度不同地限制了他对"湘西文化"的发掘与认识，即，他不是在整体上感受和认识都市社会文化的，他关注的多是都市男女之间的两性关系的畸形现象，即所谓"阉寺性"[③]，将此归结为人性的缺失，为此要造一座"人性小庙"[④]，说"我只想造希腊小庙"，"这神庙供奉的是'人性'"，它存在于一种"优美，健康，自然，而又不悖乎人性的人生形式"[⑤]中，以重造民族灵魂，重建民族精神。他对湘西的表现也就主要聚焦于此，以此为轴心辐射开来。这样一种都市体验和认识，不能不使他曾经生活过的保留着原始蛮荒的湘西在他笔下有些"纯化"了，呈现的是一个带有他自身"文人化"特点的世界，而渐少了他当初作为一个"外乡人"来到都市尚存的精神与意志的东西。显而易见，对照孕育了远古楚文化的湘西，我们能从他的小说中

---

① 钱理群：《心灵的探寻》，上海文艺出版社 1988 年版，第 91—97 页。

② 钱理群、温儒敏、吴福辉：《中国现代文学三十年》（修订本），北京大学出版社 1998 年版，第 375 页。

③ 同上书，第 282 页。又见吴福辉：《中国现代文学发展史》（插图本），北京大学出版社 2010 年版，第 249 页。

④ "这世界上或有想在沙基或水面上建造崇楼杰阁的人，那可不是我。我只想造希腊小庙。选山地作基础，用坚硬石头堆砌它。精致，结实，匀称，形体虽小而不纤巧，是我理想的建筑。这神庙供奉的是'人性'。"见《习作选集代序》，《沈从文全集》第 9 卷，人民文学出版社 1998 年版，第 2 页。

⑤ 沈从文：《习作选集代序》，《沈从文全集》第 9 卷，第 2、5 页。

看到《楚辞》所表现的未受“文明”污染的自然生态,特别是“天人合一”的人情人性之美和颇为浪漫的性自由,但却难以从他小说中感受和认识到《离骚》整体上呈现的屈原精神与意志的世界,就此而言,他建构的“湘西世界”仍然需要通过周作人推重的“培养个性的土之力”得到深化,当然,对都市社会文化整体感受与体验的强化与深化,对他更是一个不可回避的要求。

鲁迅则不是这样的,他在差异已不甚显著的“两浙”文化中提取浙东,向历史深处走去,在浙东文化中感悟、认同远古越文化,追寻“禹—勾践之精神”,建构起了浙东特殊的地理历史文化传统,由此而形成随岁月的流逝和踪迹的迁徙也难以割断的“地”之“缘”,这种“思乡的蛊惑”直至晚年“依然存在”。①

① 据冯雪峰、巴金、许广平回忆,鲁迅1936年应文化生活出版社之约,准备写一本类似《朝花夕拾》的回忆性散文集《夜记》,逝世前已写出的有《关于太炎先生二三事》、《因太炎先生而想起的二三事》、《我的第一个师父》、《女吊》、《死》、《这也是生活……》等。

"自我"梦：论张爱玲 A Return to the Frontier、《重访边城》中的台湾书写

萧凤娴
台湾慈济大学东方语文学系

一、前言

1961 年 10 月 13 日，张爱玲因转机飞往香港工作缘故，来到台湾。据当时地陪王祯和回忆："她读我的小说《鬼·北风·人》，对里面的风土人情很感兴趣，特别写信给麦加锡希望到花莲看看，所以麦加锡先生就联络了我。我们那晚在国际戏院对面聚餐之后，第二天就出发了。"① 他们此行看了原住民丰年祭、花莲城隍庙、妓女户、乡下景观。1963 年 3 月 28 日，美国 *The Reporter* 杂志，刊登张爱玲作品 A Return to the Frontier，内文记述 1961 年台湾旅游见闻与之后的香港行感触。"2007 年，张爱玲作品的版权继承人宋以朗先生，重新整理家中的张爱玲资料，没想到却找出三十四页张爱玲从未发表过的《重访边城》中文手稿，且经过比对，发现这并不是 A Return To The Frontier 的中译本，而是张爱玲在 1980 年代以中文重新写作的版本。"②

---

① 此为丘彦明《张爱玲在台湾——妓女坐在嫖客腿上看她》文中，王祯和访谈记录。参见 http://www.storm.mg/lifestyle/60400 2016 年 2 月 1 日浏览。

② 参见张爱玲：《重返边城》编辑说明，台北：皇冠出版社 2009 年版，第 4 页 。

A Return to the Frontie 与《重访边城》,是张爱玲仅有两篇描写台湾的作品。A Return to the Frontie 刊出时,内容颇令台湾艺文界“爱张”人士失望,连王祯和都给张爱玲写信,抗议台湾没有文中描述的臭虫[①]。

2014 年宋以朗授权翻译出版张爱玲小说《少帅》残稿,书中附了冯晞干《〈少帅〉考证与评析》一文,文中引用张爱玲 1961 年 10 月 2 日写给邝文美信件,“其实我那两个非看不可的地方,台湾就是一个,我以前曾告诉你想写张学良故事,而他最后是在台。我想告诉 Dick(作者按即为王祯和所说麦加锡)为妥,你们觉得怎样? ………我想到台中或台南近土人的村镇住两星期,看看土人与小城生活。(我有个模糊的念头土人与故事结局有关)。”[②] 于是,历经了 51 年后,我们终于知道:张爱玲当年来台湾、去花莲,也是为了收集小说《少帅》写作资料。而《少帅》最终弃写,这些收集到的资料,成了 A Return to the Frontie 与《重访边城》内容骨干。

现有的研究论述中, 1996 年高全之《张爱玲与王祯和》一文,最早处理 A Return to the Frontie 中台湾书写意义。他提出了两个重要观点:第一是这篇文章为美国读者而写。第二是代表了张爱玲对亲身经历、未再返回的中国之爱与恨。[③] 2011 年高全之在《张爱玲学》书中,《张爱玲与香港美新处》一文补记里,认为“中英文两版内容差异证明作者曾为预设读者着想。中文版细致入微、锐利敏感,以同情的理解来接触台湾,完全没有英文版予人的冷淡印象。”[④]2007 年田威宁《台湾“张爱玲现象”中文化场域的互动》认为 A Return to the Frontie,是嘲讽蒋介石与国民党的作品。[⑤] 2015 年曲楠《张

---

① 此为丘彦明《张爱玲在台湾——妓女坐在嫖客腿上看她》文中,王祯和访谈记录。参见 http://www.storm.mg/lifestyle/60400 2016 年 2 月 1 日浏览。

② 参见冯晞干:《〈少帅〉考证与评析》,收于张爱玲《少帅》,台北:皇冠出版社 2014 年版,第 203 页。

③ 参见高全之:《张爱玲与王祯和》,收于高全之《王祯和的小说世界》,台北:三民书局 1997 年版,第 157、159 页。

④ 参见高全之:《张爱玲与香港美新处》,收于高全之《张爱玲学》,台北:麦田出版社 2011 年版,第 258 页。

⑤ 参见田威宁:《台湾“张爱玲现象”中文化场域的互动》第一章,台北政治大学 2007 年硕士学位论文。

看港台：张爱玲"边城"书写中的"重返"与"重访"》，从萨依德东方主义观点，认为 A Return to the Frontie，是张爱玲在读者期待框架下，将台湾东方化的策略性书写。《重访边城》为去政治化、文化怀乡、文化追忆边城台湾。《重访边城》依据的资源底本之一，正是 1957—1964 年间，长篇英文自传小说《易经》中，由港返沪中的台湾山水意象。①

由此可知，先行研究者几乎皆肯定，张爱玲为"预设读者"（欲投稿刊物编辑、阅读者）写作 A Return to the Frontie、《重访边城》。但看似不自由的创作中，又保留了研究者眼中的"作者张爱玲功能"，赋予文学理论、文化象征、批判意义内涵。诚如陈丽芬所言：评论界将张爱玲建构成弗洛伊德语言中的"超我（Superego）"②。因此，本文要处理的正是以往鲜少探讨，张爱玲创作里独特自我（Ego）建构与社会化问题。从《天才梦》以来，投稿为预设读者阅读，借以赚钱谋生，一直是张爱玲写作目的。转型、动荡的时代里，个人自我建构、家庭关系与社会化适应中，自我阴影、压抑不协调、宿命过程、残酷梦魇、苍凉结局。一直是张爱玲作品里不变的观看视角、内容轴线，与令人惊艳的特色。从《少帅》、A Return to the Frontie 到《重访边城》，张爱玲台湾书写起因、观看方式，呈现出怎样的"自我"？是本文研究的主轴。

二、《少帅》：少女"自我"梦

英文小说《少帅》以张学良与赵四小姐故事为背景，创作念头始于 1956 年，动笔在 1963 年左右。本来预计写十章，期望藉此故事兜售赚钱，并在美国文坛打出知名度。现存七章未完稿，写作期间计有三位美国人（Marie Rodell、Dick McCarthy、Raymond Swing）试读内容。两位中国人（宋淇、邝文美）试读内容并提供写作策略。结果外国读者只有中国通夫妇 Dick McCarthy、Raymond Swing 喜欢，Marie Rodell 搞不清楚人名与历史，也对小

① 参见曲楠：《张看港台：张爱玲"边城"书写中的"重返"与"重访"》，《现代中文学刊》2015 年第 4 期。

② 此为陈丽芬以傅柯理论为观点的论述，参见陈丽芬：《谁怕张爱玲？从黄碧云的相机说起》，收于林幸谦编《张爱玲：文学 · 电影 · 舞台》，香港：牛津出版社 2007 年版，第 63、65 页。

说里唯一的美国人端纳故事不满。宋淇对故事避开政治牵连没有信心,建议放弃。张爱玲遂搁置小说,到了 1991 年,她对男主角张学良也没有兴趣了,小说也完全弃写。[①]

张爱玲选择《少帅》,作为美国东山再起之作。料想是因为张学良本人知名度、戏剧性传奇人生历史与轶闻,美国人(预设读者)有兴趣窥探。张学良出生于清末,生活于民初的时代背景,军阀大家族的生活,与赵四小姐间老少恋、因被蒋介石软禁而长相厮守的爱情故事,也正是张爱玲向来擅长的新旧时代交替、瓦解中,个人与家族间,自我建构与社会化过程的宿命主题,人性窥探、分析与创作的故事。无奈虽然题材适合预设读者与自己,却逃不了当时政治氛围限制,与异国读者阅读能力的挑战,终究无疾而终。

现存的《少帅》七章,虽以时人对张学良简称为书名,其实主角是 12、3 岁少女周四(即赵四小姐)。故事开章就透过不理睬当时社会包办婚姻习俗,照着"本我(Id)"眼光,爱上帅府又年青、又斯文,看上去是国家唯一指望的大少爷(英雄)的周四。透过她的本我"王子英雄梦",与主动接触王子过程,层层加入张学良的轶闻。揭露张学良身旁不知道自己为什么留下来,只是报道乌烟瘴气政局,在酒席上讲讲故事,空虚的美国幕僚罗纳。还有,张学良孤单、软弱、纵情声色、吸毒、仰赖父亲,没有自我意志的生活,解构张学良假面英雄人生、人性。周四也在接触过程中,历经父亲的反对、"性"欲望的幻灭、对"真我"张学良的了解,由天真少女成为时代妇女。在皇姑屯事件后,由名不正言不顺的情妇,成为张学良两个太太之一。而后张学良宣布东北易帜,结束军阀时代。虽然迟到三十年,但他带着两个太太,与中国一起进入 20 世纪。

张爱玲《少帅》故事写到这里,未完成篇章要写什么呢? 我的看法和宋淇类似。他认为《少帅》是爱情小说[②],给张爱玲的信说:"何况看你的口气,对男主角并不同情,写出来也不会讨好。我起先以为故事有点像倾城之恋:一件惊天动地的大事成就了一段爱情,但从没有想到这件大事影响到国运和亿万生灵。"[③]

① 参见冯晞干:《少帅》考证与评析》,收于张爱玲《少帅》,台北:皇冠出版社 2014 年版,第 206—215 页。

② 同上书,第 211 页。

③ 同上书,第 214 页。

宋淇说的没错,《少帅》主角应是周四小姐,而不是张学良。故事里大事就是西安事变,再加上张爱玲与邝文美说《少帅》结局与土人有关。未写完的三章故事应该就是写张学良经历西安事变,开始遭受软禁。后来与赵四一起来到台湾,历经新竹五峰乡原住民部落(即张爱玲所谓土人世界),高雄寿山、西子湾,又回到新竹五峰乡原住民部落,"孤独的两人世界"真实人生生活。那时,她终于完成少女时的梦,成了他唯一的妻,与他偕老,互相依靠,他身边再也没有别的女人,他再也无法去找别的女子。可是,他们没有人身自由、没有昔往的地位、没有应有的钱财。他们孤独生活于土人世界,一举一动受人控制,并且随时有生命危险,他们是恐惧又幸福的"阶下囚"伴侣,人间又添了一笔苍凉的执子之手与子偕老的故事。一个政变改写了国家历史,完成了少女周四的自我"王子英雄梦"。周四看似解除了传统中国社会包办婚姻角色限制,完成了自我恋爱理想。却又落入政治强人"权力"监禁控制中,她还是身不由己,过着宿命、无可奈何的"自我梦",与身旁的土人们,比邻而居。她并没有真正从社会制度中逃出来,也没有脱离命运的拨弄。但就"本我"爱情梦想实践来说,她拥有了幸福结局。因此,张爱玲才说一定要来看看台湾、一定要到台中或是高雄的土人世界,看看土人的小城与生活习俗,否则无从落笔,完成这个少女"自我"故事苍凉结局。

三、A Return to the Frontie：孤岛"自我"梦

A Return to the Frontier 是张爱玲在美国 *The Reporter* 杂志,投稿发表的第二篇作品[①],照说理应较为熟悉"预设读者"(欲投稿刊物编辑、阅读

---

① 高全之补充林以亮的研究指出:《记者》双周刊(*The Reporter*)停刊于一九六八年六月。'Stale Mates'(五四遗事)刊于一九五六年九月二十日那期。编者特别于《人事缘由》(相当于常见的"编者的话")介绍张爱玲:"张爱玲写的短篇故事发生于中国历史介于两极之间的时 段,一边是建立于封建与满清传统上的旧秩序,一边是毛泽东的新规制。那是国民党的黄金时期,许多自由突然来到中国。其中一种即男人选择妻子的自由。张小姐 于一九五二年离开生长的上海,曾于中国杂志发表过短篇故事与其他文章。她于一九五五年来美,同年出版她第一部英文长篇小说《秧歌》。"参见高全之:《林以亮〈私语张爱玲补遗〉》,收于高全之《张爱玲学》,台北:麦田出版社 2011 年版,第 417—418 页。

者）口味。可是据张爱玲与宋淇信件所言，又不是那么精准命中，题目与刊登日期都因编辑疑虑，导致修改与延搁。信中说：“*Reporter* 那篇短文原名‘Frontiers Revisited’由他们寄一份来给你们，大概要下月底才到。听那编辑电话上说，似乎按捺着不登的原因是去年（1962）这里都认为‘中共不久就会垮’，不像我说的那样仿佛什么事都不会发生。”① 由此可知，张爱玲应是知道对预设读者而言，撰文重心是“反共产党”无误。但她坚持自己的看法，没有写预设读者的预期心理，显露出作家的自我坚持。从作者创作的自我坚持，与来台湾收集写作《少帅》结局：“土人世界”资料这两项证据看来，A Return to the Frontier 题目名中文翻译，应当就是作者中文版自订《重返边城》无误。不是 2002 年台北《中国时报》刘铮翻译的《回到前方》，也不是郑树森翻译《重回前方》。② 美国、反共、土人世界、《少帅》结局、张学良幽禁环境，成为张爱玲写作 A Return to the Frontier 时，凝视（Gaze）台湾的自我预期（anticipation）建构，主体想象与创作实践的视角。③

就美国与反共两项预期建构而言，张爱玲以预期“边城台湾”想象视野，与个人上海“孤岛”经验，凝视台湾意涵，并建构“孤岛”台湾，与“反共美国”连结关系。A Return to the Frontier 文章开头如是展开，她写机场接机，四十几岁的台人，误认她是金发的尼克逊太太。她问接待人朱先生后，朱先生的回答与张爱玲的评语如下：“没有啊，我们没听说。朱先生说。我跟他讲了有人错把我认成总统夫人的事，真够滑稽的了。‘嗯，’他没有笑，有点尴尬地说：“有个人总在机场这儿转悠，想见美国的名流。他精神不大正常。我笑了，感到台湾对外界的企望确如热风扑面，尤其对美国——它唯一的盟友，因此某些方面也未尝不是敌人。”④ 中文版《重返边城》，张爱玲将评语改为“我笑了起来，随即被一阵抑郁的浪潮淹没了，是这孤岛对外界的友情的

① 参见宋以朗：《书信文稿中的张爱玲》，台北：印刻杂志社 2009 年第 5 卷第 8 期。

② 参见高全之：《张爱玲与香港美新处》，收于高全之《张爱玲学》，台北：麦田出版社 2011 年版，第 257 页。

③ 参见 John Urry：《观光客的凝视》，叶浩翻译，台北：书林出版有限公司 2007 年版，第 3 页。

④ 参见 Eileen Chang，A Return to the Frontier，中文翻译刘铮，2002 年台北《中国时报》。http://city.udn.com/53170/2810798 2016 年 2 月 3 日浏览。

渴望。”① 可证实她的“孤岛”台湾凝视、建构,与美国“是友若敌”的连结。下文中朱先生问她回来感觉如何?她回说:“像做梦一样。”眼前是熟口熟面,听的是故国乡音,我慨叹:“可惜不是真的。”朱先生苦笑着,好像我说的是“可惜你们都是孤魂野鬼”②。描写的正是“孤岛”台湾,因为美国“反共政策”的援助,住着远离家乡、孤魂野鬼般的中国人。中国乡音让一样远离家乡的张爱玲,做了一场中国梦。

A Return to the Frontier 台湾书写的下半段,呈现《少帅》结局、土人世界,两项预期建构的凝视。据王祯和回忆,张爱玲来台北居住“麦加锡在阳明山的家里。那是一幢在阳明山公园附近巷子里的大别墅,仆从如云。”③ 这栋别墅位于蒋介石草山行馆隔壁,是栋日式建筑,向来作为美军官邸或是招待所,没有国民党官员居住。④ 张爱玲预期建构《少帅》结局,凝视并形容为“将军上山向总司令汇报时的居所。………床单斑斑点点的。我跟自己说别太挑剔了,但这儿有臭虫。………等总司令召见的前一晚,将军们显然有女人陪伴着。在集基督教和儒家信仰于一身的新生活运动发起者的眼皮底下,召妓竟如此方便,着实让我惊诧。过去我们形容皇帝召见为‘咫尺天颜’——这种场合下这么做实在不雅观。”⑤ 她这段神来之笔,应是想起张学良经历西安事变,开始遭受蒋介石软禁场景的临摹吧?至于臭虫,王祯和说他写信向张爱玲抗议,但张回说:“臭虫可能是大陆撤退到台湾带来的。”⑥ 这个回答一言以蔽之,又是蒋介石的错,作家心系张学良被软禁,突显蒋介石政治强人霸

---

① 参见张爱玲:《重返边城》,台北:皇冠出版社 2009 年版,第 12 页。

② 参见 Eileen Chang, A Return to the Frontier,中文翻译刘铮,2002 年台北《中国时报》。http://city.udn.com/53170/2810798 2016 年 2 月 3 日浏览。

③ 丘彦明:《张爱玲在台湾——妓女坐在嫖客腿上看她》文中,王祯和访谈记录。参见 http://www.storm.mg/lifestyle/60400 2016 年 2 月 1 日浏览。

④ 参见联合电子报《64 坪 500 万? AIT 低调出售草山招待所》http://udn.com/news/story/8269/996698-64%E5%9D%AA500%E8%90%AC%EF%BC%9FAIT%E4%BD%8E%E8%AA%BF%E5%87%BA%E5%94%AE%E8%8D%89%E5%B1%B1%E6%8B%9B%E5%BE%85%E6%89%80 2016 年 2 月 3 日浏览。

⑤ 参见 Eileen Chang, A Return to the Frontier,中文翻译刘铮,2002 年台北《中国时报》。http://city.udn.com/53170/2810798 2016 年 2 月 3 日浏览。

⑥ 参见丘彦明:《张爱玲在台湾——妓女坐在嫖客腿上看她》文中,王祯和访谈记录。参见 http://www.storm.mg/lifestyle/60400 2016 年 2 月 1 日浏览。

道风范的念头，毫无遮掩。

A Return to the Frontier 写台湾乡下土人的世界，自我宣称是带着观光客的热情，因此凝视与描写皆是与原乡、自我之异。写山地人脸颊上文着刺青，像胡子一样，衣衫褴褛的小孩，背上还背着更小的弟弟妹妹，像吉普赛人似的。汉人通用日语，公车司机和乘客为了车票金钱大打出手，行为野蛮。”张爱玲台湾游记，完成张爱玲孤岛“自我”凝视梦。

四、《重返边城》：上海“自我”梦

中文版《重返边城》写作时间，宋以朗先是认为应该是 1982 年以后开始撰写。（因文中引用 1982 年 11 月《光华杂志》龙山寺介绍资料，是张爱玲为了当年台湾读者的介意，20 年后用中文还原原意。[①]）后又查阅张爱玲与父母往来书信，发现“1983 年 4 月 7 日写道：我正在忙着改写《重访边城》这篇长文。在 9 月的信中又写道：《重访边城》很长，倒不是凑字数，也觉得扯得太远，去掉一部分，但是就浅薄得多，还是要放回去。现在又搁下了。”[②]据此，《重返边城》写作时间，应是 1982 年 11 月后至 1983 年 9 月间。再依据张爱玲与夏志清往来信件，1981、82 年张爱玲专注英译韩子云小说《海上花》，1982 年中文创作《华丽缘》、《殷宝滟送花楼会》，刊登于《联合报副刊》，注释《海上花》在皇冠杂志连载。台湾远景出版公司，未经授权由唐文标主编，出版《张爱玲卷》。[③] 田威宁研究也指出，台湾进入 20 世纪年代，张爱玲作品已被公认杰出，成为主流作品。[④]

由此可知，《重返边城》“预设读者”（欲投稿刊物编辑、阅读者），应是

---

① 参见宋以朗：《发掘〈重访边城〉》的过程》，收于张爱玲《重返边城》，台北：皇冠出版社 2009 年版，第 84—85 页。

② 参见宋以朗：《书信文稿中的张爱玲》台北：印刻杂志社 2009 年第 5 卷第 8 期。

③ 参见夏志清编注：《张爱玲给我的信件》台北：联合文学出版社 2013 年版，第 306、313—314 页。

④ 参见田威宁：《台湾“张爱玲现象”中文化场域的互动》第一章，台北政治大学 2007 年硕士学位论文。

台湾刊物、台湾读者无误。这也可以从《重返边城》删改文中，找到蛛丝马迹，因为涉及台湾政治的段落完全被删除了。首先，删改文解释了因为麦先生家有客人，居住在阳明山日式旅馆。删除了 A Return to the Frontier 内文："等总司令召见的前一晚，将军们显然有女人陪伴着。在集基督教和儒家信仰于一身的新生活运动发起者的眼皮底下，召妓竟如此方便，着实让我惊诧。过去我们形容皇帝召见为'咫尺天颜'——这种场合下这么做实在不雅观。"明显讽刺蒋介石的段落。其次，A Return to the Frontier 中描述乡下被殴打公车乘客，敬礼时的样子，也完全删除。

增补的内文，除了贯通全文脉络、回应来台时友人照顾部分外，其余可用"旧梦魂牵"四字来形容主旨。"旧梦"是指上海人张爱玲自我身世、张腔创作风格（怪奇、琐碎、黑暗的人性、生活与事物描写，时移事往遗憾、惘然，精辟的"描物喻义"文字创作技巧）。"魂牵"是指内文中不断反复提起昔日的上海、香港生活。"旧梦"是台湾读者最欣赏的张氏小说美学，"魂牵"是台湾读者最想窥探的张氏身世传奇。"旧梦魂牵"，也是张氏晚期美国创作中，不断重复书写的自我创伤心结。《重返边城》显然又是一篇"不自由创作前提下，独特的张爱玲风格"作品。

庙，是《重返边城》"旧梦魂牵"文眼之一。增加内文起首便虚构了机场外的大庙，大庙里膜拜的妇女，令她想起上海昔人旧梦。她说"中学同班生的母亲。………除了年光倒流的感觉，那大庙几乎直盖到飞机场里，也增加了时空的混乱。"① 而后席德进带领参观的家常化、现代化台北庙宇、神祇与摆设，让她兴起与中国内地比较、外来文化移入考证念头。但"这么许多疑问，现成有行家在侧，怎么不请教一声？仿佛有人说过，发问也要学问。我脑子一时转不过来，不过看着有点奇怪而已，哪问得出什么。连庙名没看清楚，也都没问是什么庙。多年后根据当时笔记作此文，席德进先生已经去世，要问也没处问了。那天等于梦游症患者，午睡游台北。"② 花莲城隍庙，让她想起昔

① 参见张爱玲：《重返边城》，台北：皇冠出版社 2009 年版，第 13 页。

② 同上书，第 21—22 页。

地旧景。她说"花莲城隍庙供桌上的暗红漆筊杯像一副猪腰子。浴室的白瓷砖墙。殿前方柱与神座也是白瓷砖。横挡在袖案前的一张褪色泥金雕花木板却像是古物中的精品。又有一对水泥方柱上刻着红字对联。忽然一抬头看见黑洞洞的天上半轮凉月——原来已经站在个小院子里。南中国的建筑就是这样紧凑曲折,与方方正正的四合院大不相同。月下的别院,不禁使人想起无数的庵堂相会的故事。"①庙,也提醒她时移事往,未曾返乡,只是梦。台北城隍庙里"有只淡黄陶瓷怪龙"②。花莲的庙烛台简陋,"还是当初移民的刻苦的遗风"③。花莲庙宇的神像坐在神龛外,"此地的神似乎更接近人间,人比在老家更需要神,不但背井离乡,同荒械斗'出草'也都还是不太久以前的事,其间又还经过五十年异族的统治,只有宗教是还是许可的。这里的人在时间空间上都是边疆居民,所以有点西部片作风。"④

建筑与庶民生活,是《重返边城》"旧梦魂牵"文眼之二。描述最多是花莲妓女院,花莲风化区照相馆妓女照片,虽然学上海影星张仲文,照片构图学习清末民初对我图,但妓院不伦不类放着摇滚乐,嫖客猪相跳着摇滚舞,大煞风景一个人在春宵一刻前剪指甲。加以气候炎热,没有窗帘,一律开放展览。⑤又没有上海妓院规模与嫖客风范。其次是台北露天说书场,没有上海豪气,也没有茶食。但是"两边墙上橱窗一样大小与位置的金框大镜,一路挂到后座,不但反映出台上的一颦一笑,连观众也都照得清清楚楚"⑥。称赞台北说书场广告技术,比上海好。最后,花莲古屋、古庙,外来的红砖建筑,与不伦不类的英文告示。"不调和中别有一种柔艳憨厚的韵味。"⑦

花莲美人与幸福风景,是《重返边城》"旧梦魂牵"文眼之三。池塘边纤巧清扬,正在作事的长发女郎,让她想起俄国女皇凯萨琳二世的宠臣波田

① 参见张爱玲:《重返边城》,台北:皇冠出版社2009年版,第27页。
② 同上书,第21页。
③ 同上书,第28页。
④ 同上。
⑤ 同上书,第30—32页。
⑥ 同上书,第17页。
⑦ 同上书,第33页。

姆金（Potemkin），在女皇游幸途中遍植精雅的农舍，升平幸福形象。① 但真实酸甜多汁的柚子，却让她想起故乡上海，与昔日的情事。不禁怀疑起刚刚看见的幸福景象。所以幸福的"柚子味吃到嘴里真实得使人有点诧异"②。

珍珠港事变后从香港回上海，海上惊艳台湾美丽风景，是《重返边城》"旧梦魂牵"文眼之四。也是补充题目篇名《重访边城》，必要的写作技巧与题旨叙述。正如文中所说"知道这辈子不会再看见更美的风景了"③。台湾之于张爱玲，是旅游的风景，牵起旧梦旧魂的画面，不是生活的地方。《重访边城》台湾书写，写出了张爱玲"旧梦魂牵"心结，自我生命历程感触。

五、结论

19 岁的张爱玲，在处女作《天才梦》说："我是一个古怪的女孩，从小被目为天才，除了发展我的天才外别无生存的目标。然而，当童年的狂想逐渐褪色的时候，我发现我除了天才的梦之外一无所有——所有的只是天才的乖僻缺点。世人原谅瓦格涅的疏狂，可是他们不会原谅我。……生命是一袭华美的袍，爬满了蚤子。"④ 小小年纪的她，当时已经知道自己的"本我"特质（写作），与此特质唯有努力揣摩、仿效社会规范，透过参与社会机制（投稿），获得社会价值承认，才是被认可的天才作家（自我成就）。要达成这个目标，必须历经生活的艰辛、社会的规训、命运的摆布，自我才不会只是一场梦。但她当时可能没有料到，自己人生中所处的社会，除了封建时代中国、军阀时代中国、国民党时代中国、共产党时代中国外，还有美国社会，以及社会转变中的规训价值、读者视野的转移吧？所以，她虽然看了、听了、经历了、写出了同时代的家人、家族亲戚、上海人、香港人的自我苍凉故事，也获得投稿期刊、读者肯定，享有名声。但是，中年以后到了美国，《少帅》虽然也依旧维持自我

---

① 同上书，第 34 页。

② 参见张爱玲：《重返边城》，台北：皇冠出版社 2009 年版，第 35 页。

③ 同上书，第 14 页。

④ 参见张爱玲：《天才梦》，收于张爱玲《张看》，台北：皇冠出版社 1991 年版，第 239、242 页。

特色,写出了少女周四,怀抱着“本我”爱情想象,进入大家族后,自我实践的苍凉梦。却不被美国社会规范、读者阅读视野青睐,更不敌强人政治权力。想要靠着《少帅》东山再起,成为美国知名作家,也只是一场梦。

1961 年台湾旅行时,王祯和问张爱玲:“要不要以台湾为背景写小说?张说:不行。台湾对她是 silence movie(默片)。王祯和解释 silence movie(默片)是因为语言隔阂。”[①] 可是对照 A Return to the Frontier、《重返边城》,两篇文章中台湾书写, silence movie(默片)的原因,是因为台湾不像上海、香港,是张爱玲生活的社会,关系认同的社会,自我认同的社会吧?因此, A Return to the Frontier 充斥着《少帅》的声音与凝视、“反共”的声音与凝视、作家想被美国社会认同的声音与凝视。《重返边城》充斥着作家魂牵梦萦的昔日年少时光、记忆的声音与凝视、上海的声音与凝视以及作家被台湾社会读者肯定的美学声音与凝视。在作家惘惘如梦的自我经历书写中,呈现“自我”梦。

张看台湾、张写台湾,虽是 silence movie(默片),充斥着她“自我”梦的声音与凝视,但 A Return to the Frontier 中台湾孤岛情结、日本文化情结的描写,《重返边城》里上海文化情结、台湾本土因地制宜的混合文化描写,今时今日读来,都还是犀利、中肯的台湾文化剖析论点。仿移张爱玲小说《倾城之恋》名句: A Return to the Frontier、《重返边城》,是两篇倾国倾城的传奇故事。家庭的悲剧,成就了作家张爱玲的“本我”特质。时代的悲剧,成就了作家张爱玲的“自我”特色。命运的弄人,玉成了作家张爱玲来游台湾。于是,我们这些读者得以共享这说不尽的“自我”梦故事。

① 参见丘彦明:《张爱玲在台湾——妓女坐在嫖客腿上看她》文中,王祯和访谈记录。参见 http://www.storm.mg/lifestyle/60400 2016 年 2 月 1 日浏览。

两岸对话语境中大陆出版物在台湾的阅读与接受（1978—2015）[①]

尚光一
福建师范大学文学院

大陆出版物入台是两岸文化交流的重要组成部分，也是两岸文化产业合作的先导领域，具有独特的地位。就图书而言，近年来，大陆图书入台几乎年年攀升，例如2013年年底入台报关码洋达到了19.832万人民币，其中仅厦门外图集团出口到台湾的图书就达6000万码洋，占台湾简体图书市场的50%。[②] 另据台湾若水堂书局统计，2013年大陆图书进口报关册数达37.1万册，同样显示了大陆图书入台的良好态势。报纸与期刊方面，也出现了一些“破冰”事件，例如2010年《读者》在台订阅人数达到1万，香港新华社所属英文报纸*China Daily*香港版一度在台湾发行等。

随着两岸关系不断深入发展，对改革开放以来大陆出版物在台湾阅读传播的实际效果进行梳理，对深化两岸出版产业合作和增进两岸同胞感情意义深远。特别是，2015年11月7日，习近平总书记同台湾地区领导人马英九在新加坡会面，就进一步推进两岸关系和平发展交换了意见，习近

① 本文系福建省社科规划项目（FJ2015C069）、福建省中青年教师教育科研项目（JAS150207）阶段性成果。

② 胡慧林：《两岸文化产业合作发展报告》，社会科学文献出版社2014年版，第232页。

平总书记指出:"要加强两岸文化和教育交流合作",并强调"两岸关系和平发展的根基在基层、希望在青年"。在这一背景下,作为两岸开展文化交流和台湾青年了解大陆的最重要载体,大陆出版物在台湾的阅读传播亟须系统梳理。

一、大陆出版物的入台历程

大陆出版物入台是两岸文化交流的重要体现。回溯历史,改革开放三十多年来,大陆出版物在台湾传播效果不断提升,逐渐成为台湾同胞认知大陆、了解大陆发展的重要窗口。

(一)大陆出版物在台解冻阶段

1978 年 12 月,中共十一届三中全会公报中明确提出了和平统一的基本方针。1979 年元旦,时任全国人大常委会委员长叶剑英发表《告台湾同胞书》。在两岸大气候趋缓的情况下,当年 5 月下旬起,大陆众多"伤痕文学"著作开始被台湾出版社、报刊社陆续引进。

1989 年 2 月,第一部由海峡两岸及香港联合编撰的文化读物《岁月山河——图说中国历史》问世,是业界公认的两岸第一部合作出版物。① 此后,五南出版社、时报文化出版社、光复书局、锦绣文化出版社、淑馨出版社、汉光出版社、牛顿出版社等出版机构纷纷进入大陆寻找合作机会,众多两岸合作出版的书籍开始在台湾传播,加深了台湾民众对大陆社会的了解。

(二)大陆出版物在台蓄势阶段

1992 年后,两岸出版交流合作开始形成比较稳定的模式。这一阶段,除专业书籍与文史哲经典外,台湾市场上出现众多大陆漫画与儿童文学书籍。曹文轩、秦文君、沈石溪等儿童文学作家,通过台湾童书出版机构不断发行系

① 邱各容:《台湾百年图书出版年表(1912—2010)》,台北:万卷楼图书股份有限公司 2012 年版,第 140 页。

列图书，在台湾聚集了一定的知名度与读者群。阿城、王朔、苏南、贾鲁生等作家的小说也颇受台湾读者青睐。

1992 年 7 月，台湾行政主管部门制定了《台湾地区与大陆地区人民关系条例》，其第 37 条称："大陆地区出版品、电影片、录像节目及广播电视节目，非经主管机关许可，不得进入台湾地区，或在台湾地区发行、制作或播映"，将大陆出版物进口归属许可制范畴，只允许限量进口参阅，不得公开贩卖。不过，当时集中在"台大商圈"（台湾大学、台湾师范大学等高教区）附近的小微书店早已私下出售大陆简体图书，台湾众多大学、科研院所的图书馆也都通过各种途径采购大陆简体图书等出版物。由于进口渠道受限，当时简体图书等大陆出版物在台湾的售价相当高，销售者获利丰厚。在利益的驱动下，大陆出版物不断渗入台湾的大学、科研院所等机构，在知识阶层中不断传播、影响不断扩大。

（三）大陆出版物在台扩张阶段

2000 年前后，众多台湾出版业者相继来到大陆，大陆出版物入台渠道也逐渐扩宽。2002 年的"问津堂事件"，最终使得台湾开放大陆简体图书进口业务，大陆简体图书在台湾的销售限制实际上被解除。在这一背景下，大陆出版物入台获得了深入开拓市场的良好机遇。台湾的简体字书店也开始走出"台大商圈"，向台湾中南部地区等地区扩张。此外，网络售书领域，2004 年 11 月，台湾网络书店"博客来"简体字馆开业，引起业界关注。

2004 年，两岸相继加入 WTO 组织，华文出版资源出现整合趋势，跨地区重新整合的出版集团纷纷涌现。基于这一形势，大陆出版界纷纷赴台湾举办书展、期刊展，参展人数越来越多，规模越来越大。例如 1994 年、1997 年、2000 年、2002 年、2003 年、2006 年 6 次在台湾举办大陆书展，而 2005 年创办的"海峡两岸图书交易会"更是把两岸出版业者的交流合作推向了更深层次。这些书展、期刊展的举办，对进一步深化两岸出版交流合作产生了深远影响。

据统计，从 2004 年起台湾简体出版物入台的报关进口金额几乎年年攀升，2013 年年底报关码洋更是达到了 19832 万人民币。根据台湾数据统计的 2004—2013 大陆图书进口报关金额与册数即显示了这一趋势：

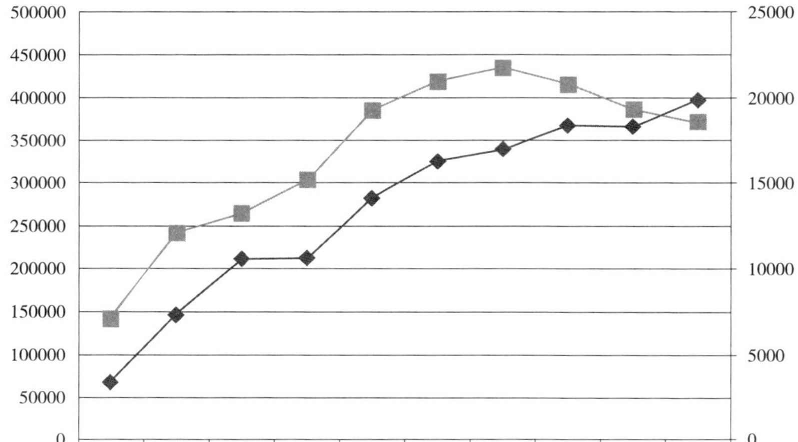

	2004	2005	2006	2007	2008	2009	2010	2011	2012	2013
进口册数（册）	141740	241160	263700	303320	385420	417960	434540	415070	386830	371450
报关码洋（万元）	3368	7244	10486	10575	14036	16197	16999	18366	18285	19832

台湾 2004—2013 大陆图书进口报关金额与册数（来源：若水堂）

并且，这一时期大陆出版机构也开始透过各种渠道在台湾设立发行公司、书店等，直接在台湾市场推送大陆出版物，例如海峡出版发行集团在台湾设立的“台闽书城”、厦门外图集团在台湾开办的龙图腾文化有限公司以及具有大陆资本色彩的新经典文化有限公司等。除图书零售市场外，台湾各图书馆对于大陆简体图书也一直有稳定的需求，例如台湾大学图书馆、“中央”研究院图书馆、成功大学图书馆、新竹清华大学图书馆等，都通过台湾圣环图书股份有限公司等从事馆配业务的出版机构，固定每半年或一年大规模采购一次大陆图书。

期刊方面，这一阶段大陆期刊在台湾的传播力也逐渐加强、成为亮点。其中值得关注的典型事件包括：2008 年 9 月《书香两岸》在大陆各省、市、自治区和台湾、香港、澳门同步发行简体版和繁体版，并针对港澳台推出了繁体版电子杂志；2010 年《海峡商业》在台湾发行量达 1 万份；2010 年《读者》入台，台湾订阅人数达 1 万；2011 年 10 月，福建日报报业集团与台湾旺旺中时媒体集团联手试办学术类专业期刊《两岸传媒》，虽然台湾合作方不断更换，但依然办刊至今；2012 年，闽台合作出版了两岸第一本人文期刊《海峡画报》全年在台阅读量达 60 万人次，并且每期都有 800 本在通行两岸的“海峡号”客轮上赠阅。

报纸方面的典型事件包括：2008 年 7 月香港新华社所属的英文报纸《China Daily》香港版获准在台湾发行，但此后遭到当时“台北市议员”检举违反“不得从事统战”规定而提前下市；2009 年 6 月《海峡导报》采取互换新闻版面的创新方式，开启了两岸媒体合作，其每周在台湾《民众日报》上推出五个版“两岸新闻”和一个专版“海西新闻”；2012 年 3 月 17 日，《今晚报 · 台北版》创刊号在台创刊，为四开两版，受到市场欢迎。不过，大陆报纸入台也存在一些问题。一方面，由于台湾并未向大陆开放出版相关行业的投资，大陆报纸在台湾不得不依附于台湾报纸，事实上无法独立发行。并且台湾的报业市场并不大，部分进入台湾市场的大陆报纸主要是基于政策鼓励，而非市场因素。另一方面，一些大陆报纸的内容难以引起台湾民众的兴趣。

（四）大陆出版物在台调整阶段

2013 年 6 月，ECFA《海峡两岸服务贸易协议》（以下简称服贸协议）签订，为两岸出版交流合作产生了巨大影响。当时台湾业界对台湾行政主管部门拟开放大陆资本进入印刷和发行业的做法形成两派意见，引起台湾社会广泛论争，此后大陆出版物在台传播进入了调整阶段，这一态势延续到 2015 年，仍未有大的突破。

二、大陆出版物在台湾的传播状况

（一）大陆图书在台发行渠道与流变

根据对现有两岸档案的查阅，大陆图书在台正式公开发行可追溯到 20

世纪 90 年代。当时,台湾大学、台湾师范大学附近的温州街、浦城街及罗斯福路陆续出现了几家专门销售大陆图书的机构,其中最早开始有规模经营并维持至今的是万卷楼图书股份有限公司。万卷楼由一批教授集资成立,主要通过邮购进口的方式在台湾发行大陆图书。这一模式也是当时发行大陆图书的台湾书店普遍采用的做法,一直持续到 2002 年。

2002 年,台湾发生了“问津堂事件”,成为大陆图书在台的发行的转折事件。问津堂书局是在台湾发行大陆图书的代表性出版机构,其主要与厦门外图集团合作,在台湾公开销售大陆图书,在业界有着影响,因而被台湾当局查封,由此引发了湾出版界的激烈抗争。同时,台湾学术界也以进行学术研究为理由,强烈要求全面开放大陆图书进口,引起了舆论的广泛关注。在各界压力下,台湾主管部门被迫做出让步,重新修订法律。2003 年 4 月 8 日通过的《大陆地区出版品、电影片、录影节目、广播电视节目进入台湾地区或在台湾地区发行销售、制作播映、展览观摩许可办法》正式开放大陆图书进入台湾市场。从此,大陆图书在台湾发行由灰色地带走出,成为合法行为。虽然该法案在名义上只是开放了学术书籍,是“有限开放”。但事实上,所有大陆图书都可以经由学术书籍的名义入台,事实上等同于“全面开放”。据万卷楼总经理梁锦兴介绍,目前台湾当局对大陆出版物入台的限制,仅限于寻找助理教授级别(相当于大陆高等院校的讲师)及以上科研人员证明进口该图书“确系学术研究需要”而已。因此,事实上大陆图书在“问津堂事件”之后就获得了在台湾合法发行的权利,至于入台图书的种类,则由市场供需决定。

2004 年以后,大陆图书在台湾的发行区域,走出了“台大商圈”,并逐渐不再局限于台北市。这一时期的典型案例是若水堂书局。若水堂书局 2002 年底在台中成立。2003 年开设网络书店,在线发行大陆出版物。2005 年起又在桃园、台南、新竹、高雄相继开设专门销售大陆图书的连锁书店。2008 年又介入大陆图书发行的重镇——“台大商圈”。同一时期,2004 年 11 月台湾网络书店“博客来”简体字馆开业,2005 年 2 月上海书店在台北开业,占地 500 平方米,号称“台湾岛内规模最大的中文简体字书店”,进一步把大陆图书在台发行推向了新的阶段。此后，大陆图书在台发行规模日益扩大。例如，2005 年 10 月 Page one 书店（新加坡从业者在台湾所开书店）委托台北上海书店代理进口大陆图书，并在店内设专区销售。再如，2006 年 1 月 1 日，诚品书店旗舰店正式营业，其中即专门设有简体馆。这些案例都标志着台湾业界在图书发行上的转型。统计显示，2007 年台湾开设了众多发行大陆图书的书店，虽大多是面积较小的专营店，并且营业额受制于台湾品牌书店挤压，但整体上大陆图书在台发行依然呈现出增长态势，并持续至今。据若水堂书局总经理宋东文介绍，目前若水堂书局已与大陆 400 多家出版社有业务往来，其中深度合作的出版社有 124 家，多集中于出版产业发达的北京、上海与江浙地区。合作业务除了协助台湾专业图书馆、大专院校图书馆引进大陆图书外，也重视为普通读者服务。宋东文称，近年来，虽然台湾大陆图书发行市场竞争激烈，但若水堂书局的营业额依然攀升，显示出大陆图书在台发行依然有着较大潜力，其营业额和销售量统计见下图：

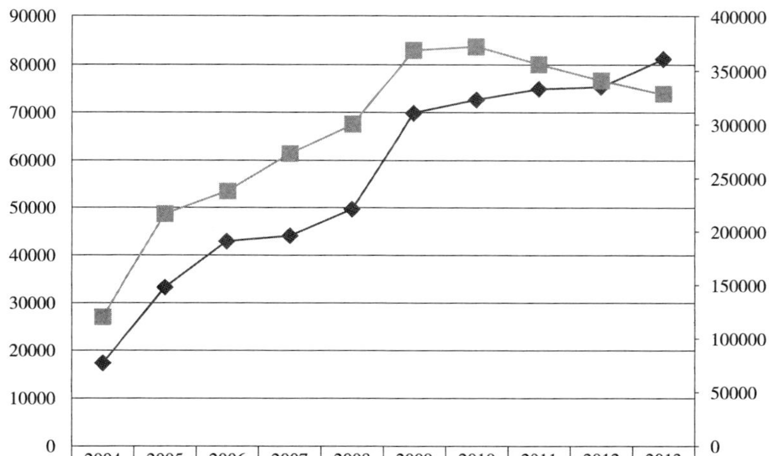

	2004	2005	2006	2007	2008	2009	2010	2011	2012	2013
营业额（新台币）	17314	33328	42989	44057	49662	69942	72823	75057	75331	81144
销售册数（万册）	120584	217025	237935	273716	300026	368915	371851	356445	341902	328585

若水堂 2004—2013 年简体出版物营业额和销售量（资料来源：若水堂）

2013 年年底停止营业的问津堂书局总经理方守仁也认为，虽然市场竞争激烈，但整体上台湾的大陆图书发行市场依然呈扩大趋势。同时，通过对台湾近十年大陆图书报关进口金额进行统计，也可发现大陆图书入台年年攀升。虽然2010年后，大陆图书进口报关册数有所下滑，但此现象产生更大程度上是由于大陆图书制作质量改进而书价提高。

除市场的扩张和发行量增大外，大陆图书在台湾的发行渠道还呈现出"北重南轻"的现象。据台湾大学访问学者万丽慧博士统计，台湾的大陆图书专卖店已达70多家，市场占有率也从原来不到1%增长到3%。大陆图书进口商约有40家，销售网点超过200家，其中台北地区占到70%以上，30%在中南部。据其介绍，由于台湾南部"大陆图书热"比北部晚，开始时虽曾掀起一股热潮，但不久就进入了平稳期，消费者倾向于根据内容和需要购买大陆图书而不盲目跟风。若水堂书局总经理宋东文也称，台湾中南部大陆图书发行渠道"确实不多，或可以说基本没有"。可见，大陆图书在台湾发行渠道"北重南轻"的现状十分明显。

另外，随着大陆鼓励图书出口政策的落实和网络购书模式的推广，通过网络购买大陆图书成为许多台湾消费者的选择方式。例如，许多台湾读者通过与大陆新华书店有合作的"挖书网"购书。其他销售大陆图书的台湾网络书店还有博客来网络书店、金石堂网络书店、诚品网络书店、三民网络书店、天下网络书店、新丝路网络书店、"国家"书坊网络书店、联经网络书店、若水堂网络书店等。并且，不少网络书店建有自己的社群脸书（Facebook），以更便捷地向消费者传递图书相关资讯。

就当前大陆图书在台发行整体状况而言，平稳发展是主要趋势。对发行大陆图书的台湾业界而言，在政策樊篱打破之后，盈利成为首要考虑问题。为此，当前台湾业界采取了一系列扩大大陆图书发行量的举措，包括引进适合台湾市场的大陆图书种类，加强大陆图书增补速度和代订服务，在台湾强化对大陆图书的宣传等。不过，据业界反馈，当前阻碍大陆图书在台扩大发行量的主要因素在于大陆图书"不能退货"的限制。据调查，大陆图书在台湾售价仅为人民币原价的4倍到4.5倍，已低于汇率，如果承担退书费用，将不可避免遇到亏损。据天龙图书公司董事长沈荣裕介绍，天龙图书公司2015年之所以敢在台湾开设多家发行大陆图书的书店，主要原因就在于合作方杭州博库书店允许退货。可见，能否退货是目前台湾业界是否扩大大陆图书发行量的关注点。除市场零售渠道外，台湾各图书馆的馆配需求目前也平稳增长。例如若水堂书局在台湾共开设有6家零售书店，但其同时也致力于经营图书馆馆配业务，把馆配市场作为发行大陆图书的重要渠道。此外，一些从事馆配业务的台湾图书发行商，因图书馆招标时对大陆图书有采购要求，也与若水堂书局等合作，从而进一步扩大了若水堂书局的馆配份额。可见，目前台湾馆配市场对大陆图书有稳定的需求，各类图书馆是大陆图书在台发行的重要渠道。

（二）大陆期刊在台发行渠道与流变

2003年之前，台湾一律不准大陆期刊在台发行。期间虽有个别大陆期刊尝试发行，但皆遭遇挫折。例如2000年7月，《中国国家地理杂志》台湾版在台上市，但因违反《台湾地区与大陆地区人民关系条例》第三十七条规定而遭台湾新闻主管部门罚款。该条规定声称“违反第三十七条规定者，处新台币四万元以上二十万元以下罚锾。出版品、电影片、录像节目或广播电视节目，不问属于何人所有，没入之。依据上述条文之规定，主管机关对于未经申请许可的出版从业者，得罚锾、没入。经核准在台发行之大陆图书，亦应将简体字译成正体字发行”，从而迟滞了大陆期刊在台的发行步伐。2003年后台湾有条件放开大陆出版物入台，并规定出版物包括新闻纸（报纸、通讯稿）、杂志、图书及有声出版物。基于此，虽然每年需要申请许可并必须以繁体版发行，但大陆期刊在台发行依然进入了快速增长期，典型案例包括《海峡商业》《书香两岸》《两岸传媒》《读者》和《海峡画报》。

其中，《海峡商业》《书香两岸》《两岸传媒》属“侨刊乡讯”，以CN-35（Q）刊号单列。《海峡商业》由两岸媒体人合作编辑，2007年6月开始在台湾发行。该刊以台商、港商以及华人企业家为目标受众，初期月发行量曾达三万份。2010年1月起，该刊与台湾观天下出版社合作，共同出版《海峡商业》台湾版，每月在台湾落地发行一万册，并在台北、台中、高雄和金门四个机场上柜销售，并向台湾经济主管部门人员、研究机构科研人员、高校教师等群体赠阅。《书香两岸》由厦门对外图书交流中心主办、外图（厦门）文化传播有限公司出版，以“发布两岸最新文化出版信息”为特色。2008 年 9 月，该刊在台北“第四届海峡两岸图书交易会”上正式发刊，此后每月 10 日以简体版、繁体版分别在福建、台湾同步发行。并且，为扩大在台受众面，该刊还出版有繁体版电子杂志。《两岸传媒》则系学术性侨刊乡讯，2011 年 10 月由福建日报报业集团与台湾旺旺中时媒体集团联办，目前改为与台湾文化创意产业联盟协会联办。该刊关注两岸传媒产业发展，致力于拓展两岸传媒交流合作的空间及内涵，现已实现常态化运作，在大陆与台湾分别组建了编辑部，简体版和繁体版在两岸同步印刷发行。

与《海峡商业》《书香两岸》《两岸传媒》等侨刊乡讯不同，《读者》是大陆发行量最大的正式期刊。2010 年 8 月 25 日《读者》获准入台发行，同年 12 月 31 日正式在台发行，是大陆第一本在台湾公开发行的正式期刊。据读者出版传媒股份有限公司总经理彭长城介绍，《读者》入台后仍使用原书名，但改以繁体版发行，并且内容进行了重新编排，以适合台湾读者口味。其主要进入台湾高校、研究机构、县市乡镇图书馆，并在超市直接销售。据统计，在所有入台期刊中，《读者》最为成功，目前在台湾约有一万名固定读者。除了《读者》，《海峡画报》也是在台湾发行较为成功的大陆期刊。2011 年起，福建画报社与《前锋招标日报》进行合作，每月两次在该报刊登以福建经济发展、人文地理、旅游风光、宗教信仰、平潭开发区为主题的图片专版，在台湾特别是南部地区受到了读者关注。鉴于此，2012 年 6 月福建画报社与《前锋招标日报》深化合作，共同出版了《海峡画报》（双月刊），并在台湾落地发行。该刊是两岸合作出版的第一本人文期刊，主要以图片形式讲述大陆普通人故事，展示大陆当下的社会发展。同时，该刊也报道在大陆生活的台湾人，通过台湾人的视角来进一步介绍大陆。目前，该刊在台湾的全年阅读量达 60 万人次，并且每期有 800 本被放置在“海峡号”客轮上供游客阅读。

发行方式上，除零售外，图书馆馆配同样是大陆期刊在台发行渠道之一。

据调研，目前大陆期刊在台湾的主要客户是大专院校、县市乡镇的文化中心或图书馆及相关从业者，不过多采用赠阅方式（本报告将赠阅也视为发行）。据若水堂书局统计，其代购的大陆期刊已超过1000种，主要面向图书馆馆配。不过，由于台湾各图书馆对大陆期刊缺少稳定而长期的需要，虽然代购种类众多，但常态化期刊订单并不多。主营台湾馆配业务的台湾圣环图书公司也反馈，其客户对大陆期刊的需求很少。

整体上，大陆期刊在台湾发行规模不大。究其原因，一是政策限制。台湾《大陆地区出版品、电影片、录影节目、广播电视节目进入台湾地区或在台湾地区发行销售、制作播映、展览观摩许可办法》虽然允许大陆图书可以通过“图书出版公会或协会，办理许可大陆地区大专专业学术简体字版图书进入台湾地区销售事宜”，但并未明确允许大陆期刊可在台公开发行。与图书相比，大陆期刊在台发行数量明显偏少，并且必须以繁体版发行，受到的管制更为严格。二是台湾期刊市场狭小，从业者对发行大陆期刊缺乏动力。例如台湾大陆简体图书业界联谊会负责人、天龙图书公司董事长沈荣裕就曾明确表示，台湾业界目前对发行大陆期刊“兴趣不大”。

（三）大陆报纸在台发行渠道与流变

就大陆报纸在台发行的时效性而言，据台湾大学访问学者万丽慧博士介绍，1992年以前大陆报纸需经香港转运，到台湾多为下午3点以后。1992年后，随着台湾研究机构订阅量增加，大陆报纸直接从北京搭乘上午6点的飞机到香港，再转华航上午10点半的飞机到桃园机场，抵达机场时约为中午12点，当天下午2点即可发到读者手上。2008年后，台湾订阅大陆报纸更为方便，具体由厦门外图集团负责，由北京直飞厦门，再搭乘10点左右的飞机直飞台北松山机场，台湾读者当天中午即可阅读到大陆报纸。不过，大陆报纸在台发行经历了曲折的历程，其中 *China Daily* 香港版即是典型案例。

2008年7月至2009年6月底，香港新华社所属英文报纸 *China Daily* 香港版，一度获准在台湾发行。当时该报每天在台发行量约1000份，多采用免费赠阅方式向大学、学术机构或相关机关发放。然而2009年3月，台北市“议员”检举该报,声称 *China Daily* 香港版向世新大学等在校学生发行,是以“看报纸学英文为借口,行思想统战之实的渗透行为”,要求警方了解侦办。此后,台湾新闻主管部门认为该报内容违反大陆入台出版物“不得从事统战”规定,迫使 *China Daily* 香港版于 2009 年 5 月下旬终止在台发行。

不过,此后《海峡导报》《今晚报·台北版》等大陆报纸采用灵活合作的方式,再次进入了台湾市场。其中, 2009 年 6 月《海峡导报》采取互换新闻版面的方式,每周在台湾《民众日报》上推出五个版“两岸新闻”和一个专版“海西新闻”,受到广泛关注。台湾《民众日报》称,与《海峡导报》合作是因为报社业务部门希望通过两岸媒体合作来整合旅行社、观光饭店等资源,以促进彼此旅游发展,增加报社广告与发行收益,并无政治新闻。不过,台湾新闻主管部门依然认为,互相提供版面或版面交换,涉嫌违反两岸条例相关规定,如果未经许可,可能有触法问题,这些言论为两报未来深度合作留下了隐患。再如,《今晚报·台北版》,其自 2003 年创办首个海外版以来,已在 16 个国家的 19 座城市创办了 21 个海外版,其中包括一个英文海外版,每期总发行量 50 多万份,覆盖阅读人口 150 万人次以上,成为扩大中国文化影响力、促进天津与世界交流的重要窗口。2012 年 3 月 17 日,为加强对台宣传,《今晚报·台北版》创刊号开版仪式在台湾《旺报》大楼举行。该专版以报道大陆新闻为主,侧重向台湾民众报道有关天津的资讯。运营方式上,《今晚报·台北版》由《今晚报》负责编辑,《旺报》负责在台湾出版发行,每周一发行,每期一版,发行量约 20 万份。据《旺报》社长黄清龙介绍,《今晚报·台北版》阅读率越来越高,一些重要新闻在读者中反响强烈,很多台湾民众通过《今晚报·台北版》对天津产生了浓厚兴趣。《今晚报》也表示,目前该报网站每天约有近万次点击量系来自台湾,并呈上升趋势。

整体上看,当前大陆报纸在台发行依然处于试水阶段,其主要受众是大专院校和县市乡镇的文化中心或图书馆,其次是“台经院”、“中研院”等科研院所以及一些台湾报社,民众接触不多。政策方面,由于台湾限定大陆报纸入台必须经过主管部门许可,并以繁体版发行,大陆报纸申请在台发行难度较大。同时，就本质而言，《海峡导报》《今晚报·台北版》都不是以独立报纸的名义在台发行，而是以专版或是特版的方式，随台湾报纸"附带"发行。市场运营方面，因为台湾报业市场不大，一些大陆报纸入台发行主要是基于政策鼓励，传播动机不强。据台湾大学访问学者万丽慧博士观察，此类报纸在取得政策资助后，事实上并没有持续在台发行。

四、大陆出版物在台湾阅读接受的特征

（一）受众面貌发生改变

改革开放以来，大陆入台出版物受众群体逐渐扩大，同时受众的受教育程度也比较高。特别是，大陆简体版图书的受众群体已由早期的高校学者、研究生群体、图书馆读者，扩大到了一般的上班族（占 35.62%）、企业主（占 23.81%）、退休民众（占 12.01%）以及有语文应考需求的考生（占 9.52%）。年龄则集中在 30—60 岁之间，其中又以 40—50 岁间 33.85% 最多。教育程度则以大学学历（42.86%）、研究生以上学历（52.38%）的民众居多。[①]

（二）畅销图书类别转型

2006 年前，大陆入台图书中数量最多的是文史哲类，约占 50%；社科、法政、军事类图书约占 10%；中医、文学艺术类约占 10%；教育、财经、理工类约占 10%。此后，由于大批退休民众的需求，书法练习、艺术欣赏等大陆图书渐渐受到重视。当下，以医药卫生类图书居冠（占 55.69%），艺术类图书（占 35.54%）、文学类图书（占 28.46%）为次。

此外，因为台湾市场规模受限，百科类图书、专业类别的外文译本图书等大陆图书与台湾市场形成了良性互补。基于在内容上补充台湾图书消费市场的考量，截至 2015 年，台湾的出版社有 3/4 曾经购买过大陆版权，占比

① 本部分的数据统计主要依据台湾大学访问学者万丽慧博士所进行的问卷调查。

75.21%。

（三）价格优势逐渐降低

近年来，随着大陆出版物制作工艺日益精良，价格逐渐攀升。据若水堂书局门市督导吴培君介绍，以前约八成的大陆入台图书比台版图书便宜，而现在大概降至六七成。不过，尽管如此，大陆入台出版物的价格优势仍依然存在。问卷调查结果也显示，2015 年台湾民众对于大陆图书品质持正面评价在“一般”以上的过 60%，购买的主要原因是内容特殊，占 53.85%；其次是价格，占 51.23%。不过，就未来而言，大陆入台大陆出版物的低价优势将不断降低，今后大陆出版物占领台湾市场的关键因素将是内容而不再是价格。

（四）销售渠道北重南轻

自“问津堂事件”至今，台湾约有 40 家大陆图书进口商、销售网点逾 200 家，其中台北地区占到 70% 以上，中南部则不到 30%，大陆入台出版物销售渠道呈现北重南轻的态势。同时，对一般台湾民众而言，其获得大陆出版物的渠道主要是书店（占 61.54%），其次是网络（占 53.85%）和媒体（占 15.38%）。据统计，曾购买大陆出版物的台湾民众占比 42.31%，其中以直接从大陆网络书店购买的情况最多，占 30.69%。其次是请朋友代购，占 24.07%。另外，近 4 成台湾民众曾请书店代购所需大陆图书（占 39.1%），并且多数（占 66.57%）能在一个月内取书。2015 年 6 月 28 日，台湾丽文文化公司与安徽皖新传媒图书集团合作成立了网络书店“来买书城”，其图书在台湾送达时间仅需 3 至 5 天。不过，调查结果同时显示，有近半数的台湾民众（占 45.66%）认为在台湾购买大陆出版物并不方便，支持大陆出版物在台公开销售的民众高达 84.62%。

（五）市场仍待深度开发

自 2003 年大陆出版物在台湾被允许公开发行后，大陆图书在台湾的市场规模不断攀升。调查显示，至 2015 年台湾有高达 81.25% 的台湾民众接触过大陆图书，接触渠道主要为实体书店（占 69.23%）、网络书店（占 69.23%）和图书馆（占 46.15%）。但台湾民众对于大陆报纸接触度普遍不高，有 96.23% 的民众称从未接触过大陆报纸。另外，从未接触过大陆期刊的民众也达 61.54%。总体上看，大陆出版物在台湾市场仍有巨大的可开发空间。

五、未来大陆出版物的入台策略

为增进两岸民众感情，并为两岸出版产业合作奠定更坚实的基础，今后大陆出版物入台阅读传播应秉持面向青年与深耕市场的策略。

首先，要重视培养年轻受众。青年是两岸和平统一的希望所在，但对于在台湾出生、在台湾成长的年轻一代而言，其对中华文化的认同，已和从大陆渡海来台的上一辈大不相同，正如台湾佛光大学谢大宁教授所说："认同问题才是两岸关系深水区的核心问题。这些年来两岸在民族的、文化的认同上，正在快速地断裂之中，而且越是年轻人，断裂的速度与程度就越快、越彻底。"① 同时，今后如何更好地利用台湾青年所惯用的新媒体来增进大陆出版物的阅读传播效果，也是从业者必须面对的挑战。

其次，要针对台湾市场需求策划出版物内容。出版业一直是"内容为王"的产业，一些过于强调"统战"意图而忽视台湾市场真实需要的出版物，难以在台湾广泛传播，正如《中国出版业发展报告》在分析出版业未来发展趋势时指出："精品力作的生产将被放在出版业发展的首位。"② 今后，应针对台湾出版市场需求，善于利用具有大陆求学和工作背景的台籍出版从业人员，针对台湾市场精心策划符合受众意愿的内容，以更好地发挥大陆出版物的在台影响力。

最后，要加强台湾中南部销售渠道的铺设。台北是台湾最大的都市，受

① 谢大宁：《从反服贸学运看两岸文化协议》，《光明日报》2014 年 12 月 10 日第 6 版。

② 郝振省：《2011—2012 中国出版业发展报告》，中国书籍出版社 2012 年版，第 16 页。

其影响，众多商业形态、特别是文化和服务业都呈现出“北重南轻”的现象。同时，由于台湾政治版图“北蓝南绿”的特点，多数中南部民众思想“偏独”，而接触大陆出版物的机会又更少。鉴于此，对大陆出版物入台而言，今后应特别加强对台湾中南部销售渠道的铺设。同时，受淘宝网等网络售书渠道的冲击，近年来台湾书店销售大陆图书的业绩不如从前，但在中南部仍有较大市场，如何进行差异化经营成为关键。例如若水堂书局清华店由于接近科学园区，大陆理工类图书销售增长迅速，而高雄店的棋牌、武术等休闲类图书也非常热销。可见，对大陆出版物入台而言，铺设台湾中南部销售渠道有着较大的潜在提升空间。

总之，就大陆出版物入台阅读接受而言，随着市场需求差异化和市场竞争激烈化，今后开展大陆出版物入台工作时应特别重视市场调查和对台湾受众需求的细分，淡化长期以来只求获得政策补贴的心态，让市场问题市场解决。可以说，只有对台湾市场“投其所好”，大陆出版物入台才能发挥应有的传播效果，也才能为两岸出版深度合作和两岸民众彼此深入了解奠定牢固的基础。

回应/交锋：

印刷文化、日常生活与性别

Joan Judge, *Republican Lens: Gender, Visuality, and Experience in the Early Chinese Periodical Press,* University of California Press, 2015.

略读《民国镜像：早期中国期刊中的性别、视觉和经验》

[加]周 琰
独立策展人

季家珍是加拿大多伦多约克大学历史系教授，文化史和现代中国史研究者，当前海外汉学界近现代研究领域卓有影响的学者。她的研究主要关注印刷文化及20世纪之交中国妇女史。近年，她的研究已从上述领域拓展到日常生活史以及从公众角度介入的知识史研究。季家珍已经出版了多部学术专著，其中包括包括：《历史宝筏：过去、西方与中国妇女问题》，江苏人民出版社2011年（*The Precious Raft of History: The Past, the West, and the Woman Question in China*. Stanford University Press［March, 2008］.）;《印刷与政治：〈时报〉与晚清中国的改革文化》，广西师范大学出版社2015年（*Print and Politics: 'Shibao' and the Culture of Reform in Late Qing China*. Stanford University Press［December 1996］.）她目前的研究项目是"平常关注：1860—1940年代日常知识及中国大众读者的兴起"，从知识生产和传播角度考察现代中国如何成型。这个国际合作项目着眼于从文本、机构和实践方面而非学术与政治知识方面入手，挖掘大量社会与日常生活中知识传播与流通素材。自2008年起，季家珍引导了一个国际研究项目，致力于从中国近代女性刊物着手，建立一个期刊研究数据库："早期中国期刊在线"（Early Chinese

Periodicals Online),并形成一种新的期刊研究方法。她新近出版的专著《民国镜像:早期中国期刊中的性别、视觉和经验》(*Republican Lens: Gender, Visuality, and Experience in the Early Chinese Periodical Press*. [Berkeley: University of California Press, 2015]),正是这个项目中的成果。①

朱莉娅·F.安德鲁斯(Julia F. Andrews),著名的中国艺术史学家,认为《民国镜像:早期中国期刊中的性别、视觉和经验》一书以"创新的方法分析了商业期刊,精细研究了民国早期宏观与日常之间富有张力的关系。她通过分析日常生活中的微妙变化,使得我们对社会变化、性别与现代性之间的联系有了更加深入的理解。"② 安德鲁斯的评语非常恰切地描述了季家珍"民国镜像"一书的特点。季家珍以《妇女时报》这个女性期刊为经,以通俗文化和民国初年女性经验为纬,通过对期刊内容地毯式、全面详尽的分析(包括封面图像、摄影插图、文章、专栏、诗词、编辑实践、编读往来、广告、发行统计数据等全面的图文信),对民国初年通俗文化中的日常经验和女性经验进行多角度深入分析,并将材料与议题的讨论置于民国初年中国社会变革和中国与整个世界的关系中考察,建立起一个立体多维的阅读与分析结构。通过这种全、精、深、广的解读,作者以期对塑造公共意识与学术承袭的两个统治观念进行挑战:一是对被边缘化、污名化的通俗文化(包括"鸳鸯蝴蝶派")重新正面认识,从而对民国初年整个社会面貌形成新的认识;其二,以日常经验和社会生活真实面貌为场域,对新文化运动的主导历史叙述进行批评,从而对革新与保守的简单二元对立认知进行批判,揭示革新与进步发生的丰富复杂的社会现实情况。通过这样的"破"——对以往学术研究和公共意识中被忽视的领域的考察、分析,将我们的视线带回曾经肌理丰富,多样性、差异性、共生性有机组合的民国早期上海的生态系统中。这样的研究启发我们思考,我们对过去的理解是如何形成的,它又如何塑造我们的现在和对现在存在与

① 关于季家珍的学术研究简介信息,主要来自于多伦多约克大学她的介绍网页:http://people.laps.yorku.ca/people.nsf/researcherprofile?readform&shortname=judge。

② 朱莉娅·F.安德鲁斯的评语参见加州大学出版社《民国镜像:早期中国期刊中的性别、视觉和经验》一书的出版信息:http://www.ucpress.edu/book.php?isbn=9780520284364。

发生事物的认识,对过去的重新认识和思考又会如何改变我们对现在的认识,重新建构我们的现在。

《妇女时报》创办于辛亥革命前——1911年6月,延续至1917年,是狄葆贤、有正书局和《时报》创办人出版的一份女性商业期刊,主编包笑天。[①] "民国镜像"一书序言以对《妇女时报》第一期封面插图的描绘揭开帷幕:两个年轻女子看着手中拿着的《妇女时报》第一期封面上自己的形象,来象征《妇女时报》这个期刊所代表的新的女性主体自觉。作者说这幅自观肖像意味着妇女成为了"观看者而非被看者,作为知者而非被知者",因而也可以说不再单纯地作为被代表的存在出现在公共空间。同时,它也预示了一种基于日常经验、表现在民国早期的商业印刷文化中、并融入20世纪初革命洪流新的认识论和政治学。因此,《妇女时报》表达了一种时代的昂扬面貌,它是一份由女性自享、女性自主、关乎女性的期刊读物——在这里作者套用了林肯《盖茨堡演说》中"民有、民治、民享"的用语。两个年轻女子的封面肖像确实有一种清新朝气的面貌,一改之前流通的美人画、仕女画等传统女子形象。然而,这个形象和作者对这个形象的象征性描述,一方面虽然反映了一种新的女性面貌和社会变革的现实;但是另一方面,它并不能完全取代当时女性被观看、被认知、被代表的历史现实,而这种历史现实与新的商业、媒体、市民、娱乐文化结合,形成了一种传统陈规与现代商业市民文化并行兼容的新的被观看、被认知、被代表的女性形象,与争取主体独立的新女性形象共存并交互而矛盾。《妇女时报》也完全没有做到"由女性自享、女性自主、关乎女性"。作为男性编辑主导的刊物,它需要充分考虑男性主导社会对女性形象与议题的容纳尺度与能力,同时也在极大程度上与男性编辑的价值观、刊物自身面对的主流读者群(中上层社会)价值观相吻合。从这些角度考虑,序言开篇令人鼓舞的描绘,随着作者逐渐深入的图文材料呈现和

① 《妇女时报》网上数据库。

http://kjc-sv013.kjc.uni-heidelberg.de/frauenzeitschriften/public/funue_shibao/the_magazine.php?magazin_id=1.

http://www.sino.uni-heidelberg.de/womag/01-fnsb-intro.htm.

分析，会一再在阅读中引起疑问。

在序言中，作者对《妇女时报》冠以“通俗”标签提出了异议。她认为“通俗”一词主要用来指当时其他一些类似文学刊物上的通俗小说，而这些刊物却既不“通”（popular）也不“俗”（common）。它们没有大批量的发行和广大的读者圈，提倡避世的娱乐，所使用语言相对高端，价格也高端。这些刊物代表“中流社会”或者说中等文化阶层，因此体现一种中庸而远非革新或极端的趣味。《妇女时报》与这些刊物相比，却是非常革新的，它的主旨是要沟通高中低段文化、科学与文学知识，并与当时的政治、社会、医学改革等公共议题改革相联系。作者这个角度的分析，将《妇女时报》与其他通俗刊物划开了界限。但是，在本书中之后多处涉及通俗文化与对通俗文化的批评中，《妇女时报》与其他通俗刊物的界限很难说是完全确定的，这种界限应当说是一条变动的界限。

在进一步的对此刊物特点的分析中，作者指出该刊物不完全是商业的、政治的、女性的刊物。它更像一个综合体，最突出的特点是有别于通常女性化刊物，它不注重时尚、育儿、闲谈等内容，而关注女子教育、职业、医疗等问题，并且鼓励女性以多种形式积极参与刊物内容提供。同时作者也审慎地指出，刊物的革新趋向并非是通向女权思想之路的，这份刊物的宗旨由男性编辑和作者制订，因此这份刊物是为基于男性规范设定范畴内讨论涉及的女性议题，女性作者的参与既受鼓励也被限制，它是一份有性别倾向的刊物。这个富有洞察力的分析，对理解《妇女时报》及当时社会女性公共空间参与活动的状况，极为重要。

其后，作者谈论了《妇女时报》近期才从历史探寻中浮现的原因。她认为新文化运动中的知识分子们是造成该刊物被边缘化的原因。这些知识分子通过否定先前的文化来确立自己的文化地位。作者这个陈述是典型的弑父概念陈述。作者进一步宣称，新文化运动讥嘲地将先于新文化文学的写作贴上“鸳鸯蝴蝶派”的标签，并且认为新文化运动争夺公共注意力和文化控制权的竞争是中国20世纪历史长期辩证矛盾的体现，是日常性和意识形态、日常商业文化与英雄主义的政治文化之间的矛盾。而新文化运动的基本要素最终又被转化到共产主义文化和中华人民共和国的高度意识形态的文化中。这一段的论述，在我看来，存在几个问题。首先，《妇女时报》是否可以代表新文化运动之前不久的文化和写作？在新文化运动发生之前，文化与语言层面已经呈现出多样化的局面。《妇女时报》中的内容既有同光体诗词，又有白话文，它的文体和语言在当时文白之交的语言文化大变局中，是一种非常中庸的面貌，是相对局限性的语言文化。其次，《妇女时报》和"鸳鸯蝴蝶派"的关系如何界定？是否因为其主编和部分作者是鸳鸯蝴蝶派作家，那么这份刊物也就戴上了鸳鸯蝴蝶派的标签？第三，对鸳鸯蝴蝶派的批评，是一个复杂的历史现象，其过程有十几年。最初以周作人、鲁迅、钱玄同为代表的新文化主力批评的主要是当时流行的哀情小说。意大利诗人莱奥帕蒂说过，文学的腐败必然伴随语言的败坏，二者相互影响。新文化运动最初对鸳鸯蝴蝶派文学的批评，是有针对性地对当时一些哀情小说的低俗格调和陈腐语言的。要表达新的思想、新的情感、创建新的文化，必须在语言层面进行革新。鸳鸯蝴蝶派的作家在这点上没有足够的认识，所以，他们虽然写了不少好作品，反映了社会人生和普通人的情感，但是在当时，这种文学依旧是安慰剂，而不是治病的药和手术刀，不是当时社会变革急需的语言和文学。反而是新文化运动推动的白话文革命，促进了通俗文学的发展。而对鸳鸯蝴蝶派的扩大化批评，要到30年代初，随着左翼文化的活跃而扩大了范围，对消闲文学和趣味读物大而化之地归类贴标签。因此，可以说，并非新文化运动导致了通俗文学刊物和《妇女时报》的边缘化、污名化和遗忘，而是新文化运动之后的左翼文化及中华人民共和国成立后的意识形态之手的作用。[①] 作者针对新文化运动对当时通俗商业期刊的批评在本书其他地方多有出现，虽然具体批评内容有所变化，但是批评方法是一致的。针对新文化运动对待商业期刊、通俗文学、鸳鸯蝴蝶派的批评的批评，我认为应当从历史遗留的宏观二元对立话语中出来，既考虑当时批评产生的社会及历史影响的实际情况，也应当重新阅读具体的批评内容和针对对象，矫正历史的误解、错误，应当对

---

① 有关鸳鸯蝴蝶派的讨论，参考王稼句《关于鸳鸯蝴蝶派》一文。http://literature.org.cn/article.aspx?id=17141.

历史现象涉及的各个方面一同重新检阅。

虽然近来以《妇女时报》为对象的学术研究逐渐出现，但是作者对其中部分学者对该刊物的陈旧批判或者错误认识做了批评。作者认为该刊物的作为20世纪初期刊典范的重要性和方方面面的重要贡献尚未得到充分认识。因此，本书是对该刊物的“取回、赎回、和重估”。通过这个刊物的研究，作者期冀对夹在晚清与五四运动之间被大多数学者忽视的民国早期（1911—1917）这一段历史时期进行检视。

作者认为，《妇女时报》的作者没有继承晚清改良主义者和新文化运动各自提倡的“新民”、“新文化”和共同的“强国强民”的主张，他们不关心以新的理论抽象化对待文化，而是关注更实际的日常生活的稳定和其中的政治与科学话的变化。也可以说，作者的视线在日常生活中体现的时代变迁，而不是主导文化之争的修辞话语。

通过序言极为多面、翔实的分析介绍，作者为我们勾画了一个《妇女时报》的面貌：“一份基于上海，面对全国发行，商业推广，有性别倾向，注重读者关注问题、日常生活和变化中的全球事态的刊物。”它也充分体现了作者的学术策略和思想，以具体材料和日常经验，对被极度意识形态化的历史叙述进行解构，并从具体材料和日常经验中重新复原并构建历史面貌。

《妇女时报》第一章“文本与方法”着重介绍了这份刊物的历史和其在中国印刷文化发展中的背景。作者从富有媒体经验的出版人的角度，介绍了这份期刊的独特性及其反应的时代特征。这一章也同时详细介绍了作者近年总结的期刊研究经验。兴起于晚清的印刷文化，上海作为港口开放城市商业与市民社会的勃兴、全球化的交流、新的现代生活与传统生活模式的消化融合、社会与政治改革、技术与科学的引进和发展等因素，是《妇女时报》赖以滋生的土壤。作为《时报》从属刊物，《妇女时报》得益于狄葆贤创办的《时报》所属的有正书局在当时领先的印刷技术。作者通过资金支持、稿费、广告、销售等方面具体信息的梳理，发现《妇女时报》虽然售价高，但发行后即成为当时发行量和读者群最大的女性刊物。《妇女时报》的图文内容与社会日常人生密切相关。文学性不是这个刊物的主旨。刊物中文章所使用语言也反应了当时文白交杂的状况,值得注意的是季家珍提出刊物作者使用古文来描写新事物,体现了古文持续的活力。这是一种解读,另外的解读可能是白话文尚未普及,当时的写作者很多还没有掌握古文之外的其他语言工具。

《妇女时报》一个极为成功的特点是其封面插画创作。这些封面插画创作的主要作者是徐咏青和沈泊尘。徐咏青是土山湾画馆①培养出来的艺术家,受过西方绘画训练,被誉为中国水彩画之父。沈泊尘是中国报刊漫画之父,他受《点石斋画报》吴友如画法影响,又有中国传统人物画训练,以《新新百美图》、戏曲人物画和漫画享誉一时。徐咏青和沈泊尘为《妇女时报》创作的插图,参考了欧美期刊封面,但又远非仅仅模仿西方商业封面创作。大致浏览一下各期刊物的封面②,我们可以看到,第四期封面人物娴静优美,画法洗练;第六期有日本画风影响;第七期有摄影的感觉;第五期画面非常协调;第八期明显有西洋绘画的影响,譬如高更的"幅睡梦中的女孩";第十一期表现城市公共空间生活;第十二期典型结合欧洲油画肖像画的特点;第十三期和第一期一样出现了像中像(mise-en-abyme)构图;十四期中表现手持相机拍摄鹿的女子,典型的19世纪末20世纪初人物、动物、自然布景摄影;第十五期中表现了两代女性共同参加户外活动,新式生活的面貌;第十六期构图极其漂亮;第十七期有清仕女图的影响,譬如"雍正十二美"。此外,《妇女时报》封面及内文插图、肖像装饰,多有"新艺术"(Art Noveau)风格影响。倘若不从文化史,而单从艺术史的角度来看,融汇中西各种时代因素而形成独特的视觉形象,徐咏青和沈泊尘为《妇女时报》创作的封面插图都可以作为一个独立的研究专题。

《妇女时报》还大量采用了欧美及日本人物、风景、艺术作品的摄影。视觉方面的开放融合之外,《妇女时报》的文本内容也反映了中西混杂的状况,有大量翻译引介内容,其中,日本译介西方文化及日本文化转移到中国的影响得以凸显。

---

① 徐咏青, http://tsw.xuhui.gov.cn/ArticleNewsEnjoy.aspx?aid=722.

② http://www.douban.com/photos/album/84986435/.

作者对《妇女时报》中刊载的广告具体分析,从中看出广告主要内容是印刷品广告,其次是妇女用药。妇女用药广告反映了西方医学科技与药物在中国的流通情况。其背后涉及的中西医问题,家庭医疗卫生,生育、性、身体等问题,在后文中另有讨论。

主编包笑天对《妇女时报》的定位、运作有决定性影响。他是著名的报人和编辑,鸳鸯蝴蝶派代表作家、翻译者,也是社会评论家、教科书作者和教育家。包笑天有强烈的社会关注和文化革新的意识,他关注日常与个人经验,推动公共交流,提倡妇女教育。他的思想主旨是推进社会改良,但不牺牲传统的道德准则。在政治与文化方面,他始终是同激进的革新思潮保留一定距离的,但也绝不是守旧传统。他的思想和立场代表《妇女时报》的取向。

史学家史景迁认为在日常生活史的研究中,对史料进行量化研究是比较适合的方式。近年来,北美史学界使用社会科学的统计调查、样本研究等方法比较普遍。这本书方法论上最突出的特点正是数据和样本的丰富与统计分析材料的充分应用。季家珍近年倡导的期刊数据库研究在其中发挥了巨大作用。她提出了横向、综合、关系三种解读材料的方法(horizontal, integrated, and situated readings),从而全方位把握研究材料。她对文本和图像进行细读,将二者相联系、相对比地阅读,并置于恰当的历史情境中,使得大时代与日常生活相交错的复杂面貌抽丝剥茧得以呈现。

第二章"民国淑女",主要描绘、介绍《妇女时报》反映的民国淑女。作者认为《妇女时报》的女性如何界定似乎相当困难,她们即非传统的闺秀、也非新女性或摩登女子,新文化运动人文主义者宣称的拥有主体性的女性也不吻合。作者最终界定这个刊物的主要参与者和读者是传统而争取进步的淑女、新职业女性和学生。民国初期女性的急剧变化在当时的女性表达中有突出反映,特别是涉及女学生的状况,女子抛头露面、都市化、参与经济生活等方面都引发了广泛的争议,女性道德关注也成为一个突出议题。《妇女时报》相对保守的道德立场和与女性平权进步独立的要求的矛盾,在编辑、作者、编读往来中体现。作者对《妇女时报》的作者、读者构成做了细致分析,通过这些分析,呈现了当时两性对待女性问题错综复杂的差异性。

第三章“日常经验”讨论《妇女时报》重视的具体经验。作者在注释中提到，19世纪末中国受西学译介影响，比如严复翻译的斯宾塞，已经视经验为决定知识的必要条件。《妇女时报》提倡通过捕捉、表达女性生活经验提高妇女社会与知识水平。作者指出，经验不是透明的生活现实的反映，它是不同价值的反应媒介；经验的表达也受到编辑的制约。作者指出，社会改良与商业文化新商品，这两个关键词是《妇女时报》经验表达的决定因素。

作者通过分析刊物封面来表达这种经验的传达。她认为刊物封面插图作者徐咏青和沈泊尘的封面插图鼓励一种新的“女性作为观看者而非被观看者”的切身体验，这些形象有别于过去的美人画和将来的封面女郎肖像。图像中的女子从事各种活动，而不是做出吸引观看者的姿态。作者认为这些形象类似晚清时期专为妇女创作的“美人画”。这个论述作者指出源自高居翰关于美人画的研究。但是阅读高居翰的原文①之后，并不能得出晚清时期美人画出现了女子不再作为观看对象而成为观看主体的论述。作者在这里引用而做的类比，应当进一步阐明。此外，上下文之间，既指出刊物封面肖像不同于传统的“美人画”，又指其与高居翰描述的“美人画”类似，会造成阅读上的混淆，对“美人画”的关联需要更加具体化。

包笑天对女性生活有切身关注，包括她们的职业、生活、情感等等，他采取各种措施鼓励妇女分享个人经验，参与公众讨论。包笑天容易为妇女在家庭情感上的艰难所触动，凄情、哀婉、饮恨吞声等感伤的格调很容易让他感动。作为一个有关怀的商业女性文化杂志，这种情怀可以起到良好的疏泄剂作用，但是很难成就好的文学。

刊物各个栏目在鼓励妇女参与社会与家庭关注话题方面的尝试很有创新，比如“征文比赛”，题目包括“当代结婚习俗”、“各地妇女职业”、“论妇女应有选举权之原因”、“妇女与工业”、“家庭卫生”、“妇女与农业”、“妇女应有基本的医学知识”等等。对比当时《妇女画报》讨论议题和社会关注的多样性，当今女性刊物几乎单一成为时尚刊物，内容以名流、商业、八

---

① 高居翰的文章：“The Flower and the Mirror: Images of Women in Late Chinese Painting”，http://jamescahill.info/the-writings-of-james-cahill/women-in-chinese-paintings/111-wcp-1.

卦、时尚、旅游、家居为主，女性虽然有了完全不同的自主性，但是女性被商品化、媒介化的程度比过去那个新旧转变时代更加深入普遍，社会家庭生活中限制女性作为独立平等个体的传统因素顽固地与新的资本男权社会结合，唯一松绑的是旧的性道德与贞洁观念。这不由得让人对历史进步产生怀疑。

作者在谈论《妇女时报》作者参与政治话题的讨论时，介绍了这些作者对梁启超表述并在民国早期被不断重复的“妇女是依赖男性和社会的寄生虫”的言论反对。梁启超《论女学》一文，旨在鞭笞千年以来中国文化弱化女性、使女性为奴隶，从而使民弱国弱。他是在批评使女性不事产业、不得教育的社会体制和文化，而非单纯指责女性为男性和社会的寄生虫。很可能梁启超这篇文章在当时被断章取义，其中具体的字句被摘取出来用以指责女性，因而引起了当时女性作者的反对。在引用梁启超的言论和对他的批评时，如果不对他的文章做整体了解，那么就会把梁启超不公正地作为一个批评对象。这可能是值得商榷的。

本章中谈到《妇女时报》作者惯用诗词体投稿，有违包笑天提倡使用直白语言表达社会人生的初衷。作者认为这说明了古典语言的生命力和有效性，而我并不认为当时妇女们坚持使用诗词古文是古典语言有效性的例证。这种语言现象是语言与社会转变时期的状况。作者重新展现了当时语言变革期间其使用的真实状况，但是这种状况还是应对放在与历史的连续这种情境中考虑。

第四章“公共性身体”讨论与妇女身体直接相关的产科、妇科学话题，涉及传统医学与现代生物医药的复杂问题。作者通过介绍汤剑我，中国女子体操学校第一任校长，积极的女性健康、体育教育家和作家，作为男权主导社会标签化的病态、谦逊、忽略自己身体的女性的对立面。杂志广告、文章、话题讨论中涉及了医疗进步与商业追求，妇女产科、妇科方面的改良及与传统经验等矛盾关系。这一章大量具体材料的使用和分析不厌其烦。

第五章“实际才能”关注妇女教育中物质生产方面的技能。借用传统的术语，就是女德中的“女工”。本章中的讨论，也反映了这种“女工”与“女德”的联系，其表现形式是现代的，更多涉及家庭生活的改良和社会参与,不同于传统的“女工”与“女德”的关系。作者在介绍浙江女子师范学校女子们的绘画和手帕制品时,把它们同当时的全球展览文化相联系,让我想到本雅明引用泰纳描述的巴黎博览会:“世界博览会是商品拜物教的朝圣地。”作者通过这些手工制品代表的“生产有用的东西”的“女”“德”,重新检讨了女性“才”与“德”的话题。她认为这种才德关系在晚清至民国早期的新女性公共教育中被重新配置了。由此,她进一步探讨了女性公共教育,从中发现女子被鼓励从学校获得的教育是公众性的、实际的、有用的,而不鼓励私人的、书虫的、抽象的教育。继而作者又分析了家学教育与公共教育,指出虽然五四运动视家庭为保守落后窒息个人,而非滋养、鼓励个人发展的场所,但传统家庭教育培育的旧学扎实的女子却成为新式学校的骨干(教育者和建设者)。而父亲们为了女子的教育也投身于新式学校建设。家学教育与公共教育之间事实上有很好的衔接和融合。在公共教育方面,作者注意到两种女系形象:爱国女学生与脱离家庭与传统道德约束的年轻女子。女子进入公共学校之后,她们的公共形象、身份定位、贞洁话题以及参与公开言论的争论,在《妇女时报》上得到充分反映。传统女德之“女才”,特指女子诗歌才能,是否能反映新时代的全球化、政治化的挑战?作者在前文对此语言现象已经有过描述,本章中又详细举例加以具体论述。新的实际生活中的女德,如家庭科学生活、手工等被提倡。家庭实用美德和新式生活方式结合虽然反映了生活的改进,但是《妇女时报》中反映的女性新的生活方式并没有改变女性被赋予的传统性别身份特征,她们仍然是属于家庭的、符合男性主导社会的附属品。女性身份似乎并没有根本的转变,而是适应了新的时代,改变中延续了传统的女性定位。

第六章“阈限性的性”着重从摄影和妓女这两个角度着眼,讨论民国早期视觉与文本性欲的表达以及妓女文化。作者观察到民国早期肖像摄影流行,但是民国淑女与妓女使用和获得肖像摄影的方式的不同,这种不同一方面加深了两者社会阶层的区别;另一方面,这种区别的符号化又往往是模糊的,制造了人为的视觉模糊性。作者敏锐地指出,社会科学方法针对妓女的分析、批评和规范的引入,引发了革新者将妓女视为社会腐败病症,需要清除。而同时,出版商利用新的商业印刷技术,对中国长久的妓女文化进行新的美学化和商品化。中国社会,特别是文人社会妓女文化情有独钟,这种现象在民国初期更加繁荣。作者反驳一些学者认为20世纪之交妓女地位日益低微的观点,认为改良、市场化反而给这个风流社会带来了新的活力。《妇女时报》和有正书局之间一体运营,两者互相推广针对不同对象的视觉商品。作者对比了《妇女时报》上发表的女子肖像和有正书局出版的妓女摄影画册,前者上的女子肖像必须为良家妇女,体现杂志代表的道德准则。私人照片当时普遍作为私人事件纪念而在私人空间流通,但是人们对女性照片在公共空间流通却极为谨慎并富有争议。而同时期的妓女摄影日益色情化、商品化。名媛和妓女在公共视觉领域历来有混淆。在本书谈论的照片中,妓女往往模仿女学生或新潮进步女性打扮,而女学生日益穿着夸张、富有魅力的服装。性的问题没有直接在《妇女时报》上讨论,但反映在婚姻、教育、健康、性关系、妾、妓女等话题中,并且常常借用翻译西方著作来表达观点。作者通过邵飘萍的第二个妻子汤修慧的个人经历,特别是她探访妓院的经历,说明尽管民国时期性文化不断变化,良家妇女与妓女身体与视觉上的界限会被模糊,但是区分两者的基本的道德因素却仍然固定不变。

在结论中,作者介绍了中国第一个偶然乘飞机并遭遇飞行事故的凌空女子张侠魂的故事,讨论了其代表的中国妇女渴望自由和国家抱负的愿景。张侠魂的肖像和飞行故事在社会上引起的反响也极有意味。一方面,很多赞扬引用列子御风、庄子遨游、登仙等道家形象和话语描述自由,这反映了语言与观念层面当时社会对新式自由与中国文化中自由观念的差异的认知不足和难以表达。而引起广泛关注的这个事件激发了妓女模仿凌空女子张侠魂拍摄肖像,飞行女英雄形象被迅速商业化、色情化。张侠魂是竺可桢的妻子。作者指出,《妇女时报》的报道记录了她的事迹,留下了她的人生轨迹,不然她必然在历史视野中消失。

结语中,作者指出她以《妇女时报》为一个多面折射镜来反映民国早期这个时代。作者在结尾强调反对过度使用“现代科学”方法来解读本书所处理的历史材料,而且认为任何历史解读都是不完善的,任何类别化来涵盖当时时代的复杂性都是不足的。严格的现代观念并不能充分阐释过去的这些材料和经验。被相对忽视的那个时代、商业期刊和没有充分认识的当时的女性都需要我们重新探寻。

结 论

民国初年的上海,霓虹国、海上花、冒险者的乐园、中国的新都市、市民社会的摇篮,它纷繁的景象会让人联想到19世纪末20世纪初的巴黎,特别是本雅明观察描述过的巴黎世界。工业文明、商品社会、浪荡子、妓女、时尚、展览、媒体、布尔乔亚和无产者、新旧之间的矛盾与离心离德、求新求变、大众化与娱乐化消遣化,这种种外貌千变万幻的幻景的相似性,是同一种现代社会这个巨婴从历史中分娩而出时投射的巨大复合蜃象。但每一个社会的蜃象又是具体地从其所属之地、所属文化与历史中,由无数参与其中的历史的人共同制造的独一图景。"这是一个像被拼贴出来的城市,各种各样的人混居。知识分子、小市民、工人、人力车夫、乞丐、暴徒、妓女、卖艺者、小摊贩、冒险家、还有大量新移民和过客,各自循着不同的生活方式在这个纷扰的城市中寻找自己的生存空间。"卢汉超在他的上海研究中,这样观看民国初年的上海。我们似乎看到它与本雅明视野中的巴黎的相似。新旧冲突之间,革新并非是绝对的势力。公共生活与日常生活的包容并蓄最充分地反映了大时代变化中各种纷杂现象、因素和人的状态。

《民国镜像:早期中国期刊中的性别、视觉和经验》这部专著,得益于过去三十年史学界与汉学界对中国近现代史(20世纪上半叶)研究方向性的转变——历史研究中社会史和文化史成为显学;以及着重用新的方法、挖掘新的材料,重新解剖、审视、阐述历史,对沿袭新文化运动以来人们的意识与认识,以及主导意识形态对历史的塑造、解说与教育形成的集体历史意识,不断进行挑战和冲击。本书作者通过对《妇女时报》这份期刊深入、全面的挖掘,令人叹为观止地再现或者重构了民国早期这个在我们的历史视野中相对模糊的历史时段的社会面貌。围绕女性与商业期刊文化，探讨了众多相关社会议题，各个议题的分析非常细致深入，几乎像一部有特定视角的当时社会的百科全书。这本书不仅启发我们重新思考书中讨论的一些议题，它对当前其他领域的研究也提供了丰富的材料、视角和方法借鉴，涉及多个相关领域，譬如：上海学、阅读史、印刷史、媒体研究、通俗文化、市民文化、生活史、社会史、女性研究、语言变革、教育研究、医学与医药、广告研究、鸳鸯蝴蝶派、民国画报研究、通俗文化领域的艺术／视觉史（土山湾最早的西画培训、早期摄影、《点石斋画报》、日本明治时期风俗画在中国的传播与影响、美人画的影响、欧美特别是美国通俗文化视觉影响）等等。历来，以日常经验为对象的史学研究往往难以下手，困难重重，主要原因在于日常经验主题的表达痕迹难以追踪、分析，而代表历史经验的叙述又往往与日常经验之间有断裂。作者在方法上解决了这个问题。一方面，她充分运用她所建立的民国时期期刊数据库，对大量信息挖掘、分析，搭建起一个蜂窝一般结构复杂而整体的叙述结构，内容翔实，材料本身包含的丰富、复杂社会形象经过细读细分析得以呈现，并且这些信息被多层化、网络化交互构建式地使用来分析具体问题。另一方面，很可能作者继承了史景迁这样的学者对史学研究中理论运用的谨慎态度，认为大多数理论都有其短暂和过渡的一面，过于依赖理论是有局限性的。因此，本书中几乎看不到任何理论话语的引用，材料本身具有开敞性，作者的论述紧密结合材料本身，因而可信性和说服力也比较强。作者大量使用了具体事例，对图像、文本往往进行立体和交互的解读，这使得问题的讨论非常深入，往往能凸显矛盾和复杂面。她也注重以讲故事的方式引导每个章节的材料呈现和具体分析，增加了阅读的趣味性。

在本书的阅读过程中，我有所疑问、略有保留的有两点。一是作者针对新文化运动对通俗文化的批评的批评有些概念化，矫枉过正。对新文化运动的历史影响的反思是近数十年一个方向，它涉及历史反思的方方面面。采取一种二元对立的立场批评，容易失去具体的方向。如果能够针对新文化运动中具体的批评做具体应对，将会更加清晰地说明问题，也更接近历史的本来面貌。同时，在这些批评中，如果能够完整地分析、批评原始材料，而不是依据某些学者对这些材料的使用,批评和论断也会更加恰当。第二,虽然依赖对材料的数据统计、分析能够发掘物质材料本身蕴含的丰富内容,也更符合历史学、社会科学等人文学科研究的趋势,但是数据的极大丰富也可能造成研究者陷入具体的材料和材料的联系之间,创造性思考受材料联系和如何结构组织的制约,研究中容易出现过于枝蔓,庞大信息分散主要问题讨论的情况。这本书虽然有比较清晰而平衡的结构,但是具体章节中也有枝蔓和重复的现象,有些材料分析过于繁琐。如果能够对和各部分主题联系不特别紧密的材料做以轻减,那么这本著作阅读的清畅感会大大提高。

我并非历史专业的学者,此书的阅读完全是一次外行的匆忙阅读,不周或偏颇之处还请作者和其他读者见谅。

后 记

感谢作者的回应,并提供了引用高居翰论“美人画”的具体出处。高居翰谈论的仇英的美人画,确实女性可以被视作是观看主体。但是这种形象是否和《妇女时报》封面新女性肖像可以联系起来?还是仇英美人画中反映的是一个更悠久的视觉传统?仍然需要更有说服力的分析。

我在文中提到季家珍教授没有满篇使用理论话语,并非批评季家珍教授不使用理论,或者暗示她的研究没有理论支持,而是赞赏她没有学界通行的满篇引用摘除理论话语的积习。这个方面我可能表达的不够清晰,引起了误解。不在历史研究写作中不恰当地大量引用理论话语,是北美学界的一种认识,至少史景迁和卢汉超是这样提倡的,而他们并非不熟悉当前的理论,而是提倡慎用理论。这一认识我是认同的。

推荐读者阅读季家珍教授的这本新著,并仔细阅读我的评论和季家珍教授的回复,通过对这本专著的阅读,了解民国早期研究中新的话题、新视角和新方法。此外,我保留我的书评中的大多数批评观点。

季家珍《民国镜像：早期中国期刊中的性别、视觉和经验》

王耀武
加拿大多伦多大学艺术史系

潘悦婷 译

《民国镜像》是一个关于图版式期刊——《妇女时报》（1911—1917）和它的历史的革新性研究。季家珍教授通过细致分析它的文章、图片和其他含有当时社会文化及女性历史观点的材料，来细致地讨论这本刊物本身的复杂性和其出版实践经历。季教授对于《民国镜像》内容和形式的感性阅读，在细微之处，增添了大众对于早期民国的构想。而这类构想所受到的关注，远比晚清（1890—1911）和五四时代（1915—1925）所受到的关注要少得多。当其他学者还在对1911年革命的政策声明提出质疑的时候，季教授就指出在民国成立第一年之时，很多重要的社会变革已经发生了，并且这种重要的变革对于社会后来的发展起到了奠基性的作用。这些民国早期的转变包括“更大的社会透明度，更新的社会互动模式，还有女性在公共生活之中的存在”（p.1）。《民国镜像》因此填补了中国20世纪早期历史的重要空缺。这本书最出众的地方就是它的方法论，这些对于学者研究任何其他时期或者地区的印刷和期刊来说，都是非常有用的历史资料。

作者在第一章中非常清楚地勾勒出本书的方法论。在对《妇女时报》和其创始人进行详尽地描述之后，作者用三重策略去分析这本刊物——即

“横向式”、“综合式”和“关系式”的阅读模式,贯穿了整本书的分析解读。横向式阅读,是将个体期刊问题放在期刊整体中关注。而以往常规的纵向式阅读,就是摘录特定主题的文章,然后将他们从期刊之中分离出来单独解析,并没有结合它们在期刊之中的位置和作用。横向式阅读和纵向式阅读就完全不同了,横向式阅读的解析方式还注重在同本期刊中的其他材料,包括广告、卷尾语和图片,它们以往通常都被学者忽略了。比较理想的是,横向式阅读将读者所接收到杂志的讯息,全部纳入考察的范围,这种阅读方式可以全面比较这些印刷内容之间,相互辅证或者是相互矛盾的地方。

当横向式阅读聚焦于具体刊物的个体事件的时候,综合式阅读将视线拉回到更广阔的印刷文化考量范围之中。在《民国镜像》里,综合式阅读将《妇女时报》和同时期在市场竞争的印刷物之间做了联系和区分。综合式阅读分析了《妇女时报》最特别的地方,也即是同时期其他刊物所没有的特性。关系式阅读将视野拉到更远的范围了,将期刊之外的轶事和档案信息都纳入到考量范畴。包括比如作者的详细传记,他们的社会文化网络言论,还有关于认识当地和全球问题的论述。而这作为季教授学术研究上的特点,这些关于《民国镜像》的研究方法坚持在分析大量历史材料的精确性上。

在她以往的出版物《印刷与政治:〈时报〉与晚清中国的改革文化》中,季教授仔细分析了 20 世纪末的妇女问题,并且独具匠心的命名了四个“类别”,而这些概念在她之后的研究之中也继续发挥了很大的效用。永恒主义类、社会改革类、原始现代主义类与现在主义类,这些分类显示出关于女性和历史变革的错综复杂的光谱。这些分类的变化打乱了原有的二分法,比如仅仅讨论在中西之间、传统和现代之间的界限。《民国镜像》的三种诠释策略同样的也是打破了原有的分歧和分类方式,同时这就彰显出一种一系列的趋势,从三种分析方法的出现,到《妇女时报》周围的线索包括:史诗般的叙述和日常生活之间的较量,男性编辑的“策略”和女性作家的“应对方式”(借鉴德·塞托)。

在第二章到第六章之中,作者贴切地运用横向、综合、关系的三种模式,分析在当时被看成是“通俗”代表的《妇女时报》,需要被重新地评估。比如说，当时期刊的编辑包天笑（1875—1973）一直被认为是“通俗”或者是“轻佻”的鸳鸯蝴蝶派小说的代表人物。但是，综合式和关系式的阅读模式下，季教授分析出包天笑在某种程度上是一个积极的改革派——他是一个社会评论家，是个教育家，是教科书作者，还是倡导女性教育的先行者（pp.29-32）。

当包天笑鼓励所有的女性自己去记录下她们日常生活点滴的时候，对于《妇女时报》的横向阅读却显示出——男性始终掌控着知识界的绝对权威。男性“专家”的评论作为整个杂志最主要的特色，被摆在了文章的最前面。然而，女作家的文章则被摆在了并不出众的中间偏后位置（pp.97-98）。即使是这样，仍然没有消减女性在公共话语中争取自己全部权利的积极性，《民国镜像》也追踪了女性作家是如何通过策略去瓦解男性史诗般的宏大叙述的，聚焦新女性身份的自我塑造、身体的科学化、日常只是以及女性天分的再定义。《民国镜像》通过将《妇女时报》和当时的印刷材料联系在一起，进行“发掘、救赎、重估”的三部曲分析。

在这一方面，此书有助于开拓北美的中国研究走向复原边缘化杂志的原始材料之中。在以往的研究中，北美中国研究复兴文化最著名的例子包括夏志清复兴一度被遗忘的作家——比如说张爱玲（1920—1995）和沈从文（1902—1988），美国汉学家林瑞培试图挽回鸳鸯蝴蝶派“流行”（popular）的特质，王德威力揽被镇压的世纪末文学（颓废派）的颓势，还有美国汉学家高彦颐逐步恢复晚期帝国的女性书写。① 而《民国镜像》最独树一帜的就是，它奋力在一堆杂乱的资料之中做条分缕析的解剖。这本书不仅打下了研究像《妇女时报》这样边缘化杂志材料的坚实基础，而且它提供了一个来解决庞杂材料的实用程序。就像本书中所显示的，类似于《妇女时报》的杂志

① C.T. Hsia, *A History of Modern Chinese Fiction, 1917-1957*, New Haven: Yale University Press, 1961; Perry Link, *Mandarin Ducks and Butterflies: Popular Fiction in Early Twentieth-Century Chinese Cities*, Berkeley: University of California Press, 1981; David Der-Wei Wang, *Fin-de-Siecle Splendor: Repressed Modernities of Late-Qing Fiction, 1849-1911*, Stanford, CA: Stanford University Press, 1997; Dorothy Ko, *Teachers of the Inner Chambers: Women and Culture in Seventeenth-Century China*, Stanford CA: Stanford University Press, 1994.

是被编辑和商业利益所介导的异构资料的总和。所以,期刊之中的内容呈献给读者的形式包括印刷的质量、纸张的好坏、设计的优劣都影响了出版物在历史读者和评论家心目之中的感知。

这些问题在第六章得到了充分的探讨,作者将《妇女时报》之中女性的封面和有明显特征的交际花的专辑做了一个对比。在交际花的肖像和“民国新女性”形象之间的模糊性,投射出了关于性别、能见度、尊严和革新时期摄影的作用等有趣的问题。这些问题都是很紧密相关的,因为在 20 世纪的早期,女人体面的地位是保存于在家中“大门不出二门不迈”的隐蔽性里的。季教授运用了横向、综合和关系的阅读方法,将出版物之中的女性形象置于在以上这种背景之中,就能做出更加可信的研究方向。《妇女时报》之中的广告显示出它的出版商——有正书局,开始运营自己的照相馆。与照相馆相关的众多出版物中还包括交际花影集。尽管存在美学的相似处,季教授仍然是在细微之处找到了交际花影集和妇女时报封面之中的不同之处。她总结了这些不同——包括在裙子和姿势上的不同——这些也造成了一个淡淡的但是却又是可触见的界限,横亘在正派民国女性和“花花世界”的女性之间。即使是这样,这些界限充满着模糊性和歧义性,特别是像这些看起来可能比较高级但是却弱势的交际群体(风月场女性)所忍受的:“因为被革命和市场言论压力所裹挟着,风月场中的女性迎来了新的生命力”,也产生了“新的事业,科技和全球话语”,而这些也为民国新女性带来了很大程度上的视觉影响。在这个层面上,出版物之中的女性形象“提供了在细微层面上的蝴蝶效应”(p.178),这也是《妇女时报》和其他印刷媒体让女性形象有所改变的一种体现。

这些针对可见度和尊严的敏锐观察仍可被其他学者继续推进研究。《民国镜像》对民国新女性肖像的讨论是合乎实际的。不过,《妇女时报》中所展示的这些女性肖像与许多其他图像互动的内涵或许可以通过其他横向、综合和关系式的分析方法来进一步探索。其中,研究艺术和视觉文化的历史学家可能会考虑到欧洲的艺术文化缓存形式——从“高等”油画到“低级”素描艺术,随着时间的推移他们是如何影响到性别,和不同知名度和声望的人群的。例如，在《民国镜像》中就指出，交际花影集在《妇女时报》之中是作为精品印刷的广告而呈现的，而这也展示出“欧洲影像水平的提高”（p.185）。除此之外，不同的类型和形式的图片之间的区别所造成的影响，是避免在一个单一类型的“图像”中处理所有的视觉信息。这些关于未来研究的可能性可以遵循季家珍教授在《民国镜像》之中所设定的例子，同时也证明了这本书的杰出所在，证明它鼓舞人心和创新的理论所在。

回 应

[加]季家珍(Joan Judge)
加拿大约克大学历史系

潘悦婷 译

首先,我要感谢这两位评论者抽出宝贵的时间阅读我最新出版的《民国镜像》,另外还要感谢他们如此深入的评论。我想针对较长的一篇评论先作出回应。

很感谢评论者的详细描述他/她的阅读方法,她通过日常生活的经验来试图解决书中棘手的问题。我觉得我需要对于在评论中呈现的关于本书的研究方法做一个更正。 评论者提到他/她并不是历史学家,这点可能会带来一些疑惑。他/她声明本书是一项关于社会历史的研究,并且指出其主要的研究特点是大量的数据和统计分析。这是一个很明显的错误。本书的主要研究内容是有关文化历史,也包含极少的数据支持(数据包括一些对未来的预估,例如在女性生殖健康一章中关于杂志流通、生育比率和新生儿死亡率的图表)。同时,本书还提到了一个较大的项目,并且创立了一个电子化的女性期刊数据库。相比于基于统计化的社会科学研究,数据库定性在人文研究的结尾上,还提供了更多的数据支持。此外,评论者似乎还把客观数据做了整合(社会科学研究基础),还加入了更多的个人观点以及有质量的历史细节。由于本书是一个文化历史的工作,它的确在历史的细节上很丰富(评论者似乎认为它过于丰富了）。本书的研究方法目的就是要指明不同等级分析之间的关系：每天的生活经验细节和女性在社会、出版物、政治局面上的联系。

评论者同时也对本书的理论有不一样的见解，我在此也做出澄清。他/她声明《民国镜像》之中没有理论基础。不可否认，《民国镜像》的确是一本侧重资料多于理论的书。 然而事实是，它以一种理论说明的形式来评论，从而避免提出理论的直接套用。在本书中，多次提到瓦尔特·本雅明的理论，但是在叙述中并没有很直接的指明他的名字。在书中（和相应的尾注之中），也列出了一些对于相关概念有研究或贡献的理论学者，例如文化历史（尤其是夏蒂埃）、性别历史（例如琼·斯科特和丹尼斯·赖利）和当时的日常生活（包括米歇尔·德·塞尔托在内的一些学者）、文字图像关系（包括W. J. T. 米歇尔）以及照片的分析（比如吉奥乔·阿甘本），并都相应地列举了一些例子。然而令人疑惑的是，在本书的介绍以及章节的完整编排中，评论者只针对本书概念性的架构做了非常粗略的批评。事实是，整本书的架构由三个首要的矛盾问题所主导：第一，改革与商业的冲突；第二，传统与新生活期望的矛盾以及男性对先进社会改革的策略；第三，女性策略经常与男性相反之间的矛盾。尤其是后面的问题建立在米歇尔·德塞都的分析基础上继续深入探讨，但在该评论之中完全被忽略，并没有被指出。

瓦尔特·本雅明的工作就像批评者所叙述的一样，开始对城市现代性进行深入思考。而评论者所建议选择的比较城市——巴黎，和《民国镜像》中所选取的上海来说，巴黎可能并不是一个适合比较的城市。除了表面的相似点之外，更多的不同在于当时半殖民地性质中国的港口城市和欧洲的大都市。此二者之间的距离就像1911年革命年代和1789—1848年的变革时代一样的大。而如今，随着社会的变迁和混合多地的人口移民，上海变成了比巴黎更国际化、文化上更多元的城市。作者将本雅明和泰纳H对世博会的反思，应用到20世纪初期中国的展览（文化）之中的尝试虽然颇有启发性，但其局限性也是明显的。这个展览展现了在第五个章节中所讨论的学生作品的展示，讨论对于商品的恋物情结和商品的使用价值而不是交换价值——这也是这一章节的核心所在。与此同时,中国加入全球博物展览的意义更多是作为文化和政治(资本),而不是经济(资本)。

其中一个批评者评论本书的内容,包括五四运动对民国早期商业文化的影响。评论者要求关于这个观点成立的更为精确的论证资料,并且指出更精确的时间点应该追溯到20世纪30年代的左翼作家群,而不是五四运动本身。该评论者的论断都是站在"鸳鸯蝴蝶派"的固有标签之上,即使"鸳鸯蝴蝶派"也意味着民国商业早期印刷在1920至1930年完成。而该批评指出,像是很多作家所揭示的一样,是从五四知识分子崛起的时候,开始兴起的。而很多学者在本书中也表达过此观点,有过精彩生动而真实的言论(包括胡志德、范伯群、陈建华、林培瑞、丹尼斯·吉姆佩尔),并且给出了我没有列出来的参考谱系,补救了批评者所指出的不足,我认为这也不需要更多的细节来补充了。而以上指出的作家也基本解决了文学期刊的问题,但是并没有对性别问题或者是像《妇女时报》一样的女性期刊展开讨论。评论者后面又指出,有一部分商业印刷文化是在污蔑文学杂志:评论者提到的杂志主编包天笑作为"鸳鸯蝴蝶派"的作家。我也为包天笑做了据理力争。重新定位他的文学史的贡献,而不是仅仅用固有标签来定义他。

另一个批评在于《妇女时报》之中古文的使用,还有尤其是女性诗歌在杂志之中的出版。评论者指出,古文的使用对于清晰的表达新的、革命性的观点是没有语言的生机和活力的(就像 Wu Shengqing 在他的 *Modern Archaics: Ornamental Lyricism in China, 1900-1937* 之中所作出的长篇论述一样)。评论者提出早期民国的作家运用古文是不符合当时时代要求的,但是他们还没有到精通白话文的程度。然而,这个观点是不正确的。包天笑,像我在本书中证实的一样,是最早开始提倡白话文的作家之一——他在20世纪的第一年就在苏州出版了两种用白话文为载体的刊物,《励学译编》(鼓励学习的翻译纲要)和《苏州白话报》(苏州白话期刊)。包天笑很清楚,通俗的语言有着它特别的用处,最重要的用途就是向受教育程度低的读者传递新思想,而不是和他受过教育的同胞们沟通复杂的改革理念。甚至是在妇女诗之中她们掌握白话的能力都没有包天笑的水平,所以去诋毁她们表达自己情感传统模式的方式是无路可循的。

我还想回应部分深入和详尽的讨论。但是我只可以简单地阐述这其中的小部分问题。有的评论者将立论点放在我采用了高居翰的关于“美人”肖像的观点上,阐述在《妇女时报》封面肖像的女性形象并不是典型的“美人”。他/她对于高居翰文章的理解并没有到位,我并没有依照高居翰的“美人”或者美女图来书写我的文章:他的“美人”图是经过调查而得出的,但是他的依据“是不是明清中国的美人呢”?在这之后高居翰讨论了一个关于女性肖像很细微的问题,那就是那个时候的女性私人肖像全部都来自于闺阁。这种类型的画作,通常都和《妇女时报》封面这种的形象有着迷人的共鸣,而这一点,也正好反驳了评论者关于是不是“美人”典型形象的论述。

最绝佳的讨论来自第二个评论者:那就是我们需要注意到《妇女时报》内外不同的图像类型——从“高级”的油画到“低级”的素描——正如我们对于文本进行不同的分类一样。而且我们需要去分析这种不同图像类型之间的互动,比如说在中国女性相册肖像和欧洲绝佳艺术时代的女性肖像之间的联系。像《妇女时报》里面有如此多图画信息的,也让这本刊物自己进入到了新兴的艺术历史学家研究的领域之中。

综上,两位绝佳的评论者用他们深度的眼光另辟蹊径地进入了杂志图像的分析之中。当然,关于以上讨论的问题都会在《民国镜像》之中呈现(有两个问题需要得到更多关注,例如:关于女性生产健康问题和女性作家写作策略问题)。

著/述评介

缱绻“复调”的香港：评《香港研究作为方法》

张　圆

香港大学文学院现代语言及文化学院

香港，这座亚洲最古老的现代城市，常被人诟病为“文化沙漠”。而近年关于香港的话题又可谓众说纷纭，莫衷一是。无论是理论的喧哗，还是现实的骚动，香港故事虽千言万语却往往言不尽意。甚至有时争执得越激烈，越容易流于情绪意气上的争强好胜而忽视本身要探讨之问题。那么，潜藏在“喧哗与骚动”背后到底是怎样的人世景观和事实真相？《香港研究作为方法》一书汇聚精英学者之佳篇，以其璎珞纷披之思想和广泛研寻之笃实，兼重商量旧学和涵养新知，将近年困扰香港论述之显著问题，从不同畛域与视野予以厘清并照之以明。特别是为我们当下清晰而理性地认识香港的历史现状和社会文化，提供了一个较全面系统的参考谱系，颇有登高望远之致，可目为圆观香港研究的浓缩读本。按编者朱耀伟的话说：“香港故事众声齐说，重点在于将‘香港’变成可以探讨的程序。”关于香港研究的多元论述，正是在此基点上得以展开。

该书格局开展，脉络清晰。其中一大特色即在于将宏观之大视野与具体问题关涉互动，以此形成一种相互牵连的张力格局，从而在立体多维的论述场域中生成有效的沟通与会话空间。编者以“谁的香港”、“哪种方法”、

“本土 / 混杂”三大问题为核心线索，实则将近年围绕香港展开的各种论述予以整体上的观照统合。当中既包括有关作为整体的香港身份认同之理论探讨，也有香港文学、电影及其他流行文化的具体分析，还带出本土与混杂的多元可能。以上论题实乃旧学与新知并重。如关于香港“本土 / 混杂”之探讨，虽于我们不太陌生，但在学者们的商量讨论中也涵养了更多新知。事实上，各个问题表面看似相对独立，实则眉目互通、有着千丝万缕的关联缠结，合奏的正是被误读为“文化沙漠”之表象背后众声齐鸣的“复调”香港。毋宁说，香港，不仅是地名称谓，更是论述场域。而这种大格局与具体问题间之照拂绾合，无疑为我们认识多维立体的“香港研究”提供了更多面向与可能。

彰显“文化翻易”（cultural translation）之态势，亦是该书之一大亮点。正如编者强调，香港研究作为方法，要以研究捕捉“文化翻易”。他借用后殖民论述之语境指出，“翻易”包括翻译和改易，过程中会产生分歧、断裂、演现效果。翻易，正是我们有效把握香港研究的关进津梁。此即将香港社会文化目为持续生发的动态势能，发现其在停留与流转、本土与混杂之间的整体生长姿态，亦正视其中盘根错节的分歧、断裂、罅隙，并将其化作推陈致新之反力，唯此才能以鲜敏矫健的姿态在文化场域持续而有效地发声发力。如后殖民理论有助于我们理解香港的历史与现状，但因其根本生发于西方的历史文化土壤，所谓“橘逾淮为枳”，放到香港的语境观照即已蕴含转易成分，所以拿来理解时又必须十分谨慎。第一编“谁的香港”即可管窥徘徊在爱与痛边缘的学者（周蕾、陈清侨、罗永生、李欧梵、吕大乐、朱耀伟）们,关涉后殖民理论剖析香港之具体情境时的艰难挣扎和批判反思。它既是我们理解香港问题的重要理论切入点,但在具体分析时又必须灵活变通。可以看出,当中不同思想与事件之间的角力拉锯与竞逐不经意间便闪透思维的张力和智慧的火花,"文化翻易"之辉光因此而风神摇曳、多姿多彩。显然,"文化翻易"把握得好,将为香港研究之"复调"格局增添新"乐章",并成为其一大优势与特色。

该书汇集的研究方法无疑是跨学科的,此乃又一特色。尽管编者的态度十分谦逊低调,申明"并不奢望能够朝向跨学科新方法",但将"香港研究"的不同课题与研究方法在整体统筹的大格局中脉络清晰地有机诠次,亦凸显相近课题下不同研究范式与路径间之差别与会通,本身即是笃实地践行了"跨学科"之理念。如第二编"哪种方法",既有陈国球对中国文学史里的"香港文学"带着批判色彩的文学研究,也有吴俊雄等以香港流行文化为逻辑起点的文化研究综述,亦有张美君从香港电影、洛枫从张国荣"迷"之分析展现的具体文化研究策略,还有麦高登以在香港重庆大厦实地田野调查为核心的人类学研究方法。第三编"本土 / 混杂",单是对"本土"之研究（也斯、潘国灵、彭丽君、马杰伟、罗贵祥）,就可从社会学、电影学及语文政治等视角析出不同意涵。以上"跨学科"之方法本身不分轩轾,好比八仙过海各显神通,旨在打开进入作为文化场域的香港之多维度论述渠道,尽可能从不同畛域与视野烛照香港文化的轩豁景观。也可以说,诸方法本身即是"复调"的,为我们理解"多重奏"之香港提供了可供辨识的"乐谱"。

《文心雕龙 · 情采》有言:"因情而造文。"关于香港研究的"情",总体可说是焦虑的,也可目为该书一大情感亮点。正如编者借用阿巴斯（Ackbar Abbas）的"逆向幻觉"（reverse hallucination）来说明不少人对香港文化视而不见之状况。而近年有关"香港 XX 已死"等缺乏理性深度的流行说法,无疑更加深了香港整体的焦虑感和危机感。正是不满于此现状,亦忧心其未来,文化学者们才从各畛域方法为香港问诊把脉,将其难言之隐生化为可供寻思观览的具体症候。如关于“九七”后香港政治身份认同的不同论述，显然源于历史缠结当下的现实忧虑。又如香港文学、流行文化及民间生态所呈现的和中国大陆有所相异的人文景观，彰显了在地文化的多元与活力，亦旁证了周蕾、葛兆光等学者所提出的“复数的中国性”。而其近年风头渐失某种程度上又可管窥香港的整体际遇。至于有关“本土”论述，其概念本身的混杂性、流动性和争议性，正是这些年不断变化的现实社会之最佳写照。因此，香港研究中的焦虑与问题，根本上是“接地气”、“不隔”的。其来源于社会环境之切身可感的变化，生发于现实生活，关乎于世道人心，所以必须以切实认真的态度观照剖析，方可有机会对症下药。所谓“世道有升降，风气有盛衰，而文采随之”。可以说，学者们忧虑的文心，实则与时代风会共同跌宕。

值得注意的是，诸学者提出和分析各论题并道出自己的独到见解，自然有助于丰富我们理解香港研究的历史现状和器局识见。然而根本上讲，他们实则把答案变成开放式的问题，不断提醒我们打破“逆向幻觉”之尴尬迷思，将林林总总的文化理论及浮于日常生活表面看似零散无关的碎片化事件，切实有效地与香港的“昨天”、“今天”、“明天”把来肝胆相照，并化作深沉洞达的文化省思和人文关怀。其实，培壅香港文化，并非一味陶醉于过往光辉岁月的动人传说，亦不流于浮光掠影式缺乏深度的抱怨批评，当之务急乃是对香港的历史现状与社会文化之表层结构和内在肌理有着清醒而理性的批判认识，唯在此基础上的“认同”才可是“接地气”和“有底气”的知性与自信。该书之“复调”格局正如坐标清晰的“地图”，一方面为我们更好地理解香港整体之来龙去脉点明了方向，同时也以开放的姿态提醒我们要灵活变通、结合实际情况方能行健有为。

作者们对香港研究总体上虽难掩焦虑，然而根本之情感归宿还在于对香港本土社会文化诸方面的流连缱绻，毕竟“东方之珠”的传奇过去依然牵动着几代香港人的集体回忆。爱之深，故责之切。其实，香港研究依然还有亟待聚焦和解决的问题，需文化学者们持续地关注和发力。《易经》第六十四卦——未济（䷿）或可给我们启发：火在水上，水火不交，因而“未济”。

《象》曰:“君子以慎辨物居方。”如果说香港研究处于“未济”状态,我们更愿意将其理解为一种“现在进行时”而非“完成时”,以提示我们自强不息、厚德载物,用真知灼见和云水襟怀笃实地为该领域辨物居方、续添动能。惟此方可让“缱绻”之情意细水长流、绵绵不断。

龚定庵云:“科以人重科亦重。”可以肯定的是,香港研究因不同学者的缱绻与钻研,亦因代际间之薪火传承,方能气韵生动,持久续航。毕竟江山多娇,还因有人。《香港研究作为方法》以其高远之致和不隔之势,切实为我们打开了“香港研究”之“复调格局”,并提醒我们:辨物居方,慎思笃行。

(朱耀主编:《香港研究作为方法》,香港:中华书局2016年版)

微信写作，另一种文学样式：评杨健民《健民短语》

刘小新　陈舒劼
福建社会科学院文学研究所

阅读杨健民先生的《健民短语》，有一种令人神清气爽、智性摇荡的体验，这些精心淬炼的短语的诞生也可能进一步动摇专业人士对当下散文文体的判断，它们应该算是随笔，有几分小品的味道，也不乏读书笔记色彩，同时说它属于当下时兴的移动文学同样很有道理。这些篇幅长不过千余、短则刚满两百的文字究竟该放在哪个文体队列中？《健民短语》兼具议论和抒情、感悟与推理，其行文达意又恰如雪夜访戴，乘兴而起，兴尽而止。然而，描绘"健民短语"带来的文体疑惑，并非只是出于文学讨论的专业惯性，它关系到"健民短语"所处的文学生产的语境、条件以及文学观念的时代表述。

移动终端媒体的发展及其与传统数字媒体的功能融合，已经赋予文学表达更多的自由空间，这是数字时代区别于过往的独特之处。自由意味着形式的解放、接受的多元和主体特征的突显，数字时代对文学表达的宽容更加重了创作者对作品质量所应负的责任。如果考虑到散文自身所包含的反文类倾向，那么数字时代散文"表达了什么"的重量就更超过了散文"是什么"。伴随着数字空间的自由扩张和文字的疯狂繁殖，这个时代的文学常常鱼龙混杂、泥沙俱下。一些缺乏独特思想、感性、情怀和风骨乃至平庸粗劣的文字窃据了纸质载体和网络新媒体的空间，呆头笨脑的记事、矫揉造作的抒情、空洞无物的感悟、恶俗油滑的逗趣如野草蔓生。

《健民短语》所呈现的，显然是另一种文字，是一种性情和诚意的文字。《健民短语》“表达了什么”？至少可以列出一串彼此可能相距甚远的杂拌儿主题：道德、哲学、文人政治、花语、佛学、音乐、醉酒、足球、开会、爱情、宽恕，等等。这些涉及面颇广的文字或诞生于旅途之中、会议之后，或起因于一段音乐、某次邂逅。令人联想到厨川白村对于“随笔”概念的经典描绘：“如果是冬天，便坐在暖炉旁边的安乐椅子上，倘在夏天，则披浴衣，啜苦茗，随随便便，和好友任心闲话，将这些话照样地移在纸上的东西，就是 essay。兴之所至，也说些不至于头痛为度的道理罢。也有冷嘲，也有警句罢。既有 humor（滑稽），也有 pathos（感愤）。所谈的题目，天下国家的大事不待言，还有市井的琐事，书籍的批评，相识者的消息，以及自己过去的追怀，想到什么就纵谈什么，而托于即兴之笔者，是这一类的文章。”（厨川白村：《苦闷的象征》，鲁迅译，江苏文艺出版社 2008 年版，第 86 页）《健民短语》所关涉的主题虽繁，但大多与读书有关，兴之所至，情之所动，围“圈”（即朋友微信圈）而“谈”，邀友人分享阅读经验和日常生活中的所知所感所悟，不晦涩、不矫情，不做作，明白畅达，率性自然。思之所至，偶然所得，托于即兴之笔，《健民短语》淋漓尽致地展示了浓郁的书卷气息和属于作者个体独异的感性趣味，与数年前出版的《健民读书》保持了相似的文体风格，从这个意义上说《健民短语》与《健民读书》恰如姊妹篇。围绕着读书所产生的知识、思想、体验、感悟，构成了《健民短语》的主导内涵。现今流行的许多书话类文字，往往存在着趣胜于情、悟多于思的问题，而《健民短语》的写作恰恰拒绝了平庸的思想滑行和机械的知识复印。有意义的读书意味着阅读主体生命宽度的延展，饱含着阅读者对生存意义的深入思考，《健民短语》所力图呈现的，正是作者生存经验与读书体验之间的深度对话。在谈及刘亮程散文的乡村哲学时，“健民短语”没有仅仅停留在对乡村哲学所记录的生存焦虑和苦难记忆上，而是在此基础上进一步讨论了哲学与生活态度的内在关联性：“哲学解释到最后，主要的不是关于哲学体系的内容，而是对哲学的态度。哲学在和生活态度相近的时候，生活态度本身也就更能清晰地对哲学做出解释。”（参见：2013 年 9 月 26 日短语）在解读传统的秋日审美心态时，“健民短语”从“伤春悲秋”谈到审美满足，再谈到悲剧内涵的深刻性以及对诗性的呵护，《红楼梦》与海德格尔之间的潜在对读构成了这次思想散步的开阔远景。

不难看出，“健民短语”往往从阅读感受和文化现象入手，自觉地追问这种阅读感受和文化现象得以产生的缘由或机制，此时，思考成为打通书本与生活的动力之源，而长期阅读形成的知识积累则是其思想掘进的可靠保障，思想撞击现实而产生的灵性感悟如同缤纷的火花。许多乐趣由此而生，许多体验也由此而来，思想、知识、感悟、体验在“健民短语”中形成了一个相互关联、相互生产、相互诠释的体系。这种特性将“健民短语”区隔于目下时兴的散文写作风格：譬如对历史知识嬉皮笑脸的通俗乃至戏说演绎，或者对文化典故长篇累牍的剪贴和堆积。在作者看来，思想、知识、感悟、体验之间的相互关联与生产，将有效引领读书人通向富有深度和广度的文化精神和人间情怀，这就是读书的“无用之用”，而“健民短语”所努力践行的目的正在于此。

对终极意义的询问，是“健民短语”表现其文化精神和人间情怀的典型面相。20 世纪 80 年代后期，同一性的思想共同体已经难以为继，知识分子必须面对社会转型带来的价值迷惘和身份失落。时至今日，技术主义和消费主义的文化思潮仍然澎湃汹涌，许多文学叙述已经兴高采烈地宣称，自己乐于沉溺于声色犬马的温柔乡中。询问终极意义未必能保障文学叙述的纯熟或精致，但毫无疑问的是，真诚地询问终极意义始终是这个时代可贵的思想品质。或借他人之语，或出于自我笔端，《健民短语》反复表达了作者对个人生存终极意义的关注：“人生在世，最重要的就是弄明白生活的意义。”（2013 年 10 月 7 日短语）“一个人，无论是伟大还是渺小，都有属于他自己的生命的意义，不管这种意义是向外寻取还是向内建立，都应该由精神去实现，都应该由我们主动去提出。”（2013 年 11 月 2 日短语）“我们每个人都是命若琴弦，不过是活着，为了那种更有意义的活着。生命的进程注定必须充满着种种的不可预测和偶然，然而，人们总是执拗地找寻生命的必然，苦苦拷问生命存在的意义,挣扎出一条心灵和肉体的活路。”(2013 年 12 月 13 日短语)肯定终极意义的存在,肯定“询问”这一姿态的价值,体现出“健民短语”的知识分子人文精神立场。“健民短语”指出:“疾病是人的隐喻,灾难是人类的隐喻”,缺憾是人生无法摆脱的必然性存在。在此前提之下询问终极意义,不是为了企望寻找到没有缺憾的桃花源,也不是意图将缺憾划入否定性的价值序列,更不是悬挂出某个神性的理念以供公众膜拜,而是强调从必然性的缺憾中去感知、思索、体验人生的价值,选择自我的人生路径。“世间所有的选择,到最后其实就是五个字——你想要什么?”(2015 年 4 月 17 日短语)这实在是不能再简要明白的表述了,然而这五个字的追问却有着直指人心的犀利。面对这样的询问,“健民短语”给出了自己的选择:“人无论活多久走多远,内心深处有一种阳光是无限的。这就是‘静谧的激情’。”歌德的悖论式短语,是杨健民先生在当下文化语境中对自我价值和生命状态的一种温暖描述,是对人文知识分子面对喧嚣时代如何进行自我定位的一种思考,也是作者诗性灵魂穿越时空朝向异国先哲的遥远致意。

“健民短语”所应引起重视的,还有其文体形式所包含的文化意味。“健民短语”是网络数字时代的产物,这并非仅指“短语”的思想内容,同时也是指它的产生途径和传播方式。据作者自述,“健民短语”是微信写作的产物:“我用微信参与了我的思想的诞生。借助微信,对于人生、事物和现象的极度感觉,成为了我的语言抵达我的内心的表达形式之一。于是,我的短语出现了。”(2013 年 12 月 12 日短语)显然,“健民短语”是当代知识分子写作主动适应和介入网络数字时代的具体表现。在通常的刻板印象中,网络文学往往与大众消费和通俗文化联系在一起,玄幻、穿越、修真、言情、灵异、仙侠、耽美、青春是网络文学的主要表现形态,启蒙或批判之类稍显严肃的词汇似乎未曾得到网络空间的宠爱。当然,这也许是一种文化错觉。倚炉夜话、负暄闲谈、缓行漫步以及指尖接触数字设备,其实都可能是一种发言的姿态,一种思的姿势,稀见并不是缺席的理由,启蒙或批判理应以更灵活的姿态进入网络的公共文化空间。“健民短语”之中,既有对林宥嘉的歌词和《武媚娘传奇》的“切胸剪辑”的反讽,也有启蒙意识或者说批判理念的追问和质

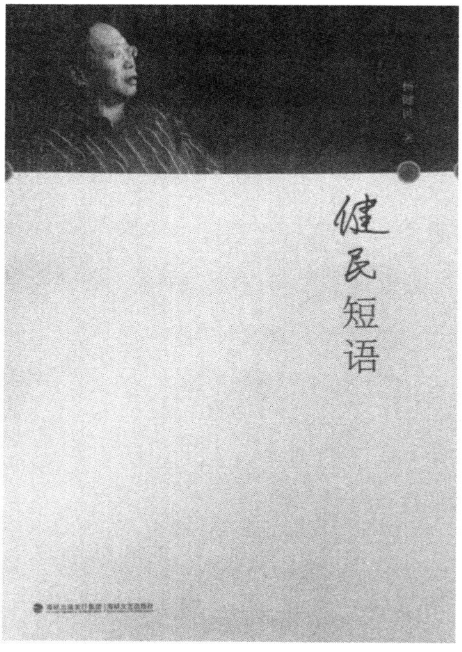

疑，这种质疑和追问或发自于史，却对当下有着独到的启发。谈到甲午惨败之痛，史家往往着眼于追究人物、制度、军备、文化、地理等方面的原因，而“健民短语”看到的却是文人政治家热衷于清谈、疏于事务操办的政治性格；论及梭罗的《瓦尔登湖》，文艺青年每每将其捧为生态文学的圣经，而“健民短语”则通过揭示梭罗的矫情看到了坚持启蒙理性和思想勇气的重要性：“瓦尔登湖是一个神话，一个具有理想意义的神话；梭罗是另一个神话，一个故作姿态的孤独者的神话。无论如何，它们将启示我们在读书中保持一种由书及人的警惕心理。”在讨论《文汇报》刊登“草根诗人”现象时，读者还可以感受到某种启蒙意识的旺盛血气：“两亿农民工，日夜在茫然流亡，骨肉斤两全无，这是如何庞大的‘人’之孤独，存在的孤独！当代中国难道只是一个诗的国度？难道一定要让那些草根发出无声的呼号么？”这些反问以及对描写友人时的调侃等等，一道勾勒出了“健民短语”丰富生动的文化性格。

某种意义上，《健民短语》是本开放性的书，处境之思，语短韵长。它的品性、它的特征、它的体例都是有力的保证。借用“健民短语”曾盛赞的钱镠的“陌上花开，可缓缓归”，读者自然也“可慢慢读”，慢慢感受，慢慢思想。

（杨健民：《健民短语》，海峡文艺出版社 2015 年版）

"一"贯中国或中国文化的自知与自明：汪晓云《中国学与人类学系列》评介

王日根
厦门大学历史系

侯凡跃
厦门大学新闻传播学院

一、"一"贯中国①

人们常言：中国有着五千年的文明史，由古及今，不断延续；也有人说：中国的学术史就是解经的历史；还有人说："六经皆史"；更有人说：古史皆可疑，中国的史皆史论，而非史料。面对这疑云朵朵，厦门大学民族学与人类学者汪晓云博士循着自己的思路，走进了浩瀚的典籍文献里，接受着古人的疑惑和诉说，梳理出了"一"贯中国的学术演化史，亦体现出了自我的诸多诉说。她的"中国学与人类学系列"包含：《一"字"之差："道"何以"道"》、《一"名"惊人："昆仑"之"道"》、《一本正"经"：隐秘的汉语圣经〈海山经〉》和《一"器"之下："翠玉白菜"何以为"镇国宝"》（列入周宁主编《跨文化研究丛书》，厦门大学出版社 2014—2015 年陆续出版，共 1216 千字）。或许这"一"系列丛书并没有收官，仍可不竭地贯通下去。

先说《一"字"之差："道"何以"道"》，作者指出古代学问之根本为"道问学"，"道"为帝王之道，然帝王无道自称有道，"道"遂有天人、古今、

① 本文第一部分系王日根执笔。

大小、内外、圣王之分，因此，古代学问之根本亦为“天人之学”。帝王无道自称有道使“道”“难道”，遂以“气”寓，以“阴阳”之“气”寓“天人之道”，“阴阳五行”“以气寓道”是中国哲学的出发点，“气”滋生出“数”，从而演变为“数术”；“气”亦滋生出“方”，演变为“方术”；“数术”、“方术”之外，“气”还演变为“器”，也就是“名物”，“名物”为“制度”，故中国古代天文、地理、医学、农学皆为“以气寓道”。与此同时，中国古代文化的核心即“阴阳五行”、“以气寓道”。“五行”即“阴阳之行”，“五行”之“金木水火土”以人的不同位置与写法隐言帝王政治盛衰。历代仁人志士多以微言大义揭示帝王无道自称有道，以“人道”取代“天道”之行径，并指出“天道”必将取代“人道”。显然，“道”是帝王和众人共同揭橥的旗帜，有的人则从中找到了“天下为公”、“共和”、“平等”、“民主”的源头，但是“无道”、“失道”、“变道”时常成为历史呈现出的“实态”。作者指出：中国古代道论的根本意义在于概括性地重构了中国古代知识如何由权力生成。在君主与君权之间，没有任何本质、必然的联系，为了维护君权，就必须强调君权的合法性，“道”历史性地成为确立君权合法性的依据，而其出发点，则必须上溯到寓“道”之“气”，即通过“阴阳五行”的不同秩序体现君为民立法还是民为主立法，从而显示“阴阳五行”为中国古代自然法。以此为线索，则可勾勒出中国古代学问之本为政治学，或者说是治理术。“西方哲学的根本问题与中国古代道论异曲同工，这就是对‘共和’与‘民主’的期待，对‘大家一起过好日子’的希望。专制与民主，是一个硬币的两面，对专

制的抵制即是对民主的渴望,人类,无论是东方还是西方,都通过文字,唱出了人性的希望,发出了历史的回响。"(导论第9页)由此追溯到中西文化间的共同点,读来让人觉得无比的温暖。

再说《一"名"惊人:"昆仑"之"道"》,作者指出:古代学者都知道"舆地之学"或"地理之学"实际是"政治之学",抓住这个核心,我们就便于理解"昆仑"的含义。因为"舆地之学"乃"疆域之学",章太炎说:"有舍地治,不以版籍正民,而欲庶政无奸欺隐匿者,五史之所未闻。""地舆""为经国者所宜知",是因为"山溪之通塞"、"道里之迂径"、"闽俗之醇薄"皆关乎治理。魏源也说:"不察天地之气,不明水土之性,不考支干之形势,尚足语疏导辨方略乎?"地理关乎政治,地理之学自然成为清代的"经世实学",所谓"天下大势"实际上就是"中国政治大势","汉武帝案古图书,名此山曰昆仑",因为昆仑有建瓴之势,往往喻示政治权威,喻示天道,清代对西北地理的重视显示出王权对西北控制的加强,西北地舆之学的掀起本身也是地方权势被强调的开始。作者论述古代文献中的"昆仑"之"名",不仅仅揭示古代地理本为政治,同时还以"昆仑"作为"名教"之个案,研究古代"名物制度"以"名"为"以气寓道"之基本构成。

《一"器"之下:"翠玉白菜"何以为"镇国宝"》是作者对"以气寓道"的进一步思考,由于帝王无道自称有道,"道"之本义被遮蔽,"气"则转化为"器","器"并且由"道器"转化为"实用之器"。作者指出,"翠玉白菜"和"肉形石"是"引气"、"引道"之重要线索,其作为"镇国之宝"的

根本意义在于“器”以寓“道”。“道”本为帝王政治,然帝王无道自称有道,本为帝王之道的“道”被普泛化为个体意义之“道”,同时亦被转化为道教意义上之“道”,与此同时,“器”亦被转化为实用之物,“气”则被转化为自然物象。

最后看《一本正“经”:隐秘的汉语圣经〈海山经〉》,作者认为:“一”之观念在人类之初就受到重视,在中国则呈现越来越凸显的趋势。秦始皇对中国历史的最伟大贡献就是“一”,合六国为一国,一车辙,一文字,一度量衡等等。尽管这个目标到今天也没有实现,但提出这样的口号就显得特别地“高、大、上”,中国社会的民众追究起自己的共同始祖为黄帝,或者再加上炎帝,但又喜欢合称为“炎黄”。每个家族编的族谱也喜欢追究自己的“宗祧”,一般都可附会上名人。或许汪晓云不自觉地也受到这种潜意识的影响,并经过严密的论证阐明:《海山经》是中国古代的“圣经”或“正经”,其后所谓“经”不过是由《海山经》蜕变而来,如四书五经均本于

《海山经》,《穆天子传》、《周书》、《史记》、《博物志》、《搜神记》、庄列、楚辞等等均脱胎于《海山经》,形成传、书、史、志、纪、子、经籍等门类,《海山经》堪称经典之本、小说之祖、野史之祖、正史之祖、地理之祖、语怪之祖、寓言之祖和诗歌之祖。昧于学术史的人往往疏于追本溯源,而把正经束之高阁,奉非正经为正经,其实这些经只能算是"假正经"而已。然《海山经》作为民间经典从一开始就被帝王禁止、删改并被利用,《海山经》被改头换面后即成《山海经》,因此,古代传统中论《山海经》在某种程度上即意味着论《海山经》。如果不明白《海山经》与《海山经》之关系,我们很可能以为是作者笔误,将《山海经》写成了《海山经》。

在中国经学史上,一贯存在着官方话语与民间话语两个体系,官方话语可以用文字加以记录,而民间话语则多以口耳相传的方式传续。掌握着文字权力的人无疑主导着主动权乃至霸权,文字记载往往被赋予权威,"口耳相传"式的历史往往被称为游谈无根之词,这客观上也造成了民众话语的被忽视。其实,掌握着文字话语的人们时常也会与掌权者捉迷藏,时不时对掌权者及掌权者的言论加以针砭,于是,掌权者或要施以"删书"、"焚书",民间人士则又热衷于"藏书"、"献书",这其中往往又会衍生出"伪书",书对于政治的影响力之大确实不容低估。政治家或各行各业的人们为了赢得主动,往往还会编纂出"纬书",为自己政权的合法化和行为的合理性提供舆论支持。像《真经》、《神农本草经》、《阴符经》等等不一而足。

总体而言,作者认为:"阴阳五行""以气寓道"实为古代知识构成之核心,同时也是今人破译古代知识体系之密钥。然而,今人对"器"、"气"、"道"均存在严重的误解。以"道"言,由于古代"道"义之变迁以及今人受西方哲学影响以"道"为自然规律,使"道"为"法"之本义被误解。因此,阐明"道"之本义,首先要突破当前对"道"的种种误解,进而阐明天人、古今、大小、圣王、王霸、自然与人为等种种对立概念皆言"道"之"变",从而梳理"道"之历史演变及其原因。"阴阳五行""以气寓道"在古代为公理,但亦多有转化,譬如"阴阳五行"之"气"转化为民间宗教与日常习俗,更是遮蔽了"阴阳五行"的本义,汉儒将之集大成、宋儒发展为"理气",

清儒发展为“道器”,其中都包含了中国传统政治演变的思想渊源。

汪晓云博士这四本书,力图抛开学术史上的一切成见与争论,整体把握那些隐藏在表象背后的实质性问题及古代知识体系之构成,平心静气从古代文化本身重新寻找古代文化的“根”,以便从根本上消除一些本末倒置的误解与争议。我们觉得,汪晓云博士的这一探索是具有学术价值的,也体现了其跨越现代学科界限、打通文史与人类学、民族学、民俗学、政治学与社会学的积极努力。回归经典乃至经典之源,思索中国人文精神归结起来实际上是政治精神,其旨归在建立一种和谐的秩序,认识到这一点是非常有意义的,在逝去的历史面前,忧惧、期盼、智慧与力量交汇,心怀对自我文化的笃信就将成为我们克服忧惧、厘清期盼、获得智慧与力量之源。

二、中国文化的自知与自明①

解读与诠释浩如烟海的中国文化典籍,领悟与把握荒荒无涯的中国文化要义,从来都不是易事。我们能够想象得出的路径大体有:(1)概念与范畴的诠释。受西方哲学理论与方法的启示,不少学者在一些“道”、“仁”、“天命”、“德性”等概念与范畴间穿梭,意图建构中国文化自身的概念网络与思想图景。但就目前看来,虽有很多学者用功颇深,所得颇新,但这张文化大图却难以绘制。所以至今连是“中国哲学史”还是“中国思想史”依然聚讼纷纭。(2)考证与考古。感谢很多潜心抱道的学者,或栖心于书斋之内,或奔走于田野之间,为那些曾经的文字或文物,分条缕析,意在一步步、一点点还原真相。这是扎实而厚重的工作,其用意笃,其意义远。然而颇为悖谬的是,一次次的考古发现,一件件的文籍公案,似乎并没有让中国文化的要义渐渐廓清,反倒有越辩越茫然的感觉。还有第三种方法(如果也算是方法),套用西方的理论、术语,来规训或肢解中国文化肌体,往往让人哂笑。

摆在我案头上已有一段时日的四本书:《一“字”之差:“道”何以“道”》、《一“名”惊人:“昆仑”之“道”》、《一“器”之下:“翠玉白菜”何

① 本文第二部分系侯凡跃执笔。

以"镇国宝"》、《一本正"经":隐秘的汉语圣经〈海山经〉》,是汪晓云叩开中国文化秘钥的系列成果。这是很难归类的书。对这四本在规范者眼里看来"四不像"的书,我一提笔就注定写不出一个像样的书评。我只是感激晓云的刻苦与灵睿,让我们终于有机会换个角度来审视和体味那些或已湮没或难破解的文化要事和难题。

晓云的这四本书很难读,即使我这个古代文学科班出身的人,读来也极不轻松。原典引文的密集度太大,章节、标题也缺少学术规范所要求的那种层次感或清晰度。本来她完全可以用一种灵动飘洒的文字来写,此前她写的戏剧学论文和专著,其见解之深和文笔之妙,已颇得学界称颂。我只能试着揣测师姐的用意或情不得已:先人与前贤始终在一以贯之地谱写和营造中国文化的图景,是妄生事端的后人,误会或遮掩了真相。我们所需做的和所能做的其实不多,只需要静下心来,仔细阅读先贤的文字,聆听先人的心声,便能够触摸到中国文化的温度。

于是晓云用了近乎"集注"或"集解"的方式,多引典籍,少做评述,引文阅遍,其义自现。是啊,天何言哉,四时行焉,百物生焉。

中国不是经典理论的原产国,却是热情高涨的贩卖地。可以用符号学解剖唐传奇、宋字画、明清小说;可以用弗洛伊德构造徐渭墨葡萄里的情欲;可以用海德格尔注解中国天道。但是我们习以为常或选择性遗忘的地方,却可能有着鲜活而生动的中国文化要义。"翠玉白菜",一个简单的文物,在晓云眼里它的价值不在于玉质之高洁雕工之纯熟,而是一切"器"的身上或背后都有极为重要的文化内涵。我们常常说道的"昆仑"究竟在哪里,意味着什么?为什么美玉之地为"藏"而腹腔之内的器官也是"藏"?频频出现在国人口中的"一本正经",到底是个什么"经"?这些问题,学界少有人追问。或许无意,或许无力。

李劼教授曾在《历史文化的全息图像》一书中,极力批判中国由来已久的绵羊与狗的哲学,却对《山海经》里浑茫大气酣畅淋漓的气象和精神推崇有加。晓云以《山海经》为中国文化"圣经"的观点,算是李劼教授的知音了。令人遗憾的是,现在的环境里,敢于发现真见的人,往往被目之为异类。

晓云不计冷暖，带着强烈的使命感完成这四本书，并继续进行着相关研究。在我看来，这种强烈的使命感没有丝毫托大的嫌疑。读这四本书，在经史子集，从先秦典籍到明清小说，从经籍大论到文人小品，从类书到闲书，每一个论述，每一个情节，在晓云的大局观下，都变得鲜活起来。

甚至，我可以说，在晓云的视野里，中国文化的诸多主题、命题、概念、器物、载体都真正生动地聚合起来，像一台精彩的大戏，人人有戏份，物物皆动容。先祖们创造的一切内容，在这个大图景中，环环相扣，相得益彰，和谐共在，共同诉说中国文化的母题。

于是，这四本难读的书，真正阅读起来又有一种久违的喜悦感，如逢故人，如得启示。在很多深奥或浅显的字里行间，在很多珍稀或平常的文玩古迹上，其实处处都有着中国文化的诉求与昭示，是千万年仍未过气的中国故事，是独具格局的中国式书写。

我不能预测这四本书以及晓云以后还会写的书，在学界与文化界会产生怎样的影响。因为我对当今学界阅读原典的耐心和水平都不是很有信心。但晓云这份流淌于字里行间的执着，依稀有着张载们的担当，也更多了一份溯源归道的勇气与灵气。

这四本书大致还有一个“用途”，凡慧心者，循着作者梳理出来的脉络和原典，可窥见中国文化的应有面目。当然，我也期待着晓云，能够让这原典密集程度过高的书瘦一下身，改变陈列而见义的写作方式。减少原典分量，增加论述部分，这样会让精彩而厚重的书籍更加轻盈好读，也能够让更多人得以接触中国文化的图景。而那畅快灵动的笔法，本就是晓云的拿手好戏。

（汪晓云：《中国学与人类学系列》，厦门大学出版社 2014—2015 年版）

编后语

《圆桌》由福建师范大学文学院、福建省社会科学研究基地福建师范大学中华文学传承发展研究中心主办，主要发表人文社会科学各领域青年学者的优秀学术论文，意在为青年学者搭建学术对话的平台，构建多元互动的思想空间。《圆桌》（**编者信箱：roundtable2015@126.com；地址：中国福建省福州市仓山区上三路32号福建师范大学文学院，350007**）每年暂出版“春夏”、“秋冬”两卷，发表海内外学者立足基础理论探讨、问题意识鲜明、思想视野开阔的**跨学科**、**跨文化**综合研究成果。除**专题研究**论文，**“思想现场”**（学术争鸣、Seminar实录等）、**“人文茶座”**（学界人物访谈、前沿动态对话、学术工作坊规划等）、**“回应/交锋”**、**“著/述评介”**（书评、展评、影评、剧评等）、**“焦点直击”**（社会热点调查报告、田野工作记录等）也是《圆桌》的常设版块。

《圆桌》选用论文长短不拘，以学术内涵为重。为使编辑出版工作规范化，论文注释请采用页下注并确保文献信息完整、无误。作者务请遵守学术规范，凡涉抄袭、侵害他人权利等，概由作者承担包括法律在内的一切责任。《圆桌》所选用论文为作者研究成果,不代表本书立场。论文一经发表,即付稿酬,并寄奉样书一本。

我们衷心感谢《圆桌》的每一位作者和帮助《圆桌》的每一位朋友!我们真诚欢迎更多的读者和作者参与进来,关心、支持《圆桌》!

编　者

附　录

《圆桌》2015 秋冬卷目录

导言

当代艺术与文化表征

刘纪蕙　事件后之残余物所见证的过去生命:从陈界仁近期作品影像谈起

周颖南　中国当代艺术及其身份政治:全球化的脉络

表演东亚（特邀主持人:孙柏）

孙　柏　主持人语:呈述东亚

秦立彦　中国现代作家笔下的世界图景

孙　柏　东亚政治寓言和"中国的去中心化"呈现:华语历史战争巨片《赤壁》

［韩］朴永焕　文化创新与东亚文化的主体性:以韩流文化为例

古远清　"去日本化"与"再中国化":光复初期台湾文学理论的重建之一

曾晓玲　当代台湾女性散文的旅外书写:旅外女作家笔下之日常展演

思想现场

李浴洋等　"抒情传统"再出发:关于《抒情之现代性:"抒情传统"论述与中国文学研究》的讨论

回应 / 交锋：性别，革命，内卷化与历史书写

康　凌　女人为什么逃婚？
——马钊《逃婚妇女，都市犯罪，与战时北平的生存策略，1937—1949》读后
谢新球　内卷与革命：历史写作与“未来的现实”
［美］马　钊　回应

文学思想史与介入的政治

卢国屏　迎向新时代：中文系应自我启动的百年巨变
赵京华　鲁迅与盐谷温：国民文学时代的中国文学史编撰体制之创建
李小荣　论以“场所”理论构建晋唐佛教文学史的可行性
刘小新　文化视域，批评介入与华人文化诗学：答新加坡国立大学陈韦赌博士问
潘静如　尘心与道心：近代思想史的一个视角

人文茶座

朱立立　一个纯粹的文学人：王文兴先生访谈录

著 / 述评介

泛若舟　堂·吉诃德与工业机器：“林冠画廊”刘小东个展《空城记》
陈明敏　性别化的他者表征：影片《面纱》的跨媒介翻译
刘红英　发掘时间之河中的诗意人生：白杨《穿越时间之河：台湾“创世纪”诗社研究》

编后语

附录

责任编辑:詹素娟
装帧设计:彭世兴

图书在版编目(CIP)数据

圆桌/周云龙 主编. -北京:人民出版社,2017.9
ISBN 978-7-01-015421-3

Ⅰ. ①圆… Ⅱ. ①周… Ⅲ. ①社会科学-文集 Ⅳ. ①C53

中国版本图书馆 CIP 数据核字(2015)第 253799 号

圆 桌
YUANZHUO

周云龙 主编

人民出版社 出版发行
(100706 北京市东城区隆福寺街 99 号)

北京中科印刷有限公司印刷 新华书店经销

2017 年 9 月第 1 版 2017 年 9 月北京第 1 次印刷
开本:710 毫米×1000 毫米 1/16 印张:33
字数:485 千字

ISBN 978-7-01-015421-3 定价:85.00 元

邮购地址 100706 北京市东城区隆福寺街 99 号
人民东方图书销售中心 电话 (010)65250042 65289539